Loth/Osterhammel
Internationale Geschichte

Studien zur Internationalen Geschichte

Herausgegeben von Wilfried Loth

und Anselm Doering-Manteuffel,
Jost Dülffer und Jürgen Osterhammel

Band 10

Wilfried Loth/Jürgen Osterhammel (Hrsg.)

Internationale Geschichte

Themen – Ergebnisse – Aussichten

R. Oldenbourg Verlag München 2000

Gedruckt mit Unterstützung des Kulturwissenschaftlichen Instituts im Wissenschaftszentrum Nordrhein-Westfalen

Die Deutsche Bibliothek – CIP-Einheitsaufnahme

Internationale Geschichte : Themen – Ergebnisse – Aussichten /
Wilfried Loth/Jürgen Osterhammel (Hrsg.). – München : Oldenbourg, 2000
(Studien zur internationalen Geschichte ; Bd. 10)
ISBN 3-486-56487-0

Rosenheimer Straße 145, D-81671 München
Internet: http://www.oldenbourg-verlag.de

Umschlagbild: Berlin-Blockade: Amerikanische Flugzeuge im Anflug auf Tempelhof, Deutsches Historisches Museum Berlin
Umschlaggestaltung:
Gedruckt auf säurefreiem, alterungsbeständigem Papier (chlorfrei gebleicht).
Gesamtherstellung: R. Oldenbourg Graphische Betriebe Druckerei GmbH, Kirchheim b. München

ISBN 3-486-56487-0 ISBN 978-3-486-56487-7 eISBN 978-3-486-71371-8

Inhalt

Wilfried Loth

Einleitung

Über „Internationale Geschichte" ist in der deutschen Geschichtswissenschaft nur selten systematisch nachgedacht worden. Methodische Reflexionen und theoretische Anstrengungen galten seit den sechziger Jahren des 20. Jahrhunderts vorwiegend der Sozialgeschichte, seit den achtziger Jahren auch der noch politikferneren historischen Anthropologie. Neuerdings wird auch das Verhältnis zwischen Sozialgeschichte und Kulturgeschichte intensiv diskutiert; Mentalitätsgeschichte ist zu einem beliebten Programmpunkt geworden. Wer hingegen über internationale Beziehungen geschrieben hat, über Außenpolitik, die Geschichte des internationalen Systems oder die wechselseitige Beeinflussung von Staaten und Gesellschaften, kurz: über Krieg und Frieden, über Herrschaft und Abhängigkeit zwischen den Völkern und Nationen, hat in der Regel wenig Anstrengungen auf die explizite Darlegung seiner theoretischen Annahmen und seiner Verfahrensweisen verwendet.

Die Theorieabstinenz der Geschichtsschreibung von den internationalen Beziehungen rührt zu einem Teil daher, daß sie stärker als andere Teildisziplinen der Geschichtswissenschaft in der Tradition des Historismus mit seiner Fixierung auf die „Große Politik" verankert ist. Vielfach knüpft sie an die traditionelle Diplomatiegeschichte an, die sich um die Identifizierung des „Staatsinteresses" und die Rekonstruktion von „Staatskunst" bemühte, der unablässigen Spannung zwischen „Hegemonie" und „Gleichgewicht" nachging, dabei den Blick auf die „Staatslenker", ihre Konzeptionen und Aktionen richtete und in den Akten der Auswärtigen Ämter eine unerschöpfliche Materialgrundlage für ihre Darstellungen fand. Anders als bei den neueren Fragestellungen zunächst der Sozialgeschichte und später der Kulturgeschichte und der historischen Anthropologie konnten Historiker der außenpolitischen Aktionen auf ein vertrautes Repertoire von Instrumenten, bewährten Verfahrensweisen und eingefahrenen Praktiken zurückgreifen, die methodische Reflexionen nicht sonderlich dringlich erscheinen ließen.

Zudem standen und stehen die Historiker der internationalen Beziehungen vor einem unablässig wachsenden Zustrom neuer Akten, die es zu sichern und zu erschließen gilt. Dies führt sie notwendigerweise dazu, einen Großteil ihrer begrenzten Arbeitskapazität auf die Rekonstruktion der jeweils jüngsten Vergangenheit zu konzentrieren, und hier stoßen sie auf eine permanente Herausforderung durch die zeitgenössische Öffentlichkeit, die im Hinblick auf die Zeitgeschichte in besonderem Maße an Orientierung und politisch instrumentalisierbaren Ergebnissen interessiert ist. Dieser doppelte Druck hat viele Historiker der internationalen Beziehungen dazu verleitet, sich mit den vermeintlich schon beantworteten Fragen nach den konzeptionellen Grundlagen des eigenen Tuns erst gar nicht auseinanderzusetzen.

Natürlich hat die Methodendiskussion über die internationale Geschichte nie ganz gefehlt. Zu erwähnen ist für die deutsche Geschichtswissenschaft insbesondere die Debatte, die in den siebziger Jahren zwischen den Vertretern der sogenannten „Historischen Sozialwissenschaften" und traditioneller orientierten Historikern geführt wurde, insbesondere die Auseinandersetzung zwischen Hans-Ulrich Wehler und Andreas Hillgruber, die ersterer mit der Entgegensetzung von „Moderner Politikgeschichte" und „Großer Politik der Kabinette" charakterisiert hat.[1] Aus heutiger Sicht stellte diese Debatte jedoch weniger ein Ringen um unterschiedliche theoretische Konzepte dar als vielmehr einen Dialog der Taubstummen, dem Elemente eines Kampfs um Paradigmenhegemonie beigefügt waren. Wehler kritisierte an der „traditionellen" Politikgeschichtsschreibung die Verengung auf die Außenpolitik, das Individuum und seine einsamen Aktionen, auf den preußisch-kleindeutschen Nationalstaat und das europäische Staatensystem, in das er eingebunden war. Er bemängelte Theorieabstinenz und Theorieaversion und forderte eine moderne Politikgeschichte als „Teildisziplin von Gesellschaftsgeschichte" – als Teildisziplin, „da eine weitgespannte Gesellschaftsgeschichte die restriktiven Bedingungen und Grenzen politischer Entscheidungen klar zu benennen und zu erklären vermag."[2] Hillgruber und mit ihm Klaus Hildebrand verstanden das als Hegemonieanspruch, den es abzuwehren galt. Sie beharrten auf der Eigenständigkeit der Außenpolitik und der internationalen Beziehungen; sie konzendierten wohl „Verbindungen" zur Sozial- und Strukturgeschichte, betonten aber, daß Methoden der Politikgeschichte nicht einfach aus Nachbardisziplinen abzuleiten seien, und lehnten auf Totalität zielende Großtheorien, wie sie der Begriff „Gesellschaftsgeschichte" suggerierte, aus grundsätzlichen Erwägungen ab.[3]

Dabei blieb freilich ziemlich auf der Strecke, welcher theoretische Zugriff denn nun angemessen sei und wie das außenpolitische Feld mit den weiteren Gegenständen historischer Analyse verknüpft werden konnte. Wehler begnügte sich mit anspruchsvollen Forderungen nach systematischen Interdependenzanalysen, die einzulösen er nicht als seine Aufgabe betrachtete; Hillgruber und Hildebrand konzentrierten sich auf die Abwehr der Ansprüche der Sozialgeschichte als „neue(r) Orthodoxie",[4] ohne die Methodendiskussion selbst intensiv weiterzuführen. Hillgruber bekannte sich zu dem Ziel „einer der Interdependenz, der vielfältigen Verschränkung innerer und äußerer Faktoren angemessenen Erklärung und Deutung", lehnte aber gleichzeitig jede

[1] Hans-Ulrich Wehler, „Moderne" Politikgeschichte oder „Große Politik der Kabinette"?, in: Geschichte und Gesellschaft 1 (1975), S. 344–369. Wehler bezog sich dabei insbesondere auf Andreas Hillgruber, Politische Geschichte in moderner Sicht, in: Historische Zeitschrift 216 (1973), S. 529–552.

[2] Wehler, „Moderne" Politikgeschichte, S. 369.

[3] Vgl. insbesondere Klaus Hildebrand, Geschichte oder „Gesellschaftsgeschichte"? Die Notwendigkeit einer politischen Geschichtsschreibung von den internationalen Beziehungen, in: Historische Zeitschrift 223 (1976), S. 328–357.

[4] So Klaus Hildebrand, Deutsche Außenpolitik 1871–1918 (Enzyklopädie deutscher Geschichte Bd. 2), München 1989, S. 99–106.

Art von theoretisch fundiertem Bezugsrahmen als tendenzielle Verzerrung der Realität ab.[5]

Dabei ist es im wesentlichen über zwanzig Jahre geblieben. Die Polarisierung der Debatte wirkte geradezu als Denkverbot, das weder Verständigungen noch weiterführende Ergebnisse zuließ.[6] In Wehlers Deutscher Gesellschaftsgeschichte, die Mitte der neunziger Jahre bis zum dritten Band gediehen war, wird gewiß konzediert, daß der Streit über den „Primat der Innenpolitik" versus „Primat der Außenpolitik" nicht weiter führe, vielmehr die Interdependenz von Innen- und Außenpolitik immer empirisch analysiert werden müsse,[7] ebenso das Verhältnis zwischen Akteuren und Rahmenbedingungen.[8] In der Darstellung folgen die Abschnitte über die Außenpolitik dann aber weitgehend den klassischen Argumentationsmustern der Politikgeschichte; Verbindungen zu den sonstigen Partien werden nicht ausgeführt. Hildebrands Gesamtdarstellung der Deutschen Außenpolitik von Bismarck bis Hitler[9] konzentriert sich auf die „Fragen nach den Bewegungsgesetzen nationaler Staaten und der Ordnung ihrer wechselseitigen Existenz", die der Autor, „weil es dabei um Krieg und Frieden, um Überleben und Untergang geht, zu den eigentlich zentralen Themen der Geschichtswissenschaft" zählt.[10] Der Primat der Außenpolitik wird nur gelegentlich verlassen oder relativiert; eine systematische Diskussion des Wechselverhältnisses von inneren und äußeren Rahmenbedingungen, von ererbten Problemlagen und neuen Herausforderungen findet ebenso wenig statt wie eine Gewichtung unterschiedlicher Wahrnehmungsmuster und Interessenaggregate, in deren Kontext die Gestalter der auswärtigen Politik agieren.[11]

Autoren, die zwischen beiden Positionen zu vermitteln suchten, blieben relativ isoliert. Das gilt etwa für Gustav Schmidt, der frühzeitig auf die Defizite auf beiden Seiten der Debatte hinwies[12] und dann in einer mustergültigen Untersuchung der Grundlagen der britischen Appeasement-Politik der dreißiger Jahre „einen Motivations- und Wirkungszusammenhang zwischen sozialer Befriedungspolitik im Innern

[5] Andreas Hillgruber, Methodologie und Theorie der Geschichte der internationalen Beziehungen, in: Geschichte in Wissenschaft und Unterricht 27 (1976), S. 193–210.

[6] Vgl. Eckart Conze, „Moderne Politikgeschichte". Aporien einer Kontroverse, in: Guido Müller (Hrsg.), Deutschland und der Westen. Internationale Beziehungen im 20. Jahrhundert. Festschrift für Klaus Schwabe zum 65. Geburtstag, Stuttgart 1998, S. 19–30.

[7] Hans-Ulrich Wehler, Deutsche Gesellschaftsgeschichte. Dritter Band: Von der „Deutschen Doppelrevolution" bis zum Beginn des Ersten Weltkrieges 1849–1914, München 1995, S. 965.

[8] Hans-Ulrich Wehler, Deutsche Gesellschaftsgeschichte. Erster Band: Vom Feudalismus des Alten Reiches bis zur Defensiven Modernisierung der Reformära 1700–1815, München 1987, S. 18.

[9] Klaus Hildebrand, Das vergangene Reich. Deutsche Außenpolitik von Bismarck bis Hitler 1871–1945, Stuttgart 1995.

[10] So die Formulierung in einer Besprechung von Henry A Kissinger, Die Vernunft der Nationen. Über das Wesen der Außenpolitik, Berlin 1994: Klaus Hildebrand, Von Richelieu bis Kissinger. Die Herausforderungen der Macht und die Antworten der Staatskunst, in: Vierteljahrshefte für Zeitgeschichte 43 (1995), S. 195–219, hier S. 198.

[11] Vgl. die Kritik bei Hans-Ulrich Wehler, „Moderne" Politikgeschichte? Oder: Willkommen im Kreis der Neorankeaner vor 1914, in: Geschichte und Gesellschaft 22 (1996), S. 257–266.

[12] Gustav Schmidt, Wozu noch „politische Geschichte"? Zum Verhältnis von Innen- und Außenpolitik am Beispiel der englischen Friedensstrategie 1918/1919, in: Aus Politik und Zeitgeschichte B 17 (1975), S. 21–45.

und der Strategie des friedlichen Wandels in der internationalen Politik" nachweisen konnte.[13] Ähnliche Erfahrungen mußte Gilbert Ziebura machen, in dessen Forschungszusammenhang am Zentralinstitut für Sozialwissenschaftliche Forschung der Freien Universität Berlin Schmidts Studie entstanden war[14] und der immer wieder Vorstöße unternommen hat, die Analyseebenen „globales System" und „die jeweiligen innergesellschaftlichen Machtverhältnisse" systematisch miteinander zu verbinden, zuletzt in einer Analyse des Zusammenhangs von weltwirtschaftlicher und internationaler Stabilisierung bzw. Destabilisierung im Jahrzehnt nach der Etablierung der Versailler Friedensordnung.[15] Auch Zieburas Appell, sich von der Debatte um die Vorstellung von einem „Weltsystem", wie sie Immanuel Wallerstein und mit anderer Akzentsetzung George Modelski vorgelegt haben,[16] zur Entwicklung eines Begriffs von „Weltgesellschaft" anregen zu lassen, in dem „Politik, Ökonomie und Ideologie" ebenso zusammentreffen wie innere und äußere Politik, ist bislang nicht erkennbar aufgegriffen worden.[17]

Nun hat das begrenzte Echo, das Schmidt und Ziebura gefunden haben, auch mit den Schwierigkeiten des Gegenstands zu tun. Schmidts Befunde zur „Scharnierfunktion der Rüstungspolitik"[18] in der britischen Außen- und Innenpolitik der dreißiger Jahre lassen sich nicht ohne weiteres auf andere Politikbereiche und andere Zeiträume übertragen; die Interdependenz ist nicht überall so offensichtlich wie auf dem Feld, das er für seine Analyse ausgesucht hat. Und die von Ziebura bemühten Konzepte des „Weltsystems" oder der „Weltgesellschaft" basieren auf theoretischen Grundannahmen, die nicht für jedermann evident sind; gleichzeitig bereitet ihre Operationalisierung nicht geringe Schwierigkeiten. Hemmend wirkte sich allerdings auch das Lagerdenken in der deutschen Geschichtswissenschaft aus, das aus der Polarisierung der Kontroverse resultiert und durch den zunehmenden Zwang zur Spezialisierung gefördert wird. Ebenso machte sich der Mangel an internationalem Austausch der Geschichtswissenschaft bemerkbar, für Historiker der internationalen Beziehungen eigentlich ein ganz unakzeptabler Befund, gleichwohl aber eine Schwäche, die nicht nur bei deutschen Historikern zu konstatieren ist. Und schließlich spielte auch der Mangel an Kontakten zu den Nachbardisziplinen eine Rolle, die Unterentwicklung der

[13] Gustav Schmidt, Politisches System und Appeasement-Politik 1930–1937. Zur Scharnierfunktion der Rüstungspolitik für die britische Innen- und Außenpolitik, in: Militärgeschichtliche Mitteilungen 25 (1979), S. 37–53, Zitat S. 37; ausführlicher ders., England in der Krise. Grundzüge und Grundlagen der britischen Appeasement-Politik (1930–1937), Opladen 1981.

[14] Vgl. sein Vorwort in Schmidt, England in der Krise, S. 5–9.

[15] Gilbert Ziebura, Weltwirtschaft und Weltpolitik 1922/23–1931. Zwischen Rekonstruktion und Zusammenbruch, Frankfurt/M. 1984.

[16] Immanuel Wallerstein, The Modern World System: Capitalist Agriculture and the Origins of the European World-Economy in the Sixteenth Century, New York 1974; ders., The Modern World System II. Mercantilism and the Consolidation of the European World Economy 1600–1750, New York 1982; George Modelski, The Long Cycles of Global Politics and the Nation-States, in: Comparative Studies in Society and History 1978, S. 214–235; ders., Long Cycles of World Leadership, in: W. R. Tompson (Hrsg.), Contending Approaches to World System Analysis, Beverly Hills 1983.

[17] Gilbert Ziebura, Die Rolle der Sozialwissenschaften in der westdeutschen Historiographie der internationalen Beziehungen, in: Geschichte und Gesellschaft 16 (1990), S. 79–103, Zitat S. 102.

[18] So der Untertitel seines Aufsatzes von 1979.

vielbeschworenen interdisziplinären Kooperation. Einen organisierten Dialog zwischen Diplomatiehistorikern und Politikwissenschaftlern, wie er 1997 in der Zeitschrift „International Security" dokumentiert wurde,[19] sucht man in der deutschen Wissenschaftslandschaft vergeblich.

Die weitgehende Blockierung der Diskussion über die theoretischen Grundlagen der Geschichtsschreibung von den internationalen Beziehungen ändert freilich nichts daran, daß auch dieser Teil der Geschichtswissenschaft stets auf theoretischen Grundannahmen basiert. Sie hat Praktiker der Teildisziplin nicht davon abgehalten, empirische Studien vorzulegen, die sich dem Problem der Interdependenz von Innen- und Außenpolitik tatsächlich stellen und erhebliche methodische Reflexivität aufweisen. In den letzten Jahren sind solche Studien zahlreicher geworden.[20] Gleichzeitig ist deutlicher geworden, daß eine Geschichte des internationalen Systems neben den Beziehungen zwischen den Staaten, Nationen und Gesellschaften immer auch deren Vernetzung mit thematisieren muß: wechselseitige Beeinflussung, Verflechtung, Integration und den Einfluß von Akteuren und Strukturen jenseits der staatlichen Ebene. Sie ist damit nicht nur Politikgeschichte, sondern notwendigerweise auch immer Gesellschaftsgeschichte und Kulturgeschichte, die sich nicht auf die Bindungen an nationale Kontexte und nationalstaatliche Formationen einengen lassen. Sie wird es immer mehr, je deutlicher jene Prozesse in den Blick der Historiker kommen, die anderswo unter dem Schlagwort der „Globalisierung" (oder vielleicht sachgerechter „Internationalisierung"[21]) diskutiert werden. Um diese thematische Ausweitung bewußt zu machen, ist vorgeschlagen worden, in Anlehnung an eine Tendenz in der amerikanischen Geschichtswissenschaft[22] dem Begriff „Geschichte der internationalen Beziehungen" einen Gattungsbegriff „Internationale Geschichte" überzuordnen.[23]

Wissenschaftsorganisatorische Anstrengungen stützen und verstärken diesen Erneuerungsprozeß der Disziplin. So haben sich unter der Leitung von Heinz Duchhardt und Franz Knipping neun ausgewiesene Historiker der internationalen Beziehungen zusammengefunden, um ein „Handbuch der Geschichte der Internationalen Beziehungen" zu verfassen. Sie konzentrieren sich dabei auf die „zwischenstaatlichen Beziehungen der Neuzeit", haben dabei aber die Wechselwirkungen zwischen inne-

[19] Colin Elman / Miriam Fendius Elman, Diplomatic History and International Relations Theory. Respecting Difference and Crossing Boundaries, in: International Security, Vol. 22, No. 1 (Summer 1997), S. 5–21; sowie die darauf folgenden Debattenbeiträge von Jack S. Levy, Stephen H. Haber / David M. Kenndy / Stephen D. Krasner, Alexander L. George, Edward Ingram, Paul W. Schroeder und John Lewis Gaddis, S. 22–85.

[20] Vgl. für den Bereich der Zeitgeschichte die Hinweise bei Eckart Conze, Abschied von der Diplomatiegeschichte? Neuere Forschungen zur Rolle der Bundesrepublik Deutschland in den internationalen Beziehungen 1949–1969, in: Historisches Jahrbuch 116 (1996), S. 137–154; und Wolfram Kaiser, Globalisierung und Geschichte. Einige methodische Überlegungen zur Zeitgeschichtsschreibung der internationalen Beziehungen, in: Müller (Hrsg.), Deutschland und der Westen, S. 31–48.

[21] Vgl. dazu meinen Beitrag in diesem Band.

[22] Vgl. Alexander DeConde, On the Nature of International History, in: The International History Review 10 (1988), S. 282–301.

[23] Im Geleitwort zur Reihe „Studien zur Internationalen Geschichte", herausgegeben von Wilfried Loth, Anselm Doering-Manteuffel, Jost Dülffer und Jürgen Osterhammel; erstmals im Band 1: Gerhard Th. Mollin, Die USA und der Kolonialismus. Amerika als Partner und Nachfolger der belgischen Macht in Afrika 1939–1965, Berlin 1996, S. 13.

ren Dispositionen und internationalem System ebenso im Blick wie die Vielfalt der Akteure und der Formen internationaler Beziehungen.[24]

In den „Studien zur Internationalen Geschichte“, herausgegeben von Wilfried Loth, Anselm Doering-Manteuffel, Jost Dülffer und Jürgen Osterhammel, erscheinen seit 1996 Monographien, die „sich an einem umfassenden Verständnis von internationaler Geschichte“ des 19. und 20. Jahrhunderts orientieren. Zu ihrem Programm gehört es, aufzugreifen, „was die systematischen Sozialwissenschaften zur Erklärung der internationalen Beziehungen bereitstellen“, und „mit empirisch dichten Untersuchungen zur Präzisierung theoretischer Einsichten“ beizutragen.[25]

Der vorliegende Band ist im Kreis der Herausgeber der „Studien zur Internationalen Geschichte“ konzipiert und diskutiert worden. Wir wollen damit den Erneuerungsprozeß der Disziplin, der mit der Propagierung von „Internationaler Geschichte“ signalisiert wird, in dreierlei Hinsicht fördern:

Erstens soll eine Bilanz der disziplingeschichtlichen Entwicklung der Beschäftigung mit internationaler Geschichte vorgelegt werden. Was bleibt von der einst überaus prägenden deutschen Tradition der Geschichtsschreibung zu den internationalen Beziehungen? Welche Denkfiguren und Interpretamente müssen endlich bewußt ad acta gelegt werden, woran läßt sich mit Aussicht auf Erkenntnisgewinn anknüpfen? Was läßt sich aus dem Gang der Diskussion in anderen Ländern lernen? Drei Länder werden hierzu von renommierten Vertretern der jeweiligen nationalen Teildisziplin zusätzlich in den Blick genommen: Frankreich, dessen Historiker der internationalen Beziehungen die Herausforderungen durch die Schule der „Annales“ mit ihrem Interesse an kollektiven Haltungen und langfristig wirksamen Strukturen besonders intensiv empfunden haben; Großbritannien, das eine lange Tradition umfangreicher Akteneditionen mit bemerkenswerten Vorstößen zur Erweiterung der Disziplin der Geschichte der internationalen Beziehungen verbindet; schließlich die USA, wo der Zwang zur Selbstbehauptung der Diplomatiehistoriker in der Konkurrenz mit gesellschafts- und kulturgeschichtlichen Forschungsrichtungen in den letzten anderthalb Jahrzehnten zu einer besonders intensiven methodologischen Debatte geführt hat.[26]

Zweitens sollen methodische Konzepte vorgestellt und diskutiert werden, die in den letzten Jahren entwickelt wurden und sich bei der Analyse bestimmter Themenfelder als hilfreich erwiesen haben. Insbesondere geht es dabei um Konzepte mittlerer Reichweite, d.h. Konzepte, die es erlauben, die Akteure internationaler Politik in ihren Kontexten zu sehen und solche Kontexte systematisch zu analysieren: also um innenpolitische Einflüsse auf die Gestaltung der Außenpolitik, das Spannungsverhältnis von öffentlicher Meinung und politischer Führung, die Rolle von Weltbildern

[24] Heinz Duchhardt / Franz Knipping (Hrsg.), Handbuch der Geschichte der Internationalen Beziehungen, Verlagsprospekt Paderborn 1997. – Als erste Bände sind erschienen: Heinz Duchhardt, Balance of Power und Pentarchie. Internationale Beziehungen 1700–1785 (Band 4), Paderborn 1997; und Winfried Baumgart, Europäisches Konzert und nationale Bewegung. Internationale Beziehungen 1830–1878 (Band 6), Paderborn 1999.

[25] Geleitwort, S. 13. – Ein Überblick über die bislang erschienen Arbeiten findet sich am Schluß dieses Bandes.

[26] Zu ihrem Stand vgl. neben dem in diesem Band abgedruckten Beitrag von Michael H. Hunt auch Melvyn P. Leffler, New Approaches, Old Interpretations, and Prospective Reconfigurations, in: Diplomatic History 19 (1995), S. 173–196.

und langfristigen historischen Prägungen, die unterschiedlichen Formen der Kommunikation und die Schwierigkeiten, einander angemessen wahrzunehmen, schließlich der Einfluß von Geographie und Umwelt. Dabei soll auch aufgegriffen werden, was in den Politikwissenschaften unterdessen an Theorieangeboten entwickelt ist, die über die systemtheoretischen beziehungsweise behavioristischen Engführungen hinausgehen.[27]

Drittens sollen auch Themenfelder als solche in den Blick genommen werden, die als Bedingungen internationaler Politik oder Aspekte internationaler Geschichte identifiziert werden können. Dabei sind Konzepte und Themenfelder analytisch nicht immer klar voneinander zu trennen; wir haben uns bei der Formulierung der einzelnen Themen des Bandes pragmatisch an der Entwicklung in der Disziplin orientiert. Das Problem des internationalen Staatensystems und seiner Formierungen wird hier thematisiert, ebenso seine Prägung durch das Militär, durch das Völkerrecht und durch die Vielfalt der Kulturen, weiter die interkulturellen und die transnationalen Beziehungen. Das Problem der Integration von Staaten und Gesellschaften wird als ein Sonderfall der Transformation von Staatensystem und Staatlichkeit behandelt, der zunehmend Aufmerksamkeit beansprucht.

Insgesamt wollen wir also, ausgehend von disziplingeschichtlichen Vergewisserungen, die Erweiterung der Disziplin der Geschichte der internationalen Beziehungen diskutieren: Erweiterung und Verfeinerung des methodischen Instrumentariums und Erweiterung des Gegenstandsbereichs, wie sie der Titel „Internationale Geschichte“ andeutet. Das ist natürlich ein Unternehmen mit offenem Ausgang. Es geht darum, Anregungen zu vermitteln, unterschiedliche Ansätze auf ihre Tragfähigkeit hin zu überprüfen, dies durchaus in Konkurrenz zueinander; es geht nicht darum, *ein* neues Paradigma internationaler Geschichtsschreibung zu entwickeln oder gegen andere durchzusetzen. Die Konzepte und Themenfelder, die hier vorgestellt werden, sind unterschiedlich weit entwickelt und erkundet; deswegen wird in der Präsentation zwischen „Aspekten“ und „Perspektiven“ unterschieden. Daß die Wege, die hier aufgezeigt werden, stärker erkundet, daß die Anregungen, die der Überblick über Konzepte und Methodendiskussionen ermöglicht, von einem möglichst großen Kreis von Historikerinnen und Historikern aufgegriffen werden, ist das Ziel des Unternehmens.

Zu seinem offenen Charakter gehört, daß wir nicht alle Themen besetzen konnten, die wir uns vorgenommen hatten. Ein Beitrag zu den historischen Aspekten der internationalen Wirtschaftsbeziehungen, der uns fest zugesagt worden war, ist uns im letzten Moment wieder abhanden gekommen; für einige speziellere Themen wie die Historische Soziologie außenpolitischer Eliten und die Historische Migrationsforschung konnten wir keine Autoren gewinnen. Wir hoffen gleichwohl, daß unser Band repräsentativ ist: er soll widerspiegeln, was die deutsche Geschichtswissenschaft gegenwärtig zu den Methodenfragen der „Internationalen Geschichte“ beizutragen hat; und er soll darüber hinaus wesentliche Stränge der internationalen Diskussion wiedergeben.

[27] Vgl. etwa Stephen Gill / James H. Mittelman (Hrsg.), Innovation und Transformation in International Studies, Cambridge 1997.

Danken möchten wir zunächst den Kolleginnen und Kollegen, die sich trotz vielfältiger anderer Verpflichtungen bereitgefunden haben, einen Beitrag zu diesem Gemeinschaftsunternehmen zu leisten und auf unsere Anregungen einzugehen. Ein besonderer Dank gilt in diesem Zusammenhang Gerhard Th. Mollin, der nicht nur gleich zwei Beiträge übernommen hat, sondern auch in der Konzipierungsphase des Unternehmens mit Hinweisen sehr hilfreich gewesen ist. Das Kulturwissenschaftliche Institut im Wissenschaftszentrum Nordrhein-Westfalen war Gastgeber einer Tagung vom 4. bis 6. März 1998 in Essen, auf der wir erste Fassungen der meisten Beiträge dieses Bandes diskutieren konnten;[28] es hat sein Erscheinen darüber hinaus mit einem Druckkostenzuschuß unterstützt. Für beide Formen der Förderung wissenschaftlicher Innovation danken wir sehr herzlich. Frank Bärenbrinker gebührt Dank für die Unterstützung bei der Redaktion des Bandes und die Erstellung des Registers, Corinna Steinert für zusätzliche Hilfe bei den Übersetzungen.

Das Titelbild zeigt junge Berliner, die im Sommer 1948 den Anflug eines amerikanischen Versorgungsflugzeugs auf den Flughafen Tempelhof beobachten. Sie stehen auf einem Trümmerberg, der vom „Endkampf" um die Reichshauptstadt übrig geblieben ist. Wie die Kraftprobe der Berliner Blockade ausgehen wird, ein entscheidendes Datum bei der Etablierung der Nachkriegsordnung nach dem Zweiten Weltkrieg, ist zu diesem Zeitpunkt noch ungewiß. Es hängt zum Teil von den technischen Möglichkeiten der Alliierten ab, nicht zuletzt aber auch von der Wahrnehmung dieser Berliner Zuschauer. Die Historiker sollten sich bemühen, internationale Geschichte in der Vielschichtigkeit zu erfassen, wie sie in dieser Szene sichtbar wird – das ist, kurzgefaßt, die Botschaft dieses Bandes.

[28] Vgl. den Tagungsbericht von Wolfram Kaiser in: Zeitschrift für Geschichtswissenschaft 46 (1998), S. 542–546.

I. Disziplingeschichtliche Verortungen

Gerhard Th. Mollin

Internationale Beziehungen als Gegenstand der deutschen Neuzeit-Historiographie seit dem 18. Jahrhundert. Eine Traditionskritik in Grundzügen und Beispielen

Versucht man die Geschichte der wissenschaftlichen Historie in deutscher Sprache zu überschauen, entsteht vorderhand der Eindruck, daß die internationalen Beziehungen so gut wie ausschließlich unter dem beschränkten Blickwinkel der Machtpolitik im westlichen Teil des europäischen Staatensystems behandelt worden sind. In der Tat handelt es sich hierbei um die stärkste Strömung; sie nahm ihren Ausgang von Leopold v. Ranke und bildete ein wesentliches Element der Durchsetzung des Historismus. Mit dem ausgehenden 19. Jahrhundert erlangte die verbindliche Berufung auf die methodischen und konzeptionellen Ideen des Historikers des preußischen Staates – oder genauer: auf das Bild von diesen Ideen – im Zeichen nationalen Denkens quasi rituelle Züge: Während „Ranke“ von der deutschen Historikerzunft jener Zeit zum Maß aller Dinge erhoben wurde, schwand die Erinnerung an die Aufklärungsgelehrten, welche die Geschichtswissenschaft als Universitätsfach in Deutschland und in Europa eigentlich begründet hatten. Die Ranke-Tradition war modellhaft in dem Sinn geworden, daß selbst kritisch oder revisionistisch motivierte Versuche der Selbst- und Rückbesinnung unter ihrem Bann standen. So konnte der Eindruck entstehen, vor und jenseits von „Ranke“ habe es keine bedeutende „Staatengeschichte“ in der deutschen Historiographie gegeben.[1]

Trotz aller Krisensymptome konnte der Historismus seine Vorherrschaft über die politischen Brüche der deutschen Geschichte zwischen 1918 und 1945 hinweg weitgehend erhalten. Daß sich sein Abgang als herrschende Ideologie erst mit dem Ende der Adenauer-Ära vollzog, ist letztlich wohl auf die restaurativen Tendenzen im Zeichen des Kalten Krieges zurückzuführen: Nach einer ansatzweisen Revision der Rankeschen Historiographie im Zeichen der „deutschen Katastrophe“ kam es unter der Ägide Gerhard Ritters 1949 zur erneuten Berufung auf einen europäisierten Ranke wie zur Renaissance eines borussischen Historismus in moralisch gezähmter Form.[2]

[1] Noch 1971 ging Georg G. Iggers in seinem Buch „Deutsche Geschichtswissenschaft. Eine Kritik der traditionellen Geschichtsauffassung von Herder bis zur Gegenwart“ weder auf Schlözer und Gatterer noch auf Spittler oder Heeren ein. Erst für die ausgehenden 70er Jahre läßt sich von einer echten Wiederentdeckung insbesondere der Göttinger Schule sprechen.

[2] Siehe: Winfried Schulze, Der Neubeginn der deutschen Geschichtswissenschaft nach 1945: Einsichten und Absichtserklärungen der Historiker nach der Katastrophe, in: Ernst Schulin (Hrsg.), Deutsche Geschichtswissenschaft nach dem Zweiten Weltkrieg (1945–1965), München 1989, S. 2–37; Hans Mommsen, Haupttendenzen nach 1945 und in der Ära des Kalten Krieges,

Zwar kann man den Ausgang der herrschenden Lehre auch bereits mit dem Tod Friedrich Meineckes (1954) und demjenigen Ludwig Dehios (1963) beginnen lassen – zwei der bedeutendsten deutschen Historiker, für die, noch in der wilhelminischen Ära geprägt, die Orientierung an Ranke integraler Teil ihrer wissenschaftlichen Persönlichkeit war. Den entscheidenden Einschnitt bildete aber wohl die deprimierte Abreise Ritters vom Berliner Historikertag im Oktober 1964, auf dem er die entscheidende Auseinandersetzung mit der als revolutionär betrachteten Deutung der deutschen Zeitgeschichte durch Fritz Fischer gesucht hatte. In der Zeit nach dem drei Jahre später folgenden Tod Ritters gab es dann mit – dem 1984 verstorbenen – Theodor Schieder nur noch einen führenden Geschichtsschreiber, der die Rankesche Tradition der europäischen Staatengeschichte aufrechterhalten konnte. Schieder erscheint heute als eine Endgestalt, denn weder die konservative Tendenzwende zu Beginn der 80er Jahre noch das anläßlich des hundersten Todestages (1986) wiedererweckte Interesse an Ranke haben zu einer „Beschwörung" und Neubelebung im Sinne der Renaissancen während der wilhelminischen Ära und den beiden Nachkriegszeiten geführt.[3] Auf der anderen Seite ist es seit dem Ausklang der Ranke-Tradition nicht gelungen, eine neue einschlägige Überlieferung deutschsprachiger ‚Staatengeschichte' – das heißt der Weitergabe eines als modellhaft betrachteten Grundbestandes an methodischen und konzeptionellen Ideen von einer Generation zur nächsten im Sinn von Kuhns „Normalstadium" einer Wissenschaft – zu etablieren. Dies gilt, wie im folgenden zu zeigen sein wird, für die Geschichtswissenschaft im Westen und ganz zu schweigen von der „marxistischen" Historie, die nach der Auflösung der DDR in eine marginale Stellung geraten ist.

Lassen sich aus dem Erbe der deutschen Staatengeschichte Anregungen für das Projekt der Neubegründung einer Historie von den internationalen Beziehungen vor dem gewandelten und erweiterten Erfahrungshintergrund der Zeit des Jahrtausendwechsels gewinnen? Was von der Rückbesinnung erwartet werden kann, ist ein Beitrag zur Bestimmung und Klärung unseres Standortes – sei es lediglich die Einsicht in Irrwege, deren erneute Beschreitung auf jeden Fall vermieden werden sollte, sei es die Vergewisserung von Ansätzen, die als Elemente eines umfassenden Konzeptes von Internationaler Geschichte immer noch bedenkenswert sind. Vier Maßstäbe sollen angelegt werden, um die Tauglichkeit der in Frage kommenden Ansätze zu beurteilen: erstens, die diachrone Reichweite; zweitens, die Widerspruchsfreiheit zur Struktur der internationalen Beziehungen seit 1945 (Globalisierung und Multilateralisierung des Staatenssystems, kollektive Sicherheitspolitik, Ideologisierung und Demokratisierung, ‚Entstaatlichung' und Hervortreten ökonomischer gegenüber im traditionellen Sinn ‚sicherheitspolitischen' Zielen); drittens, die systematische Breite, gemessen an der regulativen Idee der Totalität des historischen Prozesses; viertens, die Übereinstimmung des empirischen Werkes mit dem zugrundegelegten Modell.

in: Bernd Faulenbach (Hrsg.), Geschichtswissenschaft in Deutschland. Traditionelle Positionen und gegenwärtige Aufgaben, München 1974, S. 113.

3 Als eines der zahlreichen Beispiele für die Brandmarkung Rankes als „Chefideologe" der „orthodoxen Politikhistoriker [, die] seit der ‚konservativen Tendenzwende' Ranke erneut beschwören, wenn sie ihre antiquierten Pfründe verteidigen, anstatt endlich eine moderne Politikgeschichte zu entwickeln", durch Hans-Ulrich Wehler siehe: Ders., Was bedeutet Leopold v. Ranke heute, in: Aus der Geschichte lernen? Essays, München 1988, S. 10.

Im folgenden wird die Überlieferung der deutschsprachigen Historiographie internationaler Beziehungen von der Chiffre „Ranke" her aufgeschlüsselt. Diese steht für fünf verschiedene Aspekte: das nach den Schaffensperioden – 1820–1848, 1848–1871, 1871–1886 – unterschiedene Werk des authentischen Historikers Ranke; die durch seine Inanspruchnahme entstandenen ‚Schulen' – der „Rankeanismus" also –; die Bestrebungen zur Abgrenzung gegenüber dieser dominanten Lehrmeinung; die post- und antirankeanische Neuorientierung in der deutschen Geschichtswissenschaft seit den 60er Jahren; die deutsche Historie vor Ranke. – Der letztgenannten Strömung, der Aufklärungshistorie, kommt eine erhebliche, aber durchaus nicht selbstverständliche Bedeutung gerade für das hier behandelte Thema zu. Man hat der im 18. Jahrhundert europaweit führenden deutschen historischen Staatenkunde und Völkerrechtswissenschaft lange Zeit den wissenschaftlichen Rang abgesprochen, als Gründe hierfür wurden genannt ihre methodischen Defizite – das fehlende Aktenstudium –, die Beliebigkeit der Stoffauswahl, das Gefälle zwischen Ansatz und Durchführung sowie der – insbesondere bei ihren älteren Vertretern verbreiteten – pädagogisierend-moralisierende Duktus, der nicht mit dem Unparteilichkeitspostulat der Wissenschaft vereinbar sein sollte. Augenscheinlich ist es den Historikern der Göttinger Schule seit August Ludwig von Schlözer (1735–1809) in nicht so überzeugender Weise wie den historistischen Geschichtsschreibern gelungen, die von ihnen erhobenen methodischen Ansprüche in ihrem empirischen Werk einzulösen; die Universalgeschichten der Historiographen der Aufklärungszeit blieben Kompilationen – mit Ausnahme des auf der Grenze zum Historismus stehenden Arnold Herrmann Ludwig Heeren (1760–1809). Wenn der Denkstil der Aufklärungshistorie – mit ihren Tendenzen zu Universalität, Systematik, Rationalität, Normativität, Homogenität, kritischer Lehrhaftigkeit, ‚Gegenwartsbezogenheit', ‚Allmachbarkeit' – dem Geschichtsverständnis der Gegenwart ferner liegt als die Grundideen des Historismus, dann ist dies nicht auf ihre Geringschätzung im Zeichen des heraufziehenden preußisch-deutschen Machtstaates zurückzuführen. Daß sie bis in die unmittelbare Vergangenheit hinein auf die Rolle einer bloßen Vorbereiterin und Vorläuferin Rankes reduziert worden war, stellte das Ergebnis des Zirkelschlusses dar, der von der Annahme ausging, die wissenschaftliche Geschichtsschreibung habe sich erst wirklich mit Ranke ausgebildet. Heute dagegen gilt, bereits die Aufklärungshistoriker hatten den entscheidenden Schritt zur Verwissenschaftlichung vollzogen, weil sie den Graben zwischen einer sich bisher in antiquarischem Interesse erschöpfenden Forschung und der unkritisch-antiquarisch, teilweise ohne jegliche empirische Basis betriebenen Historiographie überwanden.[4]

Vor dem so skizzierten Hintergrund gilt es nun, die Überlieferung einer genetisch-kritischen Beurteilung zu unterziehen. Dazu wird von drei zentralen, zu Schlagwor-

[4] Zur geänderten Sicht auf die Aufklärungshistorie siehe: Peter Burke, Ranke als Gegenrevolutionär, in: Wolfgang J. Mommsen (Hrsg.), Leopold von Ranke und die moderne Geschichtswissenschaft, Stuttgart 1988, S. 189–200. Auch Georg Iggers schloß sich in seinem Buch „Neue Geschichtswissenschaft. Vom Historismus zur Historischen Sozialwissenschaft. Ein internationaler Vergleich", München 1978, S. 21–28 dem Urteil über die gegebene Wissenschaftlichkeit der Göttinger Schule an; vgl. Anm. 1; Ritter zitiert nach: Jaroslav R. Kudrna, Zum nationalen und europäisch-atlantischen Geschichtsbild in der deutschen und westlichen bürgerlichen Historiographie, in: Schulin (Hrsg.), wie Anm. 2, S. 229.

ten gewordenen Aspekten des Rankeschen Werkes ausgegangen: der Lehre von den Großen Mächten, dem Grundsatz vom Primat der Außenpolitik und dem Prinzip des Universalismus.

Die „Lehre von den großen Mächten"

In der „Lehre von den großen Mächten" kamen zwei Elemente zusammen: Auf der einen Seite die aus der protestantisch-theologischen Herkunft der ersten deutsch-preußischen Historikergenerationen herrührende Verehrung des Staates als einer quasi überirdischen Wesenheit, zum anderen die Anknüpfung an System und Praxis der internationalen Politik in der Ära nach 1815. – Grundlegend für Rankes Vorstellung vom ‚internationalen System' war sein Machtbegriff, für den die beiden Bedeutungen – die Macht als Staat im internationalen Raum und die Macht als Abstraktum – lediglich die Vor- und Rückseite einer Medaille bildeten: „[D]enn die Idee des Staates entspringt aus dem Gedanken einer Selbständigkeit, welche ohne entsprechende Macht nicht behauptet werden kann". Diese besaß für Ranke wirklich religiöse Qualität: Er fand in der „Macht an sich [...] ein geistiges Wesen, einen ursprünglichen Genius, der sein eigenes Leben hat"; in seiner „Weltgeschichte" sprach er von der „Macht selbst, die einmal begründet, immerfort wachsen muß"; in Paris und Versailles entdeckte er in den Bildern Ludwigs des XIV. das „Gefühl der Macht", fand in den Palästen eine „Idee der Gewalt" ausgedrückt.[5] Idealisierung des Staates auf der Basis der Spiritualisierung der Macht in Anschluß an Hegels politischen Idealismus (Nipperdey) – darin lag die Grundtendenz der historistischen Staatengeschichte bis hin zu Ritter und Dehio mit ihrer Suche nach der angeblichen „Dämonie der Macht". Dieses Denken, dessen Summe in Rankes bekanntem Satz, Staaten seien „Gedanken Gottes", liegt, determinierte die Begriffe: Politik richtete sich bei ihm auf die Erfassung des Geistes ‚der Macht', wenn er auch nicht „von der leeren Idee des Staates" ausgehen wollte, sondern „auf Beobachtung der mächtigen und in sich selbst zu namhafter Entwicklung gediehenen Staaten" aus war.[6]

[5] Karl-Georg Faber, „Macht, Gewalt", in: Geschichtliche Grundbegriffe, Bd. 3, Stuttgart 1982, S. 903f. Diese Substanzialisierung klingt noch bei Otto Hintze und seiner These nach, der „Wille zur Macht" sei die „Seele" des absolutistischen Großstaates gewesen. Siehe: Machtpolitik und Regierungsverfassung (1913), in: Ders., Staat und Verfassung, 3. Aufl., Göttingen 1962, S. 429. Diese Verabsolutierung eines Begriffes zur Idee kann als Eigenart der deutschen Geistesgeschichte angesehen werden; auch Marx verwendete den Begriff „das Kapital" in diesem Sinn; siehe: Bernhard vom Brocke, Werner Sombart, in: Hans-Ulrich Wehler (Hrsg.), Deutsche Historiker, Bände 1–5 in einem Band, Göttingen 1973, S. 626. Eine erste, noch nicht Schule machende Abkehr vom spiritualistischen Machtbegriff läßt sich schon bei Droysen – zwei Generationen vor Weber – feststellen: Dieser verwendete – neben „Interesse" – als Zentralbegriff seines weltpolitischen Denkens „Macht [...] auf natürlichen Grundlagen beruhend"; siehe: Heinz Gollwitzer, Geschichte des weltpolitischen Denkens, Bd. I, Göttingen 1972, S. 453. Der von Hillgruber verwendete Begriff der „originären Machtpolitik" ist unverdächtig.

[6] Zur Geschichte Deutschlands und Frankreichs im neunzehnten Jahrhundert. Politisches Gespräch (1836), SW (= Sämtliche Werke), Bd. 49/50, Leipzig 1887, S. 324f.; vgl. Volker Sellin, „Politik", in: Geschichtliche Grundbegriffe, Bd. 4, Stuttgart 1978, S. 852f.

Rankes zweiten Bezugspunkt in seiner prägenden Phase bildete das internationale System der Wiener Ordnung, jener Zweckgemeinschaft und Solidaroligarchie der principales puissances alliées, die sich 1814 verbunden hatten, um einen „auf einer gerechten Aufteilung der Kräfte [Ressourcen] zwischen den Mächten" beruhenden Frieden zu begründen und diese Ordnung zu garantieren. Ranke lehnte sich an die Definition an, welche Heeren in der Weiterführung von Schmauß, Achenwall und Martens geliefert hatte: Danach bildete Europa ein Balance-System von „fünf Hauptmächte[n]", dessen Gleichgewicht dem Frieden dienen sollte, einen „Verein sich begrenzender, durch Sitten, Religion und Cultur sich ähnlicher und unter einander durch wechselseitiges Interesse verflochtener Staaten"; diese waren gekennzeichnet durch: Unabhängigkeit der Glieder, Ungleichheit ihrer Macht, gemeinsame Verhütung von Übermacht, Zugehörigkeit von Kolonien, Vorwiegen der Erbmonarchien, prinzipielle „Heiligkeit des anerkannt rechtmäßigen Besitzstandes."[7] Anders als der völkerrechtlich denkende Heeren definierte Ranke seine Kategorie der ‚erstrangigen Mächte', und zwar von der Konfrontation her: In dem vielzitierten Aufsatz über die „Großen Mächte" von 1833 heißt es: „Wenn es als der Begriff einer großen Macht aufgestellt werden könnte, daß sie sich wider alle anderen, selbst zusammengenommen, zu halten vermögen müsse, so hatte Friedrich Preußen [durch seine Kriege, GTM] zu diesem Range erhoben. Seit den Zeiten der sächsischen Kaiser und Heinrichs des Löwen zum ersten Male sah man im nördlichen [protestantischen, GTM] Deutschland eine selbständige, keines Bundes bedürftige, auf sich selber angewiesene Macht." Gleichzeitig erhielt die – traditionell pragmatisch verstandene – Gleichgewichtslehre eine normative Grundlage, indem das Großmächte-System als Ausdruck der „göttlichen Weltordnung" und Ergebnis der „moralische[n] Kraft" und „energischen Gewalt" der „Nationalität" bestimmt wurde. Diese Vorstellung der angeblichen Sittlichkeit der Machtpolitik hat die Auffassung vom Wesen internationaler Beziehungen bei fünf deutschen Historikergenerationen und auch die Außenpolitik Preußen-Deutschlands in erheblicher, wenn auch auf nur schwer faßbarer Weise beeinflußt.[8]

Um zu verdeutlichen, wie problematisch die Rankeschen Begriffe von Macht, Staat, Politik in ihrer Spannung zum Rechtsdenken sind, bietet es sich an, auf einen exemplarischen Gegenstand der deutschen Historiographie zurückzugreifen. – Keiner anderen Gestalt, mit Ausnahme Bismarcks, ist seitens der deutschen Geschichtsschreibung des 19. und 20. Jahrhunderts so viel Ehre zuteil geworden wie Friedrich dem Großen, als Schöpfer der preußischen Großmachtstellung und angeblichem Begründer der (klein)deutschen Nation. Den eigentlichen Wendepunkt der preußischen Geschichte zum europäischen Großstaat, komplementär zum Beginn der Verdrängung Österreichs aus „Deutschland", hat man seit Ranke in der Besetzung Schlesiens im Jahr 1740 gesehen. In der Beurteilung dieses zentralen Ereignisses – genauer:

[7] Hellmut Seier, Arnold Hermann Ludwig Heeren, in: Hans-Ulrich Wehler (Hrsg.), Deutsche Historiker, Bd. 9, Göttingen 1982, S. 73. – Diese Vorstellung war im Grunde konventionell, auch Herder dachte so, wenn er das Bild von Europa als einem „Stonehenge" individueller Staaten und Staatsvölker verwendete.

[8] Ebda., S. 930–933; langes Ranke-Zitat: Die großen Mächte (1833), SW, Bd. 24, Leipzig 1872, S. 25.

der ‚schicksalhaften' Entscheidung des preußischen Königs – bündeln sich die widersprüchlichen Tendenzen bei der Bewertung der Rolle des Rechts in der Geschichte:[9]

Ranke hat den Vorgang an mehreren Stellen behandelt, darunter in der „Preußischen Geschichte" relativ ausführlich. Vielleicht kam hierin die Tatsache zum Ausdruck, daß er das Vorgehen als durchaus nicht unproblematisch empfand.[10] Er mußte zumindest die Möglichkeit sehen, daß sich der „Ursprung der Unternehmung auf Schlesien" – damit übernahm der Historiker die Formulierung des Königs – vom (völker)rechtlichen Standpunkt her kritisieren ließ. Zudem ließ sich die Tatsache nicht aus der Welt schaffen, daß sich der Gewaltakt gegen eine andere ‚deutsche' Macht richtete, ein Umstand, den die antihohenzollernsche Publizistik auch ausgenutzt hat, indem sie Friedrich mit dem Odium des „Reichszerstörers" belastete. Die Aktion vorbehaltlos gutzuheißen, mußte vom nationalen Standpunkt aus inopportun erscheinen, so daß Rankes Bemühen verständlich wird, die Glaubwürdigkeit des „Anspruchs" auf schlesisches Territorium darzulegen. Bezeichnenderweise nahm er das eigentliche politische Problem nicht zur Kenntnis: die Reihenfolge des preußischen Vorgehens, bei dem die Militäraktion voranging und erst danach der – fragwürdige – Rechtstitel eingefordert wurde. Ranke reduzierte den Fall auf den angeblichen juristischen Konflikt zwischen zwei widersprüchlichen Standpunkten und meinte, sich dem Problem der Beurteilung entziehen zu können, indem er sich einfach für nicht zuständig erklärte: Die Historiker hätten sich nun einmal mit der Politik der Mächte zu befassen und bräuchten sich „[g]lücklicherweise [...] nicht zum Richter in streitigen Rechtsfragen auf[zu]werfen".[11] Diese Position ist nur formell rechtsindifferent, letzten Endes verzichtet Ranke denn doch nicht auf eine Rechtfertigung der „Erwerbung" Schlesiens: Er übernimmt die von Friedrich dem Großen selber eingebrachte Denkfigur des – im weitesten Sinne verstandenen – „vorbeugenden Krieges": Das Vorgehen sei unabdingbar gewesen, als ‚Erhebung' gegen die Bedrohung „des deutschen Vaterlandes" durch ein Frankreich, das die mit dem Tod des letzten Habsburgers gegebene Ausnahmesituation zur Erringung der Hegemonie über Mitteleuropa habe nutzen wollen. Doch in letzter Konsequenz ist selbst das praevenire als Begründung entbehrlich, Ranke schließt sich implizit dem macchiavellistischen Grundsatz Friedrichs an; in der Preußischen Geschichte heißt es lapidar: „Da er [Friedrich] fähig war, sie [die Eroberung] auszuführen, wie hätte er nicht die Absicht dazu fassen sollen?"[12] Es mag ja um die „Einbettung eines eher konservativen Friedrich in das

[9] Selbstverständlich kann an dieser Stelle keine lückenlose Darstellung des Problems geliefert werden, sondern nur ein geraffter Überblick. Für den neueren Forschungsstand stütze ich mich auf: Heinz Duchhardt, Balance of Power und Pentarchie: Internationale Beziehungen 1700–1785 (= Handbuch der Geschichte der internationalen Beziehungen, Bd. 4), Paderborn 1997, S. 303 ff.; ders., Das Zeitalter des Absolutismus, 2. Aufl., München 1992, S. 106 f., S. 184–188; Johannes Kunisch, Staatsverfassung und Mächtepolitik. Zur Genese von Staatenkonflikten im Zeitalter des Absolutismus, Berlin 1979, S. 62–74.

[10] Preußische Geschichte, Siebentes Buch, Viertes Kapitel, SW, Bd. 28, Leipzig 1874, S. 316–340.

[11] Diese salvatorische Klausel wird mehrfach wiederholt: „[G]lücklicherweise hat jedoch der Geschichtsschreiber die zweifelhaften Rechtsfragen nicht zu erörtern". – „Wie gesagt, der Historiker wird sich nicht zum Richter in strittigen Rechtsfragen aufwerfen."

[12] Ebda., S. 328; Die großen Mächte, wie Anm. 8, S. 22 f., S. 26. Entsprechend wird auch der „Ausbruch" des Siebenjährigen Krieges nicht etwa auf den Rechtsbruch von 1740, sondern auf die Bildung der Kaunitzschen Koalition zurückgeführt (ebda.).

europäische Staatensystem" (Duchhardt) gegangen sein, das Streben nach einer verehrungswürdigen Vergangenheit ändert jedoch nichts an der Tatsache, daß Ranke den Grundsatz der absoluten Macht vertrat: Macht ist bei ihm Selbstzweck, ultima ratio und hinreichender Handlungsgrund – sie schafft allein für sich Recht.

Daß der Rechtsbruch von 1740 ohne jegliche Distanz gutgeheißen wurde, hierin läßt sich die Wurzel jener geistigen Herrschaft der angeblich moralisch indifferenten Staatsräson und der bis an Verachtung grenzenden Geringschätzung des internationalen Rechts erkennen, welche die deutsche Politik über weite Strecken des 19. und 20. Jahrhunderts bestimmt hat. Seit dem Aufstieg des deutschen Reiches wurde dann auch die formelle Neutralitätserklärung, zu der Ranke sich noch genötigt sah, obsolet. In diesem Sinn kann in Gerhard Ritters Interpretation von 1936 eine affirmative Zuspitzung gesehen werden: Unabhängig von der Frage einer regimekritischen Intention der Friedrich-Biographie insgesamt mutet die Feststellung aus heutiger Sicht unverantwortlich an, die Eroberung Schlesiens sei unabhängig von der Rechtslage durch das „Lebensrecht des Staates" legitimiert gewesen.[13] Bis 1945 blieb die friedrichkritische Haltung in Deutschland auf die in ihrer Wirkung marginale Biographie Onno Klopps von 1860 beschränkt. Als einer der wenigen, am britischen Modell internationaler Beziehungen orientierten Historiker hielt Erich Eyck – gleich in mehrfacher Hinsicht Außenseiter – in seiner Bismarck-Kritik der Zunft ihre abfällige Einstellung gegenüber dem Recht vor. Aber auch nach dem „Zusammenbruch" sollte es noch 40 Jahre dauern, ehe die dritte, die rechtsaffirmative Position des angelsächsischen Liberalismus die Oberhand gewann: In der Tradition Macaulays stehend bezeichnete der Diplomatiehistoriker G. P. Gooch die Aktion von 1740 als eines der „sensationellsten Verbrechen der neueren Geschichte".[14]

Daß man in der Zunft so große Schwierigkeiten hatte, den Geist der Macht zu überwinden, kann angesichts der Prägung ihrer führenden Vetreter kaum überraschen. Als Ritter 1953/54 seine Friedrich-Biographie zum dritten Mal veröffentlichte, erklärte er in der Vorbemerkung, Einleitung und Schlußabschnitt hätten „großenteils neu geschrieben werden" müssen, da sich „mit dem Wechsel der politischen Situationen [...] zwar nicht notwendig das Urteil, wohl aber die Fragestellung des Historikers" verändert habe. Doch auch die aktualisierte Darstellung atmete eine erstaunliche Empathie mit dem Gewaltpolitiker Friedrich, sie gipfelte in der Feststellung: „Ohne Verletzung historischen Rechts und gewaltsame Eroberung von Macht [...] gibt es praktisch keine große Politik." Die Denkfigur der „Dämonie der Macht",

[13] Friedrich der Große, Berlin 1936, 2. Aufl. 1942, zitiert nach: Andreas Dorpalen, Gerhard Ritter, in: Wehler (Hrsg.), wie Anm. 5, S. 89. – Ob in der übersteigerten Zustimmung zur friderizianischen Machtpolitik ein hinreichender Grund liegt, Ranke vom hitzigen Nationalismus der älteren Borussen und vom Macchiavellismus des jüngeren Ritter abzuheben, steht dahin. Keinerlei Unterschied zwischen Ranke und Treitschke zu machen – wie Georg G. Iggers, Heinrich v. Treitschke, ebda., S. 186 – erscheint unangebracht.

[14] Friedrich der Große. Herrscher, Schriftsteller, Mensch (1947), Göttingen 1951, S. 21. Der Sache nicht gerade förderlich erscheint die Emotionalität der Darstellung: So bezeichnet der Autor das Ansinnen des Königs, „das Verbrechen als einen Liebesdienst an dem zukünftigen Opfer hinzustellen" als noch abstoßender denn seinen Entschluß, „einen Teil des nachbarlichen Weinbergs zu stehlen" (S. 146). – Erich Eyck, Bismarck, Bd. 1, Zürich 1943, machte seine Kritik nicht am „Präventivschlag" von 1740, sondern an demjenigen von 1756 fest (S. 167).

scheinbar als kritischer Gedanke angelegt, wurde unter der Hand zur Exkulpation, als so etwas wie eine höhere Weihe, die den „Machtpolitiker" vom „Militaristen" und „gekrönten Räuber" unterscheiden soll. Das – bei Ritter unterschwellig immer wirksame – Motiv der Verteidigung des alten Preußen gegen den Vorwurf der braunen Verunreinigung machte die Reinwaschung der Machtpolitik der Ära vor 1933 erforderlich, es beherrschte auch die große Militarismus-Studie. So scharf Ritter auch in der einschlägigen Kontroverse von Dehio herausgefordert wurde, die Verwurzelung auch dieser anderen Führungsgestalt der deutschen späthistoristischen Geschichtswissenschaft in derselben Mentalität ist unverkennbar. Dehios im Grunde schlagendes Argument, Kriterium der Unterscheidung zwischen (guter) „Machtpolitik" und (bösem) „Militarismus" sei in Ritters Argumentation letztlich die Frage von Erfolg oder Mißerfolg, bewahrte ihn nicht davor, in die alte Bewunderung Friedrichs und seines „Raubtiersprunges" zu verfallen.[15]

Ein wesentlicher Fortschritt und die tendenzielle Überwindung der Machtspiritualisierung gelang Theodor Schieder in seiner Friedrich-Deutung der frühen 80er Jahre. Er arbeitete das Revolutionäre der rein „rationalistischen" Politik des Königs heraus, den radikalen Bruch mit den dynastischen Spielregeln des alten Europa, der gerade darin bestand, erst zuzuschlagen und dann den völkerrechtlichen Anspruch zu formulieren. Diese Aktzentsetzung will um so schlüssiger erscheinen, wenn man sie vor dem Hintergrund des jahrhunderteälteren Verständnisses vom Krieg als „gewaltsames Durchfechten eines konkreten Rechtstreites im Rahmen einer vorgegebenen Rechtsordnung, die eine solche Gewaltanwendung als legitim erkannte" betrachtet (Wilhelm Janssen). Ohne Partei zu ergreifen analysierte Schieder den unaufhebbaren Widerspruch zwischen der rechtsaffirmativen Denkart des – von seiner geographischen Lage zu einer solchen Haltung begünstigten – England auf der einen Seite, der machtorientierten Ausrichtung kontinentalen Denkens auf der anderen; in der Tat, man hatte in Preußen-Deutschland schon mehr Grund, um die territoriale Unversehrtheit zu fürchten, als auf der Insel. Dieser vorsichtigen Interpretation gegenüber einen Rückfall in den Grenzbereich von Hermeneutik und Apologetik stellt eine Bewertung dar, wie sie Gregor Schöllgen in seinem neueren Essay über die „Macht in der Mitte Europas" vornimmt. Während man Schieder entgegenhalten könnte, er habe bei aller Differenziertheit der Argumentation nicht deutlich genug gemacht, daß gerade im Verletzen der Spielregeln das entscheidende Moment zu sehen ist, handelt es sich bei Schöllgen hierbei nur noch um eine reine Nebensache. Ihr gegenüber ganz in den Vordergrund gerückt werden unbewiesene Behauptungen über die internationalen Verhältnisse der Zeit: daß die übrigen Mächte „auf der Lauer" lagen, daß der preußische König nur das als erster getan habe, was sie auch vorhatten, daß die Erobe-

[15] Gerhard Ritter, Friedrich der Große (1954), Königstein/Ts. 1978, S. 256; Ludwig Dehio, Um den deutschen Militarismus. Bemerkungen zu G. Ritters Buch „Staatskunst und Kriegshandwerk. Das Problem des ‚Militarismus' in Deutschland", in: HZ 180 (1955), S. 54, S. 56. – Dehio ging noch wie selbstverständlich von Rankes Vorstellungswelt aus: In seinem großen Essay von 1948 substantivierte er „die Macht" bis hin zur Personifizierung – für ihn „wandert" sie „aus" und „ab", verkörpert sich im Dämon Hitler, stellt einen politischen „Instinkt" dar. Bei allem gedanklichen Reichtum ist hierin einer der schwachen Punkte von „Gleichgewicht oder Hegemonie" zu sehen; siehe: Volker Berghahn, Ludwig Dehio, in: Wehler (Hrsg.), wie Anm. 5, S. 473f., S. 476.

rung eben dem „Geist der Zeit" entsprach, daß die Aktion von 1740 lediglich eine „Radikalisierung" der „Usancen" darstellte. Was bei Schieder eine feinsinnige Darlegung von Friedrichs Kalkül war, wird bei Schöllgen zum alles erklärenden, „besondere[n] Sicherheitsbedürfnis" in der Mittellage. Die magische Kraft des Begriffs „Macht" wird auf den der „Sicherheit" übertragen – eine Umgestaltung, die dem Argument jedoch nicht den Charme der Unschuld verschaffen kann, welcher den, explizit oder tendenziell, verständnisvollen Äußerungen zu Friedrichs Kriegspolitik seitens eines Mirabeau oder Mehring – oder Ranke – anhaftet.[16]

Selbstverständlich ist es nicht damit getan, lediglich die ‚Unternehmung' Friedrichs als „militärischen Überfall" und Kriegsentfesselung zu brandmarken und den Deutungsschwerpunkt von der machtpolitischen Zweckmäßigkeit des Vorgehens auf Friedensbruch und Fadenscheinigkeit des Rechtsanspruches zu verlagern.[17] Berührt wird hier das epistemologische Grundproblem der Geschichtswissenschaft: Wie weit soll der Historiker seinen Gegenstand unter dem idealen Blickwinkel der Objektivität betrachten, wie weit soll er sich bestimmen lassen von seiner Standortgebundenheit – verstanden als die unvermeidbare Verunreinigung jeglichen historischen Urteils durch „ein ideologisches Element [...], das man auch als Interesse bezeichnen kann" (Faber)? Ranke selber, der seine Lehre ja als „sittlich" verstand, hätte den nach 1945 erhobenen Vorwurf des Amoralismus mit genau der selben Zweifelsfreiheit von sich gewiesen, mit der wir heute wie selbstverständlich vom „Überfall" auf Schlesien sprechen. Auch wird sein Ansatz für die Beurteilung von 1740 in der Tat wohl zeitgemäßer sein, denn die Praxis der internationalen Politik des 18. Jahrhunderts wurde nun einmal vom absoluten Recht des Souveräns zum Krieg bestimmt – eine der „unbequemen Tatsachen", zu deren Erkenntnis die nüchterne Politikanalyse Max Weber zufolge verhilft. Daß sich das Einfließen normativer und als solcher im Grunde unhistorischer Katagorien in die Behandlung des Gegenstandes nicht vermeiden läßt, wenn die Darstellung nicht in totale Beliebigkeit abgleiten soll, wird gerade durch das Beispiel des Scheiterns von Rankes Anspruch der rein deskriptiven Darstellung belegt. Das heißt aber für uns, daß wir einen „Fall" wie 1740 vor dem Erfahrungshintergrund des 20. Jahrhunderts mit seiner Praxis der skrupellosen Herbeiführung mörderischer Eroberungs- und Vernichtungskriege messen müssen. Es ist deshalb erforderlich, den längst zu einem historischen Skandal gewordenen metaphysischen Machtbegriff, auch in seiner „Dämonie"-Variante, endgültig und rückhaltlos als das zu entmystifizieren, was er ist – ein Problem der Psychologie. Ebenfalls überwunden werden muß die scheinbar so schwer aus den Köpfen herauszubekommende rückwärtige Verlängerung des deutschen Nationalstaats in die preußische Geschichte – und ausschließ-

16 Theodor Schieder, Macht und Recht. Der Ursprung der Eroberung Schlesiens durch König Friedrich II. von Preußen, in: Hamburger Jahrbuch für Wirtschafts- und Gesellschaftspolitik 24 (1979), S. 235–251; Gregor Schöllgen, München 1992, S. 11–31; zur Bewertung durch Mirabeau und Mehring siehe: Walter Bußmann, Friedrich der Große im Wandel des europäischen Urteils, in: Wandel und Kontinuität in Politik und Geschichte. Ausgewählte Aufsätze zum 60. Geburtstag, Boppard 1973, S. 256 und 272.

17 So: Duchhardt, Balance, S. 304. Gerhard Oestreich – vor 1945 Prophet der „Wehrwissenschaft" – verurteilte die Schlesien-Aktion 1968 im „Handbuch der Europäischen Geschichte", Bd. 4, S. 456.

lich in diese – hinein.[18] Konsequent durchgeführt werden beide Maximen weitreichende Folgen für die Darstellung des Systems der Mächte zeitigen.

Virulent wurde die bereits bei Ranke angelegte Vorstellung ‚der Macht' als eines übermenschlich-geheimnisvollen Weltprinzips erst dann, als die frühdarwinistisch bewegte Mehrheit der deutschen Historiker im Zeichen eines aggressiv-expansionistischen Nationalismus und unter gewandelten internationalen Bedingungen antrat, durch ihr Werk den seit 1864 auf den Weg der Gewalt eingeschwenkten preußendeutschen Großstaat zu überhöhen und auf seinem Weg voranzutreiben. Den Anfang machte der Treitschke der Berliner Zeit ab 1874, der in seinen oft aufgelegten „Historischen und Politischen Aufsätzen" das berühmt-berüchtigte – wenn auch ursprünglich nach innen, auf die Kritik des deutschen Liberalismus gerichtete – Wort prägte, „das Wesen des Staates [sei] zum ersten Macht, zum zweiten Macht und zum dritten nochmals Macht".[19] Damit wurde Treitschke zum eigentlichen Stammvater der imperialistischen Neo-Rankeaner, als deren prominentester Vertreter Max Lenz gelten kann. Die Perspektive des „wachsen oder weichen", in der dieser das Staatensystem betrachtete, fand 1914 als Schlagwort Eingang in die deutsche Politik. Die Schule sank auf den Tiefpunkt in den Schriften des – ursprünglich gemäßigt-liberalen – Historikers Hermann Oncken: Er sprach 1937 von der „ewige[n] Rivalität, biologisch gesehen ein Abbild jenes Kampfes ums Dasein in der Natur, der niemals zur Ruhe kommt", vom „Prinzip der Macht als eine[r] gleichsam naturgesetzlichen Ordnung des Völkerlebens", vom „reinen Machtinteresse als dem obersten Gesetz des Lebens", von der Macht als „Ausdruck des Lebenswillens, der in dem Blute eines Volkes schlummert".[20]

Zeitgleich mit der neo-Rankeanischen Reaktion der Nachkriegszeit öffnete sich der Weg zu einer fundamentalen Neuorientierung: Max Weber brach als erster deutscher Gelehrter 1919 radikal mit der „Geschichtstheologie" und überschritt die engen Grenzen von Rankes Begrifflichkeit. Seine Abkehr von der herrschenden Lehre kam am klarsten in der Propagierung eines instrumentell-methodischen gegen den herkömmlichen substantiellen Machtbegriff zum Ausdruck: „‚Politik' würde für uns also heißen: Streben nach Machtanteil oder nach Beeinflussung der Machtverteilung, sei es zwischen Staaten, sei es innerhalb eines Staates zwischen den Menschengruppen, die er umschließt. [...] – Wer Politik treibt, erstrebt Macht: Macht entweder als Mittel im Dienst anderer Ziele (idealer oder egoistischer), – oder Macht ‚um ihrer selbst willen': um das Prestigegefühl, das sie gibt, zu genießen."[21] Der Entwurf einer

[18] Eine hilfreiche Kritik an dieser Denkweise bietet der Aufsatz von Andreas K. Fahrmeir, Opfer borussischen Geschichtsmythos? Das 19. Jahrhundert in der Historiographie 1871–1995, in: Tel Aviver Jahrbuch für deutsche Geschichte 25 (1996), S. 73–95.

[19] Neuerdings hierzu: Andreas Biefang, Der Streit um Treitschkes „Deutsche Geschichte" 1882/83. Zur Spaltung des Nationalliberalismus und der Etablierung eines national-konservativen Geschichtsbildes, in: HZ 262 (1996), S. 392–422.

[20] Max Lenz, Die Religion im Aufbau der politischen Macht, Berlin 1914; Hermann Oncken, Die Sicherheit Indiens. Ein Jahrhundert englischer Weltpolitik, Berlin, S. 1–5.

[21] Diese Politik-Definition Webers – zitiert nach: Politik als Beruf, in: ders., Gesammelte politische Schriften, hrsg. von Johannes Winckelmann, 4. Aufl., Tübingen 1980, S. 505 ff. – kann als die effektive Antithese zur traditionellen Begrifflichkeit verstanden werden; siehe auch: Wolfgang Hardtwig, Geschichtsreligion – Wissenschaft als Arbeit – Objektivität. Der Historismus in neuer Sicht, in: HZ 251 (1991), S. 32.

alternativen, anti-Rankeanischen Linie durch Weber sollte sich in der deutschen Geschichtswissenschaft – wie oben gezeigt – zwei Generationen lang nicht durchsetzen können.

Der Primat der auswärtigen Politik

Es war der Satz vom sogenannten Primat der auswärtigen Politik, an dem sich die Kontroverse um das Ranke-Erbe innerhalb der westdeutschen Geschichtswissenschaft entzündete. Der Begriff hat, was oft übersehen worden ist, zwei Seiten: erstens ist er von den borussianischen Historikern im Sinn der Forderung nach einer „kraftvollen Außenpolitik" verstanden worden, zweitens, und partiell unabhängig hiervon, als methodisches Prinzip. – Bereits auf dem Münchener Historikertag deutete Gerhard Ritter im Rahmen seiner „kritischen Besinnung" an, Rankes Vorliebe für die Außenpolitik habe zwar einen „Reichtum echter und tiefer Einsichten" erschlossen, in der Hand von „Epigonen" sei eine solche Historie „aber nicht frei von Gefahren gewesen."[22] Doch erst seit den ausgehenden 60er Jahren wurde von Hans-Ulrich Wehler – nachdem Ernst-Otto Czempiel 1963 in einem kritischen Aufsatz die Lehre vom Vorrang der auswärtigen Politik verworfen hatte – eine fundamentale Abkehr von den verderblichen, unter der Chiffre „Ranke" zusammengefaßten Traditionen der deutschen Geschichtswissenschaft postuliert.[23] Deren Fokussierung auf „Haupt- und Staatsaktionen", Machtpolitik, Staatsräson und Diplomatiegeschichte wurde wie ein Feldzeichen ein „Primat der Innenpolitik" entgegengestellt. Es ging dabei aber um mehr als die Frage, ob bei der historischen Politikanalyse die externe oder die interne Sichtweise zu bevorzugen sei. Dies zeigt sich an der Bewertung der Fischer-Schule: Bekanntlich enfaltete insbesondere die zweite große Studie des Hamburger Historikers aus dem Jahre 1969 über die Entstehung des Ersten Weltkriegs ihre immense Wirkung infolge der in ihr vertretenen Thesen, nicht wegen des Zugriffs; methodisch repräsentiert sie – wie auch das erste Buch von 1961 – eine klassische Darstellung nach der historisch-kritischen Methode, nur eben mit innenpolitischem Ansatz. Trotz dieses eindeutig praktizierten Vorrangs der endogenen Sichtweise wurde Fischer von Wehler genauso wie seine nationalkonservativen Gegner kritisiert: Er vermißte bei beiden Schulen die Analyse der sozialökonomischen Bedingtheit der Politik.[24]

Vom instrumentellen Aspekt des Streites her – schließlich diente er der diskursiven Durchsetzung der Meinungsführerschaft und der institutionellen Etablierung der (neuen) Sozialgeschichte – erklärt sich auch zum guten Teil der Ausgang: Wie wohl zu

22 Siehe den gekürzten Abdruck der Rede in: HZ 170 (1950), S. 2f.; auch: Winfried Schulze, wie Anm. 2, S. 26. Neben Meinecke hatte Ritter selber den Primat der Außenpolitik – neben Rankes Kontinuitätsprinzip – in seinem im Zuge des Revisionsansatzes von 1946 erschienenen Buch „Geschichte als Bildungsmacht" in Frage gestellt.

23 Ernst-Otto Czempiel, Der Primat der auswärtigen Politik, in: PVS 4, S. 281f.; siehe auch: Karl Dietrich Bracher, Kritische Betrachtungen über den Primat der Außenpolitik, in: Faktoren der politischen Entscheidung. Festgabe Ernst Fraenkel, Berlin, S. 115ff.

24 „Beide [...] Schulen vermögen indessen kein schlüssiges Erklärungsmodell anzubieten, das der eigentümlichen Mischung von aggressiven und defensiven Elementen in der deutschen Politik gerecht wird." Das Deutsche Kaiserreich, 3. Aufl., Göttingen 1973, S. 192–200 (Zitat S. 193).

erwarten gewesen ist, wurde keines der von Wehler ins Feld geführten Beispiele für eine ‚moderne' Politikgeschichte – damit war letztlich eine historische Analyse von Außenpolitik gemeint, die Diplomatie auf gesellschaftliche Verhältnisse zurückführt – von der Gegenseite anerkannt: Die ‚Orthodoxen' würdigten weder die Schriften Eckart Kehrs und Alfred Vagts noch diejenigen von Hans Rosenberg wie von Arthur Rosenberg aus den 20er und 30er Jahren auf gewünschte Weise und verwarfen auch eine, wohl in der Tat modellhaft gemeinte Bielefelder Dissertation – zu Unrecht – als „völlig mißglückt".[25] Auch läßt sich nicht davon sprechen, daß sich Wehlers eigene, am Beispiel Bismarck-Deutschlands entwickelte Theorie des „Sozialimperialismus" insgesamt durchgesetzt habe. Der Streit ist in der zweiten Hälfte der 80er Jahre zum Erliegen gekommen, sei es, weil Wehler, wie von der Gegenseite unterstellt, die Aussichtslosigkeit seines Unterfangens eingesehen habe, weil das Profilierungsbedürfnis der neuen Sozialgeschichte nachgelassen hatte, oder weil die Kontroverse um den Primat in der Politik vom sog. Historikerstreit in den Hintergrund gedrängt zu werden begann.[26] Der Tod von Andreas Hillgruber, dem Hauptkontrahenten, hat im Jahr 1989 den wohl unwiderruflichen Schlußpunkt der Auseinandersetzung gebracht.

Trotz des offenen Ausgangs der – inzwischen selber historisch gewordenen – Historiker-Kontroverse um den „Primat der Innenpolitik" ist die Beschäftigung mit ihr lohnend, denn sie hat einen direkten und einen indirekten Ertrag gebracht: Erstens läßt sich bilanzieren, daß es nicht gelungen ist, die Ansicht zu untermauern, Politik im internationalen Raum könne – zumindest in ihrem harten Kern von Sicherheits- und Bündnisfragen – vom Gesellschaftlichen abgeleitet werden. Diese Eigengesetzlichkeit zwischen- und überstaatlichen Handelns bildet offenbar einen Sachverhalt, an dem emanzipatorische Beweggründe nichts zu ändern vermögen; fast schon etwas Rührendes hat die Verständnislosigkeit, die auf dem Höhepunkt der Erneuerungseuphorie der ‚Unfähigkeit' selbst ‚fortschrittlicher' Historiker entgegengebracht worden ist, „Bewertungen der ökonomischen Interessenlage (der betroffenen Länder)" mit der „Diplomatie- und Kriegsgeschichte" zu ‚vermitteln'.[27] Wer wäre nicht von jenen Gedanken fasziniert, die etwa Eckart Kehr 1927 in seiner Rezension der einzigen Arbeit Meineckes zur internationalen Politik geäußert hat: „Auf beiden Seiten leben die Diplomaten in einer innerpolitischen Atmosphäre [...], die in den Akten, den schriftlichen Weisungen nicht wiederzufinden ist. Und hinter dem Oszillieren der täglichen Weisungen, das in den Akten seinen Niederschlag findet, stehen ohne schriftliche Fixierung, aber eminent wirksam, die sozialen Welten, deren außenpolitische Techniker

[25] Horst Müller-Link, Industrialisierung und Außenpolitik. Preußen-Deutschland und das Zarenreich von 1860 bis 1890, Göttingen 1977; Urteil: Andreas Hillgruber, Die Diskussion über den „Primat der Außenpolitik" und die Geschichte der internationalen Beziehungen in der westdeutschen Geschichtswissenschaft seit 1945, in: ders., Die Zerstörung Europas. Beiträge zur Weltkriegsepoche 1914 bis 1945, Berlin 1988, S. 39.

[26] Ganz am Rande und brüsk erteilte Wehler in seiner „Deutschen Gesellschaftsgeschichte" leider der Herausforderung eine Absage, sein „Schema weiterhin dadurch [zu] vervollständigen, daß man die Außenbereiche einer Gesamtgesellschaft: Außenpolitik und Außenwirtschaft, ideelle, soziale und kulturelle Einflüsse gleichberechtigt mit einbezöge, so daß die Gesamtgesellschaft in ihren internationalen Kontext breit eingebettet würde" (Bd. 1, 1. Aufl., München 1987, S. 553f., Anm. 5).

[27] Siehe: Helga Grebing/Monika Kramme, Franz Mehring, in: Wehler (Hrsg.), wie Anm. 5, S. 564.

die Diplomaten sind, auch wo sie glauben, dem rein diplomatischen Gesetz der Staatsräson zu gehorchen."[28] Aber bei allem Gedankenreichtum, den die Schriften Kehrs enthalten – unverkennbar wollte es auch ihm nicht gelingen, die Staatsaktionen auf die Innenpolitik zurückzuführen: Mit der Feststellung, auch die kaiserlichen Diplomaten seien Angehörige des gesellschaftlichen Establishments gewesen, wird man sich kaum zufriedengeben wollen; daß der soziale Hintergrund in das Handeln der Diplomaten bestimmend einging, konnte Kehr nicht definitiv belegen.[29] Bezeichnend ist schließlich, wenn eine der gründlichsten Studien, die mit der Zurückführung von Außenpolitik auf Innenpolitik zu tun hatte, Volker Berghahns „Tirpitz-Plan", zu einem nüchternen Ergebnis gelangt: Wohl habe der Tirpitz-Plan einen „innen- und einen außenpolitischen Aspekt" gehabt, aber „[d]ie Frage, in welcher Rangfolge Innen- und Außenpolitik miteinander zu sehen sind, bedarf weiterhin einer analytischen Durchdringung."[30]

Zweitens ist von der Kontroverse eine Revision des Ranke-Bildes angeregt worden. Die Forschung hat nachgewiesen, daß sich eine so primitive Vorstellung wie ein allgemeiner „Primat" der Außenpolitik bei Ranke selber nicht findet.[31] In den „Großen Mächten" (1833) und dem „Politischen Gespräch" (1836) gibt es zwei so deutbare Stellen, insbesondere die zweite hat bis heute als locus classicus herhalten müssen: „Das Maß der Unabhängigkeit gibt einem Staate seine Stellung in der Welt; es liegt ihm zugleich die Notwendigkeit auf, alle inneren Verhältnisse zu dem Zwecke einzurichten, sich zu behaupten. Dies ist sein oberstes Gesetz." Mit dieser These betrat Ranke keineswegs Neuland, bereits 60 Jahre zuvor hatte Gottfried Achenwall (1719–1772) genau dieselbe Idee formuliert.[32] Diesen einschlägigen Äußerungen lassen sich jedoch Aussagen gegensätzlicher Tendenz gegenüberstellen, so daß der Gründungsvater der deutschen Historie wohl eher als Vertreter einer wechselseitigen Abhängigkeit der inneren und der äußeren Machtentfaltung des Staates zu bezeichnen ist.[33] Was bei ihm allerdings letzlich im Sinne eines Vorranges der (äußeren) Staatsaktionen durchschlug, war die seinem Politikbegriff gemäße, ‚idealistische' Vernachlässigung der materiellen Grundlagen jeder Außenpolitik, insbesondere der Wirtschaft. In der Mißachtung der alltäglichen, ‚prosaischen' Dinge drückte sich einer der Grundzüge des Historismus aus. Aus diesem Grund ist die Alternative „Außen- oder Innenpolitik" auch im wesentlichen deckungsgleich mit der Gegenüberstellung von „Politik" und „Ökonomie".

[28] Die Geschichte des deutsch-englischen Bündnisproblems 1890–1901, in: ders., Der Primat der Innenpolitik, hrsg. von Hans-Ulrich Wehler, 2. Aufl., Frankfurt/Main 1970, S. 180.

[29] Darauf läuft auch Wehlers in seinem eigenen biographischen Essay über Kehr gemachte Feststellung hinaus: „Das Verhältnis der Innen- und Außenpolitik hat er nie ganz befriedigend zu erklären vermocht – vielleicht fehlte es ihm an Zeit und Muße [...] zu einer genauen Theorie zu gelangen." Ders., Eckart Kehr, in: Wehler (Hrsg.), wie Anm. 5, S. 102.

[30] Düsseldorf 1971, S. 597, Anm. 1

[31] Wolfgang Mommsen, wie Anm. 4, S. 9.

[32] Politisches Gespräch, wie Anm. 6, S. 327f. – Gottfried Achenwall, Die Staatsklugheit nach ihren ersten Grundsätzen, 3. Ausgabe, Göttingen 1774, S. 231: „Das allgemeine und höchste Interesse aller Staaten gegeneinander beruht in der selbsterhaltung, mithin in der ungekränkten Behauptung ihrer Grundverfassung, Freyheit und Gerechtsamen"; zitiert nach: Czempiel, wie Anm. 23, S. 277.

[33] Siehe: Schulin, wie Anm. 4, S. 66; auch: Wehler, wie Anm. 24, S. 184.

Es waren indes wiederum erst die Neo-Rankeaner, die in Berufung auf den bewunderten Bismarck einen Primat der Außenpolitik als hegemonialen Grundsatz vertraten. Dieser eminent politische Ansatz in der deutschen Historiographie wurde an erster Stelle in dem wirkungsmächtigen Buch von Max Lenz aus dem Jahr 1900 vertreten: Mit der Rückbesinnung auf Rankes Darstellung der Geschichte der europäischen Neuzeit als System großer, auf sich selbst gestellter Mächte wollte Lenz sowohl den deutschen Weltmachtanspruch als auch die Erhaltung einer angeblich machtsteigernden Sozialstruktur begründen. Der preußisch-deutsche Machtstaat wiederum wurde mit der Mission beauftragt, die britische Seehegemonie zu überwinden und ein Gleichgewicht auf globaler Ebene zu begründen.[34] Zur eigentlichen doktrinären Verfestigung des Grundsatzes kam es bezeichnenderweise erst in der Folge der nicht verkrafteten Niederlage von 1918: Hermann Onckens 1919 veröffentlichter Aufsatz über die „Zusammenhänge zwischen innerer und äußerer Politik" richtete sich dabei allerdings nicht nur gegen die angeblich zu starke Berücksichtigung der inneren Belange während der Endphase des Kaiserreiches, sondern führte die Niederlage auch auf die Verdrängung der diplomatischen Logik durch das militärische Kalkül zurück.[35]

Daß die Vertreter des Primates der Außenpolitik in der deutschen Historiographie insgesamt eine dogmatische Vorherrschaft erlangt und anderes Denken hätten unterdrücken können, davon wird sich aber wohl kaum sprechen lassen. Eine ganze Reihe deutscher Historiker hat innenpolitischen Zwängen und gesellschaftlichen Interessen eine maßgebliche Rolle eingeräumt: So kritisierte Georg Gottfried Gervinus (1805–1871) bereits im zeitgenössischen Zusammenhang Bismarcks Dänemark-Politik als Strategie der Ablenkung von inneren Problemen nach dem Vorbild „der Militärstaaten des 17. Jahrhunderts".[36] Johannes Ziekursch wies 1904 wirtschaftliche Motive als bestimmend für die Polenpolitik König Friedrich Augusts II. von Sachsen nach und interpretierte Bismarcks Bündnispolitik auch vom Ziel einer Konservierung des gesellschaftlichen Status quo in Preußen-Deutschland her.[37] Sogar noch bei Oncken selber hatte der Primat der Außenpolitik keine absolute Gültigkeit, definierte er den Imperialismus 1914 doch als „eine eigentümliche Tendenz der herrschenden Klassen, militärischer oder kapitalistischer Bedürfnisse."[38] Auf der anderen Seite ist aber auch kein Versuch zu finden, aus dem Ansatz einer innenpolitischen Bedingtheit von Außenpolitik einen Standard der Forschung ableiten zu wollen. Innerhalb der älteren borussianischen Schule – deren gesellschaftsgeschichtliche Ausrichtung neuerdings hervorgehoben worden ist[39] – läßt sich ohnehin nicht von einem Primat der Außen-

[34] Die großen Mächte. Ein Rückblick auf unser Jahrhundert, Berlin 1900, insbes. S. 150; siehe auch Schulin, wie Anm. 4, S. 67.

[35] Siehe: Klaus Schwabe, Hermann Oncken, in: Wehler (Hrsg.), wie Anm. 5, S. 198.

[36] Geschichte des 19. Jahrhunderts, Bd. 8 (1866), zitiert nach: Lothar Gall, Georg Gottfried Gervinus, in: Wehler (Hrsg.), wie Anm. 5, S. 509.

[37] Sachsen und Preußen um die Mitte des 18. Jahrhunderts (1904), zitiert nach: Karl-Georg Faber, Johannes Ziekursch, in: ebda., S. 345.

[38] Amerika und die Großen Mächte, in: ders., Historisch-politische Aufsätze und Reden, Bd. 1, München 1914, S. 51, 68 und 75, zitiert nach: Elisabeth Fehrenbach, Rankerenaissance und Imperialismus in der wilhelminischen Zeit, in: Faulenbach (Hrsg.), wie Anm. 2, S. 62.

[39] Utz Haltern, Geschichte und Bürgertum. Droysen – Sybel – Treitschke, in: HZ 259 (1994), S. 59–107.

politik im methodischen Sinn sprechen: Gerade weil sie die nationale Sichtweise durchsetzen wollte, ging sie – zumindest – von der Gleichrangigkeit der Innen- mit der Außenpolitik und dem Staatensystem aus, so zum ersten Mal Sybel in seiner „Geschichte der Revolutionszeit" (1853–1879).[40] Vor allem Otto Hintze hat in seinen Untersuchungen zur europäischen Geschichte Politikgeschichte („Staat und Politik") und Wirtschaftsgeschichte („Entwicklung des Kapitalismus") als „zwei besondere Seiten oder Aspekte einer und derselben historischen Entwicklung" in ihrer gegenseitigen Abhängigkeit behandelt.[41] In letzter Konsequenz betrachtete allerdings auch er die äußere Lage als ursächlich für die innere Staatsbildung, wie die berühmte Ableitung der gegensätzlichen inneren Entwicklung Englands und Deutschlands aus der Insellage beziehungsweise der kontinentalen Umklammerungssituation besagt.[42]

Ganz erheblich relativiert sich der Streit um den Primat in seiner Zeitgebundenheit, wenn man den Blickwinkel auf die ‚pränrankeanische' Epoche ausdehnt. Für die Staatenhistorie der deutschen Aufklärung war die Ausgewogenheit in der Betrachtung der beiden Seiten der Politik selbstverständlich: Johann Jacob Schmauß (1690–1775) verband die Erkenntnis der hauptsächlichen Staatsinteressen, die ihre Wurzeln in der inneren Staatsverfassung, im Handel, in der Stärke oder Schwäche des Landes hätten, direkt mit der „Kunst und Klugheit, Land und Leute zu regieren" – übersetzt in moderne Sprache ging es um die Fähigkeit, außen- und innenpolitische Probleme zusammenzufügen, um die Fehler zu vermeiden, die aus einer selektiven Vorgehensweise entstehen würden.[43] Die „Statistiker" Achenwall und Johann Heinrich Gottlob von Justi (1717–1771) strebten nach einer umfassenden Analyse des ökonomisch-militärisch-demographischen Potentials der Staaten sowie der innenpolitischen Interessen. Schlözer operierte in seinen universalgeschichtlichen Entwürfen mit einem weiten Begriff politisch bedeutsamer Tatsachen und Ereignisse: Dem Monarchen wurden die Kenntnisse der Wirtschaftsgeschichte empfohlen, da die Wirtschaftspolitik Basis der Regierungsmacht sei und die Aktivität in diesem weiten Bereich der Vermehrung staatlicher Macht dienen könne.[44] In seiner „Universalgeschichte" brachte er den Aufstieg Europas mit den „erstaunlichen Progressen" durch die Erfindung von „Papier, Pulver und Wechselhandel" in Verbindung; als fast prophetisch für modernes Geschichtsverständnis erscheinen will die Feststellung: „Die Erfindung des Feuers, des Brodtes, des Brannteweins sind ihrer ebenso würdige Facta als die Schlachten bei Arbela, bei Zama und bei Merseburg."[45] Von ähnlicher Breite war auch der Ansatz Johann Christoph Gatterers (1727–1799): Um die Grenzen der zeitgenössischen,

40 Siehe: Hellmut Seier, Heinrich von Sybel, in: Wehler (Hrsg.), wie Anm. 5, S. 142.

41 Wirtschaft und Politik im Zeitalter des modernen Kapitalismus (1929), in: ders., Soziologie und Geschichte, 2. Aufl., Göttingen 1964, S. 452.

42 Machtpolitik, wie Anm. 5, S. 427ff. Hier wird – wie Jürgen Kocka, Otto Hintze, in: Wehler (Hrsg.), Anm. 5, S. 281 feststellt – die „äußere Staatsbildung und Machtexpansion als quasi natürlich hingenommen".

43 Zitiert nach: Gabriella Valera, Statistik, Staatengeschichte, Geschichte im 18. Jahrhundert, in: Hans Erich Bädeker u. a. (Hrsg.), Aufklärung und Geschichte. Studien zur deutschen Geschichtswissenschaft im 18. Jahrhundert, Göttingen 1986, S. 128.

44 Versuch einer allgemeinen Geschichte der Handlung und Seefahrt in den ältesten Zeiten, Rostock 1761, S. 5.

45 Vorstellung einer Universalhistorie, Teil 1, Göttingen 1772, S. 13 und 30.

traditionellen Hof- und Kabinettsgeschichte zu überwinden, forderte er vom echten Historiker die Untersuchung des materiellen und intellektuellen Hintergrundes der diplomatischen Ereignisse – Geographie und Klima, gesellschaftliche und politische Strukturen, Handelsbeziehungen und Landwirtschaft, Bevölkerungsbewegungen, Glaubensformen, Kunst, Wissenschaft und Methoden der Kriegsführung. Ausgehend von dem Anspruch, Beziehungen zwischen Nationen im zeitlichen Nebeneinander sichtbar zu machen, nahm er Abstand von der bis dato als Universalgeschichte geltenden, die „Regel des Gleichzeitigen" außer acht lassenden Aneinanderreihung von Geschichten einzelner Nationen.[46] Mit der Forderung, Beziehungen zwischen grundlegenden sozialen Phänomenen nach modern wirkenden methodischen Prinzipen zu untersuchen, wurde bereits ein Standard gesetzt, dem gegenüber der spätere Staatshistorismus mit seiner Fixiertheit auf bürokratisch verstandene Außenpolitik schmalbrüstig wirkt. Die Idee der Berücksichtigung praktisch aller Faktoren der historischen Wirklichkeit deutet auf eine Diplomatiegeschichte umfassenden Zuschnitts hin, für die es erst in der Gegenwart Annäherungsbeispiele gibt.[47]

Besondere Beachtung verdient in diesem Zusammenhang die Sattelgestalt zwischen Spätaufklärung und Frühhistorismus, Heeren.[48] Auch er ging zwar von einem Primat der „äußeren Beziehungen" aus, verstand diese aber in einem vielfältigen Sinn, den er auch auf den Begriff brachte – die „politisch-mercantilische Seite der Weltgeschichte". Der neue Ansatz wurde so beschrieben: Bei der Erkundung zwischenstaatlicher Verhältnisse sei „in das Innere derselben einzudringen" und nach Ursachen zu fragen, die „nicht blos in äußern Zufälligkeiten, sondern in den herrschenden Ideen und Ansichten der verschiedenen Zeitalter, und nicht weniger in der Persönlichkeit der dirigirenden Männer" begründet wären. Auf diese Weise verschmolzen werden sollte „das rein-politische Interesse mit dem psychologischen; und, da auf jenes wieder die Handelsverhältnisse den immer wachsenden Einfluß erhielten, beydes wieder mit dem mercantilischen, das, vorzugsweise an die Colonien geknüpft, zu dem Studium der Geschichte des Colonialwesens führen mußte." Die Konzentration auf die materiellen Lebensbedingungen und ökonomischen Interessen, die sozialen, kulturellen und verfassungspolitischen Verhältnisse bedingte eine Langzeitperspektive, die auf die „Herstellung von Kausalreihen über die Jahrhunderte hinweg" gerichtet war. Auf personale, kriegsbedingte, ereignisgeschichtliche oder schicksalshafte Momente wollte Heeren dagegen so weit wie möglich verzichten. Als Beispiel für den engen Zusammenhang zwischen staatlicher Wirtschaftsförderung, beginnender Industrialisierung, tendenziellem Wohlstandswachstum und Verfassungsstabilität wurde England angesehen. Von der Smithschen Merkantilismus-Kritik ließ Heeren sich zu einer modern wirkenden Kriegsentstehungstheorie anregen: „Die Handelspolitik [des Merkantilismus] veranlaßte so die meisten Kriege in der neuen Zeit", und da dieses System auch einen richtigen Aspekt besitze – das Vermögen einer Regierung besteht [...] vorzugsweise in baarem Gelde –, werde es „so leicht nicht aufhören." Nicht un-

[46] Siehe: Peter Hanns Reill, Johann Christoph Gatterer, in: Hans-Ulrich Wehler (Hrsg.), Deutsche Historiker 6, Göttingen 1980, S. 13f. und 20.

[47] Auf die Breite der Staatenhistoriker des 18. Jahrhunderts gegenüber den Diplomatiehistorikern des 19. verweist auch: Duchhardt, wie Anm. 9, S. 3.

[48] Darstellung und Zitate im folgenden nach: Seier, wie Anm. 7, S. 61–78.

erheblich ist schließlich, daß Heeren seinen Ansatz im Gegensatz zu den anderen Aufklärungshistorikern auf überzeugende Weise in empirische Werke umgesetzt hat.[49]

Die gedrängte Darstellung zur unterschiedlichen Akzentuierung, welche die auswärtigen Beziehungen gegenüber den inneren Verhältnissen in der deutschen Geschichtsschreibung gefunden haben, läßt folgendes klar werden: Es kann kein Zweifel an der unaufhebbaren Eigenständigkeit beider Komponenten bestehen, und weder der eine noch der andere Primat wird sich heute noch als sinnvolle oder auch nur zweckmäßige Alternative präsentieren lassen. Aber auch der langsam zu einer ähnlichen Worthülse verkommende Begriff der „Interpendenz" verspricht keine bleibend gültige Lösung des methodischen Problems der Vermittlung zwischen beiden Bereichen. Ob der seinerzeit von Czempiel vorgeschlagene Weg der Inbeziehungsetzung von Außen- wie Innenpolitik zum Regierungssystem für den Historiker den Durchbruch bedeuten könnte, erscheint fraglich. Bleibenden Wert besitzen die beiden Kategorien des Primates dagegen auf der hermeneutisch-ideologiekritischen Ebene: Unter welchen Bedingungen und zu welchen Zwecken der Vorrang der Außenbeziehungen gegenüber der inneren Verfaßtheit des politischen Systems – und umgekehrt – postuliert und auch geglaubt wird, diese Fragen stellen ein nützliches, wenn nicht unverzichtbares Instrumentarium für die historische Analyse internationaler Politik dar.

Die politische Stoßrichtung der Doktrin hat es mit sich gebracht, daß der Primat der äußeren Macht stets – Politik-immanent – mit der inneren Freiheit kontrastiert worden ist, obwohl doch die Ökonomie einen ebenso sinnvollen Gegenpol bildet.[50] In der Tat ist die eigentliche, kontradiktorische Herausforderung in derjenigen Lehre zu suchen, für welche die Annahme eines Primates der Wirtschaft konstitutiv ist: der marxistischen Historie. Deshalb sollen an dieser Stelle deren Klassiker und, als wichtigster Nachfolger in der Traditionslinie, die DDR-Historiographie, so weit in der gebotenen Kürze möglich, gewürdigt werden. – Läßt man zuerst einmal die Werke der Ahnen Revue passieren, so bestätigt sich der ursprüngliche Eindruck, daß die internationale Politik dem Verdikt des Epiphänomens in besonderer Weise unterlag. Allein von seiner Ausrichtung auf Gesetzmäßigkeit des historischen Wandels, Generalisierung und Langzeitanalyse her befand – und befindet – sich der historische Materialismus zumindest in einem konträren Gegensatz zum konventionellen, von Brüchen und Ereignissen, Individualität und Entschlußbildung der Akteure geprägten Verständnis der politischen Geschichte.[51] Was Marx betrifft, so treten selbst in seiner wahrscheinlich noch am ehesten politikgeschichtlich ausgerichteten Schrift, dem „18. Brumaire des Louis Napoleon" (1852), die auswärtigen Beziehungen Frankreichs gegenüber dem Hauptthema, der Verselbständigung der bonapartistischen Exekutive,

49 Versuch einer historischen Entwicklung der Entstehung und des Wachstums der Brittischen Continental-Interessen. Ideen über die Politik, den Verkehr und den Handel der vornehmsten Völker der alten Welt, in: ders., Historische Werke, Göttingen 1821–1828.

50 Siehe: Czempiel, wie Anm. 23, S. 282.

51 Ob dieses spezifische Verständnis der objektiven Eigenart des Gegenstandes entspricht oder lediglich das Ergebnis der historischen Herangehensweise an diesen – nun einmal im Zentrum des geschichtswissenschaftlichen Interesses in der formativen Phase des Faches stehenden – Bereich darstellt, erscheint nicht ausgemacht.

nur ganz sporadisch in Erscheinung.[52] Merklich anders dachte Engels, was wahrscheinlich darauf zurückzuführen ist, daß er nicht, wie Marx, die Religion, sondern den Staat als primären Ausdruck der Entfremdung ansah. Seine Schrift über die „Rolle der Gewalt in der Geschichte" von 1887/88 – welche hier pars pro toto angeführt wird – stellt in weiten Teilen eine Ableitung der Reichseinigung aus der europäischen Politik des 19. Jahrhunderts dar: Die Ausführungen zur preußischen Politik von 1740 bis 1815 – die Engels als den wahren Anti-Treitschke ausweisen – gehen geradezu von einem Primat der Außenpolitik aus; für die Phase zwischen dem Beginn des Heereskonfliktes 1860 und der Reichsgründung stellt Engels fest, daß „die äußere Politik wieder entscheidend, auch für die innere", wurde; erst ganz hinten und wie aufgepropft wirkend wird das materialistische Axiom bedient: „Sie [die deutsche Bourgeoisie] war damals schon ökonomisch die mächtigste Klasse der Bevölkerung; ihren ökonomischen Interessen mußte der Staat gehorchen."[53]

Für die ostdeutsche Geschichtswissenschaft soll nun exemplarisch jener Ausschnitt beleuchtet werden, der sich im Schwerkraftfeld ihres dritten Leitgestirns, Lenin, befand. Der Schöpfer der Sowjetunion wurde mit seinem politisch-ideologischen Erbe normativ für die Behandlung der Zeitgeschichte durch die DDR-Historiker. Als der eine Faktor, der die Darstellung der internationalen Beziehungen prägte, ist die bekannte, grundsätzliche und geradezu habituelle Ablehnung von Außenpolitik und Diplomatie bei den Bolschewiki zu nennen: Die internationale Politik war in der Sicht der Sowjetführer bloße Maskerade für die Verschwörungen der kapitalistischen Imperialisten gegen das neue Land des Sozialismus; es ging nicht um die „Rationalisierung, sondern die Liquidierung der Außenpolitik [...] und die Zerstörung der bestehenden Staaten" (Graml). Ungeachtet des eigenen Abgleitens der Moskauer Politik in die Niederungen des Imperialismus hatte die Anpassung an die trotz aller revolutionärer Anstrengungen erhalten gebliebenen Strukturen des diplomatischen Systems noch im Bewußtsein mehrerer Generationen sowjetischer Führer nach Lenin lediglich den Stellenwert eines notwendigen Übels. Neben dieser politischen Grundtendenz war es die Leninsche Imperialismustheorie, die für die Behandlung der gesamten Geschichte seit dem ausgehenden 19. Jahrhundert in Ostdeutschland dogmatische Gültigkeit erlangte.[54]

Lenin zwang die ganze Komplexität der internationalen Beziehungen der beiden Jahrzehnte vor 1914 in ein holzschnittartiges Modell: sein Imperialismus stellte die

[52] Haß auf die Wiener Verträge und gegen die Allianz mit England als „versteckter Imperialismus"; Bombardement Roms; Handelskrise von 1851; siehe S. 124, 142 und 184 der Ausgabe in MEW (= Marx-Engels-Werke), Bd. 8, Berlin Ost 1960.

[53] Veröffentlicht 1895/96, zitiert nach: MEW, Bd. 21, Berlin Ost 1962, S. 420, 425 und 451. Siehe auch: Hans-Josef Steinberg, Friedrich Engels, in: Wehler (Hrsg.), wie Anm. 5: Engels habe die „Verwicklung, durch den Besitz von Preußen, mit Polen und dadurch mit internationalen politischen Verhältnissen" als entscheidenden Grund dafür ausgemacht, daß Brandenburg-Preußen als einziger norddeutscher Staat zur Großmacht geworden ist (S. 271).

[54] Auch die folgende Würdigung der einschlägigen DDR-Literatur kann nur selektiv und fragmentarisch sein; um einem so umfassenden Komplex – vor allem auch in seiner Entwicklung – gerecht zu werden, müßte eine größere Abhandlung verfaßt werden. Insbesondere zu thematisieren wäre der Ertrag der Forschungen über die internationale „Arbeiterbewegung". Gestützt habe ich mich auf die große Synthese: Andreas Dorpalen, German History in Marxist Perspective, London 1985, insbesondere S. 271–279, S. 284–290 und S. 428–444.

notwendige und ausschließliche Folge des Übergangs ‚des' Kapitalismus in seine monopolistische Phase dar; die sich aus diesem Vorgang ergebende Rivalität zwischen den Kolonialmächten mußte unter den Bedingungen der beendeten Aufteilung der überseeischen Welt zum großen Krieg führen. Es ist hier nicht der Ort, dieses Gedankengefüge einer Kritik zu unterziehen, wichtig ist sein Einfluß auf die DDR-marxistische Historie: Weil diese den „genialen" Erkenntnissen des großen Führers bedingungslos folgte – zustimmend zitierte Fritz Klein in der Zeitschrift für Geschichtswissenschaft etwa Lenins unsinnige Behauptung, „der Krieg [sei] eine genauso gesetzmäßige Form des kapitalistischen Lebens wie der Frieden"[55] – konnte sie der intensiven Diskussion um Ursachen und Motive imperialistischer Politik, die im Westen während der 70er Jahre geführt wurde, kaum Verständnis entgegenbringen. Nationalismus, Militarismus, innenpolitische Antriebe – alle diese Phänomene stellten doch Faktoren dar, die lediglich zu der Entwicklung, welche durch die der kapitalistischen Produktionsweise immanenten Widersprüche verursacht wurde, „beitrugen". Auf der Ebene zielgerichteten Handelns konnte man folglich fast ausschließlich Interesse für die Machinationen der „Monopolherren" aufbringen. – Ganz entsprechend erschien der Beginn des Ersten Weltkriegs nicht als eine der tiefsten historischen Zäsuren überhaupt, sondern als bloßer Teil eines fortlaufenden, in seiner Richtung unabänderlichen Prozesses. Da (1.) alle Mächte in der Julikrise durch ihre imperialistischen Ziele auf gleiche Weise in den Krieg hineingetrieben wurden, (2.) die Ursachen des Krieges in den langfristigen Entwicklungen seiner Vorgeschichte zu suchen waren, (3.) die Verantwortung dafür bei den international verbundenen herrschenden Klassen lag, erübrigte es sich nicht nur, Vorstellung und Handeln der politischen Akteure zu untersuchen, sondern sogar, den Beweis dafür anzutreten, daß monopolkapitalistische Interessen überhaupt einen zumindest erheblichen Einfluß auf den Verlauf der „Julikrise" ausgeübt hätten.[56] – Vollends auf das Niveau eines gigantischen Szenarios der Verschwörung durch „herrschende Kreise", „herrschende Cliquen" und „Monopolherren" glitt die Darstellung der internationalen Politik der 30er Jahre durch die DDR-Historie ab. Gegenüber den Intrigen der kleinen Gruppe monopolkapitalistischer Lobbyisten, welche die deutsche Außenpolitik machten, degenerierte selbst Hitler zu einer austauschbaren Marionette. Daß das deutsche Monopolkapital die Expansion des NS-Imperiums bestimmt hat, bildete für die DDR-Historiker kein Problem mehr, ihnen ging es nur noch um das Wie. In diesem Erklärungsrahmen stilisierte man die – zweifellos wichtige – Rolle der Konzerne, an erster Stelle die der „IG Farben", zu einer verquast-mystischen „Monopolgruppentheorie" hoch.[57] Die so komplexen Beziehungen im Dreieck London/Paris – Berlin – Moskau wurden zu einem geradezu kontrafaktischen Schema reduziert: Während die westlichen Imperialisten nur darauf aus waren, ihre ökonomischen Probleme in gemein-

[55] ZfG 23 (1975), S. 491 f.

[56] Exemplarisch: Fritz Klein, Deutschland 1897/98–1917 (= Lehrbuch der deutschen Geschichte, Bd. 9), 4. Aufl., Berlin Ost 1976; ders. u. a., Deutschland im ersten Weltkrieg, Bd. 1, Berlin Ost 1968.

[57] Trotz allen empirischen Ertrages im einzelnen insgesamt typisch: Dietrich Eicholtz, Geschichte der deutschen Kriegswirtschaft, 2 Bde. Berlin Ost 1969/85; siehe auch die – aus heutiger Sicht – abstrus wirkende Debatte um den „Primat" in der NS-Wirtschaft, die 1966/68 in der Zeitschrift „Das Argument" geführt wurde.

samem Vorgehen mit dem faschistischen Block gegen die Sowjetunion zu lösen, wurde diese als Macht des Friedens präsentiert.[58] Die pazifistischen Strömungen in den westeuropäischen Gesellschaften erschienen als reine Schattenspiele der Ideologie des Antikommunismus, mit der die Monopolisten die unglücklichen Massen hinters Licht führten.[59] – In der Bilanz bleibt nicht viel Positives: Vor allem bildet die DDR-Historie mit ihrem zwanghaften Bemühen um den Nachweis der ubiquitären Herrschaft der ökonomischen „Basis“ über den politisch-ideologischen „Überbau“ ein abschreckendes Beispiel für die Beobachtung, daß es bei einem infiniten Regreß und sukzessiver Entgegenständlichung möglich ist, praktisch jedes Phänomen auf einen der soziologischen Grundbegriffe zurückzuführen. Zugute zu halten ist der ostdeutschen Darstellung der deutschen Außenpolitik in ihrer imperialistischen Phase zweierlei: Sie hat auf das gegenseitige Abhängigkeitsverhältnis zwischen Großwirtschaft und Staat hingewiesen, das insbesondere für die beiden Kriegszeiten und für die NS-Außenpolitik konstitutiv war. Wichtiger vielleicht noch ist in der Rückschau die Betonung der Kontinuität expansionistischer Planungen über 1918 und 1933 hinaus; zu dieser Perspektive ist die westdeutsche Forschung bekanntlich allerdings auch unabhängig von der ostdeutschen gelangt.

Das Prinzip des Universalismus

Rankes Universalismus auf „eine auf die gesamte Menschheit orientierte Gesinnung“ (Gollwitzer) zu beschränken, wird seinem methodisch-konzeptionellen Anspruch nicht gerecht: Für ihn beinhaltete der umfassende Zugang zur Geschichte zwei wesentliche Aspekte: Erstens forderte Ranke die triadische Verknüpfung gleichrangiger Ebenen: „Man muß dreierlei im Auge behalten, das Geschlecht (also Menschengeschlecht), die Völker, die Einzelnen.“ Zweitens wurde in einer Vorlesung über englische Geschichte von 1858 programmatisch formuliert: „Die allgemeine Geschichte besteht nun nicht bloß in den Beziehungen der verschiedenen Staaten und Reiche zueinander, denn das würde bloß eine diplomatische Geschichte geben, sondern in dem Gemeinsamen derselben.“ Im Gegensatz zu dieser Absichtserklärung verfuhr Ranke, verglichen mit seinen ‚Vorläufern‘, jedoch insofern methodisch eingeschränkt, als er

[58] Diese vor dem Hintergrund der absichtlichen Parteilichkeit der ostdeutschen Sozialwissenschaft zu verstehende Absicht führte zu skandalösen Geschichtsfälschungen: Das geheime Zusatzabkommen zum Hitler-Stalin-Pakt wurde nicht nur totgeschwiegen, sondern der durch dieses ermöglichte Überfall auf Finnland als Verteidigungskrieg ausgegeben, die Invasion des östlichen Polen als revolutionärer, den Wünschen der Bevölkerungsmassen entsprechender Akt, die Annektierung der westlichen Ukraine und des westlichen Weißrußland als „Befreiung“ vom Joch der „polnischen Großgrundbesitzer und Bourgeois“. Siehe: Wolfgang Bleyer u.a., Deutschland 1939–1945 (= Lehrbuch der deutschen Geschichte, Bd. 12), 2. Aufl., Berlin Ost 1975, S. 32f.; Gerhart Hass u.a. (Hrsg.), Deutschland im zweiten Weltkrieg, Bd. 1, Berlin Ost 1974, S. 184–186.

[59] Die Auswertung der Geschichte zu ideologischen Zwecken – hier zum zeitgenössischen Kampf gegen „den“ Faschismus – reichte bis zu so absurden Thesen wie derjenigen, eigene „klerikalfaschistische Kreise“ hätten die französischen Verteidigungsanstrengungen so weit sabotiert, daß diesem Faktor größere Bedeutung für die Niederlage zugekommen sei als den deutschen Aktionen. Siehe: Gerhart Hass, in: Bleyer u.a., wie Anm. 58, S. 63ff.

in seiner empirischen Darstellung Politik auf einzelne Entscheidungen, Militäraktionen, Intrigen beschränkte, ‚internationale Beziehungen' auf die Tätigkeit der Diplomaten zuspitzte, Gesellschaft auf die Trias von Religion, Philosophie und Literatur, teilweise ergänzt um die Kunst, verengte – eine bereits angesprochene tendenzielle Geringschätzung ökonomischer und sozialer Faktoren, in welcher der Sieg des deutschen Idealismus zum Ausdruck kam. Damit gab Ranke letztlich eben doch den Weg in die traditionelle Diplomatiegeschichte – die mechanische Behandlung der Haupt- und Staatsaktionen ohne materielle Grundlegung – vor.[60]

Wie oben bereits gesagt, Europa bildete die eigentliche ‚Analyseeinheit' Rankes – Europa verstanden als jenes vielgestaltig-pluralistische, sich immer wieder ausbalancierende System politischer Einheiten eigenen Wesens, von der auch Heeren sprach. Ehe man jedoch in Begeisterung über die Europa-Idee Rankes verfällt, sollte man sich in Erinnerung rufen, wo die Grenzen seines ‚Universums' verliefen. Zuerst einmal blieb sein Bezugssystem immer die historische, mittelalterlich-westeuropäische Völkergemeinschaft: Wenn der Altmeister vom ‚Menschengeschlecht' sprach, dann hatte er die germanisch-romanischen Nationen im Sinn – das bedeutete natürlich genauer, die Angehörigen der ‚höheren': honorablen, besitzenden und gebildeten, Stände unter diesen Völkern – mit eindeutiger Bevorzugung des protestantisch-preußischen Deutschlands und des ‚protestantischen' Englands. Das Letztere gerät aber stets nur als insularer Teil Europas in den Blick, seine maritime und überseeische Dimension dagegen bleibt blaß. Rußland machte Ranke sich nie zum Thema, es kam nicht wirklich – wie es der Bezug auf das zeitgenössische System der Großmächte eigentlich verlangt hätte – in den Gesichtskreis.[61] Zweitens und fundamentaler: Für Ranke blieb die geopolitische Umwelt Europas schemenhaft, die Ereignisse auf den anderen Kontinenten waren für ihn stets nur ephemere Phänomene. Was etwa Asien angeht, so vermochte kein Ereignis diese Beschränkung der Sehweise grundlegend zu ändern – weder die Aufnahme Chinas in das diplomatische System, vollzogen in den Verträgen von Nanking (1842) und Peking (1860), noch das Hineinwachsen des Osmanischen Reiches in das ius publicum europaeum, abgeschlossen mit dem Frieden von Paris (1856) und dem Berliner Kongreß (1878).[62]

[60] Siehe: Ernst Schulin, Universalgeschichte und Nationalgeschichte bei Leopold von Ranke, in: Mommsen (Hrsg.), wie Anm. 4, S. 37–71; relativierend zur methodischen Beschränktheit: Rudolf Vierhaus, Ranke und die Anfänge der deutschen Geschichtswissenschaft, in: Faulenbach (Hrsg.), wie Anm. 2, S. 23.

[61] Vgl. die kursorisch-schemenhafte Behandlung des Zaristischen Reiches in den „Großen Mächten", wie Anm. 8, S. 20f.

[62] Jürgen Osterhammel zeigt diesen Prozeß der Verengung des Blickwinkels von den universalhistorischen Entwürfen Gatterers und Schlözers bis hin zum „Germanozentrismus" der Großpreußen. Ranke galt, weil er in seiner „Weltgeschichte", dem Spätwerk aus den 1880er Jahren, „noch ein gewisses Interesse am Osmanischen Reich an den Tag [legte], [...] in der deutschen Öffentlichkeit sogar als Oreintexperte"; siehe: Die Entzauberung Asiens. Europa und die asiatischen Reiche im 18. Jahrhundert, München 1998, S. 20f. Bereits auf dem 20. Deutschen Historikertag von 1949 hatte Ritter – wie Anm. 22, S. 2ff. – die Rückkehr zu einem Universalismus, der breiter sein sollte als derjenige Rankes, zur Aufgabe des Faches erklärt. Mißt man die einschlägigen Veröffentlichungen der Zunfthistoriker während der folgenden Jahrzehnte an diesem Appell, läßt sich wohl kaum von dessen Umsetzung in die Praxis sprechen.

Weiter als Rankes Universalität war der Horizont der Aufklärungshistorie gewesen: Heeren schloß die außereuropäische Welt – wenn auch als abhängigen Schauplatz – dezidiert und ausführlich in seine Betrachtung ein. Übersee wurde ein erstaunlich großes Eigengewicht eingeräumt, bis hin zu dem Grundsatz: „Wir müssen vergessen, daß wir Europäer sind". Von der Untersuchung der Auswanderung ausgehend, gelangte Heeren zu einer Kolonialgeschichte in ersten Umrissen. In seinem „Handbuch der Geschichte des Europäischen Staatensystems und seiner Colonieen" (1809) übertrug er den zuvor an der Antike ausgebildeten Ansatz der geschichtlichen Funktion von Kolonien und Handel auf das neuzeitliche Europa. Einer der besten Sachkenner würdigt das Handbuch als eine „chronologisch angelegte, faktengesättigte, mit kommentierten Literaturangaben durchsetzte Geschichte der internationalen Beziehungen, die den Außenhandel, den Kolonialbesitz, die Vertragssysteme und die Friedensschlüsse hervorhob, während [allerdings, GTM] die Staaten- und Landesgeschichte, die Geschichte der Dynastien, auch die Ideen-, Sozial-, Verfassungs- und Kriegsgeschichte deutlich zurücktraten."[63] Die globale Perspektive führte zu bemerkenswerten, das Verständnis von Europa und den zwischenstaatlichen Beziehungen modifizierenden Ergebnissen. Heeren zufolge wurde das europäische Staatensystem eben durch seine globale Dimension – den Wandlungen infolge der Expansion von Seemacht und Handel, der kolonialen Ausbreitung an sich, der politischen Rückstrahlung kolonialer Ideen und Konflikte – vor der Erstarrung bewahrt; dies war eine Konzeption, die erst im ausgehenden 19. Jahrhundert zur Geltung gelangen sollte. Hiervon ausgehend, sagte Heeren sogar die Entstehung eines „Weltstaatensystems" aus den europäischen Kolonien vorher.[64]

In der Weite dieses Blickes war jedoch gleichzeitig die Begrenzung des Zugangs angelegt: Gerade weil Heeren auf Systematik, Universalität und Epochenvergleich aus war, seinen Gegenstand Europa als Ganzes im globalen Zusammenhang bildete, konnte er sich nicht eingehender mit einzelnen Nationen oder gar Teilstaaten befassen. Gegenüber der idealisierten Totalität Europa wurde dem nationalen Prinzip – in der Tat in weiter Ferne zu der späteren Überhöhung der Ideen von „Volk" und „Vaterland" – lediglich marginale Bedeutung eingeräumt. Eine weitere Kehrseite dieser Ausrichtung der europäischen Staatengeschichte in der Tradition der Schulen von Göttingen, Halle, Jena und Leipzig lag in der nie überwundenen optimistisch-belehrenden Tendenz: internationale Politik wurde ganz vorwiegend unter dem Gesichtspunkt der Mechanik von Interessenausgleich und Friedenssicherung verstanden. Beide Eigenarten geben den aufklärungshistorischen Darstellungen des Staatensystems – trotz ihrer sozialgeschichtlichen Erweiterung – ein in moderner Sicht flaches Profil. Ranke legte den Schwerpunkt anders, auf die einzelnen Elemente des politischen Ganzen „Europa" in ihrer Mannigfaltigkeit – in den 1820er Jahren die Völker, in den 30er und 40ern die Nationen, nach 1848 die Staaten. Er verstand das System dabei nicht nur als Einheit in der Vielfalt, sondern, wie man sagen könnte, auch als Konsens im Konflikt: „[E]ben durch den Kampf gehören sie zusammen; sie sind untrennbar verbunden."[65] Dieser gemeinschaftliche Antagonismus hatte es Europa als

[63] Seier, wie Anm. 7, S. 74.
[64] Handbuch der Geschichte des europäischen Staatensystems, Wien 1817, S. XII.
[65] 1861, zitiert nach: Schulin, wie Anm. 2, S. 49.

Gesamtheit aus Rankes Sicht erst möglich gemacht, die Weltherrschaft zu erringen. Von diesem Zugang her mußten gleichrangig behandelte Nationalgeschichten als gleichgewichtige Ergänzung zur ‚europäischen Außenpolitik' hinzutreten: „Die Staaten, die Völker sind auf ewig voneinander getrennt; aber sie sind zugleich in einer unauflöslichen Gemeinsamkeit begriffen. Es gibt keine Landesgeschichte, in der nicht die Universalhistorie eine große Rolle spielte"[66] – und umgekehrt, wie man ergänzen kann. In diesem Prinzip, „den festen Boden der Nationalgeschichte" nicht zu verlassen, ist – neben Rankes größerem Realismus hinsichtlich der Natur des internationalen Systems – seine eigentliche und spezifische Stärke gegenüber den älteren Historikern zu sehen. Das Konzept einer Verbindung der Darstellung internationaler Politik – dem Mächtesystem – mit einer vergleichenden Nationalgeschichte hat noch in den großen Gesamtdarstellungen der europäischen Geschichte von 1848–1918 durch Theodor Schieder eine eindrucksvolle Umsetzung erfahren. Schieder ging aus von der „spezifisch europäischen Form eines Systems von souveränen Staaten, [...] in dem eine Gruppe von größeren Mächten eine Art Kollektivhegemonie beanspruchte", und drang von dort her tief in die Verhältnisse der wichtigen Nationalstaaten ein.[67]

Der Ansatz der seit den 1860er Jahren das Übergewicht gewinnenden nationalliberal-borussianischen Strömung läßt sich in der Tat in mehrfacher Hinsicht als Verkümmerung des Rankeschen Ansatzes auffassen: Nicht nur wurde das machtpolitische Programm nun auch methodisch dominant gegenüber den inneren Entwicklungen. Es kam auch zur radikalen Personalisierung der Geschichte, für die nicht zu Unrecht Treitschke steht, während die handelnden Gestalten bei Ranke immer in die überpersonalen Zusammenhänge eingebettet blieben. Auch setzte sich jetzt die Diplomatiegeschichte in ihrer beschränktesten Form durch, als Rückbildung des von Ranke praktizierten, europäischen Ansatzes zur nationalistisch-einseitigen Betrachtungsweise. Auf nachhaltige Weise wurde die Verengung der internationalen Politik auf die Sichtweise Potsdams zum ersten Mal von Droysen vollzogen, in den seit der Reichsgründung erschienenen Bänden seiner „Geschichte der preußischen Politik".[68] Ranke blieb dieses Denken weiter fremd, er ordnete die nationalen ‚Außenpolitiken' trotz der ideellen Bevorzugung Deutschlands immer noch gleichrangig in das System Europa ein. Den pluralistischen Universalismus – oder, wenn man so will: europäischen Kosmopolitismus –, den die liberalen und nationalliberalen Historiker von Dahlmann bis Treitschke in der gleichgewichtigen Verknüpfung von gesamteuropäischer und einzelnationaler Geschichtsschreibung erblickten, machten sie Ranke als „wis-

66 Die Geschichte der Päpste, Fünftes Buch, SW, Bd. 38, Leipzig 1874, S. 1. – Dehio kehrte in seinem 1948 zum ersten Mal veröffentlichten Entwurf der Gesamtgeschichte des europäischen Staatensystems das Rankesche Denken vom Pol des Pluralismus auf den der Hegemonie um. Er wich von dem Grundsatz der Gleichrangigkeit und Gleichgewichtigkeit der Staaten im europäischen System ab und stellte dieser Konzeption einen „Dominat der internationalen Verhältnisse" sowie einen „Monismus der Staatenwelt", hinter denen die innerstaatlich-nationale Perspektive fast verschwand, entgegen. Siehe: Klaus Hildebrand, Nachwort: Ludwig Dehio, Gleichgewicht oder Hegemonie, Darmstadt 1996, S. 408.

67 Staatensystem als Vormacht der Welt 1848–1918 (= Propyläen Geschichte Europas, Bd. 5), Frankfurt/M. 1977 (Zitat S. 230; Bd. 6 und Bde. 7/1 und 7/2 des von Schieder herausgegebenen Handbuchs der Europäischen Geschichte, Stuttgart 1968/79.

68 5 Teile in 14 Bänden, 1855–1886, zitiert nach: Jörn Rüsen, Johann Gustav Droysen, in: Wehler (Hrsg.), wie Anm. 5, S. 118–124.

senschaftliches Eunuchentum" (Mommsen) und Ausdruck mangelnder nationaler Gesinnung zum Vorwurf. Uns, die wir diese Geschichtsschreibung vor dem Hintergrund der prussophilen Scheuklappenhistorie zu sehen gewohnt sind, kommt sie ‚modern' vor, trotz ihrer zwar monarchistisch-konservativen, aber gerade deswegen übernationalen Betrachtungsweise.

Erträge für eine zeitgemäße Geschichte internationaler Beziehungen

Welche dieser methodischen wie konzeptionellen Elemente eignen sich für die Aufnahme in das Instrumentarium einer zeitgemäßen wissenschaftlichen Geschichte der internationalen Beziehungen? Echten Vorbildcharakter kann keine der vorgestellten Schulen beanspruchen: Die Entwicklung von Heeren und Ranke über die „älteren" (Droysen, Sybel, Treitschke) und jüngeren Borussen (Delbrück) zu den imperialistischen Neo-Rankeanern (Lehmann, Oncken) als Verfallsgeschichte zu sehen, wäre genauso unhistorisch, wie es die langandauernde Fokussierung der deutschen Historiographie-Geschichte auf „Ranke" gewesen ist. Die abweichenden – und abweichlerischen – Strömungen bieten zwar im perspektivischen Bereich mehr, verfügen jedoch über zu wenig Gehalt, um ein Modell abgegeben zu können. Dennoch, einen eigenständigen Beitrag zu Bestimmung und Theorie moderner Internationaler Geschichte vermag die, im weiteren Sinn gemeinte, deutsche Historiographie schon zu leisten: Diejenigen ihrer – notwendigerweise auf Beharrung und Gegenwartsrelativierung angelegten – Elemente, die sich sinnvoll einbringen lassen, gilt es abschließend zu bewerten; sie werden der Eindringlichkeit halber mit personalen Etiketten versehen:

Was an „Heeren" vor allem besticht, ist die Globalität der Perspektive und die ausgewogene Berücksichtigung des Faktors Ökonomie, in beiden Aspekten kommt sein Zugang den internationalen Verhältnissen der Gegenwart so ungleich näher als die Ansätze der Nachfolgenden. Die Rückbesinnung auf die Tradition der deutschen Aufklärungshistorie relativiert den – zu Recht als methodisch dürr und inhaltlich beschränkt kritisierten – Staatshistorismus in seiner scheinbaren Musterhaftigkeit. Es besteht aber auf der anderen Seite eine gewisse Gefahr, Heeren zu dem positiven Anti-Ranke aufzubauen – als der „ideologieskeptische, vom Außenhandel beeindruckte, auf möglichst friedvolle internationale Beziehungen eingeschworene Völkerkundler und Realist", ja auf „unpazifistische Friedenssuche" orientierte Staatenhistoriker mit weltweit-übernationaler Sicht (Seier). Gerade von der aktuellen Konstellation her wirkt seine Friedensorientierung und Europaidealisierung ja verführerisch: Die von Heeren in einer Schrift von 1816 propagierte Vorstellung des Deutschen Bundes als „Friedensstaat von Europa" im Zentrum des Gleichgewichtssystem – für die er von der Zunft von Treitschke bis Meinecke mit Spott überzogen wurde – kann man sich in der Tat gut als Heilmittel gegen nachzeitige Großmachtphantasien vorstellen. Der glatten Einpassung dieses Gedankengebäudes in die Gegenwart müssen jedoch grundlegende Vorbehalte entgegengebracht werden: Ganz augenfällig ist der Gegensatz zwischen dem geopolitischen Stellenwert, den Europa am Ende des 20. gegenüber demjenigen im frühen 19. Jahrhundert besitzt; dieser Anachronismus braucht nicht weiter ausgeführt zu werden. Doch auch die Heerens Geschichtsschreibung zugrundeliegende Anschauung vom internationalen System läßt sich nicht einfach auf das 20. in seiner Gesamtheit, ja nicht einmal auf die Ära seit dem mittleren 19. Jahrhundert übertragen, denn sie beruhte auf Verhältnissen, die der frühen Restaurationszeit eigentümlich waren. Zwar sah auch er, daß sich die formelle Rechtsgleichheit der Mitglieder des Staatensystems in einem Spannungsverhältnis zu den zwischen ihnen herrschenden realen Machtunterschieden befand. Er ging weder von der klassisch-mechanistischen Gleichgewichtsvorstellung des 18. Jahrhunderts in ihrer reinen Gestalt aus, noch von den aufklärerischen Friedensutopien, sondern vertrat einen differenzierteren, nüchterneren Ansatz: Ohne in das aufdringliche Moralisieren nach Art des Spätaufklärers Friedrich Christoph Schlosser (1776–1861) zu verfallen, nannte Heeren Voraussetzungen, von denen der Erhalt des Gleichgewichts abhängig sei: den Verzicht auf egoistische Staatsinteressen, die dem allgemeinen Nutzen dienende Anerkennung der „politische[n] Wichtigkeit" auch der Staaten zweiter und dritter Ordnung und das Eingehen von Koalitionen mit der stillschweigenden Übereinkunft, allein aus Eigeninteresse die Schwächeren zu schützen. Daß aber das europäische Gleichgewichtssystem insgesamt aus den Angeln gehoben werden könnte, war in diesem Modell des internationalen Systems nicht vorgesehen. Denn gerade jene Entwicklungen, die zur Sprengung der historisch präzedenzlosen und originellen Wiener Ordnung und damit zu den eigentlich modernen internationalen Beziehungen führten, lassen sich mit ihm nicht erfassen: erstens, der revolutionäre Machtvorsprung Englands nach seinem Aufstieg zur alleinigen Industriemacht, der vor allem im Opiumkrieg und bei der Intervention in den Krimkrieg demonstriert wurde und den weiter aufrechterhaltenen Anspruch auf Gleichheit der Mitglieder der europäischen ‚Völkerfamilie' zur Fiktion werden ließ; zweitens das durch den Wiener Kongreß nur vorläufig eingedämmte Eindringen des nationalen Prinzips in die die europäische Politik seit spätestens 1848.[69]

Wenn das Modell des europäischen Systems, das „Ranke" seinen Darstellungen zugrundelegte, in der Tendenz, wie dargelegt, von Heerens Vorstellung abwich, stimmte es doch im wesentlichen Punkt mit dieser überein – dem Vertrauen auf das Funktionieren von Gleichgewicht und „europäischem Konzert" als Ausfluß und Spiegelung der „göttlichen Weltordnung". Strenggenommen ist die internationale Ordnung, die Ranke wie Heeren vor Augen hatte, auf die kurze Phase der Kongreßdiplomatie zwischen 1814 und 1822 beschränkt gewesen; die Zeitgebundenheit des Bildes begrenzt seinen Anwendungsbereich natürlich erheblich. Noch prekärer als die Applikation dieses Gedankengefüges auf die zweite Hälfte des 19. Jahrhunderts muß seine Anwendung auf die Weltkriegsepoche erscheinen: Es ist das Element der Ideologisierung der Außenpolitik, das selbst der Verwendung des allgemein-mechanistischen, für die Erfassung der Epoche bis 1914 noch begrenzt tauglichen Balance-Modells wider-

[69] Dieses besondere historische Profil des Wiener Kongresses plastisch herausgearbeitet zu haben, ist das Verdienst der neueren – mir für eine zeitgemäße Internationale Geschichte beispielhaft erscheinenden – Studie von Anselm Doering-Manteuffel, Vom Wiener Kongreß zur Pariser Konferenz. England, die deutsche Frage und das Mächtesystem 1815–1856, Göttingen 1991; siehe auch: Paul W. Schroeder, The Transformation of European Politics, 1763–1848, New York 1994.

strebt.[70] Allein schon aus diesem Grund führt auch zu Ranke als dem verbindlichen Leitbild kein Weg zurück. Aber auch andere Unzulänglichkeiten stehen der erneuten Renaissance seiner Lehre unüberwindlich entgegen: das Verständnis des Krieges als eigentlich dominierendem und legitimem Grundelement der internationalen Politik und die Beschränkung auf den Westen Europas, auf die Großmächte, auf die Diplomatie. Auch wenn sich der Okzidentalismus – wie von den Neo-Rankeanern versucht – prinzipiell in den Weltrahmen übertragen lassen mag, er bliebe unzureichend für die Erfassung der zeitgeschichtlichen Wirklichkeit.[71] Das letztlich ausschlaggebende Hindernis liegt nicht einmal in Rankes zu „rivalitätsfreudiger“ Ausrichtung. Sogar für noch verschmerzbar halten lassen sich auch die Eigenarten der unserem Erfahrungsraum unangemessenen Vorstellungswelt – Harmoniebedürfnis im Hinblick auf die Gesamtgeschichte, grenzenloses Vertrauen in die Staatsaktionen, Hochschätzung der Nation an sich und der deutschen Nation im besonderen; daß Rankes Horizont so ‚halkyonisch‘ – „monumentalisch“ ohne jede Beimengung einer kritischen Haltung und machtpositivistisch – war, muß im Zusammenhang mit seiner Assimilation an den preußischen Staatsapparat als regierungsoffiziöser Historiograph gesehen werden.[72] Was den Ansatz in seiner Gesamtheit untauglich für eine moderne Historie werden läßt, das sind die vormodernen politischen Grundbegriffe, vor allem die theologische Kategorie „Macht“. – Auf der anderen Seite steht Ranke für eine vorbildliche Umsetzung des Prinzips der optimalen Ausgewogenheit der Darstellung zwischen internationaler Breite und nationalgeschichtlicher Tiefe. Er liegt damit zwischen den Polen einer Entleerung der einzelnationalen Elemente des Systems – dem die ältere Staatenhistorie zustrebte – einerseits und der borussianischen Verengung der Perspektive in der Art Droysens und Treitschkes andererseits. Die Mustergültigkeit dieser Darstellungsweise kann auch vor dem Einwand bestehen, daß der national definierte Staat am Wechsel zum 21. Jahrhundert ein auslaufendes Modell sei: Unschwer wird sich das Prinzip der ausgewogenen Proportionen von einzelnen Staatsnationen auf Größen wie Kulturnation oder Gesellschaft übertragen lassen.[73]

Für den Gedanken, auch die „Große Politik“ auf gesellschaftliche Grundlagen zurückzuführen, soll hier paradigmatisch „Engels“ stehen. Strenggenommen handelt es sich hierbei um ein aussichtsloses Unterfangen, als korrektives Prinzip und kritisches Potential verstanden dagegen wirkt es unersetzlich. Darüber hinaus bleibt das zwar nicht auf die marxistische Historie beschränkte, von dieser aber nun einmal ursprünglich ausgehende strukturhistorische Prinzip eine permanente Herausforderung für

[70] Zum Beispiel impliziert Dehios Annahme, daß auch das zweimalige und entscheidende Eingreifen der USA in das Weltmächtesystem von 1917 und 1941 letztlich eine Wiederherstellung des Gleichgewichts nach alteuropäischer Art zum Ziel gehabt habe – was kaum haltbar wirkt.

[71] Vgl. hierzu die Ausführungen Schulins zur Bedeutung des Ranke-Erbes „für die Probleme einer Geschichte der internationale Beziehungen“; siehe seinen Beitrag zu dem von Mommsen herausgegebenen Sammelband, wie Anm. 4, S. 68–71.

[72] Nietzsches kritischer Einwand gegen Ranke, als advocatus jeder causa fortior aufzutreten – siehe: Helmut Berding, Leopold von Ranke, in: Wehler (Hrsg.), wie Anm. 5, S. 15 – trifft einen der wunden Punkte; siehe auch: Dehios Vorwurf an die Adresse Ritters (Anm. 15). In diesem Zusammenhang ist die bekannte Kritik von Benedetto Croce an Ranke als dem Geschichtsschreiber „ohne Problem“ zu nennen.

[73] Daß sich die Begrenzungen zwischen den Einzelelementen auflösen – und damit das System insgesamt –, steht wohl kaum zu erwarten.

den Hang auch der erneuerten „Diplomatiegeschichte" zur Ereignishaftigkeit, das historisch-materialistische Denken ein notwendiges Gegengewicht zum hermeneutischen Ansatz mit seinen Tendenzen der Verselbständigung des „Geistes" und der dezisionistischen Betrachtungsweise.[74] Solche Korrektur durch einen historischen Materialismus in verjüngter und gestraffter Gestalt erscheint in besonderem Maße nötig für aktuelle Tendenzen in der deutschen Geschichtswissenschaft: Im allenthalben zu beobachtenden Abheben in die Sphären der „Kulturgeschichte" – wohl nicht untypisch für den Mentalitätswandel einer fortgeschrittenen Staatsnation nach dem Übergang aus der Phase der Vorläufigkeit in das Stadium der Etabliertheit und Selbstgewißheit – droht die Sensibilität für die Notwendigkeit der Bereitstellung der materiellen Grundlagen der Lebensführung zu schwinden. Überhaupt ist noch längst nicht negativ entschieden, ob die marxistische Geschichtsbetrachtung einen wesentlichen Beitrag zur Darstellung der internationalen Beziehungen des 19. und insbesondere des 20. Jahrhunderts zu leisten imstande wäre – trotz, oder gerade wegen, 50 Jahren DDR-Historie mit ihrem teilweise unerträglichen Ökonomismus.

Max Weber war bekanntlich nur im ‚Nebenberuf' Historiker, und methodische Ansätze für die Behandlung der internationalen Beziehungen werden sich in seinem Werk wahrscheinlich nur vereinzelt finden lassen; der Versuch, seine Schriften im Hinblick hierauf zu destillieren, steht meines Wissens noch aus. Ansetzen ließe sich bei der Konzeption der Universalgeschichte, die, wenn auch nirgendwo systematisch entwickelt, einen Rahmen abgeben könnte, dessen Geschlossenheit, Stringenz und vor allem Weite – man denke an das Modell der Kulturstufen – von kaum einer anderen Theorie erreicht wird. Was „Weber" gegenüber dem historischen Materialismus auszeichnet, sind zwei Momente: erstens der Skeptizismus gegenüber Geschichte und Zukunft der „okzidentalen Kultur" in ihrer Gesamtheit – die nun einmal den „Fluchtpunkt" für seine universalhistorischen Studien bildete –, zweitens die Betonung der „letztlich an dem Ideal der Selbstverwirklichung der aktiv handelnden, dabei aber auf ein, sei es jenseitig religiöses, sei es innerweltliches Zentrum bezogenen Persönlichkeit" ist.[75] Das Spannungsverhältnis zwischen den Polen Einzelpersönlichkeit und Rationalisierungsprozeß (Kocka) und die große diachrone Reichweite bilden ein Potential, das für eine neue internationale Geschichte genutzt werden sollte – nicht nur zur Ausbalancierung des im historisch-materialistischen Ansatz angelegten Übergewichtes des Strukturprinzips.

Daß sich diese vier Stränge zukunftsweisender Tradition – Heerens fast schon supranationale Globalität, Rankes Proportionalität, Engels' kritischer Materialismus, Webers rationale Begrifflichkeit – zu so etwas wie einer theoretisch-methodischen Richtschnur verknüpfen lassen, erscheint nicht zweifelhaft. Die Rückbesinnung auf diese Ansätze bietet vor allem eine Grundlage, auf der sich das methodische Grundproblem der Geschichte der internationalen Beziehungen angehen läßt: die richtige Bestimmung des Verhältnisse zwischen internationalen und auswärtigen Beziehungen. Ob das internationale System lediglich als Kontext der verschiedenen ‚Außenpolitiken' oder als selbständige und eigengesetzliche Wesenheit zu behandeln ist, auf

[74] Ebenso: Dorpalen, wie Anm. 54, S. 507.

[75] Siehe: Wolfgang J. Mommsen, Max Webers Begriff der Universalgeschichte, in: Jürgen Kocka (Hrsg.), Max Weber, der Historiker, Göttingen 1986, insbes. S. 60ff., 65 und 70.

diese Frage der Politikwissenschaft stellen die vorgestellten Ansätze der deutschen staatengeschichtlichen Tradition mögliche Antworten dar. Sie bewegen sich, den verschiedenen Bedingungen der Zeit gemäß, auf der Bandbreite zwischen der Lehre vom Prävalenz des Staatensystems einerseits und der souveränen Unabhängigkeit nationaler Politik andererseits. Es handelt sich um konkurrierende Vorstellungen, die keine absolute Gültigkeit beanspruchen können, sondern jeweils nur auf begrenzte Epochen zutreffen. Ob es – über eine solche pragmatische Nutzung hinausgehend – möglich ist, die Komponenten der Tradition in eine neue, geschlossene Form zu gießen, erscheint – so reizvoll die Vorstellung ist – fraglich angesichts ihrer doch sehr unterschiedlichen philosophischen Grundlagen. Die „Synthese von Ranke und Marx" – wie sie von Gustav Mayer gefordert und vielleicht von Otto Hintze ansatzweise praktiziert worden sein mag – mutet im Sinne eines geschlossenen konzeptuellen Zugangs letztlich genauso problematisch an wie eine Fusion der Lehrgebäude von Ranke und Weber.[76] Der eigentliche Beweis für eine durch solche Fusion entstandene neue Methode wäre dann nur durch eine nach ihr angefertigte, mustergültige empirische Studie zu erbringen.

[76] Hans-Ulrich Wehler, Gustav Mayer, in: ders. (Hrsg.), wie Anm. 5, S. 232f. Im Jahr 1946 unternahm der bekehrte Alt-Deutschnationale Otto Hoetzsch den „abweichlerischen" Versuch, in die ostdeutsche Geschichtswissenschaft eine wirklich ungewöhnliche Synthese von Ranke, Marx, Hegel und Kjell einzubringen; siehe: Werner Berthold, Zur Geschichte der Geschichtswissenschaft der DDR. Vorgeschichte, Konfrontationen und Kooperationen, in: Schulin (Hrsg.), wie Anm. 2, S. 50.

Georges-Henri Soutou

Die französische Schule der Geschichte internationaler Beziehungen*

Eine Schule der Geschichte internationaler Beziehungen existiert in Frankreich seit den 1870er Jahren. Selbstverständlich hat sie sich seitdem weiterentwickelt, aber sie zeichnete und zeichnet sich auch heute noch durch eine gewisse Anzahl kontinuierlicher Merkmale aus. Zwei Charakteristika scheinen sie von ähnlichen Schulen anderer Länder zu unterscheiden. Zuallererst ist sie aus einem Sektor französischer Universitätskultur hervorgegangen, der sehr durch die klassischen Studien bestimmt ist und sich oft stärker als andere in der Übernahme gewisser methodologischer Schritte von den aktuellen Geisteswissenschaften zurückhält. So kommt es meiner Ansicht nach, daß der Großteil meiner Kollegen ganz natürlich *L'histoire de la guerre du Péloponèse* von Thukydides als das erste Werk der Geschichte internationaler Beziehungen zitiert,[1] und es verdeutlicht demgegenüber ihre Skepsis oder ihren Mangel an Interesse für die Sozialwissenschaften, die Politologie und Jura. Besonders die Trennung zwischen den Historikern internationaler Beziehungen und Politologen oder Spezialisten des internationalen Rechts ist sehr ausgeprägt, ja sogar beinahe vollständig, und es gibt nur wenige, die, wie der verstorbene Jean-Baptiste Duroselle, versucht haben, diese Grenzen zu überschreiten. Eine solch scharfe Trennung hat den Vorzug, unerschütterlich an den rein historischen Arbeitsweisen festhalten zu können, aber sie birgt, wie wir sehen werden, auch den Nachteil, die Historiker internationaler Beziehungen von manchen methodologischen Beiträgen anderer Disziplinen auszuschließen.

Das zweite Charakteristikum der französischen Schule besteht in ihrer tiefen Verwurzelung in der Geschichte der Außenpolitik Frankreichs einschließlich der Bürde dreier großer Kriege seit 1870, die jedesmal das Schicksal der Nation insgesamt betrafen. Daraus ergibt sich meiner Meinung nach eine Perzeption internationaler Beziehungen, die noch nationalstaatlicher orientiert ist als anderswo, und eine quasi allgemeine Bejahung des Primats nationaler Interessen und besonders der nationalen Unabhängigkeit als einem essentiellen Ziel der Außenpolitik eines Staates. Selbstverständlich muß man sich davor hüten, zu karikieren: Andere Elemente sind ebenso

* Übersetzt von Frank Bärenbrinker und Wilfried Loth

1 Albert Thibaudet stellt in seinem Buch La campagne avec Thucydide (1922) ganz selbstverständlich die Kontinuität von Thukydides bis Albert Sorel heraus, dem Gründer der französischen Schule der Geschichte der internationalen Beziehungen. Vgl. den Nachdruck der Geschichte des Peloponnesischen Krieges bei Robert Laffont (Collection Bouquins) aus dem Jahre 1990, der im ersten Teil den Text von Thibaut wiedergibt, hier S. 39.

von der französischen Schule berücksichtigt worden. Nichtsdestotrotz bleibt die Wahrnehmung des internationalen Spiels in erster Linie die eines Nullsummenspiels, in dem die Gegensätze zwischen den nationalen Interessen und die Rivalität zwischen den Strategien der Regierungen dominieren und in dem das, was die einen gewinnen, von den anderen verloren wird. Der Zugang zu den internationalen Beziehungen als einem dynamischen System, das Gegensätze, aber auch gegenseitige Verflechtungen und Zusammenarbeit umfaßt und das neben Risiken auch Vorteile für alle Beteiligten bringen kann, ist viel seltener. Das prägt die gesamte französische Schule sehr weitgehend.

Man muß wissen, daß in der französischen Universitätslandschaft die Geschichte internationaler Beziehungen in institutioneller Hinsicht – Lehrstühle, Einfluß auf den Conseil National de la Recherche Scientifique (CNRS) usw. – keine große Rolle spielte. Ein Grund dafür ist, daß die Schule der Annales ihr äußerst feindlich gegenüberstand und daß sich die Nouvelle Histoire für sie kaum interessierte.[2] Das hatte weitreichende Konsequenzen wie z.B. das fast vollständige Verschwinden der Studien internationaler Beziehungen vom 16. bis 18. Jahrhundert, das bis vor wenigen Jahren anhielt und das für das 19. Jahrhundert bis heute spürbar ist. Dabei handelt es sich hier auf methodologischem Gebiet um wirklich essentielle Perioden, um eine Wahrnehmung der internationalen Beziehungen als System und nicht nur als ein Ensemble von Rivalitäten und Gegensätzen zu entwickeln. Indessen hat die Annales-Schule doch, wie wir sehen werden, durch die Theorie der „forces profondes“ einen indirekten Einfluß auf die Geschichte internationaler Beziehungen ausgeübt, die das Ergebnis eines Modernisierungswillens der Disziplin darstellt, dazu bestimmt, neue methodologische Beiträge aufzugreifen, ohne sie ihrer Eigenart zu berauben.

Albert Sorel

Der Begründer der französischen Schule war Albert Sorel, über dessen Leben und Werk Jacques Bariéty eine hervorragende Zusammenfassung geschrieben hat. Geboren 1842, verstorben 1906, war er von 1872 bis zu seiner Emeritierung 1904 Professor für Diplomatiegeschichte an der Ecole Libre des Sciences Politiques in Paris. Er gehörte dem Lehrkörper dieser Schule also schon seit ihrer Gründung nach der Niederlage von 1870 an; Ziel war es, sehr bewußt neue politische und administrative Eliten in einem Reformgeist zu formen, der durch das Klima nationaler Selbstvergewisserung, der diese Jahre kennzeichnete, ermutigt wurde.

Nach der Schulzeit in Paris war Sorel dem Rat eines Freundes der Familie, Guizot, ehemaliger Ministerpräsident Louis-Philippes und einer der Vorreiter des Liberalismus, gefolgt und hatte auf eine sehr ungewöhnliche Weise Recht studiert, indem er die Ecole de Chartres besuchte, wo man Archivkunde und die Arbeit an historischen Dokumenten lernte. Immer noch dem Rat Guizots folgend, verbrachte er das Jahr 1865 in Berlin. Dort lernte er eine junge Deutsche kennen, die er 1872 heiraten sollte (was zu dieser Zeit ein Beweis großer geistiger Unabhängigkeit war).

[2] Hervé Coutau-Bégarie, Le phénomène „Nouvelle Histoire“. Stratégie et idéologie des nouveaux historiens, Paris 1983.

Nach seiner Rückkehr nach Paris trat er in die Dienste des Quai d'Orsay und hatte so die Möglichkeit, konkrete diplomatische Erfahrungen zu sammeln. Während der Belagerung von Paris 1870–1871 wurde er nach Tours zur Delegation der Provisorischen Regierung geschickt; diese Ausnahmesituation führte ihn dazu, eine für sein Alter unübliche Verantwortung zu tragen. Darüber hinaus machte er in Tours die Bekanntschaft von Hypolyte Taine, mit dem ihn eine enge Freundschaft verband und dem er 1894 in die Académie française nachfolgte. Der Positivismus Taines übte einen starken Einfluß auf Sorel aus, wie man auch eine unbestreitbare intellektuelle Verwandtschaft in ihren beiden großen Werken *Les origines de la France contemporaine* von Taine (1875–1894) und *L'Europe et la Révolution française* von Sorel (1885–1904) feststellen kann, auch wenn Taine sich weniger rigoros und pessimistischer zeigt als Sorel.

Das intellektuelle und moralische Klima, das beide Autoren prägte, war gekennzeichnet durch ein starkes patriotisches Gefühl der der Kontinuität der Nation über die Regime hinweg, der Ablehnung von Exzessen, ob es sich nun um die der Französischen Revolution oder die der Kommune handelte, des Willens zur Erneuerung und zum Wiederaufstieg nach der Niederlage. Dies war auch das Klima der Ecole Libre des Sciences Politiques, die 1872 von Emile Boutmy gegründet wurde und stark von Guizot, Taine und Ernest Renan beeinflußt war. Letzterer hatte 1871 gerade sein *Réforme intellectuelle et morale* publiziert, ein wahrhaftiges Manifest für die Erneuerung der Eliten des Landes. Das Ziel der Schule war eben diese Heranbildung neuer Eliten, die sich scharf von dem abhob, was man (zweifelsohne in übertriebener Weise) als Gleichgültigkeit und Mangel an Kultur bei den Führern des Second Empire bezeichnete: In der „fête impériale" sah man die wesentliche Ursache für das Desaster.[3]

Der Unterricht der Diplomatiegeschichte, den Sorel in diesem Institut übernahm, übte einen nachhaltigen Einfluß aus, wie die Memoiren einiger seiner Studenten, die in der Folge Diplomaten wurden, bezeugen.[4] Seine Arbeitsmethode war sehr charakteristisch und originell für das Frankreich dieser Epoche, das immer noch von einer Kultur klassischer Literatur und Rhetorik geprägt war. Er begann mit Recherchen in den Archiven des Quai d'Orsay und baute darauf seine Vorlesungen auf. Dann veröffentlichte er Artikel in wissenschaftlichen Zeitschriften. Schließlich schrieb er seine Bücher, wobei er seine Argumentation von diesem sorgfältig errichteten Sockel aus entwickelte.

Seine Arbeiten entsprachen allen Anforderungen der modernen historischen Forschung: kritischer Apparat, Archivrecherchen, nicht nur in Frankreich, sondern auch in Großbritannien, Deutschland, Österreich-Ungarn. Dementsprechend nahm Gabriel Monod, der Gründer der seit 1876 erscheinenden *Revue Historique*, Sorel in die

3 Ich stütze mich für die gesamte Passage auf Jacques Bariéty, Albert Sorel: L'Europe et la Révolution française, 1885–1904, in: ders. (Hrsg.), 1889: Centenaire de la Révolution française, Peter Lang 1992. Siehe auch Keith Hamilton, The Historical Diplomacy of the Third Republic, in: Keith Wilson (Hrsg.), Forging the Collective Memory. Government and International Historians through Two World Wars, Berghahn Books 1996.

4 J.-B. Barbier, Un frac de Nessus, Rom 1951, und Comte de Saint-Aulaire, Confession d'un vieux diplomate, Paris 1951. Siehe Georges-Henri Soutou (Hrsg.), Eliten in Deutschland und Frankreich im 19. und 20. Jahrhundert/Elites en France et en Allemagne aux XIXème et XXème siècles, Oldenbourg, München 1994.

Gruppe der regelmäßigen Mitarbeiter der Zeitschrift auf. Das Periodikum verfolgte das Ziel, in Frankreich die wissenschaftlichen Methoden der deutschen Historiographie einzuführen, und nahm dafür die *Historische Zeitschrift* als Modell.[5]

Sorel publizierte 1875 eine *Histoire diplomatique de la Guerre franco-allemande*, was zeigt, daß er vor den aktuellen Themen nicht zurückschreckte, und 1877 *La Question d'Orient au 18e siècle*, ein Werk, in dem er die Kontinuität französischer Außenpolitik vom Ancien Régime bis zur Revolution und die Kontinuität nationaler Interessen unterstrich, die in seinen Augen schwerer wogen als die revolutionäre Ideologie. Das entsprach ganz und gar dem anfänglichen Geist der Dritten Republik: dem Überspringen der ideologischen Kluft zwischen Revolution und Gegenrevolution im Namen der permanenten Interessen des Landes und der notwendigen Einheit nach der Niederlage.

Aber sein größtes Werk war *L'Europe et la Révolutrion française* in acht Bänden, die zwischen 1885 und 1904 erschienen. Dieses Werk paßte hervorragend zur Ideologie der „opportunistischen" Republikaner, die die politische Szene von 1889 bis 1898 (zwischen der Krise des Boulangismus und der Dreyfus-Affäre) beherrschten: ein gewisser Wille zur Entideologisierung der Republik, jedenfalls der Wille, sich auf die liberale Revolution von 1789 zu beziehen, nicht auf den Terror von 1793, der von ihnen als Verirrung begriffen wurde. Sie betonten die Kontinuität der Nation, von der Monarchie bis zur Republik über 1789 hinweg. Das moderne Frankreich wurde nicht 1789 geboren, sondern resultierte aus einem umfassenden historischen Prozeß. Dies stimmte mit dem Geist der patriotischen Union der Epoche nach der Krise der Affäre Schnaebele mit Deutschland im Jahre 1885 überein, als die immer weniger umstrittene Republik ihre Wurzeln in der öffentlichen Meinung und im Leben Frankreichs schlug.

Dieser Standpunkt deckte sich auch ganz mit dem patriotischen Geist der Ausbildung an der Ecole des Sciences Politiques, die die Ausbildung der administrativen und diplomatischen Eliten des Landes mehr und mehr beeinflußte. So entstand eine Perzeption der französischen Außenpolitik, die die Eliten des Landes mindestens bis 1945 bestimmen sollte und die von der Lehre Sorels und seiner Kollegen maßgeblich geprägt war.

L'Europe et la Révolution française antwortete jedoch auch auf das zwischen 1853 und 1870 erschienene Buch Heinrich von Sybels *Geschichte der Revolutionszeit von 1789 bis 1800*, in dem Sybel hatte zeigen wollen, daß Frankreich für die Kriege in der revolutionären und kaiserlichen Epoche verantwortlich sei. Für Sorel hingegen stellte sich die Wahrheit weit nuancierter dar: Es waren die anderen Staaten, die Frankreich angegriffen hatten, um von seiner momentanen Schwäche zu profitieren, aber dann waren die Revolutionäre aufgrund ihrer Ideologie zu weit gegangen und hatten, von der Defensive zur Offensive übergehend, eine Reihe von gefährlichen Annexionen unternommen, die Kriege ohne Ende und letztlich die Niederlage zur Folge hatten.

Sorel leitete daraus die Grundlagen einer Doktrin der Außenpolitik ab: Kontinuität des nationalen Interesses, Mäßigung und Gleichgewicht. Er verwarf insbesondere wie die Mehrzahl seiner Zeitgenossen die ideologische Nationalitätenpolitik Napoleons

[5] Der programmatische Einführungsaufsatz Monods wurde in der Revue Historique Nr. 518 wieder abgedruckt.

III., die zur italienischen und deutschen Einigung auf Kosten französischer Interessen geführt hatte. Sein Vorbild war Vergennes, der Außenminister Ludwigs XVI, der die Auffassung vertreten hatte, Frankreich sei eine saturierte und in ihrer Identität gesicherte Macht, die keine anderen Ambitionen zu verfolgen habe, als das Gleichgewicht in Europa zu verteidigen und sich jedem Hegemonieversuch entgegenzustellen, indem es die Führung einer Koalition kleiner und mittlerer Mächte übernähme, deren Ziel die Wahrung des europäischen Gleichgewichts war.

Aus all dem ging ein Gebäude außenpolitischer Doktrin hervor, das die Franzosen und insbesondere ihre politischen und diplomatischen Kreise bis in die 1970er Jahre und vielleicht noch heute beeinflussen und die französische Schule der Geschichte internationaler Beziehungen nachhaltig prägen sollte. Die wichtigsten Punkte waren dabei das Dogma von der nationalen Unabhängigkeit und dem Primat der nationalen Interessen; das Fehlen von Gebietsansprüchen seitens Frankreich; das europäische Gleichgewicht als Leitlinie französischer Außenpolitik; der Wille zum Realismus und die Ablehnung jeglichen ideologischen Kreuzzugs; die eigentliche historische Rolle Frankreichs als Anführer der mittleren Mächte gegen die Hegemonie der Großmächte.

Man könnte leicht zeigen, welchen Einfluß diese Doktrin, ein wahrhaftiges nationales Credo, durch populärere Autoren als Sorel auf das französische Publikum ausübte. Weit über die royalistischen Milieus hinaus – man kann es gar nicht genug betonen – übte besonders Jacques Bainville großen Einfluß aus.[6] Es möge hier allerdings genügen, die *Histoire de trois générations* (1918) oder *Les conséquences politiques de la paix* (1920) zu zitieren.

Pierre Renouvin

Der Begründer der aktuellen französischen Schule der Geschichte internationaler Beziehungen war Pierre Renouvin.[7] Geboren 1893, 1974 verstorben, waren die wichtigsten Schritte seiner Karriere: die Leitung der Bibliothèque d'Histoire de la Guerre (heute BDIC) seit deren Errichtung 1920; seit 1923 bis zu seiner Emeritierung Dozent und dann Lehrstuhlinhaber für die Geschichte des Krieges und der internationalen Beziehungen an der Sorbonne; seit 1927 Vorsitzender der Kommission zur Veröffentlichung der diplomatischen Akten im Quai d'Orsay für den Zeitraum 1871–1914. Poincaré (damals Ministerpräsident) und Briand (Außenminister) strebten schließlich eine französische Antwort auf die zwischen 1922 und 1927 erschienene deutsche Publikation *Die Grosse Politik der europäischen Kabinette* an. Wie jeder weiß, handelte es sich dabei nicht allein um eine wissenschaftliche, sondern auch um eine politische Angelegenheit im Rahmen der Diskussion um die Kriegsschuldfrage. 1960 übernahm

6 William R. Keylor, Jacques Bainville and the Renaissance of Royalist History in Twentieth-Century France, Louisiana State University, Baton Rouge 1979; Christoph Dickès, Jacques Bainville. L'Europe entre deux guerres 1919–1936, Godefroy de Bouillon, Paris 1996.

7 Siehe die Notiz von Jean-Baptiste Duroselle über Renouvin in der Revue d'Histoire Moderne et Contemporaine, octobre-décembre 1975, und Jean-Baptiste Duroselle, Pierre Renouvin et la science politique, in: Revue française de science politique, Bd. 25, 1975.

Renouvin die Leitung der Kommission zur Veröffentlichung der diplomatischen Akten für den Zeitraum 1932 bis 1939. Infolgedessen kann man sagen, daß die Mehrzahl der französischen Spezialisten der Geschichte internationaler Beziehungen auf die eine oder andere Weise an den Publikationen der Archive des Quai d'Orsay partizipiert haben, was der entschlossen historischen, wenn nicht gar positivistischen Seite der französischen Schule entspricht, die sich viel mehr für die Archive interessiert als für politologische Theorien.

Die Publikationsaktivitäten Renouvins waren immens; ich führe daher nur die wichtigsten Bücher an: *La crise européenne et la Grande Guerre, 1904–1918* (1934); *L'Histoire des Relations internationales* in acht Bänden unter seiner Leitung (er selbst redigierte die vier letzten Bände zwischen 1953 und 1958), auf die heute noch Bezug genommen wird; *L'armistice de Rethondes* (1968).

Man darf aber nicht seine Vorlesungen vergessen, vervielfältigt, wie es in dieser Zeit bei Vorlesungen an der Sorbonne üblich war, und benutzt von ganzen Studentengenerationen: 34 Titel, im Kern über die Geschichte der internationalen Beziehungen, aber auch über die innere und äußere Geschichte einer ganzen Reihe von Ländern im 19. und 20. Jahrhundert. Renouvin hat nämlich Innen- und Außenpolitik nie voneinander getrennt, er hat nie versucht, den Primat der einen oder anderen zu behaupten, sondern im Gegenteil ihre dialektischen Beziehungen und ihren wechselseitigen Einfluß zu erhellen gesucht. Dies ist zweifellos einer seiner wichtigsten wissenschaftlichen Beiträge zur französischen Schule.

Auch seiner Betreuung einer Reihe von Dissertationen kommt besondere Bedeutung zu – eine ganze Generation wurde von ihm geformt: Jean-Claude Allain (Die Krise von Agadir), René Poidevin (Die deutsch-französischen Wirtschaftsbeziehungen vor 1914), René Girault (Die russischen Anleihen), Pierre Guillen (Die Marokkokrise 1905), Jacques Thobie (Die türkischen Anleihen) usw. In diesen Arbeiten zeigt sich, wie wichtig das Problem des ökonomischen Imperialismus ist.

Die Methode Renouvins beruhte auf persönlicher Arbeit in den Archiven (die er bis zu seinem Ende fortführte), auf einer außerordentlich breiten historischen Kultur und auf seiner Theorie der „forces profondes". Diese entsprachen den langfristigen historischen Kräften. Die Entwicklung dieser Theorie nach 1945 durch Renouvin spiegelt sicherlich einen gewissen Einfluß der Annales-Schule und ihres Beharrens auf einer Langzeitperspektive im Gegensatz zu den kurzfristigen chronologischen Entwicklungen wider. Indem er sich für die langfristigen Entwicklungen über den kurzfristigen Ablauf politischer Ereignisse hinaus öffnete, führte Renouvin die französische Schule von der Diplomatiegeschichte zur Geschichte der internationalen Beziehungen.

Renouvin hat diese „forces profondes", sowohl die materiellen als auch die geistigen, in einem Buch beschrieben, das er 1964 zusammen mit Jean-Baptiste Duroselle veröffentlichte (und das 1991 wieder aufgelegt wurde): *Introduction à l'histoire des relations internationales*. Darin unterstrich er die geographischen Gegebenheiten, die demographischen Entwicklungen, die ökonomischen Kräfte (ebenso antagonistisch und konkurrierend wie kooperierend, wie Unionen und Kartelle belegen), die internationalen Finanzen, das Nationalgefühl, den Nationalismus und den Pazifismus.

Aber Renouvin vermied es, daraus ein System zu konstruieren und besonders eine Hierarchie innerhalb dieser Kräfte zu etablieren: Ihm zufolge mußte man die jeweilige Rolle und die Interaktionen zwischen den verschiedenen Faktoren in jeder spezifischen historischen Situation neu und mit einem ganz und gar offenen Geist betrachten. In der Problematik der Epoche, die in Frankreich stark durch den Marxismus geprägt war, bedeutete dies konkret, daß Renouvin sich weigerte, den systematischen Primat der Ökonomie in den internationalen Beziehungen anzuerkennen, aber gleichzeitig nicht ausschließen wollte, daß in bestimmten historischen Situationen diese ökonomischen Kräfte die ausschlaggebende Rolle spielen könnten.

Dieser empirische und pragmatische Zugang war in der polemischen Atmosphäre der 1960er Jahre nützlich: Er hat es marxistischen und nicht-marxistischen Historikern erlaubt, im Umkreis von Renouvin und dann Duroselle gemeinsam zu arbeiten. Es war weitestgehend ihnen zu verdanken, daß die universitäre Geschichtswissenschaft selbst über den Kreis der Historiker internationaler Beziehungen hinaus den tiefen methodologischen und politischen Gräben und den persönlichen Rivalitäten entrinnen konnte, die andere Disziplinen jahrelang weitgehend paralysierten.

Gleichwohl hatte dieser Wille zur Entideologisierung der Geschichte internationaler Beziehungen eine negative Folge: die Unterschätzung der ideologischen Faktoren in den internationalen Beziehungen seit der Französischen Revolution, so daß es schwer war, einzuräumen, daß die unterschiedlichen Konzepte des internationalen Systems und die verschiedenen nationalen Außenpolitiken seit dem Ende des 18. Jahrhunderts oft auch von ideologischen Visionen beeinflußt waren, sei es vom Liberalismus, vom Nationalsozialismus, vom Kommunismus usw. Hierin kann man durchaus eine strukturelle Schwäche der französischen Schule sehen; ich werde darauf noch zurückkommen.

Maurice Baumont und Jacques Droz

Es ist verständlich, daß für die französische Historiographie die Geschichte der deutsch-französischen Beziehungen einen besonderen Stellenwert besitzt und von herausragender Bedeutung für die Erforschung der internationalen Beziehungen ist. In diesem Zusammenhang müssen zwei Männer erwähnt werden, die eine besonders wichtige Rolle in diesem Bereich gespielt haben, der auf die Geschichte der internationalen Beziehungen und die Geschichte Deutschlands übergreift: Maurice Baumont (1892–1981)[8] und Jacques Droz (1909–1998),[9] die einander als Professoren an der Sorbonne folgten.

Maurice Baumont (ich erinnere an seine beiden großen Bücher: *La grosse industrie allemande et le charbon*, 1928, und *La faillite de la paix 1918–1939*, das 1945 erschien und auch heute noch ein Klassiker ist) war einer der besten Kenner des zeitgenössischen Deutschland, wo er als Beamter der Reparationskommission gelebt hatte. Die

[8] Zu Maurice Baumont siehe: L'expérience de Maurice Baumont face à un siècle de relations franco-allemandes. Colloque pour le Centenaire de Maurice Baumont, 26 février 1992, Paris, Institut de France, eine Broschüre, die ohne Datum von der Association des Amis de Maurice Baumont und der Konrad-Adenauer-Stiftung publiziert wurde.

[9] Zu Jacques Droz siehe den Nachruf von Philippe-Jean Catinchi in Le Monde vom 8./9. März 1998.

anderweitigen beruflichen Tätigkeiten Baumonts, zum Ende des Ersten Weltkrieges im Pressebüro der französischen Botschaft in Bern, das die deutsche und die österreichische Frage aus der Nähe verfolgte, dann in der Reparationskommission, später im Völkerbund, machten ihn nicht nur zu einem Kenner, sondern auch zu einem Praktiker internationaler Beziehungen. Sein Beitrag zur französischen Schule bestand hauptsächlich darin, die Aufmerksamkeit auf die breitgefächerte Interaktion zwischen Innen- und Außenpolitik in Deutschland und auf die großen Fragen internationaler Wirtschaft zu lenken: die Rohstoffe, Kartelle und Absprachen, und zwar in einer liberalen Sichtweise, die gänzlich befreit war von der marxistischen Problematik.

Jacques Droz hat wichtige Werke hinterlassen: unter anderen *L'Allemagne et la Révolution française* (1949), *Histoire diplomatique de 1648 à 1919* (1959), *L'Europe centrale. Evolution de l'idée de Mitteleuropa* (1963), *Le Romantisme allemand et l'Etat* (1966). Darin hat er besonders einen viel zu häufig in der französischen Historiographie vernachlässigten Bereich erforscht: die Geschichte der Ideen, sei es die der Romantik, der politisch-intellektuellen Strömungen in Deutschland oder der Sozialdemokratie. Wenn man dem noch seinen immensen Beitrag zur Geschichte Deutschlands hinzufügt und die Tatsache, daß nach Renouvin und ihm das 19. Jahrhundert von den französischen Spezialisten für internationale Beziehungen in großem Maße vernachlässigt wurde, überblickt man die Bedeutung seines Beitrags. Er entspricht einer methodologischen Annäherung, die sich von der in der französischen Schule internationaler Beziehungen üblichen unterscheidet und derjenigen deutscher oder angelsächsischer Historiker viel näher ist, indem sie die kulturellen, sozio-politischen und ideologischen Faktoren gegenüber den regierungsamtlichen Strategien stärker akzentuiert, das internationale System eher als ein Feld verschiedener Kräfte auffaßt denn als ein System der Beziehungen zwischen den Mächten.

Der Einfluß von Maurice Baumont und Jacques Droz läßt sich heute auch über ihre Schüler spüren. Man darf hier gewiß Jacques Bariéty nennen, der seine Dissertation über *Les relations franco-allemandes après la première guerre mondiale* (1977) unter der Leitung von Jacques Droz verfaßte und erst Mitarbeiter, dann der Nachfolger Maurice Baumonts in der internationalen Kommission zur Publikation der Akten des Auswärtigen Amtes war.

Jean-Baptiste Duroselle

Jean-Baptiste Duroselle (1917–1994) folgte Renouvin an der Sorbonne im Jahre 1964 und war in gewisser Weise der zweite Begründer der französischen Schule.[10] Ich werde seine bedeutende und einflußreiche Produktion hier nicht im Detail vorstellen, sondern nur auf seine beiden klassischen Beiträge in der Sammlung *Politique étrangère de la France* der Imprimerie Nationale verweisen, die sich der Periode 1932–1945 widmen, sowie auf seine Biographie von Georges Clemenceau von 1988, ein in der

[10] Siehe die Beiträge in Relations Internationales, Nr. 83, 1995, Jean-Baptiste Duroselle et l'histoire des relations internationales. Siehe auch Jacques Dupâquier, Notice sur la vie et l,œuvre de Jean-Baptiste Duroselle (1917–1994), Institut de France 1997.

französischen Geschichtsschreibung äußerst seltenes Beispiel einer wissenschaftlichen Biographie.

Sein Einfluß hat sich auch in den unzähligen Dissertationen bemerkbar gemacht, die er betreut hat: Eine ganze Generation, die den Schülern Renouvins folgte, wurde durch ihn geformt. Genauso einflußreich wirkte die französisch-schweizerische Zeitschrift *Relations internationales*, die er 1974 mit Jacques Freymond vom Institut des Hautes Etudes Internationales in Genf gegründet hatte. Diese Zeitschrift behandelt alle Aspekte der internationalen Beziehungen, die politischen und ökonomischen, aber auch die weniger klassischen wie Kultur, öffentliche Meinung, Immigration usw.: Hier handelt es sich nicht mehr nur um internationale, sondern um transnationale Beziehungen. Damit ist das letzte Stadium der methodologischen Entwicklung erreicht, die von der Diplomatiegeschichte zur Geschichte internationaler Beziehungen geführt hat.

Jean-Baptiste Duroselle hat mit seinen theoretischen Arbeiten zur Erneuerung der französischen Schule der Geschichte internationaler Beziehungen beigetragen: *Tout Empire périra. Une vision historique des relations internationales* (1982) und die Sammlung *Itinéraires* (1991). Diese Werke blieben freilich klar von seinen eigentlichen historischen Arbeiten getrennt: Er hielt rigoros an der Unterscheidung zwischen Politologie und Geschichte fest, was zweifelsfrei eine Konstante der französischen Schule darstellt.

Der essentielle methodologische Beitrag Jean-Baptiste Duroselles betraf vier Bereiche. Zunächst hat er das Feld der Geschichte internationaler Beziehungen ausgeweitet, indem er Aspekte mit einbezog, die vor ihm in Frankreich kaum behandelt wurden, wie die administrative Organisation der Außenpolitik, die Beziehungen zwischen Außenpolitik und Strategie, Kulturpolitik als Ebene und Objekt der Außenpolitik.

Er hat des weiteren sehr stark auf der Bedeutung der Untersuchung des Entscheidungsprozesses bestanden: Zu diesem Thema hat er in Frankreich die Ergebnisse der amerikanischen Schule bekannt gemacht, etwa mit dem grundlegenden Werk von Graham A. Allison, *Essence of Decision. Explaining the Cuban Missiles Crisis* von 1971. Er hat die Notwendigkeit einer sehr präzisen Archivarbeit unterstrichen, um zu ergründen, durch wen und auf welche Weise die eine oder andere Entscheidung getroffen worden war. Dies war seine Art, den Menschen, denjenigen, der entscheidet, wieder in das Studium der internationalen Politik einzuführen. In dem bereits zitierten Buch, das er 1964 mit Pierre Renouvin herausbrachte, *Introduction à l'histoire des Relations internationales*, redigierte er den zweiten Teil, „L'homme d'état", wobei er dessen Persönlichkeit, seine Konzeption des nationalen Interesses, die wechselseitigen Einflüsse von Entscheidungsträger und forces profondes und den Entscheidungsprozeß betonte. Über die Methode hinaus handelte es sich hier übrigens um einen philosophischen Standpunkt: Für diesen Humanisten war es eine Bestätigung der menschlichen Freiheit, den Menschen ins Zentrum des historischen Prozesses zu stellen. Seine Biographie Clemenceaus von 1988 verdeutlicht diesen Aspekt seines Werkes in besonderem Maße, aber sie ist nur ein Beispiel für seine grundlegende und stets angewandte Methode.

Der dritte Beitrag Jean-Baptiste Duroselles bestand darin, während einer Epoche, in der dies häufig als überholt angesehen wurde, beim Studium internationaler Beziehungen am zwischenstaatlichen Ansatz festzuhalten. Erinnern wir uns, daß Duroselle von 1958 bis 1964 Mitglied der Fondation Nationale des Sciences Politiques war, wo er dazu beitrug, das Centre d'Etudes des Relations Internationales, das CERI, zu gründen und dann zu leiten. Dessen Aufgabe war es, sich der Erforschung der zeitgeschichtlichen internationalen Beziehungen zu widmen. In diesem Kontext leitete er ein Jahr lang gemeinsam mit Raymond Aron ein Seminar zu den internationalen Beziehungen. In diesem Zeitraum schrieb Duroselle eines seiner großen Werke über den Konflikt von Triest 1943 bis 1954, das 1965 erschien und ein Modell für die methodische Erarbeitung einer zeitgeschichtlichen internationalen Fragestellung geblieben ist.

Parallel dazu publizierte Raymond Aron 1963 sein berühmtes theoretisches Werk *Paix et guerre entre les Nations.* In diesem Buch hielt Aron an den Staaten als Hauptakteuren im internationalen Geschehen fest, entgegen der weit verbreiteten Tendenz der Epoche, besonders in Amerika, nach der man die Rolle der Staaten als überholt ansah und sich nur noch für transnationale Phänomene, dagegen überhaupt nicht mehr für zwischenstaatliche Beziehungen klassischen Typs interessierte.

In dieser entscheidenden Frage war das exakt die Position Duroselles, so daß man die Bedeutung seines gemeinsamen Seminars mit Raymond Aron versteht: Er war zwar bereit, die Diplomatiegeschichte, die bereits zur Geschichte internationaler Beziehungen geworden war, weiterzuentwickeln und dabei neue Aspekte einzuschließen, ohne sich jedoch von ihren Wurzeln zu trennen, ohne also die Rolle der Staaten als wichtigster Akteure im internationalen Spiel zu vergessen. Darüber wurde damals, wie gesagt, eine grundlegende methodologische und sogar philosophische Debatte geführt.

Schließlich und im gleichen Sinne widersetzte sich Duroselle ebenso wie Aron der Mode theoretischer Abstraktion, die besonders die amerikanischen Theoretiker internationaler Beziehungen erfaßte, insbesondere unter dem Einfluß der Spieltheorie und der Entwicklung von Szenarien nuklearer Strategie. Jean-Baptiste Duroselle blieb fest verwurzelt in der historischen Methode, in der Beachtung des chronologischen Zugangs, in der Archivarbeit.

Die aktuellen Tendenzen

Im Rahmen dieses Aufsatzes können nicht alle aktuellen Orientierungen der französischen Spezialisten in diesem Bereich erörtert werden. Die Sammlungen der Zeitschriften *Relations Internationales* (die als Themenhefte erscheinen) und *Revue d'Histoire diplomatique* gestatten es, sich einen Überblick zu verschaffen. Weisen wir statt dessen auf die wesentlichen Impulse der jüngsten Zeit hin: René Girault hat viel dazu beigetragen, in Frankreich die Forschung zur Geschichte der Europäischen Integration und zur Rolle der Repräsentationen und Perzeptionen in der internationalen Politik zu fördern, wie es sein 1994 erschienenes Buch *Conscience et identité européenne au XXè siècle* oder auch seine jüngst erschienene Aufsatzsammlung *Etre historien des Relations internationales* (Publications de la Sorbonne, 1998) in bewundersnswerter Weise zusammenfassen. Die Europäische Integration ist mit den Arbeiten von Raymond Poidevin, Marie-Thérèse Bitsch, Elisabeth du Réau, Eric Bussière, Gérard Bossuat und anderen inzwischen eine wichtige Sparte der französischen Forschung geworden.

Wichtig ist auch die Annäherung zwischen Wirtschaftsgeschichte und der Geschichte der internationalen Beziehungen, die in jüngster Zeit in den Arbeiten von François Caron, Eric Bussière, Pascal Griset und Dominique Barjot zu verzeichnen ist. Ihr Ausmaß kann über die Zahl der Monographien, die in der Zeitschrift *Histoire, Economie, Société* aufgeführt werden, ermessen werden.

Zu beachten sind weiterhin die sehr bedeutenden Arbeiten, die im Rahmen der Groupe Français d'Etude d'Histoire des Armes nucléaires und des GREFAHN unter der Leitung von Maurice Vaïsse entstanden sind. Als französische Sektion des Nuclear History Program hat sie sehr dazu beigetragen, in Frankreich die Erforschung des nuklearen Faktors in den internationalen Beziehungen einzuführen, einen Faktor, der zuvor stärker in den Vereinigten Staaten, in Großbritannien und selbst in Deutschland studiert worden war (siehe dazu beispielsweise *La France et l'Atome. Etudes d'Histoire nucléaire*, unter der Leitung von Maurice Vaïsse, Brüssel, Bruylant, 1994).

Sodann ist, etwa im Rahmen des von Maurice Vaïsse geleiteten Centre d'Etudes d'Histoire de la Défense in Vincennes, ein neues Interesse an der Geschichte der politisch-strategischen Beziehungen zu erwähnen, also des Verhältnisses zwischen Strategie und internationalen Beziehungen. Einige Arbeiten von Maurice Vaïsse, Georges-Henri Soutou, Frédéric Bozo, Philippe Vial und anderen haben diese in der Geschichte der internationalen Beziehungen bisher vernachlässigte Spezialisierung in Frankreich etabliert (siehe dazu beispielsweise neben Arbeiten der bereits erwähnten Historiker die der *Cahiers du Centre d'Etudes d'Histoire la Défense*, Nr. 3, 1997, die der Geschichte der politisch-strategischen Verbindungen gewidmet ist).

Schließlich ist noch hinzuzufügen, daß die Geschichte internationaler Beziehungen im 17. und 18. Jahrhundert, die aufgrund des negativen Einflusses des Annales-Schule eine Generation lang kaum berücksichtigt wurde, zur Zeit mit den Werken Jean Bérengers, Lucien Bélys, Jean-François Labourdettes und anderer eine lebhafte und glänzende Renaissance erfährt, während eine Gruppe jüngerer Forscher beginnt, die ebenfalls seit einigen Jahren vernachlässigte Erforschung des 19. Jahrhunderts wieder aufzunehmen (siehe dazu beispielsweise den 90. Band der *Relations internationales*, 1997, der sich dem „Ordre européen aux XIXè et XXè siècles" widmet).

Schlußbetrachtung

Offensichtlich existiert also eine französische Tradition, eine französische Schule der Geschichte internationaler Beziehungen, die, wenn man sie mit wenigen Worten charakterisieren soll, durch die Aufmerksamkeit besonders gekennzeichnet ist, die sie den „forces profondes" und der Rolle des Individuums im außenpolitischen Entscheidungsprozeß widmet. Sie stellt eine historiographische Richtung dar, die in ihrer Gesamtheit ausgewogen zu sein scheint, weil sie sowohl der Rolle der Strukturen und der langfristigen Bewegungen Rechnung trägt als auch ohne Vorurteile der Rolle der Menschen. Sie ist auch insofern ausgewogen, als sie alle Traditionen und Normen der Diplomatiegeschichte bewahrt (besonders die geradezu religiöse Ehrfurcht vor den

Archiven und die Ablehnung politologischer Abstraktionen) und doch zugleich den Beitrag all der neuen Aspekte der internationalen Beziehungen akzeptiert. So findet sich die Diplomatiegeschichte erweitert und bereichert und ist doch zugleich sorgfältig aufgehoben. Sie hat sich zu einer Geschichte der internationalen Beziehungen entwickelt, die die Beziehungen zwischen den Staaten und die transnationalen Strömungen gleichermaßen umfaßt.

Auf der anderen Seite war diese Schule Ort einer reichhaltigen historischen Produktion, der dank ihrer Anpassungsfähigkeit die methodologischen und ideologischen Kontroversen, die andere Sparten der französischen Forschung in den 60er und 70er Jahren erfahren haben, erspart blieben. Sie entwickelt sich thematisch und methodisch weiter und nimmt so aktiv an drei großen aktuellen Debatten teil: zunächst an der Debatte über die methodologische Beziehung zwischen der Erforschung der transnationalen Kräfte und Verbindungen und der Erforschung der Außenpolitik der Staaten in einem traditionelleren Sinne. Die französische Schule meint allgemein, daß letztere, sicherlich ohne die andere Richtung irgendwie auszuschließen, beibehalten werden muß, wenn man nicht Gefahr laufen will, daß sich die Geschichte der internationalen Beziehungen als Disziplin zugunsten anderer geschichtswissenschaftlicher Richtungen oder gar anderer Disziplinen wie der Politologie oder der Soziologie auflöst.

Eine andere Debatte betrifft das Verhältnis zwischen den internationalen Beziehungen und den „aires culturelles" (area studies). Gegenwärtig bevorzugen die zentralen französischen Forschungsorgane (wie der CNRS) und die Struktur der Universitäten die „aires culturelles", die im französischen System den Sprachwissenschaften auf Kosten der Geschichte der internationalen Beziehungen angegliedert sind, deren Nützlichkeit und Kohärenz als Disziplin bestritten werden. Eine andere Gefahr entspringt der Entwicklung der Forschungen zur Geschichte der Europäischen Integration, die manchmal die gesamte Forschung zu den internationalen Beziehungen zu annektieren schien. Genauer gesagt konnte die Geschichte internationaler Beziehungen als gefährdet erscheinen, zwischen der Geschichte der Europäischen Integration und der Forschung zu den „aires culturelles" zerrieben zu werden. Die kürzlich erfolgte Konstituierung einer Forschergruppe aus CNRS und einigen Universitäten, die zur Geschichte Europas im 20. Jahrhundert arbeitet und dabei sowohl die trans- und supranationalen als auch die zwischenstaatlichen Beziehungen einschließt, erlaubt es unterdessen zu hoffen, daß man dabei ist, ein Gleichgewicht herzustellen (diese Gruppe steht unter der Leitung von Robert Frank, dem Direktor des Institut Pierre Renouvin der Universität Paris I, dem Hauptzentrum der Geschichte der internationalen Beziehungen in Frankreich).

In der Tat, ich glaube das hinreichend gezeigt zu haben, war es ein Hauptcharakteristikum der französischen Schule von Sorel über Renouvin bis Duroselle, stets die herausragende Rolle der Beziehungen zwischen Staaten und sogar die entscheidende Bedeutung des nationalen Interesses und des Willens zu nationaler Unabhängigkeit der einzelnen Staaten als Motor der internationalen Beziehungen zu betonen. Diese Sichtweise, die sich als entschlossen realistisch versteht, ist sicher einem wichtigen Teil des untersuchten Feldes angemessen. Nichtsdestotrotz birgt sie gewisse methodologische Grenzen, die zweifellos zur Erklärung des Umstands beitragen, daß einige wichtige Bereiche im Vergleich zu dem, was in anderen Ländern erforscht wurde, vernachlässigt worden sind.

Da ist zunächst die sehr bedeutende Rolle der Ideologien im 19. und 20. Jahrhundert. Gewiß war das etwa Jean-Baptiste Duroselle bewußt, als er 1954 ein Gemeinschaftwerk über *Les relations germano-soviétiques de 1933 à 1939* leitete. Sein Beitrag „La politique soviétique à l'égard de l'Allemagne, du pacte anti-komintern à mai 1939" zeigt sehr wohl, daß er den ideologischen Faktor in der Außenpolitik Stalins angemessen wahrgenommen hat. Dennoch hat man in Frankreich weniger als anderswo zur sowjetischen Außenpolitik oder selbst zum Kalten Krieg im allgemeinen gearbeitet (jedenfalls die Historiker; die Politologen oder die Linguisten und Spezialisten der russischen oder sowjetischen Zivilisation haben sich schon eher damit beschäftigt). Das rührte teilweise von der lang anhaltenden Schwierigkeit her, Zugang zu den Archiven zu bekommen: Die französische Schule liebte es bekanntlich nicht, sich solcher Themen anzunehmen, für die die Akten nicht vollständig verfügbar sind. Aber selbst die Rolle Frankreichs im Kalten Krieg wurde, obwohl gut dokumentiert, nicht intensiver erforscht. Meiner Meinung nach geschah das zweifellos auch aufgrund der realistischen und ziemlich traditionellen, man könnte sagen zu „gaullistischen" Sicht der internationalen Beziehungen, die sich schwertat, die ganz besonderen Kategorien des Kalten Krieges in Rechnung zu stellen. Man könnte angesichts der allzu kurzen Liste der französischen Arbeiten, die sich mit diesem Thema beschäftigen, fast meinen, der Kalte Krieg hätte Frankreich kaum betroffen. Die Situation beginnt sich zu ändern, und das Interesse am Kalten Krieg wird in den laufenden Arbeiten zunehmend deutlicher sichtbar, während die Akten des Quai d'Orsay für die Periode 1944–1954 in den *Documents Diplomatiques Français* zur Publikation aufbereitet werden wie übrigens auch die Serien für die Jahre 1914–1919, 1920–1932, 1939–1944 und 1954 und die folgenden Jahre – zur Zeit eines der Hauptfelder der französischen Schule.[11]

Eine zweite Folge des erwähnten Primats des nationalen Interesses war das beinahe völlige Desinteresse (verglichen z. B. mit den Arbeiten Peter Krügers in Deutschland oder Paul Schroeders in den USA) an der Erforschung multilateraler Interaktionen im internationalen europäischen System und ihrer Organisation, über die zwischenstaatlichen Beziehungen im klassischen Sinne hinaus, aber diesseits der europäischen Einigung mit bundesstaatlichem Ziel, wie man es seit 1950 kennt. Ich denke dabei vor allem an die Konzepte des europäischen Gleichgewichts, der europäischen Ordnung oder des europäischen Konzerts im 18. Jahrhundert.[12] Renouvin und Duroselle waren diesen Konzepten gegenüber sehr skeptisch.[13] Für sie zählten letztlich nur die In-

11 Der Band 1944-II der Documents Diplomatiques Français und die Nachtragsbände für 1945 und 1946 sind 1996 unter der Leitung von Georges-Henri Soutou erschienen, der Band 1920-I 1997 unter der Leitung von Jacques Bariéty. Die Bände 1954-II bis 1961-I, unter der Leitung von Jean-Baptiste Duroselle, dann von Maurice Vaïsse entstanden, sind ebenso verfügbar. Sie sind erhältlich bei der Imprimerie Nationale, die sie herausgab, oder über die Librairie Générale de Droit et de Jurisprudence.

12 Paul W. Schroeder, The Transformation of European Politics 1763–1848, erschienen in der Reihe The Oxford History of Modern Europe, 1994. Siehe auch den Sammelband unter der Leitung von Peter Krüger, Das europäische Staatensystem im Wandel, Oldenbourg, München 1996.

13 Pierre Renouvin, Histoire des relations internationales, Bd. V, Le XIXè siècle de 1815 à 1871, Paris 1954, S. 47f. Siehe auch Jean-Baptiste Duroselle, Le Concert européen, in: Relations Internationales, Nr. 39, Herbst 1984.

teressen der Mächte und ihre Interaktionen sowie der Einfluß der „forces profondes" auf die Außenpolitik der Staaten.[14] Die französische Forschung auf diesem Gebiet der europäischen Ordnung (abgesehen einmal mehr von dem viel präziseren jungen Begriff der Europäischen Einigung) steht noch ganz am Anfang.[15] Es ist klar, daß man hier mit der Weise, wie die französischen Eliten im allgemeinen die Außenpolitik wahrnehmen, das Resultat einer Tradition vor sich hat, die seit Sorel und Bainville fest verwurzelt ist. Unter diesen Umständen versteht man den großen Erfolg, den de Gaulles Sicht der internationalen Beziehungen in seiner Zeit hatte und auch heute noch im historischen Bewußtsein der Franzosen und in ihrer Historiographie hat.[16]

[14] Pierre Renouvin, Histoire des relations internationales, Bd. V, S. 2.

[15] Marlies Steinert/Georges-Henri Soutou, Ordre européen et construction européenne XIXè-XXè siècles, Relations Internationales, Nr. 90, 1997. Siehe auch Jean Bérenger/Georges-Henri Soutou (Hrsg.), L'ordre européen du XVIè au XXè siècle, Paris 1998.

[16] Maurice Vaïsse, La Grandeur. Politique étrangère de général de Gaulle 1958–1969, Fayard 1998.

Kathleen Burk

Britische Traditionen internationaler Geschichtsschreibung*

Internationale Geschichte ist als Disziplin in Großbritannien ein Phänomen des 20. Jahrhunderts. Das soll nicht heißen, daß Historiker vorher nie über zwischenstaatliche Beziehungen geschrieben hatten, aber das beherrschende Interessengebiet war in früheren Jahrhunderten die Innenpolitik. Selbstverständlich schlossen die Handlungen von Königen und Regierungen Kriege und Beziehungen zu anderen Staaten ein, aber darauf lag nie der Schwerpunkt britischer Historiker. Ihre Aufmerksamkeit erregte vielmehr die Verfassungsentwicklung, besonders die Entwicklung der parlamentarischen Demokratie, als den Königen die Macht aus den Händen gerissen wurde. Dieser Zugriff dominierte die Geschichtsschreibung vom 17. Jahrhundert an: das sich anscheinend selbst regierende Wesen des angelsächsischen Staates und seine Verdrängung durch den normannischen Feudalismus nach der Eroberung von 1066, die Transformation des Feudalismus in modernere Eigentums- und Regierungsformen, die Niederlage König Charles I. im Bürgerkrieg gegen Oliver Cromwell und die Streitkräfte des Parlaments, die Glorreiche Revolution von 1688 und die Unterordnung des Königs unter das Parlament, die allmähliche Vertiefung und Erweiterung der parlamentarischen Demokratie, das Auftauchen von Premierminister und Kabinett – kurzum, die Geschichte der Entdeckung des frei geborenen Engländers. Tatsächlich war das alles überragende Forschungsfeld bis zum Zweiten Weltkrieg wahrscheinlich die Geschichte Englands im Mittelalter.

Das bedeutet nicht, daß Diplomatiegeschichte, geschrieben von professionellen Historikern, vor den 1920er Jahren nicht existierte: Sie existierte sehr wohl, aber sie tendierte dazu, die Geschichte britischer Außenpolitik zu sein, basierend auf dem Archivmaterial eines einzigen Staates, nämlich Großbritanniens. Was sich im 20. Jahrhundert änderte – ein Wandel, der vom Ersten Weltkrieg stimuliert, ja beschleunigt wurde –, war die Erweiterung sowohl bezüglich der benutzten Quellen als auch hinsichtlich dessen, was als relevant, angemessen und möglich eingeschätzt wurde, um darüber zu schreiben. In der Zwischenkriegszeit wurde der Geschichte internationaler Diplomatie, d. h. der Betrachtung der Aktivitäten und Archive über die britische Regierung hinaus, immer mehr Beachtung geschenkt. Zudem wuchs in dieser Periode die Aufmerksamkeit für die öffentliche Meinung oder zumindest für die veröffentlichte Meinung. Schließlich gewannen seit dem Zweiten Weltkrieg die Aktivitäten von Staatsmännern und Politikern über die Außenminister und Diplomaten hinaus

* Übersetzt von Frank Bärenbrinker und Wilfried Loth.

an Bedeutung für die Rekonstruktion historischer Ereignisse; darüber hinaus wurden die Aktivitäten und Papiere nicht regierungsamtlicher Organisationen und Personen vermehrt ins Blickfeld genommen, so daß gegenwärtig jede Aktivität oder Politik, die über eine Staatsgrenze hinausgeht, als ein angemessenes Forschungsthema angesehen wird. Der Beginn dieser vermehrten Aktivität hat auch den Zugang zu Quellenmaterial erweitert.

Der Zugang zu Dokumenten war in der Tat der Schlüssel zur Entwicklung der Diplomatiegeschichte. Die Ursprünge der Geschichtswissenschaft im 19. Jahrhundert, verbunden mit Leopold von Ranke und seinen Nachfolgern, basierten zuallererst auf der Überzeugung, daß die Leitung der Außenpolitik die Hauptaufgabe der Nationalstaaten sei und daß dies durch die Untersuchung der relevanten Verhandlungen, Bündnisse, Kriege und Friedenskonferenzen herausgefunden werden könne. Ranke war bemerkenswert einflußreich weit über die Grenzen Preußens und dann Deutschlands hinaus, und für wissenschaftliche Historiker, die sich auf die Neuzeit konzentrierten, avancierte die Diplomatiegeschichte zur höchsten Form der Geschichtsschreibung. Als zweites bestand Ranke jedoch darauf, daß die Grundlage dieser Arbeit die Lektüre von regierungsamtlichen und privaten Originaldokumenten in so viel Sprachen wie möglich sein sollte. Dieser Zugang wurde dadurch gefördert und unterstützt, daß die alten und neuen europäischen Regierungen während des 19. Jahrhunderts zunehmend auf den Vorschlag eingingen, ihre Archive für Historiker zu öffnen. Dies hatte zwei Auswirkungen: zum einen waren nun die Schriftquellen selbst zugänglich, zum anderen aber begannen die Regierungen, einige der wichtigsten Quellen zu publizieren, und diese gedruckten Quellen waren fortan für Historiker erreichbar, die nicht zu den Archiven reisen konnten.

Dies führte in Großbritannien zu einer Besonderheit. Aufgrund des Wesens des parlamentarischen Regimes und der Notwendigkeit britischer Regierungen, ihr Handeln in Debatten zu verteidigen, begann als Nachspiel des Pariser Friedens von 1763 die Angewohnheit der britischen Regierungen, Sammlungen relevanter Dokumente zu drucken, die sich auf eine spezielle außenpolitische Krise oder Verhandlungen beziehen. Diese sogenannten Blue Books wurden dem Parlament vorgelegt, damit die Parlamentsmitglieder sie lesen und dann den zuständigen Minister befragen konnten.[1] Es gab ferner die Publikationen der Sammlungen des internationalen Rechts und der Vertragssysteme, in Großbritannien ebenso wie in mehreren anderen Ländern. Diese wurden von einer wachsenden Flut von Manuskriptveröffentlichungen verschiedenster Art begleitet – gleichfalls ein allgemeines Phänomen, in Großbritannien besonders charakterisiert durch die Publikation nicht etwa diplomatischer Aufzeichnungen, sondern mittelalterlicher Dokumente, die die englische Verfassungs- und Verwaltungsgeschichte zeigten.

[1] Siehe Harold Temperley/Lilian Person, A Century of Diplomatic Blue Books, 1814–1914, Cambridge 1938.

Aufschwung nach dem Weltkrieg

Es brauchte erst die Notwendigkeit, das eigene Land von der Schuld für die Ursprünge der Kriege zu exkulpieren, um den Erguß publizierter diplomatischer Dokumente hervorzurufen, der das Aufblühen der Diplomatiegeschichte und später der modernen internationalen Geschichte in Großbritannien begründete. Deutschland begann mit den Bänden zu den Einigungskriegen, doch erst seine Reaktion auf die Kriegsschuldklauseln des Versailler Vertrages rüttelte Großbritannien auf. 1922 begann die deutsche Regierung mit der Veröffentlichung *Die große Politik der europäischen Kabinette 1870–1914*, eine Publikation,die zeigen sollte, daß Deutschland nicht für den Ausbruch des Ersten Weltkrieges verantwortlich war. Als Antwort begann Großbritannien 1926 mit der Publikation der Reihe *British Documents on the Origins of the War 1898–1914*, und dies sorgte, zusammen mit der nachfolgenden Reihe *Documents on British Foreign Policy 1919–1939*[2] und kombiniert mit den Reihen anderer Mächte, für das Rohmaterial für das Schrifttum der britischen Historiker der neueren internationalen Geschichte auf viele Jahre hinaus. Der Grund dafür lag in den Beschränkungen der 50-Jahres-Regel, die den Zugang zu Originaldokumenten erst nach 50 Jahren erlaubte. Daher waren, bis diese Regel durch den Public Record Act von 1967 in eine 30-Jahres-Regel umgewandelt wurde, die jüngsten Dokumente der britischen Regierung, die Historiker im Public Record Office benutzen konnten, diejenigen, die vom jeweils aktuellen Datum 50 Jahre zurücklagen, d.h. Papiere, die von 1916 datierten, konnten ab Januar 1967 konsultiert werden: Diejenigen, die zum Beispiel über die Ursprünge des Zweiten Weltkrieges schreiben wollten, mußten notwendigerweise auf die gedruckten Dokumente zurückgreifen. Die Gesetzesänderung von 1967 sezte eine massenhafte Freigabe sowohl öffentlicher als auch privater Dokumente mit Ausnahme des Geheimdienstes in Gang und gab der Forschung und Publikation zur internationalen Geschichte einen gewaltigen Anstoß.

Der Erste Weltkrieg war also indirekt für eine ungewöhnlich frühe Öffnung der Archive für Historiker verantwortlich, wenn auch in einer vorselektierten und gedruckten Form. Für die britische Internationale Geschichte hat er jedoch sogar noch eine direktere Verantwortung für die Förderung der Disziplin: Er bekräftigte die von einer Anzahl von Historikern und vielen anderen empfundene dringende Notwendigkeit, einen Weg zu finden, um internationale Kontroversen friedlich beizulegen. Das hatte mehrere Facetten: die Gründung einer neuen Organisation, die Entwicklung einer Disziplin, die Einrichtung von Lehrstühlen und die anfängliche Verwick-

[2] Johannes Lepsius u.a. (Hrsg.), Die große Politik der europäischen Kabinette 1870–1914. Sammlung der diplomatischen Akten des Auswärtigen Amtes, Berlin 1922ff.; G. P. Gooch/H. W. V. Temperley (Hrsg.), British Documents on the Origins of the War, 1898–1914, 11 Bde., London 1926–1938; Rohan Butler/E.L. Woodward (Hrsg.), Documents on British Foreign Policy, 1919–1939, 64 Bde., London 1947–1955. Die Folge, die sich mit der Zeit nach 1945 beschäftigt, hat den Titel *Documents on British Policy Overseas* und geht über die Akten des Foreign and Commonwealth Office hinaus, indem es relevantes Material anderer Ministerien einschließt, wie z.B. das des Schatzamtes, der verschiedenen Handelsministerien und der Militär- und Geheimdienstabteilungen. Dazu gehören auch die Aufzeichnungen, die sich mit dem Nachrichtendienst und der Sicherheit befassen.

lung der Internationalen Geschichte in falsche Erwartungen, von denen die Historiker sich selbst befreien mußten.

Während des Ersten Weltkrieges wurde der politische Geheimdienst des britischen Außenministeriums von einer Anzahl von Historikern unterstützt, zu denen einige führende Historiker der britischen Außenpolitik gehörten, unter anderen: Arnold Toynbee, Lewis Namier, Charles Webster, B. H. Sumner, F. M. Powicke (eigentlich ein Mediävist), George Prothero, E. H. Carr und James Headlam-Morley.[3] Nach dem Krieg kamen sie mit Lionel Curtis zusammen, einem Mitglied von Lord Milners „Kindergarten" der Beamten des britischen Empires, um das Institute of International Affairs, heute das Royal Institute of International Affairs (Chatham House) zu gründen. Seine Aufgabe war es, für ein Forum zu sorgen, das die Entwicklung einer wohlunterrichteten Meinung zu auswärtigen Beziehungen fördern sollte, insbesondere, indem es Hintergrundwissen zu den aktuellen internationalen Ereignissen bereitstellte. Es zielte sowohl auf die politische Elite als auch auf die allgemeine Öffentlichkeit; die Gründungshistoriker waren über den allgemeinen Grad von Nichtwissen enttäuscht, den sie auf der Pariser Friedenskonferenz vorgefunden hatten. Laut D. C. Watt „bildete Chatham House einen Kader akademischer Außenpolitik-Autoren heran, der eine Rolle bei der großen Ausdehnung der offiziellen britischen Aktivitäten auf dem Gebiet der auswärtigen Beziehungen spielen sollte."[4] Eine Zeit-

[3] Arnold Toynbee (1889–1975), Mitglied des PID von 1915–1919, Mitglied der Sektion Mittlerer Osten der britischen Delegation bei der Versailler Friedenskonferenz 1919, Inhaber des Stevenson Chair in International Relations am Royal Institute of International Affairs von 1925–1955, Autor des jährlich erscheinenden *Survey of International Affairs* und von *A Study in History*, 12 Bde. (1934–1961); Lewis Namier (1888–1960), Professor für Neuere Geschichte an der Universität Manchester von 1931–1953. Autor von *The Structure of Politics at the Accession of George III* (London 1929) und *England in the Age of the American Revolution* (1930) wie auch zahlreicher Aufsätze zur europäischen, insbesondere deutschen Geschichte; Charles Webster (1886–1961), Inhaber des Stevenson Chair in International History an der London School of Economics 1932–1952, Autor zahlreicher Werke über die britische Außenpolitik, hier insbesondere *The Foreign Policy of Castlereagh*, 2 Bde., London 1925–1931, und sein kleines Buch über *The Congress of Vienna 1814–1815*, London 1919, erneut aufgelegt 1934. Es wurde auf Geheiß des Außenministeriums 1918 innerhalb von elf Wochen geschrieben, um daran zu erinnern, wie eine große Friedenskonferenz arbeitet; B.H. Sumner (1893–1951), Fellow am Balliol College in Oxford und Historiker vor allem der russischen Geschichte, so z.B. in *Survey of Russian History*, London 1944; F.M. Powicke (1879–1963), Professor für Geschichte an der Universität Manchester von 1919–1928 und Professor für Geschichte an der Universität Oxford von 1928–1947, Präsident der Royal Historical Society von 1933–1937, Autor von *King Henry III and the Lord Edward*, Oxford 1947, und *The Thirteenth Century*, Oxford 1953; George Prothero (1848–1922), Professor für Geschichte an der Universität Edinburgh von 1894–1899, Herausgeber der *Quarterly Review* seit 1899, Präsident der Royal Historical Society von 1901–1905, Historischer Berater des Außenministeriums in der Zeit von 1917–1919, während der er die offiziellen Folgen von Friedenshandbüchern herausgab. Er gab zudem die *Select Studies and Other Documents Illustrative of the Reigns of Elizabeth I and James I* heraus; James Headlam-Morley (1863–1929), Professor für Griechische Geschichte und Geschichte des Altertums am Londoner Queen's College von 1894–1900, Stellvertretender Direktor des PID von 1918–1920, 1920 Historischer Berater des Außenministeriums.

[4] D.C. Watt, Personalities and Policies, London 1965, S. 48. Watt war von 1981–1993 der Stevenson Professor of International History an der LSE. Die Autorin ist Professor Watt zu besonderem Dank verpflichtet, da er ihr sein Wissen über die frühe Geschichte der internationalen Geschichte in Großbritannien zur Verfügung stellte und damit zu diesem Aufsatz beitrug.

schrift, die *International Affairs*, wurde vom Chatham House 1922 gegründet; sie konzentrierte sich allerdings von Anfang an auf zeitgenössische auswärtige Angelegenheiten, nicht auf internationale Geschichte.

Dies verdeutlich in der Tat die problematische Entwicklung der Disziplin. Viele der Gründungsväter dessen, was ursprünglich *international studies* genannt wurde, waren Historiker, aber sie beschäftigten sich mit der aktuellen Lage. Die große Frage lautete für viele, wie der Frieden zu bewahren war. Chatham House wurde gegründet, um bei der Entwicklung einer wohlunterrichteten öffentlichen Meinung zu helfen, die die Entwicklung neuer Methoden und Verfahren im Hinblick auf diese Zielsetzung unterstützen sollte. Den Kern der Angelegenheit bildete für diese Leute das neue Experiment, der Völkerbund. Sie glaubten, der Völkerbundsvertrag sei die Antwort auf ihre Fragen. Daher bestand das neue Interesse für *international studies* überwiegend darin, Wege zu finden, um Kriegsgründe zurückzudrängen und den Frieden zu bewahren sowie Verfahren und Mechanismen zu entwickeln, um diese Ziele zu erreichen. Das hatte mehr mit internationalem Recht als mit Geschichte zu tun, und es war folglich der Anfang der Erforschung der internationalen Beziehungen in Großbritannien, nicht der der internationalen Geschichte. Und tatsächlich, während Lippenbekenntnisse für die Bedeutung internationaler Geschichte als eine Disziplin mit eigener Berechtigung abgegeben wurden – und werden –, wird sie in Wahrheit von vielen Politologen als ein Dienstmädchen der internationalen Beziehungen oder der internationalen Politik angesehen, für die sie das Rohmaterial für Modelle zur Verfügung stellen kann, die vielleicht genutzt werden können, um zukünftige internationale Entwicklungen vorherzusehen. Die Ansprüche, die internationale Geschichte sei aus eigener Berechtigung von Bedeutung, werden manchmal als akademisches Äquivalent zur Kunst um der Kunst willen angesehen: irrelevant für die Mächtigen, die die Macht hätten, Frieden zu schaffen oder zu bewahren.

Damit will nicht gesagt sein, daß Diplomatiegeschichte, wie die meisten sie noch nannten, nach dem Ersten Weltkrieg nicht fortgeführt wurde. Sie wurde fortgeführt, wobei das Quellenmaterial, das britische Diplomatiegeschichtsschreiber nutzten, etwas ausgeweitet wurde um die französischen, zum Teil sogar die deutschen und russischen gedruckten Dokumente (man ging davon aus, daß alle gebildeten Männer und Frauen französisch lesen konnten, deutsch hingegen war problematischer – und der Krieg hatte das Erlernen der deutschen Sprache eher behindert als gefördert). Trotz des neuen Bewußtseins, über die Archive des eigenen Landes hinausschauen zu müssen, war das erste Buch des jungen A. J. P. Taylor, sein 1934 publiziertes *The Italian Problem in European Diplomacy 1847–49*, noch besonders bemerkenswert wegen seiner Nutzung verschiedener Archive und Sprachen (Dokumente auf englisch, französisch und deutsch). Nichtsdestotrotz war dieses Buch noch ein Exemplar, das in mancher Hinsicht dem alten Stil verpflichtet war: sehr wenig Aufmerksamkeit war den Einflüssen der Legislative gewidmet, noch weniger der Rolle der öffentlichen Meinung (tatsächlich glaubte Taylor nicht, daß die öffentliche Meinung in der Mitte des 19. Jahrhunderts eine große Rolle spielte).

Es gab aber selbst mit multiarchivalischer Diplomatiegeschichte ein Problem, das darin bestand, daß sie kein sonderlich nützliches Instrument zur Bewahrung friedlicher internationaler Beziehungen war. Das heißt nicht, daß nicht einige Historiker sie auf diese Weise zu „nutzen“ versuchten. Einige recht berühmte Autoren taten dies.

Charles Webster, später der erste Stevenson-Professor für Internationale Geschichte an der London School of Economics, stellte 1915 die „Bedeutung" der Zeitgeschichte für die aktuellen Ereignisse heraus: „Wenn es wahr ist, daß ‚die jüngste Vergangenheit den Schlüssel zur Gegenwart birgt', dann ist für Engländer des 20. Jahrhunderts die Geschichte, die es zu studieren am meisten wert ist, die des 19. Jahrhunderts. Ich denke, nur wenige werden abstreiten wollen, daß dessen richtiges Verständnis für uns heutzutage von vitalem Interesse ist."[5] Harold Temperley, später Professor für Neuere Geschichte an der Cambridge University, wurde durch seine Erfahrungen im Ersten Weltkrieg ungefähr zur gleichen Zeit zur gleichen Schlußfolgerung geführt. Er schrieb, daß „in dem gegenwärtigen Krieg ein genaues Wissen um die unmittelbar vorhergegangene Geschichte und Politik" für die Formulierung einer politischen Strategie essentiell war. Er sollte im gegebenen Moment versuchen, Politikern wie Neville Chamberlain direkte Anweisungen aus seinem Werk über George Canning, den Außenminister von 1822–27, zu geben, und die Tugenden des Geschichtsstudiums um des Einflusses auf die internationale Politik willen rühmen.[6] Das dritte Beispiel war Temperleys Mitherausgeber der Reihe *British Documents on the Origins of the War 1898–1914*, G. P. Gooch. Als ein Mann mit privatem Vermögen, der daher Geschichte schrieb, aber nicht zu lehren brauchte, gehörte Gooch zu denen, die dafür kämpften, die britische Außenpolitik unter parlamentarische Kontrolle zu bringen. Sein Ansatz lautete, daß dies eine furchtlose Untersuchung der Vergangenheit erfordere, mit der Implikation, daß ein solches Wissen das Bemühen um Frieden unterstützen würde. Er war ein eifriger Unterstützer der Friedensbewegungen und des Völkerbundes.[7]

Natürlich konnte man argumentieren, daß die Kenntnis der Geschichte bis zu einem gewissen Grad zur Entwicklung der aktuellen Politik beitragen kann. Bestimmte Situationen mögen durchaus zu Konflikten führen, bestimmte Arten interner Belastungen mögen eine Regierung dazu bringen, sich auf ein außenpolitisches Abenteuer einzulassen. Aber es ist eine Binsenweisheit, festzustellen, daß die Umstände sich niemals wiederholen und Historiker, die nach Analogien suchen, gewöhnlich zu dem Schluß kommen, daß die prophetische Kraft der Geschichte ihre Grenzen hat. Was einige Autoren der Zwischenkriegszeit anscheinend eher meinten, war, daß die Geschichte für eine entsetzliche Warnung gesorgt hatte vor dem, was passieren könnte, wenn ungezügelte Macht nicht durch Organisationen oder Verfahren zur Erleichterung friedlicher Konfliktaustragung begrenzt wird.

Woodrow Wilson war nur der berühmteste unter den Politikern, die diese Schlußfolgerung aus der jüngsten Geschichte zogen, und viele von denen, die an der Entwicklung der neuen Disziplin der *international studies* in der Nachkriegsperiode beteiligt waren, sahen in der näheren Bestimmung, der Einrichtung und der Gewähr für

[5] Charles Webster, The Study of Nineteenth Century Diplomacy, London 1915, S. 7f.

[6] Das Zitat stammt von Temperleys History – Diplomacy & Strategy. War Service Book I, 1915–1916, Temperley Papers, Thorney House, Somerset/England und wird zitiert von John Fair, The Internationalism of Harold Temperley, unveröffentlichtes Manuskript, Conference on Historians and Officials, London School of Economics, Juni 1993. Siehe ebenso John D. Fair, Harold Temperley: A Scholar and Romantic in the Public Realm, Neward 1992. Temperley edierte *A History of the Peace Conference of Paris*, 6 Bde., London 1920.

[7] Siehe Frank Eyck, G. P. Gooch. A Study in History and Politics, London 1982.

solche Verfahren ihre Hauptaufgabe. Kurz gesagt, das bloße Schreiben und Lehren von Diplomatiegeschichte, selbst derjenigen, die auf multiarchivalischer Forschung beruhte, war nicht genug.

Für diesen Aufsatz ist hier wichtig, daß die Unklarheiten zwischen der internationalen Geschichte und der internationalen Politik oder den internationalen Beziehungen in der Zwischenkriegszeit zu einigen Fehlstarts in der institutionellen Entwicklung der Disziplin führten. P. A. Reynolds hat geschrieben, daß die „*international studies* (seit ihren Anfängen in den 1920er Jahren) von der Friedenssicherung handelten, von der Institutionalisierung eines internationalen Standards, von Wegen, soziale, wirtschaftliche und andere Kriegsursachen zurückzudrängen, und von der Entwicklung von Verfahren und Mechanismen für die friedvolle Beilegung von Streitigkeiten."[8] Daraus wurden, wie bereits erwähnt, die internationalen Beziehungen, ein Familienmitglied der Sozialwissenschaften, mit dem Anspruch, Modelle zu bilden und, so hofften viele, der Kraft der Vorhersage. Da Diplomatiegeschichte in dieser frühen Periode von vielen als ein Mittel angesehen wurde, diese zu fördern, gab es einiges Durcheinander bei der Einrichtung der ersten Lehrstühle, einschließlich einiger Konfusion über das, was ihre Inhaber tun sollten. (Tatsächlich lohnt es sich, zur Kenntnis zu nehmen, daß selbst heute noch die institutionelle Konfusion fortbesteht und die Internationale Geschichte sowohl in der geschichts- als auch in der politikwissenschaftlichen Abteilung gefunden werden kann.)

Lehrstühle

Der weltweit erste Lehrstuhl für internationale Politik, der Woodrow-Wilson-Lehrstuhl, wurde 1919 an der University of Wales, Aberysthwyth, gegründet. Die Stiftungsurkunde für den Wilson-Lehrstuhl definierte seinen Arbeitsbereich als den der „Politischen Wissenschaft in ihrer Anwendung auf die internationalen Beziehungen unter besonderer Berücksichtigung der besten Mittel, um Frieden zwischen den Nationen zu fördern".[9] Der erste Lehrstuhlinhaber war Alfred Zimmern, ein klassischer Gelehrter und Anhänger des Völkerbunds, der später an den neuen Montague-Burton-Lehrstuhl für internationale Beziehungen an der Oxford University wechselte. Darüber hinaus gab es einen Montague Burton Chair in International Relations, der 1924 an der London School of Economics (LSE) eingerichtet wurde, und mit einem dritten Lehrstuhl, dem Stevenson Chair in International Relations, 1925 am neuen Institute of International Affairs (Chatham House) in London eingerichtet, befand sich die neue Disziplin der *international studies* – die in einer untergeordneten Position die Diplomatie- oder Internationale Geschichte einschloß – auf dem Weg zu institutioneller Sicherheit. Es lag nur am Versäumnis des ersten Inhabers des Stevenson Chair, seinen Pflichten nachzukommen, daß schließlich der erste – und bislang einzige – Lehrstuhl in Großbritannien speziell für Internationale Geschichte eingerichtet wurde.

[8] P.A. Reynolds, International Studies: Retrospect and prospect, in: British Journal of International Studies 1 (1975), S. 2.

[9] Das Zitat stammt aus Reynolds, International Studies: Retrospect and prospect, S. 1.

Der erste (und einzige) Inhaber des Stevenson Chair in International Relations war Arnold Toynbee, der ihn von 1925 bis 1958 innehatte. Der Inhaber dieses Stevenson-Lehrstuhls hatte zwei Aufgabenbereiche: Er hatte die Forschung im Chatham House zu leiten und Vorlesungen über internationale Geschichte an der LSE zu halten. Toynbees Herz schlug für die Forschung und seine Publikationen, ein hartes Programm, das er im Chatham House durchführte, und er versäumte meist vollständig die Einhaltung seiner Lehrverpflichtungen. Die Autoritäten der LSE wandten sich in ihrer Verzweiflung an Sir Daniel Stevenson, den Textilmagnaten, der den Lehrstuhl gestiftet hatte, ihn zu bitten, einen zweiten Lehrstuhl zu gründen und zu finanzieren (Toynbees Lehrstuhl war in Anerkennung der Realität in eine „Forschungsprofessur" umgewandelt worden). Stevenson hatte einen Fond gestiftet, in dem Kapital angesammelt wurde, und es war sichergestellt, daß zum Ende der 20er Jahre genug Kapital zur Gründung eines zweiten Lehrstuhls vorhanden war, wobei „Sir Daniel Stevenson allerdings wie Mr Montague Burton den Eindruck hatte, daß Professoren überbezahlt waren, und entschied, das Gehalt auf einen Betrag festzulegen, der seiner Meinung nach ihren Fähigkeiten und ihrem Wert eher entsprach." Die LSE beglich schließlich die Differenz zwischen Stevensons Schätzung und dem Standardverdienst eines Professors.[10]

Die Worte, in die die Urkunde zur Einrichtung des Lehrstuhls gefaßt war, verdienen Beachtung. Sie beruhten größtenteils auf den Empfehlungen von Harold Temperley, der zu dieser Zeit Professor für Neuere Geschichte an der Cambridge University war. Nach Temperley erforderte die Erforschung der internationalen Geschichte Zugang zu den Regierungsarchiven von mindestens zwei Regierungen, mit der deutlichen Implikation, daß Kenntnisse in wenigstens einer Fremdsprache Voraussetzung für jeden sein sollten, der sich Historiker der internationalen Geschichte nennen wollte. Weiter forderte Temperley, daß dem Inhaber des neuen Lehrstuhls angemessene Reisemöglichkeiten gegeben werden mußten, um es ihm zu ermöglichen, ausgedehnte Forschungen in den Archiven und privaten Nachlässen ausländischer Regierungen und Staatsmänner durchzuführen. Wie Watt schrieb, „bedeutete dies unter den Bedingungen der frühen 30er Jahre unausweichlich, daß der neu bestellte Professor ein Historiker der Diplomatie des 19. Jahrhunderts sein würde. [Die britischen Behörden hatten 1928 die Archive bis 1878 geöffnet.] Es bedeutete jedoch auch, daß er sich von der alten Historikergarde der britischen Außenpolitik unterscheiden mußte, für die der Zugang zu englischen Archiven allein ausreichte. Dieser Punkt wurde in den Worten der Gründungsurkunde des Lehrstuhls unterstrichen, die festlegten, daß es dem Lehrstuhlinhaber insbesondere verboten war, Geschichte aus der Sicht einer einzigen Nation zu unterrichten, denn es war Sir Daniel Stevensons fester Glaube, daß nationalistische Geschichte in der Praxis den Samen künftiger Kriege mit sich trug."[11] Noch amüsanter waren die sprachlichen Anforderungen, die auferlegt wurden: Es war festgelegt, daß der Lehrstuhlinhaber bis zum Ende der ersten fünf Jahre den Beweis erbringen mußte, seine Seminare nicht nur auf englisch, sondern auch auf französisch und deutsch gehalten zu haben. Als der erste Lehrstuhlinhaber

[10] D.C. Watt in einem Gespräch auf der Conference on Historians and Officials an der LSE im Juni 1993.

[11] Ebda.

seine ersten fünf Jahre vollendet hatte, war Deutsch keine Sprache mehr, die für Patrioten zu benutzen akzeptabel war; was die Forderung anbelangte, Seminare auf französisch abzuhalten, konnte er einen Brief eines bedeutenden französischen Akademikers vorzeigen, der ihm dafür dankte, eine Seminarsitzung auf französisch abgehalten zu haben. Später wurde diese Forderung fallen gelassen, „nicht weil man glaubte, daß der Professor unfähig sein könnte, dies zu tun, sondern weil es ziemlich schwer für seine Studenten sein würde.“[12]

Der neue Stevenson Chair in International History an der LSE wurde öffentlich ausgeschrieben und „führte zu einer bunten Schar von Bewerbern, aber keiner wurde von den zuständigen Behörden als eine hinreichende Autorität angesehen, um das zu erfüllen, was mit dem ersten großen Universitätslehrstuhl auf diesem neuen Gebiet bezweckt war.“[13] Der Direktor der LSE, William Beveridge, begann nach einem neuen Professor Ausschau zu halten, indem er Eindrücke unter denen sammelte, von denen er glaubte, sie könnten ihn nützlich und diskret beraten. Beeinflußt besonders von Temperley entschied er, daß der renommierte Diplomatiehistoriker Charles Webster die bestmögliche Besetzung sei. Um den erforderlichen Schein eines Wettbewerbs zu wahren, befragte die Berufungskommission jedoch auch noch L. G. Robinson, der gerade an Ort und Stelle war und die notwendige Vorlesung abhielt, und E. L. Woodward, den späteren Autor von *Great Britain and the German Navy* ebenso wie der offiziellen Geschichte der britischen Außenpolitik während des Zweiten Weltkrieges, damals aber ein junger Fellow des All Soul College in Oxford.[14] 1932 nahm Webster das Angebot des Stevenson Chair an.

Websters größtes Werk, seine zweibändige Arbeit über *The Foreign Policy of Castlereagh*, wurde in dem Jahrzehnt geschrieben, bevor er Stevenson-Professor wurde, aber er fuhr fort, zu forschen und zu publizieren, vor allem zur Außenpolitik Lord Palmerstons. Er trat 1952 zurück, und die Berufungskommission trat an der LSE zusammen, um jemanden zu finden, der den Lehrstuhl würdig ausfüllen könnte. Drei Kandidaten wurden aufgelistet: E. H. Carr, A. J. P. Taylor und W. N. Medlicott. Die Kommission traf eine Entscheidung, die noch heute einigen Unglauben hervorruft: Zwei der bedeutendsten Historiker ihrer Generation verschmähend, wählte sie Medlicott. Die Gründe, die manchmal dafür angegeben wurden, beruhten eher auf seiner Persönlichkeit und seinen außerdienstlichen Aktivitäten als auf der Qualität seiner Arbeit. Carr wurde für eine zu einzelgängerische Figur gehalten, als daß er seine jüngeren Historikerkollegen hätte inspirieren können. Wenn man seinen Hintergrund als Geschäftsmann wie als Gelehrter berücksichtigt – Mitglied des Foreign Office 1916–36, berufen auf die Woodrow Wilson Professur für internationale Politik in Aberystwyth 1936, Mitherausgeber der *Times* während des Zweiten Weltkriegs, und von 1955 an Fellow des Trinity College, Cambridge – ist dies kaum der Lebenslauf eines Einsiedlers. Darüber hinaus hat er schon 1939 die Pionierstudie *The Twenty Years' Crisis 1918–1938* veröffentlicht und war mit seiner *A History of Soviet Russia* beschäftigt, die dann vierzehn Bänden umfassen sollte. Was den zweiten Kandidaten be-

[12] Ebda.

[13] Ebda.

[14] E. L. Woodward, Great Britain and the German Navy, Oxford 1935, und Sir Llewellyn Woodward, British Foreign Policy in the Second World War, London 1970–1976.

trifft, so hätte niemand Taylor einen Einzelgänger genannt, und genau so wenig wurde die Qualität seiner verschiedenen Bücher in Frage gestellt. Wogegen das Kommittee und insbesondere der Direktor der LSE, Sir Alexander Carr-Saunders, Einwände erhoben, war Taylors lukrative zweite Karriere als Autor für die Londoner Presse, sowohl Boulevardblätter als auch seriöse Zeitungen. Carr-Saunders hatte alle nicht-akademischen Publikationen von jedem, der sich selbst als Mitglied der LSE verstand, für unzulässig erklärt, und Taylor lehnte es ab, seine Tätigkeit als Journalist aufzugeben, die zu seinem Einkommen wie zu seinem Ruf beitrug. Die Entscheidung fiel daher für Medlicott, der seine Reputation für dumpfe, zweitrangige Würde niemals erschütterte – besonders im Vergleich zu den reichgeschmückten Vögeln, die ebenfalls im Angebot gewesen waren.

Medlicott spielte allerdings eine wichtige Rolle bei der Erweiterung der Disziplin der internationalen Geschichte in Großbritannien. Während des Zweiten Weltkriegs war er der Offizielle Historiker sowohl beim Handelsministerium als auch beim Ministerium für wirtschaftliche Kriegführung,[15] und das schärfte sein Bewußtsein für die Dimension der Wirtschafts- und Handelsdiplomatie. Außerdem ließ er sich dazu bringen, das Studium der strategischen Elemente der Diplomatie zu fördern. Er ermunterte Arbeiten auf diesen beiden Gebieten der internationalen Geschichte, indem er Verbindungen vor allem zu den Militärhistorikern des Kings College London schuf. Institutionell war er ein Architekt, und er arbeitete darauf hin, Historiker für das Studium der internationalen Geschichte zu begeistern, zunächst als ein Spezialgebiet im Grundstudium, dann als eine spezielles Department of International History an der LSE. Weiterhin förderte er die Arbeit von Postgraduierten, und innerhalb von zehn Jahren war die Gruppe der Forschungsstudenten im Bereich der internationalen Geschichte an der LSE größer als die in Oxford oder Cambridge.

Auf Medlicott folgte 1967 James Joll, ein Historiker der Unterseite europäischer internationaler Geschichte und Autor von Büchern über die Zweite Internationale und über Anarchisten, der aber wahrscheinlich zumindest ebenso durch seine Antrittsvorlesung „Unspoken Assumptions" in Erinnerung ist, die von den Ursachen des Ersten Weltkriegs handelt und für ihre Versuche berühmt ist, die Denkweisen der Politiker und ihren Einfluß auf die Entscheidungsfindung zu rekonstruieren.[16] Nachfolger Jolls wurde 1981 Donald Cameron Watt, damals ein Spezialist für britische Außenpolitik, dessen eigener Beitrag zur Erweiterung und Vertiefung der Disziplin auf die Beschreibung des Netzwerks von formellen wie informellen Einflüssen auf die Gestaltung der Außenpolitik konzentriert war. Dieser Ansatz wurde in zwei Aufsätzen seines Buchs *Personalities and Policies* (1965) erläutert und in seiner autoritativen Monographie *How War Came: The Immediate Origins of the Second World War 1938–1939* (1989) angewandt, die auf Forschungen in siebzehn Ländern beruhte und zeitgenössisches Geheimdienstmaterial einschloß.[17] 1993 folgte Cameron Watt der

[15] W. N. Medlicott, The Economic Blockade, 2 Bde., London 1952.

[16] James Joll, The Second International, 1889–1914, London 1955, verbesserte und erweiterte Auflage 1974; ders., The Anarchist, London 1964, 2. Aufl. 1979; ders., The Unspoken Assumptions, London 1968.

[17] Siehe die Aufsätze *The Nature of the Foreign-Policy-Making Elite in Britain* sowie *America and the British Foreign-Policy-Making Elite from Joseph Chamberlain to Anthony Eden,*

derzeitige (1998) Inhaber des Stevenson-Lehrstuhls, Macgregor Knox, ein Experte für deutsche und italienische Außenpolitik.

Zeitschriften und Bücher

Historiker internationaler Geschichte arbeiten in Großbritannien wie in anderen Ländern auch: Sie publizieren in einer Reihe von Zeitschriften im In- und Ausland. Die Zahl der in Großbritannien erscheinenden Zeitschriften, die in der einen oder anderen Weise der internationalen Geschichte verpflichtet sind, ist nicht groß. Die *International Affairs* nahmen von Anfang an die aktuellen Ereignisse stärker unter die Lupe als die historischen Ereignisse. Das *British Journal of International Studies*, das 1975 gegründet und 1981 in *Review of International Studies* umbenannt wurde, nahm die internationale Geschichte in ihr Programm mit auf, aber ziemlich weit hinten in der Liste: Der Umschlag der letzten Ausgabe bezeichnet als sein Ziel, „die Analyse von und das Verständnis für die internationalen Beziehungen zu fördern." Dazu sind Manuskripte zu jedem Aspekt von Interesse, „einschließlich der politischen, ökonomischen, philosophischen, juristischen, ethischen, historischen, militärischen, kulturellen und technologischen Dimensionen des Themas".[18] Nicht zuletzt wegen der geringen Priorität, die der Geschichte in dieser Zeitschrift gegeben wurde, wurde 1990 die Zeitschrift *Diplomacy and Statecraft* gegründet. Wie die Gründungsherausgeber David Armstrong und Erik Goldstein in ihrer ersten Ausgabe erklärten, „glauben wir, daß es zwei umfangreiche Gebiete innerhalb der *international studies* gibt, die mehr Unterstützung durch eine Zeitschrift verdienen, als sie gegenwärtig erfahren. Das erste ist die Diplomatiegeschichte, die ganz wenige spezielle Publikationsorgane für Zeitschriftenaufsätze hat, zum Teil wegen der gegenwärtigen Begeisterung für Sozial- und Wirtschaftsgeschichte." Das zweite Gebiet war die Diplomatie als berufliche Aktivität; zudem forderten sie speziell Aufsätze zur Wirtschaftsdiplomatie. Die Zeitschrift ist mittlerweile fest etabliert.

Eine weitere Zeitschrift sollte erwähnt werden, die von besonderem Interesse ist, weil ihr Erscheinen neue Entwicklungen in der internationalen Geschichte widerspiegelt. Zweifelsohne waren in den letzten fünfzehn Jahren zwei aufkeimende und lebendige Forschungsbereiche die Entwicklung, Nutzung und der Einfluß von Propaganda und die Rolle der Geheimdienste in den internationalen Angelegenheiten. Der zweite Bereich ist besonders mit den Namen von Professor Christopher Andrew von der Cambridge University, Autor zahlreicher Bücher über die Geschichte der Geheimdienste, einschließlich der Pionierarbeit *Secret Service: The Making of the British Intelligence Community*, und F. H. Hinsley, ebenfalls von der Cambridge

1895–1956, in: D.C. Watt, Personalities and Policies, London 1965; ders., How War Came, London 1989.

[18] Die *Review of International Studies* ist die offizielle Zeitschrift der British International Studies Association, die 1975 mit dem Ziel gegründet wurde, Forschung und Lehre auf dem Gebiet der *international studies* in Großbritannien sowie den Kontakt zu Forschern in anderen Ländern zu fördern. Die BISA publiziert auch eine Monographiereihe zu den internationalen Beziehungen bei Cambridge University Press.

University, dem offiziellen Historiker des britischen Geheimdienstes im Zweiten Weltkrieg, verbunden.[19] Andrew assistierte bei der Gründung der Zeitschrift *Intelligence and National Security*, die im Januar 1986 zum ersten Mal erschien; nach dem Editorial war sie „die erste wissenschaftliche, interdisziplinäre Zeitschrift, die sich der Geschichte der Geheimdienstarbeit verschrieben hat, der Analyse ihrer zeitgenössischen Aufgaben und Probleme und der Bewertung ihres Einflusses auf Außenpolitik und nationale Sicherheit ... [Die Zeitschrift] begann mit zwei Prämissen: erstens, daß ihr Thema ein eigenes Feld wissenschaftlicher Untersuchung darstellt; zweitens, daß jede Analyse neuerer Außen- oder Sicherheitspolitik, die die Geheimdienstarbeit nicht berücksichtigt, mit Sicherheit unvollständig und vielleicht verzerrt ist." Trotz des Anspruchs des Editorials auf zeitgenössische Relevanz war der Hauptteil der Artikel historisch, und das neue Material, für das einige Artikel gesorgt haben, die auf dem Zugang zu neuen Akten und neu gestellten Fragen basierten, hat zur notwendigen Neuformulierung internationaler Geschichte beigetragen.

Zeitschriftenaufsätze haben aber niemals, gleich, wie wegweisend sie auch sein mögen, die öffentliche Resonanz von Büchern. Während es fair ist zu sagen, daß es keinen Kanon als solchen gibt – kein Buch und keine Bücher, die alle Studenten der internationalen Geschichte lesen müßten, um zur Zunft zu gehören –, gibt es doch eine Handvoll Bücher, die einen gewissen Status erreicht haben. Wenn man die Diplomatiegeschichte reinsten Wassers betrachtet, bietet vermutlich Websters Arbeit *The Foreign Policy of Castlereagh* den besten Ausgangspunkt für jegliche seriöse Untersuchung der britischen Diplomatiegeschichte des 19. Jahrhunderts. Sie ist sorgfältig gearbeitet, gut lesbar, überlegt und weitreichend. Nichts zu diesem Thema hat sie bisher übertroffen.

Auf Webster folgte zeitlich und in der Entwicklung der vielleicht berühmteste britische Neuzeit-Historiker auf internationalem und anderem Gebiet, A. J. P. Taylor. Taylor war bekannt für seine Nutzung einer konkurrenzlosen Anzahl von Quellen, für seine historische Intuition und die Qualität seines Denkens, schließlich für seinen Schreibstil, der klar und fesselnd war. Er las Akten, aber insbesondere gedruckte Dokumente in fünf Sprachen und richtete sein Augenmerk darauf, was hinter dem war, was Staatsmänner sagten, daß sie täten, um sicherzustellen, was sie wirklich taten. Er veröffentlichte im Laufe seines Lebens 32 Bücher und Hunderte von Aufsätzen und Rezensionen, aus denen zwei Bücher zur internationalen Geschichte herausragen. Das erste ist *The Struggle for Mastery in Europe 1848–1918* (1954), veröffentlicht als Teil der Reihe The Oxford History of Modern Europe.[20] Taylor wurde angeblich aufgrund der Bibliographie in diesem Buch zum Fellow der British Academy gewählt, die höchste wissenschaftliche Ehrung, die es für Historiker in Großbritannien gibt. Es ist vermutlich richtig, daß nur noch wenige Leute sich die Mühe machen, es von Anfang bis Ende durchzulesen, obwohl man gewöhnlich, wenn man in Eile etwas z. B. über die Schleswig-Holstein-Krise herausfinden will, Taylors Buch nimmt und seine acht Seiten zu diesem Thema liest. Es sollte auch noch berichtet werden, daß, als das Londoner *Times Literary Supplement* 1995 eine Jury wichtiger Intellektueller bat,

[19] F. H. Hinsley, British Intelligence in the Second World War: Its Influence on Strategy and Operations, 5 Bde., London 1979–1990.

[20] A. J. P. Taylor, The Struggle for Mastery in Europe 1848–1918, Oxford 1954.

eine Liste der hundert einflußreichsten Bücher zu erstellen, die seit 1945 im Westen publiziert wurden, *The Struggle for Mastery in Europe* auf diese Liste kam.[21]

Taylors anderes wichtiges Werk – und dieses war wirklich bahnbrechend – war sein *Origins of the Second World War*, das 1961 veröffentlicht wurde.[22] Es war nicht bahnbrechend wegen der Neuigkeit des Themas oder neu genutzter Quellen, sondern weil es zu einer völligen Neubetrachtung der Kriegsursachen zwang. Die meisten Historiker wie die allgemeine Öffentlichkeiten hatten darin übereingestimmt, daß der Krieg Hitlers Schuld war, der – wie allgemein angenommen wurde – ganz deutlich vom allgemeinen Typ der deutschen Staatsmänner abwich. Taylor stellte die alleinige Schuld Hitlers in Frage, indem er auch – und dies im Gegensatz zu anderen Historiker, die die Kriegsursachen thematisierten – die Politik britischer und französischer Staatsmänner untersuchte. Außerdem stellte er in Frage, ob Hitler wirklich ganz anders als die meisten deutschen Staatsmänner war, und argumentierte dahingehend, daß er in ihrer direkten Nachfolge stand. Die Publikation dieses Buches verursachte einen moralischen Feuersturm, aber es räumte auch Barrieren gegen eine neue Beschäftigung mit dieser Zeit beiseite. Es war ein Buch, das man rund um die Welt kannte.

Ein wahrhaft wegweisendes Buch, in dem Sinne eines Buches, das tatsächlich ein neues Forschungsfeld begründete, war E. H. Carrs *The Twenty Years' Crisis 1918–1938: An Introduction to the Study of International Relations*, das zuerst 1939 veröffentlicht wurde. Es lohnt sich, aus Carrs zwei Vorworten zur ersten und zweiten Auflage zu zitieren, worin er umschreibt, was er zu tun versucht. In der ersten Auflage schrieb er folgendes: „Wenn die Leidenschaften für den Krieg entfacht sind, wird es zumeist fatal einfach, die Katastrophe einzig den Ambitionen und der Arroganz einer kleinen Gruppe von Menschen zuzuschreiben und keine weitere Erklärung mehr zu suchen. Doch mag es, selbst während der Krieg tobt, von einiger praktischer Bedeutung sein, die tieferliegenden und signifikanten Gründe für das Desaster zu analysieren und nicht nur die unmittelbaren und persönlichen." In der zweiten Auflage bezeichnete er seine Absicht sogar noch deutlicher: „*The Twenty Years' Crisis* wurde mit dem vorsätzlichen Ziel geschrieben, dem auffallenden und gefährlichen Defekt fast allen Denkens über die internationale Politik in den englischsprechenden Ländern von 1919 bis 1939 entgegenzuwirken, dem akademischen wie dem allgemeinen – der meist vollständigen Vernachlässigung des Faktors Macht."[23]

Würdigungen der Bedeutung der Arbeit Carrs sind nicht schwer zu finden. P.A. Reynolds schrieb 1975, daß Carr die Irrelevanz der Friedensverfahren gezeigt habe, als Hitler und andere Krieg wollten, in *The Twenty Years' Crisis*, „der brilliantesten Originalstudie auf dem Gebiet der *international studies*, das bisher von einem Engländer geschrieben wurde. Hans Morgenthau wird gewöhnlich als Begründer der realistischen Schule gesehen, aber einen besseren Anspruch auf den Titel hat vielleicht Carr." Beinahe fünfzehn Jahre später schrieb Ole Holsti in der amerikanischen Zeitschrift *Diplomatic History*, daß „drei wichtige Figuren der Zwischenkriegszeit wahrscheinlich den größten Einfluß auf die amerikanische Wissenschaft hatten: der Histo-

[21] The Times Literary Supplement, 6. Oktober 1995, S. 39.

[22] A. J. P. Taylor, Origins of the Second World War, London 1961.

[23] E. H. Carr, The Twenty Year's Crisis 1918–1938: An Introduction to the Study of International Relations, London 1939, S. xi, bzw. 2. Aufl., London 1946, S. ix.

riker E. H. Carr, der Geograph Nicholas Spykman und der politische Theoretiker Hans J. Morgenthau."[24] Da diese Huldigungen von Wissenschaftlern aus dem benachbarten, aber separierten Gebiet der internationalen Beziehungen stammen, sollte betont werden, daß Historiker Carrs Argumente zur Bedeutung der Macht sowohl in den internationalen Beziehungen als auch in den Arbeiten über die Geschichte der internationalen Beziehungen gleichfalls anerkannt haben.

Ein weiteres wichtiges Werk war *Allies of a Kind: the United States, Britain and the War Against Japan, 1941–1945*, das 1978 von Christopher Thorne veröffentlicht wurde, einem anerkannten Grenzgänger.[25] Mit der traditionellen Diplomatiegeschichte unzufrieden, selbst mit derjenigen, die ebenso ausländische wie britische Akten benutzte, übernahm Thorne Konzepte und Ideen der Sozialwissenschaften und ging über die traditionellen Konzepte von Regierung und Nation als primären Akteuren hinaus zu einer Analyse, genauen Untersuchung und Schilderung der formellen und informellen Beziehungen zwischen Eliten. Er war nicht ganz allein bei diesem Ansatz, aber was Thorne signifikant machte, ist, daß er sich in den Bereich der „kulturellen" Differenzen zwischen verschiedenen soziopolitischen Systemen und Organisationen der verschiedenen Mächte wagte, die am Prozeß der Entscheidungsfindung im Fernen Osten während des Zweiten Weltkriegs beteiligt waren. Er verschob seinen Blickwinkel von London nach Washington, Delhi, Singapur, Sydney und Hawaii und noch einmal ganz herum und analysierte dabei das Unvermögen der Politiker unterschiedlicher kultureller Gruppen, einander zu verstehen, und die Fehleinschätzungen, die daraus erwuchsen.

Ausblick

In Bezug auf neuere Bücher ist es schwierig vorauszusagen, welche den Status eines Klassikers erlangen werden, und es ist wahrscheinlich ungerecht, darüber zu spekulieren, wenn viele der Autoren noch leben. Es ist aber weniger schwer vorherzusagen, welche neuen Ansätze es geben wird. Es ist wahrscheinlich, daß die Welle der Kulturgeschichte, die über die Zunft schwappt, zu einem Anwachsen der Buchproduktion führen wird, die nach kulturellen Einflüssen eines Landes auf ein anderes schaut und nach kultureller Diplomatie – was nicht dasselbe ist. Die wachsende Menge an Material über die Geheimdienste, das kürzlich freigegeben wurde, wird weitere und tiefere Untersuchungen zu ihrem Nutzen anregen, ebenso zu ihrem Einfluß – was wiederum nicht dasselbe ist. Letztlich zieht die Geschichte der Europäischen Integration eine zunehmende Zahl junger (und nicht so junger) Historiker an. Gewiß kann man sagen, daß die gegenwärtigen Schwierigkeiten auf dem Balkan gezeigt haben, daß die Beziehungen zwischen Staaten von Bedeutung sind.

[24] Reynolds, International Studies, S. 2; Ole Holsti, Models of international Relations and Foreign Policy, in: Diplomatic History 13 (1989), S. 15–43.

[25] Christopher Thorne, Allies of a Kind: The United States, Britain and the War Against Japan, 1941–1945, London 1978. Als eindrucksvolles Beispiel seiner Geschichtsschreibung siehe auch Thornes Aufsatzsammlung *Border Crossings: Studies in International History*, Oxford 1988.

Man kann folgern, daß die Disziplin der internationalen Geschichte in Großbritannien klein, aber gesund ist. Es gibt zwar nur den einen etablierten Lehrstuhl, doch haben andere Historiker des internationalen Bereichs Lehrstühle inne, deren Arbeitsfeld von ihren Titeln verschleiert wird: Christopher Andrew zum Beispiel ist Professor für Neuere Geschichte. Ferner gibt es eine erfreulich große Gruppe junger Historiker internationaler Geschichte auf verschiedenen Sprossen ihrer Karriereleiter: Ein Zentrum dieser Arbeit ist die Birmingham University; Cambridge und Oxford haben nun erfolgreiche Gruppen; und es gibt auch noch London, immer noch die Heimat der größten Anzahl solcher Historiker in Großbritannien. Es gibt keine wirkliche Schwierigkeit, gute Aufsätze veröffentlicht zu bekommen; die gegenwärtige Schwierigkeit, wissenschaftliche Monographien publizieren zu können, wird von allen Sparten der Zunft geteilt. Aber wie stets sollten die besten – Menschen, Artikel und Bücher – sich durchsetzen.

Michael H. Hunt

Die lange Krise der amerikanischen Diplomatiegeschichte und ihr Ende*

Gordon A. Craig gab kürzlich zu bedenken, daß „Historiker wirklich interessanter sind, wenn sie Geschichte schreiben, als wenn sie darüber reden."[1] Craig hat zweifellos recht, aber befangen in einer langen Krise des Selbstvertrauens, blieb Diplomatiehistorikern kaum eine andere Wahl.

Unsere bemerkenswert lange Übung in Reflexion und Selbstkritik, die sich durch die vergangenen zwei Jahrzehnte zog, war eine defensive Antwort auf die pointierte Kritik, um nicht zu sagen auf die verletzende Gleichgültigkeit, mit der eine Historikerzunft im Umbruch den Themen der Diplomatiegeschichte gegenüberstand. Sozialhistoriker geißelten die Diplomatiegeschichte wegen ihrer offenkundig überalterten Methoden und Fragestellungen. Insbesondere kritisierten sie die Tendenz, sich mit der politischen Elite zu identifizieren und die Verbindungen zwischen Politik und den Strukturen von Privileg und Macht innerhalb der amerikanischen Gesellschaft und Kultur zu ignorieren. Die neue Kulturgeschichte fügte ihre eigenen Vorwürfe hinzu: eine erkenntnistheoretische Naivität und ein verkümmertes Gespür für die Bedeutung von Sprache für das Verständnis von historischer Evidenz und den Diskurs der Historiker. Die engagierten Theoretiker verwiesen die Diplomatiehistoriker auf die Rolle von Holzfällern und Wasserschöpfern in ihrer Welt der Theorien internationaler Beziehungen. Den Historikern sollte die Aufgabe zukommen, sich in den Ar-

* Michael S. Sherry, Otis L. Graham und Leon Fink schufen Gelegenheiten dafür, einige der hier dargestellten Ideen auszufeilen. John W. Coogan, George C. Herring, Michael H. Hogan, Thomas Schmitz, Russel Van Wyk, Odd Arne Westad und eine Reihe anonymer Rezensenten boten hilfreiche Kommentare an, während sich dieser Aufsatz über die letzten Jahre hinweg entwikkelte. Er erschien zunächst unter dem Titel „The Long Crisis in U.S. Diplomatic History: Coming to Closure" in Diplomatic History 16 (1992), S. 115–140. Die Wiederveröffentlichung erfolgt mit freundlicher Genehmigung von Blackwell Publishers, Melden/Ma. Die Übersetzung besorgten Corinna Steinert und Wilfried Loth.

Ich benutze die Bezeichnung „Diplomatiegeschichte" im Titel und im Verlauf des Textes als eine gängige Umschreibung für vorliegende Arbeiten über eine Vielfalt von Aspekten der Beziehungen der Vereinigten Staaten mit der restlichen Welt. Die Leser, die eine andere Bezeichnung bevorzugen, wie z.B. „Geschichte der auswärtigen Beziehungen", „Geschichte der internationalen Beziehungen" oder sogar „Internationale Geschichte", können diese gerne an den gegebenen Stellen einsetzen.

1 Gordon A. Craig, The War of the German Historians, in: New York Review of Books, 15. Januar 1987, S. 19. Zu diesem Zeitpunkt hatte Craig schon seine eigenen Überlegungen über die Diplomatiegeschichte dargelegt; vgl. ders., The Historian and the Study of International Relations, in: American Historical Review 88 (1983), S. 1–11.

chiven zu plagen, um dort detaillierte Fallstudien zu entwerfen, auf denen wahre Sozialwissenschaftler dann große, erklärende Strukturen aufbauen könnten, die die langfristigen Muster der internationalen Beziehungen darlegen und den Respekt der politischen Akteure auf sich ziehen sollten.[2]

Die beständige Reflexion über den Zustand der Disziplin, die sich in letzter Zeit zu einem Crescendo gesteigert hat, war von Nutzen. Das Fachgebiet wird weniger belagert, und die lange Krise scheint sich ihrem Ende zu nähern. Von innen betrachtet fällt auf, daß Diplomatiehistoriker mit einem erfrischenden Selbstvertrauen schreiben.[3] Die wachsende Mitgliederzahl der Society for Historians of American Foreign Relations (mit inzwischen über dreizehnhundert Mitgliedern) und das Temperament ihrer Zeitschrift *Diplomatic History* sind weitere Zeichen der Stärke. Bei der Betrachtung des Umfelds stellt man fest, daß die Kritiker aus anderen Fachgebieten ihre eigenen Selbstzweifel erleben und sich mit einer kritischen Auseinandersetzung mit ihren Ansprüchen auf besondere Erkenntnisse konfrontiert sehen.[4]

Die Diplomatiegeschichte hat nun einen Wendepunkt erreicht, dessen Bedeutung einen weiteren Akt der Selbstprüfung rechtfertigt. Der Zeitpunkt ist günstig, darüber nachzudenken, wie sich das Fachgebiet entwickelt hat und weiter entwickeln wird. Da wir uns nicht länger dazu gezwungen sehen, darüber zu meditieren, ob es nun

[2] Von Diplomatiehistorikern formulierte Selbstkritiken sind im folgenden aufgelistet. Eine Betrachtung der Anfälligkeiten des Faches, wie sie sich von außen darstellen, findet sich in William E. Leuchtenburg, The Pertinence of Political History: Reflections on the Significance of the State in America, in: Journal of American History 73 (1986), S. 485–87; Lynn Hunt (Hrsg.), The New Cultural History, Berkeley 1989, insbesondere Hunt, Introduction: History, Culture, and Text, S. 1–22; Patricia O'Brien, Michael Foucault's History of Culture, S. 25–46; und Lloyd S. Kramer, Literature, Criticism, and Historical Imagination: The Literary Challenge of Hayden White and Dominick La Capra, S. 97–128; John E. Toews, Intellectual History after the Linguistic Turn: The Autonomy of Meaning and Irreducibility of Experience, in: American Historical Review 92 (1987), S. 879–907; Paul Gordon Lauren (Hrsg.), Diplomacy: New Approaches in History, Theory, and Policy, New York 1979; und Michael G. Fry, History and International Studies, Broschüre, Washington 1987.

[3] Beweise dieses neuentdeckten Selbstvertrauens und ihres Ausmaßes finden sich in den Beiträgen: A Roundtable: Explaining the History of American Foreign Relations, Journal of American History 77 (1990), S. 93–180, und: Writing the History of U.S. Foreign Relations: A Symposium, in: Diplomatic History 14 (1990), S. 553–605. Der Sammelband von Michael J. Hogan/ Thomas G. Paterson (Hrsg.), Explaining the History of American Foreign Relations, Cambridge/England 1991, enthält die meisten dieser Beiträge und ergänzt sie mit einigen weiteren Aufsätzen.

[4] Leuchtenburg, The Pertinence of Political History, S. 587f.; Joyce O. Appleby, One Good Turn Deserves Another: Moving beyond the Liguistic: A Response to David Harlan, in: American Historical Review 94, (1989), S. 1326–1332; Bryan D. Palmer, Descent into Discourse: The Reification of Language and the Writing of Social History, Philadelphia 1990; Stanley Hoffmann, An American Social Science: International Relations, in: Daedalus 106 (1977), S. 51–59; Susan Strange, Cave! hic dragones: A Critique of Regime Analysis, in: International Organization 36 (1982), S. 479–496; Robert W. Cox, Social Forces, States and World Orders: Beyond International Relations Theory, in: Neorealism and Its Critics, hrsg. von Robert O. Keohane, New York 1986, S. 204–254; Joseph S. Nye, Jr./Sean M. Lynn-Jones, International Security Studies: A Report of a Conference on the State of the Field, in: International Security 12 (1988), S. 5–27; in der Sonderausgabe der International Studies Quarterly 34 (1990), die sich mit dem Post-Strukturalismus beschäftigt, siehe insbesondere den Aufsatz von Jim George und David Campbell und die Schlußbemerkung der Herausgeber dieser Ausgabe, Richard K. Ashley und R. B. J. Walker.

überleben mag und wie wir es retten können, können wir uns jetzt der angenehmeren Aufgabe widmen, die Topographie eines veränderten Gebietes zu begutachten und die Vielfalt der historischen Fragestellungen zu sichten, die es mittlerweile charakterisieren.

Für einen solchen Versuch der Bestandsaufnahme sprechen außerdem seine Auswirkungen auf die Praxis. Wie in anderen Bereichen auch, ist das äußere Erscheinungsbild von einem gewissen Verständnis des Fachgebietes abhängig, das von allen anerkannt wird. Davon hängt wiederum unsere Fähigkeit ab, Neulingen eine Orientierung zu geben und uns Fachfremden darzustellen, die sich für Geschichte und internationale Beziehungen interessieren. Besondere Sorge gilt dabei dem Nachwuchs. Die Ausbildung von Forschungsstudenten bis hin zu ihrer Unterstützung bei der Ausarbeitung lohnenswerter Forschungsprogramme hängt in einem hohen Maße von unserer Fähigkeit ab, ihnen ein klares und zugängliches Bild der wichtigsten Tendenzen und Entwicklungen innerhalb des von ihnen gewählten Spezialgebietes zu geben. Insbesondere ist die Kenntnis der Umrisse des Fachgebietes unerläßlich, wenn sie dazu in der Lage sein sollen, ihre besonderen Forschungsinteressen innerhalb des breiteren Rahmens der fachspezifischen Fragestellungen auszumachen, Unterstützung oder Herausforderungen zu identifizieren, die von den benachbarten Fachbereichen ausgehen, und Fragen zu erkennen, die momentan noch außerhalb ihrer fachlichen Kompetenz oder interpretativen Reichweite liegen mögen.

Der folgende Versuch, den aktuellen Zustand der Disziplin auf den Punkt zu bringen, geht von einer grundlegenden Annahme aus – daß die amerikanische Diplomatiegeschichte in drei deutlich unterschiedene, aber doch voneinander abhängige Teilbereiche zerfallen ist. Diese Fragmentierung vollzog sich während der letzten drei Jahrzehnte, in denen das gesteigerte Interesse an den nationalen und internationalen Dimensionen von Politik die ausschließliche Konzentration der Diplomatiegeschichte auf Politik und ihre Akteure nach und nach als separaten Zweig absonderte und unser Verständnis für die Möglichkeiten und Parameter des Faches erweiterte. Während sich die Grenzen nach außen verschoben, setzten sich innerhalb des Fachgebietes drei Haupttendenzen durch. Jede definiert sich durch die Reihe der grundlegenden Fragen, die sie zu den auswärtigen Beziehungen der Vereinigten Staaten zu stellen sucht, und durch die Werkzeuge – Methoden, Theorien, Konzepte und Sprachgebrauch –, die sie zu ihrer Beantwortung anwendet. Wenngleich in jedem Zweig eine Vielfalt interpretativer Ansichten existiert, ragt doch immer eine Gruppe oder Anschauung hervor, mit der der jeweilige Forschungsschwerpunkt hauptsächlich assoziiert wird.

Gleich zu Beginn soll betont sein, daß es nicht Ziel dieses Aufsatzes ist, diese Schwerpunkte in gute und schlechte, überholte und aktuelle einzuteilen oder bestimmten Konzepten, Methodologien oder Interpretationen eine besondere Bedeutung beizumessen. Die Kernaussage des Aufsatzes ist statt dessen, daß die fundamentalen Fragen, die wir stellen, alle von wesentlichem und gleichwertigem Interesse sind. Zusammengenommen definieren sie unsere Arbeit grundlegend und konstituieren die Disziplin als Ganzes. Die Werkzeuge, die wir benutzen, und die Positionen, die wir einnehmen, ergeben sich aus diesen Fragen abgeleitet und sekundär.

Amerikanische Außenpolitik

Der imposanteste Teilbereich – der älteste und der gängigste – beschäftigt sich mit der Untersuchung der Außenpolitik des amerikanischen Staates. Seine Anhänger widmen sich hauptsächlich den aufwendigen Fragen nach dem politischen Prozeß, die das Gebiet lange definiert haben. Welche politischen Richtlinien verfolgte die Regierung der USA? Wie wurden sie entwickelt? Wer legte sie fest? Und wie wurden sie umgesetzt? In Übereinstimmung mit diesen Fragestellungen besteht die Hauptbeschäftigung dieses Zweiges im Abbau der Aktenberge in den Archiven der amerikanischen Diplomatie und der Verarbeitung der dort vorhandenen Goldklumpen; und so wird untereinander viel von den Schwierigkeiten im Kampf mit den Brocken gesprochen, von Schließungen oder Eröffnungen von Minen berichtet und von neuen Goldadern gemunkelt.

Die führenden Köpfe dieses Bereiches der staatlichen Politik umschreibt man am besten als „Realisten". Die älteren von ihnen füllen eine lange und eindrucksvolle Liste. Der bekannteste ist vermutlich George F. Kennan, dessen *American Diplomacy, 1900–1950* ein Klassiker des Realismus ist.[5] Auch die Arbeiten von Warren I. Cohen, Robert A. Divine, Robert H. Ferrell, John Lewis Gaddis, Norman A. Graebner, Arthur S. Link, Ernest R. May und Gaddis Smith haben sich seit den 50er Jahren dann und wann durch eine betont realistische Orientierung ausgewiesen. Der Einfluß, den diese etablierten Historiker nicht zuletzt als Mentoren ausübten, machte den „Realismus" unter den Diplomatiehistorikern zu einem außergewöhnlich einflußreichen Syndrom.

Wenngleich der Ausdruck Realismus eine wenig greifbare Bezeichnung ist, die unterschiedliche Bedeutungen in einer Vielzahl von Zusammenhängen annimmt, trägt seine diplomatiegeschichtliche Variante gewisse wiederkehrende Züge.[6] Realisten betrachten den Staat als zentralen Akteur der internationalen Beziehungen und somit als Fokus der Untersuchung. Sie verfechten die Auffassung, daß die Formulierung der Politik innerhalb des Staates auf das Streben nach und die Ausübung von Macht ausgerichtet ist. Deshalb spielen sie wirtschaftliche und kulturelle Einflüsse herunter oder ignorieren sie gar. Die Formulierung der Politik wird für sie zum Schlachtfeld des Kampfes zwischen „Realismus" und „Idealismus" (oder eines ähnlichen Satzes bewertender Kategorien, die zur Unterscheidung zwischen guter und schlechter Politik eingesetzt werden). Und sie argumentieren, daß „Realismus" in einer anarchi-

[5] George F. Kennan, American Diplomacy, 1900–1950, Chicago 1951. Anders Stephanson, Kennan and the Art of Foreign Policy, Cambridge/Ma.. 1989, enthält im sechsten Kapitel eine anspruchsvolle Bewertung des Realisten Kennan. Die University of Chicago, wo Hans J. Morgenthau und andere Politikwissenschaftler wirkten, kann den Anspruch auf den Ursprung des Realismus am ehesten erheben. Siehe dazu insbesondere Morgenthau, Politics Among Nations: The Struggle for Power and Peace, New York 1948; Robert E. Osgood, Ideals and Self-Interest in America's Foreign Relations: The Great Transformation of the Twentieth Century, Chicago 1953; und Tang Tsou, America's Failure in China, 1941–1950, Chicago 1963. Dazu paßt, daß Kennan die Vorträge, aus denen *American Diplomacy* hervorging, an der University of Chicago gehalten und die University of Chicago Press den Band veröffentlicht hat.

[6] Eine einfühlend-kritische Einführung findet sich in Michael J. Smith, Realist Thought from Weber to Kissinger, Baton Rouge 1986.

schen und von durchdringendem Bösen geprägten internationalen Gesellschaft unerläßlich ist, wenn den politischen Führern die Aufrechterhaltung der nationalen Sicherheit gelingen soll. Allerdings muß betont werden, daß die Realisten der Diplomatiegeschichte eine Vielfalt von Ansätzen entwickelt haben, die auf diesen interpretativen Fragestellungen und analytischen Kategorien aufbauen, sie aber zu oftmals voneinander abweichenden Schlußfolgerungen führen.

Das auffälligste Merkmal, mit dem sich die Realisten uns und einander offenbaren, ist ihr leicht erkennbarer Sprachgebrauch. Ihre Diskussionen über die Ziele der amerikanischen Politik sind von Verweisen auf solch offenkundige Konzepte wie „nationale Interessen", „lebensnotwendige Interessen", „internationale Realitäten", „systemischer Zwang" und „geopolitische Kräfte" geprägt, auf die politische Akteure ihrer Meinung nach reagieren. Sie berechnen die Stichhaltigkeit von Politik, indem sie Mittel und Zweck gegeneinander abwägen, und beurteilen so, ob Politiker, nachdem sie das nationale Interesse definiert haben, die notwendigen Schritte zur Mobilisierung der notwendigen Ressourcen eingeleitet haben. Sie beklagen die Einmischung einer „ignoranten und emotionalen Öffentlichkeit" und „opportunistischer Politiker" in einen politischen Prozeß, der realistisch Handelnden und ihren Experten vorbehalten sein sollte. Sie betonen besondere amerikanische Handikaps der Außenpolitik, die aus „Moralismus", „Idealismus", „Legalismus" und „Isolationismus" resultieren. Sie preisen „Expertisen" als Grundlage einer stimmigen Außenpolitik und identifizieren sich oft mit den „Experten", die einen herausragenden Platz in ihren Studien einnehmen.

Dieses Vokabular des Realismus erleichtert den Diskurs sowohl zwischen amerikanischen Diplomatiehistorikern und dem außenpolitischen Stab der Bürokratiemaschinerie Washingtons als auch die Kommunikation mit den Denkfabriken und den Stiftungen, die mit dieser Bürokratie verbunden sind. Der Realismus des Fachgebietes wuchs mit dem Kalten Krieg auf, als Historiker, die diesen Zustand der Konfrontation begreifen wollten, seine dominante Sprache und das dominante Set der Auffassungen aufgriffen. Daraus entstand eine viel bereiste Brücke zwischen der Welt der Wissenschaft und der der Regierung. Durch ihren Respekt für und ihr Interesse an der Ausübung von Staatsmacht bewiesen die Realisten ihre Rolle als natürliche Vermittler zwischen der wissenschaftlichen Gemeinschaft und einer oftmals gleichgültigen oder mißtrauischen Regierung. Sie strebten danach, dem Nutzen der Geschichtswissenschaft für die Formulierung der Politik zur Anerkennung zu verhelfen.[7] Ihre Arbeiten und ihre Präsenz durchziehen die Ausbildungsstätten der Regierung, in denen der Beamtenstab und der Stab des Auswärtigen Dienstes ausgebildet werden, ebenso wie die Fachbereiche für den internationalen Dienst in den Universitäten. Ihr beruhigendes Selbstbewußtsein macht sie zu den natürlichen Verbündeten der politischen Akteure im akademischen Leben, wo sie als Fürsprecher und Erklärer der offiziellen Standpunkte dienen.

[7] Ernest R. May stach bei diesen Bemühungen deutlich hervor. Siehe ders., „Lessons" of the Past: The Use and Misuse of History in American Foreign Policy, New York 1973; ders. (Hrsg.), Knowing One's Enemies: Intelligence Assessment before the Two World Wars, Princeton 1984; und ders./Richard L. Neustadt, Thinking in Time: The Uses of History for Decision-Makers, New York 1986.

Weiterhin ist der Realismus durch eine Art Neo-Rankeanischen Stil geprägt. Er widmet sich entweder einer detaillierten Untersuchung informierter Quellen, um herauszufinden, was wirklich geschehen ist, oder er übt sich in einer Synthese von Arbeiten, die Regierungsquellen direkt anzapfen. Mit der direkt oder indirekt erarbeiteten Grundlage genauer und eingehender Archivrecherchen präsentieren die Studien dieses Genres den Blickpunkt der offiziellen Akten, deren Sprache sie übernehmen. Die daraus resultierenden Veröffentlichungen bieten eine Anleitung für diejenigen, die versuchen, die gewaltigen Aktenberge, die Komplexität der offiziellen strategischen Doktrin und die außenpolitische Bürokratie aufzuschlüsseln.

Wegen ihrer Konzentration auf die komplizierten politischen Prozesse und Strukturen haben sich die Realisten energisch für den Wert einer analytischeren Herangehensweise eingesetzt, die von strategischen Studien, bürokratischer Politik, Gruppen- und Individualpsychologie und ähnlichem Gebrauch macht. Einige unter ihnen sind sogar der Ansicht, daß die Diplomatiegeschichte durch die Integration solcher Techniken und Konzepte aus dem Bereich der Politikwissenschaft ihr altmodisches Image verlieren und an Ansehen gewinnen könne. Als rigoros und systematisch geführtes Unterfangen könne es theoretisierender und durch die Entschlüsselung vorhersehbarer Muster politisch relevanter werden.[8]

Der Realismus hat aber Grenzen, die erkennbarer wurden, als sich der Bereich der Diplomatiegeschichte ausweitete und seine Fragestellungen vielfältiger wurden. Es ist genau diese Identifikation mit dem Staat, mit der laufenden Politik und mit den zugrundeliegenden Annahmen der außenpolitischen Elite, die die Stärke des Realismus ausmachen, aber auch seine intellektuelle Reichweite und seinen analytischen Spielraum einengen. Wie die Kritiker des Realismus argumentiert haben, verfangen sich die Untersuchungen der Realisten so in einem Netz von betont nationaler Voreingenommenheit und von Geschlechter- und Klassenressentiments.

Die vielleicht bedenklichsten Defizite des Realismus sind seine fragwürdigen Analysekategorien und seine ahistorischen Interpretationsmuster. Was ist eine informierte Öffentlichkeit? Wie ist sie zu erkennen? Wer sind die Experten, auf die die politischen Akteure hören sollten? Kann von wirklichen Experten erwartet werden, zu gemeinsamen Schlußfolgerungen zu kommen? Wenn sie von abweichenden Grundannahmen ausgehen, zu verschiedenen politischen Loyalitäten neigen oder verschiedene Organisationen bevorzugen, wie bestimmen wir dann, wer die wirklichen Ex-

[8] Ernest R. May, Gordon A. Craig, Melvin Small, Paul Gordon Lauren und John Lewis Gaddis gehören zu den Diplomatiehistorikern, die sich für eine engere Verbindung zur Politikwissenschaft ausgesprochen haben. Auf der anderen Seite haben sich Alexander L. George, Ole R. Holsti, Richard Ned Lebow und Robert Jervis für einen engeren Kontakt zu den Historikern, die sich mit dem Staat beschäftigen, eingesetzt. Über das Ergebnis dieses eklektischen Unternehmens bleiben Zweifel bestehen. Wohlüberlegte oder sogar scharfsinnige Versuche von Politikwissenschaftlern, auf der Geschichtswissenschaft aufzubauen, gehen das Risiko ein, Quellen unkritisch und in ihrer Ableitung zu gebrauchen, und bewegen sich so wenig effektiv auf bekanntem historischen Boden oder kommen zu offenkundigen Ergebnissen. So erscheint zumindest mir das Ergebnis, wie es sich jeweils in David A. Lake, Power, Protection, and Free Trade: International Sources of U.S. Commercial Strategy, 1887–1939, Ithaca 1988; Deborah Welch Larson, Origins of Containment: A Psychological Explanation, Princeton 1985; und Stephen R. Rock, Why Peace Breaks Out: Great Power Rapprochement in Historical Perspective, Chapel Hill 1989, zeigt.

perten sind? Was ist realistische Politik und wie können wir erkennen, ob sie den unterstellten Erfordernissen des internationalen Systems entsprechen? Was ist das nationale Interesse, der haarigste, aber auch wichtigste Begriff im Wörterbuch des Realismus? Diese großen und komplizierten Fragen können weder obiter dicta noch durch Recherchen in den amerikanischen Staatsarchiven gelöst werden.

Die Beherrschung der Archive kann für Realisten und andere, die sich mit diesem Gebiet der Staatsgeschichte beschäftigen, zu einer Art von Tyrannei werden, die die oben genannte Tyrannei der Sprache noch verstärkt. Bei der Arbeit an ihren Dissertationsprojekten verfallen neubekehrte Realisten oft der großen Versuchung, ihre Forschungsvorhaben nicht aufgrund von außen vorgenommener Überlegung, sondern von innen festzulegen – d.h. in Beziehung zu den Regierungsdokumenten, die sie favorisieren. Statt zuerst ein signifikantes historisches Problem für ihre Untersuchungen herauszuarbeiten und dann die dafür geeigneten Quellen und Methoden zu suchen, neigen diese Historiker dazu, neu freigegebene oder bisher noch nicht genutzte Regierungspapiere aufzustöbern, ein Thema zu erarbeiten, das mit den Inhalten und dem Aufbau dieser Dokumente übereinstimmt, und schließlich die dort formulierten offiziellen Perspektiven zu erforschen. Die Arbeit baut auf der fragwürdigen Annahme auf, daß die resultierenden Monographien wichtig sein werden, weil das Material, auf das sie sich stützen, für wichtig gehalten wird.

Diese für die Wissenschaftler dieses Teilbereiches so charakteristische Konzentration auf die Archive, insbesondere auf die neu eröffneten, hat zu einer zunehmend gravierenderen Überbetonung der Nachkriegsperiode geführt. Gleichzeitig führte sie zu einer Vernachlässigung früherer Perioden, insbesondere des 19. Jahrhunderts, und so – ironischerweise – zu einem Verlust an historischer Perspektive bei den Historikern. Eine überproportionale Zahl von Dissertationen und veröffentlichten Monographien beschäftigt sich jetzt mit der Eisenhower-Administration, da neue Dokumente zur Forschung freigegeben wurden. Ein Fieber für die Kennedy-Jahre hat uns schon befallen, dem ein ähnlicher Ausbruch für die Johnson- und Nixon-Präsidentschaften folgen wird. Archivalische Forschung sollte nicht als pathologisch angesehen werden, aber ihr Zugriff kann so stark sein, daß sie die Reichweite der Schwerpunkte derer, die sich mit staatlicher Politik beschäftigen, chronologisch wie auch thematisch unnötig einengt.[9]

Schließlich kranken die Arbeiten dieses Bereiches allzuoft an einer einengenden Konzeption von Politik, die eine überzeugende Bewertung dieser Politik schwierig, wenn nicht unmöglich macht. Dieses Problem zeigt sich besonders deutlich in den Arbeiten der Realisten. Sie messen einer sprunghaften oder sich aufdrängenden öffentlichen Meinung eine große Bedeutung bei, schenken aber dem auf die öffentliche Meinung bezogenen Material keine besondere Aufmerksamkeit. Genauso wenig bringen sie die aus der relevanten theoretischen Literatur gewonnenen Einblicke so

[9] Von 92 Aufsätzen, Rezensionen und Notizen/Kommentaren, die in den ersten Ausgaben der *Diplomatic History* (1977–1980) veröffentlicht wurden, beschäftigten sich nur 12 mit den Jahren vor 1898, und weitere zehn untersuchten die Zeit zwischen 1998 und 1913. Jüngeren Berichten des derzeitigen Herausgebers Michael J. Hogan zufolge beanspruchen der Kalte Krieg und insbesondere die Jahre zwischen 1945 und 1960 immer noch den Löwenanteil der Aufmerksamkeit. Siehe Hogan, Annual Report of the Editor, in: Diplomatic History 13 (1989), S. 292f.; Diplomatic History 14 (1990), S. 314f.; und Diplomatic History 15 (1991), S. 313f.

zur Geltung, daß das Argument überzeugend wirken würde. Ihre Beurteilungen, ob sich eine bestimmte Politik positiv auf die Nation auswirkte, umgehen solche komplexen aber relevanten Themen wie die Umleitung innerer Ressourcen für auswärtige Angelegenheiten oder die innenpolitischen Auswirkungen auf politische Entscheidungen. Für die Arbeiten in diesem Bereich ist die Beherrschung der Archive unschätzbar, in der Tat essentiell, aber diejenigen, die sie sich zur Aufgabe machen, müssen die begrenzten Horizonte der Archive erkennen und sich vor einer interpretativen Überbewertung schützen.

Bislang haben die Anhänger der auf die staatliche Politik konzentrierten Betrachtungen wenig Kreativität im Umgang mit der interpretativen Herausforderung ihres Ansatzes gezeigt. Die erste Gelegenheit verpaßten sie in den 60er und frühen 70er Jahren, als Kritiker des Realismus mit dem Argument ins Feld zogen, daß wirtschaftliches Kalkül die Politik der Vereinigten Staaten bestimme. Ein Teil der Vertreter des Realismus reagierte mit einem Angriff auf die Integrität der so argumentierenden Historiker, und sie durchforsteten die Archive nach Beweisen, die diese Verunglimpfungen widerlegen sollten.[10] Sie unternahmen aber keine Versuche, die grundsätzliche Fragestellung nach dem Ursprung der Politik (außerhalb der Köpfe der Akteure und ihrer Berater) zu beantworten. Einer Art naivem Positivismus verhaftet, blieben sie weiterhin dabei, Regierungsquellen als endgültig und maßgebend zu betrachten. Die Angewohnheit, diese Quellen wörtlich zu nehmen, enthob die Realisten der Aufgabe, soziale und wirtschaftliche Einflüsse in ihre Betrachtungen einzubeziehen, ihre Annahmen zu sondieren und zu testen, mit besonderen Codewörtern zu ringen und eine Sensibilität für Auslassungen und Stillschweigen zu entwickeln. Wie sehr sich die Vertreter des staatspolitischen Ansatzes auch wünschen mögen, sich gegen diese Herangehensweisen abzuschirmen, werden sie sich doch direkt darauf einlassen müssen, wenn sie die Autonomie des Staates gegenüber der Gesellschaft beweisen und nicht nur voraussetzen wollen.

Um die neueste Herausforderung – die in den 80er Jahren von der Wiederbelebung des Interesses am Staat ausging – haben sich diese Diplomatiehistoriker auf eine nahezu einstudiert wirkende Art und Weise herumgedrückt. Aber wie auch andere Elemente im Glaubensbekenntnis des Realismus kann der Staat nicht mehr länger als selbstverständlich vorausgesetzt werden; statt dessen muß er als Machtstruktur gesehen werden, die bürokratisch organisiert ist, überwältigende Druckmittel einsetzt, einen effektiven Anspruch auf Legitimität innerhalb eines bestimmten Gebietes stellt und regelmäßig einen beträchtlichen Teil des Einkommensflusses vom nationalen Wirtschaftsprodukt für sich beansprucht. Politik ist als Ausdruck staatlicher Autorität besser nachzuvollziehen, wenn sie nicht isoliert untersucht wird, sondern in Beziehung zu der Verteilung von Macht, zu den zwischen Staat und Gesellschaft vermittelnden Institutionen, zum Fluß der Ressourcen, zu Rekrutierung und Sozialisierung der Beamten, zu ideologischen Formulierungen und zu der Behauptung der Legitimität.[11]

10 Peter Novick, That Noble Dream: The „Objectivity Question" and the American Historical Profession, Cambridge/England 1988, S. 447–453.

11 Führend in dieser Argumentationsstruktur sind Eric A. Nordlinger, On the Autonomy of the Democratic State, Cambridge/Ma. 1981; Stephen Skowronek, Building a New American State:

An eine umfassende Bewertung der mit staatspolitisch orientiertem Ansatz geleisteten Arbeiten muß man mit einiger Sorgfalt herangehen, da ihre Schwächen eng mit ihren Stärken verbunden sind. Staatspolitik ist wichtig, aber wichtig ist auch der Einfluß dieser Politik auf die wirkliche Welt und auf das Leben wirklicher Menschen. Die Unterlagen der Bürokratien können zu einem Verständnis der Perspektiven und Entscheidungen Washingtons und seiner weltweit verteilten Niederlassungen verhelfen, aber genauso gut können diese Unterlagen wenig mehr als folgenlose Nebenprodukte großer Regierungsinstitutionen sein. Für das Fachgebiet sind die Archive der Regierungsstellen die wichtigste Quelle, eine übermäßige Beschäftigung mit ihnen kann aber zu einer unglückseligen interpretativen Irreführung führen, oder, im Gegenteil dazu, zu interpretativen Behauptungen, die von der staatlichen Überlieferung der USA nicht mehr gedeckt werden.

Im Zuge des Wandels der Diplomatiegeschichte haben diejenigen, die dem Reich des Staates loyal verbunden geblieben sind, die meisten Schläge einstecken müssen und viel Boden verloren, als die anderen beiden Bereiche immer mehr Platz für sich beanspruchten. Kritiker haben die „Diplomatiegeschichte", die mit dem staatspolitischen Ansatz assoziiert wird, als einengend, sogar als anachronistisch bezeichnet und haben argumentiert, daß das Fachgebiet eine neue Bezeichnung erhalten solle, wie z.B. „Geschichte der Außenbeziehungen der Vereinigten Staaten" oder sogar „Internationale Geschichte der USA", um den Bruch mit der Vergangenheit zu verdeutlichen. Aber eine umfassendere, unparteiischere Betrachtung der Diplomatiegeschichte als Ganzes legt nahe, daß der Staat eine zentrale Bedeutung behält. Selbst eine radikal neubegründete Diplomatiegeschichte sollte „alte" Praktiken und Interessen nicht beiseite legen, sondern ihnen einen gleichberechtigten Platz neben neueren Herangehensweisen einräumen.

Gesellschaftsorientierte Ansätze

Der zweite große Erklärungsansatz innerhalb der neuen Diplomatiegeschichte beschäftigt sich mit der Verbindung zwischen auswärtiger Politik und dem innenpolitischen Bereich. Er entstand im Zuge des zunehmenden Interesses an Fragen über Kontext und Konsequenz, die sich von den Randgebieten der Disziplin immer weiter in den Vordergrund drängten und nach expliziter und systematischer Behandlung verlangten. Wie ist die Beziehung zwischen der Außenpolitik des amerikanischen Staates und der breiten Gesellschaft? Wie haben nationale Wirtschaftssysteme, Klassenstrukturen, kulturelle Werte, politische Organisationen und Treuebekundungen

The Expansion of National Administrative Capacities, 1877–1920, Cambridge/England 1982; Peter B. Evans/Dietrich Rueschmeyer/Theda Skocpol (Hrsg.), Bringing the State Back In, New York 1985, Kapitel 1 und 11; Leuchtenburg, The Pertinence of Political History, S. 589–600; James A. Smith, The Idea Brokers: Think Tanks and the Rise of the New Policy Elite, New York 1991; und Louis Galambos (Hrsg.), The New American State: Bureaucracies and Policies since World War II, Baltimore 1987, insbesondere der Aufsatz von Charles E. Neu, The Rise of the National Security Bureaucracy, S. 85–108.

etc. politische Entscheidungen geformt? Welche – kurz- und langfristigen – Auswirkungen hatten politische Entscheidungen auf die innenpolitische Front?

Die Vertreter dieser innenpolitisch orientierten Domäne, die es sich zur Aufgabe machen, Ursprünge zu erforschen und Konsequenzen zu bewerten, haben zwar die Regierungsquellen nicht ignoriert, aber sie haben sie spürbar mit anderen Materialien angereichert und durch den Gebrauch der Literatur zur amerikanischen Nationalgeschichte aufgelockert. Das Ergebnis sind Studien mit einem weit gefaßten Aufbau von Themen, einschließlich der intellektuellen Wurzeln der Außenpolitik,[12] ihrer regionale Grundlage,[13] ihres Einflusses auf die nationale Kultur,[14] ihrer Beziehung zur Welt der Wissenschaft und Technologie[15] und der Rolle der Medien und der öffentlichen Meinung.[16] Angesichts der Vielfältigkeit der Richtungen, die ihre Interessen eingeschlagen haben, sollte es nicht verwundern, daß die Historiker, die mit diesem auf die nationalen Gegebenheiten gerichteten Bereich in Verbindung stehen, aus den unterschiedlichsten Gebieten kommen und sich einige von ihnen nicht als Diplomatiehistoriker bezeichnen würden.

Unter denjenigen, die es aber doch tun, bilden die bekanntesten eine lockere Gruppe von „Progressiven". Sie teilen den Blickpunkt auf die Art und Weise, wie soziale Privilegien und die Macht der Wirtschaft Politik unterrichten und stützen. Weiterhin teilen sie einen Antagonismus gegenüber dem Realismus – seine inzestuöse und einengende Beziehung zu politischen Akteuren, seine Behandlung des Staates als autonome Kraft anstelle eines eng mit dem sozioökonomischen System verbundenen Faktors und seine Betonung der störenden Rolle der Öffentlichkeit anstelle einer Betrachtung der Öffentlichkeit als Ziel elitärer Manipulation.

Die „progressive" Diplomatiegeschichte hat ihre unmittelbaren Wurzeln in den Zwischenkriegsjahren und den Schriften von Charles A. Beard. Mitte der 30er Jahre

[12] Für die frühen Jahrzehnte siehe zum Beispiel: Drew R. McCoy, The Elusive Republic: Political Economy in Jeffersonian America, Chapel Hill 1980; Reginald Horsman, Race and Manifest Destiny: The Origins of American Racial Anglo-Saxonism, Cambridge/Ma. 1981; Thomas R. Hietala, Manifest Design: Anxious Aggrandizement in Late Jacksonian America, Ithaca 1985; Steven Watts, The Republic Reborn: War and the Making of Liberal America 1790–1820, Baltimore 1987; und Kinley Brauer, The Great American Desert Revisited: Recent Literature and Prospects for the Study of American Foreign Relations, 1815–61, in: Diplomatic History 13 (1989), S. 395–417.

[13] Die Südstaaten sind ein beeindruckendes Beispiel. Tennant S. McWilliams, The New South Faces the World: Foreign Affairs and the Southern Sense of Self, 1877–1950, Baton Rouge 1988, ist ein neuerer Beitrag, der auch als eine Einführung in die relevante Literatur dient.

[14] Für die Ära des Kalten Krieges siehe z. B. Paul S. Boyer, By the Bomb's Early Light: American Thought and Culture at the Dawn of the Atomic Age, New York 1985; Michael S. Sherry, The Rise of American Air Power: The Creation of Armageddon, New Haven 1987; Spencer R. Weart, Nuclear Fear: A History of Images, Cambridge/Ma. 1988; M. J. Heale, American Anticommunism: Combating the Enemy Within, 1830–1970, Baltimore 1990; Stephen J. Whitfield, The Culture of the Cold War, Baltimore 1991; und Susan Jeffords, The Remasculinization of America: Gender and the Vietnam War, Bloomington 1989.

[15] Siehe z. B. Richard Rhodes, The Making of the Atomic Bomb, New York 1986; Mark Thee, Military Technology, Military Strategy and the Arms Race, London 1986; und Walter A. McDougall, ... The Heavens and Earth: A Political History of the Space Age, New York 1985.

[16] Für den Vietnamkrieg siehe z. B. Daniel C. Hallin, The „Uncensored War". The Media and Vietnam, New York 1986; Kathleen J. Turner, Lyndon Johnson's Dual War: Vietnam and the Press, Chicago 1985; und Melvin Small, Johnson, Nixon, and the Doves, New Brunswick 1988.

kam Beard zu dem Ergebnis, daß das wirtschaftliche System und die Gruppe derjenigen, deren Privilegien davon abhängig waren, die Außenpolitik als Geisel gefangen hielten. Für ihren Wohlstand von auswärtigen Märkten abhängig, hatten Geschäftsinteressen und die Verbündeten in beiden politischen Parteien wie auch Militaristen eine Politik der wirtschaftlichen Expansion entfaltet und die Nation in die Streitereien anderer Länder verwickelt. Der Einfluß von Beard und ähnlich denkenden Historikern wie Harry Elmer Barnes reichte jedoch kaum bis in die frühe Nachkriegszeit: Die Progressiven wurden von einem Angriff des Realismus überwältigt, der ihr intellektuelles Niveau und ihre geschichtswissenschaftlichen Referenzen in Frage stellte.[17]

In den 60er Jahren aber erlebte der progressive Impuls ein Revival. William Appleman Williams, dessen *Tragedy of American Diplomacy* ein einflußreiches Manifest wurde, spielte dabei eine führende Rolle. Mit ihrer Betonung der wirtschaftlichen Wurzeln der Außenpolitik und dem Aufstieg der marktorientierten Strategie der Open Door, die den Interessen des korporativen Amerika diente, waren Anknüpfungspunkte an Beard in Williams Arbeit von 1959 offenkundig. Auch in den Arbeiten von Walter LaFeber, Lloyd C. Gardner, Thomas J. McCormick und Robert Freeman Smith, die in den 60er Jahren erschienen, ist diese Anknüpfung deutlich. Diese Produkte der Seminare, die Williams und vor ihm Fred Harvey Harrington an der University of Wisconsin leiteten, gaben der Open-Door-Theorie eine wissenschaftliche Grundlage. Die Position der Wisconsin-Gruppe bekam in den späten 60er und frühen 70er Jahren zusätzliche Unterstützung von weiteren Historikern, die auch „Neue Linke" oder „radikal" genannt wurden, wie z.B. Thomas G. Paterson, Gabriel Kolko und N. Gordon Levin.[18]

Die plötzliche Flut progressiver Arbeiten entfachte eine Geschichtsdebatte genau zu dem Zeitpunkt, als der Vietnam-Krieg den Konsens in der Außenpolitik aufzulösen begann und wachsendes Interesse an Alternativen zum Realismus hervorbrachte. Ein Großteil der Debatte konzentrierte sich auf die Ursprünge des Kalten Krieges, als die Progressiven das freizulegen versuchten, was sie für eine von den Realisten propagierte Rechtfertigung der neueren amerikanischen Politik hielten. Die Konzentration Washingtons auf Märkte und die Angst der politischen Elite vor radikalen Bewegungen in der Dritten Welt erklärte nicht nur, wie der Kalte Krieg zustande gekommen war, sondern diente auch als zentrales Erklärungsmuster für die frühere Außenpolitik der Vereinigten Staaten.

Dieses Revival des amerikanischen Progressivismus und der geschichtswissenschaftliche Krieg, den es entfachte, lädt dazu ein, Vergleiche zu zeitgenössischen Entwicklungen in der deutschen Historiographie zu ziehen. In den 60er Jahren betraten

[17] Ellen Nore, Charles A. Beard: An Intellectual Biography, Carbondale/Il. 1983, Kapitel 11, 13–15; Novick, That Noble Dream, S. 247–249, 291f., 301–309.

[18] Die Arbeit und der Einfluß von Williams wird am besten in Bradford Perkins, The Tragedy of American Diplomacy: Twenty-five Years After, in: Reviews in American History 12 (1984), S. 1–18, beurteilt. Siehe auch William G. Robbins, William Appleman Williams: „Doing History is Best of All. No Regrets.", in: Redefining the Past: Essays in Diplomatic History in Honor of William Appleman Williams, hrsg. von Lloyd C. Gardner, Corvallis/Or. 1986, S. 3–19; und Walter LaFeber, Fred Harvey Harrington, in: Diplomatic History 9 (1985), S. 311–319.

deutsche progressive Historiker wie Fritz Fischer und Hans-Ulrich Wehler die Bühne und verwickelten eine gut verschanzte historisches Zunft in eine Debatte, die immer noch widerhallt – ebenso wie der Streit zwischen Progressiven und Realisten fortdauert. Das deutsche geschichtswissenschaftliche Establishment, das die Niederlage des Zweiten Weltkriegs und die Entnazifizierung überlebt hatte, barg Charakteristika in sich, die an die amerikanischen Realisten erinnern. Es konzentrierte sich stark auf die Untersuchung des Staates, spielte nationale soziale oder wirtschaftliche Kräfte herunter oder ignorierte sie sogar, erkannte die Inanspruchnahme der raison d'état patriotisch an, vermied Fragen zu den innenpolitischen Kosten und zeigte eine Aversion gegen systematische historische Erklärungen. Die Außenseiter wollten das Forschungsprogramm erweitern – wie es einer von ihnen ausdrückte, wollten sie die „Aufmerksamkeit auf innergesellschaftliche, sozioökonomische Faktoren lenken und die erstarrten Klischees der Politikgeschichte auflösen". So wie der Geist Beards über amerikanischen progressiven Historikern der 60er Jahre schwebte, inspirierte Eckart Kehrs Betonung der Rolle von Klassen und der bürokratischen Interessen an der Formulierung von Politik ihre deutschen Gegenstücke.[19] Zusammengefaßt dienen die amerikanischen und deutschen Fälle als eindrucksvolle Erinnerung, daß die Behandlung eines symbolisch potenten und politisch folgenreichen Gegenstandes, wie es der Staat ist, notgedrungen tiefgreifende Spannungen und Meinungsverschiedenheiten erzeugt.

In den 70er Jahren verlief die progressive Diplomatiegeschichte, die nie einen interpretativen Monolithen dargestellt hatte, auf drei deutlich unterschiedenen Schienen. Eine erhielt die nachdrücklich wirtschaftlich begründete Interpretation der amerikanischen Außenpolitik aufrecht und versuchte kürzlich, sie durch die Verbindung mit Erkenntnissen der Abhängigkeits- und Weltsystem-Ansätze aufzupäppeln.[20] Andere etablierte Autoren begannen zusammen mit jüngeren progressiven Historikern, alternative Positionen zu durchleuchten, zum Teil von einem Sperrfeuer kritischer Bewertungen motiviert, die marxistische Geschichtswissenschaftler, Wirtschaftshistoriker und Realisten mit oftmals vielsagenden Ergebnissen auf die auf wirtschaftliche Faktoren konzentrierte Interpretation richteten.[21] Diese Historiker begannen damit, einen

[19] Georg G. Iggers, The German Conception of History: The National Tradition of Historical Thought from Herder to the Present, revidierte Auflage, Middletown/Ct. 1983; ders., New Directions in European Historiography, revidierte Auflage, Middletown/Ct. 1984, Kapitel 3; Hans-Ulrich Wehler, Historiography in Germany Today, in: Observations on „The Spiritual Situation of the Age": Contemporary German Perspectives, hrsg. von Jürgen Habermas, übersetzt von Andrew Buchwalter, Cambridge/Ma. 1984, S. 221–259 (Zitat auf S. 238); Arthur Lloyd Skop, The Primacy of Domestic Politics: Eckart Kehr and the Intellectual Development of Charles A. Beard, in: History and Theory 13 (1974), S. 119–31.

[20] Gabriel Kolko, Confronting the Third World: United States Foreign Policy, 1945–1980, New York 1988; Thomas J. McCormick, „Every System Needs a Center Sometimes": An essay on Hegemony and Modern American Foreign Policy, in: Gardner (Hrsg.), Redefining the Past, S. 195–220. Der Beitrag faßt das Argument seines Bandes: America's Half-Century: United States Foreign Policy in the Cold War, Baltimore 1989, zusammen.

[21] Eugene D. Genovese, William Appleman Williams on Marx and America, in: Studies on the Left 6 (1966), S. 70–86; Robert W. Tucker, The Radical Left and American Foreign Policy, Baltimore 1971; William H. Becker, The Dynamics of Business Government Relations: Industry and Exports, 1893–1921, Chicago 1982; ders./Samuel F. Wells, Jr. (Hrsg.), Economics and World Power: An Assessment of American Diplomacy since 1789, New York 1984; und Er-

zweiten Weg zu erkunden, indem sie systematische Fragen zugunsten einer kritischen Beurteilung von Politik mit einer Betonung der Rolle expansionistischer Motivationen und elitärer Persönlichkeiten beiseite legten.[22] Gleichfalls unter dem Einfluß der Kritik begaben sich andere auf einen dritten Pfad der Entwicklung, der die Behauptung mäßigte (aber nicht völlig aufgab), daß Politik ihren Ursprung in Systemzwängen, einschließlich gesellschaftlicher, institutioneller sowie wirtschaftlicher Zwänge, habe.

Letztere Neuformulierung des Progressivismus ist als „Korporatismus" bekannt geworden. Die Korporatisten befaßten sich zunächst mit den ersten beiden Jahrzehnten dieses Jahrhunderts, erweiterten aber ihr Interessengebiet kürzlich auf die Nachkriegszeit. Dabei entwickelten sie ein leichter zu handhabendes Gerüst für Untersuchungen organisierter wirtschaftlicher Machtblöcke, die in enger Beziehung zum Staat standen. Banken, Industrien, Exportverbände, Arbeiterverbände und landwirtschaftliche Interessenverbände reflektierten und artikulierten die Bedürfnisse eines komplexen modernen Kapitalismus. Im Interesse eines allgemeinen Wachstums und Stabilität verwalteten die Eliten dieses System privater und öffentlicher Macht, gestützt von korporativer Ideologie. Der Staat übernahm die entscheidende Rolle des Koordinators zwischen Wirtschaftsverbänden mit oftmals auseinandergehenden außenpolitischen Bedürfnissen, und im Gegenzug verließ sich der Staat bei der Ausübung von Politik auf die Mithilfe seiner Verbündeten aus dem privaten Sektor.[23]

Die sorgfältige Berücksichtigung sowohl von Firmen- und Wirtschaftsgeschichte wie von politischer Geschichte erlaubte es den Korporatisten, ein komplexeres Bild von Geschichte vorzustellen, und zwar eines, in dem es keinen Wirtschaftskonsens oder Wirtschaftsmonolithen gab, sondern eine Vielfalt von Interessen. So lenkten sie die Aufmerksamkeit weg von sozialen Klassen hin zu einer breiten Skala funktionaler Wirtschaftsgruppen, die Arbeiterschaft eingeschlossen. Wenngleich diese korporatistische Verschiebung die Kritiker des Progressivismus nicht zum Schweigen bringen konnte, haben die Korporatisten die beiden Seiten doch in einen tatsächlichen Dialog verwickelt, der sich deutlich von den vorherigen Kämpfen um interpretative Vorherrschaft unterschied. Außerdem entstanden so fruchtbare Kontakte zu europäischen

nest R. May/John K. Fairbank (Hrsg.), America's China Trade in Historical Perspective: The Chinese and American Performance, Cambridge/Ma. 1986.

22 Lloyd C. Gardner, Architects of Illusion: Men and Ideas in American Foreign Policy, 1941–1949, Chicago 1970; Walter LaFeber, America, Russia, and the Cold War, 1945–1966, New York 1967; und Thomas G. Paterson, Meeting the Communist Threat: Truman to Reagan, New York 1988.

23 Die wichtigsten Versuche, den Ansatz zu skizzieren und zu verteidigen, finden sich bei Thomas J. McCormick, Drift or Mastery? A Corporatist Synthesis for American Diplomatic History, in: Reviews in American History 10 (1982), S. 323–329; und Michael J. Hogan, Corporatism: A Positive Appraisal, in: Diplomatic History 10 (1986), S. 363–372. Hogan hat die detaillierteste korporatistische Behandlung angeboten in: Informal Entente: The Private Structure of Cooperation in Anglo-American Economic Diplomacy, 1918–1928, Columbia/Mo. 1977; und ders., The Marshall Plan: America, Britain, and the Reconstruction of Western Europe, 1945–52, New York 1987. Für eine allgemeine Darstellung mit einer korporatistischen Neigung siehe Emily S. Rosenberg, Spreading the American Dream: American Economic and Cultural Expansion, 1890–1945, New York 1982.

Historikern, die sich gleichfalls mit den Beziehungen zwischen Staat und Gesellschaft und den Auswirkungen der internationalen Wirtschaft beschäftigen.[24]

Die Arbeit der Progressiven und anderer Autoren, die sich mit innenpolitischen Aspekten befassen, glich die Schwächen des oben beschriebenen Realismus auffallend aus. Ihr wichtigster Beitrag war es, Aufmerksamkeit auf die Vernetzung von Staat und Gesellschaft zu lenken und so die Bindung an die Archive und an eine hermetische Behandlung von Politik zu lösen. Grob ausgedrückt haben die Progressiven argumentiert, daß innenpolitische Kräfte nicht als bedauerliche Einmischung und sich wiederholendes Ärgernis an den Rand gedrängt werden dürften, sondern als potentiell mächtige Kraft ernst genommen werden sollten, die der Politik sowohl eine Richtung als auch Legitimität verleihen könne. Insbesondere setzte das Beharren der Progressiven auf der Bedeutung materieller Interessen an Politik dem ein Ende, was Williams als „die große Auslassung" charakterisiert hat, und zwang sogar die großen Skeptiker, sich mit dem progressiven Argument auseinanderzusetzen.

Den progressiven Historikern ist es auch zu verdanken, daß die amerikanischen Beziehungen zur Dritten Welt einer aufmerksameren Betrachtung unterzogen wurden. Sie verdienen Anerkennung dafür, ein nachdrücklicheres und komplexeres Verständnis für die Bemühungen unterlegener Völker eingefordert zu haben, die sich den Ansprüchen der Großmächte widersetzten. In ihren Untersuchungen zur amerikanischen Dominanz forderten die Progressiven die Entwicklungstheorie direkt heraus und prangerten die angeblichen Vorteile einer multinationalen korporativen Präsenz an, die Rhetorik der Wohltätigkeit, den Anspruch auf Paternalismus und den häufigen Rückgriff auf militärische und verdeckte Interventionen, um aufkommende Kräfte zu blockieren.[25]

Auf die beachtlich breitgefächerten und herausfordernden Fragestellungen des Progressivismus folgen Antworten, die sie anfällig für Kritik machen.[26] Progressive Historiker, die davon ausgehen, daß Außenpolitik ein Resultat der Produktivkräfte sei, haben ihre Darlegungen nicht ausreichend auf Wirtschafts- und Unternehmensgeschichte aufgebaut. Kritiker haben zum Beispiel wiederholt ins Feld geführt, daß die Strategien der Geschäftswelt und ihre Abhängigkeit von auswärtigen Märkten weit davon entfernt waren, monolithisch zu sein, daß Überproduktion eine Reihe

[24] Siehe John Lewis Gaddis, The Corporatist Synthesis: A Skeptical View, in: Diplomatic History 10 (1986), S. 357–362; John Braemans wohlwollende Bewertung in: The New Left and American Foreign Policy during the Age of Normalcy: A Reexamination, in: Business History Review 57 (1983), S. 73–104; und Warren I. Cohen, Empire without Tears: America's Foreign Relations, 1921–1933, Philadelphia 1987, ein Versuch, korporatistische Ergebnisse in den Rahmen des Realismus einzubinden.

[25] Diese progressive Art der Interpretation ist immer noch sehr präsent, wie die folgenden neueren Veröffentlichungen verdeutlichen: Jules R. Benjamin, The United States and the Origins of the Cuban Revolution: An Empire of Liberty in an Age of National Liberation, Princeton 1990; James Schwoch, The American Radio Industry and Its Latin American Activists, 1900–1939, Urbana/Il. 1990; Dennis Merrill, Bread and the Ballot: The United States and India's Economic Development, 1947–1963, Chapel Hill 1990; und Marilyn B. Young, The Vietnam Wars, 1945–1990, New York 1991.

[26] Gute Einstiegspunkte für die zusammengefaßten Kritiken in diesem und dem folgenden Absatz sind Perkins, The Tragedy of American Diplomacy, und die in Anmerkung 21 angegebenen Arbeiten.

korporierter Reaktionen hervorgerufen hat, von denen nur eine darin bestand, nach neuen Absatzmärkten im Ausland zu suchen, und daß die expansionistische Politik für den Absatz von amerikanischen Produkten auf den wichtigsten Märkten in Europa und Kanada weitgehend irrelevant war. So bleibt es auch weiterhin die Hauptaufgabe für den Progressivismus, eine größere Kongruenz zwischen wirtschaftlichen Entwicklungen und Strukturen einerseits und den Perspektiven und der Politik der Eliten andererseits aufzuzeigen.

Progressive, die sich vom Wirtschaftssystem weg orientiert und den Großteil ihrer Aufmerksamkeit auf die Ansichten der korporierten und politischen Elite gelenkt haben, sind auf Probleme gestoßen, die auch der Geistesgeschichte bekannt sind. Wenn wirtschaftliche Belange nur eine unter vielen führenden Vorstellungen in den Köpfen der politischen Akteure sind, was bleibt dann von der progressiven Behauptung einer Vorherrschaft der Open-Door-Ideologie oder der des Korporatismus? Haben nicht-wirtschaftliche Belange notwendigerweise nur eine nebensächliche Bedeutung? Können die Gedanken der politischen Akteure oder sogar der Geschäftsleute ordentlich auf wirtschaftliche und nicht-wirtschaftliche Schubladen verteilt werden? Die Kritiker, die sich mit diesen Fragen beschäftigt haben, haben mit einigem Mißfallen zur Kenntnis genommen, wie die progressiven Historiker mit diesen Problemen umgegangen sind. Einige haben die Existenz weiterer, nicht-wirtschaftlicher Ideen eingeräumt, aber nach einer nur zusammenfassenden Erwähnung dieser Aspekte weiterhin ex cathedra den Vorrang wirtschaftlicher Aspekte behauptet. Andere haben den Vorrang wirtschaftlicher Ideen postuliert, indem sie Fakten, die dazu nicht paßten oder im Widerspruch standen, in den Hintergrund drängten.

Wie auch immer progressive Historiker argumentieren wollen, kann es für sie nur von Vorteil sein, wenn sie sowohl neo-marxistischen Theorien, dem anthropologischen Konzept von Kultur, das die Historiker der Vereinigten Staaten sehr beschäftigt hat, als auch der neuen Kulturgeschichte mit ihrer Betonung der Konstruktion der Wirklichkeit mehr Beachtung schenken. Die erste Kategorie ist für die progressive Beschäftigung mit den Ursprüngen und der Natur der Macht sicherlich die relevanteste. Sie berührt zum Beispiel die Abhängigkeit, die Beziehung des Staates (den die Außenpolitik großenteils ausmacht) zur zivilen Gesellschaft und die ideologische Hegemonie. Die Interessen der Anthropologie können eine fundamental materialistische Interpretation bereichern, indem sie darüber Auskunft geben, wie die Teile der Gesellschaft zusammenwachsen und sich über die Zeit anpassen. Schließlich könnte auch die neue Kulturgeschichte helfen, bedeutungsvolle, aber vernachlässigte Themen ins Blickfeld zu rücken, wie zum Beispiel Geschlechterrollen und die Macht der Sprache. Alle diese Ansätze haben einem komplexeren und kraftvolleren Progressivismus etwas zu bieten.[27]

27 Mein eigenes Buch: Ideology and U.S. Foreign Policy, New Haven 1987, und Enrico Augelli/ Craig Murphy, America's Quest for Supremacy and the Third World: A Gramsican Analysis, London 1988, versuchen, sich einige dieser Einblicke zu eigen zu machen, wenngleich auf Kosten einer direkteren Marktinterpretation. Für eine weitere Besprechung siehe Michael H. Hunt, Ideology, und Emily S. Rosenberg, Gender, beide in: A Roundtable: Explaining the History of American Foreign Relations, in: Journal of American History 77 (1990), S. 119–121; und Rosemary Foot, Where Are the Women? The Gender Dimension in the Study of International Relations, in: Diplomatic History 14 (1990), S. 615–622. Rosenberg und Foot

Die Wiederbelebung des Progressivismus hat wieder eine gesunde Spannung in der amerikanischen Diplomatiegeschichte hergestellt. Sie hat die Diskussion über Form und Intensität wirtschaftlicher Interessen angeregt und ganz allgemein einen systematischeren Begriff von der Politik der USA ermutigt. Für die Progressiven, die sich in der Zunft einen guten Platz gesichert haben, wäre nun ein geeigneter Zeitpunkt, ihre Behandlungen der innenpolitischen Wurzeln von Außenpolitik zu verschärfen und ihr Forschungsprogramm um die Betrachtung der innenpolitischen Auswirkungen dieser Politik zu erweitern. Eine derart umfassende Behandlung könnte zur Stärke und Reichweite des progressiven Arguments beitragen und gleichzeitig helfen, die Themen, die bislang nur am Rande behandelt wurden, in den innenpolitisch orientierten Bereich der Diplomatiegeschichte zu integrieren.

Die internationalistische Schule

Der dritte Bereich der neuen Diplomatiegeschichte verbindet die Formulierung von Politik rigoroser und systematischer mit dem internationalen Umfeld. Das wachsende Interesse an Kontext, wie es sich schon in den Fragestellungen zeigt, die das Gebiet der innenpolitischen Auswirkungen und Einflüsse definieren, hat auch zum Entstehen dieses Bereiches geführt. Wie haben internationale Entwicklungen auf die amerikanische Politik eingewirkt? Und welche Konsequenzen, ob unbeabsichtigt oder beabsichtigt, hatte diese Politik für die weitere Welt? Während diese Fragen genauso gradlinig sind wie die Fragen, die in den anderen Bereichen gestellt werden, können die Antworten den Historiker hier in viele verschiedene Richtungen führen. Außerdem setzen die Fragen eine breitere Kenntnis von Forschungstechniken voraus. Indem sie die Vereinigten Staaten im Zusammenhang mit der Welt sehen, sehen sich die Historiker der internationalen Geschichte nicht nur einer Unmenge von Regierungen gegenüber, die mit Washington zu tun haben, sondern auch einer Vielzahl von Gesellschaften und transnationalen sozialen und wirtschaftlichen Prozessen, die kollektiv die globalen Voraussetzungen für die amerikanische Politik bilden.

Genau diese Vielfalt der international orientierten Forschungsprogramme hat auch eine reiche Aufstellung interpretativer Rahmen und Forschungsstrategien geschaffen. Der bekannteste von ihnen ist der multiarchivale Ansatz zur Untersuchung amerikanischer Beziehungen mit den anderen Großmächten. Historiker haben ihn auf den neuesten Stand gebracht, indem sie die nationalen politischen und internationalen wirtschaftlichen Zusammenhänge näher untersucht haben, in denen die amerikanischen Akteure und ihre ausländischen Mitspieler agierten.[28] Das Kollaborations-Wi-

bauen auf Joan W. Scotts Beobachtung in: Gender and the Politics of History, New York 1988, S. 48f., auf, daß „große Politik für sich ein geschlechterorientiertes Konzept ist".

28 In den letzten 15 Jahren gab es einen Schwall multiarchivaler Arbeiten, die meisten davon über amerikanisch-europäische Beziehungen. Die Namen der in Europa geborenen oder dort geschulten Historiker würden zusammen mit Amerikanern, die sich mehr mit der europäischen Geschichte als mit der amerikanischen Diplomatiegeschichte beschäftigen, fast alle Bücherlisten dominieren. Christopher Thorne, Donald Cameron Watt, Rosemary Foot, David Reynolds, Kathleen Burk, Friedrich Katz, Klaus Schwabe, Geir Lundestad, William Roger Louis, Charles S. Maier, Alan S. Milward und Irwin M. Wall kommen sofort in den Sinn.

derstandsmodell, das Ronald Robinson aus seiner Studie über die britischen imperialen Erfahrungen entwickelt hat, hat auch ein gutes Gerüst für eine Untersuchung der Ursprünge und Dynamiken des amerikanischen Imperiums geschaffen, insbesondere für Lateinamerika und Asien.[29] Die gleichfalls von britischen Historikern angeführte Disziplin der vergleichenden internationalen Beziehungen hat zu einer innovativen Betrachtung der Erfahrungen der amerikanischen Außenpolitik verholfen und gleichzeitig ein Gegenmittel gegen sich hinschleppende Auffassungen amerikanischer Exzeptionalität geboten.[30] Der Abhängigkeitsansatz, der sich mit einer starken neomarxistischen Tendenz aus den Lateinamerika-Studien entwickelt hat, verlockt dazu, über die Konsequenzen amerikanischer Wirtschaftsdominanz nachzudenken.[31] Mit ihren stark anthropologischen und soziologischen Ansichten, die besonders die mit Asien-Studien befaßten Wissenschaftler so ansprechen, haben die auf kulturelle Systeme und soziale Strukturen ausgerichteten Bereiche Vertreter unter den Internationalisten gefunden, die sich für die Identifikation der fundamentalen Werte und Kräfte interessieren, die internationalen Konflikten zugrunde liegen[32]. Schließlich haben

29 Die klassische Aussage ist Ronald Robinson, Non-European Foundations of European Imperialism: Sketch for a Theory of Collaboration, in: Imperialism: The Robinson and Gallagher Controversy, hrsg. von William Roger Louis, New York 1976, S. 128–151. Siehe aber auch Robinson, The Excentric Idea of Imperialism, with or without Empire, in: Imperialism and After: Continuities and Discontinuities, hrsg. von Wolfgang J. Mommsen und Jürgen Osterhammel, London 1986, S. 267–289, und J. Galtung, A Structural Theory of Imperialism, Journal of Peace Research 8 (1971), S. 81–117. Ranajit Guha/Gayatri Chakravorty Spivak (Hrsg.), Selected Subaltern Studies, New York 1988, insbesondere die beiden Beiträge von Guha, verdient Beachtung für die Art, wie es Robinsons Einsichten auf die Dynamik von Herrschaft ausweitet. Für Anwendungen siehe: American Empire, 1898–1903, in: Pacific Historical Review 48 (1979), S. 467–605; Peter W. Stanleys Überblick über die amerikanisch-philippinischen Beziehungen in: James C. Thomson Jr./Peter W. Stanley/John Curtis Perry, Sentimental Imperialists: The American Experience in East Asia, New York 1981, Kapitel 8 und 19, und Bruce J. Calder, The Impact of Intervention: The Dominican Republic during the U.S. Occupation of 1916–1924, Austin 1984.

30 Siehe z. B. Christopher Thorne, The Issue of War: States, Societies, and the Coming of the Far Eastern Conflict of 1941–1945, London 1985; Paul Kennedy, The Rise and Fall of the Great Powers: Economic Change and Military Conflict from 1500 to 2000, New York 1987; und Phillip Darby, Three Faces of Imperialism: British and American Approaches to Asia and Africa, 1870–1970, New Haven 1987.

31 Siehe z. B. Gilbert M. Joseph, Revolution from Without: Yucatan, Mexico, and the United States, 1880–1924, New York 1982; John Mason Hart, Revolutionary Mexico: The Coming and Process of the Mexican Revolution, Berkeley 1987, und eine Reihe von Studien über Kuba von Louis A. Pérez, Jr., insbesondere: ders., Cuba between Empires, 1878–1902, Pittsburgh 1983. Für neuere Bewertungen des Abhängigkeitsansatzes und Versuche, darüber hinauszuwachsen, siehe Cristóbal Kay, Latin American Theories of Development and Underdevelopment, London 1989; William B. Taylor, Between Global Process and Local Knowledge: An Inquiry into Early Latin American Social History, 1500–1900, in: Reliving the Past: The Worlds of Social History, hrsg. von Olivier Zunz, Chapel Hill 1985, S. 115–190; Steve J. Stern, Feudalism, Capitalism, and the World System in the Perspective of Latin America and the Caribbean, in: American Historical Review 93 (1988), S. 829–872; und die durchdringende und sensible Darstellung von Piero Gleijeses, Shattered Hope: The Guatemalan Revolution and the United States, 1944–1954, Princeton 1991.

32 Siehe z. B. Bruce Cummings, The Origins of the Korean War, 2 Bde., Princeton 1981 und 1990; John W. Dower, War Without Mercy: Race and Power in the Pacific War, New York 1986; und Michael H. Hunt, The Making of a Special Relationship: The United States and China to 1914,

einige Autoren auch die Bedeutung der Übertragung amerikanischer Kultur und der Hegemonie amerikanischer Medien und deren Auswirkungen auf andere Länder betont.[33] Wie diese partielle Bestandsaufnahme suggeriert, ist dieser mit internationalen Aspekten befaßte Bereich der Diplomatiegeschichte stark pluralistisch und stammen die auffallendsten Arbeiten (wie im innenpolitischen Bereich auch) von Wissenschaftlern, die sich selbst – wenn überhaupt – nur am Rande als Diplomatiehistoriker sehen.

Unter den Internationalisten hat sich eine Gruppe von Historikern im Kontext der Harvard-Universität am nachdrücklichsten und wortgewandtesten für eine globalere Orientierung der amerikanischen Außenbeziehungen ausgesprochen. Schon über drei Generationen dieser in Harvard ausgebildeten Geschichtswissenschaftler haben die „Internationale Geschichte" vorangetrieben und damit die alte Identität der Diplomatiegeschichte immer energischer herausgefordert. Pioniere wie Archibald Cary Coolidge und William L. Langer haben Pfade geschlagen, die John K. Fairbank, Ernest R. May und eine eindrucksvoll lange Liste junger in Harvard geschulter Historiker weiter ausgebaut haben.[34]

Die Harvard-Gruppe selbst stützte sich auf zwei wesentliche Strömungen in der Zunft, die weit über Cambridge hinaus Eindruck gemacht haben. Eine war die englisch-deutsche Tradition, die Beziehungen von Staaten untereinander anhand der Archive der verschiedenen Großmächte zu untersuchen. Als frühe Variante des geschichtswissenschaftlichen Realismus war dieser Ansatz durch Studien charakterisiert, die nationale Grenzen überschritten. Aus den eingehenden Recherchen in den Archiven entstanden detaillierte Darstellungen der Diskussion unter politischen und militärischen Führern über das nationale Interesse sowie über Kriegs- und Friedensverhandlungen mit ihren ausländischen Gegenspielern. In Deutschland befaßten sich die Gründerväter der Historikerzunft wie Leopold von Ranke und Wilhelm Humboldt selbst mit dem Studium der zwischenstaatlichen Beziehungen. In England konnten international orientierte Historiker, insbesondere Sir Charles Webster und F. H. Hinsley, ausreichende Autonomie entwickeln, um sich in eigenständigen Abteilungen zu etablieren. Ihre internationale Themenstellung koexistierte hervorragend mit der noch weiter zurückreichenden Beschäftigung ihrer Kollegen mit dem British Empire.[35]

New York 1983. Für eine Besprechung der Forschungstrends siehe Paul A. Cohen, Discovering History in China: American Historical Writing on the Recent Chinese Past, New York 1984.

[33] Zwei faszinierende Studien sind Reinhold Wagnleitner, The Irony of American Culture Abroad: Austria and the Cold War, in: Recasting America: Culture and Politics in the Age of the Cold War, hrsg. von Lary May, Chicago 1989, und Hans Rogger, Amerikanism and the Economic Development of Russia, in: Comparative Studies in Society and History 23 (1981), S. 382–420.

[34] U.a. Michael A. Barnhart, Roger Dingman, John W. Dower, Akira Iriye, Charles S. Maier, Charles E. Neu, Stephen E. Pelz, Peter W. Stanley, Joseph S. Tulchin und Marilyn B. Young.

[35] Iggers, The German Conception of History; Ronald Robinson, Oxford in Imperial Historiography, in: Oxford and the Idea of Commonwealth: Essays Presented to Sir Edgar Williams, hrsg. von Frederick Madden und David K. Fieldhouse, London 1982, S. 30–48; William C. Olson, The Growth of a Discipline, in: The Aberystwyth Papers: International Politics, 1919–1969, hrsg. von Brian E. Porter, London 1972, S. 3–29; Hedley Bull, The Theory of International Politics, 1919–1969, in: Porter (Hrsg.), Aberystwyth Papers, S. 30–35; Richard Langhorne, Introduction, in: Diplomacy and Intelligence during the Second World War: Essays in Honour

In den Zwischenkriegsjahren engagierten sich Langer in Harvard und gleichgesinnte Historiker andernorts, wie die in Cambridge ausgebildeten Samuel Flagg Bemis und Dexter Perkins, für das Ideal multiarchivaler Forschung, die den Platz der USA innerhalb des transatlantischen Staatensystems bestimmen sollte.[36] Mays eigene frühen Monographien, wie auch die von Bradford Perkins, nutzten die multiarchivalische Methode, um die Vielfalt von Perspektiven zu durchleuchten, die die Vereinigten Staaten an der Seite europäischer Verbündeter und Gegenspieler in große Krisen eingebracht hatten.[37]

Die zweite Strömung, die die Harvard-Gruppe mit sich zog, konzentrierte sich auf regionale Studien, die sich einer fachübergreifenden Untersuchung sowohl der Dritten Welt als auch der Zweiten Welt einschließlich des Sowjetblocks widmeten. Regionale Studien entwickelten sich in den Zwischenkriegsjahren und erfuhren nach dem Zweiten Weltkrieg beträchtlichen Aufwind dank der Unterstützung aus Stiftungs- und Regierungsfonds infolge der Ängste des Kalten Krieges.[38] Regionale Studien, die auf Ostasien und Lateinamerika bezogenen insbesondere, brachten eine Sensibilität für den starken Einfluß des internationalen wirtschaftlichen Austausches in die multiarchivale Methode ein, ebenso eine Sensibilität für Kultursysteme und -werte, für Images und Stereotypen, für die nicht-staatlichen Aspekte der internationalen Beziehungen und für die Bedeutung kulturellen Aufeinandertreffens und kultureller Übertragung. Die neuen Interessen der Regionalstudien, die den Diplomatiehistorikern lange fremd geblieben waren, haben sich in der Behandlung der Interaktionen der USA mit Ländern und Regionen als besonders hilfreich erwiesen, in denen scharfe Machtunterschiede existieren und die Staatsarchive weniger Bedeutung haben, weil die Strukturen des Staates relativ schwach ausgeprägt sind.

In Harvard erwies sich Coolidge als vorausschauender Unternehmer, dem es gelang, sich einen Platz und die Finanzmittel für Forschung und Lehre über bisher vernachlässigte Regionen der Welt zu sichern. Ihm folgte Fairbank, der sich seine eigene Legende als ein akademischer Unternehmer schuf, indem er China-Studien als Fach-

of F. H. Hinsley, hrsg. von Richard Langhorne, Cambridge/England 1985, S. 3–11; und Jonathan Steinberg, F. H. Hinsley and a Rational World Order: An Essay in Bibliography, in: Langhorne (Hrsg.), Diplomacy and Intelligence, S. 12–21.

36 William L. Langer, In and Out of the Ivory Tower: The Autobiography of William L. Langer, New York 1977; Carl E. Schorske, Introduction, in: William L. Langer, Explorations in Crisis: Papers on International History, hrsg. von Carl E. Schorske und Elizabeth Schorske, Cambridge/Ma. 1969, ix-xliv; H. C. Allen, Samuel Flagg Bemis, in: Pastmasters: Some Essays on American Historians, hrsg. von Marcus Cunliffe und Robin W. Winks, New York 1969, S. 191–209; und Gaddis Smith, The Two Worlds of Samuel Flagg Bemis, in: Diplomatic History 9 (1985), S. 295–302.

37 Ernest R. May, The World War and American Isolationism, 1914–1917, Cambridge/Ma. 1959; ders., Imperial Democracy: The Emergence of America as a Great Power, New York 1961; und Bradford Perkins's Trilogie über anglo-amerikanische Beziehungen, 1795–1823. Vgl. Bradford Perkins, The First Rapprochement: England and the United States, 1795–1805, Berkeley 1967; ders., Castlereagh and Adams: England and the United States, 1812–1823, Berkeley 1964; und ders., Prologue to War: England and the United States, 1805–1812, Berkeley 1961.

38 Robert F. Byrnes, Awakening American Education to the World: The Role of Archibald Cary Coolidge, 1866–1928, Notre Dame 1982; Robert A. McCaughey, Four Academic Ambassadors: International Studies and the American University before the Second World War, in: Perspectives in American History 12 (1979), S. 561–607.

gebiet etablierte, in dem die Untersuchungen chinesisch-amerikanischer Beziehungen einen wichtigen Platz einnahmen. Obwohl seine eigene Ausbildung den klassischen multiarchivalen Leitlinien entsprach, propagierte er eine weit gefaßte kulturelle Perspektive.[39] Um die Studien der transpazifischen Beziehungen, die sowohl die Bedeutungen der Kultur als auch der Archivarbeit betonen, fest in den Sattel zu heben, gründete Fairbank zusammen mit May und Dorothy Borg das Committee on American-East Asian Relations. Ihre Bemühungen verhalfen einem wichtigen Unterbereich zum Aufstieg, der den Ansatz der internationalen Geschichtsforschung in ein schwieriges außereuropäisches Gebiet erweiterte, in dem Archive oft unzulänglich und Sprachbarrieren abschreckend sind und in dem die erforderliche Ausbildung vielfältiger ist als die, die in der Diplomatiegeschichte allgemein vorausgesetzt wird. Diejenigen, die sich mit diesem Unterbereich beschäftigten, nahmen regelmäßig eine Inventur vor, organisierten internationale Konferenzen, mit denen sie einen neuen Standard für kooperative internationale Geschichte setzten, und inspirierten eine von ehemaligen Harvard-Schülern angeführte Reihe wichtiger Studien.[40]

Von dieser Gruppe von Harvard-Internationalisten gingen die beständigsten kritischen Bewertungen und die engagiertesten Rufe nach einer Transformation der amerikanischen Diplomatiegeschichte aus. May trat 1962 als aktivster Verfechter der multiarchivalen Internationalen Geschichte hervor. Er argumentierte, daß solche Arbeiten einen wertneutralen, rankeanischen Stil der Geschichtsschreibung fördern und die „engstirnigen“ Studien überwinden könnten, die sich nur auf eine Nation und zeitgenössische Ereignisse konzentrierten – ein Ansatz, den er Beard und anderen Progressiven vorwarf. Fast ein Jahrzehnt später spitzte May seine Kritik in einem ertragreichen Aufsatz weiter zu und behauptete, daß die Diplomatiegeschichte ihre Vitalität verloren habe und dem „Ende zugehe“. Wiederum sprach er sich für die Internationale Geschichte aus, hatte aber inzwischen sein Konzept erweitert und insbesondere eine Untersuchung der Einflüsse wirtschaftlicher und ideologischer Kräfte auf Politik integriert. Nach ungefähr einem weiteren Jahrzehnt stellte Charles S. Maier 1980 verdrossen fest, daß die Diplomatiegeschichte keine „Welle transformierender Forschung“ erlebt habe. Maier machte sich Mays Forderung nach einem Austausch der altmodischen Diplomatiegeschichte durch Internationale Geschichte zu eigen; und noch stärker betonte er das Bedürfnis nach einem weit gefaßten Blickwinkel, der „politische Strukturen, kulturelle Systeme und wirtschaftliche Arrangements“ einschließen solle.[41]

Seit sich Maier vor einem Jahrzehnt so beklagte, hat sich die Internationale Geschichte einen sicheren Platz in der amerikanischen Diplomatiegeschichte erarbeitet.

[39] Paul M. Evans, John Fairbank and the American Understanding of Modern China, New York 1988.

[40] Warren I. Cohen, The History of American-East Asian Relations: Cutting Edge of the Historical Profession, in: Diplomatic History 9 (1985), S. 101–112.

[41] Ernest R. May, Emergence to World Power, in: The Reconstruction of American History, hrsg. von John Higham, New York 1962, S. 180–196; ders., The Decline of Diplomatic History, in: American History: Retrospect and Prospect, hrsg. von George Athan Billias und Gerald N. Grob, New York 1971, S. 430; Charles S. Maier, Marking Time: The Historiography of International Relations, in: The Past before Us: Contemporary Historical Writing in the United States, hrsg. von Michael G. Kammen, Ithaca 1980, S. 355, 387.

Eine Vielzahl von Stimmen hat sich dem einen oder anderen ihrer vielfältigen Ansätze angeschlossen. Die in der Disziplin führende Zeitschrift *Diplomatic History* liefert den Beweis, daß sich die Internationale Geschichte ihren eigenen Bereich geschaffen hat und nun regelmäßig und nachdrücklich diejenigen zur Rechenschaft zieht, die mit begrenzten Darstellungen der Washingtoner Perspektiven oder mit eng gefaßten Fragestellungen zur Diplomatie in ihr Gebiet eindringen.[42]

Das Aufkommen dieses international ausgerichteten Bereiches hat die Historiker der anderen beiden Bereiche gezwungen, Fragen über die globalen Zusammenhänge amerikanischer Politik sorgfältiger als bisher anzugehen. Diejenigen, die sich auf den amerikanischen Staat konzentrieren, müssen nunmehr intensiver nachdenken, bevor sie die Existenz einer „internationalen Realität" in den Raum stellen können, der als interpretativer Anker ihrer Darstellung amerikanischer Politik dienen soll. Sollte sich herausstellen, daß ihre Konzeption einer solchen Realität aus den amerikanischen Archiven hervorgeht und der Evidenz der dort aufbewahrten Dokumente genau entspricht, würde das doch sehr erstaunen. So lange sich die Spezialisten der amerikanischen Staatspolitik nur flüchtig mit dem Rest der Welt befassen, können ihre Beurteilungen der Angemessenheit amerikanischer Wahrnehmungen oder der Wirksamkeit amerikanischer Aktionen, zu denen sie sich gerne hinreißen lassen, weder überzeugen noch – wenn man so sagen darf – „realistisch" sein. Progressive und andere Historiker, die sich mit den innenpolitischen Wurzeln von Außenpolitik beschäftigen, müssen auch eine Sensibilität für die Grenzen ihrer Forschungen entwickeln. Insbesondere haben diejenigen, die sich mit Imperien beschäftigen, die Motive der Metropole betont, dabei aber die imperialen Beziehungen vernachlässigt, weil diese nur an der Peripherie operieren. In ihrer Argumentation müssen sie mehr auf die vielfältigen Muster der wirtschaftlichen und politischen Penetration in der Dritten Welt achten sowie auf die komplizierte Dynamik, die in den Ländern existiert, die unter imperiale Herrschaft gebracht wurden.[43]

Zusammengefaßt hat der Aufstieg des internationalistischen Bereiches verdeutlicht, wie wichtig es ist, die Vereinigten Staaten innerhalb der globalen Arena anzusiedeln. Internationalisten haben sich mit Erfolg dafür ausgesprochen, den anderen Völkern der internationalen Bühne Beachtung zu schenken – nicht nur, weil sie sie ver-

[42] Siehe die weitreichenden Rezensionen und historiographischen Überblicke in *Diplomatic History*: Sally Marks, The World According to Washington, in: Diplomatic History 11 (1987), S. 265–282; Christopher Thorne, After the Europeans: American Designs for the Remaking of Southeast Asia, in: Diplomatic History 12 (1988), S. 201–208; Donald Cameron Watt, Britain and the Historiography of the Yalta Conference and the Cold War, in: Diplomatic History 13 (1989), S. 67–98; Alan S. Milward, Was the Marshall Plan Necessary?, in: ebda.; Edward Miller, That Admirable Italian Gentleman: The View from America (and from Italy), in: ebda., S. 547–556; Geir Lundestad, Moralism, Presentism, Exceptionalism, Provincialism, and Other Extravagances in American Writings on the Early Cold War, in: ebda., S. 527–545; und Lester D. Langley, The United States and Latin America in the Eisenhower Era, in: Diplomatic History 14 (1990), S. 257–264.

[43] Jeder, der das Konzept eines „Amerikanischen Imperiums" beschwören möchte, sollte sich für eine konzeptionelle Orientierung zunächst mit Wolfgang J. Mommsen, Theories of Imperialism, übersetzt von P. S. Falla, New York 1980, beschäftigen, für einen historiographischen Leitfaden mit Robin W. Winks, The American Struggle with „Imperialism": How Words Frighten, in: The American Identity, hrsg. von Rob Kroes, Amsterdam 1980, S. 143–177.

dienen, sondern weil ihre Gegenwart die amerikanische Rolle in diesem Drama verständlicher macht. Mit ihrer Betonung von Klassen, Ideologie und politischer Kultur im Zusammenhang mit der Außenpolitik anderer Länder haben die Internationalisten die Studenten amerikanischer Politik dazu gebracht, einen genaueren Blick auf die Kräfte ihrer eigenen Kultur zu werfen; gleichzeitig haben sie ihnen Werkzeuge zur Verfügung gestellt, die ihnen dabei helfen können. Schließlich haben die Arbeiten der Internationalisten durch die Aufschlüsselung der Unterschiede kultureller und nationaler Traditionen und Perspektiven den durchdringenden Charakter und die Gefahren von Ethnozentrismus verdeutlicht, die beim historischen Arbeiten nicht geringer sind als in der politischen Praxis.

Dies alles soll nicht bedeuten, daß die Grenzen des international orientierten Bereiches hermetisch geschlossen sind. Wechsel von anderen Bereichen in diesen waren schon immer zu beobachten, und Migrationsversuche werden in der Zukunft noch öfter vorkommen.[44] Aber nicht alle Migranten haben den Übergang erfolgreich überstanden, und diejenigen, die sich auf den Grenzübergang vorbereiten, sollten sich schon frühzeitig um ein Visum bemühen, das ihre Fähigkeit beweist, mit internationalen Themen umzugehen, die ihre Untersuchungen berühren, ob dies nun bedeutet, daß sie ein gutes Verständnis für die internationale Wirtschaft der 20er, für die Politik der Sowjetunion der 40er oder für die Natur der Mobilisierung vietnamesischer Landarbeiter der 60er Jahre haben. Diejenigen, die sich ohne angemessene Referenzen auf die Reise machen, werden nun mehr als jemals zuvor Gefahr laufen, als Eindringlinge verachtet zu werden.

Obwohl ihre Arbeiten das Vorstellungsvermögen angeregt und die Horizonte der Disziplin erweitert haben, haben die Internationalisten, besonders die in Harvard ansässigen Vertreter, einige der beunruhigenden Implikationen ihres Ansatzes nicht genügend durchdacht. Erstens haben sich einige von ihnen dafür ausgesprochen, die einengende amerikanische Diplomatiegeschichte durch eine weit gefaßte Internationale Geschichte zu ersetzen, dabei aber weder die Durchführbarkeit noch die Implikationen einer solchen Veränderung bedacht. Warum voraussetzen, daß die amerikanische Diplomatiegeschichte einengend sein muß? Ein Problem der Disziplin (wenigstens so, wie sie hier definiert wird) ist doch ihre entmutigende Vielseitigkeit und Komplexität. Mit einiger Sicherheit kann man in einer zweiten Reaktion auf die Forderung nach einer kompletten Generalüberholung sagen, daß jegliche Internationale Geschichte aus Untersuchungseinheiten bestehen wird, die aus nationalen und kulturellen Elementen gebildet werden. Es dürfte nützlicher sein, die amerikanische Diplomatiegeschichte als eine dieser Einheiten zu betrachten und es so der Internationalen Geschichte zur Aufgabe zu stellen, national oder kulturell organisierte Geschichtsschreibung nicht zu negieren, sondern sich konstruktiv mit ihr auseinanderzusetzen.

Zweitens gehen die meisten Kommentare der Internationalisten davon aus, daß unser fundamentales Interesse auch weiterhin den zwischenstaatlichen Beziehungen gelten sollte. Diese Position korrespondiert genau mit den Präferenzen der anderen Bereiche der amerikanischen Diplomatiegeschichte, die gleichfalls den Staat zum zen-

[44] Ernest R. May ist ein bemerkenswerter Grenzgänger, der vom Realismus kam. Beispiele von der progressiven Seite schließen Robert Freeman Smith, Gabriel Kolko und Michael J. Hogan ein.

tralen, unangefochtenen Bezugspunkt machen. Der daraus resultierende Konsens würde die amerikanische Diplomatiegeschichte im wesentlichen dazu bestimmen, den Staat zu verstehen und ihn im größtmöglichen Kontext anzusiedeln und dabei die Herkunft wie auch die Konsequenzen politischer Entscheidungen aufdecken.

Aber andere international orientierte Historiker, insbesondere die in Regionalstudien geschulten, haben in ihren Studien begonnen, diese auf den Staat konzentrierte Konzeption der Disziplin implizit in Frage zu stellen.[45] Ihrer Meinung nach ist es nicht nur die Verbindung zu den Aktivitäten des Staates, durch die nicht-staatliche Akteure Bedeutung erlangen. Statt dessen verdienen vormals marginalisierte Akteure aus eigenem Recht einen Platz auf der internationalen Bühne, und sie müssen auch aufgrund ihrer eigenen Quellen und mit der Hilfe angemessener Methodologien verstanden werden. Zum Beispiel würden wir so Immigranten, die sowohl sozioökonomischen Schüben als auch Einschränkungen durch Nativisten und Politiker ausgesetzt waren, nicht nur mehr Beachtung schenken, sondern sie auch in einem anderen Licht sehen; dasselbe gilt für Flüchtlinge und ihre Retter, für multinationale Firmen mit ihren Netzwerken, mit denen sie Kunden erreichen und sich Rohmaterialien sichern, für Missionare und die ausländischen Gemeinden, die sie gründen wollten, und für Landwirtschaftsexperten, die in einer Kommerzialisierung befangen sind. Dieser neu definierte Begriff von dem, was als international gilt, würde einerseits eine authentische Sozialgeschichte ermöglichen, in der „normale Menschen" und ihre Versuche, mit Möglichkeiten und Herausforderungen in einem unbekannten Gebiet umzugehen, den größten Stellenwert hätten. Andererseits würde es eine weniger gezwungene Behandlung der internationalen Wirtschaft erlauben, und zwar eine, in der wirtschaftliche Akteure und diejenigen, die in ihren Umkreis gelangen, nicht vorrangig oder gar ausschließlich in Kategorien der staatlichen Politik gesehen werden, sondern mit ihren eigenen Augen und durch ihre eigenen Quellen.[46] Wenn die Entwicklungen in die jeweiligen Richtungen bedeuten, daß auf Kosten der Mächtigen, die Politik machen, in unseren Forschungsprogrammen und Seminaren mehr Platz für nicht-staatliche Akteure geschaffen wird, dann ist dies nur zu begrüßen.

Internationalisten und anderen Autoren, die dieser Argumentation skeptisch gegenüber stehen, könnten zu Recht fragen, ob Diplomatiehistoriker, die ohnehin schon genug zu tun haben, sich an ferner liegende Themen wagen sollen, in denen Wirtschaftswissenschaftler, Soziologen und Anthropologen weitaus mehr zu Hause sind. Wenn sich die Disziplin im wesentlichen mit der Untersuchung der Außenpoli-

[45] Ich beziehe mich hier auf Charles R. Lilley/Michael H. Hunt, On Social History, the State, and Foreign Relations: Commentary on „The Cosmopolitan Connection", in: Diplomatic History 11 (1987), S. 246–250. Für eine frühere Forderung danach, daß „Diplomatiehistoriker auch Sozialhistoriker sein sollen, und zwar nicht nur in bezug auf unsere nationale Gesellschaft, sondern auch auf andere Gesellschaften, mit denen wir uns befassen", siehe Thomas J. McCormick, The State of American Diplomatic History, in: The State of American History, hrsg. von Herbert J. Bass, Chicago 1970, S. 139. McCormick wiederholt diesen Punkt in: Drift of Mastery?, S. 319–321.

[46] Zwei neuere Werke, die beide versuchen, die aktuelle Schuldenkrise in Perspektive zu setzen, illustrieren die Bedeutsamkeit der Internationalen Geschichte, die über den Staat hinausgeht. Siehe Stephen A. Schuker, American „Reparations" to Germany, 1919–33: Implications for the Third-World Debt Crisis, Princeton 1988; und Barbara Stallings, Banker to the Third World: U.S. Portfolio Investment in Latin America, 1900–1986, Berkeley 1987.

tik der USA beschäftigt, dann sind die sozialen und wirtschaftlichen Akteure wirklich nebensächlich. Diejenigen, die der Untersuchung des Staates verpflichtet sind, haben bislang keine klare Antwort auf die Herausforderung gegeben, den sozialen und wirtschaftlichen Kräften, die die weltweite wechselseitige Durchdringung fördern, mehr Aufmerksamkeit zu schenken.

Diese Spannung innerhalb des internationalistischen Bereiches muß noch weiter durchdacht werden, denn eine Disziplin, die sich im wesentlichen auf den Staat konzentriert, unterscheidet sich deutlich von einer, die von weiter gefaßten und eklektischeren Interessen gelenkt wird. Zumindest im Moment wird man noch sagen können, daß der Staat der dominante Bezugspunkt bleiben wird, der den Großteil unserer Recherchen und unserer Lehrtätigkeit einnimmt, von welcher Perspektive aus man ihn auch betrachten mag. Dies wäre kein besonders enttäuschendes Ergebnis, solange wir den breiteren Rahmen, in dem der Staat operiert, im Blick behalten *und* vorsichtig beginnen, Möglichkeiten zu erforschen, soziale und wirtschaftliche Einsichten in unsere Forschungen zu integrieren.

Neben dem fundamentalen Problem, den Fokus der Internationalen Geschichte zu bestimmen, sieht sich dieser dritte Bereich einer Reihe von praktischen Schwierigkeiten gegenüber, die nicht weniger Aufmerksamkeit verdienen. Selbst ein internationaler Bereich, der im wesentlichen auf den Staat konzentriert bleibt, stellt die Diplomatiehistoriker vor schwierige Aufgaben und verbreitet Verwirrung unter ihnen. Das internationalistische Forschungsprogramm hat die Disziplin nicht nur insgesamt breiter gefaßt und komplexer gemacht; es hat zugleich auch die Parameter verwischt, die Grundlagen der Gemeinschaft unter Spezialisten in Frage gestellt und den wissenschaftlichen Austausch erschwert. Wer ist ein Spezialist in den Außenbeziehungen der USA? Welche Art der Forschung und Lehre soll man verfolgen? Wie soll die nächste Generation von graduierten Studenten ausgebildet werden? Wie sollten die Auswahlkomitees ihren idealen Kandidaten definieren?[47]

Die Tatsache, daß wir diese beunruhigenden Fragen nun stellen, sollte als Tribut an den transformierenden Einfluß gesehen werden, den die international orientierten Historiker gehabt haben. Ihre eigenen innovativen Werke und ihre kraftvolle Beurteilung der Disziplin, die in den 60er Jahren durch das Revival des Progressivismus in Gang gekommen ist, haben der Diplomatiegeschichte zusätzlichen Anstoß zu Veränderungen gegeben. Ihr Auftreten hat nicht nur die Grenzen des Feldes erweitert, sondern auch dazu beigetragen, den Konflikt zwischen Progressiven und Realisten zu entschärfen. Internationalisten haben die Unzulänglichkeiten beider Lager verdeutlicht und zumindest anhand von Beispielen angedeutet, daß sich die Interessen der drei hier vorgestellten Bereiche im Grunde nicht gegenseitig ausschließen, sondern ergänzen.

[47]Diese Fragen habe ich in: Internationalizing U.S. Diplomatic History: A Practical Agenda, in: Diplomatic History 15 (1991), S. 1–11, angesprochen.

Perspektiven

Aus den Schwierigkeiten, die die amerikanische Diplomatiegeschichte durchlebt hat, ist eine Erneuerung hervorgegangen. Sie wird durch eine ständige Ausdehnung der Fragen charakterisiert, die die Disziplin als wesentlich für ihre Forschungen erachtet. Das Beinahe-Monopol, das die Realisten in der Nachkriegszeit errichtet hatten, ist zusammengebrochen. Der Aufschwung der progressiven Arbeiten hat zunächst die Autonomie des Staates in Frage gestellt und die Prämissen des Realismus einer strengen Prüfung unterworfen. Die Entwicklung der Internationalen Geschichte hat im Gegenzug noch mehr Fragen über die zentrale Bedeutung des Staates für das Fach aufgeworfen und gleichzeitig sowohl für progressive als auch realistische Historiker die Notwendigkeit aufgezeigt, den internationalen und vergleichenden Dimensionen mehr Aufmerksamkeit zu schenken. Die daraus resultierende Entwicklung einer größeren interpretativen Bandbreite und methodologischen Vielfalt unterstützt die Behauptung, daß die lange Krise der amerikanischen Diplomatiegeschichte ihrem Ende entgegen geht.

Die erweiterte Konzeption unseres Unterfangens drückt sich am deutlichsten in den Fragen aus, die wir nun selbst bewußt fragen und zu verknüpfen versuchen. Diese Fragen betreffen die klassischen, aber manchmal vernachlässigten Interessen, mit denen die Bedeutung aller Arbeiten gemessen werden kann. Wo hat Außenpolitik letztlich ihren Ursprung – im internationalen System oder in der innenpolitischen Sphäre? Handeln politische Akteure relativ autonom? Durch welche Brille sehen sie die Welt? Wie sieht die Politik der USA im Vergleich mit anderen Ländern aus? Gibt es ein gemeinsames Gefüge von Kräften, die auf alle politischen Akteure einwirken, oder lassen sich signifikante Unterschiede je nach Land, Kultur und Zeitpunkt ausmachen? Wie beurteilen wir politische Entscheidungen, besonders wenn ihre Auswirkungen im Kontext einer anderen Kultur spürbar sind und verstanden werden müssen? Auch wenn keine Einzelstudie all diese Fragen beantworten kann, definieren sie doch die breiten Parameter der Disziplin: die Spannweite der Probleme, die Spezialisten beschäftigen, die Art der Forschungsprojekte, die sich am besten dafür eignen, unterstützt und veröffentlicht zu werden, die Art der Literatur, die auf Bücherlisten stehen, und die Vielfalt der zu lehrenden Themen.

Mit der Betonung der Fragen, die wir stellen, ist die veränderte Struktur der Disziplin am besten zu verdeutlichen. Zu versuchen, das Feld anhand der folgenden spezifischen interpretativen Unterschiede zu unterteilen, hieße sich in einen historiographischen Morast zu begeben. Eine Fülle von Etiketten – Traditionalisten, Nationalisten, Isolationisten und Neo-Isolationisten, Hofhistoriker, Internationalisten, Orthodoxe, Realisten, Neue Linke, die Wisconsin-Schule, die Open-Door-Schule, Korporatisten, Postrevisionisten, Konservative, Neo-Konservative und so weiter – ist entstanden, und jedes einzelne Etikett trägt ungefähr so viele unterschiedliche Bedeutungen, wie es von Historikern vertreten wird.[48] Verständlicherweise betrachten Au-

[48] Laut Jerald A. Combs, Cold War Historiography: An Alternative to John Lewis Gaddis's Postrevisionism, in: The Society for Historians of American Foreign Relations Newsletter 15 (1984), S. 9–19, muß allein die Literatur zum Kalten Krieg in sechs Interpretationskategorien eingeteilt werden.

ßenstehende dieses komplexe und zweideutige System der Etikettierung als leere Scholastik, während sich die Vertreter der Disziplin mühsam in diesem Wirrwarr winden.

Falls dieses Durcheinander von Etiketten noch nicht ausreicht, den Glauben daran zu untergraben, die Disziplin anhand der Interpretationsmuster beurteilen zu können, wird die Berücksichtigung der Hauptergebnisse von Jerald A. Combs, detailliertem, tiefgreifendem historiographischen Überblick ihn gewiß endgültig zum Einsturz bringen. Combs demonstriert, wie die öffentliche Diskussion nach jedem großen amerikanischen Krieg unter den Diplomatiehistorikern eine unnachgiebige und weitreichende Neuinterpretation der Disziplin ausgelöst hat.[49] Combs, Ergebnisse machen es leicht, die Disziplin als Sammlung unzureichend definierter Etiketten zu sehen, die von Zeit zu Zeit in kaleidoskopischer Art neu verteilt werden. Es würde uns gut tun, unseren Blick von dieser schwindelerregenden, fast psychedelischen Vision abzuwenden.

Die Disziplin nach den Leitfäden der Untersuchung zu definieren, birgt auch Vorteile gegenüber der Tendenz, unser Verständnis um führende Methodologien, Schlüsselthemen oder Ebenen der Analyse herum zu organisieren – eine Tendenz, die sich in der neuesten Welle von Arbeiten über den Zustand des Fachgebietes gezeigt hat.[50] Ein Wissen um die Spannbreite der Werkzeuge und die Arten der Kategorien, die zur Verfügung stehen, ist für den Forscher von unschätzbarem Wert. Aber da sich die Werkzeuge, Methodologien und Ebenen, die uns formal vorgelegt werden, vervielfältigen, überschneiden und Klärung fordern, beginnen wir wieder etwas von der semantischen Verwirrung und dem konzeptionellen Durcheinander zu stiften, das mit der Definition des Feldes durch interpretative Positionen verbunden ist. Als Folge bleibt es weiterhin unklar, wie Teile des Fachgebietes zusammenpassen und wie es aussieht, wenn es zusammengefügt ist.

Das Bild des Fachgebietes, das hier propagiert wird, ist einfacher und funktionaler – eine Sammlung von sich ergänzenden, sich nicht widersprechenden oder gegenseitig ausschließenden Leitlinien der Forschung, die zusammengenommen helfen, das große und komplexe Ganze kennenzulernen. Realisten und andere, die sich mit dem amerikanischen Staat befassen, werden uns helfen, den Kontakt mit den Archiven und den Feinheiten des politischen Prozesses beizubehalten. Progressive und ihre Anhänger des innenpolitisch orientierten Bereiches werden die Verbindung zu den Entwicklungen in der Literatur über die amerikanische Geschichte aufrechterhalten, die für die Betrachtung der innenpolitischen Ursprünge und Konsequenzen der Außenpolitik wesentlich ist. Die Internationalisten schließlich werden mit ihrem eigenen vielfältigen Satz von Interessen sicherstellen, daß wir die globale Umgebung im Auge behalten, in der die Amerikaner handeln.

Diese Vision birgt wichtige Implikationen für die Art und Weise, wie wir mit unseren Differenzen umgehen. Einem Gebiet, das so fragmentarisch und doch so voneinander abhängig ist, wie es die amerikanische Diplomatiegeschichte geworden ist, ist

[49] Jerald A. Combs, American Diplomatic History: Two Centuries of Changing Interpretations, Berkeley 1983.

[50] Siehe die in Anmerkung 3 angegebenen Werke sowie Stephen E. Pelz, A Taxonomy for American Diplomatic History, in: Journal of Interdisciplinary History 19 (1988), S. 259–276.

am besten durch eine großzügige Toleranz gedient. Wir brauchen keinen Bürgerkrieg unter den führenden Bereichen oder eine Balkanisierung des Gebietes, die willkürlich die freie Bewegung von einem Bereich zum anderen behindert. Wir können auch gut ohne einen einengenden, störenden Konfessionalismus auskommen, der die Vorherrschaft eines Bereiches über den anderen propagiert und versucht, die Vielfalt zu negieren, die die amerikanische Diplomatiegeschichte mittlerweile ausmacht. Der wunderbare Reichtum an Fragen, die wir nun stellen, und der daraus resultierenden Interpretationen, die wir anbieten, wird notgedrungen diejenigen zum Schweigen bringen, die eine einfache Synthese oder neue stabilisierende Orthodoxie propagieren.

Der Rahmen für das Verständnis der Disziplin, der hier vorgeschlagen wird, scheint besonders bedeutsam für die aufkeimende, politisch aufgeladene Diskussion darüber, wer den Kalten Krieg gewonnen hat. Polemiker und Patrioten mögen von einem amerikanischen Sieg tönen, aber die Historiker, die sich der jeweiligen Fragestellungen der drei Domänen bewußt sind, werden ein vorschnelles Urteil vermeiden. Die Vertreter des ersten Bereiches können uns in Erinnerung rufen, daß weniger als die Hälfte der relevanten amerikanischen Dokumente zur Verfügung steht und daß die verdeckten Operationen und die Beurteilung des Geheimdienstes so schlecht dokumentierte Themen sind, daß sie signifikante Lücken in der zugänglichen Hälfte hinterlassen. Unsere Beurteilung wird noch komplizierter, wenn wir den zweiten Bereich in die Rechnung einbringen und Überlegungen integrieren, wie inländische Belange die Politik des Kalten Krieges bestimmten und wie im Gegenzug nationale Werte und Institutionen selbst von den Alarmisierungen und Mobilisierungen der Zeit beeinflußt wurden. Sobald wir die Perspektive des dritten Bereiches einbringen, wird eine Bewertung noch schwieriger und komplizierter. Die Dokumentation über Freunde und Feinde ist auffallend unausgeglichen, da kein Zeitraum oder großes Problem des Kalten Krieges voll dokumentiert ist, egal auf welcher Seite man recherchiert.[51] Über die Archive anderer Länder hinaus müssen wir in Erfahrung bringen, wie die Zwänge und die Politik des Kalten Krieges ihre Gesellschaften und Wirtschaften beeinflußt haben. Wenn wir dabei an die drei Bereiche denken, wird deutlich, wieviel Arbeit noch zu tun ist, bis wir eine volle und weitreichende Darstellung des Kalten Krieges anbieten können, von einer Einschätzung seiner Kosten ganz zu schweigen. Sobald dies aber getan ist, wird es genauso fehl am Platze erscheinen, über Gewinner und Verlierer zu sprechen, wie der frühere gleichfalls sterile Versuch fehlgeleitet war, die Verantwortung für die Ursprünge des Kalten Krieges klar zu verteilen.[52]

51 Albert Resis' wohlbedachte und erfrischende Studie: Stalin, the Politburo, and the Onset of the Cold War, 1945–46, Broschüre, Pittsburgh, 1988, ist eine ernüchternde Mahnung, daß es fast ein halbes Jahrhundert gedauert hat, mit den sowjetischen Perzeptionen der Nachkriegszeit klar zu kommen. Sowjetische Quellen bleiben problematisch, obwohl das Außenministerium derzeit einen relativ unbehinderten Zugang zu dem Archivmaterial verspricht, das 30 Jahre oder älter ist. Zu den neuen Möglichkeiten, die chinesische Geschichte des Kalten Krieges partiell zu umreißen, siehe Michael H. Hunt/Odd Arne Westad, The Chinese Communist Party and International Affairs: A Field Report on New Historical Sources and Old Research Problems, in: China Quarterly 122 (1990), S. 258–272; und Hunt, Beijing and the Korean Crisis, June 1950-June 1951, in: Political Science Quarterly (noch unveröffentlicht).

52 Wichtige Initiativen, die auf eine weitreichende Bewertung zielen, sind z.B.: die Treffen der „Working Group on the Cold War" in den Jahren 1990–91, denen Gar Alperovitz vorsaß und die vom Institute for Policy Studies unterstützt wurden; eine Konferenz über „Rethinking the

Diese Vision einer aus drei Bereichen gebildeten Disziplin birgt auch Implikationen für unsere individuellen Forschungsprogramme. Paradoxerweise spricht sie sich dafür aus, das Fachgebiet in seiner Breite zu betrachten, aber gleichzeitig persönliche Grenzen zu erkennen. Die hier besprochenen Bereiche sollen Diplomatiehistoriker nicht gefangen halten. Bewegungen von einem Bereich zu anderen sind nicht nur möglich, sondern auch wünschenswert. Durch einen Ausbruch aus konventionell definierten Begrenzungen und durch die Zerstörung der Barrieren, die die Wissenschaft aufsplittern, könnten Diplomatiehistoriker dazu beitragen, eine Lösung für ein in der Zunft allgemein erkanntes Problem zu finden. In der Praxis haben die Bereiche unsere Beweglichkeit freilich eingeschränkt, und sie werden es auch weiter tun. Im Laufe ihrer Karriere haben die meisten Historiker dazu geneigt, in einer oder höchstens zwei dieser Domänen zu arbeiten. Eine starke und verständliche Bindung an bekannte Themen, Quellen und Methodologien – eine Art vergleichender Vorteil, den jeder Historiker entwickelt – tendiert dazu, jeglichen Antrieb zur Migration zu unterbinden. Diejenigen, die ihr bekanntes Gebiet verlassen, sehen sich der Herausforderung gegenüber, neue Techniken und Werkzeuge zu erlernen – ob Wirtschaftsanalyse, Sozialtheorie oder eine bestimmte Fremdsprache oder fremde Kultur – die ihrem neuen Wohnsitz entsprechen. So, wie wir immer mehr Sensibilität für die Unterschiede zwischen den Bereichen entwickeln, so werden uns die Schwierigkeiten, eine doppelte Staatsbürgerschaft zu er- und behalten, immer deutlicher bewußt.

Die wachsende Spezialisierung der Arbeit, die hier besprochen wurde, vergrößert für alle Forscher, die versuchen, grundlegende Fragen von mehreren Bereichen aus simultan anzugehen – von den etablierten Forschern bis zu den Forschungsstudenten, die mit ihren Mentoren und Promotionskomitees arbeiten – das Risiko des Dilettantismus. Sie alle müssen sich diesem Risiko bewußt und ehrlich stellen. Forschung, die verschiedene Bereiche integriert, muß mehr als nur plausibel sein; sie muß Beweise mit ausreichender Kenntnis und Striktheit anbieten und bewerten, die der Überprüfung durch Spezialisten standhalten. Zum Beispiel müssen Studenten der amerikanischen Politik, die von Stalins Verantwortung für den Kalten Krieg oder von dem Erfolg der Vereinigten Staaten, einen Keil zwischen China und die Sowjetunion zu treiben, überzeugt sind, mehr tun, als sich auf fragmentarische oder zufällige Beweise zu stützen – eine Prozedur, die sie bei anderen, die sie in ihrem eigenen Spezialgebiet anwenden, zu Recht bemängeln würden. Ähnlich sollte eine Darstellung der amerikanischen Wirtschaftspolitik in Lateinamerika, die versucht, generelle Aussagen über Antrieb und Wirkung zu treffen, auf den Arbeiten der Wirtschaftshistoriker und Spezialisten der Region aufbauen und in der Lage sein, ihre Prüfung zu bestehen. Oder, um ein letztes Beispiel zu nennen, sollten Arbeiten, die davon ausgehen, daß die Öffentlichkeit der Formulierung von Politik Beschränkungen auferlegt, ein Bild der „Öffentlichkeit" und der wechselseitigen Beeinflussung von Öffentlichkeit und politischen Akteuren zeichnen, das Sozial- und Kulturhistoriker ernst nehmen können.

Cold War", die Allen Hunter und Thomas J. McCormick an der University of Wisconsin zu Ehren William Appleman Williams im Oktober 1991 organisierten; und „The Program on the International History of the Cold War", ein Archiv-orientierter Ansatz, der vom Woodrow Wilson International Center for Scholars ausgeht, von der John D. und Catherine T. MacArthur Foundation finanziert und von einem Komitee geleitet wird, das John Lewis Gaddis, William Taubman und Warren I. Cohen bilden.

Man könnte eine lange Liste guter Studien zusammenstellen, die durch die Einbindung zweifelhafter interpretativer Behauptungen verdorben wurden, oder eine Liste namhafter Autoren, die Fragen gestellt haben, auf die zu antworten sie nicht vorbereitet waren.

Die Krise, die die amerikanische Diplomatiegeschichte verändert hat, hat einen Rest von Meinungsverschiedenheiten über die künftige Richtung hinterlassen. Einige haben schon seit den frühen 80er Jahren argumentiert, daß die Disziplin gesund sei und daß grundlegende Veränderungen schon weit genug gegangen seien.[53] Befürworter weiterer Veränderung, die sich großenteils mit der Internationalen Geschichte identifizieren, meinen dagegen, daß sich viele der mit der alten Diplomatiegeschichte in Verbindung gebrachten Praktiken und Ausprägungen als erschreckend hartnäckig erwiesen hätten. Zu viel der Forschung sei immer noch auf Archivarbeit konzentriert. Insbesondere das reine Volumen der Dokumente zur Politik der USA im Kalten Krieg verzerre das Fachgebiet. Allein die wachsende Quantität und Komplexität der neuen Dokumentationen, die es zu finden, freizugeben, zu überprüfen und zu verarbeiten gebe, könne auf Jahre hinaus viele Talente im Fach monopolisieren, gleichzeitig aber den Dialog in längst bekannte Kanäle lenken und dabei die Entwicklung von Arbeiten hemmen, die sich mit einer Zeit außerhalb des Kalten Krieges und mit nichttraditionellen Themen befassen. Zu viele Studien, besonders von jungen Wissenschaftlern, ignorieren auch weiterhin soziale und wirtschaftliche Prozesse und vernachlässigen nicht-amerikanische Perspektiven. Brauchen wir zum Beispiel wirklich ein gutes halbes Dutzend Darstellungen der Ursprünge amerikanischen Engagements in Vietnam, wenn wir in unserer Reihe so wenige Talente haben, die sich damit beschäftigen, die vietnamesischen Erfahrungen mit Revolution, Krieg und Rekonstruktion zu übersetzen und diese Erfahrungen im Zusammenhang mit parallelen Entwicklungen auf der amerikanischen Seite zu untersuchen? Und während multiarchivale Forschung rasch Zuwachs gefunden hat, bleibt viel auf anglo-amerikanische Beziehungen beschränkt. Viel davon wird von europäischen Historikern geschrieben, und es gibt wenig, das sich mit Themen beschäftigt, die von weniger zugänglichen Archiven als dem Public Records Office oder den National Archives bedient werden oder die den Nachteil haben, die Kenntnis einer anderen Sprache als Englisch vorauszusetzen.

Diese gespaltene Beurteilung des aktuellen Zustandes des Fachgebietes sollte nicht nur als eine Reflexion des Persönlichkeitstyps gewertet werden – der notorische Antreiber im Konflikt mit dem geborenen Griesgram. Der Meinungsunterschied reflektiert den Grad, in dem der Aufstieg der beiden neueren Bereiche Fragen über die zukünftige Entwicklung der Disziplin aufgeworfen hat, die die Debatte und das Gespräch verdienen. Welchen Stellenwert sollte der jeweilige Bereich haben, welche

[53] Siehe z. B. Cohen, The History of American-East Asian Relations; die dominante Antwort auf Maier in Diplomatic History 5 (1981), S. 352–382; Stephen G. Rabe, Marching Ahead (Slowly): The Historiography of Inter-American Relations, in: Diplomatic History 13 (1989), S. 297–316; Ralph B. Levering, The Importance of the History of American Foreign Relations, in: OAH Newsletter 12 (1984), S. 20–22; Alexander DeConde, American Diplomatic History in Transition, Broschüre, Washington 1981, besonders Kapitel 3, S. 46–48; und ders., Essay and Reflection: On the Nature of International History, in: International History Review 10 (1988), S. 282–301.

Standards der Zugehörigkeit sollten definiert werden, und welche Art von Arbeiten verdient Priorität? Dieser Leitfaden kann diese Fragen nicht klären, er möchte aber als konsensualer Rahmen für den weiteren Dialog dienen. Ein deutscher Historiker, dem die Differenzen und die Verwirrung geläufig sind, die Veränderungen der Diplomatiegeschichte hervorrufen kann, hat den Wert andauernder Diskussion in Worten auf den Punkt gebracht, die es zu zitieren lohnt.

„Konflikte sind keine schwerwiegenden Störungen der wissenschaftlichen Harmonie, die vermieden werden sollten. Statt dessen ... fördern sie den wissenschaftlichen Fortschritt und tragen zu einem freieren und kritischeren Bewußtsein bei".[54]

Ein guter Grund, weiter miteinander zu reden.

[54] Wehler, Historiography in Germany Today, S. 251.

II. Themenfelder und Deutungsaspekte

Anselm Doering-Manteuffel

Internationale Geschichte als Systemgeschichte. Strukturen und Handlungsmuster im europäischen Staatensystem des 19. und 20. Jahrhunderts

Internationale Geschichte vollzieht sich in Staatensystemen. Sie formen die Handlungsmuster der Akteure, sie bestimmen die Perspektive und markieren die Grenzen für die Politik eines jeden Landes. Gleichzeitig wirken die Akteure auf die jeweilige Staatsordnung ein, verändern die Strukturprinzipien und führen neue Konstellationen herbei. Ein zentraler Zugang zur internationalen Geschichte ergibt sich daher aus der konsistenten Interpretation von Entwicklungsbedingungen solcher Systeme.

Das europäische Mächtesystem hat die Geschichte seit der Frühen Neuzeit stark geprägt. Es war deshalb immer wieder Gegenstand historischer Betrachtung und wird das auch in Zukunft sein: Keine nationale Geschichte kommt ohne die Analyse ihrer internationalen Dimension aus.[1] Dabei gilt es bewußt zu halten, daß das Gefüge der Staatenwelt Europas, welches sich seit der Epoche des Imperialismus, der Zwischenkriegszeit und endgültig nach 1945 zum Weltstaatensystem ausweitete, zu keiner Zeit eine fixe historische Größe darstellte. Es bestand vielmehr aus unterschiedlichen Konfigurationen von Ländern, deren Politik allerdings dadurch gekennzeichnet war, daß die Machtprojektionen ihren Schnittpunkt immer in Europa hatten. Seit 1815 umfaßte das System sowohl unterschiedliche Mächtegruppierungen und Koalitionen als auch verschiedenartige, ja gegensätzliche Organisationsformen in den Staatenbeziehungen.

Um die geläufige Rede vom europäischen Staatensystem zu präzisieren, empfiehlt es

[1] Hier sind zuerst die beiden klassischen Texte zu nennen: Leopold von Ranke, Die großen Mächte (1833), in: Sämmtliche Werke, 24. Band, Leipzig 1876, S. 1–40; Ludwig Dehio, Gleichgewicht oder Hegemonie. Betrachtungen über ein Grundproblem der neueren Geschichte, Krefeld 1948. Den ideen- und rechtsgeschichtlichen Zugriff repräsentieren: Heinz Gollwitzer, Geschichte des weltpolitischen Denkens. Bd. 1: Vom Zeitalter der Entdeckungen bis zum Beginn des Imperialismus. Bd. 2: Zeitalter des Imperialismus und der Weltkriege, Göttingen 1972 und 1982; Wilhelm G. Grewe, Epochen der Völkerrechtsgeschichte, Baden-Baden, 2. Aufl. 1988. Zwei neuere Darstellungen mit unterschiedlichem Thema und Zugriff repräsentieren die Spannweite der interpretatorischen Möglichkeiten: Paul Kennedy, The Rise and Fall of the Great Powers. Economic Change and Military Conflict from 1500 to 2000, New York 1988; Paul W. Schroeder, The Transformation of European Politics 1763–1848, Oxford 1994. Vgl. das Urteil von Klaus Hildebrand zu Kennedy: Mars oder Merkur? Das Relative der Macht oder: Vom Aufstieg und Fall großer Reiche, in: HZ 250 (1990), S. 347–356, und zu Schroeder, in der Rezension des Buchs, in: HZ 261 (1995), S. 117–120. Die gegenwärtige Diskussion über Staatenordnung und Systemgeschichte ist greifbar über den Band von Peter Krüger (Hrsg.), Das europäische Staatenystem im Wandel. Strukturelle Bedingungen und bewegende Kräfte seit der Frühen Neuzeit, München 1996.

sich daher, die Epochen seiner Entwicklung zu kategorisieren und auf den Begriff zu bringen. Welche Erscheinungsformen des Systems seit dem Ende der napoleonischen Kriege lassen sich unterscheiden? Durch welche Strukturen und Handlungsmuster sind sie jeweils gekennzeichnet? Wie verläuft der Übergang von einer Erscheinungsform in eine andere? Nach meiner Auffassung weist folgende Unterteilung die größte Erklärungskraft auf: Für die Zeit von 1815 bis 1990/91 lassen sich drei klar gegeneinander abgrenzbare Ausprägungen des Staatensystems erkennen, die zugleich wichtige Epochen der europäischen Geschichte des 19. und 20. Jahrhunderts markieren.

Die Übergänge von einer Epoche in die andere und der damit verbundene Gestaltwandel des Staatensystems vollzogen sich langsam und nahmen durchweg Zeiträume von Jahrzehnten in Anspruch. Gleichwohl läßt sich schematisierend feststellen, daß nach grundstürzenden Umbrüchen in der politischen, wirtschaftlichen und gesellschaftlichen Struktur einer jeweils größeren Anzahl von europäischen Ländern ein Zeitraum von etwa vier Jahrzehnten folgte, innerhalb dessen das Staatensystem, seine Organisationsform und die Handlungsmuster der Politik relativ konstant blieben, um dann, nachdem Formen der Erstarrung oder der Verschleiß einer bestimmten Räson in den zwischenstaatlichen Beziehungen schon zuvor spürbar geworden waren, von einer Phase der Veränderung bis hin zur Zerstörung abgelöst zu werden, an deren Ende der Zwang zur politischen Neugestaltung stand.

Das Schema der Geschichte des europäischen Staatensystems würde folglich so aussehen: Die *erste* Phase reichte vom Wiener Kongreß 1814/15 bis an die Schwelle der 1870er Jahre. Sie umfaßte die Epoche der Wiener Ordnung und der europäischen Pentarchie von etwa 1820 bis ins Vorfeld des Krimkriegs, die nach dem Pariser Frieden des Jahres 1856 in einen Zustand der Auflösung geriet, bevor in den 1860er Jahren die Entscheidung zwischen den Alternativen Reform oder Zerstörung fiel. In jenen gut fünf Jahrzehnten war die Politik der Großmächte vom Denken in der Kategorie einer europäischen Gesamtordnung gekennzeichnet, die durch ein multilaterales Vertragssystem konstituiert wurde und die Handlungsspielräume eines Staats an den stillschweigenden Konsens aller anderen band.

Die *zweite* Phase reichte von den 1870er Jahren bis ans Ende des Zweiten Weltkriegs. Sie war charakterisiert von der Existenz autonomer Machtstaaten, die durch kein multilateral angelegtes System in ihrer Souveränität beschränkt wurden. Die Bündnisse, die nach 1870 entstanden, waren aus der aktuellen Interessenlage je eines dieser Machtstaaten konzipiert und allein auf konkrete politische Ziele des betreffenden einzelnen Staates gerichtet. Das änderte sich auch nach dem Ersten Weltkrieg nicht grundlegend, weil die Idee einer neuen multilateralen Ordnung – die Idee des Völkerfriedens, institutionalisiert im Völkerbund – mit den Interessen der Akteure im Staatensystem nicht harmonierte und deshalb keine Macht entfalten konnte. In den dreißiger Jahren demonstrierten die aggressivsten Mächte, Deutschland, Italien (und Japan), ihre Nichtachtung des Versuchs zu internationaler Stabilisierung, indem sie den Völkerbund verließen und aus je nationalegoistischem Machtkalkül Krieg vom Zaun zu brechen bestrebt waren. Erst der Zweite Weltkrieg beendete die Epoche des autonomen Machtstaats in Europa und markierte den Übergang in eine neue Ordnung des Staatensystems.

Die *dritte* Phase umfaßt den Zeitraum nach 1945 und ist gegenwärtig – nach allem, was wir als Zeitgenossen erkennen können – noch nicht abgeschlossen. Das europäische Staatensystem war von Anbeginn seit den späten vierziger Jahren in einen globalen Kontext eingebunden, und die Bipolarität bezog Asien und später die sog. Dritte Welt ebenso ein wie Europa. Gleichwohl blieb es, seiner Räson nach, ein Ausdruck europäischer Traditionen, weil die USA, Großbritannien und die UdSSR aus dem europäischen Kontext hervorgewachsen waren und über die asiatischen Akteure, China und Japan, dominierten.

Die Strukturen des Nachkriegssystems waren tiefgreifend verändert und wiesen kaum noch Ähnlichkeiten mit denen der zweiten Phase auf. Die Gründe lagen keineswegs nur darin, daß die Konfrontation zwischen den USA und der UdSSR seit 1947 die Blockbildung förderte und die Konsolidierung der Staatenbeziehungen innerhalb der Blöcke vorantrieb. Sie lagen ebensosehr darin, daß die Politik insbesondere im Westen von den Erfahrungen der Zwischenkriegszeit her konzipiert wurde und darum bemüht war, Entscheidungen, die sich als falsch oder konfliktträchtig erwiesen hatten, nicht ein zweites Mal zu treffen. Sowohl die Gründung der Vereinten Nationen mit den USA, Großbritannien, Frankreich, der UdSSR und China als Ständigen Mitgliedern im Sicherheitsrat, die noch vom Geist der Anti-Hitler-Koalition getragen war und die Welt gegen jeglichen neuen Faschismus sicher machen sollte, als auch die Anfänge der europäischen Integration nach der Verkündung des Marshallplans mittels der OEEC sowie die Gründung der NATO erfolgten sämtlich zu einem Zeitpunkt, der *vor* der Neuorganisation der Beziehungen zwischen den einzelnen Staaten lag. Die deutsche Teilung und die Festigung der Blöcke innerhalb Europas gingen deshalb in einem vorgegebenen strukturellen Rahmen vor sich, der neuartig war. Da die handelnden Zeitgenossen lediglich die Einflüsse internationaler Politik und die Aktionsmuster aus der vorangegangenen Phase des europäischen Staatensystems selbst erlebt hatten, vollzogen sich die westeuropäische Integration und die Ausgestaltung der europäisch-atlantischen Allianz vor dem Hintergrund ihrer Lebenserfahrung als präzedenzlose Neuerungen. Ähnliches galt für die Entwicklung im östlichen Block, obwohl hier das Modell des autonomen Machtstaats in der sowjetischen Politik immer erkennbar blieb.

Versuchen wir nun, diese schematisierende Skizze in drei Schritten soweit zu veranschaulichen, daß die historische Eigenart der einzelnen Epochen des Staatensystems sichtbar gemacht und analysiert werden kann.

Die Phase der Wiener Ordnung und des Europäischen Konzerts 1815 bis 1870

Die Entwicklung vom Wiener Kongreß bis in die 1860er Jahre war von der Dominanz eines politisch-ideologischen Prinzips gekennzeichnet, welches die Struktur der Wiener Ordnung prägte. Die Entwicklung war sodann gekennzeichnet vom Scheitern dieses Prinzips infolge der Revolution um 1848 sowie von den nachfolgenden Versuchen, die zerbrochene Struktur der Wiener Ordnung durch eine neuartige, andersartige zu ersetzen.[2] Das Prinzip war die prophylaktische Abwehr von „Revolu-

[2] Paul W. Schroeder, The Vienna System and Its Stability: The Problem of Stabilizing a State Sy-

tion". Darunter subsumierten die politischen Akteure in den Kabinetten der europäischen Staaten nach 1815 dasjenige, was mit der von ihnen angestrebten Neuordnung nach der Französischen Revolution und den napoleonischen Kriegen nicht vereinbar war.[3] Die prophylaktische Abwehr von „Revolution" war keineswegs ein bloß außenpolitisches Prinzip, sondern sie betraf die Verfaßtheit von Gesellschaft, Staat und Staatensystem im Ganzen, wobei die inneren Verhältnisse in den einzelnen Ländern von England über Preußen bis nach Rußland gleichwohl gravierende Unterschiede aufwiesen. „Revolution" meinte ungeachtet dessen die neuen Bewegungen, die aus der Gesellschaft heraus entstanden und politische Mitbestimmung des Bürgertums, Freiheitsrechte von der Pressefreiheit bis zum Wahlrecht, freien Handel und die nationale Selbstbestimmung der Völker betrafen.[4] Die Struktur der Wiener Ordnung war in allen europäischen Ländern sowohl politisch als auch sozial konservativ in dem Sinne, daß der dynastisch-monarchische Staat den Organisationsrahmen für Bevölkerungen bildete, die nicht als Staatsbürger, sondern als „Seelen" wahrgenommen wurden und wo der einzelne sich als Untertan seines Fürsten, aber nicht als Angehöriger einer Nation zu verstehen gewohnt war. Im Selbstverständnis der herrschenden Schicht in den einzelnen Ländern bestand das System der Mächte nach 1815 aus einer Konfiguration von Monarchien, und die Wiener Ordnung war eine Ordnung monarchischer Staaten, die es gegen die Nationalstaatsbestrebungen insbesondere in den zentraleuropäischen Gesellschaften zu bewahren galt. Als es im Jahre 1848 von Frankreich bis nach Polen und von Dänemark bis nach Italien zur Revolution kam, war das Prinzip der Wiener Ordnung historisch überwunden.[5] Es dauerte bis in die Jahre des Krimkriegs, bis dieses Faktum auch das Handeln der Mächte beeinflußte. Das Prinzip der Nation begann jetzt dominierend zu werden.[6] Politik aus eigenstaatlichem Interesse wurde immer weniger mit dem in der Wiener Ordnung sehr bewußt wahrgenommenen europäischen Interesse abgeglichen und insofern multilateral konzipiert, sondern sie wurde zunehmend autonom durchgeführt und zum Nachteil der langsamer oder nach den traditionellen Maßstäben agierenden und der schwächeren Staaten praktiziert. Am Ende der 1860er Jahre war die Wiener Ordnung beseitigt und durch eine Konfiguration vertraglich untereinander nicht multilateral verbundener und insofern autonomer Staaten ersetzt worden.

Wie sah die Struktur der Wiener Ordnung aus? Die Staaten Europas hatten in den Jahren zwischen 1814/15 und 1820/22 ein Netzwerk von Verträgen geschaffen, deren

stem in Transformation, in: Krüger (Hrsg.), Das europäische Staatensystem im Wandel, S. 107–122; Anselm Doering-Manteuffel, Vom Wiener Kongreß zur Pariser Konferenz. England, die deutsche Frage und das Mächtesystem, Göttingen und Zürich 1991.

[3] Als Überblicksdarstellung und Einführung in die Forschungsdiskussion siehe Anselm Doering-Manteuffel, Die deutsche Frage und das europäische Staatensystem 1815–1871, München 1993. Die gegenwärtig gültige detaillierte Interpretation des Zeitraums bis 1848 bietet Schroeder, The Transformation of European Politics, S. 477–636.

[4] Dieter Langewiesche, Europa zwischen Restauration und Revolution 1815–1849, München, 3. Aufl. 1993; Günther Heydemann, Konstitution gegen Revolution. Die britische Deutschland- und Italienpolitik 1815–1848, Göttingen und Zürich 1995.

[5] Michael Stürmer, Die Geburt eines Dilemmas. Nationalstaat und Massendemokratie im Mächtesystem 1848, in: Merkur 36 (1982), S. 1–12.

[6] Dieter Langewiesche, Nation, Nationalismus, Nationalstaat. Forschungsstand und Forschungsperspektiven, in: NPL 40 (1995), S. 190–236.

bedeutendste die Schlußakte des Wiener Kongresses und die Allianzen der Großmächte aus dem Jahr 1815 waren.[7] Sowohl die Territorialordnung Europas nach dem Sieg über Napoleon als auch das Prinzip einer Politik gegen „die Revolution“ wurden in diesen Verträgen dergestalt verankert, daß keine Großmacht außerhalb dieses konsensualen Rahmens agieren konnte, ohne nicht Sanktionen der anderen Mächte gewärtigen zu müssen. Gewiß waren die Regelungen fast von Anfang an so flexibel gehalten, daß derart gegenläufige Interessen wie die des staatlich geschlossenen, parlamentarisch verfaßten und wirtschaftlich modernen England und jene der staatenübergreifenden anationalen und vormodernen Habsburger Monarchie innerhalb dieses Rahmens zur Geltung gebracht werden konnten. Das Ziel galt der Bewahrung des Friedens, indem „der Revolution“ mit der möglichen Folge eines europäischen Krieges vorgebeugt werden sollte. Die Vorstellungen über die richtige Politik zu diesem Zweck waren unterschiedlich, führten auch zu Spannungen innerhalb der Pentarchie, blieben aber der Struktur der Wiener Ordnung klar verhaftet. Eine revolutionäre Krise sollte vermieden werden, entweder durch jeweils rechtzeitige, gemäßigte und sozial konservative Reformmaßnahmen, wie es die Briten forderten, oder durch möglichst umfassende, radikale Unterdrückung der Kräfte der Bewegung, wie sie Metternichs Österreich mit Unterstützung Rußlands und Preußens zu praktizieren bestrebt war. Trotz der Julirevolution von 1830 blieb die gemeinsame Zielsetzung innerhalb der Pentarchie bis in die Jahre der 1848er-Revolution politikbestimmend und wurde dazu genutzt, der Gefahr entgegenzuarbeiten, daß aus der Revolution in den einzelnen europäischen Ländern ein Krieg zwischen den Staaten entstand.[8]

Das Handlungsmuster der Großmächte erwuchs aus der Struktur der Wiener Ordnung. Die netzwerkartige Anlage der europäischen Verträge bezog die außenpolitischen Spielräume der Staaten multilateral aufeinander, indem sie sie an ein gemeinsames europäisches Interesse band. Als Instrument der Großmächtepolitik diente das Europäische Konzert, welches keine förmliche Institution war, sondern nur bei Bedarf installiert wurde. Im Falle einer Krise zwischen zwei Staaten trat es als Botschafter- oder Ministerkonferenz der Pentarchie und, wo nötig, der Konfliktparteien in Aktion, um zum Zwecke der Krisenbewältigung das aktuelle *europäische* Interesse zu definieren und darüber die Lösung der Krise zu erreichen.[9]

Das Handlungsmuster der Wiener Ordnung war noch weitgehend von der traditionellen Arkanpolitik des absolutistischen Staats geprägt.[10] Im Jahrzehnt nach 1848 traten hier Veränderungen ein, indem Außenpolitik zunehmend mit dem Appell an

7 Charles K. Webster, The Foreign Policy of Castlereagh 1815–1822, London 1925; Karl Griewank, Der Wiener Kongreß und die Europäische Restauration 1814/15, Leipzig, 2. Aufl. 1954; Guilleaume Bertier de Sauvigny, Metternich et la France après le congrès de Vienne. 3 Bde., Paris 1968–74; Enno E. Kraehe, Metternich's German Policy. Bd. 2: The Congress of Vienna 1814–1815, Princeton, N.J. 1983.

8 Hans-Henning Hahn, Internationale Beziehungen und europäische Revolution. Das europäische Staatensystem in der Revolution von 1848, Phil. Habil.schr. Köln 1986; Doering-Manteuffel, Die deutsche Frage und das europäische Staatensystem, S. 8–31 und S. 74–91.

9 Carsten Holbraad, The Concert of Europe, London 1970; Richard B. Elrod, The Concert of Europe. A Fresh Look at an International System, in: WP 28 (1975/76), S. 159–174.

10 Heinz Duchhardt, Gleichgewicht der Kräfte, Convenance, europäisches Konzert. Friedenskongresse und Friedensschlüsse vom Zeitalter Ludwigs XIV. bis zum Wiener Kongreß, Darmstadt 1976.

die Bevölkerung via Presse und, soweit es Vertretungskörperschaften gab, Parlaments- und Wahlkampfreden verbunden wurde. Außenpolitik wurde im Verlauf der 1850er und dann vor allem in den 1860er Jahren zu einer öffentlichen Sache gemacht, und darüber mußte die Öffentlichkeit im jeweiligen Land ein Bewußtsein ihrer selbst entwickeln.[11] Deshalb bewegten sich in Norditalien, im Deutschen Bund, in Preußen und auch in Österreich die nationalen Kräfte in der Gesellschaft und jene Protagonisten von auswärtiger Politik, die erkennbar nationalpolitische Ziele verfolgten, aufeinander zu.[12] Die piemontesische und die preußische Politik nutzten und förderten diese Entwicklung, die österreichische, aber auch die bayerische oder die sächsische taten es nicht, sie konnten es nicht tun. Denn in den Staaten des Deutschen Bundes fanden sie keine übergreifende nationale Öffentlichkeit außer der deutschen, die überwiegend und längst schon zur preußischen Seite hin offen war.[13]

Die Struktur der Wiener Ordnung wurde in den 1850er Jahren beseitigt, nachdem das ideologische Prinzip der europäischen Politik durch 1848 seinen Sinn verloren hatte. Die Entriegelung der multilateralen Ordnung von 1815 erfolgte im Vorfeld und während des Krimkriegs zunächst durch Frankreich,[14] dann aber maßgeblich vorangetrieben durch Großbritannien, den wirtschaftlich fortschrittlichsten und politisch mächtigsten Staat jener Zeit.[15] England benutzte in den Jahren des Krimkriegs das Europäische Konzert, um eine dezidiert nationalegoistische Interessenpolitik gegen die Vorstellungen der verbündeten Mächte Frankreich und Österreich und des neutralen Preußen zu verfolgen. Die Verträge von 1815 wurden zwar durch den Krieg und die Pariser Friedenskonferenz 1856 förmlich nicht revidiert, faktisch aber annulliert. Der Netzwerkcharakter des europäischen Völkerrechts und das daran gebundene Erfordernis einer multilateralen Politik der europäischen Mächte erschienen weiterer Beachtung nicht wert.[16]

Nach dem Ende der Wiener Ordnung in der zweiten Hälfte der 1850er Jahre wurden dann ab 1860 gegenläufige Versuche erkennbar, neue politische Normen im Staatensystem zu etablieren. Bemerkenswert war die englische Absicht, das Konzept des Vertragsnetzwerks zu erneuern, aber in einer spezifischen Richtung zu transformieren. Während der 1860er Jahre erfolgte von London aus der Versuch, das europäische Staatensystem als ein Handelsvertragssystem zu organisieren und gemäß dem eigenen nationalen Interesse zu steuern.[17] Dem Konzept lag die Idee der Protagonisten des Freihandels, Richard Cobden und John Bright, zugrunde, daß, wenn der Handel un-

[11] Lothar Gall, Liberalismus und Auswärtige Politik, in: Deutsche Frage und europäisches Gleichgewicht. Festschrift für Andreas Hillgruber zum 60. Geburtstag, hrsg. von Klaus Hildebrand u. Reiner Pommerin, Köln und Wien 1985, S. 31–46.

[12] Die Herausforderung des europäischen Staatensystems. Nationale Ideologie und staatliches Interesse zwischen Restauration und Imperialismus, hrsg. von Adolf M. Birke u. Günther Heydemann, Göttingen und Zürich 1989.

[13] Vgl. Dieter Langewiesche, Deutschland und Österreich: Nationswerdung und Staatsbildung in Mitteleuropa im 19. Jahrhundert, in: GWU 42 (1991), S. 754–766.

[14] William E. Echard, Napoleon III. and the Concert of Europe, Baton Rouge und London 1983.

[15] Doering-Manteuffel, Vom Wiener Kongreß zur Pariser Konferenz.

[16] Paul W. Schroeder, Austria, Great Britain, and The Crimean War. The Destruction of the European Concert, Ithaca und London 1972.

[17] Gabriele Metzler, Großbritannien – Weltmacht in Europa. Handelspolitik im Wandel des europäischen Staatensystems 1856 bis 1871, Berlin 1997.

gehindert floriere, die Anlässe zu Konflikten zwischen den Staaten entfallen würden. Politik würde dann nur noch nötig sein in Gestalt von Handelspolitik, so daß ein Netzwerk von Handelsverträgen die prinzipienpolitischen Verträge der Wiener Ordnung adäquat ersetzen könnte. Ein solches Netzwerk von England aus zu organisieren und zu steuern, würde Englands hegemoniale Stellung im Staatensystem sowohl unter handels- als auch unter machtpolitischen Gesichtspunkten festigen. Wir fassen hier einerseits recht deutlich eine Politikvorstellung des autonomen Machtstaats, dessen Interessen und Entscheidungen nicht durch den Zwang zu mulitlateraler Abstimmung beeinträchtigt sein sollten. Andererseits war im angestrebten Handelsvertragssystem der Anspruch der Multilateralität noch vorhanden, weil die von London abgeschlossenen Handelsverträge mit den verschiedenen europäischen Staaten durch entsprechende Verträge dieser Staaten untereinander ergänzt werden sollten. Die britische Hegemonie im Staatensystem sollte durch die vertragliche Verzahnung der Partner untereinander um so stärker stabilisiert werden.[18]

Während der Versuch Londons fehlschlug, britische Hegemonie im Mächtesystem und Cobdensche Ideologie miteinander zu verbinden, erwies sich das Vorgehen der kontinentalen Mächte Frankreich und Preußen als erfolgreich, die Frage nach Hegemonie oder Präponderanz im Staatensystem und der Umgliederung der kontinentalen Staaten infolge des Drucks der italienischen und deutschen Nationalbewegungen militärisch zu beantworten, als zukunftsweisend. So wurde dem englischen Interesse in den 1860er Jahren, eine autonome eigenstaatliche Hegemonie mit dem Medium eines Systems von Handelsverträgen auszuüben, schon ab 1859 durch Frankreich und dann durch Preußen seit 1862/64 das Prinzip einer Machtpolitik entgegengesetzt, welche ebenfalls allein dem eigenstaatlichen Interesse verpflichtet, ansonsten aber nicht handelspolitisch, sondern militärisch ausgerichtet sein sollte. Frankreichs Politik von 1858/59, die den Krieg gegen Österreich um Norditalien plante und provozierte, kannte ebenso wie die englische kein „europäisches" Interesse mehr, sondern nur noch das eigenstaatliche französische. Preußens Politik, welche die Kriege gegen Dänemark 1864, Österreich 1866 und Frankreich 1870/71 wo nicht plante und provozierte, so doch suchte und herbeiführte, kannte nur das Hegemonialinteresse des preußischen Staats gegen Österreich im Deutschen Bund und wurde ansonsten von der monarchisch-adligen Oberschicht aus Furcht vor der revolutionären Qualität der Nationalbewegung angetrieben. In beiden Fällen, im französischen wie im preußischen, baute diese Politik auf der seit 1856 gewonnenen Einsicht auf, daß durch die faktische Annullierung des Vertragswerks von 1815 und der Wiener Ordnung nicht länger mit der Intervention einer europäischen Großmacht gerechnet zu werden brauchte, wenn ein regionaler Staatenkrieg vom Zaum gebrochen wurde, der nicht die Gefahr in sich barg, zum europäischen Konflikt zu eskalieren.[19] Der auf seine militärische Kraft gestützte, wirtschaftlich-industriell und in den Bevölkerungszahlen expandierende nationale Machtstaat sollte die nächste Epoche bestimmen.

[18] Anselm Doering-Manteuffel, Großbritannien und die Transformation des europäischen Staatensystems 1850–1871, in: Krüger (Hrsg.), Das europäische Staatensystem im Wandel, S. 153–170.

[19] Klaus Hildebrand, Die „Krimkriegssituation" – Wandel und Dauer einer historischen Konstellation der Staatenwelt, in: Jost Dülffer u. a. (Hrsg.), Deutschland in Europa. Gedenkschrift für Andreas Hillgruber, Berlin 1990, S. 37–51.

Die Wiener Ordnung hatte den Krieg in Europa tabuisiert, weil die Kabinette der europäischen Monarchien nach der Erfahrung der Französischen Revolution und der Herrschaft Napoleons den Zusammenhang von Revolution und europäischem Krieg als unausweichlich annahmen. Die Überwindung dieser ideologischen Annahme durch die Erfahrungen von 1848–51 und die Beseitigung der darauf beruhenden zwischenstaatlichen Vertragsregelungen machten den zweckgerichteten knappen Krieg zwischen europäischen Staaten möglich. Die revolutionäre Eskalation dadurch, daß diese Staatenkriege zu Nationenkriegen wurden und der politischen Kontrolle entglitten, war nicht beabsichtigt, konnte sich aber als Konsequenz der gestiegenen Bedeutung nationaler Öffentlichkeit ergeben. Der deutsch-französische Krieg bietet hierin ein besonders instruktives Beispiel.[20]

Indem während der 1860er Jahre die militärische Variante eigenstaatlicher Interessenpolitik die Oberhand gewann, konnte sich bis 1870 im europäischen Staatensystem die Konzentration auf Stärke und Drohung als das entscheidende Referenzmerkmal europäischer Großmachtpolitik durchsetzen. Parallel dazu lösten die Staatsbildungen in Italien und Deutschland mit dem Ende der Wiener Ordnung auch die monarchische Struktur des Staatensystems durch die nationalstaatliche ab. Der moderne Nationalstaat in Europa formte sich seit den 1860er Jahren als Machtstaat aus, und dieser Machtstaat agierte autonom in einem – hinsichtlich europäischer multilateraler Völkerrechtsregelungen – weitgehend rechtsfreien Raum. Im europäischen Staatensystem der nun folgenden Phase wurden die internationalen Beziehungen nach dem je aktuellen Interessenkalkül der Mächte organisiert. Ein multilaterales Vertragsrechtssystem als verbindlicher Rahmen für alle Akteure galt nur als Hemmnis bei der Kraftentfaltung des einzelnen Staats.

Das Staatensystem im Bann der autonomen nationalen Machtstaaten 1870 bis 1945

Die zweite, mittlere Phase in der Geschichte des europäischen Staatensystems zwischen dem Wiener Kongreß und dem Ende des 20. Jahrhunderts umfaßte die Epoche von den mitteleuropäischen Nationalstaatsgründungen 1860/70 bis zum Ende des Zweiten Weltkriegs. Der innere Zusammenhang dieser ereignis- und entwicklungsgeschichtlich so zerrissenen Epoche erschließt sich durch die Analyse der dominierenden politischen Idee in jenem Zeitraum von etwa achtzig Jahren. Das war die Idee des nationalen Staats als Gehäuse und Vehikel der aktiven, dynamischen prosperierenden Nation. Sie hatte in England und Frankreich seit Beginn der 1850er Jahre die Argumentationen in der Politik und die Bewußtseinsbildung in der Öffentlichkeit mehr und mehr beeinflußt und ihren frühen zeittypischen Ausdruck in den beiden ersten Weltausstellungen in London 1851 und Paris 1855 gefunden; die Modernität von Wirtschaft, Gesellschaft und staatlichen Institutionen setzte den Maßstab für den

20 Eberhard Kolb, Der Weg aus dem Krieg. Bismarcks Politik im Krieg und die Friedensanbahnung 1870/71, München 1990; Michael Jeismann, Das Vaterland der Feinde. Studien zum nationalen Feindbegriff und Selbstverständnis in Deutschland und Frankreich 1792–1918, Stuttgart 1992.

Rang einer Nation in der Konkurrenz der Großmächte.[21] Das hatte die Entwicklung in Mitteleuropa zwischen 1850 und 1870 mit vorangetrieben, die Nationalstaatsgründungen in Italien und Deutschland befördert und die Habsburger Monarchie als europäische Macht immer weiter in den Hintergrund geschoben. Deren Niedergang resultierte aus dem geringen industriewirtschaftlichen und handelspolitischen Entwicklungspotential und der nicht-nationalen Struktur des Staatswesens.[22]

Die Idee von Staat und Nation als einer dynamischen Einheit integrierte die traditionellen Machtmittel des Staates – Finanzen und Militär – und die neuen Ressourcen der Kraftentfaltung – Technik, Industrie und Wissenschaft.

Das zusammengenommen bildete die Grundlage für die Interaktion der Großmächte. Noch befördert durch die wissenschaftliche und ideologische Zeitströmung des Darwinismus entwickelte sich daraus vor der Jahrhundertwende ein Politikverständnis, das um die Kategorien Rivalität und Hegemonie zentriert war.[23] Obwohl es eine allgemeineuropäische Erscheinung bildete, war dieses Politikverständnis gleichwohl nicht in einem Wurzelboden europäischer multilateraler Regelungsmechanismen verankert, sondern konnte sich ungebunden entfalten.

So verwundert es kaum, daß die Epoche der beiden Weltkriege vollständig in diesen Problemzusammenhang hineingehört. Bis 1939/45 blieb Europa ein politischer Großraum ohne wirkungsmächtige staatenübergreifende Ordnungsformen, so daß die Idee der bindungsfreien und zugleich dynamischen Einheit von Staat und Nation als ein genuin europäisches Phänomen in ihren verschiedenen nationalen Spielarten frei fluktuieren konnte.[24]

Die Struktur des Staatensystems war in dieser Epoche durch die Absenz von politisch relevanten Bindungen prinzipieller Natur und multilateralen Charakters gekennzeichnet. Diese „Anarchie"[25] in den Staatenbeziehungen ermöglichte jeder europäischen Großmacht ein Höchstmaß an Bewegungsfreiheit und legte den Abschluß von Bündnissen mit einem oder mehreren Staaten nur dann nahe, wenn ein konkretes eigenes nationales Interesse das erforderte. Deshalb gab es in jedem Jahrzehnt der Epoche eine ganze Anzahl von Bündnissen zwischen den verschiedenen Mächten. Ein europäisches Völkerrecht oder eine andere, für alle Staaten verbindliche Norm internationaler Politik zur Konfliktregelung und Krisenstabilisierung hingegen gab es nicht, obwohl die Versuche in dieser Richtung zahlreich waren.[26]

21 Vgl. Utz Haltern, Die Weltausstellung von 1851, Münster 1971.

22 Vgl. Österreich und die deutsche Frage im 19. und 20. Jahrhundert. Probleme der politisch-staatlichen und sozialkulturellen Differenzierung im deutschen Mitteleuropa, hrsg. von Heinrich Lutz u. Helmut Rumpler, München 1982; Deutscher Bund und Deutsche Frage 1815–1866. Europäische Ordnung, deutsche Politik und gesellschaftlicher Wandel im Zeitalter der bürgerlich-nationalen Emanzipation, hrsg. von Helmut Rumpler, Wien und München 1990.

23 Gollwitzer, Weltpolitisches Denken. Bd. 2, S. 23–82; Hans-Ulrich Wehler, Sozialdarwinismus im expandierenden Industriestaat, In: Immanuel Geiss/Bernd Jürgen Wendt (Hrsg.), Deutschland in der Weltpolitik des 19. und 20. Jahrhunderts, Düsseldorf 1973, S. 133–142; H. W. Koch, Der Sozialdarwinismus. Seine Genese und sein Einfluß auf das imperialistische Denken, München 1973; Geoffrey R. Searle, Eugenics and Politics in Britain, 1909–1914, Leyden 1976.

24 Hagen Schulze, Staat und Nation in der europäischen Geschichte, München 1994, S. 243–317.

25 Werner Näf, Versuche gesamteuropäischer Organisation und Politik in den ersten Jahren des 19. Jahrhunderts, in: Ders., Staat und Staatsgedanke, Bern 1935, S. 9–27.

26 Gollwitzer, Weltpolitisches Denken. Bd. 2, S. 31–34 und passim.

Spätestens an der Jahrhundertwende ließ sich nicht mehr übersehen, wie risikoträchtig diese Struktur des Staatensystems ohne festes Fundament war. Deshalb wurden, gewissermaßen in dialektischem Bezug zu der „anarchischen" Struktur, in dieser Epoche seit den späten 1890er Jahren bis ins Vorfeld des Ersten Weltkriegs immer wieder Versuche gemacht, neue Formen von Multilateralität zu etablieren. Sie sollten dazu dienen, die Politik in Krisenfällen steuerbar zu erhalten und Normen der politischen Selbstbeschränkung im Verfolg des nationalen Interesses zu installieren, wie sie nach dem Abgang Bismarcks zunehmend deutlich vermißt wurden. Am Beginn standen die Haager Friedenskonferenzen von 1899 und 1907, die auch die USA ins System der europäischen Großmächte hineinbrachten und auf multilaterale Verträge zur Abrüstung, Rüstungsbegrenzung und Friedenssicherung zielten.[27] Den Höhepunkt bildete der Völkerbund. Als Produkt des Ersten Weltkriegs war er nicht nur darauf ausgerichtet, politische Strukturen zu schaffen, die es ermöglichen sollten, mit den Mitteln der Politik einen weiteren mörderischen Krieg wie diesen zu verhindern, sondern er sollte zugleich eine Instanz zur Neubegründung eines international gültigen Wertekanons in der Außen- und Sicherheitspolitik sein.[28] Mit dem Konzept des Völkerbundes als einer internationalen politischen Werteinstanz wurde die Ideologie des angloamerikanischen Liberalismus als Ordnungssystem für Wirtschaft, Verfassung und Außenpolitik aller Staaten im Rahmen des Staatensystems zur Geltung gebracht. Die Mächte, die im technisch-wirtschaftlichen und gesellschaftlichen Modernisierungsprozeß die dominierende Position einnahmen und im Krieg ihren schärfsten Konkurrenten Deutschland aus dem Feld geschlagen hatten, brachten mit dem Medium des Völkerbunds ihre Ordungsvorstellungen als ein Normangebot in die internationale Politik ein.[29] Zwar scheiterte der Völkerbund in dieser Hinsicht, weil die gegenläufigen Kräfte aus der Tradition der europäischen Mächtepolitik seit dem letzten Drittel des 19. Jahrhunderts nach 1918 bis 1939 noch überwiegend politisch bestimmend blieben, aber er wies voraus auf den nächsten Schritt zu einer wertgebundenen Neuordnung des Staatensystems, der nach dem Kriegseintritt in den Zweiten Weltkrieg von den USA geplant und später in Gestalt der Vereinten Nationen, insbesondere aber mit dem westlichen Bündnissystem seit 1949/50 realisiert wurde.[30]

Daß die Struktur des Staatensystems als Addition bindungsfreier nationaler Machtstaaten mit den materiellen Bedürfnissen und Zwängen der Gesellschaften, Volkswirtschaften und Verwaltungen in den einzelnen Ländern nicht überall zusammenpaßte, zeigte sich auf einer anderen Ebene als der „Großen Politik". Der zunehmende Bedarf an internationaler Kommunikation und Information, an Austausch

[27] Jost Dülffer, Regeln gegen den Krieg? Die Haager Friedenskonferenzen 1899 und 1907 in der internationalen Politik, Berlin u.a. 1981.

[28] Alfred Pfeil, Der Völkerbund. Literaturbericht und kritische Darstellung seiner Geschichte, Darmstadt 1976.

[29] Tony Smith, America's Mission. The United States and the Worldwide Struggle for Democracy in the Twentieth Century, Princeton, N.J. 1994; Winfried Baumgart, Vom Europäischen Konzert zum Völkerbund. Friedensschlüsse und Friedenssicherung von Wien bis Versailles, Darmstadt 1974.

[30] Gottfried Niedhart, Internationale Beziehungen 1917–1947, Paderborn 1989; Kathleen Burk, The Lineaments of Foreign Policy: The United States and a „New World Order," 1919–39, in: Journal of American Studies 26 (1992), S. 377–391.

von Waren und Wissen erzeugte wiederum seit den 1890er Jahren eine auffällige Ausweitung von multilateralen Aktivitäten. Es entstand ein „gouvernementaler Internationalismus", der in zahlreichen Konferenzen darauf gerichtet war, die Modernisierungsfolgen der Industrialisierung zu bewältigen. Die Notwendigkeit der Normierung von Maß und Gewicht, die Sicherung grenzübergreifender Kompatibilität im Eisenbahnverkehr und die Gründung internationaler Organisationen wie des Weltpostvereins und der Telegraphenunion veranlaßten eine große Anzahl von Ländern zur Zusammenarbeit.[31]

So bildeten einerseits die Ansätze zu internationaler Vernetzung in machtpolitisch unspektakulären Bereichen und die Versuche, Institutionen zur Stabilisierung und wertbezogenen Fundierung des Staatensystems zu etablieren, ebenso ein Kennzeichen der Epoche bis 1945 wie andererseits die Tradition der autonomen nationalstaatlichen Außenpolitik dominierend blieb. Der Zeitraum von gut vierzig Jahren seit 1871 bis ins Vorfeld des Ersten Weltkriegs war noch vollständig vom Übergewicht der bindungsfreien Machtstaatspolitik über die Neuansätze zur Etablierung multilateraler Institutionen charakterisiert.[32] Nach dem Ersten Weltkrieg gab es die Selbstgewißheit der Kabinette, mit der sie ihre nationalegoistische Politik bis 1914 verfolgt hatten, nicht mehr, aber der Krieg hatte zugleich die nationalen Ressentiments und den Willen zur Revanche für erlittene Entbehrungen und Verluste zumindest unter Franzosen, Briten und Deutschen so stark stimuliert, daß der amerikanische Einfluß selbst dann nicht durchdrang, als Präsident Woodrow Wilson noch ernsthaft den Versuch machte, ihn in der Nachkriegspolitik wirklich zur Geltung zu bringen.[33] Der italienische Faschismus und der Nationalsozialismus entwickelten dann die radikalste Variante des nationalen Machtstaatsgedankens. Sie nutzten die Tradition der autonomen auswärtigen Politik im Staatensystem dazu, um das Völkerrecht des Versailler Vertragswerks mutwillig und provokant zu zerstören, international Erpressung zu betreiben und gezielt den Krieg als Mittel zur Machtausweitung anzustreben.[34]

Damit sind die Handlungsmuster im Staatensystem während der Zeit von 1871 bis 1945 angesprochen. Die Begrenzung des Zeitraums durch die Daten der deutschen Geschichte erweist sich hier als notwendig, weil die europaweite Wirkungsmacht der Bündnispolitik Bismarcks und die inhärente Problematik des von ihm geschaffenen Bündnissystems den Anfang bildeten. Bismarck hatte als preußischer Gesandter beim Deutschen Bund in den 1850er Jahren den Zerfall der Wiener Ordnung beobachtet und am Ende des Krimkriegs mit einer Entschiedenheit, die sonst nur noch die briti-

[31] Madeleine Herren, Hintertüren zur Macht. Internationalismus und modernisierungsorientierte Außenpolitik in Belgien, der Schweiz und den USA 1865–1914, München 2000.

[32] Vgl. nuancierend Klaus Hildebrand, Europäisches Zentrum, überseeische Peripherie und Neue Welt. Über den Wandel des Staatensystems zwischen dem Berliner Kongreß (1878) und dem Pariser Frieden (1919/20), in: HZ 249 (1989), S. 53–94.

[33] Thomas J. Knock, To End All Wars. Woodrow Wilson and the Quest for a New World Order, New York und Oxford 1992; George W. Egerton, Great Britain and the League of Nations. Strategy, Politics, and International Organization, 1914–1919, London 1979; Klaus Schwabe, Deutsche Revolution und Wilson-Frieden. Die amerikanische und deutsche Friedensstrategie zwischen Ideologie und Machtpolitik 1918/19, Düsseldorf 1971.

[34] Ernst Nolte, Der Faschismus in seiner Epoche. Die Action Française, der italienische Faschismus, der Nationalsozialismus, München 1963, S. 287–299, S. 424–432; Stanley G. Payne, A History of Fascism 1914–1945, London 1997, S. 227–244.

schen Staatsmänner Palmerston und Clarendon aufbrachten, dagegen argumentiert, die Pariser Friedensverhandlungen auch dazu zu nutzen, ein neues europäisches Vertragswerk zu erarbeiten, das die Regelungen des Wiener Kongresses an die Bedingungen der Zeit anpaßte.[35] Bismarck wurde zum wichtigsten Repräsentanten des neuen Prinzips in der europäischen Politik – des Prinzips der unbedingten Handlungsautonomie des Einzelstaats –, indem er als preußischer Ministerpräsident von 1862 bis 1871 und dann als Reichskanzler dessen Anwendung zunächst mittels des begrenzten Krieges und dann zum Zweck der Stabilisierung des Großmächtesystems konsequent und mit taktischer Meisterschaft verfolgte.[36] Nach der Reichsgründung war das Bündnissystem darauf angelegt, Frankreich in Europa zu isolieren, um dessen Spielräume zu einer Revanchepolitik gegen Deutschland möglichst begrenzt zu halten, und es war weiterhin so konzipiert, daß die anderen Mächte nach Möglichkeit von Koalitionen gegen das Reich abgehalten wurden. Das berühmte Spiel mit den fünf Kugeln[37] erinnerte an das Europäische Konzert, welches die Zeitgenossen aus den vier Jahrzehnten vor 1856 noch in Erinnerung haben mochten, aber Bismarcks Bündnissystem war in Wirklichkeit die Negation des historischen Vorbildes.[38] Das nämlich war in eine Staatenordnung integriert gewesen, die, völkerrechtlich abgesichert, sämtliche europäischen Mächte auf einer prinzipiell gleichberechtigten Grundlage umfaßte; eben daraus hatte es seine Leistungskraft in den europäischen Krisen von 1830 und 1848 gewonnen. Bismarcks Bündnissystem hingegen kannte durch die Isolierung Frankreichs die Kategorie der prinzipiellen politisch-rechtlichen Gleichheit nicht. Obendrein baute es auf keinem von den europäischen Großmächten gemeinsam erarbeiteten vertragsrechtlichen Fundament auf, sondern war an das Eigeninteresse und die internationale Durchsetzungsfähigkeit eines und nur eines Staats in Europa gebunden. Darin wies es deutliche Ähnlichkeit mit dem britischen System eines europäischen Netzes von Handelsverträgen auf,[39] und es brach auch in gleicher Weise zusammen, als der politische Wille nach Bismarcks Entlassung nicht mehr vorhanden war und sich die Interessen aller Großmächte in den 1890er Jahren zu verändern begannen.

Die Jahrzehnte des Hochimperialismus von etwa 1890 bis zum Ersten Weltkrieg sind aus der Sicht des europäischen Staatensystems als eine Zeit zu betrachten, in der die machtpolitischen, wirtschaftlich und militärisch definierten Rivalitäten zwischen den Großmächten von Europa nach Übersee verlagert wurden.[40] Als europäischer Krisenherd blieb der Balkan infolge der chronischen Schwäche des Osmanischen Reichs und als Schnittpunkt der Machtprojektionen des Zarenreichs und der Donau-

[35] Lothar Gall, Bismarck. Der weiße Revolutionär, Frankfurt a.M. und Berlin 1980, S. 127–172; Doering-Manteuffel, Wiener Kongreß, S. 289–324.

[36] Zur Politik der „Saturiertheit" siehe Klaus Hildebrand, Deutsche Außenpolitik 1871–1918, München 1989, S. 3–26; Ders., Saturiertheit und Prestige. Das Deutsche Reich als Staat im Staatensystem 1871–1918, in: GWU 40 (1989), S. 193–202.

[37] Vgl. Hildebrand, Das vergangene Reich, S. 79–86.

[38] Peter Krüger, Das Problem der Stabilisierung Europas nach 1871: Die Schwierigkeiten des Friedensschlusses und die Friedensregelung als Kriegsgefahr, in: Ders. (Hrsg.), Das europäische Staatensystem im Wandel, S. 171–188.

[39] Metzler, Großbritannien – Weltmacht in Europa.

[40] Gregor Schöllgen, Imperialismus und Gleichgewicht. Deutschland, England und die orientalische Frage 1871–1914, 3. Aufl. München 2000.

monarchie von zentraler Bedeutung. Das europäische Staatensystem weitete sich in dieser Zeit zu einem tendenziell globalen System, aber die Handlungsmuster der Großmächtepolitik wurden davon bis 1914 höchstens marginal beeinflußt. Gleichwohl führte diese Ausweitung dazu, daß Interessenkonflikte zwischen den Mächten nun verschiedene Ebenen aufweisen konnten und eine Verständigung auf nur einer Ebene, zum Beispiel der kolonialen, den Konflikt nicht beseitigte. Hinzu kam, daß die Außenpolitik des Deutschen Reichs in der Wilhelminischen Epoche eine Unberechenbarkeit entwickelte, die Bismarck immer zu vermeiden wußte und die jetzt zusätzlich die Funktionsfähigkeit des Staatensystems beeinträchtigte. Die Rivalität des Deutschen Reichs mit Großbritannien, die unter wirtschaftlichen, kolonialen und machtpolitischen Aspekten an Schärfe zunahm, lud sich mit der Flottenrüstung ab der Jahrhundertwende immer stärker militärisch auf.[41] Schon die russische Initiative zur ersten Haager Konferenz stand im Zusammenhang mit der internationalen Rüstungseskalation. Die Initiative zur zweiten Haager Konferenz ging von den USA aus und verwies auf die bedrohliche Unberechenbarkeit des europäischen Staatensystems.[42] Sowohl in Deutschland als auch in Großbritannien fühlten sich Universitätsprofessoren der Staats- und Gesellschaftswissenschaften aufgerufen, dem Trend zur Risikopolitik entgegenzuarbeiten. 1911 entstand der „Verband für internationale Verständigung",[43] den, neben anderen, Hermann Cohen, Adolf Harnack, Georg Jellinek, Ernst Troeltsch, Friedrich Naumann und Max Weber unterstützten, auch wenn der eine oder andere – wie etwa Weber – die Wilhelminische Weltmachtpolitik durchaus billigte. Als der Große Krieg dann da war, begann schon im September 1914 in England eine Arbeitsgruppe um den Staatswissenschaftler und Soziologen James Bryce, aus der Erfahrung des Jahrzehnts vor 1914 die Bedingungen für eine neue nationenübergreifende völkerrechtliche Institution zu durchdenken – Überlegungen, die dann Eingang in das Konzept des Völkerbundes fanden.[44]

Die Ordnung von Versailles sollte den Völkerbund in sich schließen und war insofern darauf angelegt, neue multilaterale Strukturen im Staatensystem zur Geltung zu bringen. Schon bevor die Weigerung des amerikanischen Kongresses, das Pariser Vertragswerk mit der inkorporierten Völkerbundsakte zu ratifizieren, das Projekt der multilateralen Neuordnung zum Scheitern verurteilte, war bereits absehbar geworden, daß es von allen Beteiligten, Siegern wie Besiegten, eine annehmbare und insofern legitime Regelung auch nur des Friedensvertrags nicht geben würde. Obwohl oder gerade weil der Wiener Kongreß mindestens der britischen Delegation als Vorbild diente, wurden bestimmte Entscheidungen anders als im Jahr 1814 getroffen, weil man sich davon ein leichteres Verhandeln versprach. So war Frankreich in Wien als besiegter Staat zu den Verhandlungen zugelassen worden, und die französischen Interessen, von Talleyrand meisterhaft vertreten, hatten damals die Arbeit erheblich kompliziert. Das diente als historisches Argument, um in Versailles einer deutschen

[41] Vgl. Hildebrand, Das vergangene Reich, S. 213–221.

[42] Dülffer, Regeln gegen den Krieg?, S. 19–38, S. 227–247.

[43] Roger Chickering, A Voice of Moderation in Imperial Germany: The „Verband für internationale Verständigung" 1911–1914, in: Journal of Contemporary History 8 (1973), S. 147–164.

[44] Thomas Kleinknecht, Imperiale und internationale Ordnung. Eine Untersuchung zum angloamerikanischen Gelehrtenliberalismus am Beispiel von James Bryce (1838–1922), Göttingen 1985.

Delegation die Teilnahme zu verweigern.[45] Ohnehin schon durch den Druck divergierender Erwartungen seitens der öffentlichen Meinung in ihren jeweiligen Ländern belastet, versprachen sich die Verhandlungspartner der Ententemächte davon eine Vereinfachung. Sie übersahen dabei, daß ein harter, aber keineswegs knebelnder Friedensvertrag in Deutschland – sobald er der Öffentlichkeit präsentiert wurde, die einen „Wilson-Vertrag" erwartete – eben doch als Knebelung aufgefaßt werden und nationale Empörung auslösen könnte. Als diese Entwicklung einsetzte, war durch die Sieger bereits die Grundlage für den Revisionismus des Reichs gelegt und eine der Ursachen für die Instabilität der Nachkriegsordnung geschaffen worden.[46] So stellten die Friedensverträge schon für sich genommen keine Ausgangsbasis für eine künftige Verständigungspolitik bereit. Vielmehr mußten die späteren Versuche in dieser Richtung zwischen Frankreich und Deutschland in der Ära Briand – Stresemann gegen die öffentliche Wertung des Versailler Vertrags in beiden Ländern unternommen werden. Nimmt man die Schwäche und Begrenztheit des Völkerbundes nach der amerikanischen Absage noch hinzu, wird erkennbar, daß schon ab 1919 der Spielraum für eine Außenpolitik in der Vorkriegstradition größer und gewissermaßen international auch sanktioniert war, während das gegenläufige Prinzip, die Neubestimmung einer multilateralen politisch-rechtlichen Ordnung, sich innerhalb von wenigen Monaten als Utopie herausgestellt zu haben schien. Doch es handelte sich um keine Utopie, sondern um eine politische Vision, die nicht nur gewisse Anknüpfungspunkte in der Geschichte hatte, sondern recht deutlich auch die Anzeichen hegemonialer Kraft eines neuen *global player* in sich schloß.[47]

In der Wirtschaftspolitik der zwanziger Jahre wurden durchaus erste Konsequenzen aus diesem Sachverhalt gezogen. Die großen Industriekonzerne in den europäischen Nationalstaaten und zumal in Deutschland erkannten die Herausforderung durch die amerikanische Konkurrenz, die ihnen überlegen war. Sie begannen, durch vertikale und horizontale Konzentration größere Einheiten zu bilden, bemühten sich um Rationalisierung der Produktion und schlossen sich in internationalen Kartellen zusammen.[48] Gleichwohl überwog in den zwanziger Jahren noch das Selbstverständnis konkurrierender Ordnungssysteme in Wirtschaft, Gesellschaft und Politik, insbesondere auf deutscher Seite blieb der Widerstand gegen eine strukturelle Angleichung der Länder im europäischen und atlantischen Rahmen stark. Zwar gab es eine gewisse Bereitschaft zu Wirtschaftsintegration im Umfeld von Reichsaußenminister Gustav

[45] Charles K. Webster, The Congress of Vienna 1814–1815, London 1919.

[46] Arno J. Mayer, Politics and Diplomacy of Peacemaking. Containment and Counterrevolution at Versailles, 1918–1919, London 1968.

[47] Peter Krüger, Die Außenpolitik der Republik von Weimar, Darmstadt 1985; Ders., Friedenssicherung und deutsche Revisionspolitik. Die deutsche Außenpolitik und die Verhandlungen über den Kellogg-Pakt in: VfZ 22 (1974), S. 227–257; Herman Hagspiel, Verständigung zwischen Deutschland und Frankreich? Die deutsch-französische Außenpolitik der zwanziger Jahre im innenpolitischen Kräftefeld beider Länder, Bonn 1987; Melvyn P. Leffler, The Elusive Quest. America's Pursuit of European Stability and French Security, 1919–1933, Chapel Hill 1979.

[48] Karl Heinrich Pohl, Die „Stresemannsche Außenpolitik" und das westeuropäische Eisenkartell 1926. „Europäische Politik" oder „Nationales Interesse"?, in: VSWG 65 (1978), S. 511–534; Matthias Schulz, Deutschland, der Völkerbund und die Frage der europäischen Wirtschaftsordnung 1925–1933, Hamburg 1997.

Stresemann, aber alle Diskussion über „Paneuropa" verlief ohne realpolitische Substanz.[49] Die Gestaltungskraft der Ententemächte bei der Gründung des Völkerbunds wurde als Ausdruck von deren hegemonialem Willen aufgefaßt, welcher zwangsläufig auf der Ebene europäischer Politik zur Geltung kommen würde, sobald die nationalstaatliche Autonomie nicht mehr das oberste Prinzip bildete. Im Kreis der Ententemächte war die Dominanz der USA mindestens in der Wirtschafts- und Handelspolitik nicht zu übersehen, so daß sich hier im tagespolitischen Geschehen die Tendenz einer Hegemonie atlantischer Politik und sozioökonomischer Normen abzeichnete, gegen die allein scharf artikulierter Nationalismus eine Barriere bildete.[50] Das nationalsozialistische Deutschland transponierte solchen Nationalismus mit dem Zweiten Weltkrieg auf die europäische Ebene, wo er dann endlich am Gegenangriff der Anti-Hitler-Koalition, insbesondere der gegensätzlichen Partner USA und UdSSR, scheiterte.[51]

Nach 1918 wuchs indessen zunächst der Antagonismus zwischen Sozialismus und Kapitalismus in die internationale Politik hinein, den es zuvor nur erst als innergesellschaftlichen Konflikt in verschiedenen europäischen Staaten gegeben hatte. Die machtpolitische Dimension der späteren Bipolarität ließ sich noch nicht erkennen. Dessen ungeachtet wurde das bolschewistische Rußland, später die Sowjetunion, wegen des krassen Systemgegensatzes und revolutionären Anspruchs während der zwanziger Jahre nicht ins Staatensystem integriert, wodurch ein weiteres Element des Provisorischen neben den Charakter der Instabilität trat, welcher aus den deutschen Vorbehalten gegen Versailles resultierte.

So wirkte die Neuordnung nach dem Ersten Weltkrieg widersprüchlich und unentschieden. Ja, es handelte sich eigentlich um gar keine Neuordnung, denn der Versuch dazu war weitgehend fehlgeschlagen, und die Aktionsmuster der Vergangenheit boten sich an, weil sie in der entscheidenden Hinsicht erprobt waren: nationales Interesse ohne Absprache und Koordination mit den anderen Mächten zur Geltung zu bringen. Wie sehr gleichwohl die Notwendigkeit einer internationalen Politik der Friedenssicherung, Abrüstung und Konfliktbegrenzung gesehen wurde, zeigte die Gründung zweier Forschungsinstitute in London und Hamburg zur Analyse der Außenpolitik und die damit zusammenhängende Begründung des Faches Politikwissenschaft. Hier ging es um die wissenschaftliche Analyse internationaler Konfliktfelder zur Überwindung der Spannungen im Nachkriegssystem und um Perspektiven auf eine bessere Regelung der Staatenbeziehungen. Kooperation und Multilateralität spielten dabei eine beträchtliche Rolle, und das Interesse von amerikanischer Seite an beiden Instituten sowie die Bereitschaft zur finanziellen Unterstützung ihrer Arbeit waren groß. Auch das wies voraus auf Entwicklungen in der Zukunft.[52]

[49] Reinhard Frommelt, Paneuropa oder Mitteleuropa. Einigungsbestrebungen im Kalkül deutscher Wirtschaft und Politik 1925–1933, Stuttgart 1977.

[50] Charles S. Maier, Recasting Bourgeois Europe. Stabilization in France, Germany, and Italy in the Decade after World War I, Princeton, N.J. 1975, S. 516–545; Frank Costigliola, Awkward Dominion. American Political, Economic, and Cultural Relations with Europe, 1919–1933, Ithaca und London 1984.

[51] Jost Dülffer, Jalta, 4. Februar 1945. Der Zweite Weltkrieg und die Entstehung der bipolaren Welt, München 1998.

[52] Eine vergleichende Studie zur Geschichte des „Royal Institute of International Affairs" (Lon-

In den dreißiger Jahren wurde das Staatensystem von innen heraus angegriffen und schließlich zerstört. Die Mittel, die insbesondere das nationalsozialistische Deutschland und neben ihm Italien und Japan anwandten, bestanden in der Übersteigerung der im Staatensystem selbst angelegten Handlungsmöglichkeiten bis ins Verbrecherische hinein. Die schon erwähnte Politik des Vertragsbruchs, der gezielten Provokation anderer Staaten und des geplanten Krieges erwuchs aus der Möglichkeit bindungsfreier Machtstaatlichkeit. Und die Tatsache, daß die deutsche Politik ab 1933 systematisch internationales Recht verletzte, indem sie die Bestimmungen des Versailler Vertrages brach, ohne Sanktionen der unterzeichneten Großmächte auf sich zu ziehen, wirft zusätzlich ein fahles Licht auf den Zustand des Staatensystems nach dem Ersten Weltkrieg. Letztlich waren es die Erfahrungen aus der Zwischenkriegszeit, die schon früh im Verlauf des Zweiten Weltkriegs dazu führten, daß die Nachkriegsordnung nach diesem erneuten Krieg mit Entschiedenheit als eine wirkliche Neuordnung des Staatensystems antizipiert wurde.

Die Phase der multilateralen Rahmenordnung vom Ende des Zweiten Weltkriegs bis zur Gegenwart

Die dritte Phase in der hier vorgeschlagenen Epocheneinteilung des europäischen Staatensystems seit 1800 begann im Zweiten Weltkrieg. Zwischen 1941 und 1948 entstand die Nachkriegskonstellation, die bis 1990/91 erhalten blieb. Wiederum erwiesen sich die neuen Strukturen trotz dynamischen inneren Wandels seit den 1970er Jahren über einen Zeitraum von vier Jahrzehnten als dauerhaft. Die seither spürbare Transformation entzieht sich als eine unabgeschlossene Periode vorläufig noch dem analytischen Zugriff des Historikers. Indes, der Übergang ins 21. Jahrhundert geschieht noch innerhalb dieser dritten Phase.

Zu fragen ist ein weiteres Mal nach dem dominierenden Prinzip und der leitenden Idee im Staatensystem während dieser dritten Phase, bevor es möglich ist, Strukturen und Handlungsmuster zu umreißen. Den Ausgangspunkt bildet das Jahr 1941 mit dem Doppelereignis der Atlantikcharta (14. August 1941) und der Entstehung der Anti-Hitler-Koalition aus den USA, Großbritannien und der Sowjetunion. Die Atlantikcharta schuf ein politisch-ideologisches Fundament, von dem aus zu handeln die USA und Großbritannien entschlossen waren. Sie stellte die aktualisierte Version des US-amerikanischen Wertesystems dar, wie es am Ende des Ersten Weltkriegs in den Vierzehn Punkten Woodrow Wilsons und im Projekt des Völkerbunds seinen Niederschlag gefunden hatte und gleichgewichtig den hegemonialen Anspruch und das ideologische Selbstverständnis in „America's Mission" umfaßte. Nach dem deutschen Angriff auf die Sowjetunion und dem Kriegseintritt der USA auf dem asiatischen und dem europäischen Kriegsschauplatz geriet die UdSSR in die Rolle des Partners der Westmächte bei den Vorbereitungen zur Neuordnung der Welt nach dem

don) und des „Instituts für Auswärtige Politik" (Hamburg und Berlin) wird im Rahmen des Tübinger Sonderforschungsbereichs „Kriegserfahrungen – Krieg und Gesellschaft in der Neuzeit" bearbeitet. Vgl. auch Reinhard Meyers, Die Lehre von den Internationalen Beziehungen. Ein entwicklungsgeschichtlicher Überblick, Königstein/Ts. und Düsseldorf 1981, S. 37–44.

Krieg. Darin sollten wie selbstverständlich die westlich-atlantischen Vorstellungen von „Freiheit" in Wirtschaft, Gesellschaft und Staat als Ordnungsprinzip der Nationen zur Geltung kommen. Mit der Gründung der „Vereinten Nationen" wurde dies, gewissermaßen als ein institutionalisierter Anspruch, im Herbst 1945 auch verwirklicht.[53] Die UN traten vor der Entstehung der bipolaren Welt ins Leben, die sie deshalb überwölbten. Die Bipolarität begrenzte indessen ihr realpolitisches Gewicht. Die „eine Welt" nach der Vorstellung des amerikanischen Präsidenten Franklin D. Roosevelt sollte es nicht geben und damit auch nicht die globale Dominanz eines von den USA definierten Ordnungssystems.[54] Aber die Idee einer multilateral strukturierten „einen Welt" verschwand nicht völlig aus der internationalen Politik. Indem sie potentiell alle Mächte des Weltstaatensystems integrierte, lebte sie dann wieder auf, wenn der Ost-West-Konflikt die Möglichkeit zu blockübergreifender Kooperation bot. Im Staatensystem nach 1945 erhielt sie einen besonders prägnanten Ausdruck in der „Konferenz für Sicherheit und Zusammenarbeit in Europa" (KSZE) seit den 1970er Jahren. *Diese* Form multilateraler Interessenabstimmung zwischen höchst gegensätzlichen Akteuren war die zeitgemäße Variante der Vorstellung von einer Neuordnung der Staatenwelt, wie sie zur Zeit der Anti-Hitler-Koalition im Umkreis von US-Präsident Roosevelt entwickelt worden war. Insofern ist unter dem Gesichtspunkt der Systemgeschichte der internationalen Beziehungen dieser Sachverhalt als der übergeordnete anzusprechen, dem die bipolare Ordnung des Ost-West-Konflikts sowohl hinsichtlich ihrer Entstehungszeit als auch konzeptionell nachgeordnet war. Dies gilt es zu bedenken, wenn jetzt die Ereignisgeschichte des Ost-West-Konflikts in den Vordergrund gerückt wird.

Zum regulativen Prinzip der internationalen Politik seit den späten 1940er Jahren wurde ein in Europa zentriertes Sicherheitssystem unter Einschluß und Führung der USA und UdSSR. Beide Weltmächte der Nachkriegsepoche entwickelten eine Tendenz zu globaler Hegemonie, die an ein jeweils konsistentes sozioökonomisches und politisch-kulturelles Ordnungssystem gebunden war. Diese Systeme schlossen sich gegenseitig völlig aus. Sie zielten auf die Verwirklichung von „Demokratie" weltweit, worunter im Westen Marktwirtschaft, freier Handel, parlamentarische Demokratie und die formale Gewährleistung der Individualrechte verstanden wurde und im Osten die Befreiung der Staaten und Völker von jeglicher Unterdrückung durch Kapitalismus und Imperialismus unter Führung der Sowjetunion. Die konkurrierenden Hegemonieansprüche wurden von Anbeginn ideologisch überhöht und im Osten mit der Formel des antiimperialistischen Kampfs für „den Frieden", im Westen mit der dagegen gerichteten Formel des Kampfs der parlamentarisch verfaßten Staaten und Gesellschaften für „die Freiheit" in der Propaganda des Kalten Krieges zur Geltung gebracht. Die Beharrungskraft dieser ideologischen Grundmuster war enorm, denn nach der Latenzphase des Kalten Krieges während der Entspannungspolitik in den siebziger Jahren lebten sie im machtpolitischen Kampf um die Nachrüstung seit 1980

53 Thomas J. McCormick, America's Half-Century. United States Foreign Policy in the Cold War, Baltimore und London 1989.

54 Smith, America's Mission, S. 113–145; John Lewis Gaddis, The United States and the Origins of the Cold War, 1941–1947, New York und London 1972; Ders., We Now Know. Rethinking Cold War History, Oxford und New York 1997; Wilfried Loth, Die Teilung der Welt. Geschichte des Kalten Krieges 1941–1955, München, 9. Aufl. 2000.

wieder auf, und der ideologische „Friedens"-Begriff der kommunistischen Propaganda aus den späten vierziger Jahren speiste die Argumente der westeuropäischen Friedensbewegungen der achtziger Jahre, während der ideologische „Freiheits"-Begriff des Westens sowohl gegen die Friedensbewegung als auch gegen die politische Linke in Stellung gebracht wurde: „Freiheit statt Sozialismus".[55]

Die Struktur des Staatensystems in der dritten Phase war vom Aufbau übergreifender Sicherheitssysteme gekennzeichnet. Die Vereinten Nationen als globales Sicherheitssystem, gegründet im Juni und Oktober 1945, führten die Linie des Völkerbunds fort, wiesen aber jetzt den Vereinigten Staaten anstatt den Europäern die dominierende Rolle zu. Spätestens seit der Konferenz von Jalta (Februar 1945) bildete die Sowjetunion dann den Widerpart gegen eine allein von den USA beherrschte Politik der „einen Welt" nach dem Ende des Zweiten Weltkriegs. Der Poker mit der Atombombe und die militärisch gar nicht mehr sinnvollen Abwürfe der Bomben auf Hiroshima und Nagasaki erfolgten während der Potsdamer Konferenz: Die entstehende Bipolarität begleitete den Gründungsprozeß der UNO, und der Sitz der Sowjetunion im Weltsicherheitsrat bedeutete in den Jahren des Kalten Krieges, daß sich die neuen Vormächte der Weltpolitik bei der Ausgestaltung von „Frieden" und „Freiheit" gegenseitig blockierten.[56]

Die Entstehung übergreifender Sicherheitssysteme erfolgte deshalb konkurrierend, auf der Basis strikt nur einer der beiden Ordnungsvorstellungen von „Demokratie"; sie führte deshalb zügig zur Blockbildung in West und Ost und war insgesamt an die Initiative der jeweiligen Hegemonialmacht gebunden. Im Westen ging aus der Initiative des Marshallplans (5. Juni 1947) der Anstoß zur wirtschaftlichen und politischen Verflechtung der europäischen Staaten hervor. Die Wiederaufbauhilfe der USA für Europa war an die Voraussetzung gebunden, daß sich die Staaten an einen Tisch setzten und über die Verteilung der Mittel einigten. Das zielte tagespolitisch auf die Hineinnahme der westlichen Besatzungszonen Deutschlands ins europäische Wiederaufbauprogramm, setzte konzeptionell jedoch die Kräfte für die 1950 mit dem Schumanplan begonnene Wirtschaftsintegration Westeuropas frei. Die Befürwortung aller weiteren politischen Schritte zur europäischen Integration seitens der USA gehörte im Gesamtzeitraum der vier Jahrzehnte bis 1990 zu den Strukturelementen des Staatensystems im westlichen Block.[57]

[55] Rüdiger Schlaga, Die Kommunisten in der Friedensbewegung – erfolglos? Die Politik des Weltfriedensrates im Verhältnis der Außenpolitik der Sowjetunion und zu den unabhängigen Friedensbewegungen im Westen (1950–1979), Frankfurt a. M. 1991; Michael Hochgeschwender, Freiheit in der Offensive? Der Kongreß für kulturelle Freiheit und die Deutschen, München 1998.

[56] Dülffer, Jalta; Gregor Schöllgen, Geschichte der Weltpolitik von Hitler bis Gorbatschow 1941–1991, München 1996; Melvyn P. Leffler, A Preponderance of Power. National Security, the Truman Administration, and the Cold War, Stanford, CA 1992.

[57] Michael J. Hogan, The Marshall Plan. America, Britain, and the Reconstruction of Western Europe, 1947–1952, Cambridge, MA 1987; The Marshall Plan and Germany. West German Development within the Framework of the European Recovery Program, hrsg. von Charles S. Maier u. Günter Bischof, New York und Oxford 1991; Gérard Bossuat, L'Europe occidentale à l'heure américaine. Le plan Marshall et l'unité européene 1945–1952, Brüssel 1992; Geir Lundestad, „Empire" by Integration. The United States and European Integration 1945–1997, Oxford 1998.

Sicherheit durch Integration: Das war ein wichtiger Aspekt, der die Nachkriegsgeschichte auf der Seite des Westens geprägt hat. Die Erfahrung der Zwischenkriegszeit, wo weder Wirtschaft und Handel noch die Sicherheitspolitik vom Autonomieanspruch der nationalen Machtstaaten genügend abgelöst, geschweige denn in integrative Strukturen überführt werden konnten, bildete einen wichtigen Antrieb für die anders geartete Zielrichtung des politischen Prozesses nach 1945/50. Hinzu kam, daß die faktische Hegemonialmacht USA nunmehr im westlichen Bündnis auch die Rolle des Seniorpartners übernahm und damit die Konsistenz des Westens als politisch-ökonomisches Bündnis- und Wertesystem ermöglichte. Aus der Erfahrung der Zwischenkriegszeit resultierte auch der von Großbritannien initiierte Nordatlantikpakt vom April 1949, denn er diente zunächst dem Zweck, die USA auf dem europäischen Kontinent zu halten und einen Rückzug über den Atlantik wie 1919 zu verhindern.[58] Zwar wies die NATO in den Anfängen noch überwiegend Ähnlichkeiten mit traditionellen Militärbündnissen aus der Epoche der autonomen Nationalstaaten auf, aber sie veränderte sich ab 1955 – nach dem Beitritt der soeben in die formelle Souveränität entlassenen Bundesrepublik Deutschland – zunehmend in Richtung auf eine Allianz, in der wichtige Teilbereiche der Sicherheitspolitik aller Partner eng verzahnt waren.

So entwickelte sich im Westen eine neue Form von Multilateralität auf der Grundlage der westeuropäischen Integration und der nordatlantischen Allianz. Die nationalen Souveränitätsrechte blieben, wenn man von der Montanunion absieht, vorerst unangetastet. Aber die Bündnisverträge schufen immerhin ein völkerrechtliches Netzwerk, welches für alle Partner bindend und zugleich flexibel genug war, um eine allmähliche Abkehr von der Tradition des autonomen nationalen Machtstaats auch dort möglich zu machen, wo es selbst nach 1945 noch am schwersten fiel: in Frankreich und vor allem in Großbritannien.[59]

Die Multilateralität des westlichen Sicherheitssystems war allerdings perspektivisch auf die überragende Machtposition der USA hingeordnet. „America's Mission" wurde nach 1945 zu einer Konstante in den europäisch-atlantischen Beziehungen auf allen Ebenen: Wirtschaft und Handel, Außen- und Sicherheitspolitik, Amerikanisierung der Alltagsnormen und Konsummuster sowie Westernisierung politisch-gesellschaftlicher Wertvorstellungen waren hier eng aufeinander bezogen.[60] Erst aus dieser Verwobenheit entwickelte die amerikanische Hegemonie im westlichen Lager ihre durchgreifende Wirkung. Deswegen ist die oben eingeführte Formel „Sicherheit durch Integration" durch eine weitere, damit direkt verknüpfte Formel zu ergänzen: „Hegemonie durch Integration".[61]

58 Vgl. Ennio Di Nolfo (Hrsg.), The Atlantic Pact. 40 Years Later. A Historical Reappraisal, Berlin und New York 1991.

59 David Reynolds, Britannia Overruled. British Policy and World Power in the 20th Century, London und New York 1991; Wilfried Loth, Geschichte Frankreichs im 20. Jahrhundert, Frankfurt a.M. 1992.

60 Vgl. Hermann-Josef Rupieper, Transnationale Beziehungen als Teil des internationalen Systems: Die Vereinigten Staaten und Westdeutschland als Modellfall?, in: Krüger (Hrsg.), Das europäische Staatensystem im Wandel, S. 213–225.

61 Eckart Conze, Hegemonie durch Integration? Die amerikanische Europapolitik und die Herausforderung durch de Gaulle, in: VfZ 43 (1995), S. 297–340.

Der Aufbau der multilateralen Struktur des Staatensystems im westlichen Block, die Anstöße zu einer Integration der Industrieproduktion und der Volkswirtschaften, schließlich die Anlage einer gesamtwestlichen Sicherheitspolitik mindestens als Option für den Fall einer Krise zwischen den Blöcken resultierte aus dem US-amerikanischen Interesse daran, die Entwicklung in Europa nicht sich selbst zu überlassen und damit neue Abgrenzungsstrategien gegen Amerika zu ermuntern, sondern sie gezielt und im eigenen nationalen Interesse zu steuern. Dieses Interesse der Blockvormacht war das übergeordnete Element über die bündnispolitisch normierten Spielräume für das nationale Interesse der übrigen Allianzpartner und ist als der wichtigste und letztlich entscheidende Faktor anzusprechen, welcher die Struktur des westlichen Blocks im Staatensystem nach 1945 charakterisierte.

Das alles hatte, äußerlich betrachtet, seine Entsprechung im östlichen Block. Die Initiativen der Sowjetunion zur Bildung des „Rats für Gegenseitige Wirtschaftshilfe" (RGW) im Jahr 1949 und des „Warschauer Pakts" 1955 können als Reaktionen auf die entsprechenden Vorgänge im Westen betrachtet werden: auf den Marshallplan und die beginnende wirtschaftliche Homogenisierung Westeuropas sowie auf die Konsolidierung der NATO nach der Aufnahme der Bundesrepublik Deutschland. Aber abgesehen von den Unterschieden in der sozialökonomischen und politischen Ordnung des Westens und Ostens hatte der Faktor „Integration" für den Auf- und Ausbau des östlichen Sicherheitssystems nur nachrangige, vor allem propagandistische Bedeutung. Das Kennzeichen des Staatensystems im Ostblock war der Bilateralismus, die vertraglich geregelte Hinordnung eines jeden osteuropäischen Staats auf die UdSSR als Hegemonialmacht des Blocks. Zwischen 1945 und 1948 vereinbarte die Sowjetunion mit den einzelnen Ländern jeweils zweiseitige Verträge über Freundschaft, Zusammenarbeit und gegenseitigen Beistand. Nach diesem Modell schlossen dann im Frühjahr 1949 die Volksdemokratien untereinander bilaterale Bündnisverträge. Grundlage all dieser Verträge war die formelle Souveränitätswahrung jedes einzelnen Staats. Eine Vernetzung untereinander konnte dadurch nicht entstehen, und die individuelle Hinordnung aller auf die Hegemonialmacht Sowjetunion blieb gewahrt.[62]

So entstand der Ostblock als ein vertikal geschichtetes System der Staatenbeziehungen, nicht als horizontales. Es gab keinen Interessenpluralismus, sondern nur Unterordnung unter hegemonialen Zwang, und selbst der RGW entsprach dieser Zweckbestimmung. Zwar handelte es sich beim RGW – wie später auch beim Warschauer Pakt – um ein multilaterales Organ, aber es gab keine Vereinbarungen zwischen den Teilnehmerstaaten über Struktur und Zwecksetzung. Der RGW diente dazu, Moskaus Führungskompetenz und ökonomische Vormachtstellung im Ostblock gegenüber dem Westen zu demonstrieren und im übrigen die Volkswirtschaften der osteuropäischen Staaten für die Bedarfsdeckung der Sowjetunion heranzuziehen. So wurde auch die DDR bereits 1950 Mitglied im RGW, obwohl sie noch unter Besatzungsrecht stand und bis dahin keine Verträge mit der UdSSR hatte schließen dürfen. Der Ostblock erwies sich demnach als eine ganz traditionelle Allianz von formell souveränen und potentiell autonomen Nationalstaaten in Mittel- und Ost-

[62] Jens Hacker, Der Ostblock. Entstehung, Entwicklung und Struktur 1939–1980, Baden-Baden 1983; Caroline Kennedy-Pipe, Stalin's Cold War. Soviet Strategies in Europe, 1943–1956, New York 1997.

europa. Das Neuartige am östlichen Bündnissystem war der Stalinismus als Strukturelement zwischenstaatlicher Beziehungen, aber nicht die Allianzstruktur. Die Handlungsmuster im bipolaren System der Epoche von 1945/49 dürften deshalb sehr unterschiedlich gewesen sein.

Im Westblock prägten die Orientierungen auf liberale Demokratie und freien Welthandel die Handlungsmuster. Sie waren in den Jahren des Kalten Krieges bis etwa 1961/62 mit der prononciert antikommunistischen Propaganda für die Ordnung westlicher Gesellschaften verbunden. Im Osten wurde die auf das Militärpotential der Sowjetunion gestützte Machtpolitik von der Propaganda für die friedliche Entwicklung des sozialistischen Lagers begleitet. Die nukleare Drohung, die zunächst – 1945 bis 1949 – allein von den USA ausging, bis die Sowjetunion 1949 ihre erste Bombe zündete und seit 1957 auch über Interkontinentalraketen verfügte, beeinflußte indessen die Handlungsmuster in der internationalen Politik gewiß nachhaltiger, als das durch die Bindung an ideologisch überhöhte Wertvorstellungen geschah.[63]

Die nukleare Drohung machte den gegnerischen Block zu einer Zone, auf die nur um den möglichen Preis des Atomkriegs konkret Einfluß genommen werden konnte. Die Erfahrung mit den Unruhen und Aufständen im Ostblock 1953 und 1956 (DDR – Polen – Ungarn) zeigte den Mächten der westlichen Allianz, daß eine Intervention im Einflußbereich der Sowjetunion nicht möglich war, und die Doppelkrise um Berlin und Kuba 1961/62 brachte im Ergebnis die klare Festlegung des westlichen Einflußbereichs in Westberlin und im gesamten Atlantik, so daß von dieser Grundlage her die konfrontative Kooperation angestrebt werden konnte, die als „Entspannungspolitik" den Ost-West-Konflikt mindestens ebenso geprägt hat wie der schroffe machtpolitisch-ideologische Konflikt in den Zeiten des Kalten Krieges.[64]

Die Entspannungspolitik[65] beruhte auf der gegenseitigen Akzeptanz der Einflußzonen, und sie war auf deren Stabilisierung sowie auf die Verlangsamung des Rüstungswettlaufs gerichtet. Deswegen blieb auch in den Jahren der Ost-West-Entspannung vom Ende der sechziger bis zum Ende der siebziger Jahre die ideologische Antithese von „Freiheit" und „Frieden" eher im Hintergrund, aber sie wurde nicht beseitigt, sondern bald wieder tatkräftig reaktiviert. Denn zum Entspannungsprozeß gehörten nicht nur die Vereinbarungen über die Begrenzung der strategischen Waffen zwischen den Supermächten (SALT), gehörten nicht nur der Vertrag zwischen den Mächten der Anti-Hitler-Koalition über die Deutschlandfrage resp. Berlin, zwischen der Bundesrepublik und den Ostblockstaaten über Ostpolitik und Gewaltverzicht sowie zwischen BRD und DDR über die innerdeutschen Beziehungen; zentrale Bedeutung hatte vielmehr auch die „Konferenz über Sicherheit und Zusammenarbeit in Europa" (KSZE), deren erstes Ergebnis 1975 in Helsinki formuliert wurde und das Prinzip der Multilateralität auch in den blockübergreifenden Ost-West-Beziehungen

[63] Vgl. Dülffer, Jalta, S. 225–237.

[64] Zur Begrifflichkeit, die den „Ost-West-Konflikt" als Grundstruktur des Staatensystems von 1945/47 bis 1990/91 begreift und die politischen Aggregatzustände „Kalter Krieg" und „Entspannungspolitik" als Handlungsformen in diese Struktur einordnet, siehe Werner Link, Der Ost-West-Konflikt. Die Organisation der internationalen Beziehungen im 20. Jahrhundert, Stuttgart u. a. 1980; vgl. Eckart Conze, Konfrontation und Détente. Überlegungen zur historischen Analyse des Ost-West-Konflikts, in: VfZ 46 (1998), S. 269–282.

[65] Wilfried Loth, Helsinki, 1. August 1975. Entspannung und Abrüstung, München 1998.

zu verankern versuchte.[66] Mit „Helsinki" erhielt nun der Westen, um bestimmter wirtschaftlicher Interessen des Ostens willen, das Recht, Verstöße gegen die Menschenrechte in der Sowjetunion und den Volksdemokratien vor die Weltöffentlichkeit zu bringen und der freien Information zugänglich zu machen. Die Dissidentenbewegungen bekamen damit ein schwieriges, aber bedeutungsvolles Instrument in die Hand, um ihren Interessen Gehör zu verschaffen. Sie konnten im Namen der Freiheit an die Weltöffentlichkeit appellieren.

Das geschah zu einem Zeitpunkt, als nach langen Verhandlungen der Vietnamkrieg politisch-rechtlich beendet wurde, der den Mythos und die Identität der USA als moralisch qualifizierter Vorkämpfer für die „Freiheit" so schwer beschädigt hatte. Der Vietnamkrieg bestätigte vielmehr die Propaganda des Ostens, wonach der von den USA repräsentierte Kapitalismus und Imperialismus den Frieden zerstöre und die Politik der USA den Weltfrieden bedrohe. Garant desselben sei allein die Sowjetunion. Sie konnte im Namen des „Friedens" den im Westen seit den Friedenskampagnen der späten vierziger und fünfziger Jahre verbreiteten Abscheu gegen den kriegerisch-expansionistischen Kapitalismus, welcher mit US-amerikanischer Politik assoziiert werden sollte, aufs neue stimulieren und im Jahrzehnt des Kampfs um den NATO-Doppelbeschluß und die Nachrüstung tatkräftig nutzen.[67]

Die Handlungsmuster im Staatensystem während der dritten Phase blieben von Ambivalenz gekennzeichnet. Sie basierten innerhalb der Blöcke auf der unterschiedlich verankerten Hegemonie der Blockvormacht. Im Westen war diese Hegemonie in ein pluralistisches Beziehungsgefüge eingebunden und durch multilaterale Praxis der internationalen Politik berechenbar; im Osten war die Hegemonialpolitik unberechenbar, durch Multilateralität kaum gemildert, und sie wurde wie in der Breschnew-Doktrin von 1968 auch offen zur Stabilisierung der Vormachtstellung im Block artikuliert. Die Handlungsmuster waren zugleich unter der nuklearen Drohung grundsätzlich darauf ausgerichtet, Konfrontation und Eskalation in beeinflußbarer Dimension zu halten und den Vorrang der Politik vor militärischen Erwägungen sicherzustellen. Entspannungspolitische Kooperation wurde maßgeblich durch die Angst vor der Bombe ermöglicht. Um solche Kooperation nicht dahin wirken zu lassen, daß der strukturelle Systemgegensatz verwässert wurde, behielt die ideologische Konfrontation zwischen „Freiheit" und „Frieden" bis 1989 ihre Bedeutung. Die Erosion des Ostblocks erfolgte nicht nur durch wirtschaftliche Erschöpfung, Verkrustung der Apparate und Unfähigkeit zu sozialökonomischen und infrastrukturellen Reformen. Die materielle Delegitimierung wurde von einer ideellen begleitet, deren Antrieb und Einfluß von der westlichen Freiheits-Propaganda gestützt wurde. Diese spiegelte das Selbstverständnis westlicher Gesellschaften. Die entgegengesetzte Friedens-Propaganda des Ostens bewirkte seit den fünfziger Jahren immer wieder, daß in den pluralistischen Gesellschaften des Westens die freiheitlich-westliche Identität kritisch hinterfragt und ihr ideologisches Potential aufgedeckt wurde.

[66] Wilfried von Bredow, Der KSZE-Prozeß. Von der Zähmung bis zur Auflösung des Ost-West-Konflikts, Darmstadt 1992; Peter Schlotter, Die KSZE im Ost-West-Konflikt. Wirkung einer internationalen Institution, Frankfurt a.M. und New York 1999.

[67] Die Eigenart der multilateralen Rahmenordnung des Staatensystems nach 1945 im westlichen Lager verdeutlicht die Studie von Helga Haftendorn, Das doppelte Mißverständnis. Zur Vorgeschichte des NATO-Doppelbeschlusses von 1979, in: VfZ 33 (1985), S. 244–287.

Hegemonie der Blockvormächte, die zugleich in machtpolitischer Rivalität zueinander standen, Bändigung der Konfrontation durch die nukleare Drohung und die Stimulation des Systemgegensatzes durch ideologische Beeinflussung des gegnerischen Lagers: Diese Faktoren beeinflußten zusammengenommen die Handlungsmuster im Staatensystem seit 1945, und zwar sowohl auf der wirtschafts- und handelspolitischen als auch auf der sicherheitspolitischen und diplomatischen und schließlich auf der politisch-ideellen Ebene.

Das Ende des Ost-West-Konflikts[68] hat, so könnte man denken, das Handlungsmuster im westlichen Lager nachdrücklich bestätigt. Aber daß der in den neunziger Jahren eingeleitete Wandel Zug um Zug auf die internationalen Beziehungen zurückwirkt, läßt sich schwerlich bestreiten. Der Golfkrieg des Jahres 1991 mit einem Mandat der Vereinten Nationen gegen den Irak hat das ebenso gezeigt wie der Kosovokrieg der Nordatlantischen Allianz gegen Serbien 1999. Das Staatensystem in der dritten Phase wird einen weiteren Wandel durchlaufen, bevor eine neue Struktur sichtbar werden könnte.

[68] Vgl. Pierre Grosser, Les temps de la guerre froide. Réflexions sur l'histoire de la guerre froide et sur les causes de sa fin, Bruxelles 1995; John Lewis Gaddis, The United States and the End of the Cold War, New York und Oxford 1992; Wilfried Loth, Moskau, Paris und Warschau: Die Überwindung der Breschnew-Doktrin, in: Kulturwissenschaftliches Institut, Jahrbuch 1998/99, Essen 1999, S. 206–222.

Eckart Conze

Zwischen Staatenwelt und Gesellschaftswelt. Die gesellschaftliche Dimension in der Internationalen Geschichte

Vor über 40 Jahren schon, 1957, erklärte der amerikanische Politikwissenschaftler John H. Herz in seinem bedeutenden Aufsatz über den „Aufstieg und Niedergang des Territorialstaates" die „harte Schale des Nationalstaates" für aufgebrochen. Herz legte damals dar, wie sich, bei ihm vor allem mit der waffentechnischen Revolution begründet, Staaten wechselseitig durchdringen, wie gesellschaftliche Kräfte über Staatsgrenzen hinweg wirken und so auch den Charakter internationaler Beziehungen verändern.[1] Die Theorieentwicklung im Bereich der Internationalen Beziehungen[2] setzte diesen Befund um, nicht zuletzt durch das Konzept der „transnationalen Politik".[3] Die Welt der Gegenwart ist nicht mehr nur eine „Staatenwelt". Eine reine „Gesellschaftswelt" ist aus ihr indes auch noch nicht geworden, von einer „Weltgesellschaft" ganz zu schweigen. Dafür ist die historische Stabilität des Nationalstaats als der politischen Normalform kapitalistischer Vergesellschaftung zu groß.[4] Nach wie vor ist die Welt staatlich geordnet, und nach wie vor sind die Staaten kollektive Macht- und Willensverbände, in denen Regierungen autoritative Entscheidungen fällen und durchsetzen und die von Regierungen nach außen vertreten werden. Unge-

[1] John H. Herz, The Rise and Demise of the Territorial State, in: World Politics 9 (1957), S. 473–493 (dt.: Aufstieg und Niedergang des Territorialstaats, in: ders., Staatenwelt und Weltpolitik, Hamburg 1974, S. 63–82).

[2] *Internationale Beziehungen* mit großem „I" meint im folgenden immer die politikwissenschaftliche Teildisziplin, das Fach, die Wissenschaft von den *internationalen Beziehungen* mit kleinem „i". Die gleiche Unterscheidung sei auch für *Internationale Geschichte* und *internationale Geschichte* getroffen. Dieser deutsche Neologismus lehnt sich an die britische „International History" an und versucht, die verengenden Benennungen wie Außenpolitikgeschichte, Diplomatiegeschichte oder Geschichte der internationalen Beziehungen abzulösen. Dennoch plädiert der Autor für einen insgesamt pragmatischen Umgang mit diesen Begriffen, deren Verwendung keinesfalls zur Prinzipienfrage erhoben werden sollte. In den USA beispielsweise beweist die Zeitschrift „Diplomatic History" seit Jahren, daß selbstverständlich auch unter der Überschrift „Diplomatiegeschichte" hervorragende Beiträge zur Internationalen Geschichte entstehen können. Siehe zu diesem Kontext auch die Beiträge von Kathleen Burk und Michael H. Hunt in diesem Band.

[3] Zur „transnationalen Politik" einführend: Transnationale Politik, in: Theorien Internationaler Politik. Einführung und Texte, eingeleitet und bearb. von Ursula Lehmkuhl, München und Wien 1996, S. 223–254. Zum Stand der Theoriebildung in den Internationalen Beziehungen derzeit am informativsten: Volker Rittberger (Hrsg.), Theorien der Internationalen Beziehungen, PVS Sonderheft 21, Opladen 1990.

[4] Vgl. Martin List u. a., Internationale Politik. Probleme und Grundbegriffe, Opladen 1995, S. 25.

achtet unterschiedlicher Legitimationsarten und ideologischer Ausprägungen ist der Staat der Gegenwart eine politische und sozio-kulturelle Wirkungseinheit, eine Macht- und Rechtsorganisation.[5] Dennoch, und dies gerade nach dem Zusammenbruch der kommunistischen Herrschaftssysteme in Osteuropa, ist die Vorstellung geschlossener oder abschließbarer staatlicher Räume eine Illusion. Länder und Gesellschaften können sich weniger denn je voneinander abschotten: „Der Nationalstaat verliert (...) Souveränität und Substanz, und zwar in allen Dimensionen: finanzielle Ressourcen, politische und wirtschaftliche Gestaltungsmacht, Informations- und Kulturpolitik, alltägliche Identifikation der Bürger."[6]

Zwar sind Historiker nicht primär an der Analyse von Gegenwartsfragen interessiert. Gleichwohl muß die vielfältige Überwindung und Durchbrechung des Nationalstaats, insbesondere im Zeichen der vielbeschworenen Globalisierung, auch den Blick des Historikers für den Prozeß der Vernetzung von Staaten und Gesellschaften schärfen, für die mannigfaltigen Wechselwirkungen zwischen den verschiedenen Akteuren in den internationalen Beziehungen – staatlichen wie nicht-staatlichen – und nicht zuletzt auch für die gesellschaftliche Dimension von außenpolitischem Staats- und Regierungshandeln.[7] Es wäre allerdings unangemessen, in der Erforschung der gesellschaftlichen Dimension internationaler Geschichte eine spezifische Herausforderung nur für die Zeitgeschichtsschreibung der internationalen Beziehungen zu sehen. Im Kontext des Ost-West-Konflikts oder der europäischen Integration tritt diese Dimension lediglich besonders deutlich zutage. Eine Perspektive, die zu sehr auf diejenigen Entwicklungen abhebt, die heute unter dem Rubrum Globalisierung subsumiert werden und die in erster Linie die zweite Hälfte des 20. Jahrhunderts kennzeichnen, verstellt den Blick auf über- und transnationale Strukturen, die es, in unterschiedlichen Formen und unterschiedlich stark ausgeprägt, immer schon gegeben hat – selbst in der Hochphase der Nationalstaaten. Natürlich sind die Globalisierungsprozesse der letzten Jahrzehnte von ganz eigener und letztlich auch neuartiger Qualität. Aber die Verwendung des Begriffs Globalisierung impliziert die Linearität einer historischen Entwicklung, deren Ursprung dann zudem allzu einfach im vermeintlich autonomen Nationalstaat des 19. Jahrhunderts gesehen werden kann. Laufen wir als Historiker, indem wir den Nationalstaat zum Ausgangspunkt von Globalisierungsprozessen erklären, gerade in Deutschland nicht Gefahr, Prämissen der kleindeutsch-borussischen Historiographie gleichsam noch ex negativo zu folgen?

Die Internationale Geschichte kommt heute weniger als je zuvor umhin, die gesellschaftliche Dimension der internationalen Beziehungen wie auch nationaler Außenpolitik(en) in ihren Analysen gebührend zu berücksichtigen. In diesem Beitrag soll weder programmatisch Internationale Geschichte als Gesellschaftsgeschichte präsen-

[5] Vgl. Werner Link, Der Ost-West-Konflikt. Die Organisation der internationalen Beziehungen im 20. Jahrhundert, Stuttgart u.a., 2. Aufl. 1988, S. 32f.

[6] Ulrich Beck, Was ist Globalisierung? Irrtümer des Globalismus – Antworten auf Globalisierung, Frankfurt a.M. 1997, S. 34f.

[7] Zum Umgang der Zeitgeschichte mit der Herausforderung der Globalisierung jüngst: Wolfram Kaiser, Globalisierung und Geschichte. Einige methodische Überlegungen zur Zeitgeschichtsschreibung der internationalen Beziehungen, in: Guido Müller (Hrsg.), Deutschland und der Westen. Internationale Beziehungen im 20. Jahrhundert. Festschrift für Klaus Schwabe, Stuttgart 1998, S. 31–48.

tiert werden,[8] noch wird Internationale Geschichte reduziert auf die Geschichte zwischenstaatlicher bzw. intergouvernementaler Beziehungen. Statt dessen geht es darum, jenseits der Primatsdebatte der deutschen Geschichtswissenschaft, auf die zu Beginn knapp einzugehen ist, auf die Interdependenz von gesellschaftlichen Strukturen und Entwicklungen einerseits und den internationalen Beziehungen andererseits hinzuweisen. Diese komplexen Wechselwirkungen analytisch zerlegend, soll dann zunächst nach gesellschaftlichen Faktoren gefragt werden, welche auf den außenpolitischen Prozeß und die internationalen Beziehungen einwirken, bevor – gewissermaßen in umgekehrter Richtung – zu thematisieren ist, welche Wirkungen von den internationalen Beziehungen, aber auch vom außenpolitischen Handeln einzelner Staaten und Regierungen in nationale Gesellschaften hinein ausgehen können. Die Ausführungen, die sich primär, wenn auch nicht ausschließlich, auf Deutschland beziehen, rekurrieren immer wieder auf den Forschungsstand, verweisen auf konkrete Beispiele aus der Forschung, jedoch auch auf Forschungslücken und lohnende Themenfelder. Damit soll nicht zuletzt der Eindruck vermieden werden, die Internationale Geschichte stehe vor einem kompletten Neubeginn. Gleichwohl soll aber das weite Feld an Themen und Fragen umrissen werden, welches entsteht, sobald man die gesellschaftliche Dimension der Internationalen Geschichte ernst nimmt.

Jenseits der Primatsdebatte

Internationale Geschichte als historische Teildisziplin beschäftigt sich im wesentlichen mit zwei Bereichen, die auch zwei Arbeitsebenen konstituieren. Sie kann zum einen die Außenpolitik einzelner Staaten im internationalen System untersuchen. Dabei sei unter Außenpolitik im folgenden verstanden, wie „die im souveränen Nationalstaat organisierte Gesellschaft ihre allgemeinpolitischen, wirtschaftlichen, militärischen und sozio-kulturellen Interessen gegenüber ihrem internationalen Umfeld wahr[nimmt]. Dazu gehören sowohl die Reaktion auf von außen kommende strukturelle Einflüsse und aktuelle Handlungen als auch die von machtpolitischen bzw. inhaltlichen Interessen bestimmte Einwirkung auf die Umwelt bzw. deren Strukturierung. Außenpolitik erschöpft sich nicht in einzelnen Handlungen, sondern konstituiert ein Beziehungsmuster, dem eine mehr oder weniger deutlich gemachte Gesamtstrategie unterliegt."[9] Zum anderen kann sie die internationalen Beziehungen thematisieren. Dabei seien internationale Beziehungen, hier synonym gesetzt mit dem Be-

[8] Dieser Beitrag macht sich daher insofern nicht das überwölbende Paradigma Gesellschaftsgeschichte zu eigen, für das Hans-Ulrich Wehler wirbt in: ders., Deutsche Gesellschaftsgeschichte, Bd. 1: Vom Feudalismus des Alten Reiches bis zur Defensiven Modernisierung der Reformära 1700–1815, München, 2. Aufl. 1989, S. 28–30. Gleichwohl versucht er, Impulse der Gesellschaftsgeschichte aufzugreifen und deren Bedeutung und Nutzen auch für die Internationale Geschichte zu zeigen. Vgl. hierzu im übrigen auch die Überlegungen zu den Möglichkeiten einer Gesellschaftsgeschichte der Internationalen Beziehungen von Guido Müller, Gesellschaftsgeschichte und Internationale Beziehungen: Die deutsch-französische Verständigung nach dem Ersten Weltkrieg, in: ders. (Hrsg.), Deutschland und der Westen, S. 49–64.

[9] Reimund Seidelmann, Außenpolitik, in: Wichard Woyke (Hrsg.), Handwörterbuch Internationale Politik, Bonn 1986, S. 37–42, hier S. 37.

griff „internationale Politik", mit Ernst-Otto Czempiel definiert „als die Menge der auf Sicherheit, Wohlfahrt, Herrschaft bezogenen wertallokativen Handlungszusammenhänge, die zwischen politischen Systemen, zwischen gesellschaftlichen Umfeldern sowie zwischen ihnen und politischen Systemen ablaufen".[10]

Selbst wenn man mit der Analyse der Außenpolitik eines einzelnen Staates die Ebene der internationalen Beziehungen verläßt, beschäftigt man sich aber letztlich immer noch mit einem wichtigen Teilbereich dieser Beziehungen. Dabei setzen weiterführende Untersuchungen allerdings voraus, daß man Außenpolitik auch als Außen-*Politik* versteht, deren Genese und Implementierung im historischen Verlauf immer stärker durch gesellschaftliche Anforderungen und Bedingtheiten mitbestimmt wurde. Sie hatte zunehmend auch die Befriedigung dieser gesellschaftlichen Anforderungen zu einem Ziel zu machen und soziale Rahmenbedingungen zu berücksichtigen. Damit verliert auch die Unterscheidung von Innen- und Außenpolitik an Gewicht. Grundlage der Analyse muß vielmehr ein übergreifendes Politikverständnis bilden, das den Inhalt der Politik festlegt als „Wertzuweisungen in den funktionalen Sachbereichen Sicherheit, Wohlfahrt (im Sinne wirtschaftlichen Wohlstands) und Herrschaft. Die Sicherheit der physischen Existenz des einzelnen und der Gesellschaft; die materiellen und kulturellen Mittel zur Entfaltung dieser Existenz werden innerhalb der Gesellschaft und durch sie erzeugt und im Rahmen der herrschaftlichen Ordnung, die vom einzelnen unterschiedlich mitgestaltet wird, verteilt."[11] Eine solche Definition kollidiert – politikwissenschaftlich gesprochen – mit der „realistischen Schule" der Internationalen Beziehungen, die in den fünfziger und sechziger Jahren in den USA von dem deutschen Emigranten Hans J. Morgenthau zur Theorie gebündelt, freilich auch von Historikern und Politikwissenschaftlern wie E. H. Carr oder Robert Osgood mitgeprägt worden ist. Geschichtswissenschaftlich lag dem Realismus die sich in Deutschland auf Leopold von Ranke berufende Lehre vom „Primat der Außenpolitik" zugrunde.[12] Normativ diente diese Primatslehre nicht selten der Rechtfertigung autoritärer Verhältnisse im Staatsinneren und der Propagierung einer machtorientierten Außenpolitik; deskriptiv betrachtete sie die Außenpolitik als eigentlichen Kernbereich staatlichen Handelns, als Reservatsphäre von Regierungen und Staatsmännern.[13] „Große Männer" und „Große Politik" waren gerade für die hi-

[10] Ernst-Otto Czempiel, Internationale Politik. Ein Konfliktmodell, Paderborn 1981, S. 24. Zur Problematik der Unterscheidung zwischen internationalen Beziehungen und internationaler Politik vgl. auch Lothar Brock, Internationale Beziehungen/Politik, in: Politikwissenschaft. Theorien – Methoden – Grundbegriffe, hrsg. von Dieter Nohlen und Rainer-Olaf Schulze, München, 3. Aufl. 1989, S. 390–396.

[11] Czempiel, Internationale Politik, S. 16. Dieses Politikverständnis geht zurück auf: David Easton, A Framework for Political Analysis, Englewood Cliffs 1965, S. 50.

[12] Vgl. Die Realistische Schule, in: Lehmkuhl, Theorien Internationaler Politik, S. 71–109, hier S. 71 f., sowie auch Volker Rittberger/Hartwig Hummel, Die Disziplin „Internationale Beziehungen" im deutschsprachigen Raum auf der Suche nach ihrer Identität: Entwicklung und Perspektiven, in: Rittberger (Hrsg.), Theorien der Internationalen Beziehungen, S. 17–47, hier S. 30–32. Der biographische und akademische Hintergrund Morgenthaus (geb. 1904) im Deutschland der Weimarer Republik bzw. im Europa der Zwischenkriegszeit dürfte für die spätere Ausformung seiner Theorie von nicht unerheblicher Bedeutung gewesen sein.

[13] Zu Ranke einführend: Helmut Berding, Leopold von Ranke, in: Hans-Ulrich Wehler (Hrsg.), Deutsche Historiker, Bd. 1, Göttingen 1971, S. 7–24; vgl. außerdem Harald Müller/Thomas Risse-Kappen, Internationale Umwelt, gesellschaftliches Umfeld und außenpolitischer Prozeß

storistische Geschichtsschreibung des preußisch-deutschen Nationalstaats zwei Seiten derselben Medaille. Unter Bezug auf Ranke wurde dann sowohl von den Neo-Rankeanern des Kaiserreichs wie auch von Historikern der Zwischenkriegszeit und der Zeit nach 1945 Außenpolitik reduziert auf das Verhalten von Regierungen, und in der deutschen Historiographie insbesondere der deutschen Reichsregierung, gegenüber anderen Regierungen.[14] In dieser Geschichtsschreibung dominierte die Frage nach der „Macht" eines Staates, welche sich vor allem in seiner Außenpolitik niederschlage. Außenpolitik erschien als isolierter Arkanbereich von Regierungen, deren Handeln man eine Autonomie beimaß, die es allenfalls in einer vergleichsweise kurzen Phase des Absolutismus, also nach der Herausbildung des modernen Staates, aber vor der Entstehung der modernen, nationalstaatlich organisierten Gesellschaft, gegeben hat. So sehr Regierungen später auch danach trachten mochten, Außenpolitik allen parlamentarischen und – noch weitergehend – allen gesellschaftlichen Einflüssen zu entziehen und ihre Handlungsfreiheit so hoch wie möglich zu halten, so sehr wurde doch auch Außenpolitik Teil des politischen Prozesses und damit ganz unterschiedlichen und vielfältigen gesellschaftlichen Einwirkungen ausgesetzt. Daß diese Einwirkungen je nach Natur des politischen Systems, seiner Liberalität, seinem Pluralismus und seiner parlamentarischen Durchgestaltung, unterschiedlich stark waren bzw. unterschiedlich große Durchsetzungschancen besaßen, bleibt von dieser allgemeinen Aussage unberührt. Umgekehrt wirkte jedoch auch die Außenpolitik auf die jeweilige Gesellschaft zurück; sie wurde in der politischen Öffentlichkeit thematisiert und immer wieder auch von Regierungen zu innenpolitischen und gesellschaftspolitischen Zwecken instrumentalisiert.[15] Fern von allen Thesen, welche außenpolitisches Regierungshandeln im Grunde ausschließlich als Instrument innenpolitischer und gesellschaftlicher Zielsetzungen betrachten, einseitige Dependenzverhältnisse konstruieren und damit letztlich den Primat der Außenpolitik durch einen Primat der Innenpolitik ersetzen, wird man indes mit Blick auf das 19. und 20. Jahrhundert an der Einsicht in die Interdependenz von Außen- und Innenpolitik, in die Wechselwirkungen zwischen Außenpolitik und internationalem Umfeld auf der einen und gesellschaftlichen Strukturen und Entwicklungen auf der anderen Seite nicht vorbeikommen.

Die Primatsdebatte der deutschen Historiker, die Karl Lamprecht schon vor dem Ersten Weltkrieg angestoßen hatte und die mit den Schriften Eckart Kehrs an Schärfe gewann,[16] ist in Deutschland auch nach 1945 mit wechselnder Intensität fortgesetzt

in liberaldemokratischen Industrienationen, in: Rittberger (Hrsg.), Theorien der Internationalen Beziehungen, S. 375–400, hier S. 376.

14 Zur sog. Ranke-Renaissance noch immer: Hans-Heinz Krill, Die Rankerenaissance. Max Lenz und Erich Marcks. Ein Beitrag zum historisch-politischen Denken in Deutschland 1880–1935, Berlin 1962; s. auch Fritz Fellner, Nationales und europäisch-atlantisches Geschichtsbild in der Bundesrepublik und im Westen in den Jahren nach dem Ende des Zweiten Weltkrieges, in: Ernst Schulin (Hrsg.), Deutsche Geschichtswissenschaft nach dem Zweiten Weltkrieg (1945–1965), München 1989, S. 213–226.

15 Dazu als historische Untersuchungen, trotz mancher Überspitzung, Pauschalisierung und einseitiger Akzentuierung im Kontext der Primatsdebatte, noch immer: Hans-Ulrich Wehler, Bismarck und der Imperialismus, Frankfurt/M., 2. Aufl. 1985 (erstmals 1969), oder auch Dietrich Geyer, Der russische Imperialismus. Studien über den Zusammenhang von innerer und auswärtiger Politik 1860–1914, Göttingen 1977.

16 Karl Lamprecht, Deutsche Geschichte der jüngsten Vergangenheit und Gegenwart, Bd. 2, Ber-

worden. Sie war dabei nicht zuletzt Teil der Auseinandersetzung über die Ziele und Wege der deutschen Geschichtswissenschaft insgesamt. So erlebte sie beispielsweise im zeitlichen Kontext der späten sechziger Jahre und in Verbindung mit den Bemühungen, Geschichte als Historische Sozialwissenschaft zu etablieren, eine neue Konjunktur. Dem umfassenden Interpretationsanspruch der Gesellschaftsgeschichte widersprachen die Vertreter einer politischen Geschichte. Vermittelnde Bemühungen, Arbeiten zur Geschichte der internationalen Beziehungen, die gleichwohl sozialwissenschaftliche Impulse aufgriffen, blieben nicht nur die Ausnahme, sondern wurden, gerade weil sie sich zwischen den konträren Positionen der Debatte ansiedelten, gelinde gesagt zurückhaltend rezipiert. Dabei hat beispielsweise Gustav Schmidt schon Ende der siebziger Jahre Wege zur Überwindung der Primatskontroverse, die damals als Debatte über „moderne Politikgeschichte"[17] geführt wurde, gewiesen. Sein Vorschlag, wie die Interdependenzen zwischen Gesellschaft und internationaler Politik methodisch gefaßt werden könnten, ist bis heute bedenkenswert. Der von Schmidt eingeführte Begriff des „Scharniers", bei ihm angewandt auf die Rüstungspolitik, zielte darauf, „Bezüge zwischen einer bestimmten Außenpolitik und denjenigen Momenten des politisch-sozialen Systems aufzuweisen, die unter bestimmten Gesichtspunkten vor allem auf das Außenverhalten einwirken".[18] Der Scharnierbegriff ist allerdings seither nicht mehr angewandt, geschweige denn weiterentwickelt worden. So blieb im wesentlichen alles beim alten: Die Protagonisten der Gesellschaftsgeschichte beklagten zwar die Defizite der Geschichtsschreibung der internationalen Beziehungen, polemisierten gegen deren Vertreter und stellten Kriterien auf für eine gesellschaftsgeschichtlich rückgebundene Geschichte der Außenpolitik und der internationalen Beziehungen. Sie lösten aber diese Ansprüche in ihren eigenen Werken, in denen die internationale Politik stets quantité negligeable blieb, kaum ein. Umgekehrt beharrten die Exponenten der Geschichte der internationalen Beziehungen, wie sie sich selbst bezeichneten,[19] im wesentlichen auf ihren Positionen und Forschungsschwerpunkten, betrieben Außenpolitikgeschichte als Geschichte außenpolitischen

lin 1913, u. a. S. 516; Eckart Kehr, Der Primat der Innenpolitik, hrsg. von Hans-Ulrich Wehler, Berlin 1965, mit den wichtigsten Aufsätzen Kehrs, sowie ders., Schlachtflottenbau und Parteipolitik, 1894–1901, Berlin 1930 (Nachdruck Vaduz 1966); zu Kehr außerdem: Hans-Ulrich Wehler, Eckart Kehr, in: ders., Historische Sozialwissenschaft und Geschichtsschreibung, Göttingen 1980, S. 227–248.

[17] Zu dieser Debatte im Überblick: Eckart Conze, „Moderne Politikgeschichte". Aporien einer Kontroverse, in: Müller (Hrsg.), Deutschland und der Westen, S. 19–30.

[18] Gustav Schmidt, England in der Krise. Grundzüge und Grundlagen der britischen Appeasement-Politik (1930–1937), Opladen 1981, S. 39; zum Scharnierbegriff siehe ebda., S. 30–47, sowie ders., Politisches System und Appeasement-Politik, 1930–1937. Zur Scharnierfunktion der Rüstungspolitik für die britische Innen- und Außenpolitik, in: MGM 26 (1979), S. 37–53. Den Brückenschlag versuchte auch Gilbert Ziebura, dabei stärker Kategorien der Politischen Ökonomie integrierend. Siehe beispielsweise von diesem Autor: Weltwirtschaft und Weltpolitik 1924–1931, Frankfurt/M. 1984, sowie auch ders. u. a., Bestimmungsfaktoren der Außenpolitik in der zweiten Hälfte des 20. Jahrhunderts, Berlin 1974, sowie ders., Die Rolle der Sozialwissenschaften in der westdeutschen Historiographie der internationalen Beziehungen, in: GG 16 (1990), S. 79–103.

[19] So beispielsweise Klaus Hildebrand, Geschichte oder „Gesellschaftsgeschichte"? Die Notwendigkeit einer politischen Geschichtsschreibung von den internationalen Beziehungen, in: HZ 223 (1976), S. 328–357, hier S. 344.

Regierungshandelns, postulierten den Primat der Außenpolitik und kritisierten ihrerseits die Sozialhistoriker dahingehend, „zur Beantwortung der Fragen nach den Bewegungsgesetzen nationaler Staaten und der Ordnung ihrer wechselseitigen Existenz" kaum beizutragen.[20] Die programmatische Distanz gegenüber erkenntnisleitenden Theorien, die als Reaktion auf das Übergewicht sozialwissenschaftlicher Theoriebildung innerhalb der Struktur- und Gesellschaftsgeschichte zu erklären ist, prägt diese Arbeiten bis heute. Sie beschäftigen sich immer wieder mit der Macht von Staaten. Bezug genommen wird dabei freilich nicht auf einen instrumentell-methodischen Machtbegriff, wie ihn nicht zuletzt Max Weber entwickelt hat. Bestimmend ist statt dessen vielmehr ein „enigmatischer" Machtbegriff[21] sowie die Betonung der selten näher definierten, aber immer wieder verwandten Kategorien „Staatsräson" oder „nationales Interesse". Von Hans Rosenberg als „nützliches Verlegenheitsabstraktum" bezeichnet, ist die Verwendung solcher Begrifflichkeiten insbesondere dann problematisch, wenn sie als sich selbst begründende und in sich selbst ruhende Größen eingeführt werden, ohne diese Termini näher zu bestimmen als Ausdruck und Ergebnis von Interessen und Interessenkonflikten.[22] Bereits Joseph Schumpeter hat die sich aus dem deutschen Staatsidealismus und dem Rankeschen Individualitätspostulat ergebende kleindeutsch-borussische Staatsfixierung, ja Staatsüberhöhung gerade auch der Historiker angeprangert: Nicht der Staat tue dies oder jenes. „Immer kommt es darauf an zu erkennen, wer oder wessen Interesse es ist, der oder das die Staatsmaschine in Bewegung setzt und aus ihr spricht." Der Staat reflektiere nur jeweils die sozialen Machtverhältnisse, wenn auch der moderne Staatsapparat „kein bloßer Reflex derselben" sei.[23] Gerade auf Grund ihrer jeweils einseitigen, nach Deutungsdominanz strebenden und Kompromisse ablehnenden Positionen ist die Primatsdebatte insgesamt eher fruchtlos geblieben. Paradigmatische Analysekategorien standen und stehen sich zum Teil bis zum heutigen Tag gegenüber. Das für die deutsche Geschichtswissenschaft typische Schul- und Lagerdenken hat zu einer Perpetuierung der Auseinandersetzung geführt, die freilich längst keine Auseinandersetzung

20 Ders., Von Richelieu bis Kissinger. Die Herausforderungen der Macht und die Antworten der Staatskunst, in: VfZ 43 (1995), S. 195–219, hier S. 198.

21 Ebda., S. 213. Zu Webers Machtbegriff s. vor allem: Max Weber, Wirtschaft und Gesellschaft. Grundriß der verstehenden Soziologie, Tübingen, 5. Aufl. 1980, S. 28f. und 541–545; ders., Politik als Beruf, in: ders., Gesammelte Politische Schriften, Tübingen 1985, S. 505–560, hier S. 506–511.

22 Hans Rosenberg, Große Depression und Bismarckzeit. Wirtschaftsablauf, Gesellschaft und Politik in Mitteleuropa, Berlin 1967, S. 223. In der deutschen historischen Literatur ist Werner Link einer der wenigen gewesen, die den Begriff des „Nationalinteresses" problematisierten und versuchten, ihn zumindest ansatzweise zu definieren und damit handhabbar zu machen. Vgl. Werner Link, Die amerikanische Stabilisierungspolitik in Deutschland 1921–32, Düsseldorf 1970, S. 20; im übrigen: Alexander L. George/Robert O. Keohane, The Concept of National Interest: Uses and Limitations, in: Alexander L. George (Hrsg.), Presidential Decisionmaking in Foreign Policy. The Effective Use of Information and Advice, Boulder 1980, S. 217–237. Überlegungen zu den beiden Kategorien – am konkreten Beispiel der britischen Außenpolitik des 19. Jahrhunderts – unlängst bei: Klaus Hildebrand, No intervention. Die Pax Britannica und Preußen 1865/66 – 1869/70. Eine Untersuchung zur englischen Weltpolitik im 19. Jahrhundert, München 1997, S. 53–65.

23 Joseph A. Schumpeter, Die Krise des Steuerstaates, in: ders., Aufsätze zur Soziologie, Tübingen 1953, S. 1–71, hier S. 68.

im Sinne eines Ringens um die besseren und tragkräftigeren Erklärungsansätze und die geeigneten Methoden mehr ist, sondern ein Nebeneinander zweier Richtungen, die nicht mehr im argumentativen Austausch stehen. Dabei könnte die Primatsdebatte durchaus weiterführend sein, wenn man ihre beiden Gegenpositionen nicht dogmatisch verengt verträte, sondern versuchte, sie heuristisch nutzbar zu machen: als Ausgangspunkt beispielsweise für die Frage nach dem Eigengewicht außenpolitischer Strukturen, Prozesse und Bedingungen oder aber dem Einfluß innenpolitischer oder gesellschaftlicher Faktoren auf den außenpolitischen Willensbildungs- und Entscheidungsfindungsprozeß. Auch bedarf eine forscherliche Schwerpunktsetzung von Historikern in der Sphäre der politischen Aspekte der internationalen Beziehungen und beim außenpolitischen Regierungshandeln, die selbstverständlich einen zentralen geschichtswissenschaftlichen Aufgabenbereich konstituieren, nicht der Begründung durch Primatsargumente. Zwar ist die externe Handlungsautonomie gesellschaftlicher Gruppen und transnationaler Akteure weiter im Steigen begriffen, doch bleiben Staaten und Regierungen wichtige Referenzpunkte ihres Handelns. Hier liegen auch die Grenzen all derjenigen Theorien und Modelle, die staatliche und nicht-staatliche Handlungsträger als gleichwertig behandeln.[24] Indes ergeben sich aus dieser Einschränkung weder Abstriche an der Bedeutung gesellschaftlicher Faktoren für die Entstehung und Umsetzung von Außenpolitik, noch schmälert sie die Wirkung externer Faktoren auf innenpolitische und binnengesellschaftliche Entwicklungen.

Methodisch ist es aber selbst für Untersuchungen des außenpolitischen Regierungshandelns und der zwischenstaatlichen Beziehungen, für eine Außenpolitikgeschichte also, welche sich ihrer gesellschaftlichen Dimension bewußt ist und diese ernst nimmt, nicht angemessen, sich auf die Entscheidungen und das Handeln einzelner Persönlichkeiten, insbesondere auf die sogenannten „Staatsmänner" zu konzentrieren, die Internationale Geschichte auf eine Beziehungsgeschichte diplomatischer Eliten zu verengen, sich auf Regierungsakten als Quellengrundlage zu beschränken und die politische Ereignisgeschichte als Gliederungsprinzip zu verwenden. Statt dessen müssen historische Konstellations- und Prozeßanalysen den politischen Strukturen gerade moderner Industriegesellschaften und der Erkenntnis Rechnung tragen, daß in modernen Gesellschaften und Staaten auch Außenpolitik Teil des politischen Prozesses ist, dem, so sehr dies auch immer wieder versucht wurde, gesellschaftliche Einflüsse und Einwirkungen nicht entzogen bleiben konnten. Außenpolitische Entscheidungen werden genauso gesellschaftlich präformiert wie sie extern, also international beeinflußt werden. Diesen doppelten Wirkungszusammenhang gilt es zu untersuchen und, wenn möglich, das Gewicht unterschiedlicher Einflußfaktoren präziser zu bestimmen. Es geht aber auch darum, nach den Ebenen und Handlungsfeldern zu fragen, auf denen die gesellschaftlichen und die aus dem internationalen Umfeld

[24] Vgl. hierzu auch die Einwände, die Link gegen das funktionalistische Spinnwebmodell der internationalen Beziehungen erhebt (ders., Ost-West-Konflikt, S. 33 f.). Diese gewinnen insbesondere dann an Relevanz, wenn politische Aspekte der internationalen Beziehungen im Mittelpunkt des Forschungsinteresses stehen. Zum Spinnwebmodell bzw. dem ebenfalls systemtheoretischen Modell des asymmetrischen, gebrochenen Gitters im übrigen: John Burton, Systems, States, Diplomacy, and Rules, Cambridge 1968, sowie Czempiel, Internationale Politik, S. 101–118.

stammenden Einflüsse ihre Wirkung entfalten, wie sie also in den eigentlichen politischen Entscheidungsprozeß eingespeist werden und womöglich miteinander konfligieren. Wer nicht grundsätzlich eine gesellschaftliche Dimension von Außenpolitik bestreitet – und gerade in liberal-demokratischen Staaten und Gesellschaften ist diese Dimension doch evident –, der wird neben der Regierungsebene weitere außenpolitisch relevante Handlungsebenen identifizieren können, voneinander abgrenzen und ihre Wirkungszusammenhänge bestimmen müssen; der wird auch den (außen)politischen Prozeß differenzierter betrachten, indem er ihn beispielsweise auch als Austrag von Interessenkonflikten und Koalitionsbildungen von gesellschaftlichen Gruppen und Regierungsinstitutionen interpretiert. Unter den Bedingungen „komplexer Interdependenz",[25] wie sie sich mit der Entwicklung der modernen Gesellschaft und des modernen Staates herausbildete, ist Innenpolitik zunehmend internationalisiert, Außenpolitik zunehmend gesellschaftlich und innenpolitisch rückgebunden.[26] Diese Interdependenz theoretisch zu fassen, bereitet auch der Politikwissenschaft bis heute nicht unbeträchtliche Schwierigkeiten. Historiker mit ihrem Interesse am konkreten Gegenstand, am Einzelfall und seiner empirischen Untersuchung können aber womöglich die gesellschaftliche Dimension von Außenpolitik analysieren und damit die Frage nach der Interdependenz von gesellschaftlich vorgeformten Entscheidungen einerseits und außenpolitisch stimulierten andererseits beantworten helfen.[27]

Gesellschaftliche Bestimmungsfaktoren internationaler Politik

Worin besteht nun die gesellschaftliche Dimension von Außenpolitik und internationalen Beziehungen? Und wie kann sie Eingang finden in Studien der Internationalen Geschichte? Im folgenden seien einige Analysebereiche vorgestellt, die in diesem Kontext von Bedeutung sind. Fern davon, alle Faktoren zu benennen und zu ordnen, die auf den außenpolitischen Prozeß und das Geflecht der internationalen Beziehun-

[25] Vgl. hierzu Herbert Dittgen, Amerikanische Demokratie und Weltpolitik. Außenpolitik in den Vereinigten Staaten, Paderborn 1998, S. 21 f.

[26] Der bekannten Frage Ekkehart Krippendorffs aus dem Jahre 1963 „Ist Außenpolitik Außenpolitik?" hat Klaus Hildebrand 1998 die Gegenfrage „Ist Innenpolitik Innenpolitik?" entgegengesetzt. Die alte Primatsdebatte dauert also an. Solange indes beide Fragen lediglich gegeneinander ausgespielt werden, statt sie als zusammengehörig zu betrachten, um mit ihrer Hilfe nach den Interdependenzen zwischen Innen- und Außenpolitik zu suchen, ergibt sich aus ihnen kaum noch methodischer Nutzen. Vgl. Ekkehart Krippendorff, Ist Außenpolitik Außenpolitik?, in: PVS 4 (1963), S. 243–266, sowie, demgegenüber, Klaus Hildebrand, Rezension zu „Das europäische Staatensystem im Wandel", in: HZ 266 (1998), S. 131–133. Dort heißt es auf S. 132f.: „Alles in allem veranlaßt der Ertrag dieses Tagungsbandes dazu, eine (...) Frage aufzuwerfen, die – im erklärten Gegensatz zu der geläufigen These, daß Außenpolitik nicht Außenpolitik ist – dazu geeignet sein könnte, ein grundlegendes Problem der Geschichte überhaupt näher zu untersuchen, nämlich herauszufinden, inwieweit die internationalen Beziehungen der Staatenwelt die inneren Verhältnisse von Staaten beeinflussen, prägen, hin und wieder sogar determinieren: Ist Innenpolitik Innenpolitik – so lautet in dieser Perspektive eine ganz zentrale Frage der Geschichtswissenschaft, auf die es noch keine zureichende Antwort gibt."

[27] Vgl. hierzu Müller/Risse-Kappen, Internationale Umwelt, S. 378f.; im übrigen auch Hans-Ulrich Wehler, „Moderne" Politikgeschichte? Oder: Willkommen im Kreis der Neorankeaner vor 1914, in: GG 22 (1996), S. 257–266, hier S. 262.

gen einwirken, konzentrieren sich diese Ausführungen auf die gesellschaftliche Dimension und lassen beispielsweise exogene Einflußfaktoren wie das Staatensystem und seine Strukturveränderungen oder die Entwicklung der internationalen Politik als Geflecht bilateraler und multilateraler Staatenbeziehungen mit ihren Impulsen, Imperativen und Handlungsnotwendigkeiten in den Hintergrund treten.[28] Daß diese Faktoren Außenpolitik ganz zentral mitbestimmen, ja zu deren Konstitutiva gehören, ist dabei völlig unbestritten.[29]

Außenpolitik und Herrschaftsstruktur

Außenpolitische Ziele, Methoden und Optionen hängen direkt zusammen mit den politischen Herrschaftsstrukturen des jeweiligen Staates. In diesem Zusammenhang gehört es zu den grundlegendsten Sachverhalten, daß Außenpolitik in liberal-demokratischen Staaten stets zu legitimieren und öffentlich-parlamentarischer Kontrolle und Einflußnahme ausgesetzt ist. Im Gegensatz hierzu zeichnen sich autoritäre oder totalitäre Systeme durch ein hohes Maß an unkontrollierter und ungebundener Exekutivgewalt aus. So sehr auch autoritäre oder totalitäre Regierungen ihr außenpolitisches Handeln propagandistisch abstützen müssen, so wenig ist Außenpolitik in diesen Staaten echter Kontrolle ausgesetzt und so wenig ist sie durch widerstreitende politische und gesellschaftliche Positionen und Interessen beeinflußt. Eine in diesem Sinne vergleichsweise autonome Regierungsaußenpolitik läßt sich darüber hinaus auch leichter für innenpolitische Zwecke instrumentalisieren: beispielsweise um innergesellschaftlichen Spannungen ein Ventil zu bieten, um gesellschaftliche Solidarisierungseffekte zu erzielen, um von gesellschaftlichen oder ökonomischen Krisen abzulenken oder um den Grad der Zustimmung zur politischen Führung zu erhöhen. Von der sogenannten „Rheinkrise" des Jahres 1840 über den zaristisch-russischen Imperialismus bis hin zur Außenpolitik des faschistischen Italien oder des nationalsozialistischen Deutschland lassen sich solche Mechanismen untersuchen.[30] Zu fragen wäre in diesem Kontext auch danach, in welchem Ausmaß Regierungen sich außenpolitisch relevante Regierungsinstitutionen unterordnen bzw. diese kontrollieren konnten. Vor diesem Hintergrund rechtfertigt sich der Blick auf Verfassungstexte und

[28] Zur Entwicklung des Staatensystems und zu seinen Strukturveränderungen siehe u.a.: Das europäische Staatensystem im Wandel. Strukturelle Bedingungen und bewegende Kräfte seit der Frühen Neuzeit, hrsg. von Peter Krüger, München 1996.

[29] Hier unterscheidet sich der vorliegende Beitrag von Wehler, „Moderne" Politikgeschichte?, der die gesellschaftliche Dimension von Außenpolitik so stark betont, daß letztlich exogene Faktoren zur Randgröße werden. Von acht Punkten, welche Dimensionen des außenpolitischen Prozesses namhaft machen, geht nur einer – der achte – auf die Außeneinflüsse und das internationale Umfeld von Außenpolitik ein.

[30] Als Beispiele: Heinz-Otto Sieburg, Nationales Selbstverständnis und Gegensatzbewußtsein in der Ära der Julimonarchie und des Vormärz. Diplomatie- und geistesgeschichtlicher Aufriß, in: ders./Raymond Poidevin (Hrsg.), Aspects des Relations Franco-Allemandes 1830–1848, Metz 1978, S. 1–15; Geyer, Der russische Imperialismus; Jeffrey Herf, Reactionary Modernism. Technology, Culture and Politics in Weimar and the Third Reich, Cambridge 1984; Ludolf Herbst, Das nationalsozialistische Deutschland 1933–1945, Frankfurt/M. 1996, v.a. S. 9–24 und 119–199 (mit sehr bedenkenswerten Überlegungen zur geschichtswissenschaftlichen Anwendung kybernetischer und chaostheoretischer Kategorien); Renato Mori, Mussolini e la conquista dell'Etiopia, Florenz 1978.

Verfassungsrealitäten, aber beispielsweise auch auf die Rekrutierung, Zusammensetzung und die politischen Einstellungen von außenpolitischen Eliten. Arbeiten zum diplomatischen Korps, eine systematische Beschäftigung mit der sozialen Herkunft und der politischen Prägung von Diplomaten, ihren Weltbildern und Denkmustern, ihren Ambitionen und Einflußmöglichkeiten und ihrem Gewicht in außenpolitischen Entscheidungsprozessen können wichtige Aufschlüsse über die soziale Verankerung von Außenpolitik erbringen, über die Bestimmungsfaktoren und Orientierungshorizonte von diplomatischem und außenpolitischem Handeln in seinem tagtäglichen bürokratisch-administrativen Vollzug.[31] Korrelierte man schließlich die Strukturen der politischen Herrschaft mit dem außenpolitischen Verhalten von Staaten, so könnten Historiker in empirischen Studien auch Beiträge liefern zu der bislang im wesentlichen politikwissenschaftlichen Diskussion über die Friedfertigkeit demokratischer Staaten und über die Wahrscheinlichkeit, daß Konflikte zwischen demokratischen Staaten gewaltsam ausgetragen werden.[32]

Institutionen und Interessenpolitik

Die Frage nach den Herrschaftsstrukturen und ihrer spezifischen Bedeutung für die Außenpolitik eines Staates führt über Verfassungsanalysen, Elitenstudien und die Untersuchung der außenpolitischen Handlungsautonomie von Regierungen weiter zu den in Verfassung und Regierungssystem verankerten Institutionen bzw. Teilinstitutionen. Diese sind ihrerseits entweder Träger partikularer gesellschaftlicher Interessen oder können als (Teil-)Bürokratien institutionelle Eigeninteressen entwickelt haben und vertreten. In der Politikwissenschaft hat sich die „bureaucratic politics school" mit den intra-administrativen Entscheidungsprozessen befaßt und dabei immer wieder die Notwendigkeit aufgezeigt, interne Machtzentren in der Exekutive,

31 Anzuknüpfen wäre beispielsweise an die Arbeit von Klaus Schwabe (Hrsg.), Das Diplomatische Korps 1871–1945, Boppard 1985; trotz mancher Vorbehalte an die Untersuchungen von Hans-Jürgen Döscher, Das Auswärtige Amt im Dritten Reich, Berlin 1986, sowie ders., Verschworene Gesellschaft: Das Auswärtige Amt unter Adenauer – zwischen Neubeginn und Kontinuität, Berlin 1995; oder an detailliertere Studien wie die von Ingmar Sütterlin, Die „Russische Abteilung" des Auswärtigen Amtes in der Weimarer Republik, Berlin 1994. Als Beispiel eines gelungenen international vergleichenden Projekts in diesem Kontext: Eliten in Deutschland und Frankreich im 19. und 20. Jahrhundert. Strukturen und Beziehungen, hrsg. von Rainer Hudemann und Georges-Henri Soutou, Bd. 1, München 1994. Höchst anregend für jede Beschäftigung mit außenpolitischen Eliten noch immer: Ronald Robinson u.a., Africa and the Victorians. The Official Mind of Imperialism, London 1961.

32 Zur Diskussion über „Democratic Peace", die seit einiger Zeit in den Internationalen Beziehungen geführt wird und die immer wieder auf Immanuel Kant, Zum ewigen Frieden: Ein philosophischer Entwurf (1795), in: ders., Werke in sechs Bänden, hrsg. von Wilhelm Weischedel, Frankfurt/M. 1964, Bd. 6, S. 193–251, rekurriert, vgl. zum Beispiel Ernst-Otto Czempiel, Friedensstrategien. Systemwandel durch Internationale Organisationen, Demokratisierung und Wirtschaft, Paderborn u.a. 1986, S. 110–172; Bruce Russett, Grasping the Democratic Peace. Principles for a Post-Cold War World, Princeton 1993; ders./John Oneal, The Classical Liberals Were Right: Democracy, Interdependence, and Conflict, 1950–1985, in: International Studies Quarterly 41 (1997), S. 267–294 (mit zahlreichen weiterführenden Literaturverweisen); Thomas Risse-Kappen, Cooperation among Democracies. The European Influence on U.S. Foreign Policy, Princeton 1995, S. 24–41. Siehe im übrigen den Beitrag von Jost Dülffer in diesem Band.

zum Teil aber auch in der Legislative zu identifizieren, deren Konflikte wiederum den politischen Prozeß maßgeblich mitbestimmen.[33] Unter der Leitfrage nach der gesellschaftlichen Dimension von Außenpolitik reicht es freilich nicht hin, nur verschiedene Machtzentren zu bestimmen und die Konfliktlinien zwischen diesen herauszupräparieren, sondern diese Institutionen, seien es Ministerialbürokratien, Parlamentssausschüsse oder sonstige Gremien, sind auf die Herkunft der von ihnen repräsentierten Interessen zu untersuchen, ganz gleich ob sie diese eigendynamisch entwickelt haben oder ob sie, mit welchen Mechanismen auch immer, zu Repräsentanten divergierender gesellschaftlicher Interessen geworden bzw. gemacht worden sind. So hat eine jüngere Untersuchung der britischen Außenpolitik zwischen 1856 und 1871 herausgearbeitet, wie Wirtschafts- und Handelsinteressen spätestens seit Mitte des 19. Jahrhunderts die britische Außenpolitik mitzubestimmen begannen, wie „der Pulsschlag des Industrialisierungsprozesses auch in den zwischenstaatlichen Beziehungen spürbar" wurde, wie insbesondere der Board of Trade als eine mit dem Foreign Office konkurrierende außenpolitisch relevante Institution danach strebte, Kompetenzen im Bereich der britischen Außenbeziehungen zu übernehmen und dabei stärker die Interessen aufsteigender wirtschaftsbürgerlicher Mittelschichten wahrzunehmen.[34] Mit Hilfe des Interpretationsmusters vom Korporatismus oder korporativen Neokapitalismus haben vor allem amerikanische Historiker die US-Außenpolitik der Zwischenkriegszeit untersucht. Mit Blick auf die amerikanische Wirtschaftsdiplomatie und die ökonomisch operierende amerikanische Stabilisierungspolitik in Europa konnte dabei das über lange Zeit dominierende Verdikt des amerikanischen Isolationismus relativiert werden.[35] Wie sehr in der Marshall-Plan-Phase der US-Außenpolitik erneut Wirtschafts- und Handelsinteressen politikbestimmend wurden und enger diplomatisch argumentierende Positionen überlagerten, ist ebenfalls in einer Reihe von Arbeiten gezeigt worden.[36]

[33] Grundlegend: Graham T. Allison, Essence of Decision. Explaining the Cuban Missile Crisis, Boston 1971; vgl. zur Einführung im übrigen auch Helga Haftendorn, Zur Theorie außenpolitischer Entscheidungsprozesse, in: Rittberger (Hrsg.), Theorien der Internationalen Beziehungen, S. 401–423; Entscheidungstheorien, in: Lehmkuhl, Theorien Internationaler Politik, S. 135–159.

[34] Gabriele Metzler, Großbritannien – Weltmacht in Europa. Handelspolitik im Wandel des europäischen Staatensystems 1856–1871, Berlin 1997, S. 19f.

[35] Siehe beispielsweise Michael J. Hogan, Revival and Reform: America's Twentieth-Century Search for a New Economic Order Abroad, in: Diplomatic History 8 (1984), S. 287–310; Charles S. Maier, The Two Postwar Eras and the Conditions for Stability in Twentieth-Century Western Europe, in: AHR 86 (1981), S. 327–352; Melvyn P. Leffler, The Elusive Quest. America's Pursuit of European Stability and French Security, 1919–1933, Chapel Hill 1979. Zum Korporatismus als einem Interpretationsmuster internationaler Geschichte vgl. allgemein: Thomas J. McCormick, Drift or Mastery? A Corporatist Synthesis for American Diplomatic History, in: Reviews in American History 10 (1982), S. 318–330; Michael J. Hogan, Corporatism, in: ders./Thomas G. Paterson (Hrsg.), Explaining the History of American Foreign Relations, Cambridge 1991, S. 226–236.

[36] Vor allem von Michael J. Hogan, The Marshall Plan. America, Britain, and the Reconstruction of Western Europe, 1947–1952, Cambridge 1987.

Interessenverbände, pressure groups und Parteien

Mit zunehmender gesellschaftlicher Pluralisierung, mit der Entstehung einer auch medial geprägten politischen Öffentlichkeit, die durchaus, wie im Falle des Deutschen Kaiserreiches, parallel zu autoritär-obrigkeitsstaatlichen Herrschaftsstrukturen existieren konnte, wurden außenpolitisch relevante Interessen nicht länger nur gebündelt über staatlich-politische Institutionen vertreten. Mächtige Interessenverbände, pressure groups und natürlich auch Parteien aggregierten, organisierten und artikulierten partikulare Interessen, mit denen sich ganz unterschiedliche politische, ökonomische oder ideologische Zielsetzungen verbanden und die ganz unterschiedlich gesellschaftlich zu verorten waren. Wer würde die Bedeutung des Bündnisses von „Roggen und Eisen" im Deutschen Kaiserreich leugnen, das zwar nicht nur außenpolitisch wirksam wurde, aber beispielsweise die Rußlandpolitik des Reiches massivst mitbestimmte. Daß sich mit bestimmten zollpolitischen Interessen der ostelbischen Großagrarier, politisch organisiert in der Konservativen Partei und im Bund der Landwirte, deren Interesse an einer Konservierung des sozio-politischen Status quo im Inneren und insbesondere im Osten des Reiches verband, ist verschiedentlich nachgewiesen worden. Im gleichen Kontext wäre auf die Aktivitäten des Alldeutschen Verbandes oder des Flottenvereins zu verweisen.[37] Hier geraten auch die außenpolitischen Wirkungen des politischen und gesellschaftlichen Militarismus im Kaiserreich in den Blick. Wie über die erwähnten Organisationen auch ein militanter Antisemitismus politisch virulent wurde, ist ebenfalls untersucht worden.[38] Man mag den Begriff des Präfaschismus für problematisch halten oder auch linear-teleologische Thesen zur Konstruktion eines deutschen Sonderweges ablehnen – von der politischen zur außenpolitischen Virulenz des Antisemitismus war der Weg gleichwohl nicht sehr weit. Das um die Kategorien „Rasse" und „Raum" zentrierte außenpoliti-

[37] Zu den agrarischen Interessenverbänden noch immer: Hans-Jürgen Puhle, Agrarische Interessenpolitik und preußischer Konservativismus im Wilhelminischen Reich (1893–1914), Hannover 1966; Jens Flemming, Landwirtschaftliche Interessen und Demokratie. Ländliche Gesellschaft, Agrarverbände und Staat, 1890–1925, Bonn 1978; zum Alldeutschen Verband vor allem: Roger Chickering, We Men Who Feel Most German. A Cultural Study of the Pan-German League 1886–1914, London 1984; dazu: ders., Patriotic Societies and German Foreign Policy 1890–1914, in: IHR 1 (1979), S. 470–489; anknüpfend an: Hartmut Pogge v. Strandmann, Nationale Verbände zwischen Weltpolitik und Kolonialpolitik, in: Marine und Marinepolitik im kaiserlichen Deutschland 1871–1914, hrsg. von Herbert Schottelius und Wilhelm Deist, Düsseldorf 1972, S. 296–317; zur Verschmelzung von Verbands- und Parteiinteressen primär im konservativen Bereich eine knappe, aber informative Skizze in: Axel Schildt, Konservatismus in Deutschland. Von den Anfängen im 18. Jahrhundert bis zur Gegenwart, München 1998, S. 102–130; Verbandsaktivitäten im kompakten Überblick und über das Kaiserreich hinausgehend bei: Hans-Peter Ullmann, Interessenverbände in Deutschland, Frankfurt/M. 1988.

[38] Vgl. beispielsweise: Dirk Stegmann, Vom Neokonservatismus zum Protofaschismus. Konservative Parteien, Vereine und Verbände 1893–1920, in: ders. u. a., Deutscher Konservatismus im 19. und 20. Jahrhundert. Festschrift für Fritz Fischer, Bonn 1983, S. 199–230; Werner Jochmann, Gesellschaftskrise und Judenfeindschaft in Deutschland 1870–1945, Hamburg 1988; Shulamit Volkov, Kontinuität und Diskontinuität im deutschen Antisemitismus 1878–1945, in: VfZ 33 (1985), S. 221–243; Axel Schildt, Radikale Antworten von rechts auf die Kulturkrise der Jahrhundertwende. Zur Herausbildung und Entwicklung der Ideologie einer „Neuen Rechten" in der Wilhelminischen Gesellschaft des Kaiserreiches, in: Jahrbuch für Antisemitismusforschung 4 (1994), S. 63–87.

sche Programm der Nationalsozialisten konnte auf dem Nährboden des politischen und gesellschaftlichen Antisemitismus, den die nationalistisch-reaktionären Organisationen und Verbände des Kaiserreichs mit bereitet hatten, gedeihen und schließlich im Zweiten Weltkrieg, der ja Ziel und Mittel der NS-Außenpolitik darstellte, zum millionenfachen Mord an den europäischen Juden führen. Aus gutem Grund ist die Entwicklung eines rassenbiologisch bestimmten Antisemitismus zur zentralen Triebkraft und Determinante der deutschen Außenpolitik nach 1933 vergleichsweise umfassend behandelt worden.[39]

Aber blicken wir beispielsweise auf die Außenpolitik der Weimarer Republik, so dominiert in historischen Untersuchungen das Regierungshandeln relativ deutlich, zentriert zunächst um das Ringen der deutschen Außenpolitik mit den Bestimmungen und den Folgen des Versailler Vertrages. Stresemann und seiner Politik ist hier gewiß zu Recht die größte Aufmerksamkeit zuteil geworden.[40] Doch welche Positionen vertrat beispielsweise eine zwischen Internationalismus und nationaler Verankerung sich bewegende SPD, die ja immerhin bis 1932 stärkste politische Kraft der Republik war, auch wenn sie auf Reichsebene lange Jahre keine Regierungsverantwortung trug?[41] Mit Blick auf die Beziehungen der Bundesrepublik Deutschland zu den USA und zu Frankreich als den wichtigsten Partnern des westdeutschen Staates haben die Arbeiten von Grabbe und Marcowitz nicht nur zwischen der Regierung als Exekutive und den Regierungsparteien unterschieden, sondern in gleichsam parlamentaristischer Perspektive die Oppositionsparteien in ihre Analysen integriert.[42] Nehmen wir die Außenpolitik der Bundesrepublik weiter in den Blick, so fällt beispielsweise eine Forschungslücke ins Auge, welche die Landsmannschaften und Vertriebenverbände betrifft, die ja sowohl in ihren eigenen Aktivitäten wie auch über und quer durch die Parteien den deutschland- und ostpolitischen Willensbildungsprozeß in der Bundesrepublik weit über die Phase der Ostverträge hinaus erheblich beeinflußten, damit aber auch auf innen- und parteipolitische Entwicklungen einwirkten. Eine ähnliche Rolle kommt im übrigen auch den Gruppen und Organisationen der Friedensbewegung zu, die nicht nur in den siebziger und achtziger Jahren eine bedeutsame gesellschaftliche Größe darstellten, sondern über ihren Anteil an der Entstehung der

[39] Hierzu noch immer: Klaus Hildebrand, Deutsche Außenpolitik 1933–1945. Kalkül oder Dogma?, Stuttgart, 2. Aufl. 1973; ders., Das vergangene Reich. Deutsche Außenpolitik von Bismarck bis Hitler 1871–1945, Stuttgart 1995, S. 563–578; sowie auch verschiedene Beiträge in: Wolfgang Michalka (Hrsg.), Nationalsozialistische Außenpolitik, Darmstadt 1978; weitere Literaturverweise bei: Marie-Luise Recker, Die Außenpolitik des Dritten Reiches, München 1990.

[40] Die umfassendste Darstellung noch immer: Peter Krüger, Die Außenpolitik der Republik von Weimar, Darmstadt, 2. Aufl. 1993.

[41] Über 40 Jahre alt: Reimund Klinkhammer, Die Außenpolitik der Sozialdemokratischen Partei Deutschlands in der Zeit der Weimarer Republik, Diss. Ms. Freiburg 1955; erst jetzt: Stefan Feucht, Die Haltung der Sozialdemokratischen Partei Deutschlands zur Außenpolitik während der Weimarer Republik (1918–1933), Frankfurt/M. u. a. 1998.

[42] Hans-Jürgen Grabbe, Unionsparteien, Sozialdemokratie und Vereinigte Staaten von Amerika 1945–1966, Düsseldorf 1983; Reiner Marcowitz, Option für Paris? Unionsparteien, SPD und Charles de Gaulle 1958 bis 1969, München 1996; weiterhin auch: Beatrix W. Bouvier, Zwischen Godesberg und Großer Koalition. Der Weg der SPD in die Regierungsverantwortung. Außen-, sicherheits- und deutschlandpolitische Umorientierung und gesellschaftliche Öffnung der SPD 1960–1966, Bonn 1990.

„Grünen" oder am Machtverlust der SPD 1982 tief in den politischen Raum hineinwirkten. Die Friedensbewegung ist darüber hinaus ein Paradebeispiel transnationaler Politik wie auch für die Rückwirkung außenpolitischer Entwicklungen und der internationalen Beziehungen in nationale Gesellschaften hinein.

Medien

Von ganz eigener, gesellschaftlich verankerter und außenpolitischer Relevanz sind die Organe der veröffentlichten Meinung. Mag deren Bedeutung auch überschätzt oder übertrieben worden sein,[43] ihre politische Rolle, als Einfluß- und Kontrollinstanz, ist unbestritten. Arbeiten mit dem Untertitel „... im Spiegel der Presse" werden dieser politischen Rolle der Medien nur selten gerecht, erblicken sie in den Organen der veröffentlichten Meinung eben lediglich einen Spiegel des Regierungshandelns und interessieren sich viel zu wenig für die aktive Partizipation der Medien am politischen Prozeß einer demokratischen und pluralistischen Gesellschaft. Eine jüngst abgeschlossene Studie über die Führungsgruppen des Springer-Verlages und insbesondere die politische Sozialisation, die ideologische Verortung, die Generationserfahrungen und Wertehorizonte führender Redakteure von „Welt" und „Bild" lassen das außenpolitische Profil und die politischen Zielsetzungen dieser beiden Zeitungen deutlicher werden.[44]

Ideologien und Ideen

Zielsetzungen und Denkhorizonte, politische Überzeugungen und Wertesysteme von am außenpolitischen Entscheidungsprozeß beteiligten Akteuren, seien es Journalisten, Diplomaten, Politiker, Verbandsfunktionäre oder wissenschaftliche Politikberater, werden immer auch mitbestimmt durch ideologische Strömungen, die insbesondere die Perzeption von externen Informationen beeinflussen. Außenpolitisches Handeln vor dem Hintergrund des Ost-West-Konflikts bietet ein besonders klares Beispiel für die ideologische Determination gerade auch des außenpolitischen Prozesses bzw. umgekehrt auch die ideologische Begründung konkreter politischer Positionen oder Zielvorstellungen. So wissen wir zwar vieles über die Ursprünge und die Entwicklung der europäischen Integration. Mit welch unterschiedlichen ideologisch-politischen Inhalten die oftmals diffuse „Idee von Europa" dabei aufgeladen war – und dies bereits in der Zwischenkriegszeit –, welche gesellschaftlichen Ordnungsvorstellungen Eingang bzw. Niederschlag in unterschiedliche Europakonzepte fanden, ist hingegen bisher kaum thematisiert worden. War nicht oftmals eine bestimmte Europakonzeption nur Vehikel zur Durchsetzung von politischen und gesellschaftlichen Ordnungsvorstellungen im nationalen Rahmen? Aus welchen Quellen speiste sich und welche Funktionen hatte die „Europaidee" der Nationalsozialisten? Auch

[43] Vgl. Ole R. Holsti, Public Opinion and Foreign Policy: Challenges to the Almond-Lippmann Consensus, in: International Studies Quarterly 36 (1992), S. 439–466; Thomas Risse-Kappen, Public Opinion, Domestic Structure, and Foreign Policy in Liberal Democracies, in: World Politics 43 (1991), S. 479–512.

[44] Gudrun Kruip, Das „Welt"-„Bild" des Axel Springer Verlags. Journalismus zwischen westlichen Werten und deutschen Denktraditionen, München 1999.

auf den ersten Blick außenpolitische bzw. außenpolitisch orientierte Ideen und Konzepte entfalteten zweifelsohne gesellschaftliche Gestaltungskraft.[45] Selbst außenpolitische Themen gilt es daher in eine erneuerte, sozial- und erfahrungsgeschichtlich gesättigte „Geistesgeschichte" zu integrieren, die es ermöglicht, die Wirkungsgeschichte von Ideen im Sinne von verhaltensprägenden „Realitätsbildern" und „gedachten Ordnungen" zu untersuchen. Der Zusammenhang von Handeln, Interessen, Weltbildern und Ideen ist durchaus nutzbar zu machen, um dieser gesellschaftlichen Dimension der internationalen Geschichte besser gerecht zu werden.[46] Über die sogenannte „Abendländische Bewegung", um nur ein Beispiel herauszugreifen, die Mitte der fünfziger Jahre immerhin Bundesaußenminister von Brentano für sich gewinnen konnte und aus konservativ-katholischen Grundüberzeugungen heraus für eine übernationale Ordnung im universalistischen Reichsgewande eintrat, die sowohl den „östlichen Bolschewismus" wie auch den „westlichen Liberalismus" verteufelte und im Spanien Francos sowie im Portugal Salazars Vorbilder für staatlich-gesellschaftliche Ordnungen erblickte, wissen wir bis heute so gut wie nichts.[47] Auch die Paneuropa-Bewegung ist auf ihre soziale Zusammensetzung und die ideologische Prägung ihrer Protagonisten für die Zeit vor wie nach dem Zweiten Weltkrieg bislang nicht eingehend untersucht worden.[48] Arbeiten über kollektive, aber auch Elitenbilder von

[45] Vgl. hierzu die Arbeiten zur Zwischenkriegszeit von Guido Müller, zuletzt: Müller, Gesellschaftsgeschichte und internationale Beziehungen (mit Verweisen auf andere Beiträge des Autors zu diesem Themenkomplex). Zur „Europaidee" der Nationalsozialisten vgl. Hans-Werner Neulen, Europa und das 3. Reich. Einigungsbestrebungen im deutschen Machtbereich 1939–1945, München 1987; Ulrich Herbert, Best. Biographische Studien über Radikalismus, Weltanschauung und Vernunft 1903–1989, Bonn, 3. Aufl. 1996, S. 271–298; als Beispiel für eine aktualistische, einseitige und letztlich unseriöse Behandlung dieses wichtigen Themas vor dem Hintergrund der Maastricht- und Euro-Debatten: John Laughland, The Tainted Source. Undemocratic Origins of the European Idea, London 1997. Am Tübinger Seminar für Zeitgeschichte entsteht derzeit eine Studie, die sich unter dem Arbeitstitel „Zwischen Abendland und Europa. Deutsche Ideen von Europa im 20. Jahrhundert" mit der gesellschaftlichen Dimension verschiedener Europa-Konzepte in Deutschland zwischen den 20er und den 60er Jahren beschäftigt.

[46] Die Deutsche Forschungsgemeinschaft hat 1996 ein Schwerpunktprogramm „Ideen als gesellschaftliche Gestaltungskraft im Europa der Neuzeit – Ansätze zu einer neuen ‚Geistesgeschichte'" eingerichtet, das Ansatzpunkte durchaus auch für Fragestellungen mit außenpolitischem Bezug bietet. Vgl. Deutsche Forschungsgemeinschaft, Ideen als gesellschaftliche Gestaltungskraft (Definition des Schwerpunktprogramms), Bonn, 17. 6. 1996. Zur „Sozialrelevanz von Ideen" (Lepsius), ausgehend von Max Webers vielzitierter Feststellung: „Interessen (materielle und ideelle), nicht: Ideen, beherrschen unmittelbar das Handeln der Menschen. Aber: die ‚Weltbilder', welche durch ‚Ideen' geschaffen wurden, haben sehr oft als Weichensteller die Bahnen bestimmt, in denen die Dynamik der Interessen das Handeln fortbewegte." In: ders., Die Wirtschaftsethik der Weltreligionen. Vergleichende religionssoziologische Versuche. Einleitung, in: ders., Gesammelte Aufsätze zur Religionssoziologie, Bd. 1, Tübingen, 9. Aufl. 1988, S. 237–275, hier S. 252; siehe auch: M. Rainer Lepsius, Interessen und Ideen. Die Zurechnungsproblematik bei Max Weber, in: ders., Interessen, Ideen und Institutionen, Opladen 1990, S. 31–43.

[47] Axel Schildt, Zwischen Abendland und Amerika. Studien zur Ideenlandschaft der 50er Jahre, München 1999; Vanessa Plichta, „... ein Bollwerk christlicher Kultur gegen heidnisches Chaos". Die „abendländische" Bewegung im Westdeutschland der Nachkriegszeit (1946–1963), Magisterarbeit Tübingen 1997.

[48] Martin Posselt, Richard Coudenhove-Kalergi und die Europäische Parlamentarier-Union. Die parlamentarische Bewegung für eine „Europäische Konstituante" (1946–1952), Diss. phil.

anderen Staaten und Gesellschaften gehören schließlich ebenso in diesen Bereich. Mit dem Bild des Auslands vom „Dritten Reich“ hat man sich verschiedentlich beschäftigt. Das Amerika-Bild nationalsozialistischer Eliten ist ebenfalls behandelt worden. Doch Forschungslücken klaffen hier noch immer.[49] Für die Untersuchung der amerikanischen Außenpolitik in der Initialphase des Kalten Krieges ist das Rußland- und Sowjetunion-Bild der sogenannten „Riga-Schule“ der US-Diplomatie, der nicht zuletzt George F. Kennan angehörte, alles andere als unbedeutend.[50] Wie wiederum kollektive Bewußtseinslagen und ideologisch bestimmte Perzeptionsmuster auf staatliche Außenpolitik einwirkten, macht ein Blick auf die amerikanische Außenpolitik und deren innenpolitische Dimension in den Jahren des McCarthyismus oder des Vietnam-Krieges deutlich. Gerade der letzgenannte Aspekt lenkt nun freilich die Aufmerksamkeit auch – und es geht ja nicht um einseitige Dependenz, sondern um wechselseitige Interdependenz – auf die Wirkungen, welche vom internationalen System und seinen Veränderungen, von den internationalen Beziehungen und nicht zuletzt von außenpolitischen Handlungen einzelner Staaten und Regierungen auf nationale Gesellschaften, auf gesellschaftliche Strukturen und soziale Entwicklungen ausgehen können.

Internationale Beziehungen und gesellschaftliche Verhältnisse

In einem grundsätzlichen Beitrag aus dem Jahre 1969 widmete sich der Politologe Karl Kaiser der Definition, der Zuordnung und der analytischen Differenzierung zwischen dem nach innen und dem nach außen gerichteten Verhalten der politischen Einheit Nationalstaat. Er kritisierte dabei insbesondere, daß sich die Politikwissenschaft – und für die Geschichtswissenschaft gilt im Grunde nichts anderes – so verhalte, als ob es tatsächlich nur eine inter-nationale Politik gebe, eine Politik also lediglich in dem Raum zwischen den staatlichen Einheiten. Eine der Folgen dieser Grunddisposition sei gewesen, „daß bei der Analyse der internationalen Politik die Erforschung und Erklärung der Vorgänge *innerhalb* der nationalstaatlichen Einheiten und *zwischen* diesen Einheiten für lange Zeit unabhängig voneinander vorgegangen sind“.[51] Der Begriff der Souveränität habe dabei wie eine analytische Scheidewand gewirkt: „Für den Spezialisten der Innenpolitik schirmt er – methodisch gesehen –

Graz 1987, liefert trotz des irreführenden Titels eine Arbeit zur Paneuropa-Bewegung und ihrem Gründer Coudenhove-Kalergi, die allerdings über weite Strecken den Charakter einer unkritischen Festschrift trägt. Vgl. am Rande auch die ältere Arbeit von Reinhard Frommelt, Paneuropa oder Mitteleuropa. Einigungsbestrebungen im Kalkül deutscher Wirtschaft und Politik 1925–1933, Stuttgart 1977.

49 Als Beispiele lediglich: Angela Schwarz, Die Reise ins Dritte Reich. Britische Augenzeugen im nationalsozialistischen Deutschland (1933–1939), Göttingen 1993; Philipp Gassert, Amerika im Dritten Reich: Ideologie, Propaganda und Volksmeinung 1933–1945, Stuttgart 1997.

50 Vgl. beispielsweise Wilson D. Miscamble, George F. Kennan and the Making of American Foreign Policy, 1945–1950, Princeton 1992; Frederick F. Travis, George Kennan (sic!) and the American Russian Relationship 1865–1924, Athens/Ohio 1990.

51 Karl Kaiser, Transnationale Politik. Zu einer Theorie der multinationalen Politik, in: Ernst-Otto Czempiel (Hrsg.), Die anachronistische Souveränität. Zum Verhältnis von Innen- und Außenpolitik, PVS Sonderheft 1, Köln/Opladen 1969, S. 80–109, hier S. 81 (Hervorhebung im Original).

das Gemeinwesen nach außen ab; Eingriffe von dort sind Unfälle, Ausnahmen oder Daten. Für den Experten der internationalen Politik bietet er den Vorwand, die dadurch formal von der internationalen Politik unabhängigen innenpolitischen Vorgänge zu vernachlässigen, da ihn vornehmlich die Außenpolitik des formal souveränen Nationalstaates interessiert."[52]

Kaiser verband diese Kritik mit einem Verweis auf die für moderne Gesellschaften typischen Interdependenzen und Wechselwirkungen zwischen unterschiedlichen Politikbereichen, zwischen gesellschaftlichen Verhältnissen und politischen Prozessen sowie zwischen nationalstaatlichem Regierungshandeln und zwischengesellschaftlichen Interaktionsmustern. Seine Folgerung: „Im Gegensatz zur älteren Staatstheorie, die die ‚(...) internationalen Beziehungen quasi als Tangenten [begriff], die die politischen Systeme nur an der Spitze der gesellschaftlichen Pyramide in der Autorität des Landesherrn berühren, also nicht als Verbindungslinie, die in die Systeme auch eindringen (...)', muß sich also unser heutiges Interesse auf die Interaktionsprozesse richten, die die nationalstaatlichen Grenzen überschreiten."[53] Das Modell der „transnationalen Politik", das Kaiser vor diesem Hintergrund entwickelte, ist für unsere Belange gar nicht von primärem Interesse, wenngleich es für geschichtswissenschaftliche Studien gut nutzbar zu machen ist und mit seiner Hilfe beispielsweise differenziertere Analysen zwischenstaatlicher Beziehungen entstehen können als bei einer ausschließlichen Konzentration auf Regierungsaktivitäten.[54] Die rasant voranschreitende Globalisierung, verstanden als „Prozesse, in deren Folge die Nationalstaaten und ihre Souveränität durch transnationale Akteure, ihre Machtchancen, Orientierungen, Identitäten und Netzwerke unterlaufen und querverbunden werden",[55] verleiht der vor fast 30 Jahren von Kaiser vorgebrachten Kritik noch zusätzliches Gewicht. Vor diesem Hintergrund soll nun der Blick darauf gerichtet werden, wie die internationalen Beziehungen, wie das internationale Umfeld durch die „harte Schale" des Staates hindurch auf Gesellschaften einwirken.

Internationale Politik und Gesellschaft im Ost-West-Konflikt

Für den qua definitionem nicht vornehmlich gegenwartsbezogen arbeitenden Historiker der internationalen Beziehungen sind, wie bereits erwähnt, die heute immer augenfälliger werdenden Interdependenzen zwischen internationaler Politik und gesellschaftlichen Entwicklungen nicht allein unter dem Signum „Globalisierung" von Interesse. So ist deutlich, wenn auch noch in viel zu wenigen empirischen Studien

[52] Ebda., S. 82.

[53] Ebda., S. 87f. Das Zitat im Zitat stammt aus einem unveröffentlichten Diskussionspapier von Kurt Tudyka aus dem Jahre 1968.

[54] Als bestes Beispiel noch immer: Werner Link, Deutsche und amerikanische Gewerkschaften und Geschäftsleute 1945–1975. Eine Studie über transnationale Beziehungen, Düsseldorf 1978. Wichtig aber auch Links Kritik an Kaiser, die vor allem den Autonomiebegriff betrifft. Link billigt den gesellschaftlichen Akteuren eine nur relative Autonomie zu, geht also von einem Autonomiegefälle zwischen staatlichen und gesellschaftlichen Akteuren aus. Vgl. hierzu auch: Transnationale Politik, in: Lehmkuhl, Theorien Internationaler Politik, S. 226f.

[55] Beck, Globalisierung, S. 28f.

untersucht, wie der Ost-West-Konflikt, zwar ideologisch prädisponiert,[56] vor allem jedoch als seit 1945/47 virulenter machtpolitischer Großkonflikt tief in einzelne Staaten und ihre Gesellschaften hineinwirkte, wie aber beispielsweise auch die weltpolitische Bipolarität, zentriert um die beiden Supermächte USA und UdSSR, sozio-politische, sozio-ökonomische und sozio-kulturelle Vereinheitlichungsprozesse auslöste bzw. beschleunigte und damit zu einer, wenn auch zweigeteilten Globalisierung *avant la lettre* führte. In diesen Kontext gehört für die Staaten des Westens die innenpolitische und gesellschaftliche Instrumentalisierung des ost-westlichen Systemkonflikts, in der Bundesrepublik beispielsweise als argumentatives Unterfutter für die Westbindungspolitik der Regierung Adenauer. Zu behandeln wäre in diesem Zusammenhang auch die Frage nach der Bedeutung des Ost-West-Konflikts, insbesondere in der konfrontativen Zuspitzung des Kalten Krieges, für binnengesellschaftliche Veränderungsprozesse, die begrifflich als „Westernisierung" und/oder „Amerikanisierung" zu fassen sind.[57] Zwar war im deutschen Falle die militärische Niederlage im Zweiten Weltkrieg und die sich anschließende Besatzungsherrschaft eine zentrale Voraussetzung für die, wenn auch langsame, Öffnung der (west-)deutschen Gesellschaft für westliche Einflüsse.[58] Hier führt Rosenaus Konzept des „penetrierten Systems" durchaus weiter.[59] Man wird aber darüber hinaus nicht bestreiten können, wie die weltpolitische Konfrontation des Kalten Krieges den hegemonialen Einfluß der USA – auch jenseits der internationalen Politik – verstärkte und dazu beitrug, die Gesellschaft der jungen Bundesrepublik als ganzes wie auch in einzelnen Gruppen und über ihre Eliten auf die USA als politische Vormacht und gesellschaftliches Vorbild auszurichten. Amerikanisierung und Amerikanismus, Verwestlichung und Westlichkeit standen somit zweifellos in kausaler Verbindung zur Ebene der internationalen Politik.[60]

56 Hierzu noch immer: Ernst Nolte, Deutschland und der Kalte Krieg, München 1974, S. 63–130.

57 Vgl. Anselm Doering-Manteuffel, Dimensionen von Amerikanisierung in der deutschen Geschichte, in: AfS 35 (1995), S. 1–34; ders., Wie westlich sind die Deutschen?, in: HPM 3 (1996), S. 1–38.

58 Für die ostdeutsche Gesellschaft wäre in diesem Kontext spiegelbildlich nicht nur nach Sowjetisierungsprozessen und deren Tiefenwirkung zu fragen, sondern es wären auch Überlegungen anzustellen hinsichtlich des Nutzens einer Interpretationskategorie „Veröstlichung". Hierzu jüngst: Konrad Jarausch/Hannes Siegrist (Hrsg.), Amerikanisierung und Sowjetisierung in Deutschland 1945–1970, Frankfurt/M. und New York 1997.

59 Zu diesem Konzept: James N. Rosenau, Foreign Policy as an Issue-Area, in: ders., Domestic Sources of Foreign Policy, New York 1967, S. 11–50; ders. (Hrsg.), Linkage Politics, New York 1969.

60 Insgesamt wäre in diesem Kontext durchaus auch mit dem vermutlich von Antonio Gramsci erstmals verwendeten Begriff der „kulturellen Hegemonie" weiterzukommen. Dieser meint eine Vorherrschaft auf der kulturellen Ebene, die nicht äußeren Druckes bedarf, sondern auf der Folgebereitschaft weiter Bevölkerungsteile basiert. Vgl. hierzu: Doering-Manteuffel, Wie westlich sind die Deutschen?, S. 2f. Zum Amerikanismus der Zwischenkriegszeit im Überblick: Frank Trommler, Aufstieg und Fall des Amerikanismus in Deutschland, in: ders. (Hrsg.), Amerika und die Deutschen. Bestandsaufnahme einer 300jährigen Geschichte, Opladen 1986, S. 666–678. In umgekehrter Richtung, nach amerikanischen Konzepten und Aktivitäten zur „Verbreitung des amerikanischen Traums" fragend, s. vor allem: Emily S. Rosenberg, Spreading the American Dream. American Economic and Cultural Expansion, 1890–1945, New York 1982; Frank Ninkovich, Diplomacy of Ideas: United States Foreign Policy and Cultural Relations, 1938–1950, New York 1981.

Internationale Politik und „Garnisonsstaat"

Auch an die Entstehung des sogenannten „militärisch-industriellen Komplexes" in demokratischen Gesellschaften und dessen soziale Wirkungen – arbeitsmarkt- und beschäftigungsbezogen oder im Zusammenhang mit der Dynamik von Rüstungsprozessen und der Wirkmächtigkeit von Bedrohungsszenarien – ist in diesem Kontext zu erinnern.[61] Harold Lasswells Konzept des „garrison state" könnte man aufgreifen, um die Zusammenhänge zwischen den außenpolitischen Zielen und dem außenpolitischen Verhalten eines Staates auf der einen und seiner inneren Ordnung auf der anderen Seite weiter zu ergründen. Inwieweit wurde, so ließe sich fragen, das Ausmaß an Terror und Repression, an politischer und gesellschaftlicher Unfreiheit in der Sowjetunion sowie in den von ihr beherrschten und penetrierten Staaten des Ostblocks erhöht oder verstärkt durch die internationalen Rahmenbedingungen des Ost-West-Konflikts? Für das nationalsozialistische Deutschland ließe sich ganz ähnlich die Verbindung von außenpolitischen Zielvorstellungen und der totalitären Ausrichtung von Staats- und Gesellschaftsordnung auf diese Ziele hin untersuchen. Daß der „Garnisonsstaat" nicht per Definition undemokratisch sein müsse, sondern daß auch demokratische Staaten außenpolitisch bedingt oder begründet Züge eines Garnisonsstaates aufweisen können, hat bereits Lasswell selbst betont.[62]

Internationale Politik und Revolution

Das Staatensystem des 19. Jahrhunderts ist verschiedentlich Gegenstand historischer Untersuchungen gewesen. Immer wieder ist in diesen Untersuchungen auch auf den Zusammenhang von zwischenstaatlicher Friedenssicherung, Großmächtesolidarität und Revolutionsprophylaxe hingewiesen worden, augenfällig beispielsweise in der Inkorporierung der Deutschen Bundesakte in die Kongreßakte des Wiener Kongresses. Diese Verknüpfung kennzeichnete die europäische Entwicklung bis 1848.[63] „Da die Revolution in Frankreich 1789", konstatiert Immanuel Geiss, „so ungeheure soziale Kräfte freigesetzt hatte, daß erstmals eine Großmacht die übrigen drei kontinentalen Mächte zu besiegen vermochte, war zu befürchten, daß revolutionäre Bewegungen in einem anderen Land das Gleichgewicht der Kräfte ähnlich stören würden. Der spannungsreiche Zusammenhang von Krieg und Revolution war unabweisbar."[64] Die

[61] Damit wäre auch die Brücke geschlagen zu Fragestellungen und Themenfeldern der modernen Militärgeschichte, die unter dem Rubrum „War and Society" als ihre Hauptforschungsgebiete benennt: „the history of military organizations in peace and war; the threat and use of force in international relations; the history of military operations; warfare and military organizations in domestic politics; social, economic, and cultural history and military organizations"; siehe Preface, in: War and Society Newsletter 1997, S. 3.

[62] Harold D. Lasswell, The Garrison State, in: American Journal of Sociology 46 (1941), S. 455–468; ders., The Garrison State Hypothesis Today, in: Samuel P. Huntington (Hrsg.), Changing Patterns of Military Politics, Glencoe 1962, S. 51–70; vgl. auch: Christopher Thorne, Societies, Sociology and the International: Some Contributions and Questions, with Particular Reference to Total War, in: ders., Border Crossings. Studies in International History, Oxford 1988, S. 29–55, hier S. 33.

[63] Vgl. Anselm Doering-Manteuffel, Die deutsche Frage und das europäische Staatensystem 1815–1871, München 1993, S. 8.

[64] Zit. nach: ebda.

europäische Mächtesolidarität, nicht zuletzt wirksam in ihren Interventionsmechanismen, zunächst in der Pentarchie, später dann reduziert auf die drei konservativen Mächte des Ostens, wirkte mit ihrem Imperativ der Revolutionsverhinderung in die europäischen Staaten hinein und beeinflußte so ganz massiv die politische und gesellschaftliche Entwicklung in diesen Staaten. Umgekehrt – und damit wiederum im Sinne echter Interdependenz – wirkten die mächtigen gesellschaftlichen Kräfte, die Liberalismus und Nationalismus entfesselten, auch auf die Struktur und die Gestalt des europäischen Staatensystems ein, führten zu zwischenstaatlichen Konflikten und schließlich zur Erschütterung und Auflösung der Wiener Ordnung nach der Jahrhundertmitte.[65]

Internationale Organisationen und Diskurse

Selbst das europäische Staatensystem des 19. Jahrhunderts kann also nur in idealistischer Überhöhung und unter Ausblendung zentraler, die Verflechtung der zwischenstaatlichen und der binnenstaatlichen Entwicklung betreffenden Strukturmerkmale das Urmuster der historistischen Beschäftigung mit Fragen der Außenpolitik und der Staatenbeziehungen im Sinne Rankes wie auch der realistischen Großtheorie der internationalen Politik liefern. Ein dualistisches Modell der Politik, also die prinzipielle Trennung von Innen- und internationaler Politik, ist fernerhin auch nicht in der Lage, die wachsende Bedeutung internationaler Organisationen und die Wirkungen internationaler Regime in Staaten und ihre Gesellschaften hinein adäquat zu erfassen. Bereits das 19. Jahrhundert erlebte eine nicht unerhebliche Zunahme internationaler Organisationen, deren Wirkung durch den Souveränitätsanspruch des Nationalstaates zwar eingeschränkt blieb, die aber den Anfang einer im 20. Jahrhundert und insbesondere nach 1945 beschleunigten Internationalisierung wichtiger Politikbereiche bildete.[66] Internationale Regime im Bereich der Wirtschafts- und Währungspolitik oder auch der Umweltpolitik – internationale Naturschutzverbände beispielsweise gab es schon vor 1914 – sind nicht nur verwoben mit nationalen und sub-nationalen politischen und sozialen Strukturen und Akteuren, sondern wirken auch auf den Prozeß der Politikformulierung und -implementation und damit also auf gesellschaftliche Prozesse ein. Die internationalen Begründungszusammenhänge für nationale Protestbewegungen, beispielsweise im Rüstungs- oder im Umweltschutzbereich, sind hier zu erwähnen, wie natürlich auch – umgekehrt – nationale bzw. in nationalen Gesellschaften verankerte und agierende Gruppierungen und Organisationen oftmals wichtige Einflußfaktoren für die Formulierung von Außenpolitik und die Entwicklung der internationalen Beziehungen konstituieren.[67] Überdies erhöhen internatio-

[65] Hierzu ausführlicher: ders., Vom Wiener Kongreß zur Pariser Konferenz. England, die deutsche Frage und das Mächtesystem 1815–1856, Göttingen 1991; gesellschaftliche Faktoren noch stärker einbeziehend: Günther Heydemann, Konstitution gegen Revolution. Die britische Deutschland- und Italienpolitik 1815–1848, Göttingen 1995; darüber hinaus die einschlägigen Aufsätze in: Das europäische Staatensystem im Wandel.

[66] Vgl. Anthony G. McGrew, Conceptualizing Global Politics, in: ders. u.a. (Hrsg.), Global Politics – Globalisation and the Nation-State, Cambridge 1992, S. 1–28.

[67] Vgl. hierzu: John G. Clark, Making Environmental Diplomacy an Integral Part of Diplomatic

nal operierende Medien und Kommunikationsnetzwerke die Chance, daß übernationale Großthemen wie beispielsweise Menschenrechtsfragen in nationale Gesellschaften eindringen und innerhalb dieser Gesellschaften Diskurse etablieren, die in unterschiedlicher Weise die Gestalt politischer Ordnungen und gesellschaftlicher Strukturen verändern können. Nicht zuletzt über die Außenpolitik der USA, die durch ein liberales, vom Individuum und seinen Rechten ausgehendes Menschenrechtsverständnis mit fundiert wurde, gelangte der Menschenrechtsdiskurs in die internationalen Beziehungen. Auf Grund des weltpolitischen Gewichts der USA insbesondere im „amerikanischen" 20. Jahrhundert bahnte er sich, sei es in Gestalt der Formel „To make the world safe for democracy", sei es in Gestalt der „Human Rights"-Debatte der sechziger und siebziger Jahre, seinen Weg in einzelne Staaten und Gesellschaften hinein, die sich immer schwerer gegen die politischen und sozialen Wirkungen dieser Ideen abschotten konnten.[68]

Internationale Geschichte: Erneuerung und Erweiterung

Wie diese Ausführungen zu verdeutlichen versuchten, ist die gesellschaftliche Dimension der internationalen Geschichte analytisch nur – und auch dies gewiß nicht leicht – zu erfassen, wenn man sie als Komponente eines multifaktoriellen, vielfach interdependenten Ursache-Wirkungs-Zusammenhangs begreift. Dieser charakterisiert freilich nicht allein die Sphäre der internationalen Beziehungen, sondern kennzeichnet alle Handlungsebenen und Dimensionen des politischen Prozesses moderner Staaten und Gesellschaften im weitesten Sinne. Mit einem solchen Verständnis als Analysegrundlage erledigen sich Auseinandersetzungen um die Primatsfrage gleichsam von selber. Ein solches Verständnis steht einseitigen Dependenzkonstruktionen entgegen, die den Bereich der Außenpolitik und der internationalen Beziehungen als Derivat innergesellschaftlicher Strukturen und Entwicklungen erklären. Es widerspricht jedoch auch Dominanzkonzepten, die mit der Autonomie zwischenstaatlicher Beziehungen argumentieren und auf diese Art und Weise die Einheit von Staat (repräsentiert durch die Regierung) und Gesellschaft analytisch perpetuieren. Weder Außenpolitik bzw. Außenpolitiken noch internationale Beziehungen als übergreifendes Geflecht lassen sich auf der Basis eines wie auch immer gearteten einseitigen Vorverständnisses untersuchen. Auf beiden Ebenen stellt sich die Frage nach der Interdependenz, denn beide Ebenen, die der Außenpolitik, die noch immer ganz wesentlich (national-)staatlich definiert ist, wie auch die der internationalen Beziehungen sind von der Entautonomisierung des (National-)Staates, von staatlichen Souveränitätsverlusten und, nicht zuletzt, von Entstaatlichungstendenzen (Stichwort: transnationale Beziehungen) betroffen. Und weil diese Prozesse auch Teilprozesse von Moder-

History, in: Diplomatic History 21 (1997), S. 453–460; siehe im übrigen auch den Beitrag von Franz-Josef Brüggemeier in diesem Band.

[68] Hierzu: Christoph Müller, Die Menschenrechte als außenpolitisches Ziel. Das Beispiel der amerikanischen Politik der Jahre 1793–1980, Baden-Baden 1986; Friedbert Pflüger, Die Menschenrechtspolitik der USA. Amerikanische Außenpolitik zwischen Idealismus und Realismus 1972–1982, Wien 1983.

nisierung darstellen, die ihren Ursprung mit der Entstehung des modernen Staates und der modernen Gesellschaft genommen haben, sind sie nicht nur Themenfelder der Zeitgeschichte oder gar einer primär gegenwartsbezogenen und gegenwartsnah ausgerichteten politikwissenschaftlichen Teildisziplin Internationale Beziehungen, sondern auch genuine Aufgabengebiete der Geschichtsschreibung der internationalen Beziehungen in der Neuzeit.

Die großen Synthesen deutscher Historiker zur deutschen Geschichte im 19. und 20. Jahrhundert, aber auch zur Geschichte der deutschen Außenpolitik der letzten beiden Jahrhunderte, sind noch immer von der alten Primatskontroverse geprägt, die als Debatte über „moderne Politikgeschichte" bis heute geführt wird. Dabei ist freilich die Gegenüberstellung von zumeist längst bekannten Positionen an die Stelle eines argumentativen Austauschs mit dem Ziel methodischen wie inhaltlichen Fortkommens getreten. Die dezidiert und zum Teil überaus polemisch vorgebrachten Standpunkte dieses Kampfes um Paradigmenhegemonie prägten, weil ihre Protagonisten auch zu den führenden Repräsentanten der deutschen Geschichtswissenschaft zählen, bis vor kurzem das Erscheinungsbild der Geschichtswissenschaft in diesem Bereich weithin. Dabei überwölbte die Kontroverse noch unlängst die Ansätze eines parallel stattfindenden und stetig an Dynamik gewinnenden Erneuerungsprozesses innerhalb der historischen Teildisziplin der Internationalen Geschichte.[69] Wie die hier versammelten punktuellen Hinweise auf einzelne Themenfelder, Untersuchungsgegenstände und Arbeiten demonstrieren, hat die Internationale Geschichte jedoch nun auch in Deutschland einerseits die Anregungen und Impulse der Sozialgeschichte aufgenommen und ist im Begriffe, sie konstruktiv weiterzuentwickeln; zum anderen jedoch bemüht sie sich, dem Eigengewicht von Außenpolitik und internationalen Beziehungen für moderne Staaten und Gesellschaften Rechnung zu tragen. Diese Sichtweise wurde nicht zuletzt durch die historischen Ereignisse von 1989/91 aufs neue und nunmehr unabweisbar eingefordert.[70] Betrachtet man diese Erneuerungsbemühungen, die ja unter anderem auch in einer neuen Buchreihe „Studien zur Internationalen Geschichte" ihren Ausdruck gefunden haben, so relativiert sich das Gewicht der Kontroverse über „moderne Politikgeschichte". Selbstverständlich gilt es, die Argumente dieser Auseinandersetzung ernstzunehmen und sich in methodischen wie theoretischen Überlegungen auf sie zu beziehen. Aber vieles spricht wohl

[69] Die deutsche Entwicklung steht freilich nicht für sich allein, denn auch in anderen Ländern ist die Disziplin Internationale Geschichte mehr oder weniger stark in Bewegung gekommen. Dabei handelt es sich allerdings eher um parallele als um miteinander verknüpfte und aufeinander bezogene Entwicklungen. Zu Frankreich vgl. den Beitrag von Georges-Henri Soutou in diesem Band. Für die USA, wo die gesellschaftliche Debatte um „Political Correctness" und die geschichtswissenschaftliche Auseinandersetzung über die Interpretation von Kaltem Krieg und Ost-West-Konflikt maßgeblichen Einfluß auf die Veränderungen des Faches hatten, siehe vor allem: Melvyn P. Leffler, Presidential Address. New Approaches, Old Interpretations, and Prospective Reconfigurations, in: Diplomatic History 19 (1995), S. 173–196.

[70] So die Deutung unter anderem bei Jürgen Kocka, Überraschung und Erklärung. Was die Umbrüche von 1989/90 für die Gesellschaftsgeschichte bedeuten könnten, in: Manfred Hettling u. a. (Hrsg.), Was ist Gesellschaftsgeschichte? Positionen, Themen, Analysen, München 1991, S. 11–21, hier S. 16; Gerhard A. Ritter, Der Umbruch von 1989/91 und die Geschichtswissenschaft, in: Bayerische Akademie der Wissenschaften. Philosophisch-historische Klasse. Sitzungsberichte 5 (1995), S. 25.

dennoch dafür, daß die Positionen und Gegenpositionen dieser langwierigen Debatte, die *ceterum censeo* beider Seiten nicht mehr den *mainstream* der jüngeren Forschung zur Geschichte der internationalen Beziehungen markieren. Auch die zwar wichtige, aber letztlich nur einen Teilbereich konstituierende Frage nach der gesellschaftlichen Dimension der internationalen Geschichte mündet am Ende ein in eine breitere Definition des Selbstverständnisses und damit des Aufgabengebiets der Historiographie der internationalen Beziehungen, nämlich aufzugreifen, was die systematischen Sozialwissenschaften zur Erklärung der internationalen Beziehungen bereitstellen, und mit empirisch dichten Untersuchungen zur Präzisierung theoretischer Einsichten beizutragen. Die Entwicklung der Disziplin Internationale Geschichte ist nicht zuletzt deswegen mindestens ebenso sehr als Erneuerung zu begreifen wie als Erweiterung.

Gottfried Niedhart

Selektive Wahrnehmung und politisches Handeln: internationale Beziehungen im Perzeptionsparadigma

Vorbemerkungen

Historische Forschung verfolgt das Ziel, vergangene Realität zu rekonstruieren. Dies geschieht auf der Basis verschiedenster Materialien und in unterschiedlicher Perspektivität und führt zu entsprechend unterschiedlichen Ansichten von der zu rekonstruierenden Realität. Die „Fülle der Möglichkeiten der Deutung"[1] bringt das hervor, was in der Forschungspraxis ohne Aussicht auf Gewißheit kontrovers diskutiert wird und fortwährend kontrovers bleiben muß: Wie soll der Blick ausgerichtet sein, der auf die Vergangenheit fällt? Welche Aspekte vergangener Realität sollen im Vordergrund stehen, um einen adäquaten Zugang zur Vergangenheit in ihrer Komplexität entwickeln zu können?

Begreift man Geschichte als „Vielfalt von Geschichten", so daß Geschichte „durch die Vermehrung der Perspektiven an Bedeutungen gewonnen hat",[2] so folgte daraus in letzter Zeit nicht nur eine günstigere Konjunktur für Themen aus dem Bereich der Außenpolitik und der internationalen Beziehungen, als sie über längere Zeit in der Bundesrepublik Deutschland gegeben war, sondern auch eine zunehmende, in diesem Band sichtbar werdende Pluralität der Forschungsansätze. Im folgenden soll der Teilfrage nachgegangen werden, in welcher Weise sich die Forschung zur internationalen Geschichte mit der Spannung zwischen der realen Welt und der „Welt in unseren Köpfen"[3] befaßt hat.

Internationale und transnationale Beziehungen im Perzeptionsparadigma zu analysieren, heißt für den Historiker, vergangene Realität als perzipierte Realität zu untersuchen und darzustellen, den Realitätsgehalt von Perzeptionen zu bestimmen und dem Zusammenhang von Perzeptionen und Handlungen nachzugehen. Daß sich die Vorstellung von Realität von der Realität selbst beträchtlich unterscheiden kann und zumeist tatsächlich unterscheidet, erscheint evident. Realität ist weder für den

[1] Carl Friedrich von Weizsäcker, Wahrnehmung der Neuzeit, München 1985, S. 221. – Für mannigfache Hinweise und weiterführende Kommentare zur ersten Fassung dieses Aufsatzes bin ich Thomas Diez (Kopenhagen), Jost Dülffer (Köln), Andrea Ebbecke-Nohlen (Heidelberg), Philipp Gassert (Heidelberg), Ursula Lehmkuhl (Erfurt) und Wilfried Loth (Essen) zu Dank verpflichtet.

[2] Georg G. Iggers, Geschichtswissenschaft im 20. Jahrhundert, Göttingen 1993, S. 98f.

[3] Roger M. Downs und David Stea, Kognitive Karten. Die Welt in unseren Köpfen, New York 1982.

Zeitgenossen noch für den Historiker direkt abbildbar. Nach Kant bleibt das Objekt „an sich selbst immer unbekannt".[4] Gleichzeitig aber bleibt Realität eine regulative Idee, so daß Grade unterschiedlicher Realitätsnähe unterschieden werden können. So gesehen stellt sich dem Historiker die Aufgabe, sowohl die Realität in ihren perzeptiven Brechungen zu rekonstruieren als auch Verfahren zu entwickeln, mit denen der Abstand zwischen Perzeption und realer Welt bestimmt werden kann. Die Differenz zwischen beiden Größen zu benennen, zielt auf zweierlei: Zum einen auf die Gebundenheit zeitgenössischer Perspektivität, in der sich Einstellungen formen und politisches Handeln vollzieht, zum anderen auf die Kritik dieser Perspektivität.

Es versteht sich, daß Fragen dieser Art auch in anderen Disziplinen nachgegangen wird. Seit der Pionierstudie von Walter Lippmann über die öffentliche Meinung wird immer wieder darüber nachgedacht, wie die „äußere Welt" und die „innere Vorstellung" zusammenhängen und aufeinander einwirken und welche Rolle die „Bilder in unseren Köpfen" spielen.[5] Max Kaase und Winfried Schulz haben in einer Bestandsaufnahme zur Kommunikationsforschung darauf verwiesen, wie „gesellschaftliche Wirklichkeit" durch die Massenmedien „hergestellt" wird, also als Medienrealität neben anderen medial vermittelten Realitäten existiert. Sie sprechen von Problemen der „Weltbildkonstruktion", „die jede naive Vorstellung einer sich aus Ereignissen konstituierenden definitiven Wirklichkeit in Frage stellen".[6]

Im politikwissenschaftlichen Bereich Internationale Beziehungen hat Robert Jervis in den siebziger Jahren, als die realistische Schule zunehmend in die Kritik geriet, richtungweisende Publikationen vorgelegt, in denen der Zusammenhang von Weltbildern, Wahrnehmungsprozessen und politischen Entscheidungen diskutiert wird.[7] Damit fanden Konzepte Eingang in die wissenschaftliche Diskussion, mit deren Hilfe eine neue Dimension zur Erfassung (außen)politischen Handelns eröffnet wurde.

[4] Zitiert bei Günther Patzig, Das Problem der Objektivität und der Tatsachenbegriff, in: Reinhart Koselleck u.a. (Hrsg.), Objektivität und Parteilichkeit in der Geschichtswissenschaft, München 1977, S. 323.

[5] Walter Lippmann, Die öffentliche Meinung, München 1964, S. 9ff. Die amerikanische Originalausgabe erschien New York 1922. Vgl. auch Hans J. Kleinsteuber, Stereotype, Images und Vorurteile. Die Bilder in den Köpfen der Menschen, in: Günter Trautmann (Hrsg.), Die häßlichen Deutschen? Deutschland im Spiegel der westlichen und östlichen Nachbarn, Darmstadt 1991, S. 60–68; Eva Senghaas-Knobloch, Zur politischen Psychologie internationaler Politik, in: Aus Politik und Zeitgeschichte, B 52–53/1988, S. 14–23.

[6] Max Kaase und Winfried Schulz, Perspektiven der Kommunikationsforschung, in: dies. (Hrsg.), Massenkommunikation. Theorien, Methoden, Befunde, Opladen 1989, S. 14f. Vgl. auch Gerhard W. Wittkämper (Hrsg.), Medienwirkungen in der internationalen Politik, 2 Bde., Münster 1986; Winfried Schulz, Massenkommunikation in den internationalen Beziehungen, in: Deutsches Institut für Fernstudien (Hrsg.), Problemfelder internationaler Beziehungen, Tübingen 1988 (Studienbrief), S. 133–155.

[7] Robert Jervis, The Logic of Images in International Relations, Princeton 1970; ders., Perception and Misperception in International Politics, Princeton 1976. Vgl. auch Knud Krakau, Einführende Überlegungen zur Entstehung und Wirkung von Bildern, die sich Nationen von sich und anderen machen, in: Willi Paul Adams und Knud Krakau (Hrsg.), Deutschland und Amerika. Perzeption und historische Realität, Berlin 1985, S. 9–18; Richard Little und Steve Smith (Hrsg.), Belief Systems and International Relations, Oxford 1988; Yaacov Y. I. Vertzberger, The World in Their Minds. Information Processing, Cognition and Perception in Foreign Policy Decisionmaking, Stanford 1990; Judith Goldstein und Robert O. Keohane (Hrsg.), Ideas and Foreign Policy: Beliefs, Institutions and Political Change, Ithaca/London 1993.

Neben die harten Daten des interessegeleiteten Akteurs traten Faktoren wie Wahrnehmungsfilter oder soziale Kontexte. Mit Hilfe psychologischer Kategorien etwa sollte erklärt werden, warum dieselben harten Daten oft unterschiedlich bewertet werden. Neuerdings erfährt der sich als postmodern verstehende und diskursanalytische Verfahren Foucaults aufnehmende konstruktivistische Ansatz einige Aufmerksamkeit. Danach sind stets „mehrere Konstruktionen von Welt möglich, ohne daß eine allein aufgrund angeblich mangelhafter Korrespondenz mit der Realität bereits abgelehnt werden könnte". Angewandt auf die Europaforschung gehe es zum Beispiel nicht darum, „die Verfassung der EU adäquat abzubilden. Entscheidend ist vielmehr die Frage, wie und als was die EU von den Akteuren konstruiert wird."[8]

Die Deklarierung der Diskursrealität oder, besser gesagt, der Koexistenz unterschiedlicher Diskursrealitäten zum eigentlichen Gegenstand der Forschung hat, wie schon angedeutet wurde, vielfache Spuren in den verschiedensten Disziplinen hinterlassen. Im wesentlichen von der Psychologie und Soziologie angestoßen, lassen sie sich bis hin zur Literatur- und Geschichtswissenschaft verfolgen.[9] Fächerübergreifend ist eine gründliche Skepsis gegenüber der Möglichkeit einer auf Empirie gegründeten Gewißheit zu konstatieren. Die alte erkenntnistheoretische Debatte um Objektivität und Parteilichkeit, Wertfreiheit und Standortgebundenheit ist durch die neuere Diskussion über die Natur des Forschungsgegenstands verschärft worden. Welche Schlußfolgerungen aus dem konsensfähigen Satz, es gebe „keine rein beobachtende

[8] Thomas Diez, Postmoderne und europäische Integration. Die Dominanz des Staatsmodells, die Verantwortung gegenüber dem Anderen und die Konstruktion eines alternativen Horizonts, in: Zeitschrift für Internationale Beziehungen 3 (1996), S. 257f. Für unterschiedliche politikwissenschaftliche Varianten des konstruktivistischen Ansatzes siehe etwa David Campbell, Writing Security: United States Foreign Policy and the Politics of Identity, Minneapolis 1992; Peter J. Katzenstein (Hrsg.), The Culture of National Security: Norms and Identity in World Politics, New York 1997; Barry Buzan / Ole Waever / Jaap de Wilde, Security: A New Framework for Analysis, Boulder 1998.

[9] Nach dem Zufallsprinzip seien erwähnt: Peter L. Berger und Thomas Luckmann, Die gesellschaftliche Konstruktion der Wirklichkeit, Frankfurt/M. 1980; Hans Geißlinger, Die Imagination der Wirklichkeit. Experimente zum radikalen Konstruktivismus, Frankfurt/M. / New York 1992; Paul Watzlawik (Hrsg.), Die erfundene Wirklichkeit. Wie wissen wir, was wir zu wissen glauben? Beiträge zum Konstruktivismus, 3. Aufl. München 1985; Siegfried J. Schmidt, Der Radikale Konstruktivismus: Ein neues Paradigma im interdisziplinären Diskurs, in: ders. (Hrsg.), Der Diskurs des Radikalen Konstruktivismus, Frankfurt/M. 1987, S. 11–88; Heinz v. Foerster und Bernhard Pörksen, Wahrheit ist die Erfindung eines Lügners. Gespräche für Skeptiker, Heidelberg 1998; Ernst v. Glasersfeld, Radikaler Konstruktivismus. Ideen, Ergebnisse, Probleme, Frankfurt/M. 1998; Vera Nünning, Wahrnehmung und Wirklichkeit. Perspektiven einer konstruktivistischen Geistesgeschichte, in: Gebhard Rusch und Siegfried J. Schmidt (Hrsg.), Konstruktivismus. Geschichte und Anwendung, Frankfurt/M. 1992, S. 91–118; Hugo Dyserinck und Karl Ulrich Syndram (Hrsg.), Europa und das nationale Selbstverständnis. Imagologische Probleme in Literatur, Kunst und Kultur des 19. und 20. Jahrhunderts, Bonn 1988; Günther Blaicher, Das Deutschlandbild in der englischen Literatur, Darmstadt 1992; Annegreth Horatschek, Alterität und Stereotyp. Die Funktion des Fremden in den ‚International Novels' von E. M. Forster und D. H. Lawrence, Tübingen 1998; Christoph Conrad und Martina Kessel (Hrsg.), Geschichte schreiben in der Postmoderne, Stuttgart 1994; Uwe Barrelmeyer, Geschichtliche Wirklichkeit als Problem. Untersuchungen zu geschichtstheoretischen Begründungen historischen Wissens bei Johann Gustav Droysen, Georg Simmel und Max Weber, Münster 1997. Für eine umfassende Diskussion Chris Lorenz, Konstruktion der Vergangenheit. Eine Einführung in die Geschichtstheorie, Köln u.a. 1997.

Wissenschaft",[10] zu ziehen sind, ist allerdings höchst umstritten. Im folgenden wird, wie die eingangs formulierten Fragestellungen implizit schon erkennen lassen, die gemäßigte Position des „Kognitiven Konstruktivismus" eingenommen: Das „umweltverarbeitende menschliche Subjekt" – sei es der historische oder gegenwärtige Akteur, sei es der solche Akteure beschreibende Wissenschaftler – bildet „von außen kommende Reize" oder Informationen nicht „passiv-rezeptiv" ab, sondern verbindet sie „aktiv-konstruktiv mit vorhandenen kognitiven Strukturen". Daraus folgt aber nicht unbedingt die vom „Radikalen Konstruktivismus" vertretene Zuspitzung, das informationsverarbeitende Subjekt könne keine verläßlichen Beziehungen zu seinem Objekt „im Sinne der Umwelt, Außenwelt, zu erkennenden Realität oder Wirklichkeit" aufbauen.[11] Die reale Welt existiert nicht nur, sie ist auch annäherungsweise erfaßbar. Über den jeweiligen Grad der Annäherung an die Wirklichkeit gibt es fallweise nicht nur Vermutungen, sondern intersubjektiv begründbare Urteile.[12]

Mit vergleichbaren methodischen Problemen konfrontiert, aber mit verschiedenen Objekten befaßt, stehen die Disziplinen vor einer interdisziplinären Problematik, entwickeln aber nur selten Ansätze zu Interdisziplinarität. Wendet man sich dem Objekt ‚internationale Beziehungen' näher zu, so ist festzustellen, daß manche Politikwissenschaftler – wie etwa Robert Jervis oder Deborah W. Larson – mit Belegen arbeiten, die sie der historischen Forschung oder auch eigenen Archivrecherchen entnommen haben.[13] Umgekehrt machen Historiker Anleihen bei den Nachbarwissenschaften und entwickeln ihre Fragestellungen und Forschungsstrategien im Lichte sozialwissenschaftlicher Systematisierungen oder erproben deren Ergebnisse anhand historischer Fälle.[14] Interdisziplinarität im strengen Sinn des Begriffs kommt jedoch kaum vor. Möglicherweise führt sie auch gar nicht auf den Königsweg der Erkenntnis, sondern zu dem – keineswegs gering zu schätzenden – Nachweis, daß es nicht *den* wissenschaftlichen Zugang gibt, sondern eine Vielfalt von Zugangsmöglichkeiten, die zugleich komplementär und eigenständig sind.

Im folgenden wird versucht, so nahe wie möglich an konkreten Beispielen der Forschung zur internationalen Geschichte vornehmlich im 20. Jahrhundert orientiert einige Gesichtspunkte zu behandeln, die in Perzeptionsanalysen durchgängig von Bedeutung sind. In einem ersten Schritt werden Vorstellungen von Realität als Ergebnis selektiver Wahrnehmung dargestellt. Danach wird das Problem erörtert, wie man zu Aussagen über die Realitätsnähe einzelner Wahrnehmungen kommen kann. Im An-

[10] Karl J. Popper, Die Logik der Sozialwissenschaften, in: Theodor W. Adorno u. a., Der Positivismusstreit in der deutschen Soziologie, Neuwied/Berlin 1969, S. 119.

[11] Ralf Nüse u. a., Über die Erfindung/en des Radikalen Konstruktivismus. Kritische Gegenargumente aus psychologischer Sicht, Weinheim 1991, S. 2 und 5. Vgl. auch Ulf Dettmann, Der Radikale Konstruktivismus. Anspruch und Wirklichkeit einer Theorie. Eine kritische Auseinandersetzung mit dem Radikalen Konstruktivismus und der Theorie autopoietischer Systeme, Phil. Diss. Mannheim 1998 (Ms.).

[12] Siehe dazu auch mit seinen Ausführungen über „kritischen indirekten Wahrnehmungsrealismus" Alan Musgrave, Alltagswissen, Wissenschaft und Skeptizismus. Eine historische Einführung in die Erkenntnistheorie, Tübingen 1993, S. 280 ff.

[13] Jervis, Perception; Deborah Welch Larson, Origins of Containment. A Psychological Explanation, Princeton 1985.

[14] Genannt sei etwa Angela Schwarz, Die Reise ins Dritte Reich. Britische Augenzeugen im nationalsozialistischen Deutschland (1933–39), Göttingen/Zürich 1993.

schluß daran soll die Beziehung zwischen Selbst- und Fremdwahrnehmung untersucht werden. Die letzte Frage gilt schließlich dem Zusammenhang von Perzeptionen und Handlungen.

Informationsaufkommen und selektive Wahrnehmung

Wie einleitend gesagt wurde, soll erörtert werden, welche Bedeutung der Differenz zwischen der nationalen, internationalen und transnationalen Realität einerseits und den vielfältigen Möglichkeiten der Perzeption dieser Realitäten andererseits für die Analyse von internationaler Geschichte zukommt. Politiker, die im Bereich der Außenbeziehungen Entscheidungen treffen oder Urteile abgeben, Beamte in den Außenministerien oder Diplomaten vor Ort, Unternehmer oder Bankiers, die in Außenhandel oder internationale Finanzfragen involviert sind, Angehörige internationaler Organisationen – sie alle müssen sich, bewußt einfach formuliert, in der internationalen Wirklichkeit zurechtfinden und sich auf jeweilige Gegebenheiten einstellen. Sie tun dies, indem sie Informationen sammeln und Einschätzungen vornehmen. Kurz: sie sind mit der Realität verbunden, indem sie sie perzipieren. Darin unterscheiden sie sich grundsätzlich nicht von denen, die im innenpolitischen oder gesellschaftlichen Bereich tätig sind oder im Alltag Optionen zu ergreifen haben. Aber im Umgang von Staaten miteinander oder in der Begegnung von Kulturen und Zivilisationen tritt radikaler als anderswo das Problem des Fremdseins auf.

Es beginnt ganz elementar mit der Notwendigkeit, fremde Sprachen adäquat übersetzen zu müssen. Auf einer nächsten Stufe bedarf es der präzisen Einlassung auf Wertvorstellungen und Begriffsbildungen anderer Kulturen, möglicherweise auch feindlicher Systeme. Fremd- und Anderssein wird nicht zuletzt dadurch hervorgerufen, daß Staaten, aber auch Industrieunternehmen oder Banken vieles geheimhalten, was Sicherheit und Planung angeht. Zugleich benötigen Entscheidungsträger aber so viel Informationen wie nur eben möglich über die Geheimnisse ihrer Partner oder Gegner. Über den Geheimhaltungsbereich hinaus interessiert alles, was den Informationsstand über alle Aspekte der fremden Realität verbessert. Ausgangspunkt für jegliche Perzeptionsforschung ist die Frage, woher die zur Verfügung stehenden Informationen kamen und in welchem Umfang sie für Entscheidungsträger abrufbar waren. Die Dichte der Kommunikation zwischen Staaten und Gesellschaften, an der Politiker, Diplomaten, Journalisten, Geschäftsleute, Wissenschaftler oder private Reisende beteiligt sind, stellt ein eigenes Forschungsfeld dar. Dazu gehören auch die Nachrichtendienste, die Regierungen mit dem Ziel der besseren Informationsbeschaffung betreiben.

Ein besonderes Problem stellen politische Systeme dar, die sich gegenüber der Außenwelt abschotten und keine freie öffentliche Debatte zulassen, die von vornherein in Abgrenzung von der Außenwelt weite Bereiche ihres politischen, gesellschaftlichen und wirtschaftlichen Lebens, manchmal auch ganze Regionen ihres Landes für fremde Beobachter unzugänglich machen. Die dadurch entstehenden, über das übliche Maß hinausgehenden Informationsdefizite lassen Spekulationen entstehen, die nicht an der Realität überprüft werden können. Im Umgang mit der Sowjetunion etwa sah man sich immer wieder auf die sogenannte Kreml-Astrologie verwiesen, die ohne solides Fundament auskommen und gleichwohl – da es ein praktisches Bedürfnis gab, zu Urteilsbildungen über die Sowjetunion und Einschätzungen der sowjetischen Politik zu kommen – zu Rate gezogen werden mußte. Wie mühsam und auch strapaziös Informationsbeschaffung in der stalinistischen Sowjetunion sein konnte, hat George F. Kennan, amerikanischer Sowjetunion-Experte der ersten Stunde, anschaulich beschrieben.[15] Nach Ende des Zweiten Weltkriegs, als er zu einer Schlüsselfigur in der Sowjetunion-Perzeption der USA wurde, unterstrich er seine Anstrengungen auf diesem Gebiet: „Natürlich haben alle, die sich mit russischen Angelegenheiten befaßten, sich auf den Versuch konzentriert, die sowjetische Mentalität zu ergründen und unsere Kenntnisse über Rußland so weit zu bereichern, daß wir das mögliche Verhalten der Sowjets unter gegebenen Umständen ziemlich genau einschätzen können."[16] Macht man einen Sprung aus der Zeit des Kalten Kriegs in die Phase der Entspannungspolitik, so bleibt als Ausgangspunkt der westlichen Sowjetunion-Beobachtung der Eindruck, daß die sowjetische Führung, wie Egon Bahr es nannte, von „krankhafter Geheimhaltungssucht" bestimmt war.[17]

Die Wahrnehmung des Fremden wird freilich nicht nur durch die Quantität des Informationsaufkommens konditioniert. Auch reichlich zur Verfügung stehende Informationen garantieren noch keine realitätsnahe Perzeption. Die Aufmerksamkeit der Forschung gilt der Frage, welche Informationen verwendet beziehungsweise herausgefiltert werden. Wahrnehmung verfährt notwendigerweise selektiv. Die Stereotypen-, Vorurteils- oder Feindbildforschung kennt unterschiedliche Ursachen für selektive Wahrnehmung.[18] Sie können im individualpsychologischen Bereich liegen, können im sozialen Umfeld, in kollektiven Mentalitäten und Ideologien oder auch in institutionellen Rahmenbedingungen zu suchen sein. Die historische Forschung ist mit der Aufgabe konfrontiert, unter Zuhilfenahme allgemeiner Frageraster im je konkreten Fall nach der Art von perspektivischen Verengungen und nach dem jeweiligen Grad von Realitätsnähe zu fragen.

Blickt man auf die Forschungspraxis, so liegen in großer Zahl Studien vor, die für bestimmte Konstellationen Nationenbilder untersuchen[19] oder – im Sinne einer In-

[15] George F. Kennan, Memoiren eines Diplomaten, München 1971, S. 33 ff. Vgl. auch Claudia Breuer, Die „Russische Sektion" in Riga. Amerikanische diplomatische Berichterstattung über die Sowjetunion, 1922–1933, Stuttgart 1995. Zu Informationsnetz und Nachrichtenquellen der deutschen Sowjetunion-Politik in den zwanziger Jahren siehe Ingmar Sütterlin, Die „Russische Abteilung" des Auswärtigen Amtes in der Weimarer Republik, Berlin 1994, S. 105 ff.

[16] Kennan an Hickerson (State Department) 20. 6. 1946. Zitiert bei Daniel Yergin, Der zerbrochene Frieden. Der Ursprung des Kalten Krieges und die Teilung Europas, Frankfurt/M. 1979, S. 161.

[17] Gottfried Niedhart und Reiner Albert, Neue Ostpolitik und das Bild der Sowjetunion von 1968 bis 1975, in: Aus Politik und Zeitgeschichte B 14/1994, S. 32. Vgl. auch Ulrich Sahm, „Diplomaten taugen nichts": Aus dem Leben eines Staatsdieners, Düsseldorf 1994, S. 310 ff.

[18] Zwei neuere Sammelbände, in denen sich auch Reflexionen zur Methode finden, seien genannt: Richard Brütting und Günter Trautmann (Hrsg.), Dialog und Divergenz. Interkulturelle Studien zu Selbst- und Fremdbildern in Europa, Frankfurt/M. u. a. 1997; Valeria Heuberger u. a., Das Bild vom Anderen. Identitäten, Mentalitäten, Mythen und Stereotypen in multiethnischen europäischen Regionen, Frankfurt/M. u. a. 1998.

[19] Siehe etwa Jörg Mentzel und Wolfgang Pfeiler, Deutschlandbilder. Die Bundesrepublik aus der Sicht der DDR und der Sowjetunion, Düsseldorf 1972; Günter Trautmann (Hrsg.), Die häßlichen Deutschen? Deutschland im Spiegel der westlichen und östlichen Nachbarn, Darmstadt

haltsanalyse von Bildern – der Perzeption von Teilbereichen fremder Wirklichkeiten wie den politischen Zielvorstellungen, der Rüstung oder dem wirtschaftlichen Entwicklungsstand von Staaten als Akteuren im internationalen System nachgehen.[20] Dabei können unterschiedlichste Träger von Perzeptionen in den Blick kommen: einzelne Personen,[21] Kollektive wie die Beamtenschaft in einem Außenministerium,[22] die Redaktion einer Zeitung,[23] dem Nationenkontakt verpflichtete Gesellschaften.[24] In gleicher Weise untersuchenswert sind Wahrnehmungsmuster von Eliten und Bevölkerungsquerschnitten.[25] Die Ratio dieser Forschung liegt in der Annahme begründet, daß nicht die ‚ganze' Realität, wie der Historiker sie rückblickend bei guter Materiallage wenigstens annährend rekonstruieren kann, für vergangene Abläufe relevant ist, sondern die perzipierte Realität. Selbst als Zerrbild hat das Bild von der Realität für den wertenden oder handelnden Zeitgenossen den Status von Realität. Für ihn ist es keineswegs ein Zerrbild, sondern eine als zuverlässig angesehene Orientierungshilfe. Insofern sind Bilder oder Images als „Formen der subjektiven Abbildung

1991; Hans Süssmuth (Hrsg.), Deutschlandbilder in Polen und Rußland, in der Tschechoslowakei und in Ungarn, Baden-Baden 1993; ders. (Hrsg.), Deutschlandbilder in Dänemark und England, in Frankreich und den Niederlanden, Baden-Baden 1996; Bernd Müller und Friso Wielenga (Hg.), Kannitverstan? Deutschlandbilder aus den Niederlanden, Münster 1995; Dan Diner (Hrsg.), Deutschlandbilder, Gerlingen 1997 (= Tel Aviver Jahrbuch für deutsche Geschichte 26, 1997); Philipp Gassert, Amerika im Dritten Reich. Ideologie, Propaganda und Volksmeinung 1933–1945, Stuttgart 1997.

20 Erwähnt seien die internationalen Konferenzen zu Wahrnehmungsproblemen im Ost-West-Konflikt Klaus Gottstein (Hrsg.), Western Perceptions of Soviet Goals. Is Trust Possible? Frankfurt/M. / Boulder 1989; ders. (Hrsg.), Mutual Perceptions of Long-Range Goals. Can the United States and the Soviet Union Cooperate Permanently? Frankfurt/M. / Boulder 1991; ders. (Hrsg.), Integrated Europe? Eastern and Western Perceptions of the Future, Frankfurt/M. / Boulder 1992. Siehe auch David E. Barclay und Elisabeth Glaser-Schmidt (Hrsg.), Transatlantic Images and Perceptions: Germany and America Since 1776, Cambridge 1997.

21 Vgl. etwa Josef Henke, England in Hitlers politischem Kalkül. Vom Scheitern der Bündniskonzeption bis zum Kriegsbeginn (1935–1939), Boppard 1973; Detlef Wächter, Von Stresemann zu Hitler. Deutschland 1928 bis 1933 im Spiegel der Berichte des englischen Botschafters Sir Horace Rumbold, Frankfurt/M. u. a. 1997; Cornelis A. van Minnen und John F. Sears (Hrsg.), FDR and His Contemporaries. Foreign Perceptions of an American President, London 1992.

22 Hugh De Santis, The Diplomacy of Silence. The American Foreign Service, the Soviet Union, and the Cold War, 1933–1947, Chicago/London 1980; Detlev Clemens, Herr Hitler in Germany. Wahrnehmung und Deutungen des Nationalsozialismus in Großbritannien 1920–1939, Göttingen/Zürich 1996.

23 Markus Huttner, Britische Presse und nationalsozialistischer Kirchenkampf. Eine Untersuchung der „Times" und des „Manchester Guardian" von 1930 bis 1939, Paderborn 1995.

24 Ina Belitz, Befreundung mit dem Fremden. Die Deutsch-Französische Gesellschaft in den deutsch-französischen Kultur- und Gesellschaftsbeziehungen der Locarno-Ära. Programm und Protagonisten der transnationalen Verständigung zwischen Pragmatismus und Idealismus, Frankfurt/M. u. a. 1997.

25 Siehe etwa den Abschnitt „Die subjektive Ebene: Wahrnehmungen und Einstellungen der Bevölkerung und der politischen Eliten" bei Michael Zielinski, Friedensursachen. Genese und konstituierende Bedingungen von Friedensgemeinschaften am Beispiel der Bundesrepublik Deutschland und der Entwicklung ihrer Beziehungen zu den USA, Frankreich und den Niederlanden, Baden-Baden 1995. Als methodisch instruktiv vgl. auch Ole R. Holsti und James N. Rosenau, The Structure of Foreign Policy Beliefs among American Opinion Leaders – After the Cold War, in: Millennium. Journal of International Studies 22 (1993), S. 235–278.

der Realität im menschlichen Bewußtsein"[26] ein bedeutender Gegenstand der Forschung zur internationalen Geschichte. Ohne einer dezidiert personenzentrierten Sicht das Wort reden zu wollen und ohne in „psychologischen Reduktionismus" zu verfallen,[27] ist doch auf die Subjektivität als nicht zu vernachlässigender Dimension hinzuweisen.[28]

Dabei sind Schwierigkeiten in Rechnung zu stellen und Einwände zu bedenken. Ein fundamentales Forschungsproblem besteht darin, daß nur schwer an die innersten Schichten der Wahrnehmung heranzukommen ist. Tote Akteure kann der Historiker nicht auf die Couch legen, und lebende, die noch befragt werden können, werden von ihm leicht überschätzt. Wie gut ist das Erinnerungsvermögen im Hinblick auf die Unterscheidung zwischen subjektiver Wahrnehmung, zu Papier gebrachten Überlegungen und öffentlicher Selbstdarstellung, zu der Politiker ständig gezwungen sind? Auf der einen Seite ist nüchterne Vorsicht geboten: „Was es an Intentionen oder Befürchtungen subjektiv in der Wahrnehmung zu einem bestimmten Zeitpunkt ... gegeben hat, ist ohnehin kaum noch nachzuvollziehen."[29] Auf der anderen Seite stehen im günstigen Fall nicht nur formalisierte Äußerungen zur Verfügung, sondern auch private Aufzeichnungen, flüchtige – dem Augenblick entsprungene – Marginalien oder private Korrespondenzen, aus denen sehr wohl momentane Einschätzungen und wiederkehrende Perzeptionen entnommen werden können. Darüber hinaus besteht in der Regel – von Fällen abgesehen, wo es sich um Propaganda oder Desinformation handelt – ein relativ enger Bezug zwischen ‚eigentlicher' und öffentlich geäußerter Wahrnehmung.[30]

Ein möglicher Einwand gegen viele Untersuchungen, die sich mit Images befassen, läuft darauf hinaus, daß sie im Deskriptiven verharren und zu statisch angelegt sind. In der Tat sind viele ‚Bildbeschreibungen' in einem nächsten Schritt in einen größeren kommunikativen Kontext zu stellen. Als Bausteine aber sind sie wichtig und durchaus verwertbar. Ziel muß es jedoch sein, den Prozeßcharakter von Perzeptionen zu erfassen; einerseits nach durchgängigen Elementen der – möglicherweise tatsächlich statischen – Wahrnehmung zu fragen, andererseits auf Akzentverschiebungen und Perzeptionswandel zu achten. Vorstellbar und wünschenswert ist eine Geschichte der Wahrnehmungen, analog zu einer Geschichte der Politik in den internationalen Beziehungen.

Klassische Untersuchungsfelder für den Wechsel von Perzeptionsmustern bietet der Ost-West-Konflikt mit der Entstehung des Kalten Kriegs und später mit dem Einsetzen der Entspannungspolitik. Bald nach der Konferenz von Jalta, als die Sowjetunion überwiegend noch als kooperationswillig galt und „Uncle Joe" als Ge-

[26] Jürgen Wilke, Imagebildung durch Massenmedien, in: Bundeszentrale für politische Bildung (Hrsg.), Völker und Nationen im Spiegel der Medien, Bonn 1989, S. 13. Vgl. auch Werner Ruf, Bilder in der internationalen Politik, Saarbrücken 1973.

[27] So die Warnung bei Werner Link, Der Ost-West-Konflikt. Die Organisation der internationalen Beziehungen im 20. Jahrhundert, Stuttgart 1980, S. 60.

[28] Reiner Steinweg und Christian Wellmann (Red.), Die vergessene Dimension internationaler Konflikte: Subjektivität, Frankfurt/M. 1990.

[29] Egon Bahr an den Verfasser, 23. 7. 1991.

[30] So auch Daniel Frei, „Fehlwahrnehmungen" und internationale Verständigung, in: Politische Vierteljahresschrift 27 (1986), S. 166.

währsmann für die Fortsetzung des Kriegsbündnisses erschien, setzte eine Deutungsschlacht ein, die mit der Herausbildung eines stabilen Feindbilds von der Sowjetunion beendet wurde. Es fand seinen Niederschlag auch in der westlichen Geschichtsschreibung des Kalten Kriegs,[31] bevor diese in den sechziger Jahren unter den Druck einer revisionistischen Deutung kam. Was wiederum einige Zeit später die sogenannte postrevisionistische Geschichtsschreibung zum Kalten Krieg auszeichnete, war eine stärkere Berücksichtigung der wechselseitigen Perzeptionen im Ost-West-Konflikt, und es ist aufschlußreich, daß John L. Gaddis als wichtiges Postulat an die „'new' Cold War history" nach dem Ende des Ost-West-Konflikts und der Auflösung der Sowjetunion fordert, sie müsse die Vorstellungswelt der Konfliktparteien stärker berücksichtigen. Die „ältere" Historiographie habe dazu geneigt, „to overlook ideas – what people believed, or wanted to believe.... ‚Realist' and ‚neorealist' theorists of international relations regarded what went on inside people's heads as hard to measure, and therefore easy to dismiss."[32]

Konkurrierende Perzeptionen und Realitätstest

Die Geschichte der Wahrnehmungen ist zugleich die Geschichte von konkurrierenden Wahrnehmungen. Sie können nicht alle gleich realitätsnah sein. Aufgabe der Forschung ist es, Perzeptionen zu vergleichen und hinsichtlich ihrer Realitätsnähe zu bewerten. Einerseits ist noch einmal zu betonen, daß die vollständige Erfassung der Realität durch die Zeitgenossen – oder ihre lückenlose Abbildung durch die Wissenschaftler – nicht möglich ist. Das „Rätsel zu ergründen, wie die Realität wirklich war",[33] erscheint als illusionäres Unterfangen, obwohl es immer wieder als aussichtsreich angesehen wird. Andererseits bedeutet die Unvermeidbarkeit von Perspektivität nicht Beliebigkeit der Perspektive. Nicht jede Perzeption ist gleich realitätsnah. Unerläßlich ist darum die Überprüfung von Perzeptionen anhand von gesichertem empirischem Material. Dieses Verfahren soll als Realitätstest bezeichnet werden. Seine Durchführbarkeit hängt von der Beschaffenheit der zur Verfügung stehenden Informationsbasis ab.

Der Realitätstest ist in zweierlei Hinsicht Gegenstand historischer Forschung. Zum einen gilt es, zeitgenössische Debatten über die Realitätsnähe von Perzeptionen zu analysieren. Vor allem in Umbruchsituationen, in denen sich bisher als stabil angesehene Perzeptionsmuster schnell auflösen können, prallen unterschiedliche Wahrnehmungen und Deutungen aufeinander. Die Protagonisten von differierenden Perzeptionen liegen nicht nur im Meinungsstreit miteinander. Sie versuchen auch, ihre

[31] Dazu Wilfried Loth, Der „Kalte Krieg" in der historischen Forschung, in: Gottfried Niedhart (Hrsg.), Der Westen und die Sowjetunion. Einstellungen und Politik gegenüber der UdSSR in Europa und in den USA seit 1917, Paderborn 1983, S. 155–175.

[32] John Lewis Gaddis, We Now Know. Rethinking Cold War History, Oxford 1997, S. 282. Vgl. auch den Forschungsbericht Markus Jachtenfuchs, Ideen und internationale Beziehungen, in: Zeitschrift für Internationale Beziehungen 2 (1995), S. 417–442.

[33] So die schon fast bewundernswert naive Formulierung von Juli Kwizinski im Nachwort zu Wladimir S. Semjonow, Von Stalin bis Gorbatschow. Ein halbes Jahrhundert in diplomatischer Mission 1939–1991, Berlin 1995, S. 388.

Sicht der Realität als die angemessenere erscheinen zu lassen. Die sich durchsetzende Sichtweise kann, sie muß aber keineswegs der Realität entsprechen. In jedem Fall wirkt sie als realer Faktor bei der Begründung von Politik und entfaltet Wirkungsmacht.

Der zeitgenössisch oft vorläufig bleibende Realitätstest kann vom Historiker, der über mehr Informationen verfügt als jeder Zeitgenosse, ein Stück weiter geführt werden. Das Erkenntnisproblem stellt sich für den handelnden Zeitgenossen ebenso wie für den analysierenden Historiker. Allerdings ist der Wissenschaftler zu präziserer – wenn auch oft nicht definitiver – Grenzziehung zwischen Vermuten und Wissen in der Lage. Insbesondere ist es im Rückblick und auf archivalischer Grundlage eher möglich, die fremde Realität, die zeitgenössisch perzipiert wurde, von innen zu sehen. Wie weit die Annäherung an die historische Wirklichkeit und damit die Bewertung zeitgenössischer Perzeptionen gelingen kann, hängt ganz wesentlich vom Grad der Komplexität des Gegenstands ab. Quantifizierbare Daten und einfache Fakten – z.B. Produktionsziffern in der Rüstung, deren zeitgenössische Perzeption den Tatsachen entsprochen haben mag oder nicht – sind für den Historiker leichter zu verifizieren als nicht-quantifizierbare Bereiche. Politische Absichten aber, die mit Rüstung einhergingen, oder durch Rüstung verursachte gesellschaftliche und wirtschaftliche Entwicklungen unterliegen nicht nur zeitgenössisch großen Perzeptionsschwankungen, sondern lassen auch in der geschichtswissenschaftlichen Analyse das Problem der Zurechnung einzelner Faktoren eines interdependenten Systems entstehen. Je komplexer der Gegenstand ist, desto unsicherer wird der Realitätstest und desto unangemessener erscheint die einfache Unterscheidung zwischen ‚richtiger' und ‚falscher' Wahrnehmung, zwischen Perzeption und Fehlperzeption. Jenseits des quantifizierbaren Bereichs kann es sich nur um mehr oder weniger realitätsgerechte Perzeptionen, um unterschiedliche Annäherungen an inter- und transnationale Wirklichkeiten handeln. Pointiert formuliert: Perzeptionen sind insofern stets Fehlperzeptionen, als sie Realität konstruieren und sozial vermittelt erfassen.

Selbst- und Fremdwahrnehmung

Vorstellungen von der Realität, wie sie sich in Nationenbildern verdichten, beruhen auf selektiver Wahrnehmung. Im folgenden steht die Frage im Mittelpunkt, wie die Wahrnehmung des Fremden mit der Wahrnehmung des Eigenen zusammenhängt. Fremdwahrnehmung (wie sieht man die andere Seite?) und Selbstwahrnehmung (wie sieht man sich selbst?) verlaufen nicht nur parallel, sondern sind aufeinander bezogen. Über diesen Allgemeinplatz hinausgehend liegt die Aufgabe der Forschung darin, anhand von Konstellationsanalysen oder Langzeitstudien genauere Aussagen über die Art der Interdependenz von Selbst- und Fremdwahrnehmung zu machen.

Stärker noch als Fremdwahrnehmung dürfte Selbstwahrnehmung politisches Verhalten prägen. In die Sprache der Politik übersetzt bündelt sich Selbstwahrnehmung im Begriff des Interesses. Die Thematisierung des nationalen Interesses von Staaten zählt zu den klassischen Fragestellungen im Bereich von Außenpolitik und internationalen Beziehungen. Oft genug gerät das nationale Interesse in die Nähe einer objektivierbaren Kategorie, was zur Lehre von der Staatsräson und zur Betonung des

Machtproblems als Kernproblem der internationalen Politik geführt hat. Dieser ‚realistische' Ansatz stößt freilich regelmäßig auf die von seinen Vertretern gern übersehene Schwierigkeit, daß über die Definition von realen Interessen und realer Macht kaum je ein Konsens zu erzielen ist. Die Erhebung des nationalen Interesses zu einer analytischen Kategorie muß immer wieder in die „Sackgasse der objektiven Interessendefinition"[34] führen.

Der Ausweg aus dieser Schwierigkeit besteht nicht in der Eliminierung des Begriffs des nationalen Interesses, denn er taucht in der vergangenen und gegenwärtigen politischen Alltagssprache fortwährend auf. Vielmehr kommt es darauf an, Sichtweisen von nationalem Interesse und deren politische und gesellschaftliche Trägergruppen herauszuarbeiten und nach möglichen Überlappungen beziehungsweise Abweichungen zu fragen, um dadurch einen Kern von gemeinsamen Überzeugungen darüber zu ermitteln, was zu einem bestimmten Zeitpunkt als ‚vitales' Interesse angesehen wird.[35] So gesehen wird die Analyse des nationalen Interesses zu einem zentralen Thema der Selbstwahrnehmung.[36] Ähnliches gilt für den Machtbegriff. Ein amerikanischer Perzeptionsforscher hat geradezu von der „unreality of power" gesprochen. Nicht auf die Indikatoren von Macht, wie sie von der realistischen Schule angegeben werden, komme es an, sondern darauf, wie sie seitens der Entscheidungsträger perzipiert werden.[37]

Mit dem Ziel der Analyse außenpolitischen Konfliktverhaltens gilt es zu untersuchen, wie außenpolitische Eliten oder Gruppen innerhalb von Eliten die zur Definition ihrer Interessen führende Selbstwahrnehmung in Beziehung zur Fremdwahrnehmung setzen, wie sich Selbstbild und Gegnerbild zueinander verhalten. Sind Selbst- und Fremdwahrnehmung konfrontativ oder kooperativ aufeinander bezogen? Wird die Interessenlage der anderen Seite mitbedacht? Anders formuliert: Hat man eine Vorstellung von der Selbstwahrnehmung der anderen Seite; gibt es Überlegungen

[34] Michael Kreile, Verantwortung und Interesse in der deutschen Außen- und Sicherheitspolitik, in: Aus Politik und Zeitgeschichte, B 5/1996, S. 7.

[35] Donald E. Nuechterlein, National Interest and Foreign Policy. A Conceptual Framework for Analysis and Decision-Making, in: British Journal of International Studies 2 (1976), S. 247: „The national interest is the perceived needs and desires of one sovereign state in relation to other sovereign states comprising the external environment." Vgl. auch Jutta Weldes, Constructing National Interests, in: European Journal of International Relations 2 (1996), S. 275–318.

[36] Verschiedene Versuche dieser Art finden sich in Gottfried Niedhart / Detlef Junker / Michael W. Richter (Hrsg.), Deutschland in Europa. Nationale Interessen und internationale Ordnung im 20. Jahrhundert, Mannheim 1997.

[37] William C. Wohlforth, The Elusive Balance. Power and Perceptions during the Cold War, Ithaca/London 1993, S. 2, 10. Zu verweisen ist an dieser Stelle auch auf eine Serie internationaler Konferenzen, die dem Problem der Perzeption der Macht in Europa von den dreißiger bis zu den fünfziger Jahren gewidmet waren: René Girault und Robert Frank (Hrsg.), La puissance en Europe 1938–1940, Paris 1984; Josef Becker und Franz Knipping (Hrsg.), Power in Europe? Great Britain, France, Italy and Germany in a Postwar World 1945–1950, Berlin/New York 1986; Ennio Di Nolfo (Hrsg.), Power in Europe? II: Great Britain, France, Germany and Italy and the Origins of the EEC 1952–1957, Berlin/New York 1992. Speziell für die deutsche Seite: Franz Knipping und Klaus-Jürgen Müller (Hrsg.), Machtbewußtsein in Deutschland am Vorabend des Zweiten Weltkrieges, Paderborn 1984; dies. (Hrsg.), Aus der Ohnmacht zur Bündnismacht. Das Machtproblem in der Bundesrepublik Deutschland 1945–1960, Paderborn 1995.

dazu, wie man selbst von der anderen Seite gesehen wird? Solche Metabilder[38] sollen in Entsprechung zu Selbst- und Fremdwahrnehmung als vorgestellte Selbst- und Fremdwahrnehmung bezeichnet werden.[39]

Die Forschung muß versuchen, Wahrnehmungen in ihrer Komplexität zu erfassen und die Interdependenz verschiedener Perzeptionsebenen zu analysieren. Daß dabei äußerst schwierige Quellenprobleme aufgeworfen werden, muß nicht noch einmal unterstrichen werden. In zahlreichen, vielleicht in den meisten Fällen wird man sich mit Teilergebnissen begnügen müssen. Auf jeden Fall kann untersucht werden, ob sich handelnde Akteure – sei es auf der gesellschaftlichen, sei es auf der staatlichen Ebene – der Perspektivität ihrer Realitätsbilder bewußt waren und bis zu welchem Grad sie sich der Anstrengung unterzogen, die Fähigkeit zum Perspektivenwechsel und zur Empathie zu entwickeln. Ein bemerkenswertes Beispiel für vorgestellte Selbstwahrnehmung bot Konrad Adenauer zu Beginn seiner Amtszeit als Bundeskanzler mit seinen Ausführungen zu europäischen Sicherheitsfragen und zu den Beziehungen zwischen Frankreich und der eben gegründeten Bundesrepublik Deutschland. Adenauer nahm nicht nur das negative Deutschlandbild und die davon ausgehenden Bedrohtseinsvorstellungen zur Kenntnis. Er machte den Westdeutschen auch deutlich, daß man das bei den Siegern bestehende Bild von Deutschland als Realität zunächst einmal anerkennen müsse, bevor man es ändern könne. Anerkennung der Realität heiße Anerkennung der Sicherheitsinteressen, wie sie von den westlichen Nachbarn Deutschlands vertreten wurden. Adenauer trat für eine Balance zwischen dem Sicherheitsbedürfnis Frankreichs und der Bereitschaft der Bundesrepublik ein, diesem Bedürfnis entgegenzukommen. Frankreich dürfe nicht zu viel Sicherheit fordern, und die Bundesrepublik dürfe nicht zu wenig bieten. Man müsse das rechte Maß finden. Auf die Frage: „Was könnte von unserer Seite getan werden, um dieses richtige Maß zu finden?" gab der Bundeskanzler die folgende richtungweisende Antwort: „Zunächst einmal dies: daß wir die Sicherheitsfrage weder rundweg leugnen noch bagatellisieren. Es nützt nichts, daß wir tatsächlich ungefährlich sind, sondern es kommt darauf an, ob Frankreich uns für gefährlich hält. Die Psychologie hinkt immer hinter der realen geschichtlichen Entwicklung her. Ob uns das heutige französische Sicherheitsbedürfnis überholt vorkommt, ob es tatsächlich überholt ist, dies alles ist nicht entscheidend. Auch wenn Frankreich sich im Irrtum befindet, so ist sein Verlangen nach Sicherheit doch psychologisch vorhanden und also eine politische Tatsache, mit der wir zu rechnen haben."[40]

Der politisch produktive Gehalt in Adenauers Aussage bestand darin, daß er die Selbsteinschätzung der Deutschen, sie seien nach der Kriegsniederlage alles andere als gefährlich, zwar für begründet und realitätsgerecht hielt, daß er aber zugleich die französische Sicht der Deutschen als einer Gefahr für die europäische Sicherheit ebenfalls als – perzeptive – Realität einstufte. Gegenüber der Sowjetunion kam dies

[38] Frei, „Fehlwahrnehmungen", S. 162ff.

[39] Im einzelnen Michael W. Richter, Meaning and Perception Patterns: A Preliminary Logico-Semantic Analysis, in: Gottstein (Hrsg.), Western Perceptions, S. 135–169; ders., Political Understanding, Perspectivism and Dialogue Structure, in: Gottstein (Hrsg.), Mutual Perceptions, S. 309–328.

[40] Interview für „Die Zeit" vom 3. 11. 1949. Wieder abgedruckt in: Die Zeit vom 3. 11. 1989, S. 53.

dagegen nicht in Frage. In Adenauers Sowjetunion-Perzeption dominierte eine klar umrissene Fremdwahrnehmung, in der die Sowjetunion als Feind erschien. Feindbilder stellen in der Fremdwahrnehmung einen Fall extrem verfestigter Wahrnehmung dar, in der es bei der Vorstellung vom anderen zu einer Anhäufung ausschließlich negativer Stereotypen und feindseliger Einstellungen kommt.[41] Erst im Laufe der Zeit, nachdem die Bundesrepublik ein Teil des Westens geworden war, sah sich Adenauer in der Lage, sowjetische Perspektiven mitzudenken und die Vorstellung zuzulassen, daß „die Russen" sich „irgendwie bedroht fühlen".[42]

Die wechselseitige Wahrnehmung des anderen als Bedrohung ist ein Befund, der von Historikern der internationalen Beziehungen häufig erstellt wird. Das Sicherheitsdilemma als Spirale von Sicherheitsbedürfnis, Bedrohungswahrnehmung und Wettrüsten ist schon vom britischen Außenminister Grey für die Vorgeschichte des Ersten Weltkriegs als konfliktverschärfend beurteilt worden.[43] Für die Zeit des Ost-West-Konflikts gehört es zu den in der Literatur häufig wiederkehrenden Befunden.[44] Perzeptionsforschung will darüber hinausgehend wissen, ob schon die Zeitgenossen die Dynamik wechselseitiger Wahrnehmung[45] reflektiert haben und welche Auswirkungen dies auf politische Entscheidungen hatte.

Perzeptionen und Handlungen

Damit ist die Frage aufgeworfen, in welcher Weise Perzeptionen, Images, Verhaltensmuster und Entscheidungshandeln zusammenhängen. Sind Perzeptionen der operativen Politik vorgelagert, und prägen sie das Handeln? Wer dieser Auffassung im Anschluß an Kenneth Bouldings Pionierstudie *The Image* aus den fünfziger Jahren folgt[46] und einen Kausalnexus zwischen Image und Verhalten annimmt,[47] geht von

[41] Methodisch zur Feindbildforschung vgl. Kurt R. und Kati Spillmann, Feindbilder. Entstehung, Funktion und Möglichkeiten ihres Abbaus, in: Auswärtiges Amt (Hrsg.), Abbau von Feindbildern. Beiträge und Dokumente, Bonn 1989, S. 25–44; Anne Katrin Flohr, Feindbilder in der internationalen Politik. Ihre Entstehung und ihre Funktion, 2. Aufl. Münster/Hamburg 1993. Für Fallstudien siehe etwa Peter-Michael Pflüger (Hrsg.), Freund- und Feindbilder. Begegnung mit dem Osten, Olten/Freiburg 1986; Michael Jeismann, Das Vaterland der Feinde. Studien zum nationalen Feindbegriff und Selbstverständnis in Deutschland und Frankreich 1792–1918, Stuttgart 1992; Ragnhild Fiebig-von Hase und Ursula Lehmkuhl (Hrsg.), Enemy Images in American History, Providence/Oxford 1997.

[42] Gottfried Niedhart und Normen Altmann, Zwischen Beurteilung und Verurteilung: Die Sowjetunion im Urteil Konrad Adenauers, in: Josef Foschepoth (Hrsg.), Adenauer und die Deutsche Frage, Göttingen 1988, S. 106f. Vgl. insgesamt auch Normen Altmann, Konrad Adenauer im Kalten Krieg: Wahrnehmungen und Politik 1945–1956, Mannheim 1993.

[43] Zit. bei Jervis, Perception, S. 65.

[44] Vgl. dazu etwa Ralph K. White, Fearful Warriors. A Psychological Profile of U.S.-Soviet Relations, New York/London 1984; Daniel Frei, Feindbilder und Abrüstung. Die gegenseitige Einschätzung der UdSSR und der USA, München 1985.

[45] Siehe dazu auch Hans Manfred Bock, Wechselseitige Wahrnehmung als Problem der deutsch-französischen Beziehungen, in: Frankreich-Jahrbuch 1995, S. 35–56.

[46] Kenneth E. Boulding, The Image. Knowledge in Life and Society, Ann Arbor 1956.

[47] Karen A. Mingst, National Images in International Relations: Structure, Content and Source, in: Coexistence. A Review of East-West and Development Issues 21 (1984), S. 175–189; Alex-

hochgradig verfestigten und langfristig stabilen Weltbildern aus, die als Richtungsangabe dienen und das Handeln determinieren. Insbesondere die Feindbildforschung hat überzeugende Belege dafür beigebracht, wie Negativimage und regressives Konfliktverhalten[48] zusammengehen.[49] Feindbilder bestätigen fortwährend feindliches Verhalten. Analog entgegengesetzte Wirkung ist Freundbildern zuzuschreiben.

Derart eindeutig dichotomische Weltbilder, wie sie etwa auf dem Höhepunkt des Kalten Kriegs anzutreffen waren und politisches Verhalten prägten, sind für den Historiker der internationalen Beziehungen freilich eher die Ausnahme. Zumeist hat er es mit Fällen zu tun, in denen die Perzeptionsebene und die Handlungsebene weniger eindeutig in einen Kausalzusammenhang zu bringen sind. Meist fehlt dem politischen Akteur die Gewißheit von fest umrissenen Bildern, aus denen Handlungsanweisungen wie von selbst erwachsen und die die mühelose Einordnung und Bewertung eingehender Informationen erlauben, so daß Handlungsalternativen gar nicht erst auftreten können. In der Regel dominiert nicht das verfestigte Image, sondern die Unsicherheit darüber, wie weit Perzeption und Realität auseinanderklaffen und welche Perzeptionen entscheidungsrelevant sein sollen.

Im Lichte historischer und politikwissenschaftlicher Forschung liegt es nahe, zwei thesenartige Beobachtungen zu formulieren:

1. Politisches Handeln hängt unauflöslich damit zusammen, wie alles, was die Perzeption von Realität konditioniert – also z.B. das kollektive Gedächtnis, selbst gemachte Erfahrungen, Stereotypen, Wertorientierungen, soziale Milieus, Herrschaftsstrukturen, Kosten-Nutzen-Analysen, situative Besonderheiten wie Stress in einer Konflikteskalation –, die Verarbeitung von eingehenden Informationen steuert oder auch Informationsmangel ausgleicht. Gegen Ende des Ost-West-Konflikts hat der amerikanische Politikwissenschaftler James N. Rosenau Lernbereitschaft angemahnt, um das „habit-driven behavior" der Supermächte im Umgang miteinander an neue weltpolitische Realitäten anzupassen. Aber auch ein höherer Grad von Realitätsnähe, ein Wandel der „perceptual habits", könne nichts daran ändern, daß Perspektivität unvermeidbar bleibt: „The perceptions of officials will still be crucial as a source of their behavior."[50]

2. Der konkrete Zusammenhang von Perzeption und Entscheidung ist nur von Fall zu Fall zu beschreiben. Manche Perzeptionen determinieren Handlungen, andere lassen verschiedene Handlungen zu. Manche Handlungen verändern Perzeptionen. Im Hinblick auf produktive Forschung, die zu Differenzierungen fähig bleibt, hat John H. Herz in seinen Reflexionen über Weltbilder und Weltpolitik auf Modellbil-

ander L. George, The Causal Nexus between Cognitive Beliefs and Decision-Making Behavior: The „Operational Code" Belief System, in: Lawrence S. Falkowski (Hrsg.), Psychological Models in International Politics, Boulder 1979, S. 95–124.

[48] Zum Begriff Link, Ost-West-Konflikt, S. 42.

[49] Siehe etwa die viel zitierte Studie Ole R. Holsti, The Belief System and National Images: A Case Study, in: Journal of Conflict Resolution 6 (1962), S. 244–252.

[50] James N. Rosenau, Learning in East-West Relations: The Superpowers as Habit-Driven Actors, in: Michael D. Intriligator und Hans-Adolf Jacobsen (Hrsg.), East-West Conflict. Elite Perceptions and Political Options, Boulder/London 1988, S. 19–44, Zitate S. 21, 35f.

dung verzichtet und statt dessen die Prozeßhaftigkeit betont, indem er von „Serien von Perzeptionen und Handlungen, Handlungen und neuen Perzeptionen" spricht.[51]

Gibt man die Suche nach Kausalbeziehungen auf und begnügt sich mit der Annahme einer Interdependenz von Perzeptionen und Handlungen, so scheint im Hinblick auf die Plausibilität von politischem Handeln von Bedeutung zu sein, welche Realität von Entscheidungsträgern vorrangig wahrgenommen wird. Einer gängigen Annahme zufolge ist außenpolitisches Konfliktverhalten vor allem das Ergebnis der Gegner- beziehungsweise der Partnerperzeption, also der Fremdwahrnehmung. Schaut man näher hin, so stellt sich heraus, daß die Selbstwahrnehmung nicht nur, wie oben schon betont wurde, in jeden Vorgang der Fremdwahrnehmung hineinspielt, sondern bei der Formulierung von Handlungsstrategien auch im Vordergrund stehen kann. Hegemonialmächte mit einer Tendenz zum Unilateralismus sind geradezu disponiert für eine Fixierung auf die Selbstwahrnehmung, was direkte Auswirkungen auf ihre Außenpolitik hat. Ihre Überlegenheit, wie man am Beispiel der USA in der Entstehung des Kalten Kriegs studieren kann, läßt sie wenig geneigt erscheinen, sich in die Perspektive der anderen zu versetzen. Fremdwahrnehmung erfolgt in erster Linie im Hinblick darauf, wie andere zur eigenen Selbstwahrnehmung passen, in diesem Fall zum „Selbstbild der weltumspannenden Großmacht"[52] als Führungsmacht der liberalen *One World*.

Ein anderes aussagekräftiges Beispiel für den Vorrang der Selbstwahrnehmung liefert die britische Appeasement-Politik der Zwischenkriegszeit. Sie beruhte in erster Linie auf der Selbstwahrnehmung britischer Interessen in einer sich nach dem Ersten Weltkrieg zum Nachteil Großbritanniens verändernden Welt und wurde in ihren Grundzügen konzipiert, bevor die Bedrohung durch Japan, Italien und schließlich vor allem Deutschland gegeben war. Deutschland wurde, was in der Kritik an der Appeasement-Politik immer wieder übersehen wird, sehr wohl als Gefahr wahrgenommen, doch blieb diese Fremdwahrnehmung lange der Selbstwahrnehmung untergeordnet, die ein attentives Konfliktverhalten nahelegte und Friedenswahrung zum nationalen Interesse erklärte.[53] Zugleich wird man wiederum nicht sagen können, daß die Selbstwahrnehmung, obwohl sie im Verhalten britischer Eliten als Grundströmung stets nachweisbar ist, das politische Verhalten schlechthin determinierte. Welche Realität für die Außenpolitik des Landes wichtiger war – die Realität des relativen Machtverlusts der alten Weltmacht Großbritannien (Selbstwahrnehmung) oder die

[51] John H. Herz, Vom Überleben. Wie ein Weltbild entstand. Autobiographie, Düsseldorf 1984, S. 247.

[52] William Appleman Williams, „Der Welt Gesetz und Freiheit geben". Amerikas Sendungsglaube und imperiale Politik, Hamburg 1984, S. 99. Vgl. auch Kurt R. Spillmann, Amerikas Ideologie des Friedens. Ursprünge, Formwandlungen und geschichtliche Auswirkungen des amerikanischen Glaubens an den Mythos von einer friedlichen Weltordnung, Bern u. a. 1984.

[53] Dazu Gottfried Niedhart, Zwischen negativem Deutschlandbild und Primat des Friedens: Großbritannien und der Beginn der nationalsozialistischen Herrschaft in Deutschland, in: Wolfgang Michalka (Hrsg.), Die nationalsozialistische Machtergreifung, Paderborn u. a. 1984, S. 274–287; ders., Sitzkrieg versus Blitzkrieg. Das attentistische Konfliktverhalten Großbritanniens in der Krise des internationalen Systems am Vorabend und bei Beginn des Zweiten Weltkriegs, in: Wolfgang Michalka (Hrsg.), Der Zweite Weltkrieg. Analysen, Grundzüge, Forschungsbilanz, München/Zürich 1989, S. 49–56.

Realität des nationalsozialistischen Deutschland (Fremdwahrnehmung) –, darüber wurde wiederholt und mit zunehmender Schärfe kontrovers debattiert.

Oben ist schon auf das Problem hingewiesen worden, das in der möglichen Differenz zwischen eigentlicher Wahrnehmung und dem öffentlichen Gebrauch von Wahrnehmungsmustern liegt. Politisches Handeln, das von Erklärungen aller Art begleitet ist, beruht nicht nur auf vorgängigen Wahrnehmungen, sondern operiert darüber hinaus gezielt mit Perzeptionsmustern, in denen sich Ängste und Wünsche gleichermaßen niederschlagen.[54] Die Feindbildforschung kennt zahllose Beispiele, wo die Fremdwahrnehmung des anderen als Feind und die Instrumentalisierung des Feindbilds für den innerstaatlichen und internationalen Gebrauch zum Mittel der Politik wird.[55] Der Abstützung der eigenen Politik kann aber auch ein diffuses Gegnerbild dienen, wenn dies in der Debatte um den eingeschlagenen politischen Kurs opportun erscheint.[56]

Die Darstellung der Wirklichkeit kann als strategischer Einsatz von Perzeptionen für politische Zwecke beschrieben werden. Die propagandistische Selbstdarstellung von Staaten ist ein sich dem Historiker bietendes Untersuchungsfeld.[57] Dazu gehören auch gezielte Versuche, auf die gegnerische Fremdwahrnehmung einzuwirken. So läßt sich zeigen, daß die Ostpolitik der 1969 ins Amt gekommenen Bundesregierung weniger von einem deutlichen Sowjetunion-Bild bestimmt war als von einer präzisen Selbstwahrnehmung und nicht zuletzt von der Überzeugung, das östliche Feindbild von der Bundesrepublik auflösen zu können.[58] Der Versuch, Perzeptionen zu steuern, wurde zu einem Teil der Politik. Die Perzeption der Wirklichkeit und das Handeln in der Wirklichkeit griffen ineinander.

Beispiele wie das der sozial-liberalen Ostpolitik oder der oben zitierten Westpolitik Adenauers sind deswegen von Belang, weil sie erkennen lassen, in welchem Ausmaß politische Akteure sich des Perzeptionsproblems als Grundproblem der internationalen Beziehungen und ganz allgemein des Umgangs miteinander nicht nur bewußt waren, sondern sich in der Reflexion darüber vom Ziel der Konfliktentschärfung und Gewaltvermeidung leiten ließen. Denn es versteht sich, daß das Wissen über den Zusammenhang von Perzeptionen und Handlungen auch in gewalthaften Kontexten zur Anwendung kommt. Folgt jedoch die Politik – wie auch die Wissenschaft –

[54] Für ein instruktives Beispiel vgl. Detlef Rogosch, Vorstellungen von Europa. Europabilder in der SPD und bei den belgischen Sozialisten 1945–1957, Hamburg 1996.

[55] Zum Deutungsmuster für den Ost-West-Konflikt wird dies bei Mary Kaldor, The Imaginary War. Understanding the East-West-Conflict, Oxford 1990.

[56] Die Anfangsphase der Ostpolitik der Bundesrepublik Deutschland ist dafür exemplarisch heranzuziehen. Vgl. Reiner Albert, Das Sowjetunion-Bild in der sozial-liberalen Ostpolitik 1969–1975, in: Tel Aviver Jahrbuch für deutsche Geschichte 24 (1995), S. 316ff.

[57] Als Fallstudien siehe Anita M. Mallinckrodt, Die Selbstdarstellung der beiden deutschen Staaten im Ausland. „Image-Bildung" als Instrument der Außenpolitik, Köln 1980; Philip M. Taylor, The Projection of Britain. British Overseas Publicity and Propaganda 1919–1939, Cambridge 1981.

[58] Interview des Verfassers mit Egon Bahr am 12. 6. 1992. Vgl. allgemein auch Frank Schimmelfennig, Rhetorisches Handeln in der internationalen Politik, in: Zeitschrift für Internationale Beziehungen 4 (1997), S. 219–254.

der Norm von Gewaltverzicht und Frieden,[59] so vermag die Bewußtmachung von Wahrnehmungsfallen den Grad der Rationalität im Konfliktmanagement zu erhöhen. In diesem Sinn hat Außenminister Genscher in seiner ersten Begegnung mit Generalsekretär Gorbatschow im Juli 1986 davor gewarnt, „mangelndes Verständnis für den anderen zu zeigen". Genscher hatte den Eindruck, den er gegenüber Gorbatschow nicht verbarg, die sowjetische Führung orientiere sich an einem Deutschlandbild, das nicht der Realität entspreche. „Seine Vorstellungen von der Bundesrepublik Deutschland beruhten offenbar auf Fehleinschätzungen, ...sie müßten daher förmlich zu falschen Schlußfolgerungen führen."[60]

Genschers Botschaft lautet: Entscheidungsträger sollten ihre Wahrnehmungsmuster kommunikationsbereit im Dialog zur Diskussion stellen. Dadurch werden perspektivische Verengungen und interessenbedingte Verkürzungen nicht vermieden, die daraus resultierenden Konflikte aber lassen sich besser durchschauen. Wissenschaftliche Analysen über den Unterschied zwischen perzipierter und realer Wirklichkeit beleuchten nicht nur rückblickend eine wichtige Dimension zum besseren Verständnis internationaler und transnationaler Beziehungen, sondern können auch praxisgerichtet dazu beitragen, das Wissen der Akteure über die Natur von Konflikten und ihre Handhabung zu verbessern.[61] „Mehr Verständnis für die anderen" hat der große französische Historiker Marc Bloch in seinem Vermächtnis gefordert, bevor er durch die Kugeln der Gestapo starb. Dies sei nötig, um die „unvermeidlichen Kämpfe" bestehen zu können. „Erst recht wäre Verständnis erforderlich, um Kämpfe zu vermeiden, solange noch Zeit dazu ist."[62]

59 Dazu die Einleitung bei Ernst-Otto Czempiel, Friedensstrategien. Systemwandel durch Internationale Organisationen, Demokratisierung und Wirtschaft, Paderborn u. a. 1986.

60 Hans-Dietrich Genscher, Erinnerungen, Berlin 1995, S. 498. Vgl. auch ebd. S. 432.

61 Dazu auch Michael W. Richter, The Perception Method for Analysing Political Conflicts, in: Klaus Gottstein (Hrsg.), Tomorrow's Europe. The Views of Those Concerned, Frankfurt/New York 1995, S. 731–751; Deborah Welch Larson, Trust and Missed Opportunities in International Relations, in: Political Psychology 18 (1997), S. 701–734.

62 Marc Bloch, Apologie der Geschichte oder Der Beruf des Historikers, München 1985, S. 111.

Robert Frank

Mentalitäten, Vorstellungen und internationale Beziehungen*

Pierre Renouvin und Jean-Baptiste Duroselle, die man die „Meister" der „französischen Schule der Geschichte der internationalen Beziehungen" genannt hat – gegen ihren Willen übrigens[1] –, haben der Frage der „kollektiven Mentalitäten" immer einen bedeutenden Platz in ihren Reflexionen über diese internationalen Beziehungen eingeräumt. Das berühmte Buch, das sie 1964 veröffentlicht haben,[2] beschreibt im ersten Teil, den Pierre Renouvin verfaßt hat, den Einfluß der „forces profondes" auf den Gang der internationalen Beziehungen. Neben den „materiellen Kräften" – geographische Gegebenheiten, demographische Bedingungen, wirtschaftliche Kräfte – werden hier die „geistigen Kräfte" genannt, insbesondere das Nationalgefühl, die Nationalismen und das pazifistische Empfinden. Zur Bezeichnung dieser zweiten Kategorie der „forces profondes" wird in dem Werk von 1964 manchmal der Begriff verwendet, der von den Historikern der Annales-Schule popularisiert worden ist: die Bezeichnung „Mentalitäten" oder „kollektive Mentalitäten". Häufiger kommt aber der Begriff „kollektive Psychologie" vor, der heute veraltet ist. Zehn Jahre später erobert der Begriff „kollektive Mentalitäten" den ersten Platz: Im zweiten Heft der Zeitschrift *Relations internationales*, die er 1974 zusammen mit Jacques Freymond gegründet hat, versammelt Jean-Baptiste Duroselle ein gutes Dutzend faszinierender Aufsätze zum Themenkreis „Kollektive Mentalitäten und internationale Beziehungen". Seine eigene Einführung unter dem Titel „Meinung, Haltung, Mythos, Ideologie: ein Klärungsversuch" eröffnet zahlreiche Forschungsperspektiven, denen heute noch vielfach nachgegangen wird.

Man kann heute den Versuch unternehmen, im Lichte der neuesten Arbeiten eine Bilanz der Forschungen zu dieser wesentlichen Thematik der „Mentalitäten" zu formulieren. Die amerikanische Schule der Geschichte der internationalen Beziehungen

* Übersetzt von Wilfried Loth

1 Aus Bescheidenheit hätten sie es nicht geliebt, als „Meister" einer Schule bezeichnet zu werden. Außerdem haben sie so viele Anleihen bei Historikern und Politikwissenschaftlern außerhalb Frankreichs gemacht, daß sie die Bezeichnung „Französische Schule der Geschichte der internationalen Beziehungen" zu ihren Lebzeiten ablehnten. Tatsächlich bewegen sich die französischen Historiker der internationalen Beziehungen aber nach dem Tod von Pierre Renouvin im Jahr 1974 und dem Tod von Jean-Baptiste Duroselle im Jahr 1994 auf dem Erbe ihrer Arbeiten, auch wenn sie versuchen, darüber hinauszugehen. Letzteres geschieht gewiß noch zu zaghaft.

2 Pierre Renouvin/Jean-Baptiste Duroselle, Introduction à l'histoire des relations internationales, Paris, 1. Aufl. 1964, 4. Aufl. 1991.

kann hier unschätzbare Dienste leisten, hat sie doch Studien von sehr großem Interesse hervorgebracht. Insbesondere das meisterhafte Sammelwerk von Michael J. Hogan und Thomas G. Paterson *Explaining the History of American Foreign Relations*, das fünfzehn einschlägige Aufsätze umfaßt,[3] ist für die Entwicklung einer methodologischen Reflexion über unsere Disziplin außerordentlich wertvoll.[4] Fünf Kapitel sind dem Bereich gewidmet, den wir mit der Frage der „Mentalitäten" bezeichnen können: die Studien von Richard H. Immerman („Psychology"),[5] Melvin Small („Public Opinion"),[6] Alan K. Henrikson („Mental Maps"),[7] Michael H. Hunt („Ideology")[8] und Akira Iriye („Culture and International History").[9] Ihren Reichtum verdanken diese Beiträge im wesentlichen ihrem bewußt interdisziplinären Vorgehen, das die in den USA besonders produktiven Politikwissenschaften und Sozialwissenschaften in der denkbar fruchtbarsten Weise berücksichtigt. Man kann natürlich bedauern, daß weder die beiden obengenannten französischen Historiker noch andere europäische Historiker berücksichtigt werden. Auch ist eine große Zahl von Überschneidungen in den fünf genannten Studien festzustellen, zwischen „Psychologie", „öffentlicher Meinung", „mentalen Landkarten", „Ideologie" und „Kultur". Ideal wäre es, die notwendigen Unterscheidungen zwischen den mentalen Haltungen zu treffen und das Gewicht einer jeden in den internationalen Beziehungen zu vermessen. Man muß freilich zugeben, daß eine präzise Typologie nur sehr schwer zu erstellen ist und es auch uns schwer fallen würde, diesen weiten Bereich der Mentalitäten zu klären.

Tatsächlich ist das Ziel dieses Aufsatzes bescheiden. Zunächst soll ein Überblick über die Erträge der Pionierüberlegungen von Pierre Renouvin und Jean-Baptiste Duroselle gegeben werden; dabei werden auch die Grenzen dieses ersten Zugangs herauszuarbeiten sein. Sodann wird ein erster Versuch begrifflicher Klärung unternommen, der verschiedene Typen mentaler Haltungen vorführt. Schließlich greifen wir, um die Rolle der „Mentalitäten" in den internationalen Beziehungen besser zu erfassen, die neue Deutungsweise der Soziologen und Historiker auf, die sich auf Begriffe wie „Repräsentationen", „Bilder", „Identitäten" und „Kulturen" stützt.

[3] Explaining the History of American Foreign Relations, hrsg. von Michael J. Hogan und Thomas Paterson, Cambridge und New York 1991.

[4] Ich werde mich auch auf den Beitrag der französischen Politikwissenschaftler des CERI (Centre d'études et de recherches internationales de la Fondation nationale des sciences politiques, Paris) stützen; siehe: Marie-Claude Smouts (Hrsg.), Les nouvelles relations internationales, Paris 1998.

[5] Explaining the History of American Foreign Relations, S. 151–164.

[6] Ebda., S. 165–176.

[7] Ebda., S. 177–192.

[8] Ebda., S. 193–201.

[9] Ebda., S. 214–225.

Der Beitrag von Pierre Renouvin und Jean-Baptiste Duroselle

Pierre Renouvin gibt bei seiner Beschreibung der geistigen Kräfte im Rahmen der „forces profondes“ keinerlei Definition, und er liefert auch keine Typologie. Er geht einfach von der empirischen Beobachtung aus, daß gewisse kollektive Empfindungen die Macht hatten, ganz wesentlich auf die Beziehungen zwischen den Staaten und Völkern einzuwirken. Zunächst analysiert er die nationalen Gefühle, die die Nationen hervorgebracht und damit die Beziehungen zwischen Fürsten in Beziehungen zwischen Nationen verwandelt haben, das heißt in „inter*nationale*“ Beziehungen im eigentlichen Sinn. Sodann beschreibt er die Nationalismen, das heißt einen Geisteszustand, der aus der Überspannung der nationalen Empfindungen in den geschaffenen Nationalstaaten hervorgeht und bis zum Expansionismus und zum Krieg gehen kann. Schließlich zeigt er, wie wichtig es für jeden ist, „der versucht, den Einfluß der großen Strömungen der kollektiven Mentalität auf die historische Entwicklung der internationalen Beziehungen zu bestimmen“,[10] das „pazifistische Empfinden“ zu studieren, auch wenn er dabei zu der Feststellung gelangt, daß „die Empfindungen, die die Appelle der Pazifisten in der Seele des Menschen hervorrufen, niemals die gleiche Resonanz haben wie die Stürme des Patriotismus.“[11] Die Herangehensweise des französischen Historikers war also empirisch, doch hat er damit Analysen von großem Reichtum geliefert und zahlreiche Forschungsperspektiven eröffnet. Er hat die Verschiedenheit der Komponenten, die die Mentalitäten strukturieren, insofern thematisiert, als er sich sowohl über die Kraft der „kollektiven Emotionen“ Gedanken gemacht hat – ob sie nun durch ein defensives Nationalgefühl hervorgerufen werden oder durch einen aggressiven Nationalismus – als auch über das Gewicht der Ideologien oder den Einfluß der Religion. Er hat damit, gewiß ohne es zu vertiefen, eine Unterscheidung zwischen ausformulierten Ideen, geteilten Werten und emotionalen Regungen nahegelegt, zwischen dem Gesagten und dem Nicht-Gesagten, zwischen dem Rationalen und dem Irrationellen, zwischen dem Bewußten und dem Unbewußten. Auf eine sehr fruchtbare Weise hat er auch die Frage nach der Entstehung dieser „Geisteszustände“ gestellt und beispielsweise die Rolle der Presse, der Schule und der Schulbücher beim Aufblühen und der Verbreitung der nationalen Ideen und Gefühle problematisiert. Er hatte sogar die uns sehr neuartig anmutende Eingebung, daß zwischen dem unterschieden werden müsse, was wir heute die „Verbreitung“ einer Idee oder einer Information nennen, und der „sozialen Rezeption“ dieser Idee oder dieser Information:

> „Wie soll man den Einfluß des Zeitungsartikels auf den Geisteszustand des Lesers messen, den Einfluß des Schulbuchs auf die Mentalität des Schülers? Es gibt allen Grund zu der Annahme, daß die nationalistischen Ideen häufig auf Skeptizismus oder Indifferenz gestoßen sind. Zweifelsohne haben diese Ideen aber zur Bildung eines Unterbewußtseins beigetragen, das in bestimmten kritischen Momenten einen Resonanzboden für die Initiativen der Staatsmänner oder die Propaganda der patriotischen Gruppierungen liefern konnte.“[12]

[10] Dies ist übrigens eine der seltenen Stellen, an denen Pierre Renouvin den Begriff „kollektive Mentalitäten“ benutzt. Pierre Renouvin und Jean-Baptiste Duroselle, Introduction à l'histoire des relations internationales, 4. Aufl., S. 245.

[11] Ebda., S. 282.

[12] Ebda., S. 243.

Pierre Renouvin hatte auch die Bedeutung der „Bilder" verstanden, die die Nationen voneinander haben:

„Es ist nicht zweifelhaft, daß sich die Völker in vielen Fällen ein stereotypes Bild voneinander schaffen, das von der Wirklichkeit oft weit entfernt ist. Es ist gewiß, daß diese Stereotypen einen Einfluß auf die Reaktionen der öffentlichen Meinung haben und daher einen Faktor in der Entwicklung der Beziehungen zwischen diesen Völkern darstellen."[13]

Im zweiten Teil der *Introduction* unter der Überschrift „Der Staatsmann" betrachtet Jean-Baptiste Duroselle die Frage der internationalen Beziehungen unter dem Gesichtspunkt der Entscheidungsträger und analysiert die direkten und indirekten Beziehungen, die sie mit den „forces profondes" verbinden: Wie werden sie durch diese beeinflußt und wie können sie sie umgekehrt verändern? Im Rahmen dieser Fragestellung ermißt Duroselle hier und da das Gewicht der „psychologischen Kollektivkräfte". Einerseits stellt er sich die Frage, wie sie sich durch „direkten Druck" auf den Staatsmann zeigen (*pressure groups*), durch „indirekten Druck" (große Teile der öffentlichen Meinung) und durch die Schaffung einer „Umgebung", die in der Lage ist, ihn zu beeinflussen. Auf der anderen Seite fragt er im umgekehrten Sinne nach den Mitteln, die die Entscheidungsträger einsetzen, um die Mentalitäten zu verändern: nach der Propaganda, dem Umgang mit der Presse und den Medien, den Reisen usw. Der Staatsmann unterliegt dem Gewicht der „Kollektivpsychologie" und wirkt zugleich auf sie ein; er „verinnerlicht" und „instrumentalisiert" sie, wie wir heute sagen würden.

Es gibt also bei Pierre Renouvin und Jean-Baptiste Duroselle zahlreiche Überlegungen, die seit mehr als 35 Jahren neue Forschungen über die Beziehungen zwischen „Mentalitäten" und „internationalen Beziehungen" angeregt haben. Gleichwohl erscheinen uns manche Seiten ihrer *Introduction* heute etwas veraltet. Es ist offenkundig, daß Pierre Renouvins Betrachtungen über die „nationalen Temperamente" ziemlich überholt sein dürften, weil sie just von den „Stereotypen" geprägt sind, die er im übrigen kritisch analysieren will: Er spricht von der „geistigen Regsamkeit", der „Vorliebe für Diskussionen" und dem „Geist der Unabhängigkeit" des Franzosen, von der „Bedächtigkeit der mentalen Reaktionen" des Engländers, seiner „Abneigung gegen abstrakte Ideen" und seiner „Hartnäckigkeit", von der „Einbildungskraft" wie von der „Sehnsucht nach Unermeßlichkeit (gemäß dem Wort von Keyserling)" des Deutschen usw.[14] Sehr zum Glück und zu Recht fügt Renouvin hinzu, daß „man sich, in diesem Bereich noch mehr als in anderen, vor voreiligen Generalisierungen hüten muß" und daß, wenn „gewisse Tendenzen im Temperament eines jeden Volkes in der Welt des 19. und 20. Jahrhunderts permanent gewesen zu sein scheinen", andere „infolge der Zufälle des nationalen oder internationalen Lebens neu aufgetreten oder verschwunden sind." Vielleicht haben wir es hier, wir kommen darauf zurück, mit einer zentralen Frage zu tun, die dem Historiker aufgegeben ist: Pierre Renouvin hat gewiß nicht Recht gehabt, wenn er, zweifellos unter dem Einfluß des Buches über *Die Seele der Völker*, das André Siegfried 1950 geschrieben hat, auf der Angemessenheit des Begriffs des „nationalen Temperaments" beharrte. Hat er nicht aber letztlich ein immer noch wenig bearbeitetes Forschungsfeld eröffnet, das wir mit

[13] Ebda., S. 230.
[14] Ebda., S. 227.

den Worten von heute als „nationale Identitäten", „nationale Kulturen" und „nationale Bildwelten" bezeichnen würden, wobei er diese als mentale Strukturen verstand, die nicht von unbegrenzter Dauer waren, sondern die Fähigkeit zur Entwicklung und zum Wandel besaßen? Ebenso erscheinen die Ausführungen von Jean-Baptiste Duroselle zur Typologie der Persönlichkeiten der Staatsmänner und zur Klassifizierung der Seelenzustände und der Charaktere überholt. Die Historiker von heute verachten keineswegs die Frage des Einflusses der Individuen – das zeigt allein schon die Wiederkehr des biographischen Genres –, doch ziehen sie es bei der Untersuchung der Verbindungen zwischen individueller Mentalität der Entscheidungsträger und auswärtiger Politik vor, anderen Spuren zu folgen, auf die Jean-Baptiste Duroselle selbst hingewiesen hat: den familiären Ursprüngen, der Prägung durch Schule und Universität, den Verkehrs- und Freundeskreisen, der Umgebung usw.

Darüber hinaus gibt es einen anderen Zugang zu den Mentalitäten, der von unseren beiden Historikern wenn schon nicht vernachlässigt, so doch wohl auf eine nachgeordnete Position gesetzt worden ist: die öffentliche Meinung. Die Autoren erklären sich dazu in der Einleitung zu ihrer *Introduction*:

„Wäre es nötig gewesen, dem Studium der öffentlichen Meinung ein Kapitel zu widmen? Gewiß üben die Bekundungen der Meinung oft einen Einfluß auf die Entscheidungen der Staatsmänner aus. Diese Bekundungen stellen jedoch nur den Reflex der demographischen Bedingungen, der wirtschaftlichen oder finanziellen Interessen und der Tendenzen der kollektiven Psychologie dar."[15]

Die öffentliche Meinung wird also nur als ein simpler „Reflex" betrachtet, als eine oberflächliche und umständebedingte Folgewirkung der wirklichen Tiefenkräfte, zu denen sie demnach nicht gehört. Zugleich wird auf diese Weise der Einfluß der öffentlichen Meinung auf die Außenpolitik geleugnet oder heruntergespielt, zugunsten tiefer reichender, weniger vergänglicher Kräfte wie der psychologischen Kräfte, die als beständiger gelten, und der dauerhaften mentalen Haltungen wie dem Nationalismus oder dem Pazifismus. Es ist offenkundig, daß die Historiker hier überhaupt nicht mehr die gleiche Sprache sprechen. Diese kritische Distanz, die die beiden großen Historiker der internationalen Beziehungen der öffentlichen Meinung gegenüber einnahmen, Renouvin übrigens mehr als Duroselle, steht zweifelsohne mit dem Faktum in Verbindung, daß sich die öffentliche Meinung, in einem engen und oberflächlichen Sinne verstanden, von Zeiten großer internationaler Krisen abgesehen viel weniger für Außenpolitik interessiert und viel weniger von ihr betroffen scheint als von der Innenpolitik. Es bleibt freilich die Erkenntnis, daß sie eine grundlegende Bedeutung haben kann, auch wenn sich ihr Gewicht nicht im Alltagsgeschehen bemerkbar macht: Wie Alain Girard schreibt, „macht sie die Außenpolitik so wenig wie sie die Innenpolitik macht, doch kann offensichtlich keinerlei Politik gegen sie oder ohne sie gemacht werden."[16]

Eine letzte kritische Frage zur Problematik des Einflusses der kollektiven Mentalitäten (einschließlich der öffentlichen Meinung) auf die politischen Entscheidungen muß allerdings noch gestellt werden. Sie betrifft eine umfassendere Problematik, nämlich die Bedeutung aller „forces profondes" einschließlich der sogenannten „ma-

[15] Ebda., S. 3.
[16] Alain Girard, in: Léo Hamon (Hrsg.), L' élaboration de la politique étrangère, Paris 1969.

teriellen“ Kräfte für die Außenpolitik. Die Methode Renouvins und Duroselles besteht darin, allgemeine Gesetze zurückzuweisen und statt dessen Einzelfallstudien zu bevorzugen, um die Rolle jeder einzelnen „force profonde“ bei der Entfesselung der Kriege, der großen internationalen Krisen oder der großen internationalen Phänomene wie der kolonialen Expansion herauszuarbeiten. Die Schlußfolgerung, die sich daraus ergibt, lautet aber jedesmal, daß die Ursachen vielfältig sind, daß das Gewicht der Ökonomie, der Einfluß der kollektiven Mentalitäten, das Handeln kleiner Gruppen oder großer Persönlichkeiten zusammen in einer komplexen und jeweils unterschiedlichen Mischung zur Erklärung der großen Ereignisse beitragen, daß keine dieser Kräfte für sich allein genommen entscheidend ist. 1914 erklären weder das Gewicht der Wirtschaft (die „imperialistischen“ Rivalitäten lassen nach 1911 nach) noch der Einfluß der Mentalitäten – der Schock der Nationalismen – die Entfesselung des Krieges. Um bei der Problematik der kollektiven Mentalitäten zu bleiben: Man kann sagen, daß die Erbitterung der Nationalismen viel dazu beigetragen hat, die internationalen Beziehungen der Jahre 1900 bis 1914 zu vergiften. Indessen hat die *thèse* von Jean-Jacques Becker gezeigt, daß in der französischen öffentlichen Meinung die Ideen und Ideale des Friedens am Vorabend des Ersten Weltkrieges mindestens ebenso stark, wenn nicht noch stärker waren als die aggressiven oder nationalistischen Impulse.[17] Die Franzosen sind, von Einzelfällen und einigen außergewöhnlichen Momenten abgesehen, keineswegs im Jubel und mit Blumen im Gewehr in den Krieg gezogen. Es gab gewiß eine „ruhige Entschlossenheit“, aber keinen fieberhaften Enthusiasmus. 1914 hat die öffentliche Meinung akzeptiert, nicht vorangetrieben. Man muß ihren Einfluß daher relativieren und andere Motivationen in Betracht ziehen, wie die Kalküle des Generalstabs, die Sicherheitslogik, die Bündnislogik usw.

Betrachtet man die Ursachen des Zweiten Weltkrieges, wird noch deutlicher, daß die Mentalitäten oder die öffentliche Meinung keine größere direkte Rolle gespielt haben, ebenso wenig wie die Wirtschaft. Man kann gewiß den Anteil der Weltwirtschaftskrise an der Machtergreifung Hitlers und am Anstieg der nationalen Egoismen ermessen, von denen er zu profitieren wußte. Ebenso kann man, was die Mentalitäten betrifft, das Gewicht der Erniedrigung der Deutschen in Erinnerung rufen, das er ebenfalls zu instrumentalisieren verstand. Man kann auch auf den geistigen Zustand der beiden großen Demokratien Europas, Großbritannien und Frankreich verweisen, die unter dem Druck einer gewissen „moralischen“ oder „pazifistischen Depression“ die Initiativen Hitlers nicht gestoppt haben, als sie noch die materielle Fähigkeit dazu besaßen. Man kann schließlich die destabilisierende Wirkung der damaligen amerikanischen Psychologie in den Vordergrund stellen, die es der Regierung der ersten Weltmacht verwehrt hat, ihrer weltpolitischen Verantwortung nachzukommen: In den Vereinigten Staaten waren die Mentalitäten damals für eine Politik der Eindämmung eines Expansionismus noch nicht „reif“; sie sollten es erst zehn Jahre später sein, als es gegen einen anderen Totalitarismus ging. Kurz gesagt, hat das Wirken der „forces profondes“ und insbesondere der Mentalitäten in den Dreißiger Jahren zahlreiche Unregelmäßigkeiten hervorgerufen, die ihrerseits in hohem Maße zur Entfesselung

[17] Jean-Jacques Becker, 1914. Comment les Français sont entrés dans la guerre, Paris 1977.

des großen Konflikts beigetragen haben. Dennoch bleibt es wahr, daß dieses ganze Bündel von „forces profondes“ auch auf andere Weise hätte zusammenwirken können und daß die Aktivitäten Hitlers in letzter Instanz im Mittelpunkt des Netzes der unmittelbaren Ursachen des Zweiten Weltkriegs bleiben.

Warum soll man sich unter diesen Bedingungen abmühen, die internationalen Beziehungen über den Wirrwarr der „forces profondes“ zu erfassen, wenn diese doch bei der Entfesselung zweier großer Ereignisse wie der beiden Weltkriege, die unser Jahrhundert so nachhaltig geprägt haben, nur von sekundärer Bedeutung gewesen zu sein scheinen? Der italienische Historiker Fulvio d'Amoja kommt von daher zu der Frage, ob sich hinter der Problematik der „forces profondes“, wie sie Pierre Renouvin und seine Schüler entwickelt haben, nicht letztlich eine sehr klassische Sicht der internationalen Beziehungen verbirgt. Diese Kräfte werden als so komplex, verworren, vielfältig, widersprüchlich und einander hemmend dargestellt, daß den Entscheidungsträgern daraus ein großer Entscheidungsspielraum und eine beträchtliche Wahlfreiheit erwachsen. In der Komplexität dieser „forces profondes“ liege letztlich ihre Schwäche, was den Vorrang der Politik ihnen gegenüber erkläre, den Primat des „Gesetzes der Staatsräson“[18] und des nationalen Interesses. In dieser klassischen Konzeption, die von der „realistischen Schule“ favorisiert wird, hätten die Mentalitäten wie die übrigen „forces profondes“ nur in dem Maße tatsächlichen Einfluß auf die internationalen Beziehungen, wie sie von den Entscheidungsträgern instrumentalisiert würden. Ihr Einfluß wäre indirekter Natur und würde über das Medium des Staates erfolgen, dessen Position zentral bliebe. Sie stellten eher einen Kontext als ein System von Kausalitäten dar, eher ein Klavier der Bedingungen und Möglichkeiten, auf denen der Staatsmann spielen kann, als eine Schiene von Notwendigkeiten. Daraus resultiert, daß Pierre Renouvin im Rahmen dieser neuen Geschichte der internationalen Beziehungen schließlich einen bedeutenden Teil der Geschichte der zwischenstaatlichen Beziehungen, das heißt der „Diplomatiegeschichte“, gewidmet hat, obwohl er diese Geschichte doch überwinden wollte. Jean-Baptiste Duroselle ging sogar noch weiter: Er wollte der Bezeichnung „Diplomatiegeschichte“ jeden negativen Beigeschmack nehmen.

Es ist offenkundig, daß der Historiker, wenn man in der Analyse und der Definition der Mentalitäten nicht weiter geht, Schwierigkeiten haben dürfte, ihre Bedeutung zu ermessen und versucht wäre, sie gegenüber der Allmacht des Staates, die in den internationalen Beziehungen auf so spektakuläre Weise sichtbar ist, gering einzuschätzen. Um die Beziehung zwischen Mentalitäten und internationalen Beziehungen besser zu verstehen und zu überprüfen, ob die Rolle des Staates und der nationalen Interessen in dieser Beziehung einen zentralen Platz einnimmt oder nicht, ist es wichtig, einige Klärungen vorzunehmen.

[18] Fulvio d'Amoja, Primato della politica estera, primato della politica interna nella storia delle relazioni internazionali, in: Studi storici, 1981, S. 565–567.

Die Schwierigkeiten einer Klärung des Mentalitätsbegriffs

Jean-Baptiste Duroselle hat 1974, zehn Jahre nach der Veröffentlichung der *Introduction à l'histoire des relations internationales,* selbst einen ertragreichen „Versuch zur Klärung" des Begriffs der „Mentalitäten" unternommen.[19] Der Ausdruck siegt dieses Mal vollständig über den Begriff der „kollektiven Psychologie". Duroselle siedelt die kollektiven Mentalitäten wie den Nationalismus, den Kolonialismus und den Pazifismus auf einer mittleren Ebene an: Sie sind zu beständig, um mit den „öffentlichen Meinungen" verwechselt zu werden, verfügen aber nicht über die Kohärenz der „Ideologien". Dieser Ausschluß der Meinungen und Ideologien aus dem Bereich der Mentalitäten ist problematisch, wie wir noch sehen werden; doch hat diese Überlegung den Vorzug, daß die notwendigen Unterscheidungen zwischen den verschiedenen Arten mentaler Haltungen getroffen werden, je nach Ursprüngen, Stabilitätsgrad und Intensität. Ebenso hat sich Pierre Milza mit der Problematik beschäftigt, zunächst in grundlegenden Überlegungen zur „öffentlichen Meinung" und ihrem Einfluß auf die Außenpolitik[20] und dann in einer zusammenfassenden Sicht des Problemkreises „kollektive Mentalitäten und internationale Beziehungen".[21] Er konstatiert, daß alle Historiker, die sich auf die „Mentalitäten" spezialisiert haben, Schwierigkeiten hatten, ihren Untersuchungsgegenstand zu definieren, und erinnert an den zweifelnden Satz eines Michel Vovelle, der einen anderen Meister der Fachrichtung zu Hilfe rief, Robert Mandrou:

> „Wir stoßen hier auf den ersten Widerspruch eines siegreichen Begriffs, der gleichzeitig, das ist das Mindeste, was man sagen muß, einen äußerst vagen Charakter behält. Nicht, daß wir uns nicht seit zwanzig Jahren gefragt hätten, wie der Begriff der „Mentalität" zu definieren sei; ich kenne aber immer noch keine bessere Definition als die, die Robert Mandrou gegeben hat, als er dazu befragt wurde: eine Geschichte „der Visionen der Welt". Eine schöne und für meinen Geschmack ausreichende Definition, die aber zugleich unbestreitbar vage ist."[22]

Pierre Milza zitiert auch den berühmten Satz von Jacques Le Goff, dem großen Erben der Annales-Schule, der die Ebene der Mentalitätsgeschichte definiert

> „als Niveau des Alltäglichen und Automatischen, dasjenige, was den individuellen Subjekten der Geschichte entgeht, weil es den unpersönlichen Gehalt ihres Denkens anzeigt, das, was Cäsar und der letzte Soldat seiner Legionen, Ludwig der Heilige und der Bauer seiner Güter, Christoph Kolumbus und der Seemann seiner Karavellen gemein haben."[23]

[19] Jean-Baptiste Duroselle, Opinion, attitude, mentalité, idéologie: essai de clarification, in: Relations internationales, Nr. 2, November 1974.

[20] Pierre Milza, Opinion publique et politique étrangère, in: Opinion publique et politique extérieure, Bd. I: 1870–1915 (= actes du colloque organisé par l'Ecole française de Rome et le Centro per gli studi di politica estera et opinione pubblica de l'Université de Milan, 13–16 fevrier 1980), Rom 1981, S. 663–687.

[21] Pierre Milza, Mentalités collectives et relations internationales, in: Relations internationales, Nr. 41 („vingt ans d'histoire des relations internationales), Frühjahr 1985, S. 93–109. Dieses Heft enthält die Akten eines Kolloquiums, das René Girault 1984 organisiert hat, um den Stand der Geschichtsschreibung zu den internationalen Beziehungen zwanzig Jahre nach dem Erscheinen des Buches von Pierre Renouvin und Jean-Baptiste Duroselle zu diskutieren.

[22] Michel Vovelle, Idéologies et mentalités, Paris 1982, S. 10, zitiert bei Pierre Milza, Mentalités collectives et relations internationales, S. 99.

[23] Jacques Le Goff, Les mentalités, une histoire ambiguë, in: Pierre Nora/Jacques Le Goff,

Diese wenigen Zitate zeigen sowohl die Weite und den Reichtum als auch die Ungenauigkeit eines Begriffes an, von dem man eher einige Eigenheiten benennen als eine umfassende Definition geben kann. Sie stellen drei wichtige Dimensionen des Begriffs der „kollektiven Mentalitäten" in den Vordergrund: ihren umfassenden Charakter (es handelt sich um „Visionen der Welt", was offensichtlich eine ganze Reihe von Geisteshaltungen einschließt); die Vielfalt ihrer Einprägung und Banalisierung im alltäglichen Leben einer Gesellschaft (es handelt sich um ein Ensemble mentaler Haltungen, die unter den verschiedenen sozialen Gruppen weit verbreitet sind); schließlich ihre Zeitlichkeit (dieses datierte und datierbare Ensemble von geistigen Zuständen charakterisiert eine Gesellschaft zu einem gegebenen Zeitpunkt). Eine kollektive Mentalität stellt kurz gesagt ein Ensemble von geistigen Haltungen, die den Alltag einer Gesellschaft auszeichnen, in einer spezifischen Epoche dar.[24]

Da die mentalen Haltungen nicht alle in der gleichen Weise auf die internationalen Beziehungen einwirken, muß noch gesagt werden, woraus dieses Ensemble besteht. Sie gehen aus mehr oder weniger stabilen oder mehr oder weniger flüchtigen Elementen hervor, aus Ideen, Werten, Glaubensüberzeugungen, Urteilen, Bildern und Meinungen jeder Art. Um zu einer kollektiven Mentalität zu werden, strukturieren oder kristallisieren sie sich in Ensembles oder Unter-Ensembles, die für eine Gesellschaft in einer bestimmten Epoche und ihre Weltsicht bezeichnend sind. Die kollektiven Mentalitäten stellen aber nicht nur die Summe dieser disparaten Elemente dar. Eine „Sicht der Welt", wie auch immer sie beschaffen sein mag, bedarf zu ihrer Existenz reduzierender Filter, die in der Lage sind, die Wirklichkeiten dieser Welt kollektiv begreiflich zu machen. Diese Schlüssel dienen exakt dazu, die disparaten Bestandteile so zusammenzufügen, daß sie einen Sinn ergeben. Es ist angebracht, zwischen diesen Ensembles oder Konglomeraten Unterscheidungen zu treffen. Führen wir uns also die verschiedenen Typen vor Augen und gehen wir dabei entsprechend den Anregungen Duroselles von den mentalen Strukturen mit der größten Kohärenz und Stabilität bis zu den ganz flüchtigen Haltungen.

Die Ideologien dürfen gewiß nicht aus dem Bereich der kollektiven Mentalitäten verbannt werden – in diesem Punkt muß man Duroselle widersprechen –, haben sie doch insbesondere im 19. und 20. Jahrhundert eine zentrale Rolle bei ihrer Strukturierung gespielt: Sie haben für eine meßbare Zeit ein im Prinzip kohärentes Ensemble von Ideen und Überzeugungen zusammengefügt, Schlüssel zur Erklärung der Welt geliefert, ihr einen Sinn gegeben und es ermöglicht, im Sinne einer besseren Zukunft auf sie einzuwirken.[25] Sie haben nicht nur auf die Innenpolitik der Staaten einen gewissen Einfluß ausgeübt, sondern auch, was uns hier interessiert, auf ihre Außenpoli-

Faire de l'Histoire, Bd. II: Nouveaux objets, Paris 1974, S. 80, zitiert bei Pierre Milza, ebda., S. 99.

24 Gaston Bouthoul spricht von einem Ensemble von Haltungen, die über individuelle Unterschiede hinweg einen stabilen psychologischen Rückstand hinterlassen, bestehend aus Urteilen, Konzepten und Glaubenssätzen, die „die spezifische mentale Struktur einer jeden Zivilisation bilden": Gaston Bouthoul, Les mentalités, Paris 6. Aufl. 1981 (Sammlung Que sais-je?), zitiert bei Milza, ebda., S. 100.

25 Diese Definition schließt an die Erklärung an, die Michael H. Hunt im Kapitel 13 („Ideology") des Bandes Explaining the History of American Foreign Relations auf Seite 194 gegeben hat. Vgl. auch Michael H. Hunt, Ideology and US Foreign Policy, New Haven 1987.

tik und sogar auf außerstaatliche internationale Beziehungen. Der Faschismus und der Nationalsozialismus besaßen nicht nur für die innere Entwicklung Italiens oder Deutschlands eine dramatische Relevanz, sondern auch für alle Beziehungen auf globaler Ebene. Auch wenn man den Zweiten Weltkrieg nicht ausschließlich mit einer Auseinandersetzung zwischen Ideologien erklären kann, ist nicht zu leugnen, daß er auf der einen Seite im Namen einer Ideologie und auf der anderen Seite als Krieg gegen diese Ideologie geführt wurde. In gleicher Weise hat der Kommunismus als ausgesprochen internationale Kraft nicht nur die UdSSR und die kommunistischen Länder betroffen, sondern durchaus die ganze Welt. Man muß nur an den Kalten Krieg denken, um sich davon zu überzeugen. Natürlich kann man sich die Frage stellen, ob man die ideologische Dimension dieses Ost-West-Konflikts nicht überbewertet hat und ob andere Betrachtungen nicht ebenfalls einbezogen werden müssen, wirtschaftliche vielleicht, geopolitische und geostrategische in jedem Fall. Gleichwohl zeigen die Auflösung der Volksdemokratien und der UdSSR in den Jahren 1989–1991 und die damit einhergehende Transformation der internationalen Beziehungen im Rückblick, wie groß das Gewicht dieser ideologischen Konflikte gewesen ist. Nicht alles hat sich in der Welt seit diesem Wendepunkt verändert, zunächst weil gewisse geopolitische Konfigurationen und Interessen fortbestehen, sodann weil der Einfluß der kommunistischen Ideologie auf die russischen Mentalitäten nicht unmittelbar mit dem Kommunismus verschwindet, ebenso wenig die Schrecken der ehemaligen Sowjetunion, die nun dem Image Rußlands als seinem Haupterben anhaften, obwohl es nicht mehr kommunistisch ist. Das zeigt deutlich, daß eine Ideologie durchaus einen Bestandteil kollektiver Mentalität darstellt, aber für sich allein genommen keine kollektive Mentalität bilden kann. Eine Ideologie oder mehrere Ideologien können eine kollektive Mentalität zimmern. Das muß nicht so sein, aber es setzt voraus, daß sie andere Elemente hervorbringen, weniger kohärente und weniger intellektuelle, die stärker emotional bestimmt sind. Wir kommen auf diese wichtige Frage zurück.

Nicht nur die totalitären Ideologien beeinflussen die Mentalitäten so stark, daß diese Auswirkungen auf die Beziehungen zwischen den Nationen haben. Michael H. Hunt stellt die Frage nach dem Anteil der Ideologie an der amerikanischen Außenpolitik und erinnert an die einschlägigen historiographischen Debatten zu diesem Thema, die im übrigen selbst von Ideologie durchdrungen waren.[26] William Appleman Williams und andere „Revisionisten" haben die zugleich liberale und expansionistische Ideologie der *Open Door* in den Vordergrund gestellt. Für sie stellt sie geradezu das Rückgrat der weltpolitischen Diplomatie der Vereinigten Staaten im 20. Jahrhundert dar, dem die Hauptverantwortlichkeit für den Kalten Krieg zuzuschreiben ist. Nach dem Ende der leidenschaftlichen Kontroverse, die von den „Revisionisten" hervorgerufen wurde, hat Michael J. Hogan den weitreichenden Einfluß der „korporatistischen" oder „assoziationistischen" Ideologie auf die „Mentalität der *policymakers*"[27] in einem amerikanischen System betont, in dem sich die großen organisatorischen Gruppen – Unternehmen, Gewerkschaften, Regierung – in ein organisches Ganzes eingliedern, um Harmonie und Stabilität sowohl in der Innenpolitik

[26] Michael H. Hunt in: Explaining the History of American Foreign Relations, S. 193–201.

[27] Ebda., S. 198. Siehe auch das „Corporatism" betitelte Kapitel 16 von Michael J. Hogan in: Explaining the History of American Foreign Relations, S. 226–236.

als auch in der Außenpolitik zu suchen. Ohne in die Details all dieser Diskussionen einzutreten, kann man doch, wie Michael H. Hunt dies mit Nachdruck tut, den großen Gewinn betonen, den Historiker der internationalen Beziehungen aus der Beschäftigung mit den Werken der Ideen- und Intellektuellengeschichte ziehen können. Gewiß findet man in den diplomatischen Archiven, in denen die Äußerungen der zeitgenössischen Entscheidungsträger aufbewahrt werden, die Ideologie nicht oft an, jedenfalls nicht explizit; es ist die Aufgabe des Historikers, die Schlüssel zu finden und die Worte und Bilder zu entschlüsseln, um die ideologische Dimension einer jeden Diplomatie aufzudecken.

Ein wichtiger Gesichtspunkt muß noch etwas ausführlicher behandelt werden: Die Kraft der Ideologien beruht nicht nur auf ihrem harten Kern kohärenter, expliziter und systemischer Ideen, sondern auch auf der Verbreitung dazugehöriger Gefühle, die sie hervorrufen, in Milieus, die nicht notwendigerweise die Gesamtheit der vorgetragenen Überzeugungen teilen. Insofern geht die Ausstrahlung der Ideologien über den Kreis der Anhänger und Ideologisierten hinaus. Die Historiker des intellektuellen Lebens können uns viel zu den Übertragungs- und Verbindungssystemen sagen, die zwischen den Ideenträgern und den in einer Gesellschaft verwurzelten Empfindungen bestehen. Die Nebelwolke von Gefühlen der Zustimmung oder auch Zurückweisung, von Bildern und von Stereotypen, die ein Ideengebäude umgibt, ist für die Ausbildung der kollektiven Mentalitäten mindestens ebenso wichtig wie dieses selbst; und diese Elemente wirken in starkem Maße auf die internationalen Beziehungen ein, selbst wenn sie flüchtiger Natur sind. Pazifismus und Nationalismus beispielsweise sind als Ideologien entgegengesetzt. Die pazifistische Ideologie organisiert um das Konzept des Friedens ein politisches System internationalistischer Ideen zugunsten des Völkerbunds, der Vereinten Nationen, der Abrüstung usw. Innenpolitisch figuriert es eher auf der Linken der politischen Skala. Die nationalistische Ideologie, die seit dem späten 19. Jahrhundert eher auf der Rechten angesiedelt ist, organisiert um das Konzept der Nation ein Ideengebäude, das auf nationalen Ambitionen nach außen und der Notwendigkeit einer ausreichenden Autorität oder gar eines autoritären Regimes im Innern basiert; letztere werden als erforderlich angesehen, um die Spaltungen abzumildern oder zu unterdrücken, die die ersehnte nationale Größe schwächen könnten. Die „kollektiven Gefühle", die vom Pazifismus und vom Nationalismus[28] hervorgebracht werden, widersprechen einander hingegen deutlicher weniger; sie können in einer Gesellschaft durchaus in komplementärer Weise geteilt werden. Die französischen Kriegsveteranen, die Antoine Prost studiert hat,[29] sind gefühlsmäßig zugleich Pazifisten („Nie wieder Krieg") und Nationalisten oder Chauvinisten. Bei ihnen gibt es keinen Widerspruch zwischen dem Haß auf die Deutschen und der Friedensliebe. Was sie vor allem wollen, ist die Befestigung des Friedens, ob sie nun zunächst über eine Politik der Intransigenz gegenüber dem Reich erfolgt oder

[28] Es ist angebracht, die nationalistische „Ideologie" vom nationalistischen „Gefühl" zu unterscheiden. Dennoch muß man natürlich weiterhin einen Unterschied zwischen Nationalismus einerseits, ob nun bloßes in der Gesellschaft verbreitetes „Gefühl" oder kohärente „Ideologie", und nationalem oder patriotischen Gefühl andererseits machen. Für den Nationalismus ist in beiden Fällen charakteristisch, daß er eine Übersteigerung des nationalen Gefühls darstellt.

[29] Antoine Prost, Les anciens combattants et la société française, 1914–1939, Paris 1977.

danach durch eine Politik der Annäherung. Das Ziel ist jeweils das gleiche, nämlich die unbedingte Ablehnung einer Wiederkehr des Krieges. Die Ideologien rufen auch negative Gefühle der Abwehr hervor, besondere Ängste, die regelrechte internationale Macht entwickeln. So hat der „Antikommunismus" eine wichtige Rolle bei der moralischen und politischen Abrüstung der Demokratien gegenüber dem Dritten Reich in den Jahren 1933 bis 1938 gespielt („eher Hitler als Stalin"). Ebenso hat der „Antifaschismus" nach 1945, von der Sowjetunion und den kommunistischen Parteien durch ihren unablässigen Verweis auf ihre gewaltigen Opfer im Anti-Hitler-Kampf instrumentalisiert, einen Teil der Meinungen des westlichen Europas über die kommunistischen Milieus hinaus fasziniert und so zur internationalen Ausstrahlung Moskaus bis in die sechziger Jahre hinein beigetragen.

Bilder, Stereotypen und Vorurteile können also durch Ideologien geschmiedet werden. Sie können aber auch völlig unabhängig von ihnen existieren, und dieses zweite Ensemble mentaler Hervorbringungen soll jetzt untersucht werden. Wie die Ideologien zeichnen sich diese Haltungen durch ein gewisses Maß an Dauer und Stabilität aus. So gibt es in jedem Land Bilder von den „Anderen", den nahen oder fernen Ausländern, die weit in die Geschichte zurückreichend dem Erbe der Vergangenheit viel verdanken, den dauerhaften Vorurteilen, der Erinnerung an Momente der Waffenbrüderschaft oder im Gegenteil der Erinnerung an Kriege, die die Beziehungen zwischen dem einen oder anderen Volk mit Blut befleckt haben. Diese Bilder, die durch historische Romane, den Geschichtsunterricht, die Gedenkfeiern, die Presse und in jüngerer Zeit auch durch audio-visuelle Medien geschaffen und weitergetragen werden, tragen sogar dazu bei, die Mentalität einer Gruppe oder einer Nation zu formen und zu reaktivieren. Ist die französische kollektive Mentalität nicht zum Teil durch Unterscheidung geformt worden und wird sie nicht weiterhin dadurch geprägt, durch das Bild, das sie sich vom Engländer macht, vom Deutschen, Belgier, Schweizer, Italiener, Spanier, aber auch vom Amerikaner? Die *thèse* von René Rémond, 1962 veröffentlicht, das heißt zwei Jahre vor der *Einführung in die Geschichte der internationalen Beziehungen* von Pierre Renouvin und Jean-Baptiste Duroselle, handelt von den *Vereinigten Staaten in der französischen öffentlichen Meinung 1815–1852*[30] und zeigt die Dauerhaftigkeit der französischen kollektiven Mentalität im Hinblick auf Amerika. In einer anderen Untersuchung ist Rémond der „Karte der Empfindsamkeit" in den internationalen Beziehungen nachgegangen, wie er es so hübsch nennt, die man in jedem Land finden kann.[31] Die Bilder der „Anderen" sind zwar relativ stabil, jedoch nicht unwandelbar; sie verändern sich aufgrund von Ereignissen oder durch das Handeln von Politikern, die sie modifizieren wollen. Man denke nur an das „deutsch-französische Wunder" und den Übergang des wechselseitigen Bildes vom „Erbfeind" zum „bevorzugten Hauptpartner". Die Vergangenheit der Kriege zwischen den beiden Ländern ist gewiß nicht ausgelöscht, und die Vorstellungen, die Franzosen und Deutsche voneinander haben, sind nicht nur positiv. Dennoch haben wir es mit einem regelrechten Paradigma der „Versöhnung" zwischen zwei Völkern zu tun, das so

[30] René Rémond, Les Etats-Unis devant l'opinion française, 1815–1852, 2 Bde., Paris 1962.
[31] René Rémond, Options idéologiques et inclinations affectives en politique étrangère, in: Léo Hamon (Hrsg.), L'élaboration de la politique étrangère, S. 85–93.

stark ist, daß Sozialwissenschaftler in Asien es heute studieren, weil sie zu Recht oder zu Unrecht hoffen, hier ein Modell kollektiver Mentalitäten zu finden, das ihnen Hinweise zur Lösung des indisch-pakistanischen oder chinesisch-japanischen Gedächtniskonflikts liefert.

Nicht nur die Erinnerungen aus vergangenen Zeiten prägen die Mentalitäten soweit, daß sie Einfluß auf die internationalen Beziehungen haben. Auch die Wahrnehmung des Raumes spielt bei der Entstehung mentaler Haltungen eine vergleichbare Rolle. Die Nationen leben infolge des geographischen Unterrichts, den sie erhalten und über die Generationen hinweg weitergegeben haben, mit einer subjektiven und imaginären Geographie, die ihr Weltbild, ihre Weltanschauung strukturiert. Diese „mentalen Landkarten", wie Alan K. Henrikson sie nennt,[32] beeinflussen die Entstehung des Bildes von den „Anderen": Es gibt den Nachbarn, den man als Freund wahrnimmt, den Nachbarn, der als Bedrohung empfunden wird, das weit entfernte Volk, das als nett und exotisch gilt und keine Angst macht. Diese Karten drücken eine kollektive Subjektivität aus und sind im Bewußtsein der Verantwortlichen für die Sicherheitspolitik eines Landes sehr präsent. Die Wahrnehmungsweisen des Raumes sind von Nation zu Nation unterschiedlich. So kann man beispielsweise mit Alan K. Henrikson eine gewisse Asymmetrie zwischen den USA und der UdSSR im Kalten Krieg feststellen. Die Toleranzgrenze der USA ist schnell erreicht, weil sie an eine absolute Sicherheit gewöhnt sind, keinerlei Bedrohung an ihren Grenzen kennen. Sie reagierten daher schon bei der ersten Andeutung einer Bedrohung mit absoluter Unerbittlichkeit, so im Falle innerer Unruhen in einem zentralamerikanischen Land nicht weit von ihren Grenzen oder bei der Aufstellung der Raketen auf Kuba 1962. Die Sowjets hingegen wurden, weil das Land Invasionen erlebt hatte, von der Furcht vor einer Invasion beherrscht; dabei zählten die geopolitischen Wahrnehmungen in der Außenpolitik Stalins letztlich mehr als die ideologischen Erwägungen. Die Sowjetunion hat die Einmischung einer Gleichgewichtspolitik der Großmächte in ihre Einflußzone ebenso wenig akzeptiert wie die USA, doch war eine gewisse Gewöhnung an das Risiko einer Invasion eingetreten und lag die Toleranzgrenze folglich etwas höher als bei den Amerikanern. Sie nahm es daher hin, daß der Gegner an ihren Grenzen militärisch präsent war. Vieles zu den geopolitischen Wahrnehmungen kann man bei den Geographen nachlesen. So erklärt Yves Lacoste die Rolle mentaler Landkarten, die in der fernen wie in der jüngsten Vergangenheit gezeichnet wurden, besonders eindrucksvoll bei der Entstehung der beiden interkommunistischen Kriege in den Jahren 1978–79, zunächst zwischen Vietnam und den kambodschanischen Roten Khmer und dann zwischen China und Vietnam.[33] Die geopolitischen Wahrnehmungen strukturieren auch die Strategie und die Art und Weise, wie die Länder sich den Krieg vorstellen und ihn führen, die Art, wie sie ihre Verteidigung organisieren und den Frieden sichern wollen. Gegenüber den Arbeiten von Pierre Renouvin besteht die Neuartigkeit dieses „Perzeptions"-Ansatzes in der Betonung einer subjektiven Geographie, die neben objektiven geographischen Gegebenheiten und Bedingungen

[32] Alan K. Henrikson, „Mental Maps", Kapitel 12 in: Explaining the History of American Foreign Relations, S. 177–192.

[33] Yves Lacoste, Géographie, géopolitique et relations internationales, in: Relations internationales, Nr. 41, Frühjahr 1985, S. 39–58.

existiert, einer Geographie, die von den menschlichen Kollektivitäten verinnerlicht wurde, tief in den Mentalitäten einer Nation verwurzelt ist und zu ihrer Kultur gehört.

Neben den dauerhaften und stabilen geistigen Zuständen – Ideologien, Bilder der Anderen, geopolitische Wahrnehmungen – wirken auch flüchtigere mentale Haltungen, kollektive Erregungen oder Emotionen auf die internationalen Beziehungen ein: Anfälle von Kriegsfieber oder Momente kollektiver Entmutigung oder Depression. Jean-Baptiste Duroselle hat in dem bereits zitierten Aufsatz zum Problem der kollektiven Mentalitäten die „vorübergehenden Ausbrüche“ aus seiner Definition ausgeschlossen.[34] In seiner Sicht stellen die kollektiven Mentalitäten „Phänomene von Dauer“ dar. Er akzeptierte daher nur die Unterscheidung zwischen „mittelfristiger“ und „dauernder Mentalität“, zwischen „Stimmung“ und „Haltung“, um die Begriffe aufzugreifen, die Marlis Steinert benutzt hat.[35] Erstere ist „an einen Ereigniskomplex gebunden“ und verschwindet mit diesem – so der „Defätismus“, der mit dem Kriegsende seinen Grund verliert. Letztere leistet der Zeit länger Widerstand und ändert sich nur nach einer langen Folge gravierender Ereignisse – so die Idee des „Erbfeindes“ oder die „koloniale Mentalität“.[36] Man muß jedoch hinzufügen, daß die flüchtigeren mentalen Haltungen aus den dauerhafteren hervorgehen. Die antibritische Aufwallung in Frankreich zum Zeitpunkt der Faschoda-Krise 1898 zeigt eine anglophobe Mentalität an, die schon zuvor vorhanden war und durch das Ereignis wieder mobilisiert wurde. Das heißt natürlich nicht, daß die Anglophobie das einzige Gefühl ist, das die Franzosen den Engländern gegenüber hegen; anders wäre die *Entente cordiale* nicht zu verstehen, die knapp sechs Jahre später geschlossen wurde.

Wir kommen damit zur Frage der „öffentlichen Meinung“, die Pierre Renouvin aus den „forces profondes“ ausgeschlossen und Jean-Baptiste Duroselle als zu flüchtig betrachtet hat, um zur kollektiven Mentalität gezählt zu werden. Für Renouvin ist die öffentliche Meinung, erinnern wir uns, ein „Resultat“ der „forces profondes“; für Duroselle stellt sie nicht die kollektive Mentalität dar, sondern das Produkt, „die Sammlung der vorhandenen Mentalitäten in einem bestimmten Bereich oder einer bestimmten Situation.“ Diese Position scheint uns heute nicht mehr vertretbar zu sein: Wenn bei den mentalen Haltungen unbedingt zwischen kohärent, dauerhaft, begrenzt dauerhaft und flüchtig unterschieden werden muß, so erscheint es doch seltsam, eine mentale Hervorbringung von den Mentalitäten auszuschließen. Wie soll man eine Trennlinie zwischen geringer geschätzter und zu vorübergehendem Reflex reduzierter „Meinung“ und der „Mentalität“ ziehen, die man als wahre „force profonde“ betrachtet, weil sie in eine mehr oder weniger lange Dauer eingeschrieben ist? Man muß in diesem Bereich vielmehr „die Dialektik von kurzer und langer Zeit“ denken, um die Formel von Michel Vovelle aufzugreifen.[37] Pierre Milza hat die Überlegungen zu diesem Zusammenhang beträchtlich vorangetrieben, indem er zwischen „globaler Meinung“ und „aktueller Meinung“ unterschied: Letztere stellt eine Reak-

[34] Jean-Baptiste Duroselle, Opinion, attitude, mentalité, mythe, idéologie: essai de clarification, S. 9.

[35] Marlies Steinert, L'évolution des images nationales en Allemagne pendant la deuxième guerre mondiale, in: Relations internationales, Nr. 2, November 1974.

[36] Jean-Baptiste Duroselle, Opinion, attitude, mentalité, mythe, idéologie, S. 9f.

[37] Michel Vovelle, L'histoire et la longue durée, in: La Nouvelle histoire, Paris 1978, S. 316–343.

tion auf die Realität des Augenblicks dar und hängt von der politischen Konjunktur ab, wie sie von der Gemeinschaft wahrgenommen wird; sie kann anhand von Meinungsumfragen gemessen werden, seit es diese gibt, oder auch durch Analysen der Presse oder anderer Massenmedien. Gleichzeitig stellt sie einen integralen Bestandteil einer umfassenderen Meinung dar, die stärker in den Mentalitäten wurzelt. Die aktuelle Meinung nährt sich von dieser „globalen Meinung"; sie findet hier stabilere Strukturen wie die Ideologien, die nationalen Stereotypen, die Bilder, die Mythen usw. Die Unterscheidung zwischen aktueller und globaler Meinung beleuchtet also die komplexen Beziehungen zwischen Stabilität und Flüchtigkeit der Mentalitäten. Freilich bleiben noch andere Schwierigkeiten zu lösen: Wie werden verschiedene, vielfach widersprüchliche kollektive Mentalitäten im Innern einer Gemeinschaft miteinander verknüpft, die mit in einer bestimmten internationalen Umwelt konfrontiert ist? Wo ist angesichts dieser Mentalitäten der außenpolitische Entscheidungsträger anzusiedeln?

Vorstellungen, soziale Bildwelten, Identitäten und Kulturen: eine neue Lesart

Hier leisten die Arbeiten Pierre Labories einen wertvollen Beitrag. In seinem Buch *Die öffentliche Meinung im Vichy-Regime*[38] beschäftigt er sich im wesentlichen mit den Beziehungen zwischen öffentlicher Meinung und Innenpolitik. Seine Überlegungen lassen sich aber auch auf die internationalen Beziehungen anwenden. Pierre Laborie übernimmt von den Soziologen einige Begriffe, die er dann historisch anwendet: den Begriff der „Vorstellungen" (oder „sozialen Vorstellungen", den er dem Begriff der „Perzeptionen" vorzieht) und die Begriffe „Vorstellungssystem" und „soziale Bildwelt", die für ihn fast gleichbedeutend sind. Unter sozialen Vorstellungen versteht er das ganze Spektrum höchst unterschiedlicher kollektiver mentaler Operationen von den geäußerten Meinungen bis zu den bewußten oder unbewußten Gefühlen, von den Ideen bis zu den Bildern und von den beständigen intellektuellen Lehrgebäuden bis zu den emotionalsten Empfindungen dauerhafter oder flüchtiger Natur. Der Wechsel der Begrifflichkeit hat ohne Zweifel den Vorzug, unter dem Begriff der „Vorstellungen" zu vereinen, was Jean-Baptiste Duroselle getrennt behandeln wollte: die „Ideologien", die er als dauerhaft betrachtete, die „Meinungen", die als wechselhaft galten, und die „Mentalitäten", die er dazwischen angesiedelt hatte. Die besondere Originalität des Unternehmens ist aber darin zu sehen, daß der Begriff eines Vorstellungs„systems" eingeführt wird: Damit wird gesagt, daß sich die Vorstellungen in einem miteinander verbundenen Ensemble artikulieren, das in sich kohärent ist und zugleich je nach Kontext oder Konjunktur unterschiedliche Färbungen annimmt. Jede Gesellschaft lebt auf einem regelrechten Kapital von Vorstellungen, einem Kapital von Bildern – daher auch der Ausdruck „soziale Bildwelt" anstelle von „Vorstellungssystem" –, das sich mit der Zeit angesammelt hat und auch mit der Zeit verändert. In dieser Perspektive stellt die öffentliche Meinung weder die Summe der

[38] Pierre Laborie, L'opinion française sous Vichy, Paris 1990.

individuellen Meinungen dar, die sich in einem System von Vorstellungen wiederfinden, noch den Reflex oder das mechanische Resultat der Mentalitäten angesichts eines Ereignisses oder einer Situation zu einer bestimmten Epoche. Sie ist vielmehr das Vorstellungssystem selbst im Erscheinungszustand des Augenblicks, im Austausch mit dem betreffenden Ereignis oder der betreffenden Situation.

Zwei Besonderheiten müssen hervorgehoben werden. Zunächst unterscheidet sich die chemische Verbindung zwischen den Vorstellungen je nach den Gruppen und Individuen, die in einem gegebenen Raum eine Gesellschaft bilden, und diese Unterschiede verweisen auf die Widersprüche und die Debatten in dieser Gesellschaft. Man kann von Untereinheiten der Vorstellungen sprechen – der Pazifismus, der Nationalismus, der Kommunismus, der Sozialismus, der Liberalismus, die Linke oder die Rechte beispielsweise –, deren Kohärenz gemeinsamen Ideen, Überzeugungen, Konzeptionen, Sensibilitäten und Meinungen zu verdanken ist. Trotz aller Divergenzen hängen diese Untereinheiten aber alle von einem breiteren Vorstellungssystem ab, von einer sozialen Bildwelt, die einem wohldefinierten öffentlichen Raum zugeordnet ist, oft dem nationalen und somit von einer nationalen Bildwelt. Wenn, wie wir gesagt haben, Pazifismus und Nationalismus im Frankreich der Zwanziger Jahre nicht in ihrer ideologischen, aber in ihrer sentimentalen Dimension kaum voneinander zu trennen sind, so kommt das daher, daß der damalige französische Pazifismus seine Vorstellungen ebenfalls aus dem gemeinsamen Fond des Patriotismus, der Furcht vor oder gar des Hasses auf Deutschland schöpft und der Nationalismus ebenfalls diese elementare Furcht vor einem neuen Krieg teilt. Dieses „Syndrom von Versailles“, Syndrom einer Schlacht, die in den Augen der Franzosen sämtliche Massaker symbolisiert, ist im Kern der traumatisierten französischen Vorstellungswelt sicher sehr aktiv gewesen. Ein französischer Kommunist der frühen fünfziger Jahre, um noch ein anderes Beispiel zu nennen, der der UdSSR als „Vaterland des Sozialismus“ und Stalin sehr verbunden ist, bleibt gleichwohl für alle lebenden und traditionellen Bilder des patriotischen Erbes eines jeden Franzosen empfänglich – um so mehr, als sie durch die frische Erinnerung an die Kämpfe der Résistance gegen die deutschen Besatzer bekräftigt werden. Jeanne d'Arc wird daher in die Bildersprache der kommunistischen Partei einverleibt.[39] Dieses Beispiel zeigt, daß der umgekehrte Sachverhalt ebenfalls zutrifft: Wie stark der Referenzraum, den die Nation darstellt, auch immer sein mag, der Horizont des Vorstellungssystems kann über ihn hinausgehen; die nationalen Empfindungen schließen weder transnationale Strömungen noch eine gewisse internationale Sensibilität aus. Es kann in den sozialen Bildwelten sogar einen Konflikt zwischen unterschiedlichen räumlichen Bezugnahmen geben.

Die zweite Besonderheit: Jedes Vorstellungssystem steht in einer komplexen Beziehung zur Zeit, zur Realität des Augenblicks, zu den Ereignissen. Diese modifizieren das System, doch können die Vorstellungen von der Realität die Realität ebenfalls verändern, sie schaffen und selbst Ereignisse hervorrufen. Nehmen wir dazu ein unterdessen klassisches Beispiel: Im internationalen Leben stellen die Machtbeziehungen einen grundlegenden Teil der objektiven Realität dar; ebenso wichtig sind aber auch die Vorstellungen von diesen Kräfteverhältnissen in den verschiedenen Ländern, da jede subjektive Über- oder Unterschätzung der objektiven Bedingungen ein neues

[39] Siehe Marie-Claire Lavabre, Le fil rouge: sociologie de la mémoire communiste, Paris 1994.

Kräfteverhältnis hervorrufen kann. René Girault hatte diesen Zusammenhang im Sinn, als er seine Untersuchung über „die Wahrnehmung der Macht" in vier europäischen Ländern zu unterschiedlichen Zeitpunkten des 20. Jahrhunderts in Angriff nahm.[40] Die Macht, das heißt die „Fähigkeit, den Willen der anderen jenseits der Grenzen zu verändern" nach dem Modell von Max Weber in der Adaption von Raymond Aron, hängt nicht nur von der Zahl der Kanonen, Panzerdivisionen oder nuklearen Sprengköpfe ab, sondern auch davon, wie diese Fähigkeit gesehen wird, wie man sie selbst wahrnimmt und wie sie von den anderen wahrgenommen wird. Es geht hier kurz gesagt um das Selbstvertrauen einer Gemeinschaft und um ihre Glaubwürdigkeit nach außen. Wenn sich der Historiker mit der Geschichte der militärischen Abschreckung oder der internationalen Währungsgeschichte beschäftigt – die Mechanismen des „Vertrauens" sind in der Tat in gleicher Weise für die Erklärung der Stärke einer Währung von wesentlicher Bedeutung –, muß er sich davor hüten, starr auf das Rüstungsverhältnis oder die Zahlungsbilanz zu blicken. Er muß sich auch auf die Vorstellungssysteme und sozialen Bildwelten des untersuchten Zeitraums beziehen. Es geht dabei nicht darum, die Realität zu leugnen oder aufzulösen, indem man behauptet, daß sie außerhalb der Vorstellungen, die man sich von ihr macht, nicht existiere. Im Gegenteil rächt sich die objektive Realität an der Vorstellungswelt, wenn außenpolitische Wahrnehmungsfehler zu einer militärischen oder politischen Niederlage führen.

Diese beiden Besonderheiten – die Beziehung zum Raum und die Beziehung zur Zeit – rufen innerhalb der kollektiven Bildwelten Dynamiken hervor, die Auswirkungen auf die internationalen Beziehungen haben.

Die erste Dynamik beruht auf der fundamentalen Ambivalenz der Vorstellungen von der Welt und vom Raum, insbesondere in der Vorstellung vom „Fremden". Viele Autoren[41] erinnern daran, daß jedes Bild und ganz besonders jedes Bild des Anderen ambivalent ist, und dies auf zwei unterschiedlichen Ebenen. Auf der ersten Ebene sind das Positive und das Negative in den sozialen Bildwelten stets gleichzeitig vorhanden. So nähren sich beispielsweise Anglophobie und Anglophilie in Frankreich aus dem gleichen Kapital von Stereotypen. Bei den Anglophilen gibt es immer, zumindest unbewußt, Spuren von Anglophobie und bei den Anglophoben Spuren von Anglophilie, da der Vorrat an Bildern vom „Engländer" – man hätte auch den „Deutschen" als Beispiel nehmen können – in hohem Maße zum gemeinsamen Erbe der französischen Nation gehört. Auch kann die französische öffentliche Meinung rasch von einem anglophoben Fieberanfall in eine Welle der Anglomanie umschlagen, nicht etwa weil sie sich strukturell ändern würde, sondern weil sie gleichsam die gleichen

40 René Girault/Robert Frank, La puissance en Europe, 1938–1940, Paris 1984 (= Publications de la Sorbonne); dies., La puissance française en question, 1945–1948, Paris 1988 (= Publications de la Sorbonne); Josef Becker/Franz Knipping (Hrsg.), Power in Europe? Great Britain, France, Italy and Germany in a Postwar World 1945–1950, New York 1986; Ennio di Nolfo (Hrsg.), Power in Europe? II. Great Britain, France, Italy and Germany and the origins of the EEC, 1952–1957, New York 1992.

41 Andris Barblan, A la recherche de soi-même. La France et Fachoda, und Marlies Steinert, L'évolution des images nationales en Allemagne pendant la deuxième guerre mondiale, in: Relations internationales, Nr. 2 („Mentalités collectives et relations internationales"), November 1974; ebenso Pierre Laborie, L'opinion française sous Vichy.

Vorstellungen einfach mit umgekehrten Vorzeichen benutzt.[42] So ist die Entwicklung der Haltung der Franzosen von Faschoda (1898) zur Entente cordiale (1904) nicht dem Übergang von einem absolut negativen zu einem gänzlich positiven Bild zu verdanken, sondern der Umkehrung des gleichen unveränderten Bildes, das sich einer januskopfigen Statue gleich umdreht und sein anderes Gesicht zeigt. Es ist weniger ein Umschlag der Meinungen und ein Wandel der Mentalitäten England gegenüber zu verzeichnen als vielmehr eine Umkehr der Vorzeichen entsprechend der Entwicklung der politischen Konjunktur: eine größere Bedrohung, die deutsche, tritt ins kollektive Bewußtsein, und damit die Nützlichkeit der Briten für die französische Sicherheit.

In dem Bild vom Anderen ist in der Tat – dies ist die zweite Ebene – eine bedeutende Projektion des Selbst enthalten; es wird oft in Abhängigkeit von dem instrumentalisiert, was man für sich selbst erwartet oder befürchtet. So stellt das Bild des Engländers in Frankreich zu Beginn des 20. Jahrhunderts sowohl das Produkt eines Hasses als auch einer Bewunderung dar – erste Ambivalenz – und zugleich die simultane Vorstellung – zweite Ambivalenz – einer Erbfeindschaft und der Notwendigkeit eines Bündnisses gegen Kaiser Wilhelm II. Diese Notwendigkeit wird so stark empfunden, daß sie die chemische Zusammensetzung eines Vorstellungssystems modifiziert, ohne daß dieses sich grundlegend geändert hätte.[43] Oft dient das Bild des Anderen sogar als Vorwand, um sich selbst darzustellen. Die Amerikaner, erklärt Frank Costigliola,[44] stellen Frankreich als eine Frau dar, mit allen Schwächen, die die männlichen Vorurteile dem angeblichen „schwachen Geschlecht“ anheften. Dieses Bild eines frivolen, unbeständigen, emotionalen und exaltierten französischen Volkes hat im wesentlichen die Funktion, durch Kontrasteffekt das Bild eines starken, beständigen, rationalen und verständigen Amerika zu erzeugen. Das „Selbstbild“, aus dem Identität hervorgeht, nährt sich von solchen „Xenotypen“.

Die zweite Dynamik, die Pierre Laborie hervorhebt, beruht auf dem Faktum, daß die Vorstellungen auch das Ergebnis einer Projektion des Selbst in die Zeit darstellen, in Abhängigkeit von einer dreifachen Zeitlichkeit, wie sie die Zeitgenossen erleben: Sie sind vom Erbe der Vergangenheit abhängig, tragen den Herausforderungen der Gegenwart Rechnung, aber sie artikulieren sich auch, was man allzu häufig vergißt, in Abhängigkeit von den Zukunftsaussichten. Bei dem Beispiel der Anpassung der französischen Mentalitäten an die Entente cordiale so kurz nach Faschoda kann man sagen, daß das Gewicht der erhofften Zukunft – der Sicherheit gegenüber Deutschland – den Sieg über die Erinnerung an die britisch-französischen Rivalitäten davongetragen hat. In der gleichen Weise kann man den doppelten Wechsel der französischen öffentlichen Meinung gegenüber den Engländern während des Sommers 1940 nur mit diesen Lesarten der Vorstellungssysteme erklären. Der erste Umschlag ist leicht zu verstehen: der Schock der Niederlage, der diffuse und konfuse Eindruck, vom britischen Verbündeten nicht genügend Unterstützung erhalten zu haben, dann am 3. Juli

[42] Siehe auch: Images et imaginaire dans les relations internationales depuis 1938, hrsg. von Robert Frank in Zusammenarbeit mit Maryvonne Le Puloch, in: Cahiers de l'IHTP, Nr. 28, Juni 1994.

[43] Andris Barblan, L'image de l'Anglais en France pendant les querelles coloniales 1882–1904, Bern 1974, und ders., A la recherche de soi-même. La France et Faschoda.

[44] Frank Costigliola, The Cold Alliance: France and the United States since World War II, New York 1992.

das Drama von Mers-el-Kébir (die Zerstörung französischer Geschwader, die in die Hände der Deutschen zu fallen drohen) rufen eine anti-englische Strömung hervor, die im übrigen durch die Propaganda des neuen Regimes von Marschall Pétain sorgfältig dirigiert wird. Die Berichte der Präfekten über die öffentliche Meinungen notieren allerdings wenige Monate später einen zweiten Umschlag: der Mers-el-Kébir-Effekt ist aus Gründen, die sie sich nicht erklären können, sehr schnell vergessen; Pétain bleibt zwar sehr populär, doch die Engländer werden es ebenfalls. Tatsächlich ist der Grund dafür einfach: Der Umschwung des deutschen Kriegsglücks in der Schlacht um England läßt nur ein Gefühl der Bewunderung für die Briten wiedererwachen; sie ist auch für die Franzosen und ihr Schicksal von Bedeutung. Ihre Zukunft erscheint nicht mehr so verdüstert wie wenige Wochen zuvor. Angesichts der unerträglichen Situation der Besatzung verkörpern die Engländer mit einem Mal einen Hoffnungsschimmer. Die Sicherheit der Gegenwart scheint durch Pétain gewährleistet, die Sicherheit der Zukunft durch die Engländer. Aus diesem Grund sind „Marschallismus" und „pro-britische" Haltung keineswegs unvereinbar. Ihr Hand-in-Hand-Gehen erklärt sich nicht aus der Realität der Handlungen – die Kollaboration des Pétain-Staates mit den Deutschen wird nicht etwa von einer Politik des doppelten Spiels zugunsten der Engländer begleitet –, sondern aus der Logik einer kollektiven Bildwelt, die nach der traumatischen Erfahrung der Niederlage zu einem ungeheuren Sicherheitsbedürfnis neigt und zugleich von einem außerordentlichen System des *wishful thinking* bewegt wird. Die meisten Franzosen hoffen in diesem Herbst 1940 – zu Unrecht –, daß ihr „Retter" für den Augenblick die gleichen Ziele hat wie sie selbst und wie die Feinde ihrer Besatzer, die Engländer.[45]

Dieses Spiel der beiden Ambivalenzen (das Wechselspiel zwischen dem Positiven und dem Negativen und die Spiegeleffekte zwischen dem Selbst und dem Anderen) findet sich auch in den gefühlsmäßigen Beziehungen zwischen Frankreich und Deutschland wieder, ebenso wie diese Dialektik zwischen Vergangenheit und Zukunft. In den fünfziger Jahren stellt das Bild des Deutschen in Frankreich zugleich das Produkt eines Hasses und einer Faszination dar, die gleichzeitige Vorstellung der Erbfeindschaft, die die Vergangenheit strukturiert, und eines starken Versöhnungsbedürfnisses, das eine bessere Zukunft sichern soll. Die Dosierung dieser Ambivalenzen ist komplex und subtil, und die Entscheidungsträger können sich irren, was das Tempo ihrer Entwicklung betrifft: Der Erfolg der EGKS zeitigte nicht automatisch auch den Erfolg der EVG, da die damalige französische Vorstellungswelt wohl zu einer deutsch-französischen und europäischen Gemeinschaft technischer oder wirtschaftlicher Natur bereit war, der Gemeinschaft für Kohle und Stahl, gewiß aber nicht zu einer Verteidigungsgemeinschaft, die ihre verletzte Identität berührte.

Der Zugang über die kollektive Identität wirft ebenfalls ein interessantes Licht auf die Frage der Mentalitäten und der Vorstellungen. Deren Artikulation in einem „System" stellt nicht nur eine Sammlung von „Weltbildern" dar; sie verdankt, wie wir gesehen haben, vieles auch der Art und Weise, wie sich die betreffende Gemeinschaft in

45 Robert Frank, Vichy et les Britanniques 1940–1941: double jeu ou double langage?, in: Jean-Pierre Azéma/François Bédaida (Hrsg.), Vichy et les Français, Paris 1992, S. 144–163; Robert Frank, La mémoire empoisonnée, in: Jean-Pierre Azéma/François Bédarida (Hrsg.), La France des années noires, Paris 1993.

dieser Welt sieht, verortet und entwirft, den Anderen gegenüber und in der Beziehung zu ihnen. Diese Projektion des kollektiven Selbst, die die Vorstellungen strukturiert, bildet die Identität der Gemeinschaft, und umgekehrt gibt die Identität den Vorstellungen einen Sinn. Die Gemeinschaft kann die Nation sein, und man weiß ja, wie sich beispielsweise die nationale Identität durch den Bezug zur Identität der Anderen bildet. Die nationalen Identitäten sind nicht austauschbar, weil die Methoden der Identifizierung nicht die gleichen sind: unterschiedliche Gewichte der Sprache, der Religion, der gemeinsamen Vergangenheit, der großen Gründungsmythen, der politischen Werte und der Zukunftsprojekte. Darüber hinaus sehen sich die Nationen nicht in der gleichen Weise und werden auch von den anderen unterschiedlich gesehen, je nachdem ob sie große oder kleine Mächte darstellen. Auch hier spielen das Gewicht der Erinnerung und die Erwartungen an die Zukunft eine grundlegende Rolle. Die einstigen Großmächte Europas hatten Schwierigkeiten, sich dem Verlust ihres Großmachtstatus nach 1945 anzupassen. Die Völker dieser Länder mußten in dieser Hinsicht ihre „Mentalität" ändern, das heißt ihre Darstellungs- und Identifikationsformen modifizieren. Jeder hat dies auf seine Weise getan, und bei zwei von ihnen, den Franzosen und den Deutschen, wirkt die Erinnerung an ein nahes und gewichtiges Ereignis, den Zweiten Weltkrieg, wie ein Trauma, ein Syndrom, dessen Effekte zunächst im nationalen Unbewußten vergraben wurden, ehe sie im Licht des Bewußtseins auftauchten.

Die Franzosen erlitten das Syndrom von 1940, das heißt das Syndrom der Niederlage von 1940, die sie im Tiefsten ihrer Identität getroffen hat.[46] Nachdem in den Zwanziger und Dreißiger Jahren ihr „Niemals wieder!" dem Krieg gegolten hatte – das war das Syndrom von Verdun –, hieß ihr „Niemals wieder!" nach 1945 „die Kapitulation". Das Syndrom von 1940 hat die Franzosen in zwei Richtungen getrieben: hin zu einem tiefempfundenen Bedürfnis nach wirtschaftlicher Modernisierung um jeden Preis (da sie die Überalterung ihres Produktionsapparates als eine der Ursachen der Niederlage betrachteten), was ganz gut gelang; und hin zu dem Bedürfnis, wieder eine Armee zu schaffen, die ihren Namen verdient und eine relative Unabhängigkeit Frankreichs sowie seine Souveränität im Empire sichern kann – eine Politik, deren erste, ziemlich katastrophalen Effekte (Indochinakrieg und militärische Niederlage von Dien Bien Phu, Suez-Expedition, Algerienkrieg) das französische Leid noch vergrößert haben. In einem gewissen Maße ist die französische Ablehnung der EVG, wir haben es gesagt, dem Auftreten dieses Komplexes von 1940 zu verdanken. Vor allem kann man den relativen Erfolg der Außenpolitik General de Gaulles in der öffentlichen Meinung nach 1958 nicht verstehen, wenn man sich nicht auf dieses Syndrom bezieht. Insbesondere die Atombombe stellte mehr eine Antwort auf die Krise der Identität Frankreichs dar als auf seine objektiven Sicherheitsbedürfnisse. Generell wird der Pazifismus nach 1945 zu einem kollektiven Gefühl, das in diesem Land kaum noch vertreten werden kann, weil es mit einer möglichen Ursache für diploma-

[46] Es gibt ein anderes französisches Syndrom, das ebenfalls an den Zweiten Weltkrieg gebunden ist: das „Syndrom von Vichy", das dank der Arbeiten von Henry Rousso besser bekannt ist. Dessen Rückwirkungen auf den französischen Raum, die Gesellschaft, die Kultur und die Innenpolitik fallen aber wesentlich geringfügiger aus. Henry Rousso, Le syndrome de Vichy, Paris 1988.

tische oder politische Kapitulation assoziiert wird – das Syndrom von München ist in Frankreich integrierter Bestandteil des Syndroms von 1940.[47]

Der Weg der Deutschen verlief ganz anders, und auch die Formen ihrer nationalen Identifikation oder Wieder-Identifikation waren andere. Die Verwerfung, in der eine ganze ältere Ablagerungsschicht deutscher Vorstellungen verschwunden ist, könnte man das Syndrom der „Stunde Null" nennen. Von diesem Jahr 1945 hat sich nicht so sehr die Niederlage auf lange Sicht in den Gedächtnissen, im Bewußtsein und im kollektiven Unbewußten festgesetzt als vielmehr die Entdeckung des Nichts, in das Deutschland geführt worden war, und vor allem die Entdeckung des absoluten Schreckens: der Vernichtungslager. Für die Mehrheit der Deutschen, zumindest in der Bundesrepublik, hieß das „Nie wieder!" nicht nur Hitler, der Nationalsozialismus, die Verfolgungen, sondern auch jede Form des Militarismus, des aggressiven Nationalismus und der Machtpolitik auf militärischer Grundlage. Wie in Frankreich stellte das wirtschaftliche Wachstum – das „deutsche Wunder" – eine Antwort auf die Krise nationaler Identität dar; gewisse Konzeptionen auswärtiger Politik oder gewisse Reaktionen der öffentlichen Meinung konnten aber nur unterschiedlich ausfallen: die Beziehungen zu den USA, die Ablehnung der Atomwaffe – das internationale Verbot ist absolut „verinnerlicht" worden –, die machtvollen Bekundungen des Pazifismus in der „Schlacht um die Mittelstreckenraketen" zu Beginn der achtziger Jahre.[48]

Bei den Briten hat der Zweite Weltkrieg keine Identitätskrise hervorgerufen. Im Gegenteil, es erfüllte sie mit Stolz, 1940 allein Widerstand geleistet, während dieser dunklen Jahre die Demokratie in Europa verkörpert und 1945 einen unzweideutigen Sieg errungen zu haben, nicht nur einen Mitnahme-Sieg wie die Franzosen. Dieses Fehlen eines Syndroms hatte zweifellos einige Folgen: weniger Komplexe als die Franzosen angesichts der Dekolonisation wie auch gegenüber Amerika – die französische Niederlage von 1940 ließ die Vereinigten Staaten zum wichtigsten und sichersten Verbündeten des Vereinigten Königreichs werden –, aber auch ein geringeres psychologisches Bedürfnis, die Wirtschaft zu modernisieren, ein Haften an gewissen traditionellen Formen der Macht und infolgedessen ein beträchtlicher Unterschied zu den Franzosen und den Deutschen, eine „Spätzündung" hinsichtlich der Frage der europäischen Einigung. Das Ausbleiben einer Katastrophe und des damit verbundenen Syndroms kann paradoxerweise eine negative Folge haben: die Verhältnisse werden nicht in Frage gestellt. Zweifelsohne hat der Suez-Schock von 1956 bei den Briten diese Funktion übernehmen können, doch war dieser Schock moralisch gesehen weit weniger heftig als der Schock von 1940 oder von 1945 für die beiden anderen Völker.

Wie man sieht, kann die Problematik der Identitäten und der Verletzungen nationaler Identität die Bedeutung einiger Mentalitätsphänomene für die internationalen Beziehungen erklären, so beispielsweise im Hinblick auf die Geschichte der innereuropäischen Beziehungen und der europäischen Einigung. Die nationalen Identitäten sind aber genau besehen nicht die einzigen kollektiven Identitäten, auch wenn sie im

[47] Robert Frank, La hantise du déclin. Le rang de la France en Europe (1920–1960): finances, défense et identé, Paris und Berlin 1994.

[48] Es gab auch in Frankreich Demonstrationen gegen die Pershing-Raketen und die Marschflugkörper, doch hat hier der Antiamerikanismus zweifelsohne eine wichtigere Rolle als der Pazifismus gespielt.

20. Jahrhundert über die größte Kohärenz verfügen. Die kollektiven Identitäten sind in der Tat vielschichtig, und diese Vielschichtigkeit der Identitäten gilt für die Gruppen wie für die Individuen. Man kann sich als Schotte, Brite und Europäer fühlen, als Savoyer, Franzose und Europäer, ebenso wie als Palästinenser, Araber und Moslem (letzteres nicht nur im religiösen Sinn, sondern im Sinne eines Gefühls starker Solidarität mit der moslemischen Welt). Für den Historiker der internationalen Beziehungen ist es wichtig, die Verschachtelung dieser Zugehörigkeitsgefühle zu studieren, das heißt der regionalen, nationalen und supranationalen Identitäten (im ethymologischen, nicht politischen Sinn des Begriffes). Die Artikulierung dieser Identitäten entwickelt sich mit der Zeit, und diese Veränderungen in der chemischen Zusammensetzung der Identität müssen ebenfalls analysiert werden. René Girault hatte eine weitere richtungweisende Eingebung, als er ein umfangreiches Forschungsprogramm zu den „Identitäten im 20. Jahrhundert" initiierte. Die Untersuchungen haben gezeigt, daß die europäische Identität natürlich im Vergleich zu den nationalen Identitäten der Europäer fragmentarisch ausfällt, aber nichtsdestoweniger vorhanden war und im Laufe des Jahrhunderts stärker geworden ist. Eine ganze Reihe von Veränderungen in den Mentalitäten, das heißt in den Modi der Vorstellungen und Identifikationen, haben die europäische Einigung begünstigt; und zur gleichen Zeit ist die europäische Identität, die vor der Integration Europas vorhanden war, durch diese modifiziert worden.[49]

Es muß noch hinzugefügt werden, daß zum Ende dieses Jahrhunderts auch die „Globalisierung" – die nicht nur den wirtschaftlichen Bereich betrifft – Auswirkungen auf die Prozesse der Identifizierung hat: Das Gefühl, dem „globalen Dorf" anzugehören, wölbt sich über die übrigen Identitäten. Diese „globale" Identität wird aber bei weitem nicht von allen geteilt. Sie kann gewisse nationale Explosionen in keiner Weise verhindern, ob in Afrika und Asien oder auch in Europa, wo sich die politische Landkarte in den neunziger Jahren verändert hat und die Desintegration der „jugoslawischen" Identität zu den wildesten Szenen „ethnischer Säuberung" geführt hat. Diese ethnischen Regungen gegen den Universalismus, der identitäre Voluntarismus, der jede Vorstellung von einer Pluralität der Identitäten ausschließt, die Atomisierung oder Balkanisierung der Identität stellten gewiß eine Extremform der Zurückweisung der globalisierten Kultur dar, einer Kultur, die als uniformiert, zu „westlich" und zu „amerikanisiert" verstanden wird. Das Studium der kollektiven Identitäten beinhaltet nicht nur eine Analyse von wechselseitigen Ergänzungen und Verschachtelungen, sondern auch von Konflikten.

Die Entwicklung zum Ende dieses Jahrhunderts und die neuen Forschungsperspektiven führen dazu, in einigen Punkten über den Rahmen hinauszugehen, der von Pierre Renouvin und Jean-Baptiste Duroselle angeboten wurde. Auch wenn die Konzeption internationaler Beziehungen für diese beiden großen Historiker darin bestand, über eine Begrenzung auf das Studium der zwischenstaatlichen Beziehungen hinauszugehen, haben sie doch, wie Fulvio d'Amoja, den Rahmen des Staates und der Nation bevorzugt, auch bei ihren Überlegungen zu den Mentalitäten. Tatsächlich haben sie sich vor allem mit der Frage des „Nationalgefühls" und der Nationalismen beschäftigt. Nun sagen uns aber die Spezialisten der politischen Soziologie und die

[49] Siehe René Girault (Hrsg.), Identité et conscience européennes au XXe siècle, Paris 1994.

Politikwissenschaftler heute, daß die internationale Szenerie nicht nur aus einer Addition von Nationalstaaten und nationalen Territorien besteht, sondern eine ganze Reihe von transnationalen Strömungen die Weltordnung völlig umgestaltet. Es ist wichtig, daß der Historiker die Entstehung dieser Strömungen untersucht und dabei auch den Bereich der Mentalitäten berücksichtigt. Renouvin und Duroselle haben sich gewiß für einige transnationale Kräfte wie den Pazifismus interessiert, doch wäre es angemessen, hier weiter zu gehen und historisch über eine allgemeinere Form „internationaler Sensibilität" nachzudenken, die sich nicht auf den Pazifismus beschränkt – das heißt über diesen Komplex von Gefühlen und Vorstellungen, die schon lange vor der gegenwärtigen Globalisierungsbewegung in Richtung einer Öffnung über die Grenzen hinweg drängen, im Sinne einer Schaffung von Solidaritäten im regionalen (Europa, ASEAN, MERCOSUR) oder globalen Rahmen. Wie artikulieren sich nationales Gefühl und internationale Sensibilität im Laufe der Zeit? Wie wirken sie zusammen, verflechten oder entflechten sie sich, zerstreiten und versöhnen sie sich, verändern sie sich wechselseitig?

Ein solcher Zugang würde es gleichzeitig erlauben, die Beziehungen der außenpolitischen Entscheidungsträger zu den kollektiven Mentalitäten in neuer Weise zu untersuchen. Ein guter Entscheidungsträger muß natürlich die internationalen Realitäten kennen und in der Lage sein, die Kräfteverhältnisse zu messen; um Akzeptanz für eine Außenpolitik zu finden, muß er darüber hinaus die soziale Bildwelt der Gemeinschaft sorgfältig beachten, für die man Verantwortung trägt, die „globale Meinung", von der Milza spricht, und nicht nur die „Oberflächenmeinung", wie sie in der Presse oder in den Umfragen erscheint. Er muß die „Ambivalenzen" verstehen, sie benutzen oder sogar modifizieren, indem er sowohl mit den Verletzungen der Vergangenheit als auch mit den Hoffnungen für die Zukunft umzugehen weiß und auf der Klaviatur der Identifizierung der Gesellschaft gegenüber den Anderen und der Außenwelt spielt. Natürlich kann er leicht überholt werden, da die Erwartungen außerordentlich widersprüchlich sind. Manche Entscheidungsträger, die charismatischsten, verkörpern ihre Nation zu einer bestimmten Epoche, leben in Symbiose mit ihrer nationalen Identität: Clemenceau, de Gaulle, Churchill, Franklin Roosevelt, Adenauer oder Nasser. Andere tragen nicht nur den nationalen Interessen Rechnung, sondern arbeiten auch mit der „internationalen" oder „supranationalen" Sensibilität der öffentlichen Meinung in ihrem Land und in den anderen Ländern oder versuchen sogar, sie zu vergrößern: Woodrow Wilson, Aristide Briand, Jean Monnet, Robert Schuman, auch Konrad Adenauer. Diese zweite Kategorie von Politikern verinnerlicht in ihrer Person die Pluralität der Identitäten ihrer Gemeinschaft, wobei sie manchmal eine ordentliche Portion Voluntarismus hinzufügen, um den „supranationalen" Teil der Bildwelt ihres Landes zu entwickeln. Sie werden von den Strömungen beeinflußt, die die Grenzen überschreiten und den Bewegungen des Staates entgehen.

Das zeigt, wie wichtig es ist, diese transnationalen Kräfte zu untersuchen,[50] diese „forces profondes", deren Referenzraum nicht notwendigerweise der nationale Raum ist. Die Frage stellt sich, insbesondere im Hinblick auf die Untersuchung der Menta-

[50] Vgl. zu diesem Thema das Plädoyer von Pierre Milza, De l'international au transnational, in: Serge Bernstein/Pierre Milza (Hrsg.), Axes et méthodes de l'histoire politique Politique aujourd'hui, Paris 1998, S. 231–239.

litäten gegen Ende dieses 20. Jahrhunderts, in folgender Weise: Welcher Referenzraum, welche Referenzräume beherrschen die Köpfe? Wie sieht ihre Hierarchie aus? Nationaler Raum, regionaler, europäischer, globaler: wie artikulieren sich diese verschiedenen Räume im Bewußtsein? Der europäische Referenzraum selbst hat sich für alle Betroffenen verändert. Vor 1989 war es der Raum der entstehenden Europäischen Gemeinschaft, die auf das westliche Europa beschränkt war. Nach dem Fall der Berliner Mauer erschien die Erweiterung „natürlich" (wenn nicht leicht!), und es war sogleich von einer „Rückkehr nach Europa" der „ehemaligen Ost-Länder" die Rede, was gleichzeitig deutlich macht, daß sich der europäische Referenzraum vor dem Kalten Krieg nicht auf den Westen beschränkte. Hierzu hat der Politikwissenschaftler Zaki Laïdi einen sehr interessanten Begriff entwickelt, den die Historiker der internationalen Beziehungen aufgreifen sollten: den Begriff des „Sinnraumes", das heißt des Raumes, in den eine Gemeinschaft „Sinn" oder etwas von ihrer Existenzgrundlage investiert, von ihrer Zukunft.[51]

Die Kraft der transnationalen Strömungen wird auch durch die Übermittlung von Ideen, Werten, Bildern, kurz von Vorstellungen transportiert. Es muß daher noch von einer letzten Frage die Rede sein: von der Frage der Kultur, die den Bereich der Mentalitäten betrifft, aber über ihn hinausgeht. Kultur und Mentalitäten oder Kultur und Vorstellungen könnte man letztlich sogar verwechseln. Bezeichnenderweise spricht Akira Iriye im Kapitel „Kultur und Internationale Geschichte" des bereits zitierten methodologischen Werkes[52] im wesentlichen von wechselseitigen Bildern, Ideologien, Emotionen und Mentalitäten. Gleichzeitig suggeriert seine durchaus treffende Definition von „Kultur" aber zwei Unterschiede, auf denen man bestehen sollte: Sie ist, schreibt er, „die Schaffung und die Mitteilung von Gedächtnis, Ideologie, Emotionen, Lebensweisen, intellektuellen und künstlerischen Werken und anderen Symbolen."[53] Wichtig sind hier die Begriffe „Schaffung" und „Mitteilung", die meines Erachtens einen ersten Unterschied markieren: Eine Kultur stellt in erster Linie eine Form der Produktion und des Austauschs dar, eine Form der Akkumulation, die wir als Akkulturation bezeichnen; sie bildet mithin einen „Prozeß", während ein Vorstellungssystem in erster Linie das „Resultat" dieses Prozesses zu einem gegebenen Zeitpunkt darstellt, auch wenn dieses Resultat Objekt immer weiterer Modifikationen ist. Darüber hinaus stellt ein „kulturelles System", um den Begriff von Leslie White aufzugreifen,[54] eine Produktions- und Austauschweise nicht nur von Vorstellungen dar, sondern auch – der zweite Unterschied – von Lebensweisen und Werken, kurz von sozialen Praktiken.

Aus diesem Grund interessiert sich der Historiker der internationalen Beziehungen für die Künste, die Arbeit der Intellektuellen, die Erziehung, die Massenkultur, die Popmusik, die Medien – von der Presse bis zum Fernsehen –, den Sport, den Tourismus. Man weiß, daß viele dieser kulturellen Hervorbringungen und Praktiken dazu beigetragen haben, die nationalen Identitäten zu schmieden, die patriotischen

[51] Zaki Laïdi (Hrsg.), Géopolitique du sens, Paris 1998.
[52] Akira Iriya, Culture and International History, in: Explaining the History of American Foreign Relations, S. 214–225.
[53] Ebda., S. 215.
[54] Leslie A. White, The Concept of Cultural Systems, New York 1975, zitiert bei Akara Iriye, in: Culture and International History, S. 216.

Gefühle und auch die ärgsten Chauvinismen und Nationalismen. Sie haben aber auch dazu beigetragen, die Mentalitäten in Richtung einer größeren internationalen Sensibilität zu verändern. Auf der einen Seite haben die Olympischen Spiele von Berlin 1936 oder die Fußball-Weltmeisterschaft von 1938 Hitler beziehungsweise Mussolini dazu gedient, ihre Regime international aufzuwerten und dem nationalen Hochmut ihres Landes zu schmeicheln. Auf der anderen Seite gibt es neben der nationalistischen Dimension des Sports, der auf einer Weltbühne präsentiert wird, aber auch noch eine andere Dimension: den Prozeß der Identifikation mit ausländischen Siegern und der Öffnung zur auswärtigen Welt. Die gleiche Ambivalenz ist bei der auswärtigen Kulturpolitik zu beobachten. Alle Nationalstaaten bedienen sich der Kultur, um ihr Bild im Ausland zu verändern, ihre mentale Wahrnehmung durch die Anderen zu beeinflussen und ihren internationalen Einfluß auszuweiten. Frankreich verfügt seit dem Beginn des Jahrhunderts über eine ganze „kulturelle Diplomatie", die wohl bekannt ist;[55] sie stützte sich lange Zeit ausschließlich auf die „klassische Kultur". Die Kulturpolitik der Vereinigten Staaten sorgt sich ebenfalls um das Bild im Ausland und ist damit Teil der Machtpolitik. Die „kulturelle Expansion", die im wesentlichen auf dem Export einer „Lebensweise" beruht, ist aber mindestens ebenso sehr den Initiativen der öffentlichen Sphäre zu verdanken wie den privaten Initiativen.[56] Generell gilt auch hier, daß nicht nur die Dimension des nationalen Interesses und der politischen Instrumentalisierung durch die Staaten zählt. Während der Fünfziger und Sechziger Jahre erobert der Massenkonsum als Kulturform, wie sie die „Amerikanisierung" kennzeichnet, das westliche Europa: Die europäische Jugend läßt sich über die Schallplatten, das Radio und dann das Fernsehen in besonderem Maße vom Rock und der Popmusik beeinflussen; doch deswegen wird die Macht der Vereinigten Staaten nicht verherrlicht. Die gleichen Jugendlichen, die erste Coca-Cola-Generation in Europa, demonstrieren in Blue Jeans wegen des Vietnam-Kriegs gegen Amerika, wenden sich 1968 gegen ihre Regierungen und vermengen die Praktik des *Sit in* der amerikanischen Universitäten mit der europäischen Tradition der Barrikaden des 19. Jahrhunderts. In diesen „68er"-Jahren der Auflehnung der Jungen gegen jede Form von Autorität bilden die geballten Fäuste der amerikanischen Athleten bei den Olympischen Spielen von Mexiko 1968 oder das Musikfestival in Woodstock 1969, bei dem Jimmy Hendricks eine Pop-Version der amerikanischen Nationalhymne zum Besten gibt, internationale Ereignisse von grundlegender symbolischer Bedeutung: Hier formierte sich eine transnationale „Jugendkultur", die eine Symbiose mit gewissen Tiefenkräften der amerikanischen Gesellschaft einging und zugleich gegen die Macht der Vereinigten Staaten opponierte. Die Niederlage der Vereinigten Staaten in Vietnam ist nicht allein auf die Reaktionen der öffentlichen Meinung zurückzuführen; genauer besehen folgt sie aus der kulturellen Revolution einer Generation im internationalen Maßstab. In der gleichen Weise hat sich die „Massenkultur" später, in den siebziger und achtziger Jahren, in der Sowjetunion und den Volksdemokratien bemerkbar gemacht; sie beeinflußte die Jugend weitaus mehr als die Propaganda der

[55] Siehe die klassische These von Albert Salon in: L'Action culturelle de la France.

[56] Emily S. Rosenberg, Spreading the American Dream: American Economic and Cultural Expansion, 1890–1945, New York 1982, zitiert bei Akira Iriya, Culture and International History, S. 22.

offiziellen Ideologie. Dieses Phänomen hat bei der sozialen und politischen Implosion der kommunistischen Regime in den Jahren 1989 bis 1991 eine Rolle gespielt. Dies belegt, daß die Kultur in den Beziehungen zwischen den Völkern über ein Gewicht verfügt, das deutlich über die offiziellen Kanäle hinausgeht. Die Beziehungen zwischen den Ländern zu studieren heißt alle menschlichen Beziehungen zu analysieren, die die Grenzen überschreiten; der kulturelle Ansatz hilft, die wechselseitigen Einflüsse auf die Mentalitäten zu ermessen, darunter auch diejenigen, die nicht über die staatlichen Transmissionsriemen übermittelt werden.

Mentalitäten, Vorstellungen und Kulturen bezeichnen gemeinsame Aspekte der menschlichen Existenz, die die Beziehungen zwischen den Nationen mit ihrem Gewicht beeinflussen und von diesen zugleich verändert werden. Gleichwohl muß man die Unterschiede zwischen diesen drei Begriffen hervorheben. „Man muß die Mentalitäten in der Region verändern", haben auf dem Gipfel von Sarajewo im Juli 1999 die großen politischen Verantwortlichen gesagt, die damit beauftragt waren, nach den Kriegswirren in Bosnien und im Kosovo einen Stabilitätspakt für den Balkan zu studieren. Glücklicherweise sagten sie nicht: „Man muß die Kulturen verändern"! Es kommt für die NATO, die UNO, die Europäische Union oder die großen Mächte nicht in Frage, in diesem oder gleich welchem anderen Teil der Welt die Lebensweisen oder die religiösen Praktiken[57] zu verändern, um nur zwei wesentliche Elemente einer Kultur herauszugreifen. Den Haß zwischen Kroaten und Serben oder Kosovaren und Serben zu beenden heißt nicht die kroatische, serbische oder kosovarische Kultur zu verändern oder die religiösen Bekenntnisse dieser drei Völker zu modifizieren; es bedeutet vielmehr, in ihren Kulturen zu verändern, was Beziehung zur Wahrnehmung des Anderen hat. Ebenso ist die UNESCO – lassen wir einmal die Bilanz ihrer Erfolge und Fehlschläge beiseite – nicht dazu da, die Kulturen zu verändern, sondern eine jede Kultur zu stärken, um den Blick der Völker aufeinander zu verbessern. Das führt uns zu den Vorstellungen zurück, die neben den Verhaltensweisen und sozialen Praktiken nur eine der Bestandteile der Kulturen darstellen. Es ist allerdings auch nicht gesagt worden, daß man die Vorstellungen oder sogar die Vorstellungssysteme oder sozialen Bildwelten auf dem Balkan verändern müsse. Wenn es in den neuen internationalen Beziehungen am Ende dieses 20. Jahrhunderts zulässig geworden ist, im Namen der Menschenrechte die Souveränität der Staaten zu verletzen, so steht doch nicht auf der Tagesordnung, die Identität der Nationen anzutasten; das verstieße gegen eben diese Rechte. „Die Mentalitäten verändern" steht also für ein begrenzteres Ziel: für den Versuch, nur auf einen Teil des Vorstellungssystems Einfluß zu nehmen. Was in den sozialen Bildwelten geändert werden muß, ist nicht das ganze System und auch nicht jede einzelne Vorstellung; es sind die Beziehungen, die zwischen ihnen existieren.

Die Lesart, die der Begriff der Vorstellungssysteme bietet, erlaubt somit, das, was man die „Mentalitäten" nennt, im Rahmen dieses Systems besser zu verorten: Sie bezeichnen Formen der Kombination und des Zusammenwirkens der Vorstellungen im

[57] Es ist wichtig, Untersuchungen über die Beziehungen zwischen „Religionen" und „internationalen Beziehungen" vorzunehmen, was Renouvin und Duroselle in einem begrenzten Bereich, nämlich im Hinblick auf den Pazifismus, begonnen haben und einige französische Historiker um Etienne Fouilloux fortsetzen.

Innern der Vorstellungswelt einer Gesellschaft; aus dieser Vorstellungswelt hervorgegangen, können sie außerhalb von ihr nicht begriffen werden, doch verfügen sie ihr gegenüber über eine relative Autonomie. Auf sie einzuwirken heißt daher, auf die Dynamiken einzuwirken, die die bewegenden Ambivalenzen strukturieren, insbesondere diejenigen zwischen „nationalem Gefühl" und „internationaler Sensibilität", zwischen Besonderheit und Universalität; es heißt, auf das Gleichgewicht zwischen Identität und Anderssein einzuwirken. Eine Gemeinschaft, die sich in ihrer Identität wohlfühlt, hat größere Chancen, sich zur Welt hin zu öffnen.

Freilich gibt es auch eine Gefahr, die der Historiker vermeiden muß. Die Geschichte der „Bildwelten" zu schreiben darf ihn nicht vom Weg der Geschichte der „Realitäten" abbringen oder ihn dazu verführen, diese Wirklichkeit, die er zu rekonstruieren hat, aufzulösen oder zu leugnen. Aus diesem Grund ist es wichtig für ihn, über den kulturellen Ansatz vorzugehen und die konkreten Praktiken, die Verhaltensweisen und die Kulturen als System transnationaler Vermittlungen zwischen den Bildwelten und der Politik zu studieren. Wenn diese Bedingungen gegeben sind, wird ihn das Studium der Mentalitäten dazu führen, die Beziehungen zwischen den Nationen mehr und mehr als globale Beziehungen zwischen den Gesellschaften zu betrachten und die internationalen Beziehungen als intergesellschaftliche Beziehungen zu begreifen.

Ursula Lehmkuhl

Entscheidungsprozesse in der internationalen Geschichte: Möglichkeiten und Grenzen einer kulturwissenschaftlichen Fundierung außenpolitischer Entscheidungsmodelle[1]

Ein zentraler Untersuchungsgegenstand der historischen Forschung, ob sie sich auf innere, soziale Prozesse und Zusammenhänge eines Staates konzentriert und dabei das Verhältnis von politischem System und gesellschaftlichen Akteuren in den Vordergrund stellt, oder sich auf das Außenverhalten von Staaten und ihrer Gesellschaften bezieht und dabei nach den zwischennationalen Interaktionsformen und -bedingungen fragt, sind Entscheidungsprozesse. Wie kam es zu einer Entscheidung? Warum wurde diese und keine andere Entscheidung getroffen? Dies sind Fragen, die in den 60er Jahren Anstoß gaben zu einer intensiven Forschungsdiskussion. Es wurden daraufhin in den 70er und 80er Jahren auf der Grundlage empirischer Fallstudien theoretische Modelle entwickelt, die helfen sollten, die Komplexität des Entscheidungsvorgangs idealtypisch zu erfassen. Die Beschäftigung mit Entscheidungstheorien stagnierte dann jedoch. So sind die Veränderungen in bezug auf Erkenntnisinteressen und Forschungsstrategien, die die Diskussion um den „cultural approach to diplomatic history"[2] mit sich gebracht hat, bislang zwar in empirische Forschungsarbeiten umgesetzt worden,[3] es fehlt jedoch eine entscheidungstheoretische Modellierung einer mit kulturwissenschaftlichen Fragestellungen arbeitenden geschichtswissenschaftlichen Forschung. Wie und wodurch werden kulturelle Faktoren – d.h. solche Faktoren, „die Denk-, Verhaltens- und Handlungsmuster vorgeben, die der individuellen Entscheidung entzogen sind"[4] – in Verhandlungs- und Entscheidungsprozessen relevant, und wie sind diese Einflußfaktoren aus dem historischen Quellenmaterial zu erschließen? Mit Hilfe des theoretischen und methodischen Instrumenta-

[1] Für inhaltliche Anregungen und kritische Hinweise danke ich insbesondere Nils Bandelow.

[2] Vgl. hierzu Akira Iriye, Culture and International History, in: Michael J. Hogan/Thomas G. Paterson (Hrsg.), Explaining the History of American Foreign Relations, Cambridge 1991, S. 214–225.

[3] Vgl. etwa Michael H. Hunt, Ideology and U.S. Foreign Policy, New Haven 1987; Deborah Welch Larson, Origins of Containment: A Psychological Explanation, Princeton 1985; Paul Boyer, By the Bomb's Early Light: American Thought and Culture at the Dawn of the Atomic Age, Chapel Hill London 1994; Barney Jordan Rickman, The Japan Connection: The Ideology of American Cooperation with Japan, 1922–1952, Ph. D. The University of Connecticut 1990; John Carlos Rowe/Rich Berg (Hrsg.), The Vietnam War and American Culture, New York 1991; Stephen J. Whitfield, The Culture of the Cold War, Baltimore 1991; David Reynolds, Rich Relations. The American Occupation of Britain, 1942–45, Oxford 1994.

[4] Hans-Ulrich Wehler/Wolfgang Hardtwig, Einleitung, in: Wolfgang Hardtwig/Hans-Ulrich Wehler (Hrsg.), Kulturgeschichte Heute, Göttingen 1996, S. 10.

riums der uns heute vorliegenden entscheidungstheoretischen Modelle werden Normen, Werte und Ideen als intervenierende Variable in Entscheidungsprozessen jedenfalls nicht modellhaft erfaßt.

Mit den folgenden Ausführungen soll diese konzeptionelle Lücke durch die Entwicklung eines kulturwissenschaftlich fundierten Entscheidungsmodells geschlossen werden. Dazu ist es zunächst notwendig, die theoretischen Defizite der gegenwärtigen entscheidungstheoretischen Debatte herauszuarbeiten. In einem zweiten Schritt werden ausgehend von dem zu skizzierenden Erkenntnisinteresse kulturwissenschaftlich fundierter Forschung ihre epistemologischen und ontologischen Prämissen diskutiert. Anschließend wird gezeigt, wie durch eine Integration von Argumentations- und Kommunikationstheorie ein Forschungsdesign entsteht, das die Rolle überindividueller Faktoren in Verhandlungs- und Entscheidungsprozessen zu berücksichtigen vermag. Der spezifische Erkenntnisgewinn eines solchen Modells wird sodann anhand ausgewählter empirischer Beispiele erläutert. Abschließend wird die Frage diskutiert, ob und wie sich historische Methode und eine kulturwissenschaftlich fundierte Forschungsheuristik miteinander vereinbaren lassen.

Forschungsperspektiven und Grundannahmen ‚traditioneller' entscheidungstheoretischer Ansätze

Die Analyse außenpolitischer Entscheidungsprozesse ist ein vielschichtiges Forschungsfeld, das sich seit den 1950er Jahren zunehmend ausdifferenziert hat. Die verschiedenen Dimensionen dieses Forschungsfeldes wurden in der grundlegenden Studie von Richard Snyder, H.W. Bruck und Burton Sapin, die Anfang der 1960er Jahre im Auftrag der amerikanischen Regierung einen Bezugsrahmen für die Analyse außenpolitischer Entscheidungsprozesse entwickeln sollten, skizziert.[5] Ihre Ideen wurden vor allem von den amerikanischen Politikwissenschaftlern Charles Lindblom, Graham T. Allison, Morton Halperin und Robert Axelrod aufgegriffen und weiterentwickelt.[6] Die in den 70er und 80er Jahren vorgestellten entscheidungstheoretischen Modelle wurden auf der Grundlage empirischer Fallstudien entwickelt, die sich zunächst auf das Verhalten kollektiver Akteure – Staaten, Institutionen oder bürokratische Einheiten – konzentrierten. Mit der „kognitiven Wende" in der politikwissen-

[5] Richard C. Snyder/H. W. Bruck/Burton Sapin, Foreign Policy Decision-Making. An Approach to the Study of International Politics, Glencoe, Ill. 1962.

[6] Charles E. Lindblom, The Science of „Muddling Through", in: Public Administration Review 19 (1959), S. 79–88; ders., The Policy-Making Process, Englewood Cliffs, NJ 1968; Graham T. Allison, Essence of Decision, Boston 1971; ders./Morton H. Halperin, Bureaucratic Politics. A Paradigm and Some Policy Implications, in: Raymond Tanter/Richard H. Ullmann (Hrsg.), Theory and Policy in International Relations, Princeton NJ 1972, S. 40–79; Robert Axelrod, Die Evolution der Kooperation, München und Wien, 4. Aufl. 1997 (original: The Evolution of Cooperation, New York 1984); Morton A. Halperin, Bureaucratic Politics and Foreign Policy, Washington D.C. 1974; David Baybrook/Charles E. Lindblom, Types of Decision-Making, in: James F. Rosenau (Hrsg.), International Politics and Foreign Policy. A Reader in Research and Theory, New York 1969, S. 207–216.

schaftlichen Forschung der 1970er Jahre[7] wurden diese Arbeiten durch Fallstudien ergänzt, die sich auf individuelles Entscheidungshandeln konzentrierten.[8]

Damit lassen sich zwei Entwicklungslinien in der gegenwärtigen entscheidungstheoretischen Diskussion unterscheiden. Die erste Richtung orientiert sich vor allem an der Organisationstheorie und ergänzt diese durch Modelle aus der Betriebs- und Volkswirtschaftslehre. Entscheidungen werden betrachtet als Ergebnis von Verhandlungsprozessen, an denen mehrere Individuen oder auch gesellschaftliche Gruppen – also *kollektive Akteure* – beteiligt sind und die durch die Rahmenbedingungen, unter denen die Verhandlungen stattfinden, beeinflußt werden.[9] So betrachtet etwa das von Graham T. Allison vorgestellte Bürokratie-Politik-Modell Entscheidungen als Ergebnis von Verhandlungsprozessen, bei denen einerseits die Machtverteilung zwischen den am Entscheidungsprozeß beteiligten Akteuren von entscheidender Bedeutung ist. Die Haltung, die ein Akteur letztendlich zu einem Entscheidungsproblem einnimmt, erklärt Allison dann andererseits aber auch mit Faktoren wie Rekrutierung, Erfahrungen, Rollensozialisation und kollegialer Zusammenarbeit.[10]

Die zweite Richtung orientiert sich stärker an psychologischen Modellen und konzentriert sich auf den *individuellen Entscheidungsträger* und dessen subjektive Einstellungen und Entscheidungskriterien. Der Entscheidungsträger, so wird angenommen, handele nicht primär anhand der ihm zur Verfügung stehenden Informationen, sondern aufgrund seiner durch Sozialisation, Erfahrung und Lernen zustande gekommenen individuellen Denkbilder.[11] Psychologische Modelle gehen davon aus, daß die Auswahl eines Verhaltensmusters aufgrund eines etablierten, relativ stabilen Wertesystems geschieht. Festgefügte kognitive Strukturen, Werte, Ziele, Überzeu-

[7] Vgl. hierzu den Forschungsüberblick von Jakob Schissler und Christian Tuschhoff, Kognitive Schemata: Zur Bedeutung neuerer sozialpsychologischer Forschungen für die Politikwissenschaft, in: Aus Politik und Zeitgeschichte, B52/88, 23. Dezember 1988, S. 3–23.

[8] Vgl. J. Hart, Cognitive Maps of Three Latin American Policy Makers, in: World Politics 30 (1977), S. 115–140; Michael Dillon, Thatcher and the Falklands, in: Richard Little/Steve Smith (Hrsg.), Belief Systems and International Relations, Oxford 1988, S. 167–189; Joanne Spear/Phil Williams, Belief Systems and Foreign Policy: the Cases of Carter and Reagan, in: ebd., S. 190–208; Brian White, Macmillan and East-West Relations, in: ebd., S. 209–226; Avi Shlaim, Truman's Belief System: Russia and the Berlin Blockade, in: ebd., S. 227–241; Stephen G. Walker, The Interface between Beliefs and Behavior. Henry Kissinger's Operational Code and the Vietnam War, in: Journal of Conflict Resolution 21 (1977), S. 129–168.

[9] Vgl. den Forschungsüberblick in Allison, Essence of Decision, S. 69–78. Die Diskussion der 70er und 80er Jahre bezieht sich insbesondere auf die Arbeiten von James March, Handbook of Organizations, Chicago 1965; James March/Herbert Simon, Organizations, New York 1958; für neuere Arbeiten vgl. James G. March/Johan P. Olsen, The New Institutionalism: Organizational Factors in Political Life, in: The American Political Science Review 78 (1984), S. 734–749; Hans Geser, Organizations as Social Actors, in: Zeitschrift für Soziologie 19 (1990), S. 401–417;

[10] Allison, Essence of Decision, S. 177f.; S. 256f.

[11] Vgl. Robert Axelrod, Schema Theory. An Information Processing Model of Perception and Cognition, in: American Political Science Review 67 (1973), S. 1248–1266; Alexander L. George, The Causal Nexus Between Cognitive Beliefs and Decision Making, in: Lawrence Falkowski (Hrsg.), Psychological Models of International Relations, Boulder, Colo. 1979, S. 95–124.

gungen und Einstellungen helfen den Entscheidungsträgern, auch in unbekannten Situationen Folgerungen zu ziehen und Verhaltensmuster zu formulieren, um so eine „sichere" Umwelt aufzubauen, Aktionen zu planen und gegen widersprüchliche Informationen zu verteidigen.[12]

Die in den 70er und 80er Jahren vorgestellten entscheidungstheoretischen Modelle bauen damit auf theoretischen Annahmen und empirischen Ergebnissen auf, die nicht nur in der Politikwissenschaft, sondern auch in anderen sozialwissenschaftlichen Disziplinen gewonnen wurden: in der Psychologie und Soziologie, in der Betriebs- und Volkswirtschaftslehre, in der Organisations- und Verwaltungswissenschaft. Vergegenwärtigt man sich das Spektrum der hier benutzten Nachbardisziplinen, so fällt auf, daß jene Fachdisziplinen, die sich mit Phänomenen auseinandersetzen, die im weitesten Sinne dem Bereich der Kultur zuzuordnen sind und die Kultur als Einflußgröße für die Erklärung menschlichen Handelns theoretisch konzeptualisieren – etwa die Kulturanthropologie, die Ethnologie oder auch die neueren Institutionentheorien – im Kontext entscheidungstheoretischer Modellierung bislang nicht befragt worden sind. Ich möchte dies als ersten Punkt herausstellen, an den es bei dem Versuch, ein entscheidungstheoretisches Modell kulturwissenschaftlich zu fundieren, anzuknüpfen gilt. Wie läßt sich das Phänomen „Kultur" als Einflußfaktor in der internationalen Geschichte operationalisieren?

Ein weiteres Defizit hinsichtlich der Verarbeitung des Phänomens Kultur wird deutlich, wenn man sich die handlungstheoretischen Grundannahmen der gegenwärtigen entscheidungstheoretischen Modelle anschaut. Ganz gleich, ob es sich hier um Ansätze handelt, die zur Erklärung des Entscheidungsverhaltens das operative Umfeld, d. h. soziale und organisatorische Strukturen oder das internationale System heranziehen, oder um Ansätze, die Entscheidungen mit dem psychologischen Umfeld, d. h. mit individuellen oder kollektiven Wahrnehmungs-, Einstellungs- oder Verhaltensvariablen erklären, handlungstheoretische Grundlage bleibt der „rational choice".[13] Entscheidungstheoretische Ansätze – auch wenn es bei den verschiedenen Autoren Unterschiede im Verständnis von Rationalität und der Interpretation des daraus resultierenden Verhaltens gibt – gehen grundsätzlich von einem rationalen, ziel- und zweckgerichteten Handeln individueller oder kollektiver Akteure aus.[14] Entscheidungsträger versuchen – so die Grundannahme dieser Ansätze –, ihr kom-

[12] Vgl. Deborah Welch Larson, The Role of Belief Systems and Schemas in Foreign Policy Decision Making, in: Political Psychology 15 (1994), S. 17–33, hier: S. 23–25.

[13] Für einen Überblick über Ansätze und Forschungsstrategien vgl. Volker Kunz, Theorie rationalen Handelns. Konzepte und Anwendungsprobleme, Opladen 1997; Dietmar Braun, Theorien rationalen Handelns in der Politikwissenschaft. Eine kritische Einführung, Opladen 1999.

[14] Dies trifft nicht nur auf die Mehrzahl der traditionellen Ansätze zum außenpolitischen Entscheidungsprozeß, vor allem diejenigen der Realistischen Schule zu, sondern gilt auch für die Spieltheorie, deren Modelle davon ausgehen, daß die Akteure solche Strategien wählen, mit denen sie ihren eigenen Vorteil maximieren können. Auch viele derjenigen Ansätze, die auf der internationalen Ebene angesiedelt sind und Interaktionsprozesse unterschiedlicher Art beschreiben (Abschreckungs- und Kooperationstheorem, Interdependenztheorie, Regimeansatz etc.) gehen von einem zweckrationalen Verhalten staatlicher Akteure aus. Vgl. Helga Haftendorn, Zur Theorie außenpolitischer Enscheidungsprozesse, in: Volker Rittberger (Hrsg.), Theorien der Internationalen Beziehungen, PVS Sonderheft 21, Baden-Baden 1990, S. 401–423.

plexes Umfeld durch eine Zweck-Mittel-Orientierung zu strukturieren und zu steuern. Im Unterschied zur Rationalanalyse führt das Modell der „bounded rationality" jedoch den Zweck der Entscheidungsprozesse nicht auf das Prinzip der Gewinnmaximierung zurück, sondern es geht hier um „satisficing". Alternativen werden in der Realität bereits dann akzeptiert, wenn bestimmte Erwartungsniveaus erfüllt werden.[15]

Nun enthält allerdings bereits das von Allison vorgestellte Modell eine Reihe von Hinweisen, die deutlich machen, daß eine handlungstheoretische Fundierung von Entscheidungsmodellen im „rational choice" zu kurz greift. So argumentiert Allison nicht nur, daß in konkreten Entscheidungssituationen weder sämtliche Alternativen noch deren Konsequenzen bekannt seien, sondern er weist auch darauf hin, daß die Entscheidungsträger meist nicht über ein geschlossenes System von Zielen und Präferenzen verfügen.[16] Obwohl Allisons Modell damit bereits eine Kritik an rationalistischen Handlungstheorien impliziert, wurde das Problem, daß rationalistische Handlungstheorien wichtige Aspekte menschlichen Handelns und Verhaltens – nämlich jene Faktoren, die einer intentionalen Steuerung durch das handelnde Individuum entzogen sind – grundsätzlich ausblenden, im Kontext der entscheidungstheoretischen Diskussion bislang nicht ausreichend thematisiert.[17] Auch dies scheint mir ein wichtiger Anknüpfungspunkt zu sein, der bei einer Weiterentwicklung entscheidungstheoretischer Modelle im Sinne einer kulturwissenschaftlich fundierten historischen Forschung berücksichtigt werden muß. Ein kulturwissenschaftlich fundiertes entscheidungstheoretisches Modell muß das den klassischen politikwissenschaftlichen Ansätzen zugrunde liegende Menschenbild des *homo oeconomicus* durch die Annahme ergänzen, daß menschliches Handeln und Verhalten nicht allein rational im utilitaristischen Sinne begründet ist, sondern auch beeinflußt wird durch wenig veränderbare soziale und kulturelle Faktoren wie lebensweltliche Gemeinsamkeiten, Form der Kommunikationssituation, Stereotypen und damit verbundene Situationsinterpretationen und nicht zuletzt auch Empathie.

15 Vgl. Herbert A. Simon, Entscheidungsverhalten in Organisationen, Landsberg a.L. 1981. In der Anwendung bei Allison, Essence of Decision, S. 71–72.

16 Allison, Essence of Decision, S. 153–154.

17 Thematisiert wurde das Problem im Kontext der Kooperationstheorien und vor allem des Regimeansatzes. Vgl. hierzu die theoretische Kontroverse zwischen Vertretern rationalistischer und kommunikativer Handlungstheorien in der Zeitschrift für Internationale Beziehungen: Harald Müller, Internationale Beziehungen als kommunikatives Handeln. Zur Kritik der utilitaristischen Handlungstheorien, in: Zeitschrift für Internationale Beziehungen 1 (1994), S. 15–44; Gerald Schneider, Rational Choice und kommunikatives Handeln. Eine Replik auf Harald Müller, in: Zeitschrift für Internationale Beziehungen 1 (1994), S. 357–366; Otto Keck, Rationales kommunikatives Handeln in den internationalen Beziehungen. Ist eine Verbindung von Rational-Choice-Theorie und Habermas' Theorie des kommunikativen Handelns möglich? in: Zeitschrift für Internationale Beziehungen 2 (1995), S. 5–48; Thomas Risse-Kappen, Reden ist nicht billig. Zur Debatte um Kommunikation und Rationalität, in: Zeitschrift für Internationale Beziehungen 2 (1995), S. 171–184; Rainer Schmalz-Bruns, Die Theorie kommunikativen Handelns – eine Flaschenpost? Anmerkungen zur jüngsten Theoriedebatte in den Internationalen Beziehungen, in: Zeitschrift für Internationale Beziehungen 2 (1995), S. 347–370; Harald Müller, Spielen hilft nicht immer. Die Grenzen des Rational-Choice-Ansatzes und der Platz der Theorie kommunikativen Handelns in der Analyse internationaler Beziehungen, in: Zeitschrift für Internationale Beziehungen 2 (1995), S. 371–392.

Schließlich ist noch ein dritter Punkt herauszustellen, der die beiden herausgearbeiteten Richtungen der gegenwärtigen entscheidungstheoretischen Diskussion hinsichtlich ihrer theoretischen Fundierung prägt und der hier als dritter kritischer Anknüpfungspunkt für eine Weiterentwicklung thematisiert werden muß. In bewußter Abgrenzung von realistisch geprägten strukturellen Erklärungen außenpolitischen Verhaltens betonen beide hier herausgearbeiteten entscheidungstheoretischen Richtungen akteursorientierte Konzepte zur Erklärung des Zustandekommens bestimmter Entscheidungen. Beide Richtungen sind damit im methodologischen Individualismus verankert.[18] Die theoretische Dichotomisierung von Struktur- und Akteurstheorien im Sinne eines Entweder-Oder verschließt jedoch die Perspektive für eine theoretische Integration kultureller Faktoren. Kulturelle Faktoren stellen ein Verbindungsglied dar zwischen der Ebene der Strukturen und der Ebene der Akteure – ein Verbindungsglied, dem etwa in der gegenwärtigen Renaissance von Institutionentheorien explizit Rechnung getragen wird.[19] Kulturelle Faktoren zählen insofern zum Bereich der Strukturen, als sie nicht durch individuelles Handeln beeinflußbar sind; sie haben aber einen direkten Bezug zum Akteur insofern, als sie das Resultat habitualisierter menschlicher Verhaltensweisen sind, die sich in Interaktionsprozessen als Deutungsmuster kognitiv verfestigt haben. Auch an diesen Punkt gilt es anzuknüpfen. Ein kulturwissenschaftlich fundierter entscheidungstheoretischer Ansatz muß die Dichotomisierung von Struktur und Akteur aufgeben und nach Vermittlungsmöglichkeiten zwischen beiden Betrachtungsweisen fragen.[20]

[18] Unter diesen Begriff werden in der Soziologie Ansätze subsumiert, die davon ausgehen, daß Aussagen über soziale Sachverhalte letztlich rückführbar sind auf Aussagen über Individuen. Das Soziale ergebe sich aus einzelnen, an Individuen bestimmbaren Bedürfnissen, Motiven und Handlungen. Statt gesamtgesellschaftlicher Strukturen wird pars pro toto das Verhalten von einzelnen, an Individuen bestimmbaren Bedürfnissen untersucht. Dies gilt als beobachtbar und rekonstruierbar. Methodologische Individualisten stellen sich daher die Frage: Welche Motive und Erwartungen haben die handelnden Individuen, und wie wirken sich diese auf das Verhalten aus? Vgl. Erich Weede, Mensch und Gesellschaft. Soziologie aus der Perspektive des methodologischen Individualismus, Tübingen 1992.

[19] Vgl. zur neueren institutionentheoretischen Debatte: Gerhard Göhler (Hrsg.), Grundfragen der Theorie Politischer Institutionen. Forschungsstand – Probleme – Perspektiven, Opladen 1987; ders. u.a. (Hrsg.), Die Rationalität politischer Institutionen, Baden-Baden 1990; ders. (Hrsg.), Die Eigenart der Institutionen. Zum Profil politischer Institutionentheorie, Baden-Baden 1994; Gert Melville (Hg.), Institutionen und Geschichte. Theoretische Aspekte und mittelalterliche Befunde, Köln u.a 1992.

[20] Damit wird hier an die Arbeiten von Anthony Giddens und Ulrich Beck angeknüpft, die die Zusammenschau von Mikro- und Makrotheorie, d.h. die Verknüpfung des Handlungs- und des Strukturaspektes in Gesellschaften zum erklärten Ziel ihrer wissenschaftlichen Arbeiten erhoben haben. So vertritt Giddens die Annahme, daß gesellschaftliche Strukturen als solche den Handlungen individueller Akteure nicht gegenüberstehen, sondern unmittelbar in diese Handlungen miteinfließen, und umgekehrt die Handlungen von Akteuren Strukturen ‚schaffen'. Vgl. Anthony Giddens, Die Konstitution der Gesellschaft. Grundzüge einer Theorie der Strukturierung, Frankfurt/M. 1988; ders., Interpretative Soziologie. Eine kritische Einführung, Frankfurt/M. 1984.

Theoretische Grundlagen und Erkenntnisinteressen kulturwissenschaftlich fundierter historischer Forschung

Seit Mitte der 70er Jahre werden in Frankreich, England und vor allem in den USA empirische Studien verfaßt, die sich hinsichtlich ihrer methodischen Grundlage einem weitgefaßten Begriff von Kulturgeschichte verpflichtet fühlen.[21] Diese kulturwissenschaftlich fundierten Ansätze zeichnen sich durch eine Kritik an der Historischen Sozialwissenschaft aus, d.h. sie grenzen sich explizit vom Positivismus ab und stellen nicht oder – wie wir aus der politischen Kulturforschung wissen – nur sehr schwer seriellisierbare Faktoren wie Normen, Werte und Ideen als „Triebkräfte" menschlichen Handelns und Verhaltens heraus.[22] Im Bereich der internationalen Geschichte bzw. der Internationalen Beziehungen wird danach gefragt, wie kulturelle Faktoren auf zwischenstaatliche Beziehungen einwirken.[23] So interessiert sich etwa der von Akira Iriye entwickelte Kulturansatz vor allem für die Bedingungszusammenhänge zwischen Kultur, Macht und Wirtschaft.[24] Das von Iriye entworfene Forschungsdesign konzentriert sich dabei a) auf die Art und Weise der Interaktion zwischen Vertretern verschiedener Kulturen und fragt b) danach, wie sich kulturelle Charakteristika auf die Machtposition eines Staates in der internationalen Mächtehierarchie auswirken (Bsp. Japan).[25] Insofern als internationale Beziehungen immer das Resultat zwischenmenschlicher Interaktion sind, seien diese stets auch interkulturelle Beziehungen. Im Prozeß zwischenstaatlicher Interaktion werden „dreams, aspirations, and other manifestations of human consciousness"[26] über die Grenzen einer Nation, verstanden als kulturelles System, hinweg vermittelt und geteilt. Kulturansätze, wie der von Iriye, legen einen symbolischen Kulturbegriff zugrunde, der abgeleitet wird von kulturanthropologischen Theorien. Iriye bezieht sich beispielsweise explizit auf die Ar-

21 Wehler/Hardtwig, Einleitung, S. 7 u. 11.

22 Vgl. u. a. Thomas Mergel, Kulturgeschichte – die neue „große Erzählung"? Wissenssoziologische Bemerkungen zur Konzeptualisierung sozialer Wirklichkeit in der Geschichtswissenschaft, in: Hardtwig/Wehler (Hrsg.), Kulturgeschichte Heute S. 41–77.

23 Vgl. etwa Akira Iriye, Culture and Power: International Relations as Intercultural Relations, in: Diplomatic History 3 (1979), S. 115–128; ders. (Hrsg.), Mutual Images: Essays in American-Japanese Relations, Cambridge, Mass. 1975; vgl. auch Michael G. Kammen, Extending the Reach of American Cultural History: A Retrospective Glance and a Prospectus, in: Amerikastudien 29 (1984), S. 19–42; Frank Ninkovich, Interests and Discourse in Diplomatic History, in: Diplomatic History 13 (1989), S. 135–161; John Carlos Rowe/Rick Berg (Hrsg.), The Vietnam War and American Culture, New York 1991; Stephen J. Whitfield, The Culture of the Cold War, Baltimore 1991.

24 Akira Iriye, Culture and International History, in: Michael J. Hogan/Thomas G. Paterson (Hrsg.), Explaining the History of American Foreign Relations, Cambridge, Mass. 1991, S. 214–225.

25 Für eine ausführlichere Auseinandersetzung mit dem Ansatz von Iriye vgl. Ursula Lehmkuhl, Der „cultural approach" in der Internationalen Geschichte und der Konstruktivismus in den Internationalen Beziehungen: Ein wissenschaftstheoretischer Vergleich, erscheint vorauss. in: Geschichte und Gesellschaft.

26 Iriye, Culture and International History, S. 214. Vgl. für einen Überblick über Iriyes Kulturansatz die Zusammenstellung seiner Forschungsergebnisse der letzten 10 Jahre in dem Band: Akira Iriye, Cultural Internationalism and World Order, Baltimore 1997.

beiten von Clifford Geertz und Leslie White.[27] Mit dem Begriff „kulturelles System" faßt Iriye die spezifischen Traditionen, sozialen und intellektuellen Orientierungen und politischen Arrangements einer Nation zusammen. Unter Kultur versteht Iriye die Bildung und Vermittlung von Erinnerungen, Ideologien, Gefühlen, Lebensstilen, wissenschaftlichen und künstlerischen Werken und anderen Symbolen.[28]

Dieser symbolische Kulturbegriff ist in vielen Punkten identisch mit dem von der neueren Institutionentheorie konzeptualisierten Phänomen der „soziologischen Institution".[29] Im Theoriedesign der Arbeiten von Herbert Spencer, Emile Durkheim und insbesondere von Peter L. Berger und Thomas Luckmann – auf welches sich die Konzepte des soziologischen Institutionalismus beziehen – haben Institutionen als universelles Merkmal menschlichen Zusammenlebens einen prominenten Platz.[30] Institutionen manifestierten sich in öffentlich wirksamen und regelmäßig wiederkehrenden Handlungen und Gewohnheiten. Diese Gewohnheiten seien zu verstehen als soziohistorisch verfestigte Handlungsoptionen, die Handeln und Verhalten der Menschen und damit eben auch der politischen Akteure beeinflussen. Institutionen seien Regeln in unseren Köpfen und stellten kollektive Gedächtnisstützen einmal getroffener, verbindlicher und verpflichtender Festlegungen dar. Institutionen befriedigen menschliche Bedürfnisse und strukturieren soziale Interaktion. Sie wirken damit auf die Festlegung von Machtpositionen, grenzen Handlungsmöglichkeiten aus, eröffnen aber auch gesellschaftliche und individuelle Freiheitschancen. Institutionen stehen damit im Spannungsfeld und Bedingungszusammenhang von Bedürfnissen und Interessen, sozialen Normen und kulturellen Werten. Sie sind wichtig für die Strukturierung von Interaktionsverhältnissen.[31]

Während sich der von anthropologischen Kulturtheorien formulierte symbolische Kulturbegriff in der von Iriye rezipierten Form noch sehr stark auf die reine Beschreibung kultureller Phänomene beschränkt, geht die Institutionentheorie einen

[27] Vgl. Leslie A. White, The Concept of Cultural System, New York 1975; Clifford Geertz, The Interpretation of Cultures, New York 1973.

[28] Iriye, Culture and International History, S. 215. Dies entspricht den Inhalten der klassischen kulturanthropologischen Kulturdefinition wie sie etwa bereits Ralph Linton formuliert hat. Unter Kultur versteht Linton „the sum total of ideas, conditioned emotional responses, and patterns of habitual behavior which members of a society have acquired through instruction or imitation and which they share to a greater or lesser degree." Ralph Linton, The Study of Man, New York 1936, S. 288.

[29] Zu den verschiedenen Strömungen innerhalb der neo-institutionalistischen Debatte vgl. Peter A. Hall/Rosemary C. Taylor, Political Science and the Three New Institutionalisms, in: Political Studies 44 (1996), S. 952–973. Zum soziologischen Institutionalismus vgl. Martha Finnemore, Norms, Culture, and World Politics: Insights from Sociology's Institutionalism, in: International Organization 50 (1996), S. 325–347.

[30] Vgl. Peter L. Berger/Thomas Luckmann, Die gesellschaftliche Konstruktion der Wirklichkeit. Eine Theorie der Wissenssoziologie, Frankfurt 1969; Emile Durkheim, Soziologie und Philosophie, Frankfurt 1976; ders., Die elementaren Formen des religiösen Lebens, Frankfurt 1981 (original 1912); ders., Pragmatisme et Sociologie, Paris 1955; Herbert Spencer, The Study of Sociology, London, 8. Aufl.1897.

[31] Paul J. DiMaggio/Walter W. Powell, Introduction, in: dies. (Hrsg.), The New Institutionalism in Organizational Analysis, Chicago 1991, S. 9–10; Gerhard Göhler (Hrsg.), Politische Institutionen im gesellschaftlichen Umbruch: Ideengeschichtliche Beiträge zur Theorie politischer Institutionen, Opladen 1990, S. 12; James G. March/Johan P. Olsen, Rediscovering Institutions. The Organizational Basis of Politics, New York 1989, S. 22.

Schritt weiter und bezieht die Funktionen kultureller Phänomene für den (politischen) Interaktionsprozeß in ihr Theoriedesign mit ein. In ihrer weitgefaßten Form, bei der die prägende Kraft von Mythen, tradierten Meinungen, legitimatorischen Ideologien etc. als Elemente soziologischer Institutionen aufgefaßt werden[32] – und damit der Institutionenbegriff in seiner inhaltlichen Dimension im Grunde mit Kultur gleichgesetzt wird –, erscheinen mir deshalb neo-institutionalistische Ansätze für die theoretische Fundierung einer heuristischen Matrix zur Analyse von Entscheidungsprozessen in der internationalen Geschichte besser geeignet zu sein als der traditionelle symbolische Kulturbegriff. Insbesondere die oben ausgeführte Strukturierungsfunktion von Institutionen in Interaktionsprozessen wird einen wichtigen Stellenwert in der zu entwickelnden entscheidungstheoretischen Matrix erhalten.[33]

Mit der Einführung des symbolischen Kulturbegriffs bzw. des soziologischen Institutionenbegriffs in die Analyse internationaler Geschichte ist eine Reihe von Veränderungen in den ontologischen und epistemologischen Grundlagen traditioneller politischer Geschichtsschreibung bzw. klassischer diplomatiehistorischer Forschung verbunden. Diese Veränderungen gehen zurück auf die theoretische Fundierung der oben skizzierten Definitionen von Kultur und Institution im interpretativen Programm des symbolischen Interaktionismus und der Phänomenologie.[34] Das interpretative Paradigma interessiert sich im Gegensatz zum methodologischen Individualismus nicht ausschließlich für die Motive einzelner oder kollektiver Akteure, sondern analysiert die aufeinander bezogenen Handlungen zweier oder mehrerer Personen. Folgende Grundannahmen dieses interpretativen Paradigmas sind für die kulturwissenschaftliche Fundierung geschichtswissenschaftlicher Forschung allgemein und eines kulturwissenschaftlich fundierten Entscheidungsmodells im besonderen von Bedeutung:

1. Ideen, Normen und Werte werden nicht wie bei den psychologischen Modellen als unabhängige Variable betrachtet, sondern es wird danach gefragt, wie diese, verstanden als soziologische Institution, eigene Akteursqualitäten entwickeln und als intervenierende Variablen in Entscheidungsprozessen wirken.

2. Es wird im Sinne des von Anthony Giddens erläuterten Konzeptes der „doppelten Hermeneutik“[35] darauf verwiesen, daß die Rekonstruktion sozialer Realität und die dabei produzierten Inhalte nicht nur abhängig sind von verschiedenen Methoden, die jeweils unterschiedliche Erkenntnisinteressen des Sozial- und Geisteswissenschaftlers widerspiegeln, sondern daß die soziale Welt darüber hinaus erst durch die Interpretation der Beteiligten konstituiert wird.[36]

32 Vgl. hierzu die konzeptionellen Überlegungen von Peter J. Katzenstein, Introduction, in: ders. (Hrsg.), The Culture of National Security. Norms and Identity in World Politics, New York 1996, S. 1–32 sowie Jeffrey T. Checkel, Ideas and International Political Change. Soviet/Russian Behavior and the End of the Cold War, New Haven, London 1997, S. IX-XIV, 3–11.

33 Vgl. S. 199.

34 Für einen Überblick vgl. Horst Jürgen Helle, Verstehende Soziologie und Theorie der Symbolischen Interaktion, Stuttgart 1992; Joachim Matthes u. a., Alltagswissen, Interaktion und gesellschaftliche Wirklichkeit. Bd. 1: Symbolischer Interaktionismus und Ethnomethodologie, Reinbek 1973.

35 Giddens, Interpretative Soziologie, S. 199.

36 Diese Grundannahme geht zurück auf das Thomas-Theorem: Soziale Wirklichkeit gibt es nicht von sich aus, sondern nur durch das wechselseitig aneinander orientierte und interpretie-

3. Da die soziale Welt stets eine konstruierte Welt ist, die aus Regeln und Bedeutungen besteht, können ihre Funktionsbedingungen von den Sozial- und Geisteswissenschaften nur mit Hilfe der verstehenden Methode, d.h. induktiv und nicht nomologisch-deduktiv erschlossen werden.[37]

4. Das Verstehen von Handlungen erfordert nicht nur die Ermittlung der Intentionen und Motive der Akteure, sondern auch eine Rekonstruktion der den Handlungen zugrunde liegenden Regeln und Normen sowie der jeweiligen Kontexte, durch die Handlungen definiert und mit Bedeutung versehen werden.

5. „Kulturansätze“ weisen das rationalistische Menschenbild des „homo oeconomicus“ zurück und stellen ihm den „homo sociologicus“ gegenüber. Da Menschen in einer symbolisch vermittelten Welt leben, handeln sie Objekten gegenüber nicht nur auf der Grundlage individueller, unverrückbarer Rationalitätskriterien, sondern sie handeln auch auf der Grundlage der je spezifischen und kontextabhängigen Bedeutung, die sie diesen Objekten zuschreiben.

6. Entscheidungen werden deshalb nicht auf der Grundlage einer fixen Präferenzordnung und festgelegter Interessen getroffen, sondern die Interessen und Präferenzen können sich im Interaktionsprozeß durch die Reinterpretation der Kontexte verändern.

7. Da der Bedeutungsgehalt einer Handlung intersubjektiv gebildet wird, muß zur Erklärung des Zustandekommens einer Entscheidung die gemeinsam geteilte Sinnwelt erfaßt werden. Über die Sinnwelt der Akteure sind auch deren Motive und Intentionen zu erschließen.

Diese Grundannahmen haben für die forschungsleitenden Prämissen des Faches Internationale Geschichte vor allem drei Konsequenzen:

Erstens verlassen wir damit den gegenstandsbezogenen Boden einer positivistischen Epistemologie zugunsten eines konstruktivistischen Vorgangs der Erkenntnisgewinnung. Zweitens sind mit diesen Grundannahmen inhaltliche Verschiebungen hinsichtlich der Annahmen über die Strukturbedingungen internationaler Austauschprozesse verbunden. Internationale Austauschprozesse werden hier explizit verstanden als soziale Situationen; in internationalen Austauschprozessen spielt die Sprache als Vermittlungsmedium eine dominante Rolle, und internationale Austauschprozesse ermöglichen individuelles und kollektives Lernen; sie machen die Situationsbewältigung problematischer sozialer Situationen damit intentional steuerbar und stellen Verbindlichkeiten zwischen den beteiligten Akteuren her.[38] Drittens implizieren die hier genannten Grundannahmen inhaltliche Verschiebungen in bezug auf die handlungstheoretische Fundierung der zur Analyse internationaler Austauschprozesse heranzuziehenden Ansätze. Da auch das Handeln und Verhalten von Diplomaten und Politikern nur durch die Rekonstruktion der Interaktionsprozesse, in denen

rende Handeln von Individuen. William Isaac Thomas, Person und Sozialverhalten, hrsg.von Edmund H. Volkart, Neuwied und Berlin 1965 (amerikan. Original von 1951).

37 Hinsichtlich des Unterschieds zwischen verstehenden und erklärenden Ansätzen vgl. Georg Henrick von Wright, Erklären und Verstehen, Frankfurt/M. 1974, sowie Rainer Schnell/Paul B. Hill/Elke Esser, Methoden der empirischen Sozialforschung, München u.a., 4. Aufl. 1993, S. 78–102.

38 Hierzu ausführlich Müller, Internationale Beziehungen als kommunikatives Handeln, S. 15–44.

dieses Handeln stattfindet, verstanden werden kann, greifen Ansätze, die außenpolitisches Entscheidungsverhalten und Formen zwischenstaatlicher Kooperation allein durch die Rekonstruktion individueller Motive und Interessen zu erfassen versuchen und dabei den Akteuren ein utilitaristisches Verhalten unterstellen, zu kurz.[39] Es ist notwendig, hier auf solche Theorien zurückzugreifen, die den Interaktions- und Kommunikationsprozeß, die damit verbundene Möglichkeit des Lernens und die daraus resultierende Chance individueller Präferenzänderung konzeptualisieren. Benötigt wird also eine Theorie, die individuelles Handeln und Interaktion zusammenbringt und in ein Theoriedesign integriert.

Dies leistet die von Jürgen Habermas vorgestellte Theorie des kommunikativen Handelns.[40] Der Begriff des Handelns verweist auf individuelle Aspekte, der Begriff der Kommunikation auf den Interaktionsprozeß. Mit der Theorie des kommunikativen Handelns wird somit eine Brücke geschlagen zwischen dem individualistischen und dem interpretativen Paradigma, bzw. zwischen Akteurs- und Strukturansätzen.[41] Darüber hinaus erweitern wir durch die Einführung des Begriffs des kommunikativen Handelns das Spektrum der bei der Analyse von Entscheidungsprozessen zu berücksichtigenden Handlungsweisen in internationalen Austauschprozessen. Wenn internationale Austauschprozesse als soziale Situationen konzipiert werden, in denen soziale Wesen kommunikativ handeln, dann umfaßt das Handlungsrepertoire der Akteure in der internationalen Politik nicht nur Drohungen und Versprechen, sondern auch Argumente. Akteure bilden nicht nur Erwartungen über Entscheidungen der anderen, sondern haben über kommunikative Verständigung prinzipiell die Möglichkeit, diese Erwartungen zu hinterfragen sowie die Präferenzen und Nutzenkalküle argumentativ zu kritisieren und wechselseitig zu verändern. Entscheidend für die Realisierung der eigenen Position gegenüber dem Kommunikationspartner ist gemäß dieser Sichtweise nicht nur die Glaubhaftigkeit der Drohungen und Versprechen, sondern auch die Überzeugungskraft der Argumente, die Akteure bei Entscheidungsprozessen zur Stützung ihrer jeweiligen Position einführen.[42] Damit sind politische Entscheidungen nicht immer und – wie die utilitaristische Handlungstheorie nahelegt – ausschließlich das Resultat eines mit Hilfe von Drohungen und Versprechungen erreichten Kompromisses, sondern sie können auch das Resultat einer argumentativen Auseinandersetzung um die zur Entscheidung anstehende Frage sein.[43]

[39] Vgl. zur Differenzierung dieses Argumentes die oben bereits zitierte „ZIB-Debatte" zwischen Gerald Schneider und Otto Keck einerseits sowie Harald Müller und Thomas Risse-Kappen andererseits.

[40] Jürgen Habermas, Theorie des kommunikativen Handelns, 2 Bde., Frankfurt/M., 2. Aufl. 1982.

[41] Zu den in sozialwissenschaftlichen Theorien verwendeten Handlungsbegriffen vgl. Habermas, Theorie des kommunikativen Handelns, Bd. 1, S. 126–144; zum kommunikativen Handlungsbegriff S. 141 f., 149ff.

[42] Vgl. Müller, Internationale Beziehungen als kommunikatives Handeln, S. 26.

[43] Ebd.

Die Interaktionsmodi „Arguing" und „Bargaining" in entscheidungsvorbereitenden Kommunikationsprozessen

Für die Entwicklung eines den Faktor Kultur im oben beschriebenen Sinne berücksichtigenden außenpolitischen Entscheidungsmodells reichen allerdings die Grundannahmen der Theorie des kommunikativen Handelns allein nicht aus. Vielmehr muß die mit dem Habermasschen Ansatz einhergehende Perspektivenerweiterung hinsichtlich der in internationalen Austauschprozessen zur Verfügung stehenden Interaktionsmodi noch ergänzt werden durch Ansätze, die diese Interaktionsformen in bezug auf die ihnen zugrunde liegenden Regeln operationalisieren. Dazu bieten sich Ansätze aus der Verhandlungsforschung an.

Die Diskussion über unterschiedliche Interaktions- bzw. Kommunikationsmodi wurde durch einen bislang nicht veröffentlichten Beitrag von Jon Elster[44] angestoßen. Elster entwickelt auf der Grundlage des von Jürgen Habermas vorgestellten Diskursmodells die Unterscheidung in die Kommunikationsmodi „arguing" und „bargaining", also „Argumentieren" und „Verhandeln". Mit Hilfe dieser Unterscheidung will Elster auf die äußeren normativen Zwänge aufmerksam machen, die durch öffentlich geführte Debatten im Unterschied zu Debatten und Verhandlungen, die hinter geschlossenen Türen stattfinden, entstehen und die die inhaltliche Entwicklung der Verhandlungen und damit letztlich auch den „outcome" der Verhandlungen, also die Entscheidung, beeinflussen. Elster argumentiert, daß in öffentlichen Verhandlungen die vorgetragenen Forderungen mit Hilfe einer Argumentation, in der auf ideelle Inhalte und Elemente des „common good" verwiesen wird, untermauert werden. Bei Verhandlungen, die hinter verschlossenen Türen stattfinden, dominieren statt dessen die ganz klassischen „bargaining"-Mittel, eben Drohungen und Versprechen.[45]

Die von Elster vorgeschlagene Differenzierung der Kommunikationsmodi läßt sich nach Saretzki[46] anhand von acht Kriterien operationalisieren: (1) den „claims", den Ansprüchen der Akteure; (2) der Art und Weise der Durchsetzung der erhobenen Ansprüche (= modale Dimension); (3) den daran geknüpften Prüfungskriterien und (4) den mit der Kommunikation verbundenen Zwecken der Akteure; (5) den Steuerungsmechanismen sowie den (6) funktionalen, (7) strukturellen und (8) prozessualen Charakteristika. Über die idealtypische Operationalisierung dieser acht Kriterien läßt sich folgende Matrix erstellen, die als analytisches Instrumentarium eine Rekonstruktion von Entscheidungsprozessen unter Berücksichtigung der kulturellen Dimension ermöglicht.

[44] Interessant ist dabei, daß Elster – wenn man seine früheren Arbeiten berücksichtigt – handlungstheoretisch im Grunde genommen ein Vertreter der Theorie der rationalen Wahl ist. Vgl. Jon Elster (Hrsg.), Rational Choice, New York 1986; ders., Die Subversion der Rationalität, Frankfurt/M. 1987.

[45] Jon Elster, Arguing and Bargaining in the Federal Convention and the Assemblée Constituante, Working Paper Number 4, Center for the Study of Constitutionalism in Eastern Europe, University of Chicago, http://home.sol.no/hmelberg/ar91aab.htm.

[46] Thomas Saretzki, Wie unterscheiden sich Argumentieren und Verhandeln? Definitionsprobleme, funktionale Bezüge und strukturelle Differenzen von zwei verschiedenen Kommunikationsmodi, in: Volker von Prittwitz (Hrsg.), Verhandeln und Argumentieren. Dialog, Interessen und Macht in der Umweltpolitik, Opladen 1996, S. 19–40.

Charakteristika der Kommunikationsmodi Argumentieren und Verhandeln

		Argumentieren	Verhandeln
1	Ansprüche	Überzeugung kraft des besseren Argumentes	Erzwingung kraft Glaubwürdigkeit
2	modale Charakteristika	Verfügbarkeit über gute Gründe	Verfügbarkeit über materielle Ressourcen
3	Prüfungskriterien	Widerspruchslosigkeit Unparteilichkeit	Drohungen Versprechungen Ausstiegsoptionen
4	Zwecke der Akteure	Überzeugung	Akzeptanz einer Forderung
5	Steuerungs-mechanismen	argumentative Macht	Verfügbarkeit über materielle Ressourcen und Ausstiegsoptionen
6	funktionale Charakteristika	dient der Lösung kognitiver und distributiver Probleme	dient ausschließlich der Lösung distributiver Probleme
7	strukturelle Charakteristika	hat eine triadische Grundstruktur; die Gültigkeit einer Behauptung wird durch den Bezug auf eine dritte Instanz untermauert	hat eine dyadische Grundstruktur; bezieht sich immer auf das Gegenüber als letzte Instanz
8	prozessuale Charakteristika	reflexiv und sequentiell	sequentiell

Nach: Saretzki, Wie unterscheiden sich Argumentieren und Verhandeln

Das Kriterium „Modus der Durchsetzung der erhobenen Ansprüche" geht zurück auf die mit der Differenzierung in „arguing" und „bargaining" verbundene Frage des „Wie der Kommunikation". Auf welche Weise versuchen die beteiligten Verhandlungspartner bestehende Differenzen auszuräumen bzw. ihre Forderungen durchzusetzen? Im Argumentationsmodus geschieht dies, indem empirische und normative Behauptungen mit dem Anspruch auf Gültigkeit erhoben werden. Die mit diesen Behauptungen verbundenen Forderungen werden mittels Überzeugung kraft des besseren Argumentes durchgesetzt. Im Verhandlungsmodus werden hingegen die erhobenen Forderungen mit dem Anspruch auf Glaubwürdigkeit durchgesetzt, wobei die Glaubwürdigkeit des Akteurs abhängt von seinen Fähigkeiten, Drohungen und Abwanderungsoptionen ggf. auch zu realisieren. Die Realisierbarkeit der erhobenen Ansprüche und Forderungen hängt nun aber nicht nur von der Effektivität der modalen Charakteristika ab, sondern auch davon, ob die Ansprüche einer Überprüfung durch die Gegenseite standhalten. Auch in bezug auf die Prüfungskriterien unterscheiden sich die beiden hier diskutierten Kommunikationsmodi. Im Argumentationsmodus werden die erhobenen Forderungen an den Kriterien der Widerspruchslosigkeit der Argumentation und der Unparteilichkeit des Sprechers geprüft. Im Verhandlungsmodus überprüft der Verhandlungspartner hingegen die von der Gegenseite erhobenen Drohungen, Versprechungen oder Ausstiegsoptionen.

Eng verbunden mit der modalen Dimension und den spezifischen Prüfungskriterien sind schließlich auch die Zwecke der Akteure und die von ihnen benutzten

Steuerungsmechanismen. Im Argumentationsmodus will der Akteur überzeugen, im Verhandlungsmodus setzt er hingegen auf die Akzeptanz seiner Forderungen. Gesteuert werden die Verhandlungen insofern das eine Mal durch argumentative Macht, d. h. durch die Verfügbarkeit über gute Gründe, das andere Mal durch Verhandlungsmacht, d. h. durch die Verfügbarkeit über materielle Ressourcen und Abwanderungsoptionen. Unter funktionalen Aspekten dient der Verhandlungsmodus ausschließlich der Lösung distributiver Probleme, während der Argumentationsmodus der Lösung kognitiver *und* distributiver Probleme dient. Strukturell hat der Argumentationsmodus eine triadische Grundstruktur. Die Gültigkeit einer Behauptung wird durch den Bezug auf eine dritte Instanz untermauert. Der Verhandlungsmodus hat demgegenüber nur eine dyadische Grundstruktur. Die Akteure beziehen sich ausschließlich auf ihre direkten Verhandlungspartner. Mit dieser spezifischen Verhandlungsstruktur verbunden ist eine je spezifische Prozeßstruktur. Verhandeln verläuft sequentiell, während das Argumentieren eine reflexive Dimension beinhaltet. Diese reflexive Dimension ist zurückzuführen auf den Rekurs auf eine „dritte Größe", also auf die triadische Grundstruktur des Argumentationsmodus. Diese dritte Größe ist in der Regel eine Institution samt der mit ihr verbundenen habitualisierten Normen, Werte und Ideen.

Mit der Einbeziehung kultureller Faktoren als intervenierenden Variablen in Entscheidungsprozessen wird ein Ansatz konstruiert, der ähnlich wie das klassische Bürokratie-Politik-Modell das Umfeld als Einflußfaktor für Entscheidungshandeln neben der individuellen Disposition und der Rollensozialisation des Akteurs berücksichtigt. Im Zentrum der Analyse steht die Frage, wie die übergeordneten „kulturellen" Instanzen den Interaktionsprozeß und damit das Zustandekommen und den Inhalt einer Entscheidung beeinflussen. Bei der Analyse der Interaktionsmodi werden die Grundannahmen des „cultural approach" über die Beschaffenheit internationaler Austauschprozesse explizit in den Analyserahmen integriert. Kultur, Werte und Normen sind hier etwa in der strukturellen, funktionalen und prozessualen Dimension, aber auch bei den Steuerungsmechanismen und den Prüfungskriterien als beeinflussender Faktor wiederzufinden.

Erkenntnisgewinn und empirische Untersuchungsfelder

Welche Erkenntnisse über den außenpolitischen Entscheidungsprozeß sind durch die Anwendung eines solchen Modells zu erwarten? Worin liegen seine spezifischen Vorteile gegenüber den traditionellen Modellen, die entweder das operative Umfeld oder das psychologische Umfeld als Erklärungsfaktoren für das Zustandekommen einer Entscheidung heranziehen?

Einen besonderen Erkenntnisgewinn erhoffe ich mir von einem kulturwissenschaftlich fundierten Entscheidungsmodell vor allem für zwei Typen von internationalen Verhandlungs- und Entscheidungssituationen: (a) solchen, an denen Akteure beteiligt sind, die sich durch eine relativ große Schnittmenge gemeinsamer kultureller, normativer, kurz: lebensweltlicher Erfahrungen auszeichnen (Bsp.: USA und Großbritannien oder auch die Nationalstaaten in Europa im Prozeß der europäischen Integration) und (b) solchen, bei denen die Akteure durch eine relativ große kulturelle

Heterogenität charakterisiert sind (Bsp. USA – Japan). Eine Analyse von Entscheidungsprozessen, die mit einem Modell arbeitet, das explizit die Relevanz des kulturell-normativen Hintergrundes der beteiligten Verhandlungspartner berücksichtigt, ist in der Lage, Phänomene in internationalen Austauschprozessen zu erklären, die ohne die Einbeziehung des kulturellen Hintergrundes nicht zu erklären sind. Hierzu zählt etwa das Phänomen, daß es Großbritannien in den ersten zehn Jahren nach dem Zweiten Weltkrieg, obwohl es weder über ausreichende finanzielle noch militärische Ressourcen verfügte, möglich war, eigene politische Optionen gegen konkurrierende politische Optionen der USA vor allem im Kontext der Asien- und Fernostpolitik durchzusetzen; oder auch Phänomene aus dem Bereich der amerikanisch-japanischen Beziehungen wie etwa die Verhandlungsprozesse im Vorfeld der Formulierung der japanischen Verfassung oder die Entscheidungsprozesse, die die amerikanischen Bemühungen begleiteten, amerikanische Konzepte von Demokratie und Marktwirtschaft auf Japan als Eckpunkte für die wirtschaftliche Umstrukturierung nach dem Zweiten Weltkrieg und vor allem für die Zerschlagung der *Zaibatsu* zu übertragen und zu implementieren.[47] Ein kulturwissenschaftlich fundiertes Entscheidungsmodell bezieht die für die hier genannten Beispiele amerikanisch-britischer und amerikanisch-japanischer Verhandlungen typischen, kulturell bedingten Gemeinsamkeiten bzw. Unterschiede im Umgang mit Informationen und in der Nutzung spezifischer Kommunikationsstrukturen in die Analyse und Bewertung des Verhandlungsverlaufs und des Verhandlungsergebnisses mit ein. Mit klassischen machtstrukturell fundierten entscheidungstheoretischen Modellen, die den Aspekt des „bargaining" und seine Steuerungsmittel in den Vordergrund stellen, sind die genannten empirischen Problemfälle jedenfalls nicht in all ihren entscheidungsrelevanten Dimensionen zu erklären. Zur Illustration dieser These sollen zwei Beispiele aus dem Bereich der angloamerikanischen Beziehungen herausgegriffen und näher erläutert werden: 1. die Verhandlungen um die Abschaffung des „China differential" im Handelsembargo gegenüber der VR China im Zeitraum 1949 bis 1958 und 2. die Verhandlungen um die japanische GATT-Mitgliedschaft im Zeitraum 1952–55.

[47] In bezug auf den Bereich der amerikanisch-japanischen Beziehungen muß ich mich allerdings auf bereits vorliegende geschichtswissenschaftliche Analysen von Japanexperten beziehen. Die Ergebnisse dieser Analysen geben berechtigten Anlaß zu der Vermutung, daß kulturell bedingte Unterschiede hinsichtlich des Umgangs mit den hier herausgearbeiteten Kommunikationsmodi einerseits sowie kulturell bedingte Unterschiede in der Interpretation der Normen, Werte und Ideen, auf die im Argumentationsmodus rekurriert wird, Auswirkungen auf zwischenstaatliche Beziehungen haben, die in ihrer Tragweite für die Gestaltung von internationalen Kooperationsprozessen nicht unterschätzt werden dürfen. Zu den Arbeiten, auf die ich mich hier beziehe, zählen folgende: Roger Daniels, The Politics of Prejudice: The Anti-Japanese Movement in California and the Struggle for Japanese Exclusion, New York 1962; Theodore Cohen, Remaking Japan. The American Occupation as New Deal, New York 1987; Akira Iriye (Hrsg.), Mutual Images: Essays in American-Japanese Relations, Cambridge, Mass. 1975; Kyoko Inoue, MacArthur's Japanese Constitution: A Linguistic and Cultural Study of its Making, Chicago 1991; Harry Reischauer, Samurai and Silk: A Japanese and American Heritage, Cambridge, Mass. 1986; Michael M. Yoshitsu, Japan and the San Francisco Peace Settlement, New York 1983; Harrison M. Holland, Managing Diplomacy. The United States and Japan, Stanford, Calif. 1984; Walter La Feber, The Clash. A History of U.S.-Japan Relations, New York 1997.

Die USA verfolgten zusammen mit den Westalliierten nach dem Sieg der chinesischen Kommunisten eine Embargo-Politik gegenüber der VR China, die umfassender und strikter war als die Embargo-Politik gegenüber der Sowjetunion. Zur Abstimmung der gemeinsamen Embargo-Politik wurden das CoCom- und das ChinCom-Regime errichtet. Die Regimeteilnehmer trafen sich regelmäßig in Paris zur Koordinierung ihrer Embargo-Politik. Das sogenannte „China differential", d.h. die Differenz in den sowjetischen und chinesischen Embargolisten, entwickelte sich allerdings recht bald zu einem Konfliktpunkt innerhalb der „Pariser Gruppe". Während die USA – auch bedingt durch eine ausgeprägte Feindbildkonstellation gegenüber den chinesischen Kommunisten – an der Aufrechterhaltung des „China differential" festhalten wollten, argumentierten die Westalliierten, insbesondere Großbritannien, daß eine umfassendere Embargoliste in bezug auf die VR China im Grunde unsinnig sei, da die chinesische Regierung die benötigten strategischen Rohstoffe und technischen Güter aus der Sowjetunion beziehen könne, welche diese Dinge vom Westen geliefert bekäme. Um die Wahrhaftigkeit dieses Argumentes entspann sich nun ein Prozeß der kognitiven Problembearbeitung, der sich in seinen Anfängen mal durch eine kompetitive, mal durch eine konfrontative Orientierung auszeichnete, dann aber schließlich kooperativ beendet wurde. Großbritannien drohte im klassischen „bargaining"-Stil mehrmals während der Verhandlungen damit, das ChinCom-Regime zu verlassen, wenn die USA nicht einlenkten. Diese Drohung wurde jedoch nicht realisiert. Ein britischer Unilateralismus hätte nicht nur die Zusammenarbeit im Rahmen der Pariser Gruppe, sondern möglicherweise auch die Zusammenarbeit im Rahmen der NATO gefährdet. So griffen die britischen Verhandlungsführer immer wieder auf das Mittel der argumentativen Steuerung zurück. Die USA, vor allem der amerikanische Präsident, sollten durch Überzeugungsarbeit auf die Linie der anderen Westalliierten gebracht werden. Eisenhower stellte jedoch die Richtigkeit des Hauptargumentes, nämlich, daß ein schärferes China-Embargo unsinnig sei, da die VR China die Waren aus der Sowjetunion beziehen könne, in Frage. Dies war nun wiederum weitgehend das Resultat einer kognitiven Dissonanz zwischen dem amerikanischen Präsidenten und den Regierungschefs der Westalliierten (a) hinsichtlich der Bewertung der Gefahr, welche von der VR China für den asiatisch-pazifischen Raum ausging, und (b) hinsichtlich der Bewertung der politischen Effizienz von Wirtschaftssanktionen als westlichem Druckmittel zur Eindämmung eines möglichen chinesischen Expansionsstrebens. Aus diesen kognitiven Dissonanzen resultierte nun die Situation, daß beide Seiten sich bemühten, den jeweiligen Opponenten vom eigenen Standpunkt zu überzeugen. Diese Überzeugungsarbeit fand auf mehreren Ebenen statt: zum einen innerhalb der Pariser Gruppe bei den Treffen der Regime-Teilnehmer, dann aber auch bilateral auf Beraterebene; schließlich wurden andere Verhandlungskontexte, wie etwa die Bemühungen um die Förderung des regionalen innerasiatischen Handelsaustauschs und die Reintegration Japans in das asiatische Wirtschaftsgefüge, dazu genutzt, um Aufklärungsarbeit mit dem Ziel der Abschaffung des „China differential" zu leisten. Am erfolgreichsten im Sinne des Ziels der Westalliierten war die Überzeugungsarbeit auf der Beraterebene. Die engsten Vertrauten des amerikanischen Präsidenten ließen sich von den britischen Argumenten überzeugen und setzten sich dann inneradministriell für eine Änderung der amerikanischen Embargopolitik gegenüber der VR China ein. Im Sommer 1958 stimmte Eisenhower schließlich der Abschaffung des „China differential" zu. Das Problem war im britischen Sinne gelöst worden, ohne daß es notwendig geworden war, ein typisches „bargaining"-Mittel, wie etwa die Abwanderungsoption, einzusetzen.

Eine ähnliche Situation, wenn auch mit umgekehrten Fronten, finden wir im Kontext der Verhandlungen um die japanische GATT-Mitgliedschaft. Die USA setzten sich innerhalb des internationalen Handelsregimes für die Aufnahme Japans ein, um damit die Westbindung Japans und die Reintegration Japans in das Weltwirtschaftsgefüge sicherzustellen. Großbritannien widersetzte sich der amerikanischen Forderung mit einer Mischung von Argumenten, die zum einen auf negative Erfahrungen mit japanischen Handelspraktiken in der Zwischenkriegszeit zurückzuführen waren, zum anderen jedoch auch auf die Befürchtung, daß mit der japanischen GATT-Mitgliedschaft wichtige Zweige der britischen Textilindustrie einer Konkurrenz ausgesetzt werden würden, die dem wirtschaftlich angeschlagenen Land weitere Probleme verursachen könnte. Auch hier bewegten sich die Auseinandersetzungen primär auf der kognitiven Ebene. Abwanderungsoptionen standen Großbritannien nicht zur Verfügung. Ein britischer Austritt aus dem GATT wäre außenwirtschaftspolitisch unsinnig gewesen. Da die britischen Ängste vor unlauteren japanischen Handelspraktiken nicht argumentativ glaubhaft entkräftet werden konnten, richteten sich die amerikanischen Bemühungen darauf, die politische Reaktion auf die bestehenden Ressentiments zu kontextualisieren und damit zu relativieren. Dazu wurde das Argument der weltpolitischen Bedeutung der japanischen GATT-Mitgliedschaft im Kontext des Kalten Krieges vorgetragen. Gleichzeitig wurde auf dem Verfahrenswege nach einer Lösung gesucht, welche beide Anliegen, japanische GATT-Mitgliedschaft und Schutz der britischen Textilindustrie, unter einen Hut zu bringen vermochte. Über diese doppelgleisige Politik, bei der das Argument der Westbindung Japans als zentrales Anliegen des westlichen Lagers immer wieder dazu beitrug, die Verhandlungen aus Sackgassen herauszuführen, konnte eine kooperative Lösung des Konfliktes herbeigeführt werden, ohne daß Großbritannien seine eigenen politischen Optionen aufgeben mußte.[48]

In beiden Verhandlungskontexten wird deutlich, daß die Konflikte zwischen Großbritannien und den USA vor allem kognitiver Art waren. Sie resultierten aus einer unterschiedlichen Bewertung der militärischen oder wirtschaftlichen Gefahren, die aus einer spezifischen Entscheidung zu erwachsen drohten. Die Unterschiede in der Bewertung waren z.T. zurückzuführen auf historisch gewachsene oder aus anderen politischen Kontexten (McCarthyism) sich speisende Feindbildkonstellationen. Eine Lösung der dadurch bedingten Kooperationsprobleme konnte infolgedessen allein über eine kognitive Problembewältigung herbeigeführt werden.

Nun stellt sich natürlich die Frage, welche Möglichkeiten das hier vorgestellte Modell für die Formulierung verallgemeinerungsfähiger Aussagen über die Auswirkungen der unterschiedlichen Interaktionsmodi auf Inhalte und Struktur internationaler Kooperationsprozesse bietet. Hierzu möchte ich – auch als Anreiz für weitere empirische Forschung – folgende Hypothese formulieren: Der Kommunikationsmodus

[48] Ausführlich zu beiden Beispielen Ursula Lehmkuhl, Pax Anglo-Americana: Machtstrukturelle Grundlagen anglo-amerikanischer Fernost- und Asienpolitik in den 1950er Jahren, München 1999, Kap. 4.

„Argumentieren“ korreliert mit einer relativ hohen Stabilität der getroffenen Entscheidung und weist darüber hinaus wegen des damit verbundenen moralischen Rekurses auf Inhalte des „common good“ eine hohe Implementationswahrscheinlichkeit auf. Diese und ähnliche auf Theoriebildung abzielende Aussagen könnten durch eine detaillierte Ausarbeitung der dargelegten theoretischen Prämissen des Modells bereits theoretisch hergeleitet werden. Ich möchte darauf in diesem Kontext allerdings verzichten und mich auf die empirisch-analytische Dimension des entwickelten Modells und seine heuristischen Qualitäten beschränken. Weitergehende Schritte in Richtung auf Theoriebildung sind erst dann sinnvoll, wenn die Tragfähigkeit und Anwendbarkeit des Modells und seiner analytischen Kategorien anhand von historischen Fallstudien überprüft worden sind.

Kompatibilität von historischer Methode und kulturwissenschaftlich fundierter Forschungsheuristik

Neben dem Problem der theoretischen Verankerung eines kulturwissenschaftlich fundierten entscheidungstheoretischen Modells ist die Frage seiner empirischen Anwendbarkeit in historischen Forschungskontexten zu diskutieren. Das klassische entscheidungstheoretische Modell, das 1962 von Snyder, Bruck und Sapin vorgestellt wurde,[49] fand deshalb keinen nennenswerten Niederschlag in der Entscheidungsforschung, weil es sich als viel zu komplex erwies, um in der empirischen Forschung eine sinnvolle Anwendung zu finden. Politikwissenschaftler und Historiker sind jedoch an heuristischen Modellen interessiert, die sich in empirische Forschung umsetzen lassen und die dazu beitragen, historische und politikwissenschaftliche Forschung zu perspektivieren. Es ist insofern danach zu fragen, ob ein kulturwissenschaftlich fundiertes Entscheidungsmodell diesem Anspruch genügt und ob es mit den Anforderungen der historischen Methode und den daran geknüpften Objektivitätskriterien kompatibel ist.

Zur Beantwortung dieser Fragen sei hier an die methodischen Grundlagen historischer Forschung erinnert: Das Ziel geschichtswissenschaftlicher Forschung besteht darin, schriftliche Zeugnisse quellenkritisch auszuwerten und zu bewerten. Dies geschieht hermeneutisch, d.h. der Sinn von Geschehensabläufen wird auf der Grundlage schriftlicher Zeugnisse interpretativ erschlossen. Dabei ist es notwendig, das historische Material zu ordnen, und zwar mit Hilfe von erkenntnisleitenden Hypothesen, d.h. also mit einer expliziten Variablenauswahl. Dies ist nun das, was in der Geschichtswissenschaft als Analytik bezeichnet wird. Dabei werden äußere, überindividuelle Umstände oder Verhältnisse als Determinanten menschlichen Handelns im Zeitverlauf herausgeschält.[50] Die interpretative Erschließung des Sinns von Geschehensabläufen ist ohne Analytik nicht möglich. Die „sinnhafte“ Rekonstruktion historischer Abläufe setzt insofern ein Modell – wie das hier vorgestellte – voraus. Dabei

[49] Snyder/Bruck/Sapin, Foreign Policy Decision Making (Übersetzte Ausschnitte daraus in: Helga Haftendorn (Hrsg.), Theorie der Internationalen Politik, Hamburg 1975.).

[50] Vgl. Jörn Rüsen, Historische Methode, in: Christian Meier/Jörn Rüsen (Hrsg.), Theorie der Geschichte. Beiträge zur Historik, Bd. 5, München 1988, S. 62–99, hier: S. 79.

dürfte aus den Darstellungen im letzten Abschnitt deutlich geworden sein, daß sich das Modell im Sinne eines Idealtypus im Rahmen einer quellengestützten Analyse außenpolitischer Entscheidungsprozesse anwenden läßt. Die analytischen Begrifflichkeiten sind theoretisch hergeleitet und damit in ihrer inhaltlichen Dimension voneinander abgrenzbar. Sie beziehen sich außerdem auf eine überschaubare Anzahl von Faktoren, die hier als Charakteristika des jeweiligen Interaktionsmodus herausgestellt worden sind. Das Modell hat somit – etwa im Vergleich zu dem Modell von Snyder, Bruck und Sapin – einen relativ niedrigen Komplexitätsgrad. Auch das erleichtert seine Anwendung als heuristische Schablone. Schwierigkeiten sehe ich eher in der grundsätzlicheren Problematik der sinnhaften Rekonstruktion kultureller Einflußfaktoren in historischen Interaktionsprozessen. Diese Schwierigkeiten lassen sich aber durch die Beachtung der Grundregeln der Hermeneutik, also der wissenschaftlich kontrollierten Interpretation, minimieren.[51] Hermeneutisches Verstehen[52] ist das Ergebnis eines Prozesses, der darin besteht, daß die Auslegung eines Textes in mehreren Schritten erfolgt. Zentrales Merkmal dieses mehrstufigen Prozesses ist die sukzessive Verbesserung des Vorverständnisses über Kontext und Inhalt im Zuge von Interpretation und Reinterpretation. Im Zuge seines Bemühens, einen Text zu verstehen, eignet sich der Wissenschaftler zusätzliches Wissen über das behandelte Gebiet an, mit dem das ursprüngliche Vorverständnis erweitert und ggf. korrigiert wird. Mit dem erweiterten Vorverständnis läßt sich der Text wiederum besser verstehen, und die Interpretation kommt dem ‚Sinn' des Textes näher.

Für die konkrete Analyse von Entscheidungssituationen in der internationalen Geschichte heißt dies nun, daß in einem ersten Schritt durch eine mikroskopische Rekonstruktion der Ereignisgeschichte die Details eines Entscheidungsprozesses aufgearbeitet werden müssen. Ziel dieses ersten Schrittes ist es, sich ein möglichst umfassendes Vorverständnis über die Geschehensabläufe anzueignen.[53] Erst dann kommt das analytische Modell zum Zuge. Nach der ersten detaillierten Rekonstruktion der Ereignisgeschichte ist auf der Grundlage der analytischen Begrifflichkeiten danach zu fragen, wie sich der Interaktionsprozeß gestaltet, welche Interaktionsmodi dominieren, welche Argumente benutzt werden, welche Wirkung der Argumentationsmodus

51 Vgl. hierzu Wilhelm Dilthey, Die Entstehung der Hermeneutik, in: Gesammelte Schriften V, Stuttgart u. a. 2. Aufl. 1957, S. 317–338.

52 Dilthey definiert „Verstehen" wie folgt: „Wir nennen den Vorgang, in welchem wir aus Zeichen, die von außen sinnlich gegeben sind, ein Inneres erkennen: Verstehen!" Ebd., S. 317–338, hier: S. 318. Beim Erkennen eines Inneren aus Zeichen handelt es sich also darum, aus dem Äußeren etwas Inneres, nicht unmittelbar Wahrnehmbares, zu erfassen. Beim Sinn-Verstehen (auf das es der Hermeneutik vorrangig ankommt) handelt es sich um das Verstehen eines Sachverhalts durch die Beleuchtung und Erfassung des Sinnzusammenhangs, in den dieser eingeordnet werden muß. Der Sachverhalt muß also in etwas Übergeordnetes eingebettet werden.

53 Interessant ist dabei, daß es hier einen unmittelbaren methodischen Bezug zur Ethnographie gibt. In der Ethnographie wird dieses Vorgehen als „dichte Beschreibung" bezeichnet. Vgl. Clifford Geertz, Dichte Beschreibung. Beiträge zum Verstehen kultureller Systeme, Frankfurt/M., 4. Aufl. 1995. Auch der Ethnologe nähert sich der umfassenden Interpretation und abstrakten Analyse über die sehr intensive Bekanntschaft mit äußerst kleinen Sachen. Clifford Geertz weist auf folgende vier Hauptmerkmale der „dichten Beschreibung" hin: „Sie ist deutend; das, was sie deutet, ist der Ablauf des sozialen Diskurses; und das Deuten besteht darin, das „Gesagte" eines solchen Diskurses dem vergänglichen Augenblick zu entreißen.... Außerdem ... sind [sie] mikroskopisch." Ebd., S. 30.

für den weiteren Verlauf des Interaktionsprozesses hat etc. Zu diesem zweiten Schritt gehört auch die Beschaffung zusätzlicher Informationen über die im Verhandlungsprozeß rekursiv zur Sprache kommenden moralischen Überzeugungen, Ideen, Normen und Werte. Hierzu ist häufig eine weitere Quellenanalyse (Autobiographien, Tagebücher, Briefe) zur Rekonstruktion von Lebensläufen, Sozialisationsbedingungen und Weltbildern der Interaktionspartner notwendig. Auf der Grundlage der neuen Erkenntnisse muß die Ereignisgeschichte sodann reinterpretiert werden.[54]

Da jede Form der Interpretation subjektiv gefärbt ist, stellt sich hier nun die Frage, wie es um das Kriterium der Objektivität der gewonnenen historischen Erkenntnis bestellt ist. Auch hier sei noch einmal an die wissenschaftstheoretische und methodologische Diskussion über Hermeneutik als Methode qualitativer Sozialforschung erinnert.[55] Objektivität wird in der Hermeneutik im Sinne von Intersubjektivität verstanden. Die Hermeneutik arbeitet also mit einem intersubjektiven und nicht mit einem naturwissenschaftlichen Objektivitätsbegriff. Intersubjektivität, d.h. Kontrollierbarkeit und Überprüfbarkeit der im Zuge hermeneutischer Analyse gewonnenen Annahmen über Sinn und Bedeutung von Äußerungen, Handlungen etc., die innerhalb und für einen bestimmten Kontext relevant sind, wird gewährleistet durch die Transparenz des Forschungsprozesses. Die Offenlegung des Forschungsprozesses ermöglicht eine intersubjektive Nachvollziehbarkeit. Transparenz stellt somit eine der wichtigsten Voraussetzungen für die Gewährleistung intersubjektiver Objektivität dar.[56]

Intersubjektive Objektivität kann praktisch dadurch hergestellt werden, daß die Interpretationsarbeit im Rahmen einer Forschergruppe durchgeführt wird. Die subjektiven Interpretationsergebnisse werden von anderen Wissenschaftlern überprüft. Die Ursachen von abweichenden oder gegenläufigen Interpretationen müssen innerhalb dieser Forschergruppe diskutiert werden. Auch diese Diskussionen stellen einen weiteren Schritt im Rahmen des hermeneutischen Erkenntnisprozesses dar. Durch die Auseinandersetzung über abweichende Interpretationen werden die subjektiven Spezifika des Vorverständnisses, mit dem ein Vorgang interpretiert wird, thematisiert. Die dadurch gewonnenen Erkenntnisse fließen anschließend wieder in den Reinterpretationsvorgang ein. Auf diese Weise gelingt es nicht nur, die subjektive Färbung von Interpretation zu kontrollieren, sondern auch die hermeneutische Differenz immer weiter zu verringern.

Um zu rekapitulieren: Für die historiographische Auswertung von schriftlichen Zeugnissen und das Verstehen der dahinterliegenden Interaktionsprozesse benötigt man ein empirisch-analytisches Modell. Die „Objektivität" der durch die Auswer-

[54] Vgl. auch Josef Meran, Theorien in der Geschichtswissenschaft. Die Diskussion über die Wissenschaftlichkeit der Geschichte, Göttingen 1985, S. 81–162.

[55] Vgl. Siegfried Lamnek, Qualitative Sozialforschung, Bd. 1: Methodologie, Weinheim, 3. Aufl. 1995, S. 71–92.

[56] Vgl. Jörg Bogumil/Stefan Immerfall, Wahrnehmungsweisen empirischer Sozialforschung. Zum Selbstverständnis des sozialwissenschaftlichen Forschungsprozesses, Frankfurt 1995; Ute Volmerg, Validität im interpretativen Paradigma. Dargestellt an der Konstruktion qualitativer Erhebungsverfahren, in: Peter Zedler/Heinz Moser (Hrsg.), Aspekte qualitativer Sozialforschung. Studien zu Aktionsforschung, empirischer Hermeneutik und reflexiver Sozialtechnologie, Opladen 1983, S. 147.

tung der Quellen gewonnenen Ergebnisse hängt dabei allerdings nicht allein von der theoretischen Plausibilität des Modells ab, sondern auch von der Überzeugungskraft der mit Hilfe des hermeneutischen Verfahrens gewonnenen Erklärungen sowie von der Struktur des Forschungsprozesses und den damit verbundenen Möglichkeiten der intersubjektiven Überprüfung und Kontrolle der Analyseleistung. Mit diesem Dreischritt scheint mir die Kompatibilität von historischer Methode und den daran geknüpften spezifischen Objektivitätskriterien einerseits und der Erkenntnisinteressen kulturwissenschaftlich fundierter Entscheidungsforschung andererseits gewährleistet zu sein.

Gerhard Th. Mollin

Das deutsche Militär und die europäische Politik vor 1914: Vorrang der Außenpolitik oder Primat des internationalen Systems?

Zu Millionen wurden die Europäer im August 1914 durch die Einberufungen auf einen Schlag aus ihrem Alltagsleben herausgerissen. Ursache war ein Zusammenbruch des Staatensystems, wie er in seiner Totalität und Dynamik wohl ohne historisches Beispiel ist; die Folgen lassen sich nicht besser als in Kennans Wort von der „Urkatastrophe Europas" verdichten. Die Frage nach den Gründen und Voraussetzungen für das Kollabieren der europäischen Politik hat seit dem Geschehen selbst unerschöpfliches Interesse gefunden und eine mittlerweile fast unüberschaubare Literatur hervorgebracht.[1]

Mit dieser Abhandlung wird eine umfassende Bestandsaufnahme der einschlägigen Forschung zu einer der klassischen Fragen der Diskussion um die Kriegsentstehung vorgelegt: Welche Rolle hat die „bewaffnete Macht" in den Jahren vor 1914 letztlich gespielt, und von welchen Bedingungen hing ihre Einwirkung in den politischen Raum ab? Angestrebt ist damit, die Relevanz des Militärischen in den internationalen Beziehungen – unter den Bedingungen einer typischen Vorkriegssituation – zu erfassen. Es geht darum, erstens, die direkte Rolle des Militärs im Entscheidungsprozeß zu

[1] Auch der Entstehungsprozeß des Krieges von 1914 läßt sich selbstverständlich nur in der Verknüpfung aller Wirklichkeitsebenen verstehen: der Kriegsreifung in der internationalen Politik gegenüber der Tendenz zu Konfliktlösung und Krisenmanagement, der Kriegsvorbereitung durch die „Außenpolitiken" der europäischen Staaten, der innenpolitischen und gesellschaftlichen Mobilisierung, der psychischen Dispositionen und mentalen Voraussetzungen. Wenn es in der Zukunft vorrangige Aufgabe einer Internationalen Geschichte sein wird, die Sonde in die tieferen – und vielleicht wirkungsmächtigeren – Schichten der historischen Wirklichkeit hinunter zu treiben, um Eckart Kehrs „anonyme[n] soziale[n] Druck von innen her" aufzuklären, muß gleichzeitig jedoch immer wieder danach gefragt werden, ob der Oberflächenhorizont der „Politikgeschichte" hinreichend exploriert ist. Für einen neueren Ansatz der Analyse eines außenpolitisch-militärischen Gegenstandes unter sozial-, wirtschafts- und mentalitätsgeschichtlichen Bezügen siehe: Jürgen Angelow, Vom „Bündnis" zum „Block". Struktur, Forschungsstand und Problemlage einer Geschichte des Zweibundes 1879–1914, in: Militärgeschichtliche Mitteilungen 54 (1995), S. 129–170. Auch hier zeigt sich allerdings wieder das altbekannte „Hauptproblem" der umfassenden Betrachtungsweise, „die einzelnen Teilbereiche miteinander zu verknüpfen, um übergreifende Zusammenhänge und treibende Kräfte aufzudecken" (S. 170). Sobald die Frage auf das politische Handeln an sich, weniger auf seine strukturelle Bedingtheit gerichtet ist, kommen wir an der Tatsache nicht vorbei, daß die Entscheidungen letztlich meist von mikroskopisch kleinen Cliquen getroffen worden sind – Staats- und Regierungschefs, Außenministern, Diplomaten, führenden Militärs. Bei aller Notwendigkeit eines erweiterten Zugangs bleiben Wirtschaft und Gesellschaft in diesem Sinn doch immer abgeleitete Phänomene.

untersuchen, zweitens, die von den militärischen Führungen ausgehenden Beurteilungen der aktuellen wie der zukünftigen Lage zu hinterfragen und ihre Auswirkung auf die politischen Aktionen zu analysieren. Am Schluß wird der Versuch stehen, auf der Grundlage einer Erweiterung der am empirischen Fall gewonnenen Ergebnisse systematische Anregungen und Vorschläge für eine historische Analyse internationaler Militärpolitik zu entwickeln.[2]

Nachdem die Kriegsursachenforschung über mehrere Generationen hinweg vom innenpolitischen Ansatz unter dem Aspekt der deutschen Schuld oder Unschuld bestimmt worden war, begann man sich in den 1970er Jahren verstärkt der internationalen Politik vor 1914 zuzuwenden: Im Zeichen der Abrüstungsbemühungen erwachte das Interesse an einem ‚historischen Supermächtekonflikt'. Es wurde von dem im wesentlichen übereinstimmenden Verhalten der imperialistischen Mächte her argumentiert, das sich im „Sicherheitsdilemma" der europäischen Politik manifestiert und seinerseits zu dem seit 1912 außer Kontrolle geratenen Wettrüsten geführt habe.[3] Unlängst ist der Gegenstand der Beeinflussung der internationalen Beziehungen durch die Apparate der staatlichen Gewaltorganisation in einer Studie behandelt worden, die wegen der – bislang wohl noch nicht erreichten – perspektivischen Weite hier als Ausgangspunkt genommen werden soll: In seinem Buch „Armaments and the coming of war: Europe, 1904–1914" definiert David Stevenson zu Anfang die beiden Grundphänomene: Militarismus wird bestimmt als (1) Anmaßung militärischer Führungsgruppen, die Regierungspolitik zu bestimmen, (2) Bestreben, die Kontrolle über fremde Ressourcen zu erlangen, (3) Einwirkung des Militärs auf das allgemeine Verhalten, die sozialen Institutionen und Werte. Militarisierung dagegen bezeichnet das Ausmaß, in dem diese Bestrebungen Einfluß gewinnen. Die Phänomene lassen sich laut Stevenson quantifizieren – etwa qua Anteil der Militärausgaben am Staatshaushalt oder des Bevölkerungsanteiles der Eingezogenen –, sie kommen aber auch in der schwerer zu fassenden Durchdringung mit Kriegsmentalität zum Ausdruck. Steven-

[2] Angeregt worden ist dieser Gedanke von der (ideologie)kritischen Aufgabenstellung, die einmal im Umkreis der modernen Militärgeschichte in Deutschland formuliert worden ist – „die die militärischen Systeme stabilisierenden, oft historisch formulierten Ideologien und die damit einhergehenden Bedrohungsvorstellungen hinsichtlich ihrer Realitätsgehalte zu überprüfen"; siehe: Zielsetzung und Methode der Militärgeschichtsschreibung, in: Militärgeschichte. Probleme – Thesen – Wege, Stuttgart 1982, S. 55f. – Die Wirksamkeit „kriegerischer Einstellungen" bei den Handlungsträgern wie bei den anonymen Gruppierungen außerhalb des Entscheidungsprozesses muß hier im Hintergrund bleiben. Nur kurz in Erinnerung gerufen werden soll der Umstand, daß Krieg zu der fraglichen Zeit noch allgemein als zwar letztes, aber eben doch legitimes Mittel der Politik angesehen wurde.

[3] In der deutschsprachigen Literatur war es Klaus Hildebrand, der in zwei größeren Beiträgen die Diskussion um die deutsche Vorkriegspolitik in den Interpretationsrahmen des internationalen Systems gestellt hat: Imperialismus, Wettrüsten und Kriegsausbruch 1914, in: Neue Politische Literatur 20 (1975), S. 160–194 und S. 339–364 sowie: Julikrise 1914: Das europäische Sicherheitsdilemma, in: Geschichte in Wissenschaft und Unterricht 35 (1985), S. 469–502. Mit „Sicherheitsdilemma" hatte der amerikanische Politikwissenschaftler J. H. Herz in den 1950er Jahren ein aus der Geschichte des europäischen Staatensystems bekanntes Phänomen auf den Begriff gebracht: nämlich, daß das Streben nach absoluter Sicherheit des einen unausweichlich die absolute Unsicherheit der anderen nach sich zieht. – Siehe hierzu auch: Gustav Schmidt, Die Julikrise: Unvereinbare Ausgangslagen und innerstaatliche Zielkonflikte, in: Gregor Schöllgen (Hrsg.), Flucht in den Krieg? Die Außenpolitik des kaiserlichen Deutschland, Darmstadt 1990, S. 187–229.

son spricht insofern von einer militarisierten Diplomatie in der Vorkriegsära, als sich die außenpolitischen Eliten der europäischen Großmächte immer stärker der Unterstützung durch die „bewaffnete Macht" zu versichern suchten und zunehmend empfänglich für deren Argumente wurden. Diese Einstellung habe eine immer weiter gehende Anpassung der Funktionsweise der ‚diplomatischen Maschine' an die militärischen Stärkeverhältnisse – genauer: an deren Analysen – zur Folge gehabt. Auch das Problem der Zuordnung von internationaler Politik und nationaler Rüstung wird aus der gewandelten Eigenart des internationalen Systems erklärt: Die jeweiligen Anstrengungen zur Erhöhung der Kriegsführungsfähigkeit traten in Wechselwirkung mit der Diplomatie: „[D]ie Rüstung selber nährte die Spannung", wie sie ihrerseits von dieser gefördert wurde, die internationalen Krisen wurden sowohl zum Treibsatz wie zum Objekt des Rüstungswettlaufs. Dieser Tatbestand war 1969 von Arno Mayer auf den Begriff „symbiotic growth of domestic and international tensions" gebracht worden.[4]

Von diesem Bezugsrahmen einer militarisierten internationalen Politik ausgehend, wird im folgenden dem Verhältnis des wilhelminischen Militärstaates – von Hans-Ulrich Wehler als das „fünfte Machtzentrum" des Kaiserreiches neben „Herrschaftszentrale", Monarchie, Bürokratie, Reichstag bezeichnet – zur deutschen Außenpolitik und damit zur europäischen Diplomatie nachgegangen: In welcher konstitutionellen Stellung befanden sich die militärischen Führungsorgane gegenüber der außenpolitischen Apparatur des Kaiserreiches? Wie haben sich die beiden großen Strategieentwürfe („Tirpitzplan" und Schlieffenplan) auf die deutsche Außenpolitik ausgewirkt? Welche Rolle spielten die Führer der deutschen „bewaffneten Macht" in den internationalen Krisen und den mit diesen verschränkten innenpolitischen Auseinandersetzungen des Vorkriegsjahrzehnts? Wie ist, umgekehrt, ihr Verhalten von der europäischen Politik beeinflußt worden? Inwieweit bildete die Militarisierung der europäischen Diplomatie eine Folge der internationalen Verhältnisse in ihrer Eigengesetzlichkeit, inwieweit wurde sie einseitig von der deutschen Politik herbeigeführt?[5]

4 Oxford 1996, S. 40, 367 und 421. Der Gedanke der „Militarisierung und Popularisierung" der Außenpolitik findet sich auch bei: Hildebrand, Julikrise, S. 496 und 476f.; Arno J. Mayer, Causes and Purposes of War in Europe, 1870–1956: A Research Assignment, in: Journal of Modern History 41 (1969), S. 291–303.

5 Auch in der deutschen Forschung, die zwischen 1918 und 1933 und erneut seit 1960 geradezu unter dem Banne von Anklage und Verteidigung gestanden hat, scheint nach dem Verebben einer letzten apologetischen Welle im Zusammenhang mit der konsevativen Wende der 80er Jahre eine neue Phase begonnen zu haben: Auf der Basis eines nunmehr sich abzeichnenden Konsenses über die Größe der deutschen Verantwortung für den Krieg wird die Historisierung des Gegenstandes möglich. Auch Imanuel Geiss ist letztlich zu einer differenzierteren Bewertung gelangt, indem er die deutsche Verantwortung, in Anlehnung an das Kantorowicz-Gutachten, auf drei Ebenen unterschieden hat – unbedingter Vorsatz zum „Lokalkrieg" Österreich-Ungarns gegen Serbien, bedingter Vorsatz zum Kontinentalkrieg, fahrlässige Herbeiführung des Weltkrieges. Damit ist Fritz Fischers radikale These, das Deutsche Reich habe von langer Hand einen Hegemonialkrieg vorbereitet, von einem ihrer engagiertesten Verfechter praktisch aufgegeben worden; siehe: Imanuel Geiss, Der lange Weg in die Katastrophe. Die Vorgeschichte des Ersten Weltkrieges 1815–1914, München und Zürich 1990, S. 324.

Die Stellung der Militärführungen zum außenpolitischen Sektor des Kaiserreiches

Bekanntlich existierte im Deutschen Reich, als Eigenart des preußischen Konstitutionalismus, eine „geheime, nur dem Kaiser verantwortliche militärische Nebenregierung" (Born). Zum militärischen Immediatsystem gehörten: die Chefs des aus altpreußischer Zeit überlieferten Militär- sowie des von diesem 1889 abgespaltenen Marinekabinetts, die Chefs des preußischen Großen Generalstabes (GGS) und des Admiralstabes, der preußische Kriegsminister und die kommandierenden Generäle der Armeekorps. Unabhängig von der Frage, welchen Einfluß der Kaiser bis 1908 – geschweige denn danach – realiter auf die politischen Entscheidungen ausüben konnte, steht wohl fest, daß sich das Militär nicht zuletzt wegen der – wenn auch überkommenen und fadenscheinigen – Sonderstellung des Kaisers als „Oberster Kriegsherr" bis 1918 seine Autonomie bewahren konnte. Wenn auch der Chef des Militärkabinettes – zwischen 1908 und 1918 der seinen Ehrgeiz auf die Standespolitik beschränkende General von Lyncker – dem Kaiser täglich Vortrag halten konnte, während Reichskanzler und Chef des GGS nur einmal wöchentlich in diesen Genuß kamen, trat das kleine Militärkabinett doch nie in Konkurrenz zum GGS und zum Kriegsministerium.[6] Der Generalstab, die Gewaltelite par excellence, wurde von handverlesenen, mit besonderen Abzeichen an ihrer Uniform versehenen Offizieren gebildet – am Vorabend des Krieges 650 Personen aus einem Heer mit einer Friedensstärke von rund 800 000 Mann. Als innerer Kreis und Führungszentrale des ganzen Reichsheeres fungierte der GGS mit nur 120 Mitgliedern. Sein Chef war Leiter der Operationen im Kriegsfall und zuständig für den jährlich überarbeiteten Aufmarschplan wie – als Mitarbeiter des Kriegsministers – für den Mobilmachungsplan, besaß allerdings keinen Einfluß auf die Rüstung, die der Kriegsminister unter Prärogative des Reichskanzlers durchzuführen hatte. In der Rückschau, von der Erfahrung mit der durch Ludendorff und Hindenburg 1916/18 ausgeübten ‚Diktatur' her, ist der Generalstab zu einer mächtigen konspirativen Gruppierung hochstilisiert worden. – Wenn im folgenden nach dem Einfluß des Militärs auf die Außenpolitik gefragt wird, sind das „kaiserliche Hauptquartier", das Reichsmarineamt (RMA), das Kriegsministerium und der Generalstab gemeint.

Der ursprünglichen Verfassung gemäß war das Militär nicht eindeutig von der äußeren Politik ausgeschlossen. Diese gehörte, der Theorie nach, ja ebenfalls zur monarchischen Regierungsgewalt, eingeschränkt lediglich durch das Gebot der Gegenzeichnung durch den Kanzler, das Mitspracherecht des Reichstages bei Handelsverträgen und die Zustimmungspflicht des Bundesrates für die Kriegserklärung. Bereits Bismarck hatte mit Bestrebungen der Armeeführung, selber außenpolitisch zu agieren, zu tun. Der erste Kanzler konnte die Einmischungsversuche, insbesondere seitens des Grafen Waldersee, aber auch seitens einzelner Marine- und Armeeoffiziere,

[6] Wilhelm Deist, Die Armee in Staat und Gesellschaft, 1890–1914, in: Michael Stürmer (Hrsg.), Das kaiserliche Deutschland: Politik und Gesellschaft 1870–1918, Düsseldorf 1970, S. 312–316.; Wiegand Schmidt-Richberg, Die Regierungszeit Wilhelms II (= Handbuch zur deutschen Militärgeschichte 1648–1939, hrsg. vom Militärgeschichtlichen Forschungsamt, Bd. 3/Abschn. V), München 1979, S. 59–78.

zurückweisen, ohne das Militär jedoch dauerhaft in die Schranken verweisen zu können. Erst im Dezember 1890 wurden die Militärattachés, die Waldersee in seinem Bemühen um den Aufstieg ins Reichskanzleramt zu einem unabhängigen diplomatischen Netzwerk zu verknüpfen versucht hatte, durch eine noch von Bismarck geplante und von seinem Nachfolger Caprivi durchgeführte Generalinstruktion hinsichtlich ihrer Tätigkeit – nicht der disziplinarischen Stellung – den Missionschefs untergeordnet und diesen das Kontrollrecht über die Attachéberichte eingeräumt.[7] Diese Maßnahme bildete den Anfang der Entmachtung des hartgesottenen Reaktionärs und Kriegstreibers Waldersee als Generalstabschef im Februar des folgenden Jahres.[8] Seitdem enthielten sich die Generalstabschefs – Schlieffen galt wie der jüngere Moltke als unpolitisch – in der Regel Einmischungen in die auswärtigen Beziehungen und beschränkten sich auf die – vermeintlich von diesen säuberlich zu trennende – strategische Planung; entsprechend interessierten sich die Kanzler nach Caprivi nicht für militärische Einzelheiten wie Truppenverteilung, Garnisonen, Eisenbahnlinien.[9] Man brachte das Militär nicht unter den Primat der zivilen Führung, sondern trennte lediglich beide Kräfte und ließ sie gleichrangig und autonom nebeneinander bestehen. An dem Tatbestand einer diametralen Trennung von Militärs und Politikern, von Armee und Regierung kann kein Zweifel bestehen: Er kam darin zum Ausdruck, „daß Soldaten und Staatsmänner nie zusammengekommen sind, um Informationen auszutauschen und zu versuchen, gemeinsam Probleme zu klären. Weder der Chef des Generalstabes noch der Reichskanzler haben [jemals, GTM] den Versuch unternommen, eine Konferenz am runden Tisch einzurichten." Wohl kaum „ein Substitut für geregelte Zusammenarbeit"[10] bildeten die enge Beziehung zwischen Schlieffen und dem Spitzenbeamten im Auswärtigen Amt, Holstein, oder der sporadische Kontakt von Feldmarschall Goltz zu Bethmann Hollweg.[11] Wenn die Heeresführung auch kaum

[7] Gordon A. Craig, Military Diplomats in the Prussian Army and German Service: The Attachés 1816–1914, in: Political Science Quarterly 54 (1949), S. 65–94; Gerhard Ritter, Staatskunst und Kriegshandwerk, Bd. 2, München 1960, S. 161 f.; ders., Die deutschen Militärattachés und das Auswärtige Amt, Heidelberg 1959.

[8] Konrad Canis, Bismarck und Waldersee. Die außenpolitischen Krisenerscheinungen und das Verhalten des Generalstabes 1882 bis 1890, Berlin Ost, S. 297–300.

[9] Ritter, Militärattachés, S. 16, hat die Verselbständigung des Schlieffenplans auf diesen Umstand zurückgeführt.

[10] Jehuda L. Wallach, Feldmarschall von Schlieffens Interpretation der Kriegslehre Moltkes d. Ä., in: Roland G. Foerster (Hrsg.), Generalfeldmarschall von Moltke, München 1991, S. 61 f.

[11] Zuerst hat Peter Rassow, Schlieffen und Holstein, in: Historische Zeitschrit 173 (1952), S. 297–313, auf den regelmäßigen Kontakt dieser beiden Personen hingewiesen. Bernd-Felix Schulte ist die Publikation einer inzwischen als Schlüsseldokument geltenden Aufzeichnung zu einem Gespräch zwischen Feldmarschall v.d. Goltz und Reichskanzler Bethmann Hollweg am 10. Dezember 1912 über die Zweckmäßigkeit des „Präventivkrieg[es]" zu verdanken; in: ders., Vor dem Kriegsausbruch 1914. Deutschland, die Türkei und der Balkan, Düsseldorf 1980, S. 156. Die Quelle sollte allerdings vorsichtig bewertet werden, da es sich um eine Niederschrift eines Dritten handelt; von einem „engen Kontakt [...] zwischen den Exponenten der politischen und militärischen Führung" zu sprechen, erscheint als unzulässige Generalisierung; siehe: ders., Die deutsche Armee 1900–1914. Zwischen Beharren und Verändern, Düsseldorf 1977, S. XXVI. Etwas weit geht wohl auch Stig Försters Diktum, es habe nicht nur „[i]m polykratischen Chaos der wilhelminischen Staatsverwaltung [...] keine koordinierte Gesamtkriegsplanung" gegeben, sondern sogar „eher ein Rivalitätsverhältnis" zwischen Armee und Reichsleitung bestanden; siehe: ders., Der deutsche Generalstab und die Illusion des kurzen

noch Möglichkeiten zu direkter außenpolitischer Aktion erlangte, so bedeutet dies nicht, daß der militärische Sektor keinen Einfluß mehr auf die Gestaltung der auswärtigen Beziehungen habe ausüben können. Denn der wie kein anderer Militärführer in Europa in seinen Entschlüssen und Aktionen unabhängige Chef des GGS war uneingeschränkt als Berater der Regierung in militärischen Fragen anerkannt. Aufgrund seiner Macht, das internationale Stärkeverhältnis sowie die eigene Sicherheitslage beziehungsweise die Bedrohungssituation zu definieren, konnte er restriktive Bedingungen für den außenpolitischen Entscheidungsprozeß setzen.

Etwas anders gelagert waren die Verhältnisse auf der Marineseite: Alfred v. Tirpitz (1897–1916 Staatssekretär) hat im Rahmen seiner Bestrebungen zum Ausbau des RMA zu einem übergreifenden „Seeinteressenministerium" 1898/99 versucht, auch die marinerelevanten Sektoren der Außenpolitik – Erwerb und Verwaltung der Kolonien und Stützpunkte – an sich zu ziehen. Zwar endete auch der über diese Frage ausbrechende Konflikt mit dem formellen Triumph der Diplomatie: Als das RMA 1899 Presseberichte zur Übernahme der dänisch-westindischen Insel St. Thomas lancierte, erteilte im Namen des Kaisers Bernhard v. Bülow als Staatssekretär des Auswärtigen Amts Tirpitz die Abmahnung, Gedanken an eine Festsetzung in Westindien seien in einer Zeit politischer und wirtschaftlicher Spannungen mit den USA inopportun. Tirpitz nahm daraufhin Abstand von weiteren überseepolitischen Initiativen. Bülow konnte befriedigt feststellen, daß der Primat des Auswärtigen Amtes gewahrt geblieben sei, und stellte Tirpitz für die Zukunft „vertrauensvolles Zusammenwirken" in Aussicht. In der Tat gab das RMA in der Folge nur dann stützpunkt- und kolonialpolitische Stellungnahmen ab, wenn es dazu aufgefordert wurde.[12]

Obwohl derart in die Schranken gewiesen, verfügte der ‚Marineminister' – gleichzeitig preußischer Staatsminister und Abgeordneter am Bundesrat – jedoch mit Sicherheit über einen größeren Handlungsspielraum als die Generalität. Von nicht zu unterschätzender Bedeutung für diesen war der Umstand, daß ihm ungeteilte Aufsicht über die Marineattachés erhalten blieb.[13]

Krieges, 1871–1914. Metakritik eines Mythos', in: Militärgeschichtliche Mitteilungen 54 (1995), S. 80.

12 Wolfgang Petter, Deutsche Flottenrüstung von Wallenstein bis Tirpitz (= Handbuch zur deutschen Militärgeschichte, hrsg. vom Militärgeschichtlichen Forschungsamt, Bd. 5/Abschn. VIII), München 1979, S. 59–78 und S. 203 ff.

13 Die Darstellungen zum Auftreten und Handeln deutscher Militärangehöriger – als Attachés und Angehörige von Militärmissionen oder Offiziersaustauschprogrammen – auf dem internationalen Parkett stammen aus der älteren englischsprachigen Literatur (Craig, Military Diplomats; L.W. Hilbert, The Role of Military and Naval Attachés in the British and German Service with particular reference to those in Berlin and London and their effect to Anglo-German Relations, 1871–1914, PhD. Thesis Cambridge 1954), beschränken sich auf die Ära vor 1897 (Ritter, Militär-Attachés) oder stellen Fallstudien dar (Jehuda L. Wallach, Anatomie einer Militärhilfe. Die preußisch-deutschen Militärmissionen in der Türkei 1835–1919, Düsseldorf 1976). Daher erscheint eine umfassende, komparative Studie zu den Konsequenzen der Militärdiplomatie für die Gestaltung der internationalen Beziehungen vor 1914 wünschenswert.

Die Auswirkungen der Strategieentwürfe auf die deutsche Politik

Zum „Tirpitzplan"

Mit zwei groß angelegten Planungen reagierten die militärischen Eliten des Kaiserreichs auf das Problem, daß die beanspruchte quasi-hegemoniale Stellung Deutschlands diplomatisch nicht durchsetzbar war. Während die Strategie des Heeres als Ergebnis einer überzogenen Bedrohungsvorstellung auf eine – allerdings in sich offensive – Absicherung des Status quo hinauslief, ging der Entwurf des führenden deutschen Flottenpolitikers weiter: Sein umfassendes, sowohl militärstrategisch wie außen- und innenpolitisch motiviertes Konzept zielte vordergründig darauf ab, eine mit der führenden imperialen Macht, Großbritannien, ‚gleichwertige' weltpolitische Stellung des Deutschen Reiches zu erzwingen. Der zu diesem Zweck ab 1897 in Szene gesetzte Aufbau einer riesigen Seestreitmacht war in der Tat „durch keinerlei akute Bedrohung verursacht [...], einseitig [...] und verschleiert [...]".[14] Die Planung konnte infolge der revolutionären Neuorientierung der britischen Politik im strategischen Grundansatz bereits 1906 als gescheitert betrachtet werden; trotz dieser Gegebenheit verfolgte Tirpitz die das bilaterale Verhältnis belastende mehrfache Novellierung des Flottengesetzes von 1900 weiter. Pointiert ließe sich sagen, je weiter sich die Idee von der Realität entfernte, desto stärker radikalisierte er die Zielsetzung; der Grund für dieses irrationale Gebaren ist in dem Umstand zu suchen, daß es ihm ohne die Aufrechterhaltung der Utopie nicht möglich gewesen wäre, seine einflußreiche Position bis in den Krieg hinein zu wahren.

Letztlich kaum beantworten können wird man die Frage, ob Tirpitz lediglich an eine bündnispolitische Erpressung Großbritanniens (‚Abschreckung') mit dem Ziel einer Etablierung des Deutschen Reiches als Juniorpartner in der Weltherrschaft dachte oder – weitaus aggressiver – an die Vernichtung der britischen Seemacht. Daß der Gedanke an eine finale Entscheidungsschlacht – mit dem Ergebnis einer wirklichen Revolutionierung der Weltpolitik – gehegt wurde, erscheint keine gänzlich haltlose Vermutung angesichts der Tatsache, daß man das Konzept im Jahr 1911 revidierte und für 1920 eine Schlachtflotte von 61 Schiffen in Aussicht nahm. Wahrscheinlich hat Tirpitz selbst von Anfang an mehroptional gedacht: Zumindest bis 1909 ging er von der Annahme aus, der englische Kontrahent werde nicht in der Lage sein, jene 90 modernen Großkampfschiffe, die notwendig waren, um das magische Kräfteverhältnis von 3:2 aufrechtzuerhalten, in Dienst zu stellen und auch sämtlich im Nordseebereich zu stationieren. Von jenem – aus deutscher Sicht gesehenen – Verhältnis von 2:3 versprach sich der Marinestratege des Kaiserreichs die Selbstbehauptung der deutschen Flotte, von einer Relation darüber eine Siegeschance, von der gleichen Stärke den sicheren Sieg. In diesem Kalkül ist die eigentliche militärische Zielsetzung zu suchen; der vielbeschworene „Risikogedanke" diente nur der Verschleierung in der

[14] Volker R. Berghahn/Wilhelm Deist (Hrsg.), Rüstung im Zeichen der wilhelminischen Weltpolitik. Grundlegende Dokumente 1890–1914, Düsseldorf 1988, Einleitung, S. 11.

besonders riskanten Anfangsphase.[15] Die gleiche Ambivalenz der apologetischen Beweisführung zeigt sich auch in der immer wieder hervorgehobenen, angeblich „defensiven“ Ausrüstung der deutschen Linienschiffe; selbst innerhalb der deutschen Flottenführung wurde – trotz angeblichem ‚Abschreckungcharakter‘ der deutschen Schlachtflotte – kein Hehl daraus gemacht, daß England sich durch diese mit gutem Grund bedroht fühle.[16]

Daß die Tirpitzsche Flottenrüstung bestimmend auf die deutsche Außenpolitik eingewirkt hat, steht außer Zweifel.[17] Bereits mit seiner Berufung zum Staatssekretär des Auswärtigen Amtes erhielt Bülow 1897 den Auftrag, den Aufbau der Flotte diplomatisch abzusichern. Damit wurde die Außenpolitik – wohl zum erstenmal in der deutschen Geschichte – expressis verbis unter den Primat der Rüstung gestellt. In der ersten Phase seiner Amtszeit als Reichskanzler, 1900/1906, hat Bülow sogar selber den Marineminister zu immer höheren Forderungen gegenüber dem Reichstag angetrieben. Bestimmte Inhalte sind der deutschen Politik vor 1914 infolge der maritimen Herausforderung Englands nicht eingefügt worden, im Gegenteil hat der Gedanke, bis zur Existenz einer unbesiegbaren deutschen Schlachtflotte müsse eine zeitliche „Gefahrenzone“ überbrückt werden, eher mäßigend auf das Auftreten der deutschen Diplomatie in den vom Reich beanspruchten Interessengebieten an der globalen Peripherie gewirkt.[18] So übte sich die amtliche Politik zum Beispiel gegenüber den Niederlanden und ihrem Kolonialreich in Zurückhaltung. Von dieser vollkommen unberührt blieb allerdings der Konsens innerhalb der militärischen Führung, daß im Falle des Seekriegs mit England Holland und Belgien als Aufmarschgebiet, Antwerpen und Rotterdam einem blockierten Deutschland als „Luftlöcher“ dienen sollten.[19]

Ausschlaggebend für das Verhältnis Politik-Kriegsmarine war, daß die flottenstrategischen Zielvorgaben von Tirpitz den Handlungsspielraum der Diplomatie auf erhebliche Weise determinierten. Zum erstenmal trat dies ein, indem die Beziehungen zu Rußland auf dem Umweg über die Innenpolitik ruiniert wurden: Das Kompensa-

[15] Michael Epkenhans, Die wilhelminische Flottenrüstung 1908 –1914. Weltmachtstreben, industrieller Fortschritt, soziale Integration, München 1991, S. 98; Petter, Flottenrüstung, S. 179.

[16] Die Defensiv-These zuletzt bei: Michael Salewski, Tirpitz, Göttingen 1979, S. 54; zum Bedrohungswert der deutschen Flotte: Kapitän z.S. Albert Hopman, Leiter der Zentralabteilung im RMA, zitiert in: Epkenhans, Flottenrüstung, S. 98, Anm. 34.

[17] Zu diesem Thema kann auf eine reichhaltige Forschungsliteratur meist diplomatiegeschichtlicher Provenienz zurückgegriffen werden: Gerd Fesser, Reichskanzler Bernhard Fürst von Bülow. Eine Biographie, Berlin 1991; Baldur Kaulisch, Alfred von Tirpitz und die imperialistische deutsche Flottenrüstung, 3. Aufl., Berlin Ost 1988; Barbara Vogel, Deutsche Rußlandpolitik. Das Scheitern der deutschen Weltpolitik unter Bülow, Düsseldorf 1973; Peter Winzen, Bülows Weltmachtkonzept. Untersuchungen zur Frühphase seiner Außenpolitik 1897–1901, Boppard a.R. 1977, vor allem S. 79–98 und 430–433.

[18] Aus diesem Umstand läßt sich allerdings kaum der Schluß ziehen, die Bülowsche „Weltpolitik“ sei „in weiten Teilen nur propagandistischer Theaterdonner zum Zwecke der innenpolitischen Systemstabilisierung“ gewesen; so Stig Förster, Der doppelte Militarismus. Die deutsche Heeresrüstungspolitik zwischen Status-Quo-Sicherung und Aggression 1890–1913, Stuttgart 1985, S. 125. Siehe auch das apodiktische Urteil von Hans-Ulrich Wehler, Deutsche Gesellschaftsgeschichte, Bd. 3: 1849–1914, München 1995, S. 1020: „Die vielbeschworene ‚wilhelminische Weltpolitik‘ ist in erster Linie wegen der inneren Legitimationsbedürfnisse betrieben worden.“

[19] Petter, Flottenrüstung, S. 180.

tionsgeschäft zwischen agrarisch-konservativen und industriell-nationalliberalen Interessen, auf dem das Zweite Flottengesetze von 1900 und die Zollvorlage von 1902 mit ihren neuen Zolltarifen beruhten, traf in erster Linie den russischen Getreidexport und damit den Hauptaktivposten der Außenhandelsbilanz des Zarenreiches.[20] Auch das demonstrativ wohlwollende Gebaren der deutschen Seite im russisch-japanischen Krieg von 1904/05 konnte die bilaterale Entfremdung nicht mehr aufheben.[21] Zweitens wurde das deutsche Flottenrüstungsprogramm zu einem der wichtigsten „Störfaktoren" im deutsch-englischen Verhältnis: Die Bedrohung durch die Hochseeflotte ist zwar auf britischer Seite nie so ernst genommen worden, daß sie allein London zum Entschluß des Krieges mit dem Deutschen Reich veranlaßt hätte; ja, in den entscheidenden Jahren ab 1912 haben die Schiffe keine manifeste Bedeutung mehr gehabt (näher dazu siehe unten). Vielmehr waren es – abstrakt – die Gefahr einer kontinentalen Hegemonialstellung des Reiches und – konkret – der Überfall auf Belgien, die 1914 diese Entscheidung Londons herbeigeführt haben. Doch motivierte der deutsche Schlachtflottenbau London zu der diplomatischen Revolution der Jahre 1902–1907: Bereits die Entente Cordiale von 1904 ist von der Umorientierung des Feindbildes der Navy von Frankreich auf Deutschland zumindest begleitet worden.[22]

Wie man hat zeigen können, vollzog Bülow bereits nach dem Scheitern des deutschen Versuches einer Sprengung der Entente auf der Algeciras-Konferenz im Frühjahr 1906 die Wende hin zu einem kontinentalpolitischen Konzept im Rahmen eines Ausgleichs mit England, Bethmann Hollweg ging ab 1909 zur Politik der Annäherung an London mit dem Ziel eines Neutralitätsbündnisses über. Dennoch gelang es bis 1914 nicht, auf dem Wege über ein internationales oder bilaterales Abkommen zur maritimen Rüstungsbegrenzung die zerstörte Vertrauensbasis im deutsch-britischen Verhältnis wiederherzustellen. Damit ist die für das hier verfolgte Thema einschlägige Frage aufgeworfen, ob es die deutschen Flottenpolitiker gewesen sind, die den Ausgleich mit England verhinderten.

Eine erste, im Zusammenhang mit der Zweiten Haager Konferenz aufgekommene Idee der Flottenverständigung wurde im März 1907 von Tirpitz blockiert. Der Marineminister lehnte den – allerdings wohl von Anfang an als Finte gemeinten – Vorschlag Greys, zu einer Begrenzung der maritimen Rüstung auf fünf Jahre zu gelangen, gegenüber dem britischen Marineattaché als unzumutbar ab. Endgültig vom Tisch war der Vorschlag, als Bülow den Kaiser Ende April im Reichstag aufforderte, an keinen Rüstungsbegrenzungsgesprächen im Haag teilzunehmen.[23] Mitte Juli des Jahres verwarf Tirpitz in einer Stellungnahme auch den aus der kaiserlichen Marine kommenden Gedanken eines deutsch-britischen Nord-Ostsee-Abkommens rigoros. Sein Argument lautete, eine möglicherweise notwendig werdende Besetzung Dänemarks dürfe auf keinen Fall erschwert werden.[24] Erst gegen Ende von Bülows Kanzlerschaft

[20] Eckart Kehr, Schlachtflottenbau und Parteipolitik. Versuch eines Querschnitts durch die innenpolitischen, sozialen und ideologischen Voraussetzungen des deutschen Imperialismus 1894–1901 (1930), Nendeln/Liechtenstein 1975, S. 201–207.

[21] Petter, Flottenrüstung, S. 238.

[22] Ebda, S. 239; Ivo N. Lambi, The Navy and German Power politics 1862–1914, London 1984, S. 241 ff.

[23] Stevenson, Armaments, S. 108.

[24] Petter, Flottenrüstung, S. 181 und 225.

trat ein Sinneswandel ein: Die zunehmenden Finanzierungsprobleme, die Einsicht, daß sich die internationale Position des Reiches infolge der Bildung einer Gegenkoalition auf britische Initiative einschneidend verschlechtert hatte, schließlich der Schock angesichts der während des Navy Scare vom Frühjahr 1909 zum Ausdruck gekommen britischen Entschlossenheit, das eigene Bautempo, wenn nötig, auf 8 Dreadnoughts pro Jahr (plus eines australischen und eines neuseeländischen) zu steigern – diese Eindrücke insgesamt machten den herrischen Marineminister kompromißbereiter. Als Bülow in der Kriegsgefahrensituation im Gefolge der bosnischen Annexion im März 1909 ein „Flottenverständigungsprojekt" einleitete, willigte Tirpitz in die vom Kaiser unterbreitete Anregung ein, den Briten die Reduzierung des deutschen Bauprogramms für 1910/14 von 14 auf 11 Großkampfschiffe vorzuschlagen. Zur Enttäuschung von Bülows Nachfolger im Reichskanzleramt unterbrach Grey die Sondierungen mit dem Argument, erst die bevorstehenden Parlamentswahlen abwarten zu müssen. Bei Wiederaufnahme des Kontaktes im Juli 1910 beklagte sich Tirpitz zwar, von den Verhandlungen ausgeschlossen worden zu sein, erklärte sich aber weiter bereit, zumindest die 3:2-Relation einzuhalten.[25] Zäh wehrte er sich aber gegen den Gedanken des Reichskanzlers, das Festhalten an dem laut Gesetz für 1912 vorgesehenen Rückgang auf das Zweiertempo als Kompensationsobjekt für einen politischen Ausgleich mit England zu nutzen, also auf eine erneute Novellierung zu verzichten.[26] Bethmann Hollweg mußte das Projekt schon vor dem Beginn der Agadir-Krise am 1. Juli 1911 aufgeben, denn Tirpitz forcierte seine Rüstungspropaganda erneut mit den üblichen Begründungen – Flottenverstärkung wirke sich aus als Kompensation für internationalen Prestigeverlust, Mittel gegen innere Unruhe, Beschäftigungssicherung für die Industrie – und forderte sechs zusätzliche Linienschiffe für die Bauperiode 1912/17. Die zunehmende Spannung nach dem „Panthersprung" nutzte der Flottenminister, dem Kaiser im September eine noch verschärfte Version seines Planes vorzustellen: Für 1920 wurde das Stärkeverhältnis von 61:95 angepeilt, die Risikothese stillschweigend fallengelassen und damit die Hochseeflotte offen zum Herausforderer der britischen Seehegemonie erklärt.

Die zunehmende Opposition von seiten des Reichskanzlers, des Finanzressorts und der Armee zwang Tirpitz jedoch im Frühjahr 1912, immer weitere Abstriche von seinen Expansionsplänen zu machen. In den Haldane-Gesprächen und in ihrem Gefolge hat der deutsche Marineamtschef mit der Rücktrittsdrohung vom 10. März noch einmal seine innenpolitische Vetomacht genutzt, um das Angebot des Reichskanzlers an die britische Seite auf ein Minimum – Fallenlassen eines zusätzlichen Schiffes jeweils für 1913 und 1916 und eines dritten ohne Jahresangabe – zu beschränken. Ob Tirpitz' Obstruktion eine letzte, vage Möglichkeit verhinderte, auf dem Weg über eine Flottenrüstungsbegrenzung einen Schritt in Richtung internationaler Deeskalation zu tun, ist allerdings fraglich, denn Bethmann mußte sein Angebot wegen der Stimmung in der deutschen Öffentlichkeit von einem Preis abhängig machen, den

[25] Stevenson, Armaments, S. 172 ff.

[26] Epkenhans, Flottenrüstung, S. 69 f. und 91; Peter Winzen, Der Krieg in Bülows Kalkül: Katastrophe der Diplomatie oder Chance zur Machtexpansion, in: Jost Dülffer/Karl Holl (Hrsg.), Bereit zum Krieg. Kriegsmentalität im wilhelminischen Deutschland 1890–1914, Göttingen 1986, S. 187.

England nicht zu zahlen bereit war – dem Abschluß eines uneingeschränkten Neutralitätsabkommens.[27] Der rüstungspolitische Ausgleich an sich stellte kein Problem mehr dar: Als Marineminister Churchill im Oktober 1913 die Idee eines einjährigen naval holiday (freezing) aufbrachte, erfolgte zwar eine sofortige formelle Absage aus Berlin, faktisch erkannten beide Seiten aber an, daß der Rüstungswettlauf zur See entschieden war: Man ging übereinstimmend aus von einer Stärkerelation von 8:5 und einem Verhältnis im Bautempo von 3:2 zugunsten Englands. Ihren einmal gebrochenen Elan konnte die Marineführung auch in der unmittelbaren Vorkriegsphase nicht zurückgewinnen. Zwar notierte der Direktor des Verwaltungsdepartements im RMA, Admiral v. Capelle, im Mai 1914 die weitgehende Absichtserklärung: Da die Grundlage der deutschen Flottenpolitik gefährdet sei, müsse eine „blitzschnelle Offensive" mit der gesamten Flottenstärke vorbereitet werden. Tirpitz selber hielt die Fassade kraftvoller Flottenpolitik aufrecht; mit seiner Anweisung, die Finanzmittel auf die Erhöhung der Tonnage und der Kaliber der Schiffe zu konzentrieren, suggerierte er, der Kontrahent könne auf der qualitativen Ebene eingeholt werden. Doch als das Auswärtige Amt am 31. Juli anfragte, ob „ein Überfall gegen die englische Flotte möglich sei", war der Offenbarungseid fällig: Flottenchef Admiral Pohl mußte verneinen.[28]

Unter dem Strich kann somit nicht davon gesprochen werden, das RMA habe direkten Einfluß auf die deutsche Politik ausgeübt. Doch ist diese mit der Durchsetzung der Flottenrüstung gleichsam in eine Zwangsjacke geraten, die sie erst aufreißen konnte, als es zu spät war. Zweifellos hat Tirpitz auch wesentlich zur Verschärfung der internationalen Spannungen beigetragen: Dies geschah nicht nur auf die gezeigte passive Weise, durch die Blockierung der zwischen 1908 und 1913 von Bülow und von Bethmann angestrebten Ausgleichsbemühungen, ehe überhaupt die Kompromißbereitschaft der Gegenseite einem Test unterzogen werden konnte. Als Hauptinstrument bei der Hintertreibung der diplomatischen Anstöße fungierten die deutschen Marineattachés in London, Widenmann und Müller, die Tirpitz nach dem Vorbild Waldersees als regelrechte ‚Militärdiplomaten' einsetzte. Ihre Zuarbeit war es auch, mit der es gelang, den deutschen Kaiser in seiner englandkritischen Haltung zu bestärken.[29] Der Marineamtschef hatte aber auch einen aktiven Part inne, insofern er praktisch alle krisenhaften Entwicklungen in der internationalen Politik „als innenpolitisches Druckmittel für seine Flottenvorlagen" nutzte (Kehr). Mit besonders schwerwiegenden Folgen geschah dies in den beiden Marokkokrisen im Hinblick auf die Flottennovellen von 1908 und 1912. Die Anheizung der Stimmung in der deutschen Öffentlichkeit folgte dabei nicht immer erst auf die deutschen Blamagen, sondern ging diesen zum Teil voraus.

[27] Epkenhans, Flottenrüstung, S. 113–137; Stevenson, Armaments, S. 196–209.

[28] Ebda., S. 336–340; Aufzeichnung von Tirpitz, 31. Juli 1914, in: Imanuel Geiss, Julikrise und Kriegsausbruch 1914. Eine Dokumentensammlung, Bd. 2, Hannover 1964, S. 458 (Nr. 881).

[29] Dieser Hinweis findet sich schon bei Ritter, Militär-Attachés, S. 30; Siehe auch: Klaus-Volker Giessler, Die Institution des Militärattachés im Kaiserreich, Boppard 1976, und Wilhelm Widenmann, Marine-Attaché an der kaiserlich-deutschen Botschaft in London 1907–1912, Göttingen 1952.

Zum „Schlieffenplan"

In der eigentlichen, mit der 2. Marokkokrise und den türkischen Niederlagen von 1911/12 einsetzenden Kriegsentstehungsphase wirkte sich der andere große Strategieentwurf entscheidend auf die deutsche Politik aus. Alfred Gf. v. Schlieffen, 1891 unter dem Eindruck der deutsch-russischen Entfremdung an die Spitze des GGS getreten, entwickelte bis 1905 ein pragmatisches Lösungskonzept für das seit 1871 in der deutschen militärischen Führung als feststehend geltende Problem der Landkriegführung gegen eine überlegene Feindkoalition an zwei Fronten. Angesichts der geographisch-wirschaftlichen Bedingungen sah der General zwar keine Möglichkeit eines raschen Sieges über Rußland, dafür aber die Chance, den westlichen Gegner in einer gewaltigen Umfassungsoperation mit Drehpunkt Metz-Diedenhofen im Zeitraum von wenigen Wochen militärisch zu vernichten, um anschließend die Masse der deutschen Truppen so schnell wie möglich an die östliche Reichsgrenze zu bringen. Die Planung des Angriffes auf Frankreich machte den Durchmarsch durch Luxemburg, Belgien und das südliche Holland notwendig. Das politische Ziel bestand also in der Herbeiführung eines kurzen Krieges durch einen totalen Vernichtungssieg gegen einen der beiden Hauptgegner. Dennoch schwieg sich der Entwurf sowohl über die diplomatischen Implikationen der Operation als auch über den Weg der weiteren Kriegführung aus. Zudem war die Annahme widersprüchlich, daß der östliche Gegner nach einer blitzartigen Niederwerfung Frankreichs umgehend zu einem Separatfrieden bereit sein würde, war das russisch-französische Bündnis doch angeblich zu fest gefügt, um auf diplomatischem Wege geschwächt werden zu können.[30] Daß es sich nicht um einen wirklichen ‚Kriegsplan' hat handeln können, wird deutlich angesichts der unzureichenden Abstimmung zwischen den Militärführungen der Zweibundmächte: Bis Sommer 1908 beruhte die österreichisch-ungarische Strategie gegenüber Rußland auf der falschen Voraussetzung, die deutsche Armee werde sich zuerst gegen Rußland und dann erst gegen Frankreich wenden. Zwar hat die k. u. k-Führung den Schlieffen-Plan im Frühjahr 1909 akzeptiert und zur Grundlage eines eigenen „Präventivkrieg"-Planes gegen Serbien gemacht, doch beide Seiten ließen sich einfach nicht von der „paradoxen Situation" stören, daß infolge der diametral entgegengesetzten Hauptgegner praktisch keine gemeinsame Kriegführung möglich war.[31] Daß der Schlieffen-

[30] Heinz-Ludger Borgert, Grundzüge der Landkriegführung von Schlieffen bis Guderian (= Handbuch zur deutschen Militärgeschichte 1648–1939, hrsg. vom Militärgeschichtlichen Forschungsamt, Bd. 6, Abschn. IX), München 1979, S. 492. Auf alle Unzulänglichkeiten der Planung einzugehen, ist hier nicht möglich; insbesondere sticht die Vernachlässigung Englands und der Seekriegführung ins Auge; siehe: Ritter, Staatskunst, S. 195f.

[31] Angelow, Bündnis, S. 150–154. – Aus diesem Umstand zu schließen, die „deutsche Führung" könne, als sie die Österreicher zum harten Eingreifen gegen Serbien ermutigte, „nicht gleichzeitig die Absicht gehabt haben [...], einen Krieg gegen Rußland und Frankreich zu entfesseln", läßt sich m. E. nicht halten (so: Karl Dietrich Erdmann, Hat Deutschland auch den Ersten Weltkrieg entfesselt? Kontroversen zur Politik der Mächte im Juli 1914, in: Politik und Geschichte. Europa 1914 – Krieg oder Frieden, Kiel 1985, S. 37f.). Der scheinbare Widerspruch läßt sich wohl genauso gut mit dem Hinweis auf die habituelle Fehleinschätzung des Kräfteverhältnisses auflösen; derentwegen eben glaubte Moltke, den Österreichern „auf das Datum [40 Tage nach dem Angriff auf Frankreich] genau eine Zusage machen zu können, wann spätestens die deutsche Armee im Osten erscheinen würde"; zitiert nach: Fritz Fischer, Krieg der Ilusionen. Die deutsche Politik von 1911 bis 1914, Düsseldorf 1969, S. 569.

plan auch transporttechnisch-logistisch undurchführbar und selbst rein militärisch zum Scheitern verurteilt war, gilt heute als sicher.[32]

Wie ist erklärlich, daß die deutsche Politik diesen Strategieentwurf trotz aller Unzulänglichkeiten bis kurz vor der Katastrophe hingenommen hat? Auch die neueren Forschungen geben keinen Anlaß zur Korrektur an der von Gerhard Ritter gestellten Diagnose: Die deutsche Politik nach Bismarck hielt sich so abstinent von militärischen Fragen, daß sie die weitreichenden Folgen eines Schrittes, wie ihn die Verletzung der belgischen Neutralität bedeutete, nicht im Voraus bedachte und keine Veranlassung sah, die Behauptung der Alternativlosigkeit dieses Kriegsplans in gemeinsamen Beratungen zu überprüfen. Weder Hohenlohe noch Holstein, die im Jahre 1900 von Schlieffen über die vorgesehenen Neutralitätsverletzungen unterrichtet wurden, erhoben Einspruch. Zwar ist immer noch nicht klar, unter welchen Umständen Reichskanzler Bülow 1905 in Kenntnis gesetzt worden ist, aber auch er hat die Planung in der Tat „ohne Widerstand akzeptiert" und politisch sanktioniert.[33] Wie weit Bülow dabei ging, seine Politik durch die Einwilligung in den Schlieffen-Plan bestimmen zu lassen, zeigt das deutsche Vorgehen auf der Haager Konferenz von 1907: Hier begründete der Reichskanzler die deutsche Zustimmung zu der das Territorium der Neutralen für sakrosankt erklärenden Konvention V der Schlußakte auf eine Weise, die als Verschleierungstaktik auf der völkerrechtlichen Ebene erscheinen muß.[34] Es könnte sich um ein „wohlkalkuliertes Vabanquespiel" gehandelt haben, denn Bülow rechnete ohnehin seit spätestens Herbst 1904 mit einem Eingreifen Englands in den Kontinentalkrieg und ging zu dieser Zeit noch davon aus, daß die deutsche Flotte mit dem Jahr 1910 stark genug sein würde, um der Navy entgegenzutre-

32 Gerhard Ritter, Der Schlieffenplan. Kritik eines Mythos, München 1956; Fischer, Krieg, S. 565–587; L.C.F. Turner, The Significance of the Schlieffen Plan, in: Paul M. Kenndy (Hrsg.), The War Plans of the Great Powers, 1880–1914, London 1979, S. 199–221. Förster, Generalstab, hat die bisher gültige Meinung in Zwiefel gezogen, die deutsche Führung sei von der Ausssicht auf einen schnellen Sieg gegen Frankreich überzeugt gewesen. Moltke habe in Wirklichkeit massive Zweifel am Grundgedanken des Schlieffen-Plans gehegt und sich von der Westoffensive lediglich einen erfolgreichen „Eröffnungszug" im großen Krieg erhofft. Daß er die Reichsleitung dennoch und trotz seiner Erwartung eines totalen Krieges mit allen furchtbaren Folgen zur Mobilmachung und damit zum Kriegsbeginn drängte, spreche nicht für Siegeszuversicht, sondern für ein zwanghaftes Handeln wider besseres Wissen. Diese These wird durch die bekannte Tatsache untermauert, daß Moltke bereits 1907 beim Kriegsminister die Prüfung der bei einem Mehrfrontenkrieg auftretenden wirtschaftlichen Probleme anregte – ein Vorgehen, das sich mit einer short war illusion in der Tat nicht verträgt.

33 Notiz Schlieffens bei: Gerhard Ritter, Das Problem des Militarismus in Deutschland, in: Historische Zeitschrift 177 (1954), S. 41. Ritter spricht von einem „völlige[n] Versagen der politischen Autorität vor ihrer militärpolitischen Aufgabe" und bezeichnet den Kriegsausbruch von 1914 als „das erschütterndste Beispiel hilfloser Abhängigkeit der politischen Staatsleitung von den Planungen der Militärtechniker, das die Geschichte kennt" (ders., Schlieffenplan, S. 95). Die für den internationalen Vergleich essentielle Tatsache, daß 1912 in Frankreich die Absicht Joffres, im Kriegsfall die Neutralität Belgienms zu mißachten, durch die Kabinette Caillaux und Poincaré unterbunden wurde, zeigt, die Idee einer Gleichförmigkeit der kriegspolitischen Entwicklung in den europäischen Staaten sollte auch nicht überzogen werden; siehe: Gerd Krumeich, Aufrüstung und Innenpolitik in Frankreich vor dem Ersten Weltkrieg. Die Einführung der dreijährigen Dienstpflicht 1913–1914, Wiesbaden 1980, S. 272.

34 Siehe: Jost Dülffer, Regeln gegen den Krieg. Die Haager Friedenskonferenzen von 1899 und 1907 in der internationalen Politik, Frankfurt/M. und Wien 1981, S. 302f.

ten.[35] Was Bethmann Hollweg angeht, so ist zwar fraglich, ab wann er von jener entscheidenden, 1913 vorgenommenen Änderung des Schlieffen-Planes Kenntnis hatte: Moltke ließ Schlieffens Annahme fallen, daß Holland den Deutschen die Verwendung seiner Eisenhahnlinien für ihre Truppentransporte gestatten werde, und sah vor, am 3. Tag des Angriffs auf Frankreich Lüttich einzunehmen, um die belgischen Bahnen unzerstört in deutsche Hand zu bekommen. Der Kanzler der Katastrophe kannte, seiner eigenen Aussage aus der Zeit nach 1918 zufolge, zwar die Grundzüge der Planung, nicht aber die ‚Einzelheiten'. Jedenfalls hat Bethmann es bis an die Schwelle des Krieges nicht für nötig erachtet, sich mit den internationalen Aspekten und völkerrechtlichen Folgen der in Aussicht genommenen Verletzung der belgischen Neutralität durch Deutschland zu befassen. Es bleibt zu fragen: Wie groß war der Wirklichkeitsverlust innerhalb der deutschen Führung eigentlich, wenn es zutreffen sollte, daß Bethmann selbst nach dem Angriff auf Belgien noch mit der britischen Neutralität rechnen zu können meinte?[36]

Die Rolle der deutschen Militärführung an den politischen Wendepunkten von 1904 bis 1914

Erste Krisensymptome 1904

Bis zu welchem Maß sich die Prärogative des Kaisers und seiner Militärs verselbständigen und Einfluß auf die deutsche Politik nehmen konnte, zeigte sich zum erstenmal während des sogenannten Navy Scare vom November/Dezember 1904. Auf die Nachricht hin, daß verschiedene britische Zeitungen im Gefolge des Doggerbank-Zwischenfalles und in Lob des japanischen Überraschungsangriffes auf Port Arthur einen präventiven Vernichtungsschlag gegen die deutsche Flotte gefordert hatten, reagierte Wilhelm II. auf typisch kopflose Weise: Ohne den Reichskanzler zu unterrichten, wurden auf einer Besprechung mit Marine- und Armeeführung Mitte November in Kiel weitgehende Maßnahmen gegen den befürchteten „Kopenhagen"-Schlag Englands besprochen – Besetzung von Seeland, Fünen und Jütland, Rückführung der in ausländischen Gewässern befindlichen Schiffe wie der in Südwestafrika stationierten Marinetruppen. Im Verhalten des „Höflings" Bülow (Gerhard Ritter) kam die ganze Schwäche des kaiserreichlichen Regierungssystems zum Ausdruck: Der Reichskanzler gab die Zuständigkeit über eine so wichtige politische Entscheidung wie der Frage, ob Dänemark und Frankreich in den vermeintlich drohenden Krieg mit England einzubeziehen seien, einfach preis. Das Versagen der Regierungsspitze in dieser Situation hatte vielleicht nur deshalb keine schwerwiegenden Konsequenzen, weil die drei vom Auswärtigen Amt befragten England-Experten Mitte Dezember übereinstimmend

[35] Winzen, Krieg, S. 170.

[36] Siehe: Ritter, Schlieffenplan, S. 95–102; ders., Der Anteil des Militärs an der Kriegskatastrophe von 1914, in: Historische Zeitschrift 193 (1961), S. 72–91. Ob sich die Hoffnungen des Reichskanzlers nur auf ein Nichteingreifen Englands in die Kriegshandlungen beschränkte, läßt sich nur vermuten. – Zur Determinierung der deutschen Politik in der Julikrise durch den Schlieffen-Plan siehe weiter unten.

Entwarnung gaben; auf ihren Befund hin, daß „weder das englische Volk noch die leitenden Kreise einen Angriffskrieg gegen Deutschland wünschen oder beabsichtigen", ebbte die Panikstimmung ab.[37]

Wie die Militärspitze allein durch die Äußerung ihrer ‚fachlichen' Meinung auf die Entscheidungsfindung der politischen Führung einwirken konnte, läßt sich bereits an der Vorgeschichte der Marokko-Krisen nachvollziehen: Als Mitte April 1904 der deutsche Gesandte in Tanger Vergeltung für die Ermordung eines deutschen Journalisten empfahl, sahen Bülow und leitende Beamte im Auswärtigen Amt die Gelegenheit gekommen, mit einer „gewaltsamen Repressalie" – man dachte an die Besetzung eines Küstenpunktes an der Westküste Marokkos – die Scharte auszuwetzen, die man sich durch den Abschluß der britisch-französischen Entente am 8. April zugefügt sah. In dieser Situation scheint das Votum der befragten Militärs den Ausschlag für den Verzicht Bülows auf eine Intervention zu diesem Zeitpunkt gegeben zu haben: Zwar verneinte Schlieffen die Frage, ob Rußland in der Lage sei, sich neben dem Fernen Osten nun auch noch auf einem anderen Kriegsschauplatz zu engagieren. Tirpitz jedoch wird eindringlich vor der Reaktion der Briten gewarnt haben, da er allen Grund haben mußte, gerade nach der Annäherung zwischen London und Paris einen Vernichtungsschlag der Royal Navy gegen seine im Aufbau befindliche Hochseeflotte zu befürchten. Die anzunehmende Zurückweisung des Anstoßes aus dem auswärtigen Dienst durch den RMA-Chef mag wohl auch den Kaiser veranlaßt haben, eine „maritime [...] Aktion gegen Marokko" abzulehnen.[38]

Algeciras, 1905/06

Hat die deutsche Führung 1905/06 auf dem Weg über die Marokko-Krise den Krieg mit Frankreich herbeiführen wollen? Um diese Frage ist seit dem Beginn der Antikriegsschuld-Historiographie 1919 gestritten worden. Mitte der 1950er Jahre hat sich die Debatte auf die beiden miteinander befreundeten Personen Holstein und Schlieffen konzentriert. Es entstand die These, der Schlieffen-Plan in der Fassung von 1905 – „Krieg gegen das mit England verbündete Frankeich" – müsse aufgefaßt werden „als Plan eines Präventivkrieges, d. h. eines Angriffskrieges gegen Frankreich [...], den der Generalstabschef mit Baron Holstein, [...] vereinbart hatte".[39] Heute kann die Existenz eines solchen Kriegskalküls als praktisch widerlegt gelten, hat sich doch „bei keinem der maßgeblichen Akteure ein konkreter Hinweis" darauf finden lassen, „daß die Eskalationsphase mit militärischen Mitteln überwunden werden sollte".[40]

[37] Winzen, Krieg, S. 175 f.

[38] Ebda., S. 172 f.

[39] Holstein teilte in einem Privatbrief 1897 mit: „Während ich schreibe, sitzt General Graf Schlieffen bei mir im Zimmer und liest Akten, was in bewegten Zeiten gewöhnlich einmal wöchentlich geschieht" (Gordon A. Craig, Die preussisch-deutsche Armee, Düsseldorf 1960, S. 310, Anm. 101). Gegen die These wandten sich Gerhard Ritter (Schlieffenplan, S. 102–138) und Albrecht Moritz, Das Problem des Präventivkrieges in der deutschen Politik während der ersten Marokkokrise, Frankfurt 1974, S. 216 ff. Heiner Raulff, Zwischen Machtpolitik und Imperialismus. Die deutsche Frankreichpolitik 1904–1905, Düsseldorf 1976, S. 76–79 und 126 ff., dagegen hat behauptet, Schlieffen habe die „grundsätzliche Bereitschaft zu einem Präventivkrieg" geäußert, ohne dafür allerdings schlüssige Belege beibringen zu können.

[40] Rolf-Harald Wippich, Das Deutsche Reich auf europäischem Konfrontationskurs. Die erste

Doch damit ist die Rolle Schlieffens und der Militärführung in der Phase des Polarisierungsschubes im Mächtesystem von 1904/06 noch nicht hinlänglich geklärt. Denn daß sich im Generalstab eine Stimmung der Kriegsbereitschaft ausgebreitet hatte, läßt sich nicht bestreiten. Als Schlieffen Reichskanzler Bülow am 26. Juni 1905 – wie sich später herausstellte: übertreibend – von konkreten „Kriegsvorbereitungen" an der französischen Ostgrenze berichtete, wird er bei dieser Mitteilung schwerlich keine weitergehende Absicht verfolgt haben.[41] Vorerst nahm sich der Reichskanzler die Brandmeldung wenig zu Herzen, mit dem Regierungswechsel in England von den Konservativen zu den Liberalen Anfang Dezember 1905 änderte sich seine Haltung aber schlagartig. Nun schien sich die Möglichkeit zu eröffnen, daß sich nicht nur das durch den Krieg mit Japan geschwächte Rußland aus einem deutsch-französischen Krieg heraushalten würde, sondern auch das unter Führung der „Friedenspartei" (Holstein) stehende Großbritannien. Kriegsminister von Einem hat seinen Erinnerungen zufolge an der Jahreswende 1905/06 den Eindruck gewonnen, daß der Reichskanzler „zum allermindesten gegen einen kriegerischen Ausgang der Krise nichts einzuwenden" gehabt habe.[42] Gerade angesichts der anfänglichen Entschlossenheit, Frankreich auch unter vollem Eingehen des Kriegsrisikos in Algeciras zum Nachgeben in der Marokko-Frage zu zwingen, ist um so bemerkenswerter, wie überhastet Bülow Mitte März gegen die sich auf der Konferenz manifestierende europäische Front gegen das Reich den Rückzug anordnete. Bereits im Januar erfolgte die Wende: Holstein und Schlieffen wurden als Strafe für das Scheitern des Bluffs aufs Abstellgleis geschoben. Nun folgte der Kanzler dem beschwichtigenden Urteil des vorsichtigeren Nachfolgers von Schlieffen, Moltke, nahm die französischen Maßnahmen für lediglich innenpolitisch motiviert und wiegelte jeden Gedanken an einen deutsch-französischen Krieg „wegen Marokkos" ab, ja, ersuchte Moltke sogar selber, die anstehenden Verhandlungen über eine Militärkonvention mit Italien wegen der möglichen Belastung der internationalen Lage zu verschieben. Anfang März bestätigte Moltke in einem Memorandum zwar Schlieffens Analyse, daß Rußlands militärische Kräfte gelähmt seien, warnte aber vor einem langwierigen „Volkskrieg" gegen Frankreich.[43] Die Abkehr vom Kriegskurs fiel um so leichter, als auch der – in habituellem Gegensatz zu seinem martialischen Gehabe nach außen eher von Unsicherheit bestimmte – Kaiser einer aggressiven Politik abgeneigt war; der Monarch rechnete mit der Gefahr des sozialistischen Generalstreiks gegen eine Mobilmachung, der Drohung des britischen „Kopenhagen"-Schlages, ungünstigen Landkriegsaussichten.[44]

Nach der Ablösung Schlieffens sprach sich der Generalstab gegen einen Krieg mit Frankreich aus: Damit stellte sich das Heer in „Interessensolidarität" auf die Seite der Marine, die ja ohnehin – vorläufig noch – die Aufrechterhaltung des Friedens wünschte, um den Aufbau der Flotte nicht zu gefährden. Auch im Umkreis des Kriegsministers hielt man den Zeitpunkt für eine Kriegsbeginn für verfrüht, wegen

Marokkokrise 1905/06, in: Jost Dülffer/Martin Kröger/Rolf-Harald Wippich, Vermiedene Kriege. Deeskalation von Konflikten der Großmächte zwischen Krimkrieg und Erstem Weltkrieg 1865–1914, München 1997, S. 577.

[41] Winzen, Krieg, S. 178.

[42] Erinnerungen eines Soldaten, Leipzig 1933, S. 116.

[43] Stevenson, Armaments, S. 73f.

[44] Förster, Militarismus, S. 146f.

der Modernisierungs- und Reorganisationsbedürftigkeit der eigenen Artillerie. Doch hätte es dieser Argumente wohl nicht bedurft, um Bülow vom Konfrontationskurs abzubringen, sprachen dagegen doch innenpolitische wie internationale Gründen – von der Ungewißheit hinsichtlich der Haltung der SPD bis hin zur Andeutung Greys, seine Regierung werde sich in einem deutsch-französischen Krieg um Marokko „auf der Seite Frankreichs befinden".[45]

Bosnien, 1908/09

Die deutsche Politik in der Annexionskrise stand bereits vollkommen im Bann der Einkreisungsvorstellung: der Abschluß der Entente, Algeciras und das britisch-russische Mittelost-Abkommen hatten in Berlin den Eindruck der Ringbildung durch Frankreich, Rußland und England zur fixen Idee verfestigt. Zwar gingen die „Anstöße" zur militärischen Eskalation zwischen den Zweibund-Mächten und Rußland von der k. u. k.-Militärführung mit ihrer Forderung nach Zerschlagung Serbiens aus, doch war es die deutsche Diplomatie in Gestalt Holsteins und Bülows, die es von Anfang an auf eine Kraftprobe mit den „Einkreisungsmächten", das Zerbrechen des „eisernen Ringes", anlegte. Dafür, daß sich der Reichskanzler zu einer Politik der Stärke entschloß – ihm selber schien „ein zweiter Umfall" (wie während Algeciras) nicht möglich[46] – war wohl die Tatsache ausschlaggebend, daß Moltke in seinen Denkschriften vom Februar 1908 und Januar/ März 1909 die Konfrontation mit Rußland im Schulterschluß mit Wien als riskierbar darstellte: Der Generalstabschef bezeichnete den Zustand der russischen Armee als immer noch „unfertig", insbesondere ihre schwere Artillerie sei der deutschen weit unterlegen; die österreichisch-ungarische Armee erschien ihm dagegen „fraglos durchaus kaisertreu, gut diszipliniert, sachgemäß ausgebildet und für den Krieg wohl vorbereitet"; den Kampf gegen Frankreich könne man „mit voller Aussicht auf Erfolg" aufnehmen. Trotz – oder wegen – dieses optimistischen Bildes enthielten die Memoranden keinen Präventivkriegvorschlag. Bülow allerdings glaubte aus den fachmännischen ‚Informationen' folgern zu können, Deutschland und Österreich bildeten „einen Block in Europa, gegen den niemand ankomme".[47]

Es steht außer Zweifel, daß das wilhelminische Militär bei der Transformation des deutsch-österreichisch-ungarischen Bündnisses von einer Verteidigungs- in eine Offensivallianz die Hauptrolle gespielt hat. Bismarck hatte noch die defensive Natur des Zweibundes zu einem sicherheitspolitischen Grundsatz erhoben – „Für uns können Balkanfragen in keinem Fall einen Kriegsgrund darstellen" – und erst 1882 Absprachen zwischen den Generalitäten der Zweibundmächte zugelassen. Nachdem der den

[45] Winzen, Krieg, S. 179f. Zu der These, der von Schlieffen angestrebte Krieg mit Frankreich wäre im Dezember 1905 „nicht zuletzt" deshalb unterblieben, weil „die deutsche Feldartillerie nicht kriegsbereit gewesen" sei, siehe: Schulte, Armee, S. 128f. und ders., Kriegsausbruch, S. 67; seltsamerweise hat Kriegsminister von Einem in seinen Erinnerungen, S. 111, behauptet, er habe den Kaiser zum Krieg gedrängt.

[46] Winzen, Krieg, S. 185. Mit seiner weitergehenden These, daß der sich zu einem letzten Aktivitätsausbruch aufraffende Bülow der „eigentliche Drahtzieher" der Annexion gewesen sei (S. 183), scheint sich der Autor nicht recht durchgesetzt zu haben.

[47] Stevenson, Armaments, S. 131.

Österreichern gegenüber bekannt reservierte Schlieffen 1896 seinen Meisterplan für den Zweifrontenkrieg gefunden zu haben glaubte, begann eine Phase der „Sprachlosigkeit". Sie endete während der Krise um die Annexion Bosniens damit, daß Moltke im Januar 1909 seinem Wiener Kollegen, Conrad von Hätzendorf, in einem Schreiben eine weitgehende Zusicherung machte: Auch falls der Krieg mit Rußland durch den Einmarsch österreichischer Truppen in Serbien provoziert werden würde, sollte der „Casus foederis für Deutschland gegeben sein" und das Reich seine gesamte Armee mobilisieren – eine Maßnahme, die selbstverständlich den Krieg auch gegen Frankreich bedeutete.[48] Die oft geäußerte Behauptung, in dem Vorgehen Moltkes habe eine politische Anmaßung des Militärs gelegen, trifft nicht zu, da der Generalstabschef erst handelte, nachdem Bülow und der Kaiser sein Schreiben gutgeheißen hatten; Conrad war überhaupt erst auf Aehrenthals Initiative aktiv geworden.[49] Das militärische Versprechen fand bekanntlich am 29. März so etwas wie eine parlamentarische Absegnung, als Bülow im Reichstag die „Nibelungentreue" beschwor und dafür bei den anderen Rednern teilweise euphorische Zustimmung fand. In erster Linie war es jedoch die Zusage durch den deutschen Generalstabschef gewesen, die auf seiten der Donaumonarchie die Hemmschwelle gegen den Krieg mit Serbien sinken ließ und damit auch den Wettlauf um medium-term preparedness zwischen Östereich-Ungarn und seinen Nachbarn intensivierte.[50] Wenn auch immer noch umstritten ist, ob das Schreiben einen „Zusatzvertrag" zum Abkommen von 1879 darstellte oder nur eine private „Ansichtsäußerung", außer Zweifel steht, daß die österreichisch-ungarische Militärführung die Zusage zumindest solange als bindend betrachten konnte, wie Moltke sich im Amt befand.[51]

Agadir, Sommer 1911

Die Entsendung eines kleinen Kriegsschiffes an die nordwestafrikanische Küste im Juli 1911 zur Herausforderung der französischen Kolonialmacht – sie kann im Nachhinein nur als erstaunliches, wenn nicht stümperhaftes Vorgehen aufgefaßt werden. Der diplomatische Bluff war bereits mit der Rede Lloyd Georges in Mansion House am 21. Juli geplatzt. Die Reichsleitung geriet unter den Beschuß der nationalistischen

[48] Dazu: Angelow, Bündnis, S. 130ff.

[49] Stevenson, Armaments, S. 131.

[50] Martin Kröger, Ein gerade noch berechenbares Risiko. Die bosnische Annexionskrise 1908/09, in: Dülffer/Kröger/Wippich, Verhinderte Kriege, S. 612; Stevenson, Armaments, S. 131. Fischer hat den aggressiven Unterton dieser Verbindung, der insbesondere in den Generalstabsbesprechungen der Dreibundmächte 1912/13 seinen Ausdruck gefunden habe, betont; siehe: ders., Krieg, S. 612–635; auch: N. Stone, Moltke and Conrad: Relations between the Austro-Hungarian and German General Staffs, 1909–1914, in: Kennedy (Hrsg.), War Plans, S. 222–251.

[51] Angelow, Bündnis, S. 130; Kröger, Risiko, S. 612f., Anm. 64. – Ohne die Bedeutung der unter dem Stichwort „Mitteleuropa" subsumierbaren wirtschaftlichen Interessen, insbesondere die Ausbildung eines deutschen informellen Imperialismus in Südosteuropa, nivellieren zu wollen, läßt sich das Vorgehen Wiens und Berlins auch auf konventionelle Weise, aus der Logik des Blockdenkens, hinreichend erklären – als neuer Versuch, die inzwischen zur Triple-Entente vervollständigte Koalition zu sprengen und ein neues, günstigeres Kräfteverhältnis auf dem Balkan herzustellen.

Interessenverbände, es kam zu einer innenpolitischen Krise. Was die Rolle des Militärs angeht, so haben sowohl Heeresführung wie Marineseite eher passiv am Krisenverlauf teilgenommen; an aggressiven Stellungnahmen ist lediglich der berühmte Privatbrief Moltkes vom August 1911 – „Dann gehe ich" – bekannt. Tirpitz, ohnehin bei der Planung der Aktion übergangen, blieb ganz auf seiner vorsichtigen Linie: „Hinsichtlich des Seekrieges ist der Zeitpunkt so ungünstig wie möglich. Jedes spätere Jahr bringt uns in eine viel günstigere Lage. Helgoland, Kanal, Dreadnought, U-Boote usw." Auch der Chef des Marinekabinetts, Admiral Georg Alexander v. Müller, riet Reichskanzler wie Kaiser, „diesen Krieg, der wohl auf die Dauer nicht zu vermeiden sei, bis nach Fertigstellung des Kanals hinauszuschieben".[52]

Relativiert worden ist auch die These, der zweite internationale Konflikt um Marokko habe Europa an den Rand des großen Krieges gebracht, weil Kiderlen-Wächter tatsächlich bereit gewesen sei, den Krieg zu riskieren:[53] Trotz öffentlichen Gegendrucks arbeitete der Staatssekretär des Äußeren auf die Entspannung der Lage hin, nachdem der Bluff geplatzt war. Dies geschah in Zusammenarbeit mit den Militärführungen: Am 8. August wurde mit dem Admiralsstab vereinbart, für die Hochseeflotte nur sehr begrenzte Bereitschaftsmaßnahmen – etwa eine kurze Verschiebung der Reservistenentlassung – zu ergreifen. Die Schiffe sollten am 10. des Monats – wie vorgesehen – ihre Rückzugsübung in Richtung der Nordspitze Jütlands beginnen. Auch die vom Kaiser gewünschte beschleunigte Indienststellung der „Helgoland", des Prototyps einer neuen Klasse von Großlinienschiffen, lehnte Kiderlen als „kleine Mobilmachung" ab. Selbst als die britische und die französische Armee ihre Herbstmanöver absagten und infolgedessen bei einer eventuellen Mobilmachung einen Vorsprung besessen hätten, hielten Kiderlen und Bethmann – mit dem Einverständnis von Kriegsministerium, Generalstab und Kaiser – an dem planmäßigen Ablauf der deutschen Übungen und der fristgerechten Entlassung aller Reservisten fest. Moltkes Berichte über die Maßnahmen der anderen Seite aus dieser Zeit waren nüchtern, sie kennzeichneten diese als Vorsichts-, nicht als Kriegsvorbereitungsmaßnahmen. Die militärische Führung drängte bei der Reichsleitung regelrecht darauf, die Einhaltung des Nicht-Kriegskurses bestätigt zu erhalten: Ende August erhielt der preußische Kriegsminister Heeringen auch von Bethmann Hollweg die entsprechende Zusicherung.[54]

Auf einer anderen Ebene ist der Umstand zu sehen, daß die internationale Krise im Nachhinein Rüstungsinteressen, Massenmilitarimus und „präventiv" kriegswilligen Kräften im Militär Auftrieb verschaffte. In der Situation des Spätjahres 1911 benutzten diese Kräfte das Bild des – bereits beendeten – Konfliktes als Schwungrad für die Verfolgung ihrer Ziele: Tirpitz war im Rahmen des Kampfes um die im folgenden Jahr anstehenden Reichstagswahlen schon seit Anfang August bestrebt, die Tatsache des Scheiterns der Marokkopolitik unter angeblich demütigenden Umständen für eine neue, weitgehende Flottennovelle als „Antwort des deutschen Volkes auf die englische Einmischung" auszunützen. Die Sache sollte durch ein ‚spontanes' Aufwal-

[52] Zitate nach: Fischer, Krieg, S. 132f. und 137.
[53] Ebda., S. 129f. und Lambi, Navy, S. 319.
[54] Martin Kröger, Kolonialerwerb als Niederlage. Die zweite Marokkokrise 1911, in: Dülffer/Kröger/Wippich, Vermiedene Kriege, S. 637 (teilweise Bestätigung der Darstellung von Emily Oncken, Panthersprung nach Agadir. Die deutsche Politik während der Zweiten Marokkokrise 1911, Düsseldorf 1981, S. 282ff. und 293ff.); Stevenson, Armaments, S. 191–195.

len chauvinistischer Gefühle in Deutschland, zu deren Entfesselung Tirpitz die Presse instruierte, vorangetrieben werden. Da eine erneute, unsinnige Verschärfung des deutsch-britischen Verhältnisses als Folge dieser Propaganda unvermeidbar war, traf der Marine-Staatssekretär auf den energischen Widerstand Bethmann Hollwegs: „Ich gönne unserer Flotte eine Verstärkung," – so der Reichskanzler – „aber sie soll nicht als Paroli gegen die Rede Lloyd Georges auftreten. Wir sollen für unsere Wehr zu Wasser und zu Lande alles tun, was unsere Finanzen irgend gestatten, aber nicht mit drohendem Geschrei, sondern soweit es angeht, in arbeitsamer Stille."[55] Bei der Suche nach einem Weg, der Flotte die Finanzmittel zu beschneiden, verfiel der Reichskanzler auf den Gedanken, in Zusammenarbeit mit der Armeeführung jene Heeresvermehrung zu betreiben, welche die fatale Rüstungswende einleitete: Da sich der GGS seit Ende 1910 um die Zunahme der russischen Stärke infolge der grundlegenden Heeresreorganisation im Zarenreich zu sorgen begann und den Widerspruch zwischen Schlieffen-Plan und realen Stärkeverhältnissen nicht mehr ignorieren konnte, hatte die Militärführung im Dezember 1911 – zum erstenmal seit dem Ende der 1890er Jahre – eine erhebliche Vermehrung der Heeresstärke gefordert.[56] Gleichzeitig verselbständigte sich die chauvinistische Öffentlichkeit zu einer dritten Kraft in der Rüstungspolitik neben Regierung und Militär.

Adria, Spätjahr 1912

Als serbische und montenegrinische Truppen im Gefolge der türkischen Niederlage gegen die Balkan-Allianz im Spätjahr 1912 Albanien besetzten, betrachtete sich Österreich-Ungarn akut in seiner Machtstellung gefährdet, drohte doch der territoriale Zugriff Belgrads auf das Adriatische Meer. Für das nunmehr als Verbündeter der k. u. k. Monarchie herausgeforderte Deutsche Reich verfolgte Bethmann Hollweg eine zumindest von außen doppelbödig erscheinende Politik. Während der Reichskanzler einerseits, in Zusammenarbeit mit England, die Beschwichtigung der österreichischen Aggressivität betrieb, rasselte er gleichzeitig mit dem Säbel: Am 2. Dezember kündigte Bethmann im Reichstag die geschlossene Abwehrbereitschaft von Zweibund und Dreibund gegen jede Herausforderung von dritter Seite – damit konnte nur Rußland gemeint sein – an. Die Drohgebärde rief die britische Regierung auf den Plan, der deutsche Botschafter in London mußte von Innenminister Haldane die Erklärung entgegenehmen, England werde einem deutschen Angriff auf Frankreich nicht tatenlos zusehen.

In dieser Spannungslage des Spätjahres 1912 betätigte sich die deutsche Militärführung zum erstenmal eindeutig als Scharfmacher. Die Gründe für das „Auftauchen des Großen Generalstabes in der politischen Arena" (Stevenson) sind einerseits in der innenpolitischen Situation zu suchen, hier hatte sich der insbesondere vom Militarismus der „kleinen Leute" ausgehende Druck auf den Übergang zu einer Rüstungsgesellschaft enorm erhöht.[57] Auf der anderen Seite kam die internationale Dynamik,

[55] Zit. nach Fischer, Krieg, S. 143.
[56] Stevenson, Armaments, S. 162f. und 179f.
[57] Siehe v.a. Roger Chickering, Der deutsche Wehrverein und die Reform der deutschen Armee 1912–1914, in: Militärgeschichtliche Mitteilungen 25 (1979), S. 7–33; bei der Erklärung des „so

genauer, die Wahrnehmung des Kriegsverlaufs auf dem Balkan durch die deutsche Militärführung, entscheidend zum Tragen:

Noch am 13. Oktober – als die türkische Niederlage gegen Italien bereits so gut wie feststand – hatten Heeringen und Moltke im Gespräch mit dem Kaiser und der Reichsleitung in Hubertusstock keinen Bedarf für eine Beschleunigung der Durchführung des Heeresgesetzes von 1912 gesehen. Am 14., einige Tage vor der Kriegserklärung der Balkanstaaten gegen die Türkei, verfaßte Oberst Ludendorff, Chef der Aufmarschabteilung im Generalstab, ein über Moltke an Heeringen gehendes Memorandum, demzufolge die Notwendigkeit einer entscheidenen Heeresverstärkung gegeben war. Ludendorff war Anhänger der extremen Linie; er hatte bereits im Juni 1910 einen ersten Versuch zur Durchsetzung der Heeresvermehrung unternommen, war dabei aber noch von Kriegsminister Heeringen gestoppt worden. Letztlich wird es der Umsturz des Gleichgewichtes auf dem Balkan durch den Zusammenbruch der osmanischen Herrschaft in Mazedonien, nach den Niederlagen gegen Serben und Griechen Ende Oktober/Anfang November, gewesen sein, der den Sinneswandel der Heeresführung bewirkte: Am 12. November teilte Moltke dem Staatssekretär des Auswärtigen jedenfalls mit, Rußland bereite eine schnellere Mobilmachung vor, durch gesteigerte Einberufungen könne sich die Friedenspräsenzstärke der zarischen Armee um 400000 auf 1,6 Millionen Mann erhöhen, womit Rußland kriegsbereit sei.[58] Einige Tage später, am 17. November, schaltete sich der zum militärischen Establishment zählende Marschall v. d. Goltz mit einer – an Heeringen und Moltke adressierten und an Kaiser und Reichskanzler weitergeleiteten – Denkschrift zum „kommenden Weltkrieg“ in die Debatte ein. Darin wurde das worst case-Szenarium entwickelt: Das Deutsche Reich stehe den Mächten der Triple-Entente nun, da Österreich-Ungarn von einem durch Bulgarien und Rumänien verstärkten Balkan-Bund unter russischer Führung neutralisiert werde und die Türkei als Gegengewicht ausgefallen sei, praktisch allein gegenüber.

Der österreichische Thronfolger Franz Ferdinand, der nach der raschen türkischen Niederlage gegen den Balkanbund gemeinsam mit seinem Generalstabschef in Alarmstimmung nach Berlin reiste, erhielt von Wilhelm II. und Moltke weitreichende Zusagen auf Unterstützung: Das Deutsche Reich werde im Fall des österreichisch-russischen Krieges parallel zu den Operationen des Verbündeten eine „tatkräftige Offensivaktion“ durchführen; Moltkes Versicherung, Wien könne „unter allen Verhältnissen voll“ auf den Beistand des Reichs zählen, wurde vom Kaiser „mit Nachdruck“ bekräftigt.[59] Dieser Kurs führte zu einer Spaltung der deutschen Politik. Kiderlen-Wächter, der von den Gesprächen erst aus der Presse erfuhr, war von Moltke darüber ‚aufgeklärt‘ worden war, daß Rußland fast Kriegsbereitschaft erreicht habe und seine Reservisten-Einberufungen an der polnischen Grenze nicht zur Niederwerfung etwaiger Aufstände erfolgt, sondern nach außen gerichtet seien.[60] Dennoch betrieb der

plötzlichen und radikalen Umschwung[es] in der Haltung der leitenden Männer“ dagegen noch ganz auf der „Feuerkopf“ Ludendorff sowie Moltkes plötzliche Zweifel an den Wagnissen des Schlieffen-Planes fixiert: Ritter, Staatskunst, S. 278f.

58 Kröger, Kolonialerwerb, S. 644f.; Stevenson, Armaments, S. 285ff.

59 Kröger, Kolonialerwerb, S. 648.

60 Stevenson, Armaments, S. 249; die Zuverlässigkeit dieser Mitteilung Moltkes erscheint doch recht fragwürdig.

Staatssekretär die Beilegung der Krise. Der von ihm am 25. November in der Norddeutschen Allgemeinen Zeitung lancierte Artikel – der berühmte „kalte Wasserstrahl" – führte nicht nur zur Abkühlung der Militärpartei in Wien, sondern richtete sich auch gegen die kriegerischen Zusagen der deutschen Militärs und ihres Monarchen. Dies erkannte offenbar auch Moltke, er begann hinter den Kulissen Druck für eine stärkere Erklärung der Regierung zu machen.[61] Die Doppelstrategie der politischen Führung, einerseits den Verbündeten zu zähmen, andererseits eine drohende Haltung gegenüber Rußland einzunehmen, läßt sich somit als Folge der Notwendigkeit deuten, die eigene Linie gegen Kaiser und Militär durchsetzen zu müssen – als eine für unerläßlich erachtete Konzession an die eigene Kriegspartei.[62] Für die Beurteilung der durch die deutsche Militärführung und ihren Kaiser im Spätherbst 1912 zur Schau getragenen Entschlossenheit ist der Umstand von Bedeutung, daß während der Krise das Reich unter allen Kontinentalmächten anscheinend die geringfügigsten Kriegsvorkehrungen getroffen hat.[63]

„Kriegsrat" und Heeresvorlage, 1912/13

In direktem Zusammenhang mit dem Einsturz des Balkan-Gleichgewichtes – ohne den der Beginn des Wettrüstens zu Lande nicht erklärbar ist – berief der deutsche Kaiser im Spätherbst 1912 die Spitzen des Militärapparates zu einer Krisenkonferenz.[64] Wilhelm II. schloß aus dem internationalen Geschehen einerseits – wohl zutreffend – auf die Unzulänglichkeit der Bethmannschen Englandpolitik, andererseits – fälschlich – auf das Bestehen akuter Kriegsgefahr. In dieser Erwartung wurden die

[61] Laut Bericht des k.u.k. Militärattachés Bienerth an Generalstabschef Schemua Blasius vom 4. 12. 1912, zitiert bei: Stevenson, Armaments, S. 251.

[62] Ebda., S. 648–652 und 655. Ganz in diesem Sinn ist das deutsche Verhalten ja auch in Wien verstanden worden.

[63] Stevenson, Armaments, S. 246ff.

[64] Mit seiner brisanten These, derzufolge der große Krieg schon Jahre vor dem allgemeinen Kollaps des Staatensystems im Juli 1914 unilateral in Berlin vorbereitet und herbeigeführt worden sei, stellte Fischer die Analogie zur deutschen Politik ab 1936/37 her. In dieser Sichtweise hatte der schweizerische Militärhistoriker Alfred Gasser bereits 1968 behauptet, die Kassierung des Planes für den Ostaufmarsch im April 1913 sei mit der Entscheidung der deutschen Führung für die Entfesselung des Krieges gleichzusetzen (Deutschlands Entschluß zum Präventivkrieg 1913/14, in: Disscordia concors. Festschrift für Edgar Bonjour, Basel, S. 173ff.) Fischer räumte dem „Kriegsrat" – eine abschätzig gemeinte Bezeichnung des zu dem Gespräch nicht eingeladenen Kanzlers – hervorragenden Stellenwert ein. Sein Argument ist erst recht zur Kenntnis genommen worden, als John C.G. Röhl 1977 unter dem Titel „An der Schwelle zum Weltkrieg" eine Quellensammlung (in: Militärgeschichtliche Mitteilungen, S. 77–134) zur Stützung der gleichen These veröffentlichte. Dadurch wurde eine Debatte angeregt, die, so weit ich zu sehen vermag, vermutlich die Schlußsequenz der Fischer-Kontroverse bilden wird. Neben der im folgenden zitierten Literatur siehe: Geiss, Weg, S. 257, 265 und 269; John C.G. Röhl, Kaiser, Hof und Staat. Wilhelm II. und die deutsche Politik, München 1988, S. 175–202; Gregor Schöllgen, „Fischer-Kontroverse" und Kontinuitätsproblem. Deutsche Kriegsziele im Zeitalter der Weltkriege, in: Andreas Hillgruber/Jost Dülffer (Hrsg.), Ploetz. Geschichte der Weltkriege, Freiburg und Würzburg 1981, S. 166f. und 172; ders., Imperialismus und Gleichgewicht. Deutschland, England und die orientalische Frage 1871–1914, München 1984, S. 353f.; Bernd-Felix Schulte, Zu der Krisenkonferenz vom 8. Dezember 1912, in: Historisches Jahrbuch 102 (1982), S. 183–197.

militärischen Führer an einem Sonntagvormittag ins Potsdamer Schloß zitiert, nicht jedoch der Reichskanzler und der Staatssekretär des Auswärtigen Amtes.[65] Im Mittelpunkt der Konferenz standen die beiden dominanten Führungsgestalten des Militärs: Generalstabschef Moltke forderte den sofortigen Kriegsbeginn, wurde aber von Tirpitz gebremst. Dieser erklärte seine Flotte für noch nicht einsatzbereit und bat, den Krieg um eineinhalb Jahre zu verschieben, bis der Nord-Ostsee-Kanal ausgebaut und für die größeren Schiffe passierbar sei, so daß die Hochseeflotte über einen wesentlich größeren Aktionsraum verfüge. Der Marine-Staatssekretär ging in dem Bestreben, seine Flotte auf keinen Fall in einen verfrühten Einsatz schicken zu müssen, sogar so weit, den rüstungspolitischen Vorrang des Heeres zu bestätigen und Moltke zu empfehlen, die Zwischenzeit zur Verstärkung der Armee und zur besseren Ausnutzung des deutschen ‚Bevölkerungsüberschusses' zu nutzen.[66]

Ein Zeitplan wurde am 8. Dezember 1912 – im Gegensatz etwa zur Hoßbach-Konferenz von 1937 – nicht vereinbart. Zudem unterlief Bethmann die beiden gravierendsten Forderungen des Kaisers nach einer neuen Flottennovelle und einem antirussischen Pressefeldzug. Daß man militärische, diplomatische und propagandistische Schritte in Aussicht nahm, kann angesichts der Tatsache, daß auch andere Mächte entsprechende Maßnahmen zur Kriegsvorbereitung ergriffen, als ‚normal' im Sinn der Vorkriegssituation betrachtet werden.[67] Größere Bedeutung als die einer bloßen Manifestation der Kriegsbereitschaft innerhalb der deutschen Führung besitzt die Konferenz allerdings schon, denn es sind von ihr „auf rüstungspolitischem Sektor enorme Konsequenzen" ausgegangen.[68] Der Schub in der Kriegsvorbereitung ist nun ohne den Zusammenhang mit der geänderten internationalen Konstellation nicht verstehbar. Es handelte sich um eine „Nachrüstung", welche die deutsche Seite für notwendig hielt, nachdem die Sicherheit, einen Krieg gegen Rußland und Frankreich auf der Basis des bisherigen Stärkeverhältnisses führen zu können, infolge der schweren türkischen Niederlage geschwunden war. Bethmann hat am 13. März 1913 dem Reichs-

65 Diesen Tatbestand kann man wohl kaum als „weniger [...] überraschend" abtun, wie: Egmont Zechlin, Die Adriakrise und der „Kriegsrat" vom 8. Dezember 1912, in: ders., Krieg und Kriegsrisiko. Zur deutschen Politik im Ersten Weltkrieg, Düsseldorf 1979, S. 140.

66 Schulte, Kriegsausbruch, S. 196; dies spricht in der Tat für eine Verzögerungstaktik von Seiten Tirpitz' (Stevenson, Armaments, S. 288). Von seinen einer Kapitulation gleichkommenden Äußerungen eine „gerade Linie" zu der „Kriegsentfesselung" kurz nach der Wiedereröffnung des erweiterten Kieler Kanals am 24. Juni 1914 zu ziehen, heißt, sich der Geschichtskonstruktion zu nähern; so: Alfred Gasser, Der deutsche Hegemonialkrieg von 1914, in: Bernd-Jürgen Wendt (Hrsg.), Deutschland in der Weltpolitik des 19. und 20. Jahrhunderts. Festschrift für Fritz Fischer, Düsseldorf 1973, S. 307ff.

67 Hinweis bei Zechlin, Adriakrise, S. 146. Krumeich, Innenpolitik, hat auf die originäre Aggressivität auch der französischen Politik seit 1912 hingewiesen. Sie hat die Herausforderung durch die deutsche Politik in der 2. Marokkokrise und die Heeresvorlage vom Frühjahr 1913 zur Durchsetzung der – auch aus innenpolitischen Motiven – angestrebten dreijährigen Dienstpflicht benutzt und die Bedrohung durch eine deutsche attaue brusquée in der Beschwörung der deutschen Aggressivität zur Ideologie gesteigert.

68 Förster, Militarismus, S. 252–255; Schulte, Kriegsausbruch, S. 120f. Nicht gefolgt werden kann der Bagatellisierung des Geschehens durch Stevenson, der die – bereits beschlossene – Heeresvorlage lediglich als Maßnahme zu der Erhöhung der mittelfristigen Kriegsfähigkeit des Reiches, nicht der kurzfristigen Kriegsbereitschaft, wertet und das einzige aggressive Element in der Forderung des Kaisers an Tirpitz, eine neue Flottennovelle einzubringen, erblickt; siehe: ders., Armaments, S. 253 und 287ff.

tag gegenüber eingeräumt, daß die Heeresvorlage – entgegen den Bemühungen, sie als Gegenschlag zum Französischen Dienstpflichtgesetz auszugeben – in Reaktion auf den Balkankrieg konzipiert worden war.[69] Daß es in der Folge dann allerdings zu einer Erhöhung des Ausgabenvolumens um das 2–3fache der ursprünglichen Planung von Kriegsminister Heeringen gekommen ist, wird nur durch die einschlägige nationalistische Agitation vom Frühjahr 1913 verständlich, der sich der GGS dann anschloß. Bethmann, der die Ausweitung der Heeresvorlage eigentlich nur befürwortet hatte, um die Herausforderung Englands durch eine mögliche neue Flottennovelle zu vermeiden, sah sich dadurch unwillentlich zum Initiator des eigentlichen take off im Wettrüsten gemacht.

Es trifft somit zu, daß sich der Generalstabschef seit Ende 1912 verbal als Kriegstreiber betätigte, wenn er dabei auch alleine blieb. Die Bedrohungsvorstellung, die von Moltke zum erstenmal in einem Brief an Kriegsminister Heeringen am 25. November 1912 geäußert worden war, sah so aus: Innerhalb von zwei oder drei Jahren würde die Entente in militärischer Stärke für das Deutsche Reich uneinholbar davongelaufen sein; insbesondere würde es Rußland mit dem Ausbau der Westbahnen vermögen, den deutschen Vorsprung in der Mobilmachungsdauer wettzumachen. In einer Denkschrift vom 2. Dezember stellte Moltke fest, daß sich alle Seiten auf den europäischen Krieg vorbereiteten, das nationalistisch erhitzte Frankreich Deutschlands Hauptgegner sei und alles von der deutschen Fähigkeit abhinge, den westlichen Nachbarn militärisch innerhalb weniger Wochen zu überwältigen.[70] Letztlich ging es bei der Präventivkriegsidee also darum, einen „möglichen Ausweg aus den rüstungspolitischen Problemen" zu finden. Dieser auf der der Dezember-Konferenz von Moltke vorgebrachte Gedanke sollte die spätere Kriegsentscheidung der deutschen Führung maßgeblich beeinflussen.[71]

Die Liman v. Sanders-Affäre, Ende 1913/Anfang 1914

Als die im Januar 1913 in Konstantinopel an die Macht gelangte Regierung unter jungtürkischer Führung beim Deutschen Reich um die Entsendung einer Militärmission an den Bosporus anfragte, griffen Militärattaché Stempel und Botschafter Wangenheim die Gelegenheit sofort auf. Es ging vorderhand darum, das eigene Image, das durch die schwere Niederlage der mit deutschem Kriegsgerät ausgerüsteten Truppen gegen Serbien gelitten hatte, wieder aufzupolieren. Darüber hinaus wurde es als erforderlich angesehen, gegen das Abdriften der in Strategiekalkül und Wirtschaftsinteressen Deutschlands keine unwesentliche Rolle spielenden Türkei in das Entente-Lager vorzugehen. Aus diesen Gründen wurde im Dezember ein 40 Personen umfassendes Kontingent von Offizieren unter Leitung des mit umfassenden Kompetenzen ausgestatteten Generals Liman v. Sanders an den Bosporus entsandt.[72] Das Aufga-

[69] Förster, Militarismus, S. 281 f.

[70] Stevenson, Armaments, S. 202 und 287. Zu Fischers These von der drängenden Kriegsbereitschaft Moltkes siehe: ders., Krieg, S. 233 f.; auch: Dieter Groh, „Je eher, desto besser!" Innenpolitische Faktoren für die Präventivkriegsbereitschaft des Deutschen Reiches 1913/14, in: Politische Vierteljahresschrift 13 (1972), S. 501–521.

[71] Förster, Militarismus, S. 255.

[72] Die Anfrage ist vor dem Hintergrund der seit dem Vormärz bestehenden preußisch-deutschen

bengebiet der Militärmission umfaßte alle militärischen Bereiche in der Türkei; insbesondere hatte Liman das Kommando über das an den Meerengen stationierte Armeekorps inne. Nicht der zwangsläufig aufkommende Protest von russischer Seite sollte in der Folge zu einem deutschen Einlenken führte, sondern die Gefahr, daß die Spannungen um die Mission auf die deutsch-britischen Beziehungen durchzuschlagen drohten.[73]

Der Umstand, daß die seit Frühjahr 1913 geführten Verhandlungen über die Modalitäten der Mission vom Kaiserlichen Militärkabinett an sich gezogen worden waren, hatte zwiespältige Konsequenzen. Einerseits scheint das Auswärtige Amt den Konflikt mit Petersburg eben aus diesem Grund gezielter Blamage des Konkurrenten in Kauf genommen zu haben; andererseits trug diese Voraussetzung zu einer relativ glatten Beilegung des Konfliktes bei: Die erstaunliche deutsche Bereitwilligkeit, auf den von Rußland ausgeübten diplomatischen Druck hin zurückzustecken, allein aus der Reserviertheit der Wilhelmstraße und der deutschen Botschaft in Konstantinopel zu erklären, scheint allerdings fragwürdig.[74] Daß Bethmann Hollweg gegenüber dem zunächst in gewohnt markiger Manier auf einer Kraftprobe bestehenden Kaiser noch einmal seine englandpolitische Option durchsetzen konnte, sollte nicht voreilig als Sieg des Primats der Politik verstanden werden.[75] Es ist fraglich, wie die Entscheidung ausgefallen wäre, wenn nicht auch Moltke, angesichts der unangenehmen Aussicht auf einen Winterkrieg, zur Nachgiebigkeit geraten hätte.[76] Die Krise konnte schließlich beigelegt werden, indem die deutschen und russischen Militärattachés eine alle Seiten zufriedenstellende Lösung aushandelten: Liman wurde am 14. Januar 1914 zum türkischen Marschall befördert – womit er einen zu hohen Rang bekleidete, um noch das Kommando über das 1. Armeekorps behalten zu können.

Dieser letzte Konflikt im Staatensystem vor dessen Auseinanderfallen erreichte bei weitem nicht die Intensität der Marokko-Krise von 1911 und der Spannungen auf dem Balkan von 1909 und 1912. Da sich als einzige der Großmächte Rußland durch die Entsendung der deutschen Militärmission betroffen sah, konnte die Verstimmung noch vor einer militärischen Eskalation beigelegt werden.[77] Andererseits wurde das

Militärmissionen in der Türkei und des gegenseitigen Offiziersaustausches zu sehen. Außer der zitierten Literatur siehe: Schöllgen, Imperialismus, S. 366ff.; Wallach, Anatomie, S. 126–143; Klausa Wormer, Großbritannien, Rußland und Deutschland. Studien zur britischen Weltreichspolitik am Vorabend des Ersten Weltkrieges, München 1980.

[73] Martin Kröger, Letzter Konflikt vor der Katastrophe. Die Linan-von-Sanders-Krise 1913/14, in: Dülffer/Kröger/Wippich, Vermiedene Kriege, S. 668.

[74] Stevenson, Armaments, S. 344 und 347. Kritik an der Betrauung des Militärkabinetts mit der Organisierung der Mission durch den Kaiser geäußert haben Reichsleitung und Auswärtiges Amt allem Anschein nach allerdings nicht; Krüger, Konflikt, S. 658.

[75] „Es handelt sich um unser Ansehen in der Welt, gegen das von allen Seiten gehetzt wird! Also Nacken steif und Hand ans Schwert!“ Schlußbemerkung des Kaisers zu einem Schreiben von Pourtalès, 13. 12. 1913, zitiert nach Fischer, Krieg, S. 501. Wie schwach die Stellung Wilhelms II. zu diesem Zeitpunkt bereits sein konnte, zeigt die Tatsache, daß Jagow auf das Prestigeargument überhaupt nicht mehr einging; siehe: Kröger, Konflikt, S. 669.

[76] Klaus Hildebrand, Das vergangene Reich. Deutsche Außenpolitik von Bismarck bis Hitler 1871–1945, Stuttgart 1995, S. 298, leider ohne Beleg.

[77] Es läßt sich wohl kaum davon sprechen, daß die Krise Europa „an den Rand des Krieges“ geführt habe (Fritz Fischer, Griff nach der Weltmacht. Die Kriegszielpolitik des kaiserlichen Deutschland 1914/18, Düsseldorf 1961, S. 42).

deutsch-russische Verhältnis irreparabel geschädigt. Die Regierung des Zaren entschloß sich zu beträchtlichen Rüstungsmaßnahmen, insbesondere dem Aufbau eines zweiten Geschwaders der Schwarzmeerflotte. Dadurch wiederum erhöhten sich die politisch-militärischen Spannungen in Südosteuropa. Zudem zeigte Petersburg nunmehr wesentlich größere Bereitschaft, den französischen Anregungen zum Ausbau des Schienennetzes im westlichen Teil des zarischen Reiches entgegenzukommen.[78]

Die Verfestigung der Bedrohungsvorstellungen, Frühjahr 1914

Seit Ende 1913 begann die Zwangslagen-Definition des deutschen Militärs, die später den Ausschlag für den Entschluß der Führung zur Kriegsauslösung geben sollte, irreversibel zu werden: Erstens war man sich nunmehr sicher, daß die Zeit für eine günstige Machtprobe abliefe, weil der Rüstungswettlauf mit dem Zweierverband auf mittlere Sicht angeblich nicht zu gewinnen war. Moltke hielt dafür, daß das dreijährige Dienstgesetz in Frankreich der Erhöhung der französischen Angriffsstärke gelten und bereits im Winter 1914/15 greifen würde.[79] In erster Linie aber war Rußland der Gegner, auf den sich seit Ende 1913/Anfang 1914 die Ängste richteten: Mit diesem Land glaubte „man eine Konkurrenz in bezug auf Massen nicht eingehen" zu können, wie Moltke Mitte Mai 1914 in dem Karlsbader Gespräch mit Conrad ausführte.[80] Der GGS ging von einem beispiellosen Stand der russischen Kriegsbereitschaft aus, für welchen eine erneute gute Ernte, hohe Staatseinkommen und die verzögerte Entlassung umfangreicher Reservistenkontingente sprechen sollten. Schon am 15. Dezember des Vorjahres hatte Moltke Bethmann wissen lassen, die Regierung des Zaren werde im Ernstfall ohne Ankündigung mit der Mobilmachung beginnen und dadurch ihre Truppen fünf Tage früher als man selber in die Aufmarschgebiete führen können.[81] Die Befürchtungen betrafen insbesondere den Eisenbahnbereich, laut eines Schreibens von Moltke an Bethmann vom 1. Januar 1914 „Leitstern der Kriegführung in Gegenwart und Zukunft": Frankreich verfügte 1913 über 15 gegenüber nur 12 deutschen Transportlinien, so daß der Generalstab mit einer um fünf Tage kürzeren Aufmarschzeit (11:16) des westlichen Gegners rechnete. In diesem Szenarium mußte die in unmittelbarer Zukunft erwartete Fertigstellung der Westbahnen des Zarenreiches als point of no return erscheinen, entfiel doch dann auch der vermeintliche Vorteil der kürzeren Mobilmachungsdauer auf deutscher Seite.[82] Zweitens erschien es um so existentieller, die günstige Gelegenheit momentaner materieller Überlegenheit über Frankreich als eine vielleicht nie mehr wiederkehrende Chance für den Zweibund zu nutzen: Nach Angaben Moltkes verfügte die französische Ar-

[78] Schlußbemerkung Wilhelms II. zu Pourtalès an Bethmann Hollweg, 25. 2. 1914: „Die Russisch-Preußischen Beziehungen sind ein für alle Mal tot! Wir sind Feinde geworden!" Zitiert nach: Kröger, S. 670; siehe auch: Stevenson, Armaments, S. 348f.; Krumeich, Innenpolitik, S. 277.

[79] Stevenson, Armaments, S. 312 und 317.

[80] Zitiert nach: Fischer, Krieg, S. 584.

[81] Stevenson, Armaments, S. 316, 319 und 327.

[82] Ebda., S. 362f.

mee noch nicht über Haubitzen, verwendete ein schlechteres Infanteriegewehr und hatte nur ungenügend ausgebildete Truppen.[83]

Auffällig ist der Wandel, den Moltkes Äußerungen während des Frühjahrs 1914 durchmachten; Fritz Fischer hat darauf bereits hingewiesen. Während der Generalstabschef in einem Brief an seinen k. u. k.-Kollegen Mitte März noch keinen Kriegswillen auf Seiten der Entente-Mächte erkennen wollte, äußerte er sich in dem berühmten Gespräch mit Jagow am 20. Mai – in dem Moltke dem Staatssekretär die Einstellung der deutschen Politik auf die Kriegsvorbereitung nahelegte – ganz anders: In zwei bis drei Jahren werde die russische Überlegenheit unüberwindlich sein. Wie realistisch die Vorstellung einer grundlegenden Aggressivität der Feindkoalition gewesen ist, wird naturgemäß nur schwer zu überprüfen sein.[84] Als wahrscheinlich kann dagegen bezeichnet werden, daß Moltke selber wirklich an die Kriegswilligkeit des russisch-französischen Bündnisses geglaubt hat und es sich bei seinen Lagebeurteilungen im Mai nicht lediglich um ein taktisches Mittel zur Herbeiführung des Präventivkrieges gehandelt hat.[85]

Vor dem Hintergrund der sich verdichtenden Bedrohungsvorstellung mußten die ebenfalls im Frühjahr 1914 eingehenden geheimen Nachrichten über die russisch-englischen Marinekontakte eine fatale Wirkung haben. Diese nahmen ihren Ausgang von einem im Februar gestarteten Versuch des russischen Außenministers, den Dreierverband zu einem militärischen Block mit echter Abschreckungswirkung umzuwandeln. Nach briefing im Admiralstab des Zaren (26. Mai) nahm der russische Marineattaché am 7. Juni Besprechungen in London auf. Bethmann gelang es zwar, die britische Regierung zum Rückzug zu veranlassen,[86] doch der durch die Marinege-

83 Beurteilung Moltkes in einem Brief des bayerischen Gesandten in Berlin, Graf Lerchenfeld, an den bayerischen Ministerpräsdidenten, Graf Hertling, vom 31. Juli 1914, in: Geiss, Julikrise, Bd. I; S. 438 (Nr. 918). – England galt – nicht zuletzt wegen des briefings durch die Militärs – als quantité negligeable: Moltke teilte dem Staatssekretär des Auswärtigen Amtes mit, den Informationen „seines“ Militärattachés in London zufolge werde die British Expeditionary Force sehr schwach ausfallen, auf die Flotte ging er nicht einmal ein: Stevenson, Armaments, S. 357f. Zudem hielt Jagow die deutsche Flotte mittlerweile für stark genug zur Abschreckung der britischen Schlachtflotte. Dies waren Informationen, die sehr gut zu der politischen Leitlinie paßten, da sie eine non-interventionistische Haltung Londons nahezulegen schienen.

84 Siehe: Fischer, Krieg, S. 579, der diesen Umstand mit der Annahme relativieren will, die Kriegswilligkeit der Entente habe lediglich einen im Bewußtsein Moltkes vorhandenen Faktor dargestellt.

85 Im Gegensatz zu der als Modell eines Präventivkrieges geltenden Lage von 1756, als König Friedrich II. infolge der Kenntnis von den Petersburger Besprechungen definitiv um die Angriffsabsichten der gegnerischen Koalition wußte, war Moltke noch Ende Juli gezwungen, die russischen Absichten lediglich aus den von der Petersburger Regierung ergriffenen Maßnahmen abzuleiten.

86 Nicht von ungefähr ist gerade dieser Gegenstand in einem längeren Aufsatz mit apologetischer Tendenz noch einmal aufgegriffen worden: Manfred Rauh, Die britisch-russische Marinekonvention von 1914 und der Ausbruch des Ersten Weltkrieges, in: Militärgeschichtliche Mitteilungen 41 (1986), S. 37–62. Hier wurde unter Rückgiff auf einschlägige Veröffentlichungen aus der Zeit vor 1945 – Hans Rothfels, Die englisch-russischen Verhandlungen von 1914 über eine Marinekonvention, in: Berliner Monatshefte 12 (1934); Erwin Hölzle, Der Osten im Ersten Weltkrieg, Leipzig 1944 – ein letzter systematischer Versuch unternommen, den in der deutschen Wahrnehmung tatsächlich als bedrohliche „Einkreisung“ aufgefaßten Ausbau der Triple-Entente zu einem militärischen Bündnis als 1.) objektiv gegeben und 2.) zwingenden

spräche ausgelöste Schock wirkte beim Reichskanzler nach: Laut dem Riezler-Tagebuch sah Bethmann die Marineverhandlungen in Petersburg als „sehr ernst an, [als] letztes Glied in der Kette".[87] Für ihn stand die Tatsache im Vordergrund, daß die Unterhandlungen auf nicht mehr ignorierbare Weise das Scheitern seiner Politik der Isolierung Englands vom russisch-französischen Militärbündnis belegten. Es ist sicherlich unzutreffend, die Vorstellung einer Bedrohung der Sicherheit des Deutschen Reiches durch gemeinsame russisch-britische Operationen – insbesondere eine Invasion Pommerns – zur Rechtfertigung des deutschen Kriegsentschlusses heranzuziehen. Ähnlich verfehlt erscheint es aber, die Möglichkeit einer solchen Unternehmung einfach als „phantastisch" zu verwerfen[88] – zumal sie in der Perspektive des bevorstehenden Aufbaus der Ostsee- und der Verstärkung der Schwarzmeer-Flotte gesehen werden muß.

Die Julikrise

Daß die deutsche Politik in der Julikrise „diejenige des Generalstabs" gewesen sei,[89] kann als mittlerweile überholte Anschauung betrachtet werden. Moltke, in der Zwischenkriegszeit mit dem Vorwurf permanenter und bestimmender Einmischung in die kaiserliche Regierung belastet,[90] hat keine derartige Rolle spielen können. Dieser Befund beruht an erster Stelle auf dem Umstand, daß die Entscheidung des Kaisers zur Erteilung des „Blankoschecks" ebenso ohne Zutun des GGS zustande gekommen ist wie der Entschluß Bethmanns und Jagows, Wien zur vorzeitigen Kriegserklärung an Serbien zu drängen. Der erste Vorstoß des Militärs in die Domäne der Politik kam außerdem eher unabsichtlich zustande: Am 26. Juli 1914 übermittelte Moltke dem Auswärtigen Amt ein von ihm entworfenes Ultimatum an die belgische Regierung, das aber lediglich als Vorschlag gemeint war. Die infolge ihres kaum nachvollziehbaren Desinteresses an den militärischen Planungen vollkommen unvorbereitete Reichsleitung war jedoch offenbar froh, daß das Militär die Initiative ergriffen hatte. Moltkes Skizze wurde einfach dem deutschen Geschäftsträger in Brüssel zugeleitet, der keine Ahnung von dem bevorstehenden Einmarsch nach Belgien hatte.[91]

Wenn die vom deutschen Militär bis zu diesem Zeitpunkt weitergegebenen Beurteilungen der gegnerischen Absichten auch tendenziös gewesen sein mögen, das in

Grund für den Gegenschlag darzustellen: Das Vorhaben kulminierte in der rhetorisch gestellten Doppelfrage: „Oder wurde am Ende Deutschland in den Krieg hineingedrängt, [und] geschah dies vielleicht sogar mit Absicht?" Gerd Krumeich hat den Beitrag zu Recht als „kuriose[s] Tendenzwende"-Produkt [...]" bezeichnet (Kriegsgeschichte im Wandel, in: Gerhard Hirschfeld/Gerd Krumeich (Hrsg.), Keiner fühlt sich hier mehr als Mensch. Erlebnis und Wirkung des Ersten Weltkriegs, Essen 1993, S. 12.

[87] Zitiert nach Egmont Zechlin, Julikrise und Kriegsausbruch, in: Politik und Geschichte. Europa 1914 – Krieg oder Frieden, Kiel 1985, S. 63.

[88] Geiss, Weg, S. 231 f.

[89] Geradezu idealtypisch hierzu etwa: M. K. Vyvyan, The Era of Violence, 1898–1945 (= The New Cambridge Modern History, Bd. 12), Cambridge 1960, S. 648.

[90] Besonders einflußreich für die Entstehung dieses Bildes: Hermann Lutz, Die europäische Politik in der Julikrise 1914. Gutachten, Berlin 1930, S. 201 f.

[91] Jehuda L. Wallach, Das Dogma der Vernichtungsschlacht. Die Lehren von Clausewitz und Schlieffen und ihre Wirkung in zwei Weltkriegen, München 1967, S. 140–145.

der Julikrise gezeichnete Bild erscheint im Nachhinein durchaus realistisch: Wie der GGS feststellte, bewirkten die russischen Maßnahmen, die am 25. Juli durch die Inkraftsetzung der Verordnung über die Kriegsvorbereitungsperiode mit Wirkung vom folgenden Tag beschlossen worden waren, de facto die Einleitung der Mobilmachung.[92] Daß sich das deutsche Militär durchaus situationsgerecht verhielt, wird durch die Tatsache belegt, daß nun erst jene erstmals im März eingesetzten „Spannungsagenten" über die Grenze gesandt wurden, deren Aufgabe es war, zwischen einer probeweisen und einer ernstgemeinten Mobilisierung auf russischer Seite zu unterscheiden.[93]

Harter Kritik ist insbesondere das Memorandum des GGS-Chefs vom 28. Juli unterzogen worden, in dem vor einer Unterschätzung der russischen Haltung gewarnt wurde. Imanuel Geiss zufolge kommt dieser Denkschrift insofern „historische [...] Bedeutung" zu, als sie einen „nur zu erfolgreichen Druck des Generalstabs auf die politische Reichsführung [...,] bereits eine russische Teilmobilmachung zum Anlaß für die deutsche Generalmobilmachung zu nehmen", ausübte.[94] Es kann in diesem Vorgehen des Generalstabschefs eine weitere Anmaßung politischer Gestaltungskompetenz gesehen werden, man sollte dabei aber nicht übersehen, daß die Bewertung aus militärischer Sichtweise zutreffend war.[95] Auch der von Moltke geschilderte Automatismus der Mobilmachungen entsprach insofern den Tatsachen, als im deutschen Schema nun einmal keine Teilmobilmachung vorgesehen, folglich auch keine abgestufte Antwort möglich war; dieser Umstand, der auf deutscher Seite während der Krisenjahre seit 1911 stets als entscheidender Vorteil aufgefaßt worden war und das deutsche Verhalten bestimmt hatte, entpuppte sich nun als tödlicher Mangel.

Seine Kompetenzen überschritt Moltke erstmals am 29. Juli. In dem Geheimdienst-Bericht dieses Tages, an dem die Nachricht über die Verstärkung der belgischen Armee einging, wurde warnend auf die Tatsache hingewiesen, daß Rußland zwar noch keine öffentliche Mobilmachung erklärt habe, aber im Geheimen bereits Vorbereitungsmaßnahmen durchführe. Der Feststellung folgte eine Aufforderung zu politischem Handeln: Das russische Vorgehen sei auf das Ziel zurückzuführen, Deutschland zum Aggressor abzustempeln – ein Spiel auf Zeit, das die militärische Führung des Reiches nicht länger hinnehmen dürfe.[96] Der Schritt, mit dem der Generalstabschef schließlich einen Verfassungsbruch beging, erfolgte am 30. Juli, als die alarmierenden Nachrichten über die formelle Verkündigung der russischen Generalmobilmachung eingegangen waren: Um die aus einer doppelbödigen Strategie der Ratlosigkeit entstandenen „Weltbrandtelegramme" Bethmanns nach Wien zu unter-

[92] Als der deutsche Kaiser in dem Brief an den Zaren vom 30. Juli Kenntnis von den 5 Tage zuvor ergriffenen militärischen Maßnahmen Rußlands gegen Österreich erhielt, gab er den Ausdruck „decided" mit „getroffen" statt „beschlossen" wieder – und traf damit, wohl unbewußt, das richtige; Text in: Geiss, Julikrise, Bd. II, S. 286 (Nr. 688).

[93] L. Trumpener, War Premeditated? German Intelligence Operations in July 1914, in: Central European History 9 (1976), S. 66.

[94] Julikrise, Bd. II, S. 236.

[95] Wie der australische Militärhistoriker L. C. F. Turner zeigen konnte, ging die russische Teilmobilmachung aus „Sazonovs dümmliche[r] Absicht, diplomatischen Druck auszuüben" hervor (The Role of the General Staffs in July 1914, in: The Australian Journal of Politics and History 11 (1965), S. 322.

[96] Stevenson, Armaments, S. 402.

laufen, bestärkte Moltke auf eigene Faust die k. u. k. Regierung in ihrer Kriegsentschlossenheit.[97]

Wenn behauptet wird, das Militär habe den Entscheidungsprozeß so weitgehend bestimmt, daß es der Reichsleitung gar nicht möglich gewesen sei, die Kriegserklärungen an Rußland (1. August) und Frankreich (3. August) hinauszuzögern, so kann diese – letztlich zur Entlastung Bethmanns und seiner Mitarbeiter beitragende – These nicht überzeugen.[98] Der Entschluß zur Einleitung des totalen europäischen Krieges fiel am späten Nachmittag des 1. August, als Folge einer diplomatischen Abwägung: Eine Falschmeldung des deutschen Botschafters in London über ein angebliches Neutralitätsangebot Englands reichte aus, um die scheinbar so unausweichliche ‚Logik' des Schlieffen-Planes in Zweifel zu ziehen. Die anwesenden Vertreter der Reichsleitung haben das Argument des militärischen Fachmannes Moltke, der Westaufmarsch sei so unaufhaltbar wie der Ostaufmarsch undurchführbar, mit „allgemeinem Erstaunen" aufgenommen. Anstatt nun seine Position rigoros durchzusetzen – wie es die konventionelle Meinung einer klaren Überlegenheit des Militärs in der Entscheidungssituation verlangen würde –, zog sich der Chef des Generalstabes in sein Büro zurück und geriet in seine bekannte tränenreiche Nervenkrise.[99] Mit der Akzeptierung oder Zurückweisung von Moltkes Argument hatte die politische Führung eine letzte, existentielle Entscheidung zu treffen: Wenn die von Kaiser und Reichsleitung ventilierte Möglichkeit der Eröffnung der Kampfhandlungen lediglich gegen Serbien und Rußland, bei defensiver Haltung im Westen, realisiert worden wäre, hätte sich der Spielraum der deutschen Diplomatie auf geradezu atemberaubende Weise vergrößert; die Ereignisabfolge: Verletzung der belgischen Neutralität durch Deutschland – deutsche Kriegserklärung an Frankreich – Kriegserklärung Englands an Deutschland wäre zumindest nicht in Form des uns geläufigen Mechanismus in Gang gesetzt worden. Damit eröffnet sich eine Alternative zur schlagartigen Ausweitung der Konfrontation der Zweibundmächte mit Rußland – des Kontinentalkrieges – zum Weltkrieg: Wenn Moltkes Erklärung nämlich erst in dem Moment hingenommen wurde, als sich die Meldung Lichnowskys als Irrtum herausstellte, heißt dies nichts anderes, als daß eine Aufgabe des Schlieffenplans selbst zu diesem Zeitpunkt noch im Bereich des Möglichen lag.[100]

[97] Die erste, in einem Telegramm des k.u.k. Militärattachés in Berlin, Bienerth, enthaltene Mitteilung für Conrad lautete: „Für Österreich-Ungarn zur Erhaltung Durchhalten des europäischen Krieges letztes Mittel. Deutschland geht unbedingt mit." Das direkt an Conrad gerichtete Telegramm Moltkes hatte den Wortlaut: „Russische Mobilisierung durchhalten; Österreich-Ungarn muss erhalten bleiben, gleich gegen Russland mobilisieren. Deutschland wird mobilisieren." Abgedruckt in: Geiss, Julikrise, Bd. II, S. 439 (Nr. 858).

[98] Daß Bethmann Hollweg nicht abwartete, ist ihm in der Zwischenkriegszeit u.a. durch den ehemaligen Reichskanzler Bülow zu Recht zum Vorwurf gemacht worden; siehe: Gert Fesser, Bernhard v. Bülow und der Ausbruch des Ersten Weltkrieges, in: Militärgeschichtliche Mitteilungen 51 (1992), S. 320–323, der die „Entlastungsthese" übernimmt.

[99] Siehe Moltkes Aufzeichnungen, in: Geiss, Julikrise, Bd. II, S. 559 (Nr. 1000b). Der Generalstabschef hat sein „Versagen" selber als so gravierend angesehen, daß er es im Nachhinein gegenüber dem Generaladjutanten und Kommandanten des Großen Hauptquartiers, Generaloberst Plessen, mit eisenbahntechnischen Problemen entschuldigen zu müssen meinte; siehe: Angelow, Bündnis, S. 151.

[100] Ob es im Sommer 1914 noch eine Alternative zum Westaufmarsch gab, ob der 1913 von Moltke auch mit dem Argument der unzureichenden Eisenbahnverbindungen zum und im

Die Wechselwirkung zwischen deutscher Politik und internationalem System im Zeichen der Militarisierung

Grundsätzlich läßt sich sagen, das deutsche Militär hat in der europäischen Politik vor 1914 keine aktive Rolle gespielt: Zum einen ist es der Wilhelmstraße gelungen, ihren Ressortegoismus in den wenigen Fällen, in denen dieser durch Generalstab und Flottenführung herausgefordert wurde, zu verteidigen. Die Sonderdiplomatie von Tirpitz' Marineattachés bildet wohl die Ausnahme von dieser Regel, doch sollte deren Einfluß so wenig überschätzt werden wie die Stellung des Kaisers im Regierungssystem nach 1908. Noch wichtiger als dieser Umstand ist: Für keine der untersuchten Krisen- und Entscheidungssituationen läßt sich behaupten, daß Heeres- und Marineführung die ihnen qua Verfassung gesetzten Grenzen überschritten hätten. Wenn aus dem Militärapparat heraus die Initiative in den auswärtigen Beziehungen ergriffen wurde, dann geschah dies entweder nach Autorisierung durch die politische Führung (Moltke-Conrad-Briefwechsel von 1909) oder in Abstimmung mit der diplomatischen Vertretung vor Ort (Liman-Affäre). Selbst der einzige Fall, in dem ein militärischer Führer vor 1914 wahrscheinlich die Entscheidung für den Krieg herbeiführen wollte (Schlieffen 1905), läßt sich als Bestätigung für den Vorrang der politischen Führung werten – schließlich ist der Generalstabschef vom Reichskanzler aufs Abstellgleis geschoben worden. Moltkes Vorgehen gegen Ende der Julikrise bildet also die große Ausnahme: Seit dem 26. Juli ließ sich der Generalstabschef zur politischen Aktivität verleiten, um mit den Telegrammen vom 30. Juli die zwar einzige zweifelsfreie, dafür aber um so folgenschwerere Einmischung seitens deutscher Militärführer in die ‚Große Politik' während der Wilhelminischen Ära zu begehen.

Wenn die deutsche Diplomatie ihre Prärogative auf der formell-institutionellen

östlichen Reichsgebiet aus der Planung genommene Ostaufmarsch gegen Rußland wirklich technisch undurchführbar war, steht dahin. Obwohl die genetische und substanzielle Abhängigkeit des Schlieffenplanes von der Qualität des deutschen Eisenbahnnetzes, seine Verschränkung mit dem „Reichseisenbahngedanken", mittlerweile erschöpfend belegt worden ist (siehe v.a.: Arden Bucholz, Moltke, Schlieffen and Prussian War Planning, New York 1991), scheinen zumindest gewisse Zweifel an der Alternativlosigkeit des Konzeptes angebracht; der – allerdings nicht ganz vertrauenswürdige – Groener hat den Ostaufmarsch in seinen Lebenserinnerungen 1957 als technisch genauso gut machbar wie die Offensive des Westens bezeichnet. Ob es, wie von Michael Salewski angeregt, machbar ist, „die Möglichkeiten eines großen Ostaufmarsches im August 1914 noch einmal nachzurechnen", entzieht sich der Urteilskraft des Verfassers ebenso wie die Entscheidung der Frage, ob das Ausbleiben dieser Leistung allein mit der Vernichtung des Potsdamer Heeresarchivs 1945 erklärt werden kann (Moltke, Schlieffen und die Eisenbahn, in: Roland G. Foerster (Hrsg.), Moltke, S. 99). Die deutsche Geschichtswissenschaft hat sich mit dem Argument des militärischen Fachmannes Moltke noch leichtgläubiger abgefunden als die wilhelminische Diplomatie: Gerhard Ritter übernimmt fast wörtlich (!) die Formulierung Molktes (Staatskunst, Bd. 2, S. 335f.); Fritz Fischer geht nicht auf die Frage ein, inwieweit die „technischen Gründe [...]" für die Fortsetzung des Westaufmarsches nun zutrafen oder nicht (Griff, S. 81); für Wolfgang Mommsen handelt es sich lediglich um eine kurze Unterbrechung des „Mechanismus der Kriegserklärungen", die nur insofern von Belang ist, als sie anzeigt, daß der „weitere Ablauf der Dinge [...] vor allem durch die militärischen Nowendigkeiten diktiert" worden ist (Großmachtstellung und Weltpolitik. Die Außenpolitik des Deutschen Reiches 1870 bis 1914, Frankfurt/M. und Berlin 1993, S. 317f.).

Ebene auch bis zum Ende wahren konnte, so erlangten die Militärs, 1897 beginnend und sich über 1904/05, 1908/09 und 1912 steigernd, in der Tat einen restringierenden Einfluß großen Ausmaßes auf die Gestaltung der Außenpolitik. Ihre Einflußnahme basierte weniger auf der Immediatstellung und der Verfügung über eine separate Infrastruktur und eigene Informationskanäle als auf der unstreitigen Anerkennung ihrer Kompetenz in der Sicherheitspolitik: Wie in anderen europäischen Systemen auch, besaßen die Experten der kollektiven Gewaltorganisation im Deutschen Reich Definitionsmacht – sowohl über den Stand der eigenen Rüstung als auch über die relative Lage des Gegners im Wettlauf um „Kriegsbereitschaft" (short-term readiness), „Kriegsvorbereitung" (medium-term preparedness) und „Kriegsentschlossenheit". Das ausschlaggebende Moment im Denken der Reichsleitung während der Julikrise ist nicht die Entscheidung zwischen Lokalisierungsstrategie (Beschränkung auf den österreichisch-serbischen Krieg) und Kontinentalkriegskalkül (Konfrontation des Zweibundes gegen Rußland und Frankreich) gewesen, sondern die unkritische Hinnahme der Zwangslagen-Analyse des Militärs. Zu einer solchen Technokratie des Militärs konnte es nur kommen, weil sich die zivile Regierung von den ‚Fachfragen' verabschiedete (Gerhard Ritter). Dieses Desinteresse für Einzelheiten der militärischen Planung ermöglichte wohl erst jene sich auf die Diplomatie lähmend auswirkende Verselbständigung der militärischen Strategieentwürfe. Daß sich die deutsche Politik – letztlich selber – in den Rahmen der militärischen Strategie eingezwängt hat, zeigt sich an der relativen Offenheit der Entscheidungssituation noch auf dem Gipfelpunkt der Kriegskrise.

Die Abhängigkeit der deutschen Diplomatie vom Militär ist allerdings weniger auf das Versagen der angeblich mediokren Nachfolger Bismarcks, geschweige denn die 200jährige Tradition eines preußischen Militarismus zurückzuführen; ausschlaggebend waren die akkumulierenden Spannungen im internationalen System, die den militärischen Kräftevergleich immer wichtiger erscheinen ließen und gleichzeitig immer schwerer durchschaubar machten. Vor dem Erfahrungshintergrund der – selbst ausgelösten, aber rasch außer Kontrolle geratenen – Agadir-Krise äußerte Kiderlen-Wächter im Frühjahr 1912 privatim seine, für die allgemein-europäische Geistesverfassung wohl symptomatische Meinung: Der Einfluß des Deutschen Reiches in internationalen Streitigkeiten, die über seine globale Expansion ausbrachen, hinge eben von seiner maritimen und militärischen Macht ab.[101]

Gleichförmige Militarisierung bildete den Fluchtpunkt in der Entwicklung des internationalen Systems, seine Krisenhaftigkeit und Gewaltanfälligkeit geht nicht in der deutschen – oder einer anderen – Droh- und Kriegsvorbereitungspolitik auf: Was, erstens, die Ansicht der angeblichen, der Bildung der Entente vorangegangenen ‚Vorrüstung' seitens des Reiches angeht, so kann diese Vorstellung, wenn überhaupt, dann lediglich auf den Schlachtflottenbau zutreffen. Doch die Flottengesetze von 1898 und 1900 an sich lagen im Normbereich maritimer Rüstung, und die englische Entscheidung, nicht mehr, wie noch im ausgehenden 19. Jahrhundert, die französische und russische Seemacht, sondern das wilhelminische Reich als Hauptgegner zu betrachten, war auf die größere industrielle Macht Deutschlands – sein größeres Bedrohungspotential – zurückzuführen, nicht auf die Feststellung einer gesteigerten Bedro-

[101] Zitiert nach: Stevenson, Armaments, S. 211.

hungsabsicht. Der eigentliche Qualitätssprung im Rüstungswettlauf zur See erfolgte mit Englands Übergang zum Dreadnought-Bau, der nicht zu einer reinen Defensivmaßnahme verniedlicht werden kann. Hinsichtlich der Militarisierung des Bündnissystems war es, zweitens, so, daß die Außenpolitik auf beiden Seiten ab 1904/05 in die Grauzone zwischen Diplomatie und Militärpolitik hinüberglitt. Wenn die deutsche Regierung 1905, in einer Mischung aus Bedrohungsvorstellung (Kenntnis des Entente-Abkommens) und Aggression (Ausnutzen der Krise Rußlands), auch einen neuen Kurs hart am Rand zum Krieg eingeschlagen haben mag, so läßt sich nicht sagen, daß dieses Vorgehen den Verfeindungsprozeß eingeleitet hätte. Denn schon unmittelbar nach Abschluß der Entente, lange vor der Konfrontation in der Algeciras-Krise, waren Gespräche der englischen Militârattachés mit ihren französischen und belgischen Kollegen erfolgt. Sicherlich kann die Metamorphose des Zweibundes von einem Verteidigungsbündnis in eine Offensivallianz im Jahr 1909 als entscheidender Einschnitt betrachtet werden. Doch davon sprechen, daß militärische Absprachen nicht mehr nur Bündnisabkommen ergänzten, sondern ersetzten, läßt sich erst im Hinblick auf die Armee- und Marinevereinbarungen zwischen den drei Entente-Mächte in der Folge der zweiten Marokko-Krise ab Sommer 1911.[102]

Wie die gesamte Studie Stevensons belegt, haben sich die deutschen Vorbereitungsmaßnahmen im internationalen Vergleich bis 1913 auf einem relativ niedrigen Niveau bewegt; selbst noch im Juli 1914 verfolgte Berlin, anders als Frankreich und Rußland, praktisch keine bewaffnete Diplomatie.[103] Diese – auf den ersten Blick erstaunliche – Diskrepanz zwischen Stärke der Drohgebärde und Schwäche der dahinter stehenden militärischen Bereitschaft hatte ja auch bereits die seltsame Aktion der Entsendung eines Kanonenbootes an die westafrikanische Küste zur Erpressung einer Großmacht gekennzeichnet. Sie entsprach der allgemeinen Tendenz im militärischen Milieu des Kaiserreiches, als dessen Exponent ja Wilhelm II. selbst zu betrachten ist, eine eher vorsichtige Haltung hinter starken Worten zu verbergen. Von daher ist auch die ‚Kriegstreiberei' Moltkes nicht zu hoch zu bewerten – zumal in der hochkritischen Phase zwischen dem 5. und dem 26. Juli 1914 als einziger Militär lediglich der preußische Kriegsminister Falkenhayn auf die Eröffnung des großen Krieges gedrängt hat. Selbst wenn es – was noch dahinsteht – auf deutscher Seite tatsächlich eine erheblich höhere Kriegswilligkeit als im Durchschnitt bei den Regierungen der anderen Staaten gegeben haben sollte, so kam doch dem Realfaktor zunehmender Gleichwertigkeit des Rüstungsstandes größere Bedeutung zu: Erst dieser objektive Umstand erklärt nämlich nicht nur, warum es auf beiden Seiten zu einer neuartigen Verfestigung der Bündnisse zu Militärblöcken gekommen ist, sondern auch, weshalb bei den Zweibundmächten die Neigung zunahm, die Konfrontation herauszufordern, auf der Seite des russisch-französischen Verbandes dagegen die Bereitschaft, eine solche Provokation anzunehmen – diese Entwicklung war es, welche die Schwelle gegenüber der Entfesselung der Militärmaschinen auf einen kritischen Stand sinken ließ.[104]

102 Zu diesen: Fischer, Krieg, S. 613–635. Dieses Vorgehen entsprang bekanntlich dem britischen Unwillen, völkerrechtlich gültige und innenpolitisch verbindliche Abkommen einzugehen.

103 Deshalb lassen sich die militärischen Gefahren für Deutschland – trotz Schlieffenplan – nicht auf eine self-fulfilling prophecy reduzieren (so: Förster, Generalstab, S. 82).

104 Stevenson, Armaments, S. 366ff.

Als erwiesene Abweichung des deutschen Verhaltensmusters von den unausgesprochenen Spielregeln des internationalen Systems läßt sich das nicht zu verbergende Mißverhältnis zwischen Lautstärke der Drohung und Unentschlossenheit der Haltung auf deutscher Seite sehen. Welche fatalen Konsequenzen der Umstand haben konnte, daß das Reich im Gegensatz zu seinen Kontrahenten nicht zu einem Kurs abgestufter Einschüchterungspolitik in der Lage war, stellte sich erst in der Julikrise heraus. Da in der Mobilmachungsplanung eine partielle Bereitstellung militärischer Kräfte nicht vorgesehen war, sah sich die deutsche Führung regelrecht gezwungen, die ganze Armee praktisch aus dem Stand aufmarschieren zu lassen.[105] Diese im Ergebnis international vergleichender Studien gesicherte Besonderheit deutet auf eine geringere Flexibilität auf deutscher Seite im allgemeinen hin: Diese kommt auch in der durch die Forschung nahegelegten Feststellung zum Ausdruck, daß die deutsche Politik, auf Grund struktureller Defizite, im Durchschnitt weniger konsistent als diejenige der anderen Großstaaten gewesen ist. Nicht nur der oft beschworene Dualismus zwischen Militär und Politik hat zu den Erstarrungserscheinungen geführt, sondern die polykratische Struktur des Regierungssystems schlechthin: Das Verhältnis zwischen den Kräften, die auf den Willensbildungsprozeß einwirkten, blieb bis zum Schluß in der Schwebe, so daß der Kaiser – personifizierter Unsicherheitsfaktor – immer wieder situationsbedingte Entscheidungsgewalt erlangen konnte. Dies war insbesondere der Fall bei der verhängnisvollen Ermutigung der österreichischen Politik zum Vormarsch („Blankoscheck“), mit der am 5. Juli die eigentliche Militarisierung der Julikrise eingeleitet wurde.

Besonders kraß kam diese Zerklüftung des deutschen Regierungssystems in dem absurden Gezerre um die Alarmierung der Hochseeflotte zum Ausdruck, das hier als Beispiel abschließend skizziert werden soll: Am 6. Juli war Wilhelm II. mit seinen Schiffen zu einer vereinbarten Skandinavienreise aufgebrochen, Indiz dafür, daß man in der deutschen Führung tatsächlich nicht von einer unmittelbaren Kriegsgefahr ausging. Es war geplant, daß sich die ‚schimmernde Wehr‘ im Verlauf der Tour für einige Zeit auf verschiedene norwegische Hafenstädte verteilen sollte. Als die Spannung mit dem Näherrücken des Zeitpunkts der Übergabe des k. u. k. Memorandums anstieg, ordnete der Kaiser am 19. Juli telegraphisch an, die Schiffe sollten bis zum 25. Juli zusammenbleiben, um sie erforderlichenfalls rasch zu ihren Heimathäfen zurückführen zu können. Jagow und Bethmann befürchteten, daß diese Maßnahme gerade nach der Zurückweisung des österreichischen Ultimatums durch Belgrad einen gefährlichen Eindruck machen könne. Auf Grund dieser Bedenken setzten sie sich mit Erfolg über Kaiser und Flottenführung hinweg, so daß die Schiffe ab dem 22. Juli doch auf die Fjords verteilt wurden. Indes bekam Wilhelm, der von Beginn an von der Mobilmachung der Royal Navy überzeugt gewesen war, drei Tage später wiederum das Heft in die Hand und befahl den Rückmarsch der Hochseeflotte nach Kiel und Wilhelmshaven. Trotz der vermeintlichen Alarmstimmung begann die Kriegsmarine, nach Rücksprache Bethmanns mit Tirpitz, erst am 30. Juli mit der Sicherung der Deutschen

[105] Stevenson, S. 399. Dieser Umstand ist auch geeignet, besser verständlich zu machen, warum das Deutsche Reich das Odium der Kriegserklärung und des Überfalls auf Belgien auf sich genommen hat.

Bucht – was gleichzeitig die erste Kräftebewegung durch die deutsche Führung überhaupt darstellte.[106]

Wie hoch man die Auswirkung dieser Eigenarten der wilhelminischen Regierungsweise auf die internationale Politik unter dem Strich aber auch veranschlagen mag, primär war das allgemeine Absinken der europäischen Diplomatie auf die Ebene des auf militärische Mittel abgestellten Kalküls – und diese allgemeine Metamorphose im Staatensystem war es schließlich, von der auch die politische Rolle des deutschen Militärs letztlich abhing.

Ausblick

Behandelt man die hier unternommene Analyse als ‚Fallstudie', erhebt sich die Frage nach der Erweiterung des Rahmens über die Vorkriegszeit von 1914 und über Europa hinaus, im Hinblick auf konzeptionelle Schlußfolgerungen. An erster Stelle ist festzuhalten, das untersuchte Geschehen stellt ein starkes Argument für den allgemeineren Befund dar, daß nicht nur der Faktor Krieg, sondern auch „das Militärische" weiterhin eine für das Verständnis der internationalen Geschichte nicht nur unersetzbare, sondern wahrscheinlich sogar zentrale Perspektive bilden werden. Dies gilt unabhängig davon, ob sich die bewaffnete Macht in einem dualistischen Verhältnis zur Politik befindet oder nicht und ob es ihr gelingt, ihre Denkweise gegenüber der zivilen Wahrnehmung durchzusetzen. Auch in demokratischen Systemen – wie etwa den USA – zeigt sich bei der organisierten staatliche Gewalt die Disposition, mit der zivilen Führung um die Gestaltung der äußeren Beziehungen zu konkurrieren; diese Tendenz kann sich schon aus reinem Ressortegoismus oder dem selbstverständlichen Ziel der Durchsetzung der eigenen Sichtweise – zumindest – auf dem als ureigener Aktionsbereich beanspruchten Feld der „Sicherheitspolitik" ergeben. Allein aus diesem Grund wird die Analyse von Krisen und Spannungslagen, aber auch von Deeskalationen und gelungenen Konfliktbereinigungen, nur dann wissenschaftlichen Anforderungen genügen können, wenn sie das verschachtelte Aktionsviereck von Militär, Staatsordnung, Außenpolitik und internationalem System in Gänze erfaßt. – Ausgehend von diesen hier nicht weiter zu belegenden Voraussetzungen werden zum Abschluß zwei Fragen erörtert: Erstens, auf welcher begrifflichen Grundlage, nach welchen methodischen Prinzipien und mit welcher Fragerichtung sollte eine internationale Militärpolitikgeschichte verfahren; zweitens, was könnte diese Teildisziplin an Ergebnissen erbringen?

Zuerst einmal fällt auf, daß es uns noch weitgehend an methodischen wie empirischen Grundlagen für derart ausgerichtete Abhandlungen fehlt. Um, zum Beispiel, den speziellen Anteil des Militärs an der Eskalation und Deeskalation von Krisen sowie seinen allgemeinen Einfluß auf den Verlauf solcher näher bestimmen zu können,

[106] Volker R. Berghahn/Wilhelm Deist (Hrsg.), Kaiserliche Marine und Kriegsausbruch 1914: Neue Dokumente zur Juli-Krise, in: Militärgeschichtliche Mitteilungen 29 (1970), S. 37–58, und Stevenson, Armaments, S. 375f. und 399. Ob sich aus dem Geschehen folgern läßt, daß „die Flotten- wie Heeresbereitschaft der zivilen Leitung untergeordnet geblieben sei" (S. 376 und 405), erscheint doch eher fraglich.

wären vorab zwei Phänomene zum Gegenstand systematischer Untersuchung zu machen: Von grundlegender Bedeutung erscheint eine allgemeine Mentalitätsgeschichte des militärischen Führers – nicht lediglich des Offiziersberufes – im 19. und 20. Jahrhundert. Hierin müßte die Frage erörtert werden, ob sich überhaupt von einer gleichbleibenden Geisteshaltung militärischer Führer im Sinne einer anthropologischen Konstante ausgehen läßt, ob diese also eine prinzipiell gleichbleibende Einstellung gegenüber Krieg und Frieden besitzen. Trifft insbesondere die – allenthalben immer wieder vorausgesetzte, unausgesprochene – Annahme zu, daß ‚Militärs' habituell eher als Staatsmänner bereit sind, Kriege zu führen? Neigen sie im allgemeinen zu einer größeren Risikobereitschaft als politische Führer und andere Akteure in der internationalen Politik? Neben dieser Längsschnittanalyse wäre es, zweitens, erforderlich, die vorliegenden Darstellungen und Forschungen zum Einfluß von Militärführungen auf die internationale Politik in der Moderne zu einer Synthese zusammenzufassen.

Bei der Untersuchung historischer Fragen aus dem Umkreis einer solchen, hier skizzierten internationalen Politikgeschichte des Militärs würde es von essentieller Bedeutung sein, die Analyse gleichgewichtig auszurichten, einerseits am Staatensystem in seiner Gesamtheit und Eigendynamik, andererseits an den einzelnen Nationalstaaten. Zu beginnen ist in jedem Fall mit der präszisen Darstellung des institutionellen Rahmens, innerhalb dessen die jeweiligen Gewaltkomplexe agieren: Welche Möglichkeiten und Werkzeuge, so lautet die erste Frage, stehen dem Militär zur Verfügung, um seine eigenen Interessen in Außenpolitik und Diplomatie durchzusetzen? In einem nächsten Schritt wären die einschlägigen Eliten, an erster Stelle die ‚Stäbe' als die gestalterisch aktiven Elemente, zu untersuchen: Soziale Herkunft, Rekrutierungswege, Selbstverständnis, Erfahrungs- und Erwartungshorizonte bilden hier die Schwerpunkte des kollektivbiographischen Interesses. Die vermutlich schwierigste Aufgabe besteht darin, schließlich zur Mentalität der verschiedenen Führungsgruppen im einzelnen wie auch der gesellschaftlichen Wertehierarchie vorzudringen: Existiert in der jeweiligen sozialen und politischen Kultur eine verbindende und verbindliche Auffassung über das Bild vom Krieg? Welches Prestige kommt überhaupt „dem Militärischen" zu? Welcher Art ist das Verhältnis, in dem diese Wahrnehmungen und Einstellungen zu den materiell-objektiven Interessen der jeweiligen Gesellschaft, insbesondere an einer bestimmten Rüstungspolitik, stehen? Was die Behandlung des internationalen Systems angeht, so wird auch hier der Grundsatz der Ausgewogenheit der Betrachtung entscheidende Bedeutung besitzen – beiden Blickrichtungen, derjenigen auf die Vorstellungen wie derjenigen auf die Tatsachen, ist gleiches Gewicht zu geben: Bündnisverpflichtungen, Koalitionsbindungen, militärische Absprachen stellen objektive Gegebenheiten und damit mehr als Deutungsgegenstände dar; genauso zutreffend ist aber die Annahme, daß die Übereinkommen, da diese erst im Austausch zwischen den jeweiligen Akteuren wirksam werden, entscheidend von der – gleichgerichteten oder asymmetrischen – Wahrnehmungsweise beeinflußt werden.

Es ist vor allem die wechselseitige Definition von Bedrohungsvorstellungen und Zwangslagen, mittels derer militärische Akteure die internationale Politik beeinflussen. Auch wenn hier lediglich die Rede von konkreten und bestimmten Überlegungen, nicht von vage-diffusen Antrieben im Sinne von „Welteroberungsplänen" und Ähnlichem sein soll, stellt sich das jeder Vermittlung zwischen Wahrnehmung und Realität eigene Problem der Beweisführung: Wie läßt sich historische Wirklichkeit rekonstruieren, obwohl doch schon die Feststellung der ‚tatsächlichen' Verhältnisse der Gegenwart so große Schwierigkeiten aufwirft? Woher bekommen wir die notwendigen Maßstäbe? Das Problem läßt sich anhand der beiden zentralen Schwierigkeiten verdeutlichen, die in der vorangegangenen Analyse in das Blickfeld geraten sind: Ist es möglich – etwa anhand der Stärkeverhältnisse –, „auszuzählen", ob eine bestimmte Bedrohung real gegeben war oder nicht? Und: Mittels welcher Kriterien könnte man unterscheiden, ob bestimmte Waffen, Taktiken, Planungen, Strategien – ‚objektiv' gesehen – offensiv oder defensiv angelegt waren? Nun läßt sich zwar, zeigen, daß (1) Bedrohungsvorstellungen selbst bereits dann handlungsbestimmend werden, wenn sie lediglich auf einer Seite vorhanden sind, also keine Entsprechung in einer Drohung oder Bedrohungsabsicht auf der anderen haben; bereits der Nachweis einer unilateralen, subjektiv wirklichen Überzeugung, von außen bedroht zu werden, wird das historische Urteil anders ausfallen lassen, als dies bei einer (2) bloß vorgetäuscht-instrumentellen Verteidigungsabsicht der Fall ist. Selbstverständlich aber muß eine Aggressionshaltung noch ganz anders bewertet werden, wenn sich (3) die Rechtfertigung einer supplementären Absicht auf der Gegenseite belegen läßt. Auch nicht ausschließen läßt sich (4) die Möglichkeit eines, dann unausweichlichen, gegenseitigen Mißverstehens der Absichten – eine Alternative, die auch den letzten versöhnlichen Gedanken an die doch zumindest partielle Folgerichtigkeit des Katastrophengeschehens zerstören müßte. Es ist davon auszugehen, daß die Möglichkeiten der Annäherung an die historischen Tatsachen im einzelnen Fall begrenzt sind, und sei es lediglich aufgrund der bei dieser Fragestellung notwendigerweise unzulänglichen Quellenlage. Doch sollte man einschlägige Anstrengungen erst dann für aussichtslos nehmen, wenn kein Zweifel besteht, daß wir die subjektive und die objektive Seite der historischen Wirklichkeit von Spannungslagen vielleicht nur deshalb nicht klarer zu beschreiben vermögen, weil bisher überhaupt noch keine auf dieses Ziel gerichtete oder hinreichend nachdrückliche Forschung betrieben worden ist. Auch falls jede Suche nach einer Ersatzüberlieferung erfolglos bleibt, steht uns immer noch die Möglichkeit des Indizienbeweises offen: Lassen sich Äußerungen und Maßnahmen benennen, die als zuverlässiger Ausdruck der wechselseitigen Wahrnehmung und Einstellung zum Gegenüber gelten können?

Hiermit ist nur eine selektive Auswahl der Schwierigkeiten genannt, die sich bei der konsequenten Durchführung eines solchen Analyseansatzes ergeben. Objektivierung der wahrgenommenen Wirklichkeit stellt jedoch eine unerläßliche Aufgabe des Historikers dar; die einzige Alternative zu einem – letztlich genauso wenig wie das Fallenlassen des Kausalitätsprinzips denkbaren – Verzicht auf ‚Objektivität' als regulative Idee ist der Weg in die Beliebigkeit von Dezisionismus und Spiritualismus.

Jost Dülffer

Internationale Geschichte und Historische Friedensforschung

Der Gegenstand Historischer Friedensforschung

Wenn internationale Geschichte eine historische Teildisziplin in Erneuerung ist, dann ist Historische Friedensforschung ihrerseits eine junge Subdisziplin der Geschichtswissenschaft. Das bedingt zugleich, daß zentrale Fragen von Historischer Friedensforschung traditionell schon immer bearbeitet worden sind. Es gilt ferner, daß nicht alles, was sinnvoll als Historische Friedensforschung zusammengefaßt werden kann, auch unter diesem Etikett firmiert.

Historische Friedensforschung hat vor allem zwei organisatorische Brennpunkte gefunden: den einen in den USA und den anderen in Deutschland. In den USA wurde die Conference on Peace Research in History (CPRH – jetzt Peace History Society – PHS) 1964 gegründet mit dem Ziel „to encourage the kind of research on the history of war, peace, violence and conflict that can clarify the causes of international peace and the difficulties in creating it."[1] Eine Verbindung zum Vietnam-Krieg war damals nicht zu leugnen; große Teile der CPRH-Mitglieder waren in der Gegnerschaft aktiv engagiert und wollten zugleich darüber hinaus reflektieren. Es resultierten daraus Tagungen über Abrüstung, Kriegsbeendigung, Ursprünge des Kalten Krieges in Asien, über den Konflikt zwischen Frieden und nationaler Souveränität etc. Die Verbindungen zu sozialwissenschaftlichen Ansätzen waren und sind eng, wie sich seither in der Zeitschrift Peace & Change niederschlägt. 1995 veranstaltete Peace & Change eine Debatte über die Grundlagen von Peace History, die von den Australiern Ralph Summy und Malcolm Saunders programmatisch eingeleitet wurde. Sie führte zu einer Rückbesinnung auf die Ursprünge der Entstehung und stellte sehr stark die Frage von Friedensgruppen und Gewaltgegnern als Kern von Historischer Friedensforschung in den Vordergrund, plädierte für biographische Studien – auch und besonders über Frauen. Viele Beiträge hoben auf Peace History als Teil einer Geschichte von Alternativbewegungen ab, ohne sich allerdings darauf verengen zu lassen. Nur einige Kritiker wie Roger Chickering und David Patterson befürworteten wesentlich breitere Ansätze. Der Trend geht jedoch dahin, das Ende von Kriegen nur unter Berücksichtigung der Friedensbewegungen sehen zu wollen: „The study of peace and antiwar movements by peace historians is, of course, relevant to the issue war termination"

[1] Lawrence L. Wittner in: Peace & Change 20, No. 1, Januar 1995, S. 54.

(Jeffrey Kimball).[2] Gerade bei der Debatte über das Ende des Kalten Krieges wird häufig die Rolle von Friedensbewegungen sehr stark als ursächlich hervorgehoben. Charles Chatfield versuchte anhand einer internationalen Konferenz auf Malta eine Koordination verschiedener Umfragen über den Gegenstand von Friedensgeschichte und kam zu zwei großen Themen: a) Historic Peace Advocacy und b) War/Peace Problems.[3] Beide wurden wieder jeweils nach acht Kategorien unterteilt und nahmen Anregungen amerikanischer, australischer wie europäischer Historiker auf.

In der Bundesrepublik Deutschland wurde 1984 ein Arbeitskreis Historische Friedensforschung (AHF) gegründet, der dazu beitragen will, „das Problem des Friedens in all seinen historischen Dimensionen zu erforschen". Wichtig war – wenn ich recht sehe – die Überlegung, nicht an den Anfang einen Grundsatzstreit zu stellen, sondern sich erst einmal mit empirisch ertragreichen Themen mit methodisch unterschiedlichen Herangehensweisen auseinanderzusetzen. „Schwerpunkte der Arbeit sind die Bemühungen zur Verhinderung von Kriegen, zur Einschränkung innergesellschaftlicher Gewalt, zur friedlichen Beilegung von Konflikten und zur Entwicklung eines gerechten Friedens. Dem liegt keine verbindliche Definition des Friedensbegriffs zugrunde, so daß keine Position von vornherein ausgeschlossen ist."[4]

Den Ausgangspunkt für den AHF bildete schon in den siebziger Jahren ein Kreis um Karl Holl, der die vernachlässigte Geschichte von Pazifismus und von Pazifisten in den Vordergrund rückte. Das war ein ähnlicher Ansatz, wie er in den USA gepflegt wurde. Erstes Ergebnis war 1981 ein Sammelband zum Pazifismus in der Weimarer Republik.[5] In den seit 1984 regelmäßig abgehaltenen Jahrestagungen, die seit 1992 im „Jahrbuch für Historische Friedensforschung" publiziert wurden, ging es um eine Auffächerung der möglichen Themenbereiche. Zu nennen sind etwa die „Kriegsmentalität im wilhelminischen Deutschland".[6] Dieses Thema wurde für die napoleonischen Kriege wieder aufgenommen, zugleich aber die Frage nach Plänen für eine neue Friedensordnung gestellt.[7] Auf drei Jahrestagungen stand die Frage nach dem gesellschaftlichen Lernen aus dem Ersten bzw. Zweiten Weltkrieg an.[8] Es wurde nach erfolgreicher Rüstungskonversion im 20. Jahrhundert gefragt.[9] Es ging um den Kalten Krieg als „Vorspiel zum Frieden?";[10] Möglichkeiten und Grenzen der Kontrolle von

[2] Anne C. Kjelling/Jeffrey Kimball (Hrsg.), Papers on the Peace History Commission IPRA/ Malta 31. October–4. November 1994, Oslo/Oxford (Ohio) 1995, S. 16.

[3] Ebda., S. 186–188.

[4] So in der Satzung von 1984. Eine Methodendiskussion ist für die Jahrestagung 2000 vorgesehen.

[5] Karl Holl/Wolfram Wette (Hrsg.), Pazifismus in der Weimarer Republik. Beiträge zur Historischen Friedensforschung, Paderborn 1981.

[6] Jost Dülffer/Karl Holl (Hrsg.), Bereit zum Krieg. Kriegsmentalität im wilhelminischen Deutschland. Beiträge zur Historischen Friedensforschung, Göttingen 1986.

[7] Jost Dülffer (Hrsg.), Kriegsbereitschaft und Friedensordnung in Deutschland 1800–1814 (= Jahrbuch für Historische Friedensforschung 1994), Münster 1995.

[8] Gottfried Niedhart/Dieter Riesenberger, Lernen aus dem Krieg? Deutsche Nachkriegszeiten 1918–1945. Beiträge zur Historischen Friedensforschung, München 1992.

[9] Detlef Bald (Hrsg.), Rüstungsbestimmte Geschichte und das Problem der Konversion in Deutschland im 20. Jahrhundert (= Jahrbuch für Historische Friedensforschung 1992), Münster 1993.

[10] Arnold Sywottek (Hrsg.), Der Kalte Krieg – Vorspiel zum Frieden? (= Jahrbuch für Historische Friedensforschung 1993), Münster 1994.

Rüstungen und damit Regierungshandeln durch Parlamente in Deutschland waren ebenfalls ein Thema.[11] Formen der Gewaltausübung, Erfahrung und Verweigerung[12] waren ebenso Untersuchungsgegenstand wie „Gewaltfreiheit", also die Frage nach pazifistischen Konzepten.[13] Die letzten Tagungen waren den Themenbereichen Volksreligiosität und Kriegserleben,[14] dem Genozid im 20. Jahrhundert[15] sowie Militär- und Militarismuskritik[16] in Deutschland 1871–1945 gewidmet.

Über das Selbstverständnis Historischer Friedensforschung hat in Deutschland vor allem Wolfram Wette nachgedacht.[17] Er wendet sich gegen überzogene Forderungen und Erwartungen systematischer Friedenswissenschaften an die Möglichkeit des Lernens aus der Geschichte und sieht „friedensrelevante Themen in großer Fülle". Er findet diese Aufgabe (1990) in Kriegsursachenforschung, Friedensbewegungen, sozialistischer Arbeiterbewegung, in einer gewendeten Militärgeschichte sowie bei Fragen von Rüstung und Abrüstung. Zusammenfassend sieht Wette eine integrierende Möglichkeit in der Behandlung der Frage, wie Friedensfähigkeit hergestellt werden kann. Nach dem Ende des bisherigen Kalten Krieges kommen ferner aus der Gegenwart (1996) neue Fragen hinzu, die sinnvoll auch an die Vergangenheit gerichtet werden können.

Natürlich wird Historische Friedensforschung unter diesem Titel nicht nur in Nordamerika und Deutschland betrieben. Die beiden bestehenden Organisationen haben Mitglieder aus vielen anderen Ländern und sind untereinander auch personell vernetzt. Hervorgehoben sei der Ansatz des britischen Politologen Martin Ceadel,[18] der mit einer Kategorienbildung zur Einstellung gegenüber dem Krieg bzw. einer Politik zum Krieg international einflußreich geworden ist. Er unterscheidet fünf Grundhaltungen: Pacifist (unbedingter Pazifismus), Pacificist (bedingter Pazifismus), Defensist (Verteidigungskrieg bejaht), Crusading (Bereitschaft zum Angriffskrieg) und Fatalism. Bei diesen Kategorien handelt es sich um *rationale* Herangehensweisen in gesellschaftlichen Entscheidungsprozessen aller Art, vor allem aber geht es um die

11 Jost Dülffer (Hrsg.), Parlamentarische und öffentliche Kontrolle von Rüstung in Deutschland 1700–1970. Beiträge zur Historischen Friedensforschung, Düsseldorf 1992.

12 Andreas Gestrich (Hrsg.), Gewalt im Krieg. Ausübung, Erfahrung und Verweigerung von Gewalt in Kriegen des 20. Jahrhunderts (= Jahrbuch für Historische Friedensforschung 1995), Münster 1996.

13 Andreas Gestrich/Gottfried Niedhart/Bernd Ulrich (Hrsg.), Gewaltfreiheit. Pazifistische Konzepte im 19. und 20. Jahrhundert (= Jahrbuch für Historische Friedensforschung 1996), Münster 1996.

14 Friedhelm Boll (Hrsg.), Volksreligiosität und Kriegserleben (= Jahrbuch für Historische Friedensforschung 1997), Münster 1997.

15 Stig Förster/Gerhard Hirschfeld (Hrsg.), Genozid in der modernen Geschichte (= Jahrbuch für Historische Friedensforschung 1998), Münster 1999.

16 Wolfram Wette (Hrsg.), Militarismus in Deutschland 1871 bis 1945 (= Jahrbuch für Historische Friedensforschung 1999), Münster 1999.

17 Wolfram Wette, Geschichte und Frieden. Aufgaben Historischer Friedensforschung, in: Lehren aus der Geschichte? Historische Friedensforschung, Red. Reiner Steinweg (Friedensanalysen 23), Frankfurt/M. 1990, S. 14–50; ders., Selbstverständnis und Aufgaben historischer Friedensforschung, in: Andreas Gestrich/Gottfried Niedhart/Bernd Ulrich (Hrsg.), Gewaltfreiheit (= Jahrbuch für Historische Friedensforschung, 5), Münster 1997, S. 191–206.

18 Martin Ceadel, Pacifism in Britain 1914–1945: The Defying of a Faith, Oxford 1980; ders., Thinking about Peace and War, Oxford 1987; ders., The Origins of War Prevention. The British Peace Movement and International Relations 1730–1854, Oxford 1996, S. 1f.

Erwartungen an Friedensbewahrung und die Chancen für Pazifismus. Wiederholt sind die Kategorien mit Gewinn empirisch getestet worden; es fragt sich aber, ob dieses rationale und prinzipielle Einstellungen abfragende Verfahren gegenüber der vielfältigen kulturellen und mentalen Einbettung von Friedensdenken wie dem schnellen situativen Wandel von derartigen Einstellungen ausreicht.

Versuche, zwischen europäischen und amerikanischen Friedenshistorikern Brükken zu schlagen, haben zweimal in Stadtschlaining/Österreich stattgefunden. 1986 wurde als gemeinsames Arbeitsgebiet für Historische Friedensforschung akzeptiert: „The study of the historic causes and consequences of violent international conflict and of the historic search for alternatives to the violent resolution of international conflict.“[19] Das scheint mir auch heute noch brauchbar zu sein, wenn man auch innergesellschaftliche Konflikte in ähnlicher Weise heranzieht. 1991 (die Tagung wurde nicht publiziert) definierten Martin Ceadel/Peter van den Dungen als Aufgabe das Studium von „ideas, individuals, and organizations concerned with the promotion of peace and the prevention of war and international conflict“.[20] Dies scheint mir allerdings ein Rückschritt auf einen Kern von sozialen Bewegungen und Initiativen zu sein, welche Alternativvorstellungen zum Thema machen und den „mainstream“ von politischem Denken und Handeln auf diesem Sektor vernachlässigen. Man kann ja das eine tun, ohne das andere sein zu lassen.

Frieden in der internationalen Staatengesellschaft

Was hat dies alles mit internationaler Geschichte zu tun? Ich denke, daß sich hieraus sehr viele Anregungen ableiten lassen, Querverbindungen von Historischer Friedensforschung und internationaler Geschichte. Die Frage nach den alternativen Möglichkeiten zum Gang internationaler Geschichte ist mit Gewinn ideengeschichtlich zu stellen, sie kann aber auch sozial-, kultur- und politikgeschichtlich aufgeworfen werden. In einem engeren Sinne werden in der Historischen Friedensforschung immer wieder vergleichsweise traditionelle Themen genannt, die auch und nach wie vor zum Kern internationaler Geschichte gehören: Kriegsursachen, Kriegsbeendigung, Rüstung und Abrüstung gehören vornehmlich dazu. Hinzuzufügen wäre die Frage nach Vermeidung von Kriegen aus Krisensituationen heraus, der Struktur- und Funktionswandel von Kriegen selbst[21] und seine Auswirkungen auf die internationale Geschichte.

Solche Fragen lassen sich im staatlichen Handeln, im Denken, Agieren und Entscheiden von regierenden Eliten aufzeigen, und das wird wohl auch weiterhin zum Kernbestand gehören. Jedoch sollte vielleicht nicht nur nach einem rationalen decision-making process gefragt werden, sondern darüber hinaus nach den zugrunde liegenden „unspoken assumptions“ – um ein von James Joll auf die Ursprünge des Er-

[19] Charles Chatfield/Peter van den Dungen (Hrsg.), Peace Movements and Political Cultures, Knoxville 1988, S. X (nach meiner Erinnerung stammt die Definition von Roger Chickering).
[20] Charles Chatfield, in: Peace & Change 20, No. 1, Januar 1995, S. 39.
[21] Michael Howard, Der Krieg in der Geschichte, München 1981.

sten Weltkrieges geprägtes Wort einmal aufzugreifen.[22] Es geht dann um die Einstellungen und Mentalitäten, welche Menschen, soziale Gruppen und ganze Gesellschaften im Hinblick auf Krieg und Frieden handeln oder nicht handeln lassen, um die historischen und kulturellen Präfigurationen, um die Eigen- und Fremdbilder (wobei wir bei der Perzeptionsforschung angelangt sind, die Gottfried Niedhart in diesem Band präsentiert). Es geht nicht nur um rationale Analyse, sondern auch und gerade um Emotionen: Ängste, Hoffnungen und Erwartungen, welche in mehr oder weniger geschlossenen Bildern bei Einzelnen, bei unterschiedlichen Gruppen in Gesellschaften, aber auch in einem internationalen Kontext vorhanden sind und handlungsleitend werden können.

An der Fernuniversität Hagen ist 1997 ein dreiteiliger Kurs „Historische Friedensforschung" vorgelegt worden.[23] Wolfram Wette handelte darin Militär und Militarismus ab, das Thema von Karl Holl waren Pazifismus und Friedensbewegungen. Gottfried Niedhart und ich haben versucht, „das internationale Staatensystem und das Problem der Friedenssicherung" seit 1808 zu umreißen, und uns dabei auf folgende Begriffe geeinigt: „Historische Friedensforschung, die sich auf internationale Politik richtet, versucht ..., die Bedingungen von Kriegsvermeidung (oder ihr Scheitern), die Chancen von Friedenswahrung oder -stabilisierung zu untersuchen. ... Dazu ist es erforderlich, nicht nur Regierungshandeln, sondern auch innergesellschaftliche Bedingtheiten in den Blick zu nehmen, Mentalitäten (insbesondere gegenüber den Fragen von Krieg und Frieden), materielle Faktoren, insbesondere Rüstungen zum Thema zu machen".

Als weiterführende Fragen scheinen geeignet: „Wo kann (Historische Friedensforschung) im Bereich der zwischenstaatlichen Beziehungen auf Verfahren verweisen, die entwickelt wurden, um Kriege zu vermeiden oder begonnene Kriege durch Vermeidung zu beenden? Unter welchen Bedingungen sind Staaten eher zu Krieg oder zu Frieden disponiert? Inwieweit ist aber auch Skepsis angebracht, wenn allzu optimistisch von der Herstellbarkeit des Friedens gesprochen wird?".

Historische Friedensforschung beschäftigt sich, das sollte bis hierher deutlich geworden sein, mit einem breit gefächerten Themenspektrum, das um die Begriffe Krise, Gewalt, Krieg zentriert ist und nach Bedingungen dafür und nach Kategorien dagegen fragt, d. h. nach Frieden. Eine eigene Methodologie hat Historische Friedensforschung bisher nicht entwickelt und sollte dies auch nicht versuchen. Vielmehr geht es darum, sich selektiv und multiperspektivisch unterschiedlicher Ansätze zu bedienen, die für einzelne Themensegmente aus anderen, zum Teil systematischen Wissenschaften fruchtbar zu machen sind.

Das Forschungsfeld Historische Friedensforschung ist je nach Begriffsbestimmung unterschiedlich weit gefaßt. Man kann bei extensiver Auslegung die gesamte Geschichte hierunter subsumieren – aus der Perspektive der real zu kurz gekommenen oder forschungsstrategisch zu wenig beachteten Themen. Das kann und sollte man

[22] James Joll, The Origins of the First World War, London 1984.

[23] Historische Friedensforschung, Kurseinheit 1: Wolfram Wette, Militär und Militarismus; 2: Karl Holl, Pazifismus und Friedensbewegungen; 3: Jost Dülffer/Gottfried Niedhart, Das internationale Staatensystem und das Problem der Friedenssicherung, Hagen 1997 (die Zitate: Kurs 3, S. 5, 94).

machen, dabei aber auch jeweils die Frage beantworten, warum oder unter welchen Bedingungen bestimmte Alternativen von Frieden oder Friedlichkeit zu kurz gekommen sind. „The concept of peace has both positive and negative aspects. On the positive side, peace signifies a condition of good management, orderly resolution of conflict, harmony associated with mature relationships, gentleness, and love. On the negative side, it is conceived as the absence of something – the absence of turmoil, tension, conflict, and war. These contrasting aspects of the concept are likewise reflected in a certain ambiguity with regard to the evaluation of peace," formulierte Kenneth E. Boulding im Jahr 1976.[24] Das deckt sich bis zu einem gewissen Grade mit der Differenz zwischen positivem und negativem Frieden, die Johan Galtung in den frühen siebziger Jahren herausgearbeitet hat. Danach bedeutet negativer Friede nur die Abwesenheit von Krieg, während positiver Friede die Differenz von möglichen und verwirklichten Anlagen und Absichten von Menschen ausgleicht.[25] Letzteres gilt für Individuen wie für gesellschaftliche Gruppen und Staaten. Aufgrund der offensichtlichen Utopie eines solchen Endzustandes von Politik im „positiven Frieden" (und damit auch des Endes von Geschichte im Sinne von Francis Fukuyama) wohnt dem Begriff ein kritisches, alternatives und moralisches Element inne, das zur Aktion im Hinblick auf die Möglichkeiten zu seiner Durchsetzung abzielt: Frieden wird zum Synonym für „das gute Leben" und demnach zu einem umfassenden analytischen Begriff, der zugleich operationalisiert wird und handlungsleitend werden soll.

Für die Geschichte internationaler Politik ist dieses weitere Ziel sinnvoll, jedoch gilt als primäres Ziel, die Bedingungen für die Abwesenheit von Krieg oder: Friedenserhaltung zum Thema zu machen. Man kann dann wieder zwischen stabilem und labilem Frieden unterscheiden, jedoch sind auch hier – entgegen der Begrifflichkeit mancher Politikwissenschaftler – die Übergänge nicht trennscharf, sondern eher graduell. Auch stabiler Frieden unterliegt historischem Wandel und der Gefahr, in andere und labilere Zustände zu mutieren oder aber „um des lieben Friedens willen" sozialen Wandel und Veränderungswillen zu blockieren, wie es etwa im Staatensystem nach 1815 der Fall war: Metternich und seine Zeitgenossen suchten sozialen Wandel durch Verabredungen im klassischen Konzert der Mächte zu verhindern. Die Elemente der zwischen- wie innerstaatlichen Gewaltanwendung und -androhung sind deswegen aber nicht weniger bedeutsam. An einem Beispiel, an dem sich beide Komponenten gerade in der jüngeren politikwissenschaftlichen Debatte verschränken, soll dies illustriert und zugleich mit Anmerkungen eines Historikers versehen werden. Gemeint ist die Debatte über den „demokratischen Frieden", in Kürzelsprache auch DP für Democratic Peace genannt.

[24] Kenneth E. Boulding, Stable Peace, Austin, Tex. 1976, S. 3.

[25] Johan Galtung, Gewalt, Frieden und Friedensforschung, in: Dieter Senghaas (Hrsg.), Kritische Friedensforschung, Frankfurt/M. 1972, S. 55–104 (hier: S. 57); ders., Strukturelle Gewalt. Beiträge zur Friedens- und Konfliktforschung, Reinbek 1984.

„Democratic Peace" – Sind Demokratien friedlicher?

Entwickelte Demokratien führen untereinander keinen Krieg, das sei – so Jack S. Levy[26] – "the closest thing we have to a law in international politics". Diese These ist nicht neu, und sie formuliert in einer geradezu klassischen Weise die wechselseitige Bedingtheit von innerer Staatsverfassung und zwischenstaatlichem Verhalten. Ihr wichtigster Vorläufer ist Immanuel Kant, der sich an zahlreichen Stellen seiner Philosophie, vor allem aber in „Zum Ewigen Frieden" 1795 einschlägig geäußert hat. Kantsches Friedensdenken ist komplex, wird von ihm selbst jedoch auf drei Kernbedingungen hin zugespitzt, die er – in der Verkleidung seiner Schrift als Staatsvertrag – Definitivartikel nennt.

1) „Die bürgerliche Verfassung in jedem Staate soll republikanisch sein."

2) „Das Völkerrecht soll auf einen Föderalismus freier Staaten gegründet sein."

3) „Das Weltbürgerrecht soll auf Bedingungen der allgemeinen Hospitalität eingeschränkt sein."

In unserem Falle ist vor allem der erste Artikel wichtig. Der dritte über die Hospitalität zeigt im übrigen normative Grenzen einer einheitlichen Weltgesellschaft, der zweite gibt bis in die Gegenwart hin Anlaß darüber nachzudenken, ob eine Weltföderation oder eine entsprechende Organisation wie die UNO gemeint sei (ersteres ist wohl der Fall). Vielfach werden aus Kants Argumentation Anregungen gezogen, um die bestehende Weltorganisation UNO in einem kantischen Sinne zu reformieren. Zum ersten Artikel hat unter anderen Hajo Schmidt gezeigt,[27] daß eine Republik im kantischen Verständnis heute mit Demokratie bezeichnet würde, während der Begriff Demokratie selbst bei Kant eher in Richtung auf Pöbelherrschaft abqualifiziert wurde. Es läßt sich historisch-empirisch zeigen, daß es etwa in den Anfängen US-amerikanischer Außenpolitik im 19. Jahrhundert gewisse Hemmungen gegeben hat, gegenüber anderen Republiken Krieg zu führen; aber hier war das Gegenbild eindeutig die Staatsform der Monarchie, nicht die der Diktatur. Die Liste der Wissenschaftler, welche der DP-These anhängen, ist lang und umfaßt vor allem in den letzten dreißig Jahren Politikwissenschaftler aus dem anglo-amerikanischen Bereich, die wiederum auf die deutsche Debatte zurückwirkten.

Als markantestes Beispiel sei Ernst Otto Czempiel genannt, der seit den siebziger Jahren die Debatte über das Thema bei uns vorangetrieben hat.[28] In knapper Vereinfachung produziert die bisherige Anarchie im Staatensystem ein Sicherheitsdilemma, an dem auch die bisher zum Frieden beitragenden Mittel wie Militärallianz oder Systeme kollektiver Sicherheit grundsätzlich nichts ändern. Dagegen gibt es eine „Gewaltabneigung der Demokratie". Diese greife zwar zur Gewalt, „wenn sie in das Sicherheitsdilemma geraten (ist) oder direkt angegriffen (wird)" (S. 74). Die Demo-

26 Jack S. Levy, Domestic Politics and War, in: Journal of Interdisciplinary History, 18, 1988, No. 4, S. 653–673.

27 Hajo Schmidt, Ein bedenkenswertes Jubiläum: Kants Traktat „Zum Ewigen Frieden" (1795), in: Jahrbuch Frieden 1995. Konflikte, Abrüstung, Friedensarbeit, hrsg. v. Hanne-Margret Birckenbach u. a., München 1994, S. 17–28. – Ich danke Hajo Schmidt für die Bereitstellung des meisten Materials zu diesem Abschnitt.

28 Hier nach: Ernst Otto Czempiel, Demokratischer Frieden. In: Sicherheit und Frieden 10, 1992, H. 2, S. 72–76.

kratie, also ein „hochpartizipatorisches Herrschaftssystem" wird demnach zur wichtigsten Voraussetzung für die Abschaffung autonomer Gewaltursachen im internationalen System. Wenn alle Systemglieder in diesem umfassenden Sinne demokratisch verfaßt sind, ist der Gewaltverzicht institutionalisiert – andernfalls gibt es weiter residuale Nischen der Gewalt im Staatensystem. Daher soll „Außenpolitik zugunsten der europäischen Ordnung in erster Linie Demokratisierungsstrategien betreiben". Der Politikwissenschaftler der Gegenwart formuliert ebenso vorsichtig wie der Philosoph vor 200 Jahren; denn beide benennen jeweils in Nuancen andere, jedoch notwendige Bedingungen für Frieden (und Demokratie), ohne daß sie damit alle für Frieden relevanten hinreichenden Faktoren benannt haben.

Auch praktische Politiker formulieren gelegentlich die These vom direkten Zusammenhang zwischen Frieden und Demokratie, um das Gegenbild Krieg und Diktatur um so deutlicher werden zu lassen. Hingewiesen sei nur auf Konrad Adenauer, der 1956 dem US-Botschafter James B. Conant vorrechnete: „A dictator is always more ready to use such a method [d.h.: Einsatz von Nuklearwaffen und Lenkraketen] without a declaration of war than a democratic statesman. The Soviet Union would therefore have an advantage over the United States because it could utilize such weapons suddenly. Hitler, for example, did not recognize the concept of law and international law."[29] Wie immer bei Adenauer dürfte es sich auch hier eher nicht um die ganze, sondern um die politische Wahrheit gehandelt haben, ging es doch darum, die US-Politik gegenüber sowjetischer Atombedrohung Mitteleuropas zu sensibilisieren. Dahinter steckte die totalitarismustheoretische Variante der DP-Theorie, die unabhängig von der politikwissenschaftlichen Debatte über Jahrzehnte hin weit in der praktischen Politik verbreitet blieb.

Die erste größere quantifizierende Studie über Kriegsursachen stammte von Quincy Wright aus dem Jahr 1942,[30] fand jedoch erst durch die Wiederveröffentlichung 1965 breiteres Interesse. Er sah einen friedlichen Zustand der Staatengesellschaft erst bei demokratischen Regimen gegeben, untersuchte jedoch selbst den statistischen Zusammenhang von Frieden und Demokratie trotz seiner umfassenden Datensammlung nicht. Eine neue und breitere Sammlung wurde an der University of Michigan seit den 1970er Jahren durch David J. Singer und Melvin Small angelegt, das Corollates-of-War (CoW)-Datengerüst. Es reichte von 1816 bis an die damalige Gegenwart heran und ist seither fortgeschrieben und differenziert worden.[31] Das CoW-Projekt ist seither nach allen Seiten gewendet worden und hat für die Historiker zunächst einmal eine befremdliche Konsequenz: Fast alle quantifizierenden Ansätze zu Kriegsursachen beziehen sich seither allein auf das 19. und 20. Jahrhundert; nur ganz gelegentlich gibt es (anhand etwa von Thukydides) auch eine Debatte über den Pelo-

[29] Foreign Relations of the United States 1955–57, Washington 1992, Vol. XXVI, S. 155–161 (hier: S. 159).

[30] Quincy Wright, A Study of War, Washington 1942, [2]1965. Der beste Forschungsbericht zum Thema: James Lee Ray, Democracies and International Conflicts. Evaluation of the Democratic Peace Propositions. Columbia, S. C. 1995, Ch. 1: Theory and Research on the Democratic Peace Propositions, S. 1–46; Martin Mendler, Demokratie und Kapitalismus als Garanten für ein friedliches Außenverhalten? Ein Literaturbericht, in: ami 23, 1993, H. 5, S. 11–28.

[31] Melvin Small/David J. Singer, Resort to Arms. International and Civil Wars, 1816–1980, Beverly Hills 1982.

ponnesischen Krieg und seinen Zusammenhang mit demokratischer Gesellschaftsordnung.[32] Gewiß ist der heutige Demokratiebegriff erst sinnvoll seit der Französischen Revolution zu diskutieren; aber die Kriegsursachenforschung hat auch für andere Epochen der Geschichte und zumal für die frühe Neuzeit eine Fülle weiteren empirischen Materials beizubringen, so daß auch hierfür mit ziemlicher Sicherheit Deutungen für die Ursachen oder die Vermeidung von Kriegen erarbeitet wurden, die auch für die nachfolgende Geschichte weiter galten und nicht nur mit dem Verdikt einer Kriegsgeneigtheit oder bellizistischen Disposition auf feudale, absolutistische oder andere Weise undemokratische Herrschaftsformen abgewälzt werden könne.

Singer und Small selbst legten 1976 eine erste Auswertung ihrer Daten in „The War-Proneness of Democratic Regimes" vor.[33] Dabei kamen sie zu dem Schluß, daß zwischen 1816 und 1965 58 Prozent der zwischenstaatlichen Kriege von Demokratien initiiert wurden (S. 67); nimmt man die „außersystemischen" Kriege (Kolonialkriege etc.) hinzu, dann waren es immer noch 35 Prozent, allerdings mit steigender Tendenz, wenn zwischen 1871 und 1965 65 Prozent demokratisch induzierte außersystemische Kriege angeführt werden. Prägend für die weitere Forschung wurden vor allem die Kategorien der Datensammler: Kriege sollten durch mehr als 1000 Tote definiert sein, und demokratisch hießen Staaten, in denen bei Wahlen 10 Prozent der Bevölkerung wahlberechtigt waren, in denen freie Wahlen mit mehreren Parteien abgehalten wurden und in denen ein Parlament die Exekutive entweder kontrollierte oder zumindest einen beträchtlichen Teil daran hatte (spätere Autoren hoben den Anteil der Wahlberechtigten auf 30 Prozent an[34] und forderten, daß auch Frauenwahlrecht bei einer Demokratie in Aussicht stehen oder verwirklicht sein müsse). Der Demokratieindex ließ sich durch zahlreiche andere Merkmale vervollständigen und zu einer Skala etwa von Null bis zehn führen. Entsprechend wurde ein Polity-Datensatz über insgesamt 152 Staaten erstellt, und diesen konnte man wiederum mit dem CoW-Satz korrelieren.

Demokratien führen auch Kriege, und dies in ähnlicher Häufigkeit wie andere Staatsformen. Das war die eine Deutung. Wichtiger wurde dann aber ein weiterer Befund, der auf Michael W. Doyle zurückging: Demokratien führen fast nie Kriege gegeneinander, was wiederum zu quantifizieren war. Strittig wurde dabei in zahlreichen Anläufen während der achtziger Jahre zumeist nur, ob diese Aussage immer gelte oder ob sie nur wahrscheinlich oder hochwahrscheinlich sei.[35]

Historiker neigen schon bei derartigen Zuordnungen oder Kodierungen zu Skepsis. Dennoch werden historisch markante Ausnahmen herausgearbeitet und erklärt: Zwischen den USA und Großbritannien gab es 1812 einen Krieg; aber damals hatten

32 Bruce Russett/William Antholis, Do Democracies fight each other? Evidence from the Peloponnesian War, in: Journal of Peach Research, 29, 1992, No. 4, S. 415–434; Bruce Russett, The Imperfect Democratic Peace of Ancient Greece. Ch. 3 von: Ders, Grasping the Democratic Peace. Principles for a Post-Cold Warworld, Princeton 1993, S. 41–71.

33 Melvin Small/J. David Singer: The War-Proneness of Democratic Regimes, in: Jerusalem Journal of International Studies, 1, No. 4, 1976, S. 50–69.

34 Michael W. Doyle, Kant, Liberal Legacies, and Foreign Affairs, in: Philosophy and Public Affairs 12, No. 3, 1983, S. 205–235 und No. 4, S. 323–353.

35 Rudolph J. Rummel, Libertarianism and International Violence, in: Journal of Conflict Resolution 27, 1983, H. 1, S. 27–71; Harvey Starr, Why Don't Democracies Fight One Another? Evaluating the Theory-Findings Feedback Loop, in: The Jerusalem Journal of International Relations, 14, 1992, No. 4, S. 41–59.

in Großbritannien nur 3 Prozent der Bevölkerung Stimmrecht. Spanien und die USA führten 1898 Krieg; dann war Spanien vielleicht doch nicht so eine richtige Demokratie. Im Zweiten Weltkrieg standen Großbritannien und Finnland im Kriegszustand; dann waren die Begleitumstände von Weltkriegskoalitionen vielleicht doch komplexer. Zumeist werden dyadische Betrachtungsweisen angelegt, aber das trifft nur selten für Konflikte in einem komplexen Staatensystem zu. Daneben finden aber auch nationale Ebene und systemische Ansätze häufig Berücksichtigung.[36] Gerade beim Zweiten Weltkrieg fällt auf, daß die Voraussetzung von nur zwei Kriegslagern angesichts großer und durchaus wechselnder Koalitionen nicht weiterführt. Aber auch eine Erklärung, in der gleichzeitig nebeneinander oder nacheinander unterschiedliche Kriege aufgelistet oder aber auch ineinander übergehende unterschiedliche Kriege benannt werden, gibt die Komplexität eines solchen allgemeinen Krieges nicht einmal annähernd angemessen wieder. Das gilt auch, wenn man Bündnissysteme als Kriegsgegner einführt, in der es auch auf der Seite der Anti-Hitler-Koalition demokratische wie undemokratische Staaten gab. Im Lager der zweifelsfrei „aggressiven" faschistischen Staaten Deutschland, Italien und Japan fand sich andererseits auch ein „demokratischer" Staat wie Finnland.

Kritik an der DP-These läßt sich am Kriegsbegriff anbringen: Es gab Kriege mit sehr viel weniger Toten als 1000; „außersystemische" Kriege wie Bürgerkriege, kriegsähnliche Handlungen oder verdeckte Aktionen etwa durch Geheimdienste und Spionage etc. – und gerade letztere unternahmen die USA häufig. War es dazu etwa vorab nötig, das gegnerische Regime als undemokratisch neu zu definieren? Aber auch diese Merkmale von Krieg ließen sich in der fortschreitenden Forschung wiederum zuordnen, klassifizieren und korrelieren.

Bedeutsam für historische Erkenntnis scheint mir der Einwand zu sein, daß voll entwickelte demokratische Systeme erst im 20. Jahrhundert anzutreffen sind. Formale Regeln für Demokratie gab es gewiß schon im 19. Jahrhundert, aber der sich ausbildende Sozial- und Wohlfahrtsstaat schuf im 20. Jahrhundert neue Qualitäten, die in einem einheitlichen Demokratiebegriff kaum ein für alle Mal angemessen aufgehoben sind. Man konnte durchaus – was ja immerhin versuchsweise geschehen ist – das Deutsche Reich (oder Österreich-Ungarn) vor 1914 als demokratisch bezeichnen, wenn man als Maßstab andere Mächte wie Frankreich, Italien oder auch Spanien heranzieht. Dafür gibt es durchaus sinnvolle Ansätze. Dann wäre auch der Erste Weltkrieg ein Krieg zwischen demokratischen Staaten gewesen. Würde das zugestanden, dann fiele die DP-These insgesamt in sich zusammen. Mit einem erreichten Grad an in der Zeit möglicher Demokratisierung könnte allerdings der autokratische Charakter des Deutschen Kaiserreiches von Staaten wie Großbritannien oder den USA weiterhin angemessen abgesetzt werden. Gerade die CoW- und Polity-Daten führen also zur Skepsis, ob nicht erst seit 1918 oder gar 1945 sinnvoll mit einem Demokratiebegriff umgegangen werden kann. Dann allerdings wird der historische Vergleichszeitraum sehr kurz, und es ist zu fragen, ob die empirische Basis mit zeitlicher Tiefenschärfe für generalisierende Aussagen überhaupt noch gegeben ist, auf die schließlich

[36] Scott Gates u. a., Democracy and Peace. A More Sceptical View, in: Journal of Peace Research, 33, 1996, No. 1, S. 1–10; Nils Petter Gleditsch, Peace and Democracy. Three levels of Analysis, Paper für den 16. Weltkongreß der Political Sciences, Berlin 1994.

die DP-Debatte zielt, auch wenn sie primär zukunftsgerichtet und damit handlungsanleitend ist.

Immerhin ist es bei derartigen quantifizierenden Herangehensweisen an das Staatensystem besser, einen mindestens 200jährigen Zeitraum, wenn auch mit schlechterer Datengrundlage, in den Blick zu nehmen, als wenn nur Daten der jüngsten Vergangenheit, etwa seit 1945, als Basis für taxonomisches Wissen herangezogen würden, wie es in einem anderen umfassenden Datensatz von Klaus-Jürgen Gantzel[37] der Fall ist. Darüber hinaus fehlt es nicht an Ansätzen, welche den Zustand des Staatensystems in unterschiedliche Epochen einteilen, in denen die Zahl demokratischer Staaten eine gewichtige Variable bildet bzw. der Anteil demokratischer Staaten an allen selbständigen Staaten in entsprechenden Kurven abgetragen werden kann.[38]

1993 hat James Lee Ray das größtes Sample von 19 fraglichen Fällen von Kriegen zwischen Demokratien diskutiert.[39] Nach einer historisch-faktischen Erörterung findet er bestenfalls vier Fälle als zweifelhaft, und nennt als letzten den türkisch-zypriotischen Krieg von 1974. Ob gerade in diesem Fall die beiden Protagonisten mit dem Etikett demokratisch zu benennen wären, erscheint ebenso fraglich, wie in diesem Fall eine Kriegsdyade problematisch ist: Die Rolle eines Dritten (Griechenland) bleibt völlig außer acht; darüber hinaus ist der hinter dem bilateralen Krieg (türkische Invasion) stehende weltpolitische Konfliktrahmen der NATO bzw. des Warschauer Paktes völlig ausgelassen. Die Isolierung der Variable bilateraler Krieg entwertet die Komplexität des damaligen Geschehens bis zur Unkenntlichkeit.

Die breite politikwissenschaftliche Diskussion über Ausdifferenzierung der DP-These kann hier nicht weitergeführt werden. Die Einsicht, daß qantifizierend allein nicht weiterzukommen ist, zeigt sich jedoch gelegentlich. James Lee Ray hat in einer primär quantifizierenden Monographie[40] etwa die beiden Krisen des Jahres 1898, die Faschoda-Krise und den spanisch-amerikanischen Krieg verglichen und dabei eine Fülle von qualitativen Perspektiven einbezogen. Miriam Fendius Elman hat kürzlich in einem höchst bedeutenden Sammelband elf in die Tiefe gehende historische Fallstudien von Protagonisten der DP-Debatte versammelt.[41] Gefragt wird hier nach einem demokratischen Entscheidungsprozeß, nach der Bedeutung von demokratischen Regimen und Ideologien für Krisenverhalten; abgehoben wird ferner auf die Rolle demokratischer Innenpolitik für eine Eskalation zum Krieg (S. 42). Die Ergebnisse sind historisch differenziert und können gerade von der großen internationalen Geschichte nahtlos übernommen werden. *Dieser* Dialog lohnt sich. Darüber hinaus sind zusammenfassende Leitsätze bemerkenswert: Do not put democratic allies on auto-

37 Klaus-Jürgen Gantzel/Jörg Meyer-Stamer (Hrsg.), Die Kriege nach dem Zweiten Weltkrieg bis 1984, München 1986; Klaus Jürgen Gantzel/Thorsten Schwinghammer, Die Kriege nach dem Zweiten Weltkrieg. 1945–1992, Münster 1995; vgl. auch Frank R. Pfetsch, Konflikte seit 1945. Daten – Fakten – Hintergründe, Freiburg u. a. 1990, 6 Bde. (KOSIMO-Projekt).

38 Nils Petter Gleditsch, Peace and Democracy (siehe Anm. 36), hier S. 17; vgl. Hans-Günther Brauch, Democray and European Security Order, Paper für den Weltkongreß der Politischen Wissenschaften Berlin 1994, 52 S.

39 James L. Ray, Wars between Democracies? Rare or Non-Existant?, in: International Interactions, 18, No. 3, 1993, S. 251–276.

40 James Lee Ray (wie Anm. 30)

41 Miriam Fendius Elman (Hrsg.), Path to Peace: Is Democracy the Answer?, Cambridge, Mass. 1997.

matic pilots (S. 498), Do not assume that new democracies will conform (S. 500), Do not assume that all democracy is U.S.-style democracy (S. 501). Genau das ist angemessene historische Differenzierung.

Gefragt wird seit Rudolph Rummel[42] häufig, ob nicht andere Variablen neben Demokratie zu friedlicherem Verhalten führen konnten, und dabei wird vor allem auf eine liberale, marktwirtschaftliche, ökonomische Ordnung als gleichsam andere Seite der demokratischen Medaille hingewiesen. Eine solche Verbindung von politischem und wirtschaftlichem System scheint mir höchst sinnvoll zu sein; und die Erweiterung der DP-Debatte zu einer „Liberal Peace"-Debatte ist wohl insgesamt fruchtbarer. „Most liberal systems not only share democratic values, but also a common appreciation of capitalist market economies,"[43] ist die Basis für Thomas Risse-Kappen und viele andere, vornehmlich deutsche Autoren.

Wenn dann die DP- oder LP-These bei all ihrer Zuordnungsproblematik empirisch wahrscheinlich gemacht werden konnte, fehlt allerdings immer noch die Begründung für einen solchen Zusammenhang. Verschiedene Faktoren werden hier enumerativ oder kumulativ angeführt. Ich ziehe exemplarisch den Ansatz von David Lake heran: „Only in their relations with each other does the relative pacifism of democracies appear. In addition, democracies (constrained by their societies from earning rents) create fewer economic distortions and possess greater national wealth, enjoy greater societal support for their policies, and tend to form over-whelming counter-coalitions against expansionist autocracies. Thus, democracies will be more likely to win wars."[44] Entweder sind wir hier bei dem politischen Unikum der NATO angelangt oder, wenn dies weltgeschichtlich breiter gelten sollte, wird DP noch ein weiteres positives Attribut auferlegt: Wenn Demokratien schon einmal Krieg führen, dann gewinnen sie auch zumeist. Der Rückgriff auf Kants Rechtsphilosophie wäre hier für die Begründung von DP zur Differenzierung ebenso einschlägig wie Versuche, die These auf das gegenwärtige Staatensystem umzuformulieren. Christopher Layne,[45] ein Kritiker von DP, spricht von zwei Strängen der Begründung: Einerseits gäbe es die institutionelle Beschränkung von Demokratie durch Checks and Balances, andererseits die Durchsetzung von gemeinsamen Normen und Werten eher kultureller Provenienz, die zum Frieden drängen.

Gerade dieser Autor, Christopher Layne, beschreitet den für Historiker einzig angemessenen Weg, indem er Testfälle nicht nur kodiert, sondern historisch genauer vorführt. Wenn Demokratien leichter Frieden erhalten, dann geht es ihm um solche

[42] Rudolph J. Rummel, Understanding Conflict and War, New York 1975–1981, 5 Bde. (besonders Bd. 4); Ders., Libertarianism and International Violence (wie Anm. 35).

[43] Thomas Risse-Kappen, Demokratischer Frieden? Unfriedliche Demokratien? Überlegungen zu einem theoretischen Puzzle, in: Gerd Krell/Harald Müller (Hrsg.), Frieden und Konflikt in den internationalen Beziehungen, Frankfurt/ New York 1994, S. 159–189 (Hier zitiert nach dem englischen Manuskript S. 11).

[44] David A. Lake, Powerful Pacifists. Democratic States and War, in: American Political Science Review, 86, No. 1, 1992, S. 24–37; Kritik u.a. bei Tobias Debiel, Demokratie und Gewalt in einer Welt des Umbruchs. Zur friedenspolitischen Relevanz politischer Herrschaftsformen in den 90er Jahren, in: Norbert Ropers/Tobias Debiel (Hrsg.), Friedliche Konfliktbearbeitung in der Staaten- und Gesellschaftswelt, Bonn 1995, S. 55–86.

[45] Christopher Layne: Kant or Cant. The Myth of the Democratic Peace, in: International Security, 19, No. 2, 1994, S. 5–49 (hier: S. 6).

Fälle, in denen ein kriegerischer Weg zwischen Großmächten vermieden wurde. Vier Fallstudien sind es bei ihm: USA gegen Großbritannien in der Trent-Affäre 1861, USA versus Großbritannien im Konflikt über Venezuela 1895/96, Frankreich und Großbritannien vor Faschoda 1898 und Frankreich und Deutschland 1923 um die Ruhr. Sein Ergebnis lautet: „The myth of the democratic peace". Konkret zeigt er, daß es ganz andere, sekundäre und situative Gründe waren, die jeweils einen Krieg zwischen den Gegnern vermeiden ließen. „In each of these crises, at least one of the democratic states involved was prepared to go to war (or, in the case of France in 1923, to use military force coercively) because it believed it had vital strategic or reputational interests at stake. In each of these crises, war was avoided only because one side elected to pull back from the brink" (S. 38).

In ähnlicher Weise haben Martin Kröger, Rolf-Harald Wippich und der Verfasser 1997 versucht, in 33 Fallstudien für die Zeit von 1856 bis 1914 zu erklären,[46] warum Kriege zwischen Großmächten vermieden worden sind, Konflikte gelöst wurden, die in der Perzeption dieser oder jener Seite zeitweilig eine Kriegsgefahr signalisierten. Die DP-These ist hier nicht explizit zugrunde gelegt worden; aus der Untersuchung ergibt sich jedoch der Eindruck, daß die Staatsform für das Krisenverhalten von Staaten in diesem Untersuchungszeitraum keine signifikante Qualität hatte. Es gab etwa politische Systeme wie das britische, die einerseits nachdrücklich und kriegsentschlossen ihre Interessen durchsetzten, andererseits aber klug und frühzeitig nachgaben. Mit der demokratischen Qualität Großbritanniens oder seiner jeweiligen Gegner hatte dies kaum zu tun, wohl aber mit kulturellen Faktoren, strategischen Gründen und Zukunftserwartungen der Entwicklung britischer Welt- und Seemacht. Grundthesen oder gar historische Gesetze wurden im Rahmen der „vermiedenen Kriege" nicht angestrebt; die Ergebnisse im einzelnen sind hier nicht vorzutragen und lassen sich zumindest tentativ auf Grundmuster des Verhaltens bringen, die sich aus einem „realistischen" Interpretationsansatz ergeben, der von Machtphänomenen ausgeht, sich dabei aber auch kulturell und mental begründeter Erklärungsmuster für Entwicklungen zu Kriegsbereitschaft und -entschlossenheit bedient.

Die DP-Debatte entstand wohl nicht zufällig in den 1960er Jahren und dürfte somit Ausdruck der politisch motivierten Suche nach der Überwindung des Kalten Krieges, zumal nach Kuba 1962, gewesen sein. Vorangegangene Arbeiten etwa von Edward Hallett Carr über Hans Morgenthau bis Kenneth Waltz, die sich mit Krieg und Staatenwelt einerseits, den Regierungsformen anderseits beschäftigten, kamen nicht auf diese These. Mit dem Ende des bisherigen Kalten Krieges – so konstatieren viele Anhänger auch der DP-These – haben nicht nur qualitative Interpretationen, sondern auch quantitative Vorgehensweisen die bisher sicher geglaubte Grundannahme in Frage gestellt. David Spiro errechnete quantitativ sogar „the insignificance of Liberal Peace".[47] Mittlerweile sind manche Protagonisten der DP-These zumindest im angloamerikanischen Bereich in die Defensive geraten und reagieren mit einer für die theo-

46 Jost Dülffer/Martin Kröger/Rolf-Harald Wippich, Vermiedene Kriege. Die Eskalation von Konflikten der Großmächte zwischen Krimkrieg und Erstem Weltkrieg (1856–1914), München 1997.

47 David E. Spiro, The Insignificance of the Liberal Peace, in: International Security 19, No. 2, 1994, S. 50–86.

riegeleitete und quantifizierende Forschung charakteristischen Haltung: Man müsse die Theorie nur weiter ausdifferenzieren, dann paßten auch die empirischen Daten besser hinein. Zeev Maoz mag hier beispielhaft stehen: „The relationship between ‚objective' regime structures, norms of behavior, and perception of these issues by political leaders is thus an important area of future research that may combine psychological, cultural, and interactive approaches in accounts of peace and war among nations. ... This reevaluation of the democratic peace literature and its critics suggests that the tasks ahead are not less challenging than those in the past. The fact of the democratic peace opens new possibilities for theory construction and empirical analysis."[48]

Einer der Auswege aus der DP-Dyadendebatte war die Einsicht, daß nicht nur auf der Erklärungsebene des Außenverhaltens eines demokratischen Staates, sondern auch auf der Ebene befriedeter Staatengruppen Erkenntnisse gewonnen werden können. Hier sind vor allem die Erfahrungen der europäischen und nordatlantischen Friedenswahrung seit dem Zweiten Weltkrieg eingegangen. In der Berücksichtigung einer Mischung von Staatsformen und Wirtschaftsordnung hat hier – so weit ich sehe – Bruce M. Russett 1990[49] erstmals von einem OECD-Frieden gesprochen: einer befriedeten Weltzone, in der politische Freiheitsrechte, weitgehendes wirtschaftliches Gleichgewicht und hoher Lebensstandard sich wechselseitig bedingten und Frieden schufen. Demokratie erscheint hier nicht als entscheidender, aber doch begleitender Faktor. Für Historiker läßt sich mit der Diagnose eines OECD-Friedens viel anfangen, man würde bei der Diskussion die äußeren Bedingungen für sein Zustandekommen sehr viel stärker gewichten. Gedacht ist an Faktoren wie Entwicklung des Weltwirtschaftssystem unter den Bedingungen von technologischen Revolutionen, ein erweiterter US-Sicherheitsbegriff und die Folgen der Ost-West-Konfrontation.

Friedenszonen sind darüber hinaus möglicherweise ein lohnendes Thema für historisch vergleichende Forschung. An einer Reihe von Friedenszonen hat sie der israelische Historiker Arie M. Kacowicz herausgearbeitet.[50] Das reicht von Europa 1815 bis 1848 bis zum gegenwärtigen Austral-Asien seit dem Zweiten Weltkrieg. Insgesamt findet er acht Beispiele. Bei ihnen wird gelegentlich stabiler Frieden diagnostiziert (so in Europa 1815 bis 1848); zumeist spricht Kacowicz aber nur von einem negativen, also prekären Frieden. In solchen Friedenszonen waren zumeist nicht alle Staaten demokratisch (nur bei: Nordamerika seit 1917; Westeuropa seit 1945), aber angesichts des Fokus auf die demokratische Variable kommt der Autor zu dem Schluß, daß Demokratie oft mit Orientierung am Status Quo verbunden sei (S. 273): „At first glance, it seems obvious that states will maintain peaceful relations if they are satisfied with the status quo, though absence of war ist not a precise indicator of satisfaction."

[48] Zeev Maoz, The Controversy over the Democratic Peace. Rearguard Action or Cracks in the Wall?, in: International Security, 92, No. 1, 1997, S. 162–198 (hier: S. 193 f.); vgl. Risse-Kappen (wie Anm. 43) S. 15: 4 Faktoren.

[49] Bruce M. Russett, Controlling the Sword: The Democratic Governance of National Security, Cambridge, Mass. 1990; vgl. Dieter Senghaas, Die OECD-Weltzone des Friedens, in: Volker Matthies (Hrsg.), Der gelungene Frieden. Beispiele und Bedingungen erfolgreicher Konfliktbearbeitung, Bonn 1997, S. 46–69.

[50] Arie M. Kacowicz, Explaining Zones of Peace: Democracies as Satisfied Powers?, in: Journal of Peace Research, 32, No. 3, 1995, S. 265–276.

„Satisfaction with status quo" – das ist eine der Haupterklärungskategorien Kacowicz – und hiermit kommt in die Liberal-Peace-Debatte eine sehr traditionelle Kategorie hinein, die gemeinhin der realistischen Schule zugerechnet wird: die „Saturiertheit". Otto von Bismarck hätte das seit 1875 nicht anders gesagt, und er hat es als Leitlinie deutscher Politik in den folgenden Jahren wiederholt öffentlich im Reichstag und an anderer Stelle verkündet, obwohl Demokratie für ihn subjektiv ein Horrorwort aus dem Arsenal der Revolution darstellte und man auch aus heutiger Sicht gleichsam objektiv dem Deutschen Reich dieser Zeit kaum in sinnvoller Weise das Etikett Demokratie aufkleben kann. Kacowicz kann mit seiner Erklärung von Saturiertheit fünf Erklärungsebenen benennen, die ihrerseits Strukturmerkmale einzelner Staaten aufweisen und die nicht notwendigerweise nur für Demokratien gelten: „1. They (democracies) are generally fully-fledged nation-states, without irredentist claims, and strong states vis-a-vis their own societies; 2. They are usually strong-powers, both from a military and a socio-economic point of view; 3. They share a normative consensus of international law and a common institutional framework, which reflects their inherent bias toward the status quo; 4. They are affected by domestic institutional constraints, which also favor the status quo; and 5. Their high level of economic growth, development and interdependence creates vested interests for keeping the existing regional and international order." Auch für Kacowicz ist Demokratie als solche nicht für Frieden verantwortlich, wenn er auf den zitierten Aufsatz von Singer und Small 1976 zurückweist. Aber für ihn, wie sich auch in der Sicht eines Historikers bestätigen läßt, kann die DP-These eine notwendige, wenn schon nicht hinreichende Bedingung dafür sein, daß ein Brückenschlag von realistischen und idealistischen Betrachtungsweisen zustande kommt.

Nur eine kleine Drehung in der Begrifflichkeit weiter ist man bei Henry Kissingers aus dem 19. Jahrhundert gewonnener Deutung angelangt, die Klaus Hildebrand bei uns populär gemacht hat: Frieden sei in einer Ordnung gewährleistet, die von allen wichtigen Beteiligten für legitim gehalten wird. Sobald einer der (Haupt-) Beteiligten diese Ordnung in Frage stellte, wurde die Ordnung selbst revolutionär.[51] Legitime oder revolutionäre Staatenordnungen als Bedingung für Frieden: Das ist eine traditioneller Historie angemessene Kategorienbildung, womit die Möglichkeit eines Akteurs/Staates, das ganze System in Frage zu stellen und zu verändern, benannt wird. Gesellschaftliche Bedingungen treten in einem solchen Ansatz in den Hintergrund. Das – von Politikwissenschaftlern oft angesprochene – Level-of-analysis-Problem muß zu einer Erweiterung der DP-Theorie benutzt werden, wenn sie mit breiteren empirischen Befunden in Einklang gebracht werden kann.

An diese Überlegungen läßt sich mit einer Kritik von Tobias Debiel anknüpfen.[52] Demokratien sind – so summiert er schlüssig die gegenwärtige Debatte – janusköpfig: Sie führen Krieg gegen Nichtdemokratien, sie führen (zumeist) keinen Krieg gegeneinander. Schon das macht es unwahrscheinlich, daß das System Demokratie allein aussagekräftig für friedliches Verhalten in der Staatengesellschaft ist. Debiel

51 Henry Kissinger, Großmacht Diplomatie. Von der Staatskunst Castlereagh und Metternichs, Düsseldorf 1962/Frankfurt ²1973; vgl. Klaus Hildebrand, Imperialismus, Wettrüsten und der Kriegsausbruch 1914, in: Neue Politsche Literatur 20, 1975, S. 160–194, 339–364.

52 Tobias Debiel, Demokratie und Gewalt (wie Anm. 44), hier S. 73 f., 77.

selbst führt – eine Frucht der konkreten Entwicklung in den Nachfolgestaaten der Sowjetunion und Jugoslawiens – im Anschluß an Mansfield/Snyder 1995 aus, daß sich demokratisierende Staaten mit höherer Wahrscheinlichkeit in Kriege verwickelt sehen als stabile Demokratien – und dies gelte für die letzten 200 Jahre. Diese Aussage wird empirisch auf dem bekannten Wege verifiziert; aber die Erklärungskriterien laufen dann doch auf die Tautologie heraus, daß stabile demokratische Staaten den Frieden halten, weil sie stabil sind und Stabilität sich aus der Fähigkeit zur Bewahrung von Frieden zeigt. Wichtiger scheint mir eine andere Beobachtung Debiels, die sich auch bei Risse-Kappen und anderen findet, nämlich „daß Demokratien in ihrer Außenpolitik von der Gewalthaltigkeit der innenpolitischen Konfliktregelungsmodi auf das Außenverhalten politischer Systeme schließen. Demokratien nehmen ihresgleichen als friedfertig wahr, während sie sich von autoritären Regimen nicht nur potentiell bedroht fühlen, sondern sie diesen gegenüber auch wenige Hemmungen haben, unter Umständen auch selbst aggressiv zu werden." Da verlagert sich die Argumentation von realen Bedingungen der demokratischen Staatlichkeit auf die Perzeptionsebene anderer Staaten: Wie werden Demokratien von außen wahrgenommen?

Debiel führt die Debatte noch einen Schritt weiter: Folgt nicht aus der friedlichen Wahrnehmung von Demokratien untereinander, daß Diktaturen als unfriedlich perzipiert werden? Die Folgerungen Debiels – gewalthaltige Politik gegenüber Demokratien wird in Demokratien Gegenreaktionen der Bevölkerung hervorrufen – halte ich für weniger überzeugend als den Hinweis auf die Rolle der Perzeption:[53] Wenn in einem Staat oder einer Staatengruppe ein anderer Staat (und dieser könnte eine beliebige Gesellschaftsordnung haben) als friedfertig angesehen wird, wird er gerade im Wechselbezug leichter auch eine Friedensgemeinschaft mit dem wahrgenommenen Staat bilden. Weiter: Wenn dies in einer Gruppe von Staaten geschieht, dann haben wir eine Friedenszone vorliegen, eben einen OECD-Frieden oder einen regionalen Frieden in befriedeten Staatengruppen.

Das Dilemma für den Historiker gegenüber den hier referierten politikwissenschaftlichen Ansätzen liegt darin, daß die *Bedingungen* für eine solche wechselseitige multilaterale Friedlichkeits-Wahrnehmung nicht sinnvoll ein für alle Mal angegeben werden können. Wenn also in einer Weltordnung stabile Demokratien stabilen Frieden untereinander halten, dann ist die Frage nach dem Übergang zu einem solchen Zustand wichtig. Übergangsgesellschaften – so ist in der jüngsten Debatte häufiger gesagt worden – führen zur Instabilität und Kriegsneigung: Wenn das eine Erkenntnis der DP-Theorie ist, dann ist alles Augenmerk auf Übergangsgesellschaften zu richten und Skepsis anzumelden, ob sich diese, deskriptiv analysiert, innergesellschaftlich auf Demokratie und international auf Frieden hinbewegen; an der normativen Wünschbarkeit gibt es keinen Dissens.

Eine letzte Überlegung mag wiederum dies verdeutlichen. Es gehört zur Rhetorik gerade von US-Politikern von Elihu Root über Dean Rusk und Ronald Reagan bis zu Bill Clinton[54] im Sendungsbewußtsein der weltweit stärksten Demokratie, in mehr

53 Vgl. hierzu: Gottfried Niedhart in diesem Band.
54 Vgl. Layne (wie Anm. 45), S. 46; Doyle (wie Anm. 34), S. 205; Elman (wie Anm. 41), S. 2f;

oder weniger offensiver Form Demokratien als Strukturmerkmal künftiger Staatenordnung zu fordern und der eigenen Außenpolitik diese Einsicht zugrunde zu legen: „to make the world safe for democracy“ (Woodrow Wilson) hieße oft zugleich: „to bring peace to the world.“ Die DP-Debatte ist also in der letzten Zeit auch zur Grundlage einer Diskussion über die Ressourcenverteilung in der Zeit nach dem Kalten Krieg geworden. Realisten oder Neorealisten sehen (auch) Kriegsgründe eher außerhalb der Verantwortung von Staaten(gruppen); sie halten Krieg nie für ganz vermeidbar, ein „Sicherheitsdilemma“ für konstitutiv. Daraus folgern sie, eine mehr oder weniger starke militärische oder Rüstungskomponente sei zum Erhalt von Frieden erforderlich. „If democracies never go to war with each other and if they exhibit pacific tendencies in general, then encouraging the spread of democracy is the path to peace”[55]: Das ist der idealistische oder pazifistische Weg zum Frieden, der weitgehend auf zivile Konfliktbearbeitung setzt und militärische Elemente darin grundsätzlich für verfehlt hält. Es geht gerade in den USA, aber auch in Deutschland, nicht nur um den intellektuellen Streit wissenschaftlicher Schulen, sondern um die Legitimierung staatlicher Handlungsstrategien, was die Analyse nicht erleichtert.

Von der Geschichtswissenschaft her kann man die Alternative nur als blauäugig bezeichnen. Selbstverständlich spielen innere Strukturen eines Staates, von der Gesamtverfassung demokratischer oder autokratischer Art über die Wirtschaftsordnung und die politischen Leitwerte bis hin zu Entscheidungswegen und Persönlichkeiten eine Rolle für friedliche oder unfriedliche Politik.[56] Und ebensowenig ist zu verkennen, daß inter-nationale oder inter-statale Faktoren politischer, wirtschaftlicher, ideologischer oder militärischer Art die Aktionsmöglichkeiten zwischen den Polen Krieg und Frieden beeinflussen. Auf die Mischung kommt es an, und dies ist eher ideographisch oder für eine angebbare begrenzte Zeit zu bestimmen als generell zu definieren. Auch die Variante regionaler Friedenszonen, wie sie eben diskutiert wurde, ist von Bedeutung. Jedoch unterliegt auch sie einem Wandel in der Zeit. Darüber hinaus sollte berücksichtigt werden, daß auch Friedenszonen ein Außenverhalten haben, das in eine mehr oder weniger friedliche Richtung gegenüber anderen Staaten deuten kann. Stabiler Frieden in einer Region kann auch mit Abgrenzung von weniger friedlichen anderen Regionen zu tun haben; die Möglichkeiten von Friedenszonen können von außen nicht immer nur als friedlich wahrgenommen werden und daher Konfliktverhalten nach sich ziehen. Die Vorstellung einer gleichsam konzentrischen Ausweitung einmal geschaffener Friedenskerne à la OECD ist jedenfalls zu einfach. Wechselwirkungen von „Innen“ und „Außen“ sind immer anzunehmen, die sich nicht allein auf Demokratie und Frieden hin determinieren lassen.

populär: Eric Altermann, Who speaks for America? Why Democracy Matters in Foreign Oplitics, Cornell University Press 1998.

55 Elman (wie Anm. 41), S. 10.

56 Den Zusammenhang zwischen liberaler Ordnung und Pazifismus diskutiert John MacMillan am Beispiel Großbritanniens und Deutschlands vor dem Ersten Weltkrieg, den britisch-südafrikanischen Beziehungen 1899–1902, den USA und Israel in den letzten Jahrzehnten. Hier scheint die Interdependenz von Liberalismus und Pazifismus in angemessener Richtung historisch differenziert zu werden; gegenüber dem zukunftsgerichteten Optimismus des Autors habe ich jedoch Bedenken; vgl. John MacMillan, On Liberal Peace. Democracy, War and the Inbternational Order, London und New York 1998.

Frieden und Demokratie lassen sich als wechselseitig aufeinander bezogene Werte verstehen. Wenn zur Durchsetzung einer (stabilen) Friedensordnung Demokratie unerläßlich ist, dann kann daraus sehr schnell eine problematische Determiniertheit von politischem Handeln entwickelt werden, wie sie sich durch historische Beispiele erhärten ließe. Der Weg zur Verteufelung, zur Kriegführung, ja zu einem Kreuzzug (im Sinne Martin Ceadels – crusading -) ist dann nicht weit. Es könnte gelten, Demokratie oder einen liberalen Frieden überhaupt erst durchzusetzen, und das kann zur Handlungsmaxime einer sehr unfriedlichen Politik werden. Das sieht auch der Historiker und stellvertretende U.S.-Außenminister Strobe Talbott,[57] der diese Sicht in der „Dritten Welle" der gegenwärtigen Demokratisierung (1996) zurückweist und für eine gleichsam natürliche Entwicklung hält. „The war to end all wars" war die Erwartung von H. G. Wells zu Beginn des Ersten Weltkrieges in unserem kurzen Jahrhundert. „Strukturelle Friedlosigkeit", so befand Helmut Hubel kürzlich,[58] herrsche im Nahen Osten und damit auch Skepsis in der Region über die Universalität westlichen Friedensdenkens. Es folgt für ihn, „daß die ... verläßlichsten Bedingungen internationalen Friedens in der hier untersuchten Weltregion allenfalls punktuell und im Ansatz vorhanden sind. Demokratisierung und wirtschaftliche Interdependenz mögen als langfristig beste ‚Friedensstrategie' gelten, kurz- und mittelfristig können sie die Probleme des Nahen Ostens nicht beheben. ... Wenn Amerikaner und Europäer heute von ‚Frieden' reden, haben sie andere Vorstellungen als die meisten Akteure im Nahen Osten. ... Kriegsverhinderung und Friedensschaffung müssen in dieser Weltregion immer noch mit Instrumenten auskommen, die für uns ... anachronistisch geworden sind – wie insbesondere massive militärische Abschreckung und politische oder gar militärische Einmischung von außen." Diese apodiktische Aussage eines Müssens scheint mir überzogen zu sein; die von Ernst-Otto Czempiel formulierten Erwartungen etwa stehen ihr diametral entgegen. Vielleicht läßt sich der These von einem zu erwartenden Zusammenprall der Kulturen (Samuel Huntington) aber dennoch am besten begegnen, wenn man unterschiedliche Kulturen erwartet, die auch in ihrem Friedensbegriff und -erwartung unterschiedlich sind. Eine Toleranz dieser Sichtweisen wäre dann das immer wieder zu erstrebende Maß auch an Frieden in der Staatenwelt.

Forschungsfelder der Kooperation von Historischer Friedensforschung und Internationaler Geschichte

1. Wenn von der Historischen Friedensforschung quantifizierende Ansätze von Politikwissenschaft diskutiert werden, ergeben sich nach wie vor grundsätzliche Unterschiede. Das Ziel, nomothetische Ergebnisse zu liefern und politisch handlungsleitend zu wirken, liegt den meisten Anhängern des Forschungsansatzes von DP in den

[57] Strobe Talbott, Democracy and the National Interest, in: Foreign Affairs 75, 1996, No. 6, S. 47–63.

[58] Helmut Hubel, Nichts Neues im Nahen Osten? Die Ursachen der ‚strukturellen Friedlosigkeit' zwischen dem Mittelmeer und dem Persischen Golf, in: Frankfurter Allgemeine Zeitung, 21. Februar 1998, S. 9.

siebziger und achziger Jahren zugrunde; in der Geschichtswissenschaft begnügt man sich demgegenüber mit dem ideographischen Verfahren. So weitreichende Aussagen, wie sie in der Politikwissenschaft auch zum Thema Frieden angestrebt werden, scheinen hier vielfach nicht sinnvoll. Typisierungen über mögliche Zusammenhänge etwa von Gesellschaftsordnungen und Frieden sind dennoch ein mögliches verbindendes Glied zwischen politikwissenschaftlicher und historischer Friedensforschung.

2. Historische Friedens- und Konfliktforschung hat besondere Erkenntnischancen aufzuweisen, wenn sie weniger segmentiert als politikwissenschaftliche Ansätze auf die Bedeutung der Erscheinungsformen von Krieg und Frieden eingeht. Kriegsursachenforschung etwa, ein klassisches Feld der allgemeinen Historie,

- kann nach dem Handlungskalkül von Staatsmännern fragen;
- sie kann sich für die Vorstellungen von Krieg und Frieden bei diesen interessieren;
- kann nach dem „Krieg in den Köpfen" fragen;
- sie kann ihre Risikobereitschaft vor dem Hintergrund von Ängsten und Hoffnungen nachzeichnen;
- sie kann versuchen, auf der Ebene vom allgemeinem oder regionalem Staatensystem nach Kriegsanfälligkeit oder Friedensgeneigtheit zu fragen;
- sie kann nach friedenserhaltenden Strukturen fragen. Das könnten reale Institutionen (z.B. UNO) oder immaterielle Vorkehrungen (z.B. Völkerrecht) sein.
- sie kann Entscheidungsprozesse und ihre Alternativen in beteiligten Staaten nach politischen Kriterien untersuchen;
- sie kann das, was soeben für Entscheidungsträger oder -eliten genannt wurde, auch für Parteien, Interessengruppen, andere gesellschaftliche Organisationen, aber auch für einzelne Persönlichkeiten tun und somit einen breiten kulturellen Hintergrund entfalten;
- sie kann innergesellschaftliche Konfliktlagen (z.B. soziale Not, Protestverhalten) untersuchen und dabei zugleich nach Verbindungen zur Kriegsbereitschaft oder Friedensgeneigtheit fragen.

Das alles kann man in der Politikwissenschaft auch machen; aber in der Geschichtswissenschaft kann man dies besser tun, wenn man nicht jede der genannten Herangehensweisen isoliert betreibt, sondern jeweils mit Blick auf Abhängigkeiten und Beeinflussung. Das ist eine Chance für komplexe, aber ganz andere Erkenntnisse als etwa die DP-These.

3. Der Beitrag Historischer Friedensforschung gerade zur internationalen Geschichte kann bedeutend sein. Er braucht nicht einmal mit dem Etikett Historische Friedensforschung versehen zu werden. Kriegsursachen wie Friedensschlüsse, allgemeines Konfliktverhalten im Frieden, Eskalation und Deeskalationsprozesse im Frieden oder Krieg – das alles sind Themenfelder, die eine Bearbeitung lohnen und für die methodisch analogen Frage, wie sie in 2. entwickelt wurden, gestellt werden kann.

4. Historische Friedensforschung öffnet über das genannte ideographische Verfahren hinaus die Möglichkeit zum Vergleich innerhalb der gleichen Zeit, aber auch in diachroner Betrachtungsweise. Sie hat sich vor allem oft von Fragen der Gegenwart herkommend bisher vorwiegend des 19. und 20. Jahrhunderts angenommen. Aber sie ist potentiell auf die gesamte Geschichte auszuweiten.

Darin unterscheidet sie sich nicht wesentlich von der Internationalen Geschichte. Historische Friedensforschung hat mit dieser nicht nur Berührungspunkte, sondern beide überlappen sich in weiten Teilen. Historische Friedensforschung ist in ihren Erscheinungsformen breiter sozial- und kulturgeschichtlich fundiert, als es Internationale Geschichte praktiziert. Die Fragen von Krieg und Frieden gehören nach wie vor zu zentralen Problemkreisen gerade der Internationalen Geschichte. Erst die empirische Arbeit kann die Fruchtbarkeit der Kooperation von beiden erreichen.

Ingo J. Hueck

Völkerrechtsgeschichte: Hauptrichtungen, Tendenzen, Perspektiven

Wer sich mit Völkerrechtsgeschichte beschäftigt, greift gern auf die *Epochen der Völkerrechtsgeschichte* von Wilhelm G. Grewe zurück. Der Senior der deutschsprachigen Völkerrechtsgeschichte schrieb sein Lehrbuch bereits während des Zweiten Weltkrieges, eine Veröffentlichung erfolgte allerdings erst nach Beendigung seiner beruflichen Laufbahn als Hochschullehrer, Politikberater und Diplomat.[1] Bei Juristen wie bei Historikern genießt Grewes Lehrbuch zu Recht hohe Anerkennung. Es war allerdings nicht das erste Lehrbuch zur Völkerrechtsgeschichte, das nach dem Zweiten Weltkrieg erschien. Arthur Nußbaum, der renommierte Berliner Zivilrechtler und Rechtsvergleicher, veröffentlichte bereits 1947 sein *A Concise History of The Law of Nations*, das 1960 in deutscher Übersetzung erschien.[2] Nußbaum (1877–1964) war unter den ersten jüdischen Hochschullehrern, die von den Nazis zwangspensioniert und vertrieben wurden. Er ging in die USA, wo er an der Columbia University eine Professur für öffentliches Recht erhielt. 1951 erschien dann von Georg Stadtmüller eine *Geschichte des Völkerrechts*. Das Lehrbuch behandelt in einem ersten Band die Geschichte des Völkerrechts vom Alten Orient bis zum Wiener Kongreß 1815.[3] Es wurde nicht fortgesetzt. Ernst Reibstein, ein Privatgelehrter, legte seine beiden Bände zur Ideengeschichte des Völkerrechts 1958/63 vor.[4]

Grewes Lehrbuch entwickelte sich dennoch zum Standardwerk in der deutschsprachigen Völkerrechtsgeschichte, vor allem wegen seiner Periodisierung der völkerrechtlichen Entwicklung. Eine Nachahmung und Fortschreibung fand Grewes Ansatz in neuerer Zeit durch Karl-Heinz Ziegler, dessen Lehrbuch zur Völkerrechtsgeschichte Grewes Epochenbildung folgt.[5] Einen ganz anderen, den „euro-atlanti-

1 Wilhelm W. Grewe, Epochen der Völkerrechtsgeschichte, Baden-Baden, 1. Aufl. 1984, 2. Aufl. 1988; zuvor veröffentlichte Grewe bereits einen Vorläufer in der Zeitschrift für die gesamte Staatswissenschaft 103 (1942/43).

2 Arthur Nußbaum, A Concise History of Nations, New York 1947; ders., Geschichte des Völkerrechts in gedrängter Darstellung, München und Berlin 1960. Nußbaum gehört zu den Mitbegründern der Rechtsvergleichung in Deutschland. Seine Forschungsschwerpunkte lagen im internationalen Privatrecht und Wirtschaftsvölkerrecht.

3 Georg Stadtmüller, Geschichte des Völkerrechts, Teil I: Bis zum Wiener Kongreß (1815), Hannover 1951.

4 Ernst Reibstein, Völkerrecht. Eine Geschichte seiner Ideen in Lehre und Praxis, 1. Band: Vom Ausgang der Antike bis zur Aufklärung, Freiburg 1958, 2. Band: Die letzten zweihundert Jahre, München 1963.

5 Karl-Heinz Ziegler, Völkerrechtsgeschichte. Ein Studienbuch, München 1994. Ziegler be-

schen Blickwinkel" relativierenden Ansatz verfolgen schließlich Norman Paech und Gerhard Stuby in ihrer zweiteiligen völkerrechtsgeschichtlichen Darstellung der Epochen des Völkerrechts und der Hauptelemente der modernen Völkerrechtsordnung.[6] Ungeachtet dessen wird eine bevorstehende englische Übersetzung und Aktualisierung des Lehrbuches von Grewe dessen Bekanntheit und Popularität abrunden.[7] Sie gewährleistet erstmals eine Verbreitung im englischsprachigen Raum und folgt damit einem notwendigen Trend im Fach Völkerrecht, in englischer Sprache zu kommunizieren und zu publizieren.

Die Wirkungsmächtigkeit von Grewes Lehrbuch fordert geradezu heraus, danach zu fragen, wie es mit der Völkerrechtsgeschichte als Disziplin und Forschungsgebiet steht. Welche nationale und internationale Bedeutung hat das Fach Völkerrechtsgeschichte? Ist eine fachliche Zuordnung überhaupt möglich, wenn gleichermaßen Völkerrechtler, Rechtshistoriker, Historiker und Politologen in der völkerrechtsgeschichtlichen Forschung arbeiten? Gibt es vielleicht Bereiche, in denen Nichtjuristen mittlerweile den Ton angeben? Führt die Interdisziplinarität zu Interaktionen zwischen den beteiligten Disziplinen? Welche Forschungsschwerpunkte und Hauptrichtungen werden vertreten? Welche Methoden und Zielsetzungen werden verfolgt? Wo liegen die Zukunftsmöglichkeiten und Perspektiven? Diese Fragen werden im folgenden in drei Abschnitten behandelt. Zunächst steht im Rahmen einer Bestandsaufnahme das Fach Völkerrechtsgeschichte im Mittelpunkt, gefolgt von einem Literaturüberblick, bewußt selektiv und abseits der großen Standardwerke und unter besonderer Berücksichtigung der neuesten Literatur. Die Erörterung von Methoden und Zielsetzungen im letzten Abschnitt folgt der Absicht, vor allem neuere Ansätze in der Völkerrechtsgeschichte vorzustellen und vorzuschlagen. Hieraus können sich neue Fragestellungen und Perspektiven für die Völkerrechtsgeschichte ergeben.

Bestandsaufnahme: Das Fach Völkerrechtsgeschichte

Nach Heinhard Steiger „erschienen in der Bundesrepublik seit 1964 außer dem zweibändigen Werk von Ernst Reibstein und der Darstellung Grewes 13 selbständige Veröffentlichungen, die meisten als Dissertationen, und ungefähr 30 Aufsätze, die meisten in Festschriften. Nur wenige Autoren, unter ihnen vor allem Grewe, haben kontinuierlich publiziert. In den großen völkerrechtlichen Zeitschriften erschienen nur sehr wenige Abhandlungen".[8] An diesem Befund hat sich in den neunziger Jahren

schrieb deshalb auch an anderer Stelle einmal Grewe als „Pionier unseres Gebietes"; siehe ders., Zur Einführung: Völkerrechtsgeschichte, in: Juristische Schulung (JuS) 27 1987, S. 350–354.

6 Norman Paech/Gerhard Stuby, Machtpolitik und Völkerrecht in den internationalen Beziehungen, Baden-Baden 1994. Diese erste Auflage war bereits kurz nach Erscheinen vergriffen, eine zweite wird bisher nicht angekündigt.

7 Wilhelm W. Grewe, The Epochs of International Law. Translated by Michael Byers, Berlin 2000.

8 Heinhard Steiger, Problem der Völkerrechtsgeschichte, in: Der Staat 26 (1987), S. 103–126, hier S. 103.

kaum etwas geändert.[9] Die Lage ist eher schlechter geworden. Obwohl nahezu alle Lehrbücher zum Völkerrecht in einem Einleitungskapitel regelmäßig die Grundlagen, Grundbegriffe, Quellen und die Geschichte des Völkerrechts beschwören, besteht das Fach „Geschichte des Völkerrechts" als solches an den juristischen Fakultäten der Bundesrepublik nicht mehr.[10] Die Völkerrechtsgeschichte existiert weder als Teilgebiet des Völkerrechts noch als Teilgebiet der Rechtsgeschichte.[11] Zwar gab es juristische Fachvertreter, die sich auch mit der Geschichte des Völkerrechts beschäftigten. In Einzelfällen gelang sogar die Gründung entsprechender Universitätsinstitute.[12] Die Vertreter der Völkerrechtswissenschaft in der Bundesrepublik sind jedoch ganz überwiegend am geltenden Völkerrecht orientiert. Sie engagieren sich etwa in Fragen der Menschenrechte, der Friedenssicherung und der Vereinten Nationen. Historische Reflexionen finden sich in der Literatur kaum, obwohl immer wieder betont wird, daß das Völkerrecht als „junges" und wenig kodifiziertes Rechtsgebiet „im besonderen Maße ... mit der Geschichte verbunden" sei.[13] Theoretische Grundsatzdiskussionen, wie sie etwa zur Zeit der großen Friedenskonferenzen von 1899 und 1907 oder in und mit der Wiener Schule um Hans Kelsen, Josef Kunz und Alfred Verdroß geführt wurden, gibt es nicht. Neben einer allgemeinen Tendenz zum Pragmatismus hängt dies auch damit zusammen, daß das Interesse sowohl an der Völkerrechtsgeschichte wie an der Ideen- und Wissenschaftsgeschichte des Völkerrechts gering ist. Nur wenige Juristen sind auf diesem Gebiet noch wissenschaftlich aktiv. Neben den bereits erwähnten Wilhelm G. Grewe (Königswinter) und Karl-Heinz Ziegler (Hamburg) ist vor allem Heinhard Steiger (Gießen) zu nennen.[14] Der Völkerrechtler Ulrich Scheuner (1903–1981) und vor allem der Frankfurter Strafrechtler Wolfgang Preiser (1903–1997) hatten sich ebenfalls als Völkerrechtshistoriker in den vergangenen Jahrzehnten einen Namen gemacht.[15] Daneben gibt es noch zahlreiche

[9] Neuere Literaturangaben siehe vor allem in den Anmerkungen zum Kapitel „Hauptrichtungen: Die völkerrechtsgeschichtliche Forschung".

[10] Vorzüglich ist vor allem die völkerrechtsgeschichtliche Darstellung von und bei Wolfgang Graf Vitzthum (Hrsg.), Völkerrecht, Berlin 1997; siehe außerdem: Knut Ipsen, Völkerrecht, München, 3. Aufl. 1990; Otto Kimminich, Einführung in das Völkerrecht, Tübingen und Basel, 6. Aufl. 1997; Ignaz Seidl-Hohenveldern, Völkerrecht, Köln u. a., 9. Aufl. 1997; Alfred Verdroß/Bruno Simma, Universelles Völkerrecht, Berlin, 3. Aufl. 1984; Wilhelm Wengler, Völkerrecht, 2 Bände, Berlin, Göttingen und Heidelberg 1964.

[11] Ähnlich Steiger, „insofern, als es an einer breit entwickelten, ausgebauten Forschung personal, institutionell und daher auch substantiell fehlt"; siehe ders., Probleme der Völkerrechtsgeschichte, S. 103; Hoffnungsvoller dagegen Ziegler, der der Völkerrechtsgeschichte einen „nach wie vor sehr bescheidenen Platz" einräumt; vgl. ders., Zur Einführung: Völkerrechtsgeschichte, S. 350.

[12] Zuletzt gründete Wolfgang Preiser, ein Frankfurter Strafrechtler, 1954 ein *Institut für die Geschichte des Völkerrechts*, das sich im wesentlichen mit dem antiken und mittelalterlichen Völkerrecht beschäftigt hatte. Es wurde 1971 mit der Emeritierung Preisers geschlossen. Einzelheiten bei Ziegler, Zur Einführung: Völkerrechtsgeschichte, S. 350.

[13] So Ziegler, ebda. Seitdem haben völkerrechtliche Arbeiten mit rechtshistorischer Perspektive kaum zugenommen. Nähere Literaturhinweise siehe Kapitel „Hauptrichtungen: Die völkerrechtsgeschichtliche Forschung".

[14] Vgl. Anm. 8.

[15] Vgl. die Festschrift für Ulrich Scheuner zum 70. Geburtstag, hrsg. von Horst Ehmke, Joseph H. Kaiser u. a., Berlin 1973; Ulrich Scheuner zum Gedächtnis, hrsg. von Joseph Listl, Bonn 1981; Wolfgang Preiser, Macht und Norm in der Völkerrechtsgeschichte. Kleine Schriften zur

Historiker wie Wolfgang Reinhard (Freiburg), Jörg Fisch (Zürich) oder Heinz Duchhardt (Mainz), die sich vornehmlich mit dem Völkerrecht des Mittelalters und der Frühen Neuzeit beschäftigen. Andere wie Jost Dülffer (Köln) oder Wilfried Loth (Essen) vertreten die Internationale Geschichte und haben thematische Schwerpunkte wie etwa die Friedensforschung oder die auswärtige Politik. Schließlich gibt es einige Politikwissenschaftler, die sich völkerrechtsgeschichtlich mit Fragen der Weltordnung, internationaler Organisationen und Machtpolitik beschäftigen; etwa Volker Rittberger (Tübingen) und Klaus Dicke (Jena).[16]

Die Geringschätzung der Völkerrechtsgeschichte in der Rechtswissenschaft beruht sicherlich auf einem Ursachenbündel. Zwei Aspekte sollen jedoch im folgenden besonders hervorgehoben werden, nämlich die wissenschaftsgeschichtliche Entwicklung und Institutionalisierung der Völkerrechtswissenschaft in Deutschland sowie der Wandel von Aufgaben und Funktionen.

Völkerrecht als Wissenschaftdisziplin

Das moderne Völkerrecht hat erst spät eine eigenständige Wissenschaftsdisziplin in der deutschen Rechtswissenschaft hervorgebracht.[17] Diese junge Völkerrechtswissenschaft entwickelte sich aus dem letzten Drittel des 19. Jahrhunderts ganz allmählich zu einem Teilgebiet des öffentliches Rechts bzw. des Staatsrechts. Zuvor wurde das Völkerrecht seit seiner eigentlichen Gründung vom 17. bis in das beginnende 19. Jahrhundert traditionell mit dem Naturrecht verbunden. Im frühen 19. Jahrhundert wandelte sich „Naturrecht" terminologisch in „Rechtsphilosophie". Dadurch geriet das Völkerrecht als Teil der Rechtsphilosophie in die Fächerkombination mit Zivil- oder Strafrecht. Renommierte Völkerrechtsautoren unter den Vertretern der Strafrechtswissenschaft und der Rechtsphilosophie waren etwa Ludwig von Bar, der Österreicher Heinrich Lammasch, Franz von Liszt oder der Schweizer Max Huber. Zivilrechtliche Vertreter waren etwa Johann Caspar Bluntschli oder Josef Kohler. Nur wenige strebten vor dem Ersten Weltkrieg schon bei Beginn der Karriere eine intensive Arbeit mit dem Völkerrecht in Forschung und Lehre ernsthaft an. Oft führte erst der Zwang des Lehrauftrages zum Völkerrecht, wie etwa bei Franz von Liszt in

Entwicklung der internationalen Rechtsordnung und ihrer Grundlegung, hrsg. von Klaus Lüderssen und Karl-Heinz Ziegler, Baden-Baden 1978; Wolfgang Naucke, Nachruf auf Wolfgang Preiser, in: Neue Juristische Wochenschrift (NJW) 51 (1998), S. 210.

[16] Volker Rittberger, Internationale Organisationen – Politik und Geschichte: europäische und weltweite zwischenstaatliche Zusammenschlüsse, unter Mitarbeit von Bernhard Zangl, Opladen 1995; Klaus Dicke, Effizienz und Effektivität internationaler Organisationen: Darstellung und kritische Analyse eines Topos im Reformprozeß der Vereinten Nationen, Berlin 1994; außerdem: Diplomacy and World Power. Studies in British Foreign Policy, 1890–1951, hrsg. von Michael Dockrill und Brian McKercher, Cambridge 1997; Michael Byers, Custom, Power and the Power of Rules. International Relations and Customary International Law, Cambridge 1999.

[17] Es mangelt nicht an zeitgenössischen Berichten über den Zustand der Völkerrechtswissenschaft in Deutschland im internationalen Vergleich; siehe August von Bulmerincq, Die Lehre und das Studium des Völkerrechts an den Hochschulen Deutschlands, in: Holtzendorffs Jahrbuch für Gesetzgebung, Verwaltung und Volkswirtschaft, N.F. I (1877), S. 457–464; Karl Strupp, Völkerrecht in Lehre und Prüfung, Breslau 1931.

seinen Marburger Jahren oder bei dem jungen Georg Jellinek in seiner Wiener Zeit. Beide trugen mit ihren völkerrechtlichen Arbeiten maßgeblich zur besseren Anerkennung des Völkerrechts in Deutschland bei. Das Lisztsche Völkerrechtslehrbuch wurde mit elf Auflagen das Standardwerk in der wilhelminischen Ära.[18] Jellinek erlangte mit seinen beiden völkerrechtlichen Monographien über Staatenverbindungen den ersehnten Ruf an eine deutsche Universität, auf einen Lehrstuhl für Völkerrecht nach Heidelberg.[19]

Persönlichkeiten wie von Liszt oder Jellinek waren allerdings die Ausnahme. Nur wenige Völkerrechtler, die aufgrund ihres Lehrauftrages das Völkerrecht in der Lehre zu vertreten hatten, traten auch in der Forschung oder in der internationalen Völkerrechtswissenschaft auf. Im Zuge der nationalen Einigung 1870/71 kam noch hinzu, daß der Unterricht in Rechtsphilosophie im juristischen Curriculum praktisch eingestellt wurde. Die Vertreter des öffentlichen Rechts und des Staatsrechts beschäftigten sich weitgehend mit innerstaatlichen Problemen. Völkerrecht hatte da allenfalls noch in der Militär- und Diplomatenausbildung eine gewisse Bedeutung. Erst nach der Konsolidierung des Nationalstaats und im Zuge der ersten großen Friedenskonferenzen verstärkte sich das Interesse am Völkerrecht um 1900 allmählich wieder. In Deutschland gab es daher noch bis in die Weimarer Republik hinein bei über zwanzig Universitäten nur einen einzigen Lehrstuhl für Völkerrecht, und zwar an der Universität Kiel. In vielen, auch großen Universitäten gab es nur ein geringes Angebot an völkerrechtlichen Veranstaltungen. In anderen europäischen Ländern wie Belgien, den Niederlanden, der Schweiz und Frankreich wurden dagegen vergleichsweise früher Völkerrechtslehrstühle eingerichtet und mit entsprechend ausgewiesenen Völkerrechtsautoren besetzt.[20] England besetzte seine Völkerrechtsprofessuren an den renommierten Universitäten in London, Oxford oder Cambridge sogar mit „Emigranten" wie dem aus Deutschland stammenden Lassar Oppenheim oder dem aus Galizien stammenden Hersch Lauterpacht.[21]

Der erste maßgebliche deutsche Völkerrechtler war in dieser Zeit Theodor Niemeyer. Er gründete in Kiel 1913/14 das erste größere Institut für internationales Recht und lehrte an der Universität sowie an der Kaiserlichen Marineakademie Völkerrecht und Internationales Recht. Er gründete außerdem die erste renommierte deutsche Völkerrechtszeitschrift (*Niemeyers Zeitschrift für Internationales Recht*,

18 Franz von Liszt, Das Völkerrecht, Berlin, 1. Aufl. 1898, 11. Aufl. 1918; nach dem Tode von Liszts 1919 fortgeführt mit der 12. Auflage 1925 von Max Fleischmann (ebenfalls Berlin).

19 Georg Jellinek, Die rechtliche Natur der Staatsverträge. Ein Beitrag zur juristischen Construction des Völkerrechts, Wien 1880; ders., Die Lehre von den Staatenverbindungen, Wien 1882. Biographische Einzelheiten bei Klaus Kempter, Die Jellineks 1820–1955. Eine familienbiographische Studie zum deutschjüdischen Bildungsbürgertum. Düsseldorf 1998, insbes. S. 235 ff.

20 Übersicht bei Karl Strupp, Völkerrecht in Lehre und Prüfung.

21 Oppenheim (1858–1919) war zunächst Professor in Freiburg und Basel, wo er jeweils Strafrecht und Völkerrecht lehrte, und wanderte dann nach England aus. 1895 wurde er Lecturer for Public International Law an der London School of Economics. 1905 erschien erstmals sein Hauptwerk *International Law. A treatise*. 1908 wurde er auf den renommierten Whewell-Lehrstuhl für Völkerrecht in Cambridge berufen. Zu Lauterpacht (1897–1960) unlängst Martti Koskenniemi, Lauterpacht: The Victorian Tradition in International Law, in: European Journal of International Law (EJIL) 8 (1997), S. 215 ff.

seit 1909) und 1916/17 die Deutsche Gesellschaft für Völkerrecht.[22] Sein Nachfolger wurde Walther Schücking, nach dem das Kieler Institut heute benannt ist. Schücking begann seine Karriere als Völkerrechtler bereits mit einer völkerrechtlichen Dissertation und engagierte sich sehr stark in der internationalen und deutschen Friedensbewegung. Nach dem Zusammenbruch des Kaiserreichs nahm er als Mitglied der deutschen Delegation an den Friedensverhandlungen teil. In der Weimarer Republik war er für die Deutsche Demokratische Partei (DDP) Mitglied des Reichstages. 1930 erlangte Schücking als erster Deutscher mit der Ernennung zum Richter am Ständigen Internationalen Gerichtshof in Den Haag den Höhepunkt in seiner wissenschaftlichen und politischen Karriere.[23] Gerade deshalb war seine internationale Anerkennung sehr hoch, in Deutschland dagegen eher gering.[24]

Trotz dieser allmählichen Professionalisierung in den ersten Jahrzehnten des 20. Jahrhunderts blieb ein entsprechender Ausbau des Faches Völkerrecht an den Universitäten und in den Prüfungsordnungen aus.[25] Somit gab es auch nur wenige Völkerrechtsautoren, die sich exklusiv oder überwiegend mit Völkerrecht und Völkerrechtsgeschichte beschäftigen konnten. Diese Situation hat sich nach dem Zweiten Weltkrieg zumindest soweit verbessert, daß heutzutage an jeder juristischen Fakultät der Bundesrepublik wenigstens ein Lehrstuhl für öffentliches Recht und Völkerrecht besteht, der die intensive Pflege des Völkerrechts in Forschung und Lehre erlaubt. Diese Entwicklung schloß allerdings eine weitgehende Abkehr von der Völkerrechtsgeschichte ein. Während das Völkerrecht im 17. und 18. Jahrhundert noch als „ius naturae et gentium" traditionell mit dem Naturrecht verbunden war, entwickelte es sich mit einer „völkerrechtspositivistischen" Richtung, vertreten durch Johann Jacob Moser oder Georg Friedrich von Martens im ausgehenden 18. Jahrhundert sowie durch Ludwig Klüber und August Wilhelm Heffter im 19. Jahrhundert, zu einem positiven Recht, welches das Völkerrecht sammelt und dokumentiert und hieraus induktiv völkerrechtliche Regeln ableitet. Letztere Richtung tendierte zur Rechtswissenschaft, die andere eher zur Philosophie. Aus gesamteuropäischer Perspektive stand diese Entwicklung in der deutschen Völkerrechtslehre immer noch in engem Zusammenhang mit der Gesamtentwicklung im europäischen Rechtsdenken. Im frühen 19. Jahrhundert wurde die positivistische Richtung gestärkt, vor allem durch eine In-

[22] Annemarie Niemeyer, Theodor Niemeyer, in: Fünfzig Jahre Institut für Internationales Recht an der Universität Kiel, Hamburg 1965, S. 158–173; Hans Wehberg, Völkerrechtszeitschriften und Annuaires, in: Wörterbuch des Völkerrechts und der Diplomatie, hrsg. von Karl Strupp, 3. Band, Berlin und Leipzig 1929, S. 302–304.

[23] Detlev Acker, Walther Schücking (1875–1935), Münster/Westfalen 1970, und Ulrich Scheuner, Die internationale Organisation der Staaten. Zum Werk Walther Schückings (1875–1935), in: Die Friedens-Warte 58 (1975), S. 7–22.

[24] Gerade mit Blick auf das Wirken des Pazifisten und Politikers Walther Schücking für die Völkerbundidee kommt Scheuner zu dem Urteil: „Die Beziehungen Deutschlands zu der Einrichtung einer allgemeinen Staatenvereinigung haben niemals die Dichte und den Charakter einer ideellen moralischen Bewegung erreicht"; siehe Scheuner, Die internationale Organisation der Staaten, S. 8. Fritz Stier-Somló formuliert aus zeitgenössischer Perspektive noch kritischer, wenn er der Disziplin vorwirft, „bahnbrechende Ergebnisse" nicht geleistet zu haben; siehe ders., Völkerrechts-Literaturgeschichte, in: Wörterbuch des Völkerrechts und der Diplomatie, hrsg. von Karl Strupp, 3. Band, Berlin und Leipzig 1929, S. 212–227, hier S. 219.

[25] Hierzu Moritz Liepmann, Die Pflege des Völkerrechts an den deutschen Universitäten. Denkschrift für die Deutsche Liga für Völkerbund, Berlin 1919.

tensivierung zwischenstaatlicher Beziehungen auf wirtschaftlicher und auf politischer Ebene. Ausschlaggebend waren insbesondere die industrielle Revolution in Europa und in den Vereinigten Staaten von Amerika, die wirtschaftliche Entwicklung im zwischenstaatlichen Bereich sowie das Aufkommen des internationalen Pazifismus mit seinen Forderungen nach Friedenssicherung, Abrüstung und internationaler Gerichtsbarkeit, die sich auch im völkerrechtlichen Schrifttum niederschlugen. Es wurden unzählige völkerrechtliche Verträge geschlossen, erste internationale Vereinigungen gegründet sowie erste wissenschaftliche Einrichtungen auf internationaler Ebene vereinbart. Diese Entwicklungen legten nicht nur das Fundament für die Entstehung einer neuen Wissenschaftsdisziplin. Sie prägten auch einen Aufgaben- und Funktionswandel, der sich auf den Umgang mit der Geschichte des Völkerrechts auswirkte.

Aufgaben und Funktionen der Völkerrechtswissenschaft

Bis in das 20. Jahrhundert hinein waren Völkerrechtler nicht nur maßgeblich an der Analyse völkerrechtlicher Prozesse und Ereignisse beteiligt. Ihre Untersuchungen und Schriften waren insbesondere auch Rechtsquelle des Völkerrechts. So bestimmten sie das moderne Völkerrecht mit, sei es als völkerrechtliche Berater und Gutachter von Regierungen, sei es als Vertreter nichtstaatlicher Vereinigungen oder sei es als Wissenschaftler und engagierter Völkerrechtsautor. Im 19./20. Jahrhundert wandelten sich aber auch Bedeutung, Umfang und Struktur des Völkerrechts so sehr, daß diese Entwicklung nicht ohne Einfluß auf die Aufgaben und Funktionen der Völkerrechtswissenschaft blieb. Das Völkervertragsrecht dehnte sich aus, erste große Kodifikationen entstanden auf dem Wege großer Konferenzen, und die internationale Rechtsprechung entwickelte sich allmählich zu einer wichtigen Rechtsquelle des Völkerrechts. Dazu kommt ein gewisser Perspektivenwandel innerhalb der Völkerrechtswissenschaft, der sich auf die staatsrechtlichen Veränderungen in Deutschland im 19. Jahrhundert zurückführen läßt.

Noch im 19. Jahrhundert war die deutsche Verfassungslage dem Völkerrecht nämlich recht ungünstig. Das Fehlen eines Nationalstaats im Deutschen Bund verhinderte in der ersten Hälfte des 19. Jahrhunderts die für das Völkerrecht notwendige Außenperspektive. Entsprechend lehnten sich die deutsche Völkerrechtslehre und Völkerrechtswissenschaft an die gesamteuropäischen Entwicklungen an. Die einschlägigen Autoren interessierten sich vor allem für internationale Zusammenhänge. So entwikkelte beispielsweise August Wilhelm Heffter den Gedanken einer internationalen Verbindung zwischen Frankreich und Deutschland als Mittelpunkt einer europäischen Staatenvereinigung.[26] Mit der Reichsgründung 1870/71 ist in mehrfacher Hinsicht ein Perspektivenwandel spürbar. Es erfolgte eine gewisse Abkehr von einem internationalen Ausblick und von der Heranziehung politischer Hintergründe wie ethischer Probleme.[27] Jedenfalls wurde die Betonung des einzelnen Staates erhöht

[26] August Wilhelm Heffter, Das Europäische Völkerrecht der Gegenwart, Berlin 1844.

[27] Ulrich Scheuner, Die internationale Organisation der Staaten, S. 10; vergleiche auch die bereits von Zeitgenossen wenig beachtete Arbeit des Göttinger Gelehrten Leonard Nelson, Die Rechtswissenschaft ohne Recht. Kritische Betrachtungen über die Grundlagen des Staats- und Völkerrechts, insbesondere über die Lehre von der Souveränität, Göttingen und Hamburg 1917; 2. Aufl. mit einer Einführung von Curt Staff, Göttingen und Hamburg 1949.

und eine nationalstaatlich gedeutete Sonveränitätsidee in den Mittelpunkt gerückt. Damit entfernte sich die deutsche Völkerrechtslehre tendenziell von der westeuropäischen Lehre und den USA. Dort blieben bei der Behandlung völkerrechtlicher Probleme naturrechtliche Elemente und ethische Impulse in stärkerem Maße wirksam, während Nationalstaatsbildung und Großmachtstreben in der deutschen Lehre eine Neigung förderten, die einzelstaatliche Macht und rechtliche Selbständigkeit in internationalen Beziehungen besonders hervorzuheben.

Mit der Anerkennung der staatlichen Macht stand die deutsche Lehre natürlich im Zeitalter des Imperialismus und Kolonialismus nicht allein. Im Gegenteil: Ganz Europa war in der zweiten Hälfte des 19. Jahrhunderts und vor allem seit der Jahrhundertwende vom Expansionsstreben erfaßt. Im Gegensatz zur deutschen Lehre gingen jedoch von anderen europäischen Ländern gleichzeitig starke Impulse und Forderungen nach einer Friedenssicherung aus, von Deutschland nur ausnahmsweise. Sie führten zur Einrichtung einer internationalen Schiedsgerichtsbarkeit, zu humanitären Regelungen und Einrichtungen, insbesondere auch im Kriegsrecht. Einen Gegensatz verdeutlichen hier etwa die beiden Haager Friedenskonferenzen von 1899 und 1907.[28] Auf beiden Konferenzen vertrat das Deutsche Reich eine ablehnende Haltung gegenüber der Einrichtung einer Schiedsgerichtsbarkeit. Es wandte sich sowohl gegen die Errichtung eines Ständigen Schiedshofes als auch gegen die Gedanken einer obligatorischen Schiedsgerichtsbarkeit. Dabei hatte bereits das Mitglied der deutschen Delegation, der Völkerrechtler Philipp Zorn, zu einer Milderung der amtlichen Auffassung beigetragen.[29] Letzteres bekommt eine besondere Note, wenn man berücksichtigt, daß Zorn selbst das Völkerrecht als sog. „Außenstaatsrecht" betrachtete und überhaupt etatistische Neigungen hatte. Diese Episode macht deutlich, wie starr und auf das nationale Interesse ausgerichtet zumindest die offizielle deutsche Haltung noch bis zum Vorabend des Ersten Weltkrieges war. Sie verhinderte in der Völkerrechtsliteratur zwar nicht bedeutende wissenschaftliche Leistungen, die gesamteuropäisch wirkten, führte jedoch allmählich zu einer Isolierung und Nationalisierung.

Ein systematischer Ausbau der Völkerrechtswissenschaft in Universitäten, Bibliotheken und durch die Gründung von Forschungseinrichtungen erfolgte dann erst nach dem Ersten Weltkrieg. Hamburg baute 1922/23 mit privaten und öffentlichen Mitteln das *Institut für auswärtige Politik* auf, das eng mit dem Auswärtigen Amt in Berlin zusammenarbeiten sollte. Institutsleiter wurde der liberale und weltläufige Albrecht Mendelssohn Bartholdy. Er mußte 1934 nach England emigrieren. Sein Nachfolger wurde Friedrich Berber, der bis zu seiner „Flucht" 1944 in die Schweiz außerdem den NS-Außenminister von Ribbentrop in völkerrechtlichen Fragen beriet.[30]

[28] Hierzu Jost Dülffer, Regeln gegen den Krieg? Die Haager Friedenskonferenzen von 1899 und 1907 in der internationalen Politik, Berlin, Frankfurt a.M. und Wien 1981.

[29] Stefan Verosta, Theorie und Realität von Bündnissen, Wien 1971; Philipp Zorn, Philipp Zorn, in: Die Rechtswissenschaft der Gegenwart in Selbstdarstellungen, hrsg. von Hans Planitz, Leipzig 1924, S. 215–236; Heinrich Pohl, Philipp Zorn als Forscher, Lehrer und Politiker, Tübingen 1928.

[30] Vergleiche zur problematischen und umstrittenen Biographie von Friedrich Berber und seinen posthum veröffentlichten „Lebenserinnerungen", München 1986, einerseits Dieter Blumenwitz, Friedrich Berber zum 80. Geburtstag, in: Archiv des öffentlichen Rechts (AöR) 103 (1978), S. 605–606f., und, bereits vorsichtiger, Albrecht Randelzhofer, Friedrich Berber, in:

Während das Hamburger Institut in erster Linie zur Vermittlung deutscher Positionen im Ausland sowie Kontaktaufnahme und -pflege mit ausländischen Einrichtungen und Wissenschaftlern eingerichtet wurde, bildete sich in Berlin am Sitz der Reichsregierung nur wenig später eine Einrichtung für die sogenannten juristisch-praktischen Probleme des Völkerrechts. Unter dem Dach der 1911 gegründeten Kaiser-Wilhelm-Gesellschaft zur Förderung der Wissenschaften (heute: Max-Planck-Gesellschaft), politischer Kreise und Berliner Völkerrechtler wurde das *Kaiser-Wilhelm-Institut für ausländisches öffentliches Recht und Völkerrecht* 1924/25 gegründet.[31] Die Finanzierung übernahm größtenteils das Reich, während die Kaiser-Wilhelm-Gesellschaft ihren weltweit guten Ruf und die hohe Anerkennung im internationalen Wissenschaftsbetrieb beisteuerte. Institutsleiter wurde der etablierte Berliner Gelehrte Viktor Bruns.[32] Bruns war zuvor nie als Völkerrechtsautor in Erscheinung getreten und bekam erst 1920 eine ordentliche Professur für öffentliches Recht in Berlin. Er war in erster Linie Zivilrechtler und Rechtshistoriker. Allerdings war er auch ein Mitglied der Berliner Gesellschaft, verbunden mit guten Beziehungen zur Berliner Juristenfakultät und zu Berliner Ministerien.[33] Der wissenschaftliche Beirat setzte sich aus den renommierten Berliner Fakultätskollegen Heinrich Triepel und Rudolf Smend zusammmen. 1928 kam Erich Kaufmann hinzu, der maßgeblich Gustav Stresemann außenpolitisch beriet und in vielen Schiedsverfahren in Zusammenhang mit dem Versailler Vertrag vehement und erfolgreich die Interessen Deutschlands vertrat. Kaufmann wurde nach seiner Zwangspensionierung 1934 von Carl Schmitt abgelöst, der sich zwar nicht besonders um das Institut bemühte, jedoch selbst im Zusammenhang mit den Großraum- und Lebensraumplänen der Nationalsozialisten als Völkerrechtsautor auftrat.[34] Bruns baute das Institut neben dem Kieler *Institut für Internationales Recht* mit großzügig gewährten Reichsmitteln sehr schnell zur ersten völkerrechtlichen Adresse in Deutschland aus.[35] Bereits wenige

Juristen im Portrait. Verlag und Autoren in 4 Jahrzehnten. Festschrift zum 225jährigen Jubiläum des Verlages C.H.Beck, München 1988, S. 170–177, hier S. 175ff., sowie andererseits Hermann Weber, Von Albrecht Mendelssohn Bartholdy zu Ernst Forsthoff. Die Hamburger Rechtsfakultät im Zeitpunkt des Machtübergangs 1933 bis 1935, in: Klaus Jürgen Gantzel (Hrsg.), Kolonialrechtswissenschaft, Kriegsursachenforschung, Internationale Angelegenheiten, Baden-Baden 1983, S. 159–181.

31 Forschung im Spannungsfeld von Politik und Gesellschaft: Geschichte und Struktur der Kaiser-Wilhelm-/Max-Planck-Gesellschaft. Aus Anlaß ihres 75jährigen Bestehens, hrsg. von Rudolf Vierhaus und Bernhard von Brocke, Stuttgart 1990.

32 Hermann Mosler, Das Max-Planck-Institut für ausländisches öffentliches Recht und Völkerrecht, in: Heidelberger Jahrbücher, Bd. XX, hrsg. von der Universitätsgesellschaft Heidelberg, 1976, S. 53–78.

33 So auch beiläufig und fast wörtlich der ehemalige Institutsmitarbeiter A.N. Makarov in einem biographischen Aufsatz über Bertold Schenk Graf von Stauffenberg (1905–1944), in: Die Friedens-Warte 47 (1947), S. 360–365, hier S. 360.

34 Hierzu Mathias Schmoeckel, Die Großraumtheorie. Ein Beitrag zur Geschichte der Völkerrechtswissenschaft im Dritten Reich, insbesondere der Kriegszeit, Berlin 1994.

35 Bislang erschienen zahlreiche institutseigene Darstellungen: Herman Mosler, Max-Planck-Institut für ausländisches öffentliches Recht und Völkerrecht in Heidelberg, in: Jahrbuch der Max-Planck-Gesellschaft zur Förderung der Wissenschaften e.V. 1961, Teil II, 1962, S. 687–703; Max-Planck-Institut für ausländisches öffentliches Recht und Völkerrecht, in: Max-Planck-Gesellschaft, Berichte und Mitteilungen, 2/75, darin insbesondere Ulrich Scheuner, 50 Jahre Max-Planck-Institut für ausländisches öffentliches Recht und Völkerrecht, S. 25–35;

Jahre nach der Gründung hatte die Bibliothek, die mit dem Institut im Berliner Schloß untergebracht war, einen Umfang, der sich nur noch mit dem Haager Friedenspalast vergleichen ließ. Regelmäßig arbeitete im Institut ein Mitarbeiterstab von etwa 20–25 jungen Wissenschaftlern, darunter der sozialdemokratische Staatsrechtler Hermann Heller und der spätere Politiker Carlo Schmid. Zahlreiche Mitarbeiter reüssierten selbst nach dem Zweiten Weltkrieg als renommierte Staats- und Völkerrechtler, etwa Gerhard Leibholz, Hermann Mosler, Ulrich Scheuner oder Wilhelm Wengler. Schließlich arbeitete als enger Mitarbeiter von Bruns seit 1930 auch Bertold Schenk Graf von Stauffenberg, der ältere Bruder des Hitler-Attentäters vom 20. Juli 1944, als Völkerrechtler im Institut.[36]

Das Institut, das nach dem Zweiten Weltkrieg als Max-Planck-Institut in Heidelberg neu gegründet wurde, ist bis heute neben der sogenannten Kieler Schule mit dem Walther-Schücking-Institut ein Zentrum völkerrechtswissenschaftlicher Forschung in Deutschland.[37] Der Wiederaufbau nach dem Zweiten Weltkrieg förderte aber mit Gründung der Vereinten Nationen und dem Kalten Krieg eine Völkerrechtswissenschaft, deren Aufgaben und Funktionen sich wandelten. Eine Gesamtschau der wichtigen Lehrbücher zum Völkerrecht bestätigt das. Im Vordergrund steht jetzt die Fortentwicklung des Völkerechts durch dogmatische Anstöße und theoretische Grundlagenbildung. Die Völkerrechtswissenschaft versteht sich nicht mehr als eine prominente Erkenntnisquelle des Völkerrechts. Vielmehr sieht sie ihre Hauptaufgabe in der rechtsanalytischen Bewältigung des völkerrechtlichen Stoffes, sei es für die internationale Rechtsprechung, sei es für nationale Regierungen. Augenfällig wird diese Funktion bei Artikel 38 Absatz 1 lit d IGH Statut, das ausdrücklich „die Lehrmeinung der fähigsten Völkerrechtler der verschiedenen Nationen" in den richterlichen Entscheidungsprozeß „als Hilfsmittel zur Feststellung von Rechtsnormen" einbeziehen möchte. Die meisten Völkerrechtler arbeiten deshalb über Gegenwartsfragen und engagieren sich in Spezialgebieten wie dem Internationalen Wirtschaftsrecht, dem Internationalen öffentlichen Seerecht oder dem Internationalen öffentlichen Umweltrecht. Dabei handelt es sich um Bereiche, deren Bedeutung und Umfang in Forschung und Lehre gerade in den vergangenen Jahrzehnten exorbitant gewachsen ist. Diese Entwicklung und die zunehmende Praxisorientierung in der juristischen Ausbildung in den vergangenen Jahren führten schließlich auch zu einer Vernachlässigung und Verdrängung der Völkerrechtsgeschichte.

Dieser Befund trifft nicht nur für die Bundesrepublik zu, sondern läßt sich auf alle europäischen, asiatischen und anglo-amerikanischen Länder übertragen. Wer heute als Völkerrechtler oder Rechtshistoriker völkerrechtsgeschichtliche Forschungen betreibt, wird unweigerlich Mitglied einer kleinen internationalen Schar von Völkerrechtshistorikern. Aktuelle Schwerpunktländer mit einer kontinuierlichen bis projektbezogenen völkerrechtsgeschichtlichen Forschung sind England (Anthony

außerdem Robert A. Riegert, The Max Planck Institute for Foreign Public Law and International Law, in: The International Lawyer, 3 (1969), Nr. 3, S. 506–524.

[36] Peter Hoffmann, Stauffenberg und der 20. Juli 1944, München 1998; ders., Claus Schenk Graf von Stauffenberg und seine Brüder, Stuttgart 1992; vgl. auch Makarov, Bertold Schenk Graf von Stauffenberg (1905–1944).

[37] Zum Kieler Institut vergleiche den Abschnitt „Völkerrecht als Wissenschaftsdisziplin" im Kapitel „Bestandsaufnahme: Das Fach Völkerrechtsgeschichte".

Carty, University of Derby), Finnland (Martti Koskenniemi, University of Helsinki), Japan (Masaharu Yanagihara, Kyushu University u.a.), die Niederlande (C. G. Roelofsen, Universität Utrecht u.a.), die USA (David Kennedy, Harvard Law School, Cambridge u.a.) und die Bundesrepublik (Max-Planck-Institut für europäische Rechtsgeschichte, Frankfurt am Main). In anderen Ländern gibt es einzelne Fachvertreter oder an der Völkerrechtsgeschichte Interessierte, so etwa in der Schweiz, Belgien, Frankreich und Italien.[38] Trotz vieler Klagen über die Verdrängung von Grundlagenfächern wie der Völkerrechtsgeschichte durch neue Spezialgebiete und durch Leistungsdruck in der Juristenausbildung, muß hinsichtlich der völkerrechtsgeschichtlichen Forschung hervorgehoben werden, daß eine solche Entwicklung nicht zwangsläufig das Ende der Völkerrechtsgeschichte bedeuten muß. Als gutes Beispiel läßt sich hier das kleine Holland anführen, das im Hochschulbereich durch Reformen, Flexibilität und Dienstleistungsbewußtsein vielen Nischenfächern eine Daseinsberechtigung geben kann. So können in den Niederlanden Jurastudenten im Rahmen der juristischen Grundlagenausbildung traditionell neben der römischen Rechtsgeschichte und der Privatrechtsgeschichte die Völkerrechtsgeschichte als Prüfungsfach wählen. Zudem werden in verschiedenen Studiengängen Vorlesungen in deutscher oder englischer Sprache angeboten, wodurch zusätzlich viele ausländische Studenten angezogen werden. Auf dieser Grundlage konnte sich ein überdurchschnittlich hohes Niveau völkerrechtsgeschichtlicher Präsenz erhalten: Etwa die Hälfte der 13 niederländischen Universitäten kann einen Vertreter des Faches Völkerrechtsgeschichte vorweisen, neben Utrecht vor allem noch Amsterdam und Rotterdam.

Hauptrichtungen: Die völkerrechtsgeschichtliche Forschung

Der Befund für die völkerrechtsgeschichtliche Forschung in der Bundesrepublik war bis in die achtziger Jahre wenig verheißungsvoll.[39] Die schlechte Lage hat sich in den vergangenen Jahren aus verschiedenen Gründen allerdings etwas verbessert. Eine jüngere Generation in der Völkerrechtswissenschaft interessiert sich zunehmend für

[38] In Belgien trat in letzter Zeit vor allem Randall Lesaffer (Universität Löwen) durch zahlreiche Projekte und Veröffentlichungen in der Völkerrechtsgeschichte hervor. Seine Schwerpunkte liegen zeitlich in der Frühen Neuzeit und bewegen sich methodisch eher auf einer traditionellen Linie; vgl. etwa Randall Lesaffer, De rechtspraktijk in beeld. Van Justinianus tot de Duitse bezetting, in: Handelingen van het XIV de Belgisch-Nederlands Rechtshistorisch Congres, Katholieke Universiteit Brabant, Tilburg, hrsg. von B. M. C. Jacobs, Tilburg 1997, S. 95–127; ders., The Westphalia Peace Treaties and the Development of the Tradition of Great European Peace Settlements prior to 1648, in: Grotiana 18 (1997), S. 71–95; ders., Het moderne Volkenrecht (1450–1750), in: Onze Alma Mater, Leuvense Perspectieven, 1998, Heft 4, S. 426–451. Für Frankreich siehe beispielsweise Emmanuelle Tourmé-Jouannet, Emer de Vattel et l'émergence doctrinale du droit international classique, Paris 1998; als Vertreter der japanischen Autoren siehe Akashi Kinji, Cornelius van Bynkershoek: His Role in the History of International Law, Den Haag 1998; schließlich als Beispiel für Schweizer Forschungen: Le Plan Briand d'une Union fédérale européenne. Perspectives nationales et transnationales, avec documents, hrsg. von Antoine Fleury und Lubor Jílek, Bern 1998.

[39] Vgl. oben Einleitung zum Kapitel „Bestandsaufnahme: Das Fach Völkerrechtsgeschichte" und Steiger, Probleme der Völkerrechtsgeschichte, S. 103, Fußnote 2.

die wissenschaftsgeschichtliche Entwicklung des Faches und die ideengeschichtliche Entwicklung des modernen Völkerrechts im internationalen Vergleich. Es besteht ein wachsendes Bedürfnis nach Reflexion historischer Zusammenhänge, die kritische Betrachtung der eigenen geistigen Bestände oder das bewußte Hinterfragen übernommener Prämissen.[40] Eine solche Auseinandersetzung mit den eigenen geistigen Grundlagen schließt gerade auch eine Aufarbeitung der Rolle des Völkerrechts im Nationalsozialismus ein.[41] Gleichzeitig besteht bereits seit mehreren Jahren ein rechtshistorisches Projekt über naturrechtliche Strömungen im 19. und 20. Jahrhundert, das auch das Völkerrecht einbezieht.[42] Schließlich erschienen erst unlängst Monographien mit völkerrechtshistorischem Anspruch, die sich mit dem Staat und mit Staatenverbindungen im 19. und 20. Jahrhundert beschäftigen. Dabei handelt es sich bei der Veröffentlichung von Christian Hillgruber um eine genuin völkerrechtshistorische Arbeit, während Stefan Oeter bei der Rekonstruktion der deutschen Diskussion um Bundesstaatlichkeit auch auf völkerrechtshistorische Fragestellungen eingeht.[43]

Zuvor lagen die Schwerpunkte völkerrechtsgeschichtlicher Forschung innerhalb der deutschen Rechtswissenschaft zeitlich und thematisch in anderen Bereichen. Wolfgang Preiser begründete 1954 mit seinem Frankfurter „Institut für die Geschichte des Völkerrechts" in erster Linie eine Institution zur Erforschung der Völkerrechtsgeschichte des Alten Orients. Zu seinen Hauptwerken zählen *Frühe völkerrechtliche Ordnungen der außereuropäischen Welt* (1976) und *Die Völkerrechtsgeschichte, ihre Aufgaben und Methoden* (1964). Hinzu kommen zahlreiche Aufsätze zur antiken und mittelalterlichen Völkerrechtsgeschichte.[44] Karl-Heinz Ziegler, ein Schüler von Preiser, setzt seine Forschungsschwerpunkte ebenfalls in der antiken

[40] Näheres im Kapitel „Tendenzen und Perspektiven: Neue Ansätze in der Völkerrechtsgeschichte".

[41] Die erste kritische und aufsehenerregende Studie zum Thema Nationalsozialismus und Völkerrecht erschien bereits wenige Jahre nach der „Machtergreifung" – allerdings unter Pseudonym und im Schweizer Exil – von Eduard Bristler (= John Herz), Die Völkerrechtslehre des Nationalsozialismus. Mit einem Vorwort von Georges Scelle, Zürich 1938. Nach dem Zweiten Weltkrieg nähern sich erst allmählich Autoren diesem noch gegenwartsbezogenen oder zeitgeschichtlichen Kapitel. Der Anstoß hierzu kam bemerkenswerterweise aus dem Ausland von einem Sohn eines emigrierten deutschen Wissenschaftlers; vgl. Detlev F. Vagts, International Law in the Third Reich, in: American Journal of International Law (AJIL) 84 (1990), S. 661–704. Weitere kritische Arbeiten folgten von Rüdiger Wolfrum, Nationalsozialismus und Völkerrecht, in: Recht und Rechtslehre im Nationalsozialismus, hrsg. von Franz Jürgen Säcker, Baden-Baden 1992, S. 89–101, und von Schmoeckel, Die Großraumtheorie.

[42] Heinhard Steiger, Völkerrecht und Naturrecht zwischen Christian Wolff und Adolf Lasson, in: Naturrecht im 19. Jahrhundert. Kontinuität – Inhalt – Funktion – Wirkung, hrsg. von Diethelm Klippel, Goldbach 1997, S. 45–74.

[43] Christian Hillgruber, Die Aufnahme neuer Staaten in die Völkerrechtsgemeinschaft. Das völkerrechtliche Institut der Anerkennung von Neustaaten in der Praxis des 19. und 20. Jahrhunderts, Frankfurt a. M. 1998, und Stefan Oeter, Integration und Subsidiarität im deutschen Bundesstaatsrecht: Untersuchungen zu Bundestheorie unter dem Grundgesetz, Tübingen 1998.

[44] Wolfgang Preiser, Zum Völkerrecht der vorklassischen Antike, in: Archiv des Völkerrechts (AVR) 3 (1954), S. 257–288; ders., Macht und Norm in der Völkerrechtsgeschichte. Kleine Schriften zur Entwicklung der internationalen Rechtsordnung und ihrer Grundlegung, hrsg. von Klaus Lüderssen und Karl-Heinz Ziegler, Baden-Baden 1978.

Völkerrechtsgeschichte, insbesondere in der römisch-hellenistischen Zeit.[45] Schließlich ist an dieser Stelle Heinhard Steiger zu nennen, der als Staats- und Völkerrechtler zu den ganz wenigen gehört, die sich auch kontinuierlich mit der völkerrechtshistorischen Forschung beschäftigen. Zu seinen Schwerpunkten zählen insbesondere die internationale Staatengemeinschaft, das Natur- und Völkerrecht sowie die Friedensregelung und -ordnung im Westfälischen Frieden.[46] Daneben hat er eine vorzügliche Darstellung über den Völkerrechtsbegriff geschrieben.[47] Weitere Völkerrechtsautoren aus der Rechtswissenschaft, die zudem kontinuierlich völkerrechtshistorisch gearbeitet hätten, gibt es nicht.[48]

In der Geschichtswissenschaft hat die völkerrechtshistorische Forschung traditionell einen festen Platz. Leider war es bislang meistens so, daß es kaum Verbindungen zwischen der völkerrechtshistorischen Forschung in der Geschichtswissenschaft und anderen Disziplinen gab. Das gilt auch für die Rechtsgeschichte und die Völkerrechtsgeschichte. Dabei gäbe es durchaus eine Vielzahl von Querverbindungen und Interessensgebieten, die von beiden Seiten in der völkerrechtshistorischen Forschung behandelt werden könnten. Eine enge und erfolgreiche Zusammenarbeit würde freilich von den methodischen Grundlagen abhängen, die sich gerade im 20. Jahrhundert verändert und erweitert haben. Hier hat auch die Rechtsgeschichte in den vergangenen Jahrzehnten große Fortschritte gemacht und ihr methodisches Konzept kritisch überprüft und verändert.[49] Es ist nicht mehr die vermeintlich tatsachenfeststellende Dogmengeschichte des römischen oder anderer Rechte, die die Rechtsgeschichte beherrscht.[50] Vielmehr versteht sich die Rechtsgeschichte in vielen Bereichen heute als Teil der allgemeinen Geschichtswissenschaft mit spezifisch rechtshistorischen Frage-

[45] Karl-Heinz Ziegler, Das Völkerrecht der römischen Republik, in: Aufstieg und Niedergang der römischen Welt, hrsg. von H. Temporini und W. Haase, Bd. I.2, 1972, S. 68ff.; ders., Deutschland und das Osmanische Reich in den völkerrechtlichen Beziehungen, in: AVR 35 (1997), S. 255–272; weitere Hinweise finden sich bei Ziegler, Zur Einführung: Völkerrechtsgeschichte, S. 351 f., und ders., Völkerrechtsgeschichte, §§ 9-13.

[46] Heinhard Steiger, Staatlichkeit und Überstaatlichkeit. Eine Untersuchung zur rechtlichen und politischen Stellung der Europäischen Gemeinschaften, Berlin 1966; weitere Hinweise vgl. Abschnitt „Völkerrecht als Wissenschaftdisziplin" im Kapitel „Bestandsaufnahme: Das Fach Völkerrechtsgeschichte" .

[47] Heinhard Steiger, Völkerrecht, in: Geschichtliche Grundbegriffe. Historisches Lexikon zur politisch-sozialen Sprache in Deutschland, hrsg. von O. Brunner, W. Conze und R. Koselleck, Bd. 7, Stuttgart 1992, S. 97–140.

[48] Vergleiche die gute Literaturübersicht bei Grewe, Epochen der Völkerrechtsgeschichte, S. 817–839, wo vielleicht eine Handvoll Autoren aus der Nachkriegszeit auffallen.

[49] Aus der Vielzahl der Beiträge und Stellungnahmen im folgenden nur die wichtigsten: Uwe Wesel, Zur Methode der Rechtsgeschichte, in: Kritische Justiz 7 (1974), S. 337–368; Peter Landau, Rechtsgeschichte und Soziologie, in: Vierteljahrschrift für Sozial- und Wirtschaftgeschichte 61 (1974), S. 145–164; Dietmar Willoweit, Historische Grundlagen des Privatrechts, in: JuS 17 (1977), S. 292–297; Sten Gagnér, Zur Methodik neuerer rechtsgeschichtlicher Untersuchungen I: Eine Bestandsaufnahme aus den sechziger Jahren, Ebelsbach 1993; neuestens Michael Stolleis, Rechtsgeschichte als Kunstprodukt. Zur Entbehrlichkeit von „Begriff" und „Tatsache". Würzburger Vorträge zur Rechtsphilosophie, Rechtstheorie und Rechtssoziologie, Baden-Baden 1997.

[50] Regina Ogorek, Rechtsgeschichte in der Bundesrepublik, in: Rechtswissenschaft in der Bonner Republik. Studien zur Wissenschaftsgeschichte der Jurisprudenz, hrsg. von Dieter Simon, Frankfurt a.M. 1994, S. 12–99.

stellungen und unterschiedlichen methodischen Ansätzen.[51] Vor diesem Hintergrund gibt es auch bereits in der völkerrechtsgeschichtlichen Forschung kleine interdisziplinäre Ansätze.

Im einzelnen liegen die Forschungsschwerpunkte bei den meisten Historikern zeitlich betrachtet in der Frühen Neuzeit. In inhaltlicher Hinsicht beschäftigen sie sich mit Friedensordnung und Friedensregeln seit dem Westfälischen Frieden, mit schiedsgerichtlichen Verfahren, dem europäischen Expansionismus und Kolonialismus. Methodisch gehen zahlreiche Arbeiten universalgeschichtlich vor, einige auch entwicklungs- oder sozialgeschichtlich. Ein Hauptvertreter der politischen Geschichte und des politischen Völkerrrechts ist Heinz Duchhardt. Er hat es verstanden, in seinen zahlreichen Veröffentlichungen nach Überwindung einer traditionell verstandenen politischen Geschichte neue Akzente zu setzen, ohne dabei selbst revolutionär sein zu wollen. Gleiches gilt für die Arbeiten im *Handbuch der Geschichte der Internationalen Beziehungen*, das von Duchhardt und Franz Knipping herausgegeben wird.[52] Neben den Untersuchungen zur Friedensordnung in der Frühen Neuzeit steht das europäische Staatensystem und dort die Dominanz Frankreichs im Zeitalter des Absolutismus im Mittelpunkt.[53] Ähnlich wie Duchhardt und Knipping verfolgt auch Wolfgang Reinhard dabei keine spezifisch völkerrechtshistorischen Interessen. Reinhard beschäftigt sich vor allem mit der Geschichte des Kolonialismus, der unter rechtlichen Aspekten gerade nicht dem Völkerrecht zugeordnet wurde.[54] Anders ist das bei Jörg Fisch, der neben einer universalgeschichtlichen Arbeit über den Friedensvertrag auch eine Untersuchung über Reparationen geschrieben hat, die durchaus genuin völkerrechtshistorische Bezüge aufweist.[55] In die gleiche Richtung gehen die theologisch-ethischen Untersuchungen von Werner Führer und Gerhard Beestermöller über den internationalen Frieden bzw. die Völkerbundidee. Beide untersuchen unter theologisch-ethischen Aspekten zentrale Begriffe bzw. Institutionen des modernen Völkerrechts in historischer Dimension.[56]

[51] Otto G. Oexle, Rechtsgeschichte und Geschichtswissenschaft, in: Akten des 26. Deutschen Rechtshistorikertages, hrsg. von Dieter Simon, Frankfurt a. M. 1987, S. 77–107.

[52] Etwa Heinz Duchardt, Balance of Power und Pentarchie, Paderborn u. a. 1997 (= Handbuch der Geschichte der Internationalen Beziehungen in 9 Bänden, hrsg. von H. Duchhardt und F. Knipping, Bd. 4).

[53] Heinz Duchhardt, Studien zur Friedensvermittlung in der Frühen Neuzeit, Wiesbaden 1979; ders., Krieg und Frieden im Zeitalter Ludwigs XIV., Düsseldorf 1987; ders., Altes Reich und europäische Staatenwelt 1648–1806, München 1990; Deutschland und Frankreich in der Frühen Neuzeit. Festschrift für Hermann Weber, hrsg. von H. Duchhardt und E. Schmitt, München 1987; Zwischenstaatliche Friedenswahrung in Mittelalter und Früher Neuzeit, hrsg. von H. Duchhardt, Köln und Wien 1991; Rahmenbedingungen und Handlungsspielräume europäischer Außenpolitik im Zeitalter Ludwigs XIV., hrsg. von H. Duchhardt, Berlin 1991; Der Friede von Rijswijk 1697, hrsg. von H. Duchhardt, Mainz 1998.

[54] Wolfgang Reinhard, Geschichte der europäischen Expansion, 4 Bde., Stuttgart u. a. 1983–1990; ders., Kleine Geschichte des Kolonialismus, Stuttgart 1996.

[55] Jörg Fisch, Krieg und Frieden im Friedensvertrag, Stuttgart 1979; ders., Reparationen nach dem Zweiten Weltkrieg, München 1992.

[56] Werner Führer, der Internationale Friede. Theologisch-ethische Studien zum Problem der politischen Friedenssicherung, Frankfurt a. M. 1993; Gerhard Beestermöller, Die Völkerbundidee. Leistungsfähigkeit und Grenzen der Kriegsächtung durch Staatensolidarität, Stuttgart, Berlin und Köln 1995.

Zusammenfassend gilt, daß der Zustand der völkerrechtshistorischen Forschung in der deutschen Wissenschaftslandschaft nicht als zufriedenstellend gelten kann. Die Rechtsgeschichte hat die Völkerrechtsgeschichte bislang kaum für sich entdeckt. In der Völkerrechtswissenschaft wurde die Völkerrechtsgeschichte viele Jahre kaum gepflegt und schließlich durch andere, neue Spezialgebiete weitgehend verdrängt. Hier geben erst jüngste Veröffentlichungen, zum Teil mit genuin völkerrechtshistorischem Charakter, Anlaß zur Hoffnung. Die völkerrechtshistorische Forschung innerhalb der Geschichtswissenschaft ist aus rechtshistorischer Sicht oftmals zu wenig an den völkerrechtlichen Fragestellungen und Problembereichen in Literatur und Praxis interessiert. Die Untersuchungen und Darstellungen unterliegen in der Regel einem universalgeschichtlichen Anspruch und zuweilen einem aufgeschlossenen Verständnis von politischer Geschichte, ohne neue Anstöße zu geben.

Tendenzen und Perspektiven: Neue Ansätze in der Völkerrechtsgeschichte

Aktuell gibt es neben dem bereits erwähnten Projekt über Naturrecht im 19. und 20. Jahrhundert, in dem Heinhard Steiger das Völkerrecht betreut, und den Forschungen zum antiken Völkerrecht von Karl-Heinz-Ziegler nur noch das 1996 gegründete Projekt zur Wissenschafts- und Ideengeschichte des Völkerrechts zwischen Kaiserreich und Nationalsozialismus am Max-Planck-Institut für europäische Rechtsgeschichte, Frankfurt am Main.[57] In diesem Projekt wurde eine Arbeitsgruppe gebildet, in der etwa 15 Einzeluntersuchungen entstehen. Das Projekt konnte ein Netzwerk aufbauen und dadurch außerhalb Frankfurts weitere Arbeiten anstoßen und einbeziehen. Es widmet sich der Wissenschaft des Völkerrechts von der Mitte des 19. Jahrhunderts bis in die Zeit nach dem Zweiten Weltkrieg. Ausgehend von den gravierenden zwischenstaatlichen Veränderungen im 19. Jahrhundert wird die normative Umsetzung und Institutionalisierung der neuen Leitideen in der internationalen und deutschen Völkerrechtswissenschaft (Frieden, Gerechtigkeit, Rechtssicherheit, Menschenrechte) untersucht. Dabei werden unter Überwindung der nur ereignisbezogenen Zäsuren (1870, 1914/18, 1933, 1945) Langzeitentwicklungen der völkerrechtlichen Doktrin und Praxiseinwirkung studiert. Das bedeutet: Die Völkerrechtstheorien werden historisch ernst genommen. Sie werden als kontextabhängig verstanden, d. h. es wird angestrebt, die geistigen, sozialen und politischen Rahmenbedingungen von Theorien und Theoretikern samt ihren Schulbildungen möglichst genau zu rekonstruieren und die methodische Vorgehensweise zu erforschen. Denn Theorien werden weder im luftleeren Raum erdacht, noch sind sie aus den jeweiligen Rahmenbedingungen „ableitbar". Vielmehr erscheinen sie durchweg „halbautonom" in dem Sinne, daß ihre Entstehung sich in einer komplizierten Interaktion von individuellen und überindividuellen Faktoren vollzieht. Gerade für die Völkerrechtsgeschichte spielt hierbei die internationale Perspektive eine große Rolle. Deutsche Völkerrechtler haben sich stets, wie im Fach üblich, um Auslandskontakte bemüht. Im 19. Jahr-

[57] Vgl. das Kapitel „Hauptrichtungen: Die völkerrechtsgeschichtliche Forschung".

hundert standen sie dabei freilich im Schatten der großen Kolonialmächte England und Frankreich, seit den zwanziger Jahren dieses Jahrhunderts dominieren die USA. Für das Projekt bedeutet dies, daß nicht nur die Reflexe der englischen, französischen oder amerikanischen Völkerrechtstheorie im deutschen Völkerrecht zu beachten sind, sondern auch die umgekehrten Blicke des Auslands auf die deutsche Völkerrechtswissenschaft.

Gemeinsame Grundlage der Einzeluntersuchungen ist die Unzufriedenheit mit dem gegenwärtigen Zustand der ideen- und wissenschaftsgeschichtlichen sowie allgemein-historischen Behandlung der Völkerrechtsgeschichte. Auf der Grundlage des bisherigen Forschungsstands werden die bislang fixierten Hauptrichtungen und Tendenzen in Frage gestellt und neue Perspektiven und Möglichkeiten gesucht. Der traditionellen Wissenschaftsgeschichte des Rechts sollen neue Konturen gegeben werden, etwa durch die Bearbeitung von Biographika, der Geschichte von Institutionen und Zeitschriften sowie der Rekonstruktion nationaler und internationaler Netzwerke. Dadurch könnte die rechtsgeschichtliche Forschung eine neue Qualität erlangen und der Anschluß an die moderne Wissenschaftsgeschichte erreicht werden. Darüber hinaus werden neue Ansätze in der herkömmlichen Ideengeschichte gesucht. Hier ist das Projekt Teil eines Schwerpunktprogramms „Ideen als gesellschaftliche Gestaltungskraft im Europa der Neuzeit – Ansätze zu einer neuen ‚Geistesgeschichte'".[58] Insofern wird angestrebt, über konventionelle institutionen- und institutsgeschichtliche Betrachtungen hinaus zu untersuchen, wie sich etwa Leitmotive und wissenschaftliche Denkstile in ihrer Wirkung in Organisationen und Institutionen integrierten. Eine weitere Untersuchungsrichtung behandelt das Problem, inwieweit „Ideen als Weichensteller" (Max Weber) eingeordnet werden und damit einen aktiven Part in wissenschaftlichen und politischen Entstehungs- und Veränderungsprozessen einnehmen können. Mit diesen Fragestellungen werden disziplinübergreifende Verbindungen aufgebaut, bei denen auch die völkerrechtshistorische Forschung über neue methodische Ansätze einen Beitrag leisten kann.

Folglich kann die Völkerrechtsgeschichte durchaus ein attraktives Teilgebiet der Rechtswissenschaft und der Geschichtswissenschaft sein. Als Erfahrungswissenschaft kann sie in der juristischen Ausbildung im Grundlagenbereich dafür sorgen, die Beschäftigung mit dem geltenden Recht methodisch und theoretisch zu unterfüttern. Darüber hinaus kann sie in der völkerrechtlichen Ausbildung zur kritischen Vergewisserung vorgefaßter Prämissen und zur Aufarbeitung der eigenen geistigen Grundlagen beitragen. Das gilt insbesondere für das Völkerrecht im Interbellum und im Nationalsozialismus. In der völkerrechtshistorischen Forschung finden sich zahlreiche neue Ansätze, wenn man die methodische Diskussion und Weiterentwicklung verfolgt. Gerade für das moderne Völkerrecht seit der Frühen Neuzeit können sich viele neue Fragestellungen ergeben, wenn künftige Untersuchungen über traditionelle ideen- und entwicklungsgeschichtliche Ansätze hinauswachsen. Völkerrechtliche Ideen oder Institutionen in Wissenschaft und Staatenpraxis entstehen nicht im luftleeren Raum, sondern durch Interaktion verschiedener Akteure in Wissenschaft, Diplomatie, Politik, Wirtschaft etc. Deshalb erfassen auch so großartige Darstellun-

[58] Dieses Schwerpunktprogramm wird seit 1996 von der Deutschen Forschungsgemeinschaft (DFG) gefördert. Projektleiter ist Dieter Langewiesche (Tübingen).

gen wie das Buch von Grewe nur einen Ausschnitt der Völkerrechtsgeschichte, hier etwa die große Theorie und die politische Geschichte. Mit neuen Ansätzen lassen sich Verfeinerungen und Neubestimmungen vornehmen. Das gilt etwa für entwicklungsgeschichtliche Betrachtungen, die einen vergleichenden Ansatz einbeziehen. Ein solcher Ansatz verbindet spezifisch historische und juristische Fragestellungen, weil er neben sogenannten Entwicklungslinien gleichzeitig Kontinuitäten, Diskontinuitäten und Fragmentierungen nachgeht.[59] In wissenschaftsgeschichtlicher Hinsicht ergeben sich zahlreiche Fragestellungen über die Entstehung, Veränderung und Entwicklung einer Wissenschaftsdisziplin in verschiedenen zeitlichen, politischen und wirtschaftlichen Kontexten. Speziell für das Völkerrecht ergeben sich sogar Forschungslücken, obwohl es bereits große historische Darstellungen gibt. Trotz zahlreicher Werke über die deutsche Außenpolitik und das Auswärtige Amt in den verschiedenen Epochen seit der Reichsgründung 1870/71 bis 1945 fehlt bislang etwa eine kritische Analyse der Arbeit des Auswärtigen Amtes, insbesondere in völkerrechtlichen Fragen.

Schließlich ergeben sich neue Arbeitsfelder durch die Ausgestaltung interdisziplinärer und internationaler Ansätze. Gerade die Völkerrechtswissenschaft ist eine internationale Wissenschaftsdisziplin, was in der Forschung leider nicht immer zum Ausdruck kommt. Eine neue Initiative in der völkerrechtsgeschichtlichen Forschung ging beispielsweise Anfang der neunziger Jahre von den USA aus. Dort bildete sich eine lose Vereinigung von Völkerrechtlern und anderen Wissenschaftlern, die an der Völkerrechtsgeschichte interessiert sind. Diese „Interest Group on International Legal History Scholarship" wurde 1994 gegründet und umfaßt aktuell etwa 40 Mitglieder.[60] Die Zusammensetzung ist international. Die meisten Mitglieder stammen aus den USA, England und Japan. In den USA haben sich zwei Zentren gebildet, wo vergleichsweise intensiv eine völkerrechtsgeschichtliche Forschung stattfinden kann. An der University of California at Berkeley ist es das Center of International Legal Studies, an der Harvard Law School, Cambridge, das European Law Research Center.[61] Die völkerrechtsgeschichtlichen Vorhaben an den verschiedenen Institutionen beschäftigen sich mit der Entwicklung des International Law seit dem 19. Jahrhundert. In Berkeley entstehen etwa Arbeiten mit institutionengeschichtlichem Schwerpunkt zur Geschichte internationaler Organisationen und zur Entstehung und Entwicklung der frühen Friedensbewegung in den Vereinigten Staaten. Beide Vorhaben verfolgen einen interdisziplinären Ansatz, indem besonders Beziehungen und Reflexionen in der politischen Philosophie und der Völkerrechtstheorie einbezogen werden. Einen ganz anderen Ansatz verfolgen Völkerrechtler der Harvard Law School und aus der Boston Area.[62] Hier wird die Völkerrechtsgeschichte zur kritischen Reflexion der

59 Ein schönes Beispiel bietet Cornelia Wegeler, „... wir sagen ab der internationalen Gelehrtenrepublik". Altertumswissenschaften und Nationalsozialismus. Das Göttinger Institut für Altertumskunde 1921–1962, Wien, Köln und Weimar 1996. Dazu die Rezension von Ingo Hueck in: Ius Commune. Zeitschrift für Europäische Rechtsgeschichte XXIV (1997), S. 500–503.

60 Die Mitgliederliste wird von Professor David Bederman, Emory University, Atlanta (USA) geführt.

61 Ansprechpartner an der UCB sind Professor David D. Caron, Director, International Legal Studies, Boalt School of Law, und Professor Harry N. Scheiber, Boalt School of Law. Das European Law Research Center an der HLS wird von Professor David Kennedy geleitet.

62 In Anlehnung an die Projekte zur Völkerrechtsgeschichte am Max-Planck-Institut für euro-

Entwicklung des amerikanischen Völkerrechts und der US-Völkerrechtswissenschaft eingesetzt.[63] Die Zielsetzung liegt auf der Hand. Die Beschäftigung mit Völkerrechtsgeschichte soll der aktuellen völkerrechtlichen Forschung eine neue Richtung geben. Die weltpolitischen Veränderungen seit 1989/90 und die Versuche, die Vereinten Nationen und die Rolle der USA zu reformieren, führten in diesem Zusammenhang in den USA auch zu völkerrechtshistorischen Untersuchungen. Im einzelnen sind bereits in den vergangenen Jahren Arbeiten zur Völkerrechtsgeschichte entstanden, die sich etwa mit der Reinterpretation des Völkerrechts des 19. und 20. Jahrhunderts beschäftigen.[64] Die methodische Grundlage dieser Arbeiten ist kultur- und ideengeschichtlich und folgt neuesten methodischen Ansätzen in der amerikanischen Rechtsgeschichte und Historiographie. Weitere Arbeiten auf wissenschaftsgeschichtlicher Grundlage beschäftigen sich mit der internen Geschichte und Entwicklung des Faches Völkerrecht in den USA.[65] Hier wurden bereits erstaunliche Ergebnisse präsentiert, die gerade aus vergleichender Perspektive für entsprechende Untersuchungen der kontinentaleuropäischen Entwicklung von großer Bedeutung sein werden. In Anlehnung an das sehr flexible, sich sehr schnell auf neue wissenschaftliche Entwicklungen einstellende Wissenschaftssystem der Vereinigten Staaten wurde die Geschichte des Völkerrechts und der Völkerrechtswissenschaft kritisch rekonstruiert und mit der Entstehung der Wissenschaftsdisziplin der International Relations in Beziehung gesetzt.[66] Andere Schwerpunkte sind historische Untersuchungen über die engen Verbindungen zwischen dem Internationalen Privat- und Wirtschaftsrecht und dem Völkerrecht oder über strukturelle Beziehungen zwischen Kolonialrecht und Völkerrecht.[67] Im Zusammenhang mit diesen Forschungsschwerpunkten werden tra-

päische Rechtsgeschichte wurde 1998 an der Harvard Law School ein sogenannter Workshop on Law and History gegründet. Dieser Workshop wird von beiden Institutionen getragen und dient der Vorbereitung eines neuen Projektes zur International Legal History. Projektleiter sind Professor David Kennedy (Harvard Law School) und Professor Nathaniel Berman (Northeastern University, Law School, Boston).

[63] Wolfgang Friedman, The Changing Structure of International Law, New York 1964; Knud Krakau, Missionsbewußtsein und Völkerrechtsdoktrin in den Vereinigten Staaten von Amerika, Frankfurt a. M. und Berlin 1967.

[64] Anthony Carty, The decay of international law? A reappraisal of the limits of legal imagination in international affairs, Manchester 1986; Nathaniel Berman, „But the Alternative is Despair“: European Nationalism and the Modernist Renewal of International Law, in: Harvard Law Review 106 (1993), S. 1792–1903; Carl Landauer, J. L. Brierly and the Modernization of International Law, in: Vanderbilt Journal of Transnational Law 5 (1933), S. 881 ff.

[65] David Kennedy, International Law and the Nineteenth Century: History of an Illusion, in: Nordic Journal of International Law 65 (1996), S. 385–420; ders., The International Style in Postwar Law and Policy, in: Utah Law Review 1 (1994), S. 7–103; ders., The Move to Institutions, in: Cardozo Law Review 8 (1987), S. 841–988.

[66] Etwa Anthony Carty, Critical International Law: Recent Trends in the Theory of International Law, in: European Journal of International Law 2 (1991), S. 61–96; Martti Koskenniemi (Hrsg.), International Law, Aldershot u. a. 1992.

[67] Insbesondere Martti Koskenniemi, From Apology to Utopia: the Structure of International Legal Argument, Helsinki 1989; Tony Anghie, „The Heart of My Home“: Colonialism, Environmental Damage, and the Nauru Case, in: Harvard International Law Journal 34 (1993), S. 445–506; Nathaniel Berman, Sovereignty in Abeyance: Self-Determination and International Law, in: Wisconsin International Law Journal 7 (1988), S. 51–105, und in: Koskenniemi (Hrsg.), International Law, S. 389–444.

ditionelle und neue methodische Ansätze überprüft und weitergeführt.[68] Insofern leisten diese völkerrechtshistorischen Forschungen auch einen Beitrag zur Diskussion über das Verhältnis zwischen Rechtsgeschichte und Geschichtswissenschaft, über die jeweiligen methodischen Grundlagen und Spezifika sowie über die Beziehungen des geltenden Rechts zu seiner Geschichte.

Dieser kursorische Ausblick auf neuere Tendenzen und Forschungsschwerpunkte in der Völkerrechtsgeschichte sollte zeigen, daß es durchaus völkerrechtsgeschichtliche Zentren und Projekte gibt. Dabei zeichnen sich die erwähnten Projekte insbesondere dadurch aus, daß sie neue Ansätze in der völkerrechtsgeschichtlichen Forschung suchen, neben neuen ideen- und wissenschaftsgeschichtlichen Ansätzen vor allem in den USA auch unkonventionelle kulturgeschichtliche Methoden. Darüber hinaus gibt es ein stärkeres Bedürfnis nach fachübergreifenden und vergleichenden Untersuchungen, das bereits zu mehr oder weniger engen Kooperationen geführt hat. Diese internationalen und interdisziplinären Netzwerke bilden nicht nur die Grundlage für einen engeren Austausch über Methoden und Projekte. Sie sind auch eine wichtige Plattform für eine Verbesserung des Zustands der Völkerrechtsgeschichte als Wissenschaftsdisziplin.

68 Aus den zahlreichen Veröffentlichungen seien hier erwähnt: W.W. Fisher III, Texts and Contexts: The Application to American Legal History of the Methodologies of Intellectual History, in: Stanford Law Review 49 (1997), S. 1065–1110; J. Barker, The Superhistorians – Makers of Our Past, New York 1982.

Jürgen Osterhammel

Raumbeziehungen. Internationale Geschichte, Geopolitik und historische Geographie

Territorium – Raum – Entfernung

Mehr als andere Geschichte verwirklicht sich die Geschichte der internationalen Beziehungen im Raum.[1] Sie ist eine Geschichte der widerspruchsvollen Vernetzung und Hierarchisierung räumlich distinkter Einheiten. Schon für das vorderasiatische, mittelmeerische, indische und chinesische Altertum läßt sich von räumlich ausgebreiteten Staaten*systemen* sprechen.[2] Die Staaten, zwischen denen sich „internationale" Beziehungen in der Neuzeit vornehmlich abspielen, sind selber Raumgrößen. Raum wurde durch soziales und politisches Handeln, durch Aufwendung von Arbeit, Macht und Information „territorialisiert".[3] So entstanden unter anderem „Territorialstaaten" als Ergebnisse langwieriger Prozesse der Verdichtung und Ausbreitung von Herrschaft in arrondierten Souveränitätszonen.[4] Zwischen den Staaten wurden

1 Wilfried Loth sei Dank für Anregungen zum Manuskript. Vgl. zum Thema dieses Kapitels auch den Literaturbericht Jürgen Osterhammel, Die Wiederkehr des Raumes. Geopolitik, Geohistorie und historische Geographie, in: Neue Politische Literatur 43 (1998), S. 374–397. Raumbegriffe, die sich nicht unmittelbar auf *Internationale* Geschichte beziehen lassen, bleiben im folgenden unerörtert. Zur Einführung in diesen sehr komplexen Gegenstand vgl. Franz Irsigler, Raumkonzepte in der historischen Forschung, in: Alfred Heit (Hrsg.), Zwischen Gallia und Germania, Frankreich und Deutschland. Konstanz und Wandel raumbestimmender Kräfte, Trier 1987, S. 11–27; Alfred Heit, Raum – Zum Erscheinungsbild eines geschichtlichen Grundbegriffs, in: Georg Jenal (Hrsg.), Gegenwart in Vergangenheit. Beiträge zu Kultur und Geschichte der Neueren und Neuesten Zeit. Festgabe für Friedrich Prinz zu seinem 65. Geburtstag, München 1993, S. 369–390; Klaus Fehn, Historische Geographie, in: Hans-Jürgen Goertz (Hrsg.), Geschichte. Ein Grundkurs, Reinbek 1998, S. 394–407.

2 Vgl. etwa Adam Watson, The Evolution of International Society: A Comparative Historical Analysis, London u. New York 1992, Kap. 2–12 und zusammenfassend S. 120–132. Zuvor schon die bemerkenswerte universalhistorische Analyse bei Adda B. Bozeman, Politics and Culture in International History, Princeton 1960, bes. S. 17–36. Michael Mann sieht mit dem Imperium Romanum eine neue Entwicklungsstufe erreicht: den Übergang von Netzen von Machtzentren zu einem „true territorial empire": The Sources of Social Power. Bd. 1: A History of Power from the Beginning to A.D. 1760, Cambridge 1986, S. 250.

3 Claude Raffestin, Pour une géographie du pouvoir, Paris 1980, S. 129.

4 Aus einer umfangreichen Literatur zuletzt etwa Hendrik Spruyt, The Sovereign State and Its Competitors: An Analysis of Systems Change, Princeton/NJ 1994, S. 77 ff., 153 ff. Die soziologische Staatstheorie verzichtet allerdings noch vielfach auf den Gesichtspunkt der Territorialität, zuletzt etwa Stefan Breuer, Der Staat. Entstehung, Typen, Organisationsstadien, Reinbek 1998.

mit zunehmender Eindeutigkeit Staatsgrenzen gezogen: der sichtbarste Ausdruck von großräumiger Vergesellschaftung und rivalisierenden, sich gegenseitig ausschließenden Kontroll- und Loyalitätsansprüchen. Seit dem napoleonischen Zeitalter trat die Dimension nationaler Identitätsbildung hinzu. Territorialstaaten erlangten als *National*staaten eine höhere Integrationsdichte; territorial unbehauste oder zersplitterte Nationen sahen ihre Zukunft im National*staat*.[5] Mit dem Übergang zu einer technologisch angetriebenen schwerindustriellen Entwicklung, die mineralische Rohstoffe (mit einem plastischen deutschen Wort: „Bodenschätze") in großem Stil ausbeutbar werden ließ, wurde dann in einem Maße wie nie zuvor die Ausstattung eines Territoriums mit natürlichen Ressourcen zu einer Voraussetzung von Reichtum und außenpolitischem Gewicht.[6] Raum wurde dreidimensional; er gewann ein industriell und militärisch nutzbares Tiefenpotential, das er als reine Agrarfläche nicht besessen hatte.

Staaten sind im Raum positioniert und durch Entfernungen voneinander getrennt. Die relative geographische Lage bestimmt politische Handlungsmöglichkeiten keineswegs auf eine monokausale Weise, sie ist kein Schicksal der Nationen, weist aber Chancen und Beschränkungen zu. Es war zum Beispiel während einer bestimmten historischen Phase von mehr als beiläufiger Bedeutung, daß Großbritannien und Japan Inselstaaten sind: ohne Landgrenzen, mit kurzen Küstenwegen, invasionsgeschützt und mit privilegiertem Zugang zur See.[7] Distanz kann ganze Nationalgeschichten prägen. Geoffrey Blainey hat die Geschichte Australiens unter die Überschrift der „Tyrannei der Entfernung" gestellt,[8] Frederick Jackson Turner einen Nationalmythos der USA aus dem Gedanken der Distanzierung von Europa und der kolonisierenden Erschließung des eigenen riesigen Raumes begründet.[9] Handel, Migration und Krieg, die großen Motoren internationaler Vernetzung, sind Bewegungen in Zeit und Raum. Alle drei verbinden sich mit Technologien von Verkehr und Kommunikation. Geschwindigkeit und Reichweite können als Kategorien dienen, um sie zu erfassen. Die Kriegs- und Militärgeschichte von den Blitzkriegen Friedrichs des Großen bis zur Interkontinentalrakete läßt sich in bestimmter Hinsicht als eine Geschichte beschleunigter Raumkontrolle lesen. Kaum weniger wichtig ist die Verkürzung erlebter Distanzen durch neue Verkehrs- und Informationstechnologien – also das, was man „global shrinkage" genannt hat – für die zivile Weltwahrnehmung politischer Eliten und die Praxis internationaler Beziehungen. Allerdings sollte man solche Globalisierungstendenzen nicht dramatisieren. Die Vernetzung der Welt durch Tiefseekabel seit den 1860er Jahren beschleunigte den diplomatischen Verkehr zwar außerordentlich, ersetzte aber nicht die klassische Depesche. Und Gipfeldiplomatie

[5] Hagen Schulze, Staat und Nation in der europäischen Geschichte, München 1994, S. 209ff.

[6] Paul Kennedy, The Rise and Fall of the Great Powers: Economic Change and Military Conflict from 1500 to 2000, London 1988, S. 198.

[7] Gerade auf die sozialgeschichtliche Bedeutung dieses Umstandes ist seit Marc Bloch mehrfach hingewiesen worden, zuletzt: Alan MacFarlane, The Savage Wars of Peace: England, Japan and the Malthusian Trap, Oxford 1997, S. 388f.

[8] Geoffrey Blainey, The Tyranny of Distance: How Distance Shaped Australia's History, Melbourne 1968.

[9] Vgl. Matthias Waechter, Die Erfindung des amerikanischen Westens. Die Geschichte der Frontier-Debatte, Freiburg i.Br. 1996, S. 77ff.

reisender Staats- und Regierungsoberhäupter – Winston Churchill prägte den Begriff 1950 („summit parley") – begann bereits mit den europäischen Konferenzen der Jahre 1814 bis 1821, auch wenn sie erst seit dem Zweiten Weltkrieg, nicht zuletzt dank der Entwicklung von Luftfahrt und Fernsehen, zu einem prägenden Merkmal internationaler Politik geworden ist.[10]

Raumbilder, Distanzwahrnehmungen und Einschätzungen der natürlich-geographischen Potentiale von Staaten gehen in das Handeln internationaler Akteure ein und drängen sich ebenso dem analysierenden Betrachter auf. Dennoch findet man sie in der konventionellen Geschichtsschreibung der internationalen Beziehungen nur selten angeprochen. Die Orte der Diplomatiehistorie und Außenpolitikgeschichte sind meist raumlos, kahle Chiffren der Machtverdichtung, Wegmarken am Rande des Erzählstroms. Besonders in der deutschen, im Banne Bismarcks verharrenden Tradition ist lange Zeit Macht gleichsam immateriell geblieben, nur vom Willen zu ihr gespeist und nur durch Selbstbeschränkung und Balancierungskünste einzuhegen. Französische Autoren haben das, was einige von ihnen die „forces profondes" nennen, stärker herausgestellt und dazu oft auch das Geographische gerechnet; Jean-Baptiste Duroselle zählt in seinem großen Aufriß einer historisch konkretisierten Theorie der internationalen Beziehungen die Grenze, also die wichtigste Metapher des Räumlichen, sogar neben der Idee des Fremden und den staatlichen und vorstaatlichen Vergesellschaftungsformen zu den drei Grundelementen („les fondements") des Internationalen überhaupt.[11] Raymond Aron handelt in einem langen Kapitel seines großen Werkes über Frieden und Krieg „Vom Raum" im allgemeinen und von der Geopolitik im besonderen.[12] In der sonst eher geographiefernen britischen Literatur hat immerhin A.J.P. Taylor seine berühmte Darstellung der europäischen Politik zwischen 1848 und 1918 mit Bemerkungen über die materiellen Kriegführungspotentiale der Großmächte eingeleitet, Karten veranschaulichen sein Werk in einem Umfang, wie er in der deutschen Literatur bis heute unüblich ist.[13] Nirgendwo ist aber schon auf dem Höhepunkt eines an den natürlichen Grundlagen der Geschichte wenig interessierten Historismus der geographische Faktor so stark betont worden wie im russischen Geschichtsdenken.[14] Hier wirkte der Einfluß der bedeutenden historischen Geographie Carl Ritters, die in Deutschland bei den Historikern der Rankeschule ohne Resonanz blieb und angesichts der vorherrschenden Selbstdefinition der Disziplin als Naturwissenschaft auch die Geographen des Kaiserreichs wenig beeindruckte.

Eine Internationale Geschichte, die ihre Themen an den großen Fragen der eigenen Zeit ausrichtet, wird heute die Bedeutung des Räumlichen überdenken und seine Vernachlässigung korrigieren müssen. Während des Kalten Krieges gab es wenig Grund,

[10] Vgl. Matthew S. Anderson, The Rise of Modern Diplomacy 1450–1919, Harlow 1993, S. 118f.; Keith Hamilton u. Richard Longhorne, The Practice of Diplomacy: Its Evolution, Theory and Administration, London u. New York 1995, S. 221f.

[11] Jean-Baptiste Duroselle, Tout Empire périra: Théorie des relations internationales, Paris 1992, S. 49–62.

[12] Raymond Aron, Frieden und Krieg. Eine Theorie der Staatenwelt, dt. v. Sigrid v. Massenbach, Frankfurt a.M. 1963, S. 216–249.

[13] A. J. P. Taylor, The Struggle for Mastery in Europe 1848–1918, Oxford 1954, S. XXIV–XXXII.

[14] Vgl. Klaus-Detlev Grothusen, Die Historische Rechtsschule Rußlands. Ein Beitrag zur russischen Geistesgeschichte in der zweiten Hälfte des 19. Jahrhunderts, Gießen 1962, S. 69f.

ihm in Gegenwart wie Geschichte größere Aufmerksamkeit zu schenken. Der Ost-West-Konflikt schien zunächst als Konflikt von Weltanschauungen, später als Mechanismus globalstrategischer Abschreckung und als Wettbewerb um Interessensphären angemessen beschreibbar zu sein. Formale Strukturkategorien schienen einer abstrakten Weltlage der „Bipolarität“ entgegenzukommen. Erst nach dem Ende des Kalten Krieges erzwangen neue Umstände eine abermalige Beachtung der Landkarte: die Desintegration des Ostblocks und der Fall des Eisernen Vorhangs; das Ende der Sowjetunion und die Entstehung von zwölf neuen postimperialen Staaten im Raum zwischen Ostsee und kirgisischer Steppe; der unfriedliche Zerfall Jugoslawiens und die territoriale Neuordnung seiner Nachfolgestaaten; der Anschluß der DDR an Westdeutschland und später Hongkongs an China; Pläne und erste Schritte zur monetären Vereinheitlichung der Europäischen Union und zur Osterweiterung von NATO und EU; die Verstärkung von Flüchtlings- und Zuwandererströmen insbesondere nach Frankreich, Deutschland und Italien; die Intensivierung von Staaten- und Bürgerkriegen an vielen Stellen Afrikas; das Ende einer halbwegs einheitlichen „Dritten Welt“ als postkolonialer Opfergemeinschaft. All diesen Erscheinungen, die sich zu einer noch kaum verstandenen Zustandsveränderung des internationalen Systems addieren, ist weder mit den Denkmitteln konventioneller Außenpolitikgeschichte noch mit jenen abstrakten Erklärungsmustern beizukommen, die sich bei der Deutung des Ost-West- ebenso wie des Nord-Süd-Konflikts lange Zeit bewährt zu haben schienen.

Mit den größten Veränderungen der politischen Weltkarte seit der Dekolonisation Afrikas in den sechziger Jahren geht ein gegenläufiger Trend einher, der die Bedeutung des Geographischen in anderer Weise wiederum relativiert: eine Schwächung der räumlichen Verwurzelung von Macht, die den Territorialstaat der europäischen Neuzeit als Merkmal einer bestimmten Epoche, nicht länger als historischen Normalfall erscheinen läßt. Auch wenn manche Propheten das Ende des territorialen Nationalstaates zu früh verkündet haben, so lassen sich doch die Symptome seines Bedeutungsverlusts nicht übersehen. Auf das Ende der äußeren Undurchdringbarkeit des Territorialstaates als Folge von Bomber- und Raketenkrieg hat bereits vor Jahrzehnten John H. Herz hingewiesen.[15] Seine Analyse hat seither nichts an Gültigkeit verloren. Auch territorialer „Besitz“ ist längst für die Großmächte kein Wert an sich mehr. Seine Bedeutung reduziert sich auf die Kontrolle von Militärbasen; die sowjetische Besetzung Afghanistans war 1979 ein Anachronismus. Heute üben die USA eine historisch beispiellose globale Hegemonie aus, ohne dazu einer nennenswerten direkten Herrschaft über abhängige Gebiete zu bedürfen. Ihre momentane Führungsrolle stützt sich auf ökonomische Leistungsfähigkeit und die Kontrolle über die Regeln des Weltwirtschaftssystems, auf weltweite militärische Interventionsfähigkeit und Interventionsbereitschaft und auf die globale Anziehungskraft der eigenen Massen- und Konsumkultur. Die Warenproduktion denationalisiert sich zunehmend. Dies geschieht nicht nur durch die eigentümliche Rechtsform „multinationaler“ Konzerne, sondern auch durch eine räumliche Arbeitsteilung, die in komplexere Konsumgüter industrielle Vorprodukte aus mehreren oder vielen Ländern eingehen

[15] Vgl. John H. Herz, Weltpolitik im Atomzeitalter, dt. v. Lili Faktor-Flechtheim, Stuttgart 1961, S. 57–61.

läßt. „Made in ...“ besagt immer weniger. Ebenso deterritorialisiert sich die Kontrolle über planetarisch wirkende Medien und Informationsströme. „Websites“ im Internet sind in der Tat „virtuelle“, von konkreter Räumlichkeit abgelöste Orte, und es ist praktisch von geringer Bedeutung, von welcher nationalen Basis aus Medien-Gruppen wie Time Warner, Bertelsmann oder Rupert Murdochs (australische) News Corp gesteuert werden.

Wenn diese Diagnose von Tendenzen am Ende des 20. Jahrhunderts richtig oder zumindest plausibel ist, ergibt sich die Frage, wie Internationale Geschichte sich darauf einstellen kann. Die Antwort ist ebenso widersprüchlich wie die Lagebeurteilung selbst. Die Wiederkehr des konkreten Raumes lenkt die Aufmerksamkeit von diplomatischen Aktionen und weltpolitischen Strategien auf die Konkretheit regionaler und lokaler Verhältnisse. Damit fügt sie sich in eine Bewegung in Richtung auf das Detail und das Besondere ein, an der auch die Anthropologisierung und kulturhistorische Neuorientierung der Geschichtswissenschaft teilhaben.[16] Auf der anderen Seite führen die Vorgänge der Entgrenzung und Deterritorialisierung dazu, daß Historiker aufgerufen sind, den Anfängen und Frühformen solcher Entwicklungen nachzugehen, sich also zunehmend mit transnationalen oder gar planetarischen Beziehungen und Systembildungen zu beschäftigen. Viele der Erscheinungen, die von heutigen Beobachtern der „Globalisierung“ mit dem politischen Epochenumbruch von 1989–91 oder mit der neuesten Kommunikationsrevolution in Zusammenhang gebracht werden, sind älteren Urspungs.[17] Internationale Geschichte kann daher zum Verständnis der heute in einer ausufernden Literatur beschworenen Dialektik von Integration und Fragmentierung, von Globalisierung und Lokalisierung („glocalization“) beitragen.[18] Beide lassen sich als unterschiedliche Weisen der Organisation von Raum verstehen.

Über einen solchen Aktualitätsbezug hinaus bleibt eine Kritik der Raumlosigkeit sowohl des Historismus und der von ihm geprägten Diplomatiegeschichte als auch der Historischen Sozialwissenschaft „Bielefelder“ Provenienz, die den Historismus kritisiert und Diplomatiegeschichte bzw. konventionelle „Politikgeschichte“ ablehnt,[19] eine unerledigte Aufgabe. Sie stellt sich gerade im Umkreis der Historischen Sozialwissenschaft, die stets den Bezug zu den sozialwissenschaftlichen Nachbardis-

16 Vgl. als (etwas chaotische) Zwischenbilanz dieser Neuorientierung: Christoph Conrad u. Martina Kessel, Blickwechsel: Moderne, Kultur, Geschichte, in: dies. (Hrsg.), Kultur und Geschichte. Neue Einblicke in eine alte Beziehung, Stuttgart 1998, S. 9–40.

17 Der theoretischen Literatur zur Globalisierung fehlt es allzu oft an historischem Verständnis. Eine wirtschaftsgeschichtlich betonte Ausnahme ist Paul Hirst u. Grahame Thompson, Globalization in Question: The International Economy and the Possibilities of Governance, Cambridge 1996, bes. S. 18–50. Einen originellen Versuch, den Begriff der Globalisierung für die Geschichte der internationalen Beziehungen zu erschließen, unternimmt Ian Clark, Globalization and Fragmentation: International Relations in the Twentieth Century, Oxford 1997.

18 Zur Problematik und der Literatur darüber vgl. etwa Ulrich Menzel, Globalisierung und Fragmentierung, Frankfurt a. M. 1998. Der Ausdruck „glocalisation“ bei Roland Robertson, Globalisation: Social Theory and Global Culture, London 1992, S. 173 f.; ders., Glocalization: Time-Space and Homogeneity-Heterogeneity, in: Mike Featherstone, Scott Lash u. Roland Robertson (Hrsg.), Global Modernities, London 1995, S. 25–44.

19 So zuletzt mit weiterführenden Anregungen: Hans-Ulrich Wehler, „Moderne“ Politikgeschichte? Oder: Willkommen im Kreis der Neorankeaner vor 1914, in: Geschichte und Gesellschaft 22 (1996), S. 257–266. Siehe auch Eckart Conzes Beitrag in diesem Band.

ziplinen gesucht hat. Die Wiederentdeckung des Raumes durch die Soziologie, weit über die Vorstellungen der soziologischen Klassiker hinausgehend,[20] wird früher oder später ein Echo in der Geschichtswissenschaft finden. Abgesehen von sehr allgemeinen theoretischen Formulierungen,[21] konzentriert sie sich einstweilen auf die Milieuforschung, die sich zunehmend auch der Frage nach Nähe und Distanz lokaler Milieus im globalen Raum widmet.[22] Dieser letzte Gesichtspunkt wäre einst auch für die Internationale Geschichte „jenseits des Nationalstaates" fruchtbar zu machen. Im vorliegenden Kapitel geht es um Näherliegendes: die bisherigen Konzeptionalisierungen von Raum dort, wo Raumfaktoren als Hintergrund zum Verständnis der Beziehungen zwischen Nationen und Zivilisationen betrachtet wurden.

Geohistorie, Geopolitik und „geopolitics"

Vor allem drei Richtungen sind in diesem Zusammenhang zu betrachten: (1) die „Geohistorie", die vor allem mit der Annales-Schule und hier insbesondere mit Fernand Braudel verbunden ist, (2) die *klassische* Geopolitik, verstanden als ein internationaler Diskurs aus den Jahren zwischen 1890 und 1945, dem Zeitalter des Imperialismus; (3) die *kritische* Geopolitik, wie sie seit den siebziger Jahren vor allem in Frankreich und den USA in ausdrücklicher Absetzung von der alten Geopolitik entwickelt worden.

Geschichte und Erdbeschreibung sind seit der griechischen Antike eng miteinander verbunden gewesen. Erst in der zweiten Hälfte des 19. Jahrhunderts traten sie auseinander. Noch die beiden Gründerväter der deutschen Geographie, Carl Ritter und Alexander von Humboldt, verstanden sich *auch* als Kommentatoren des geschichtlichen Lebens.[23] Der Historismus verwarf indessen jeden Gedanken an Mate-

[20] Vgl. die Übersicht, vor allem zu Emile Durkheim, Georg Simmel und Talcott Parsons, bei Elisabeth Konau, Raum und soziales Handeln. Studien zu einer vernachlässigten Dimension soziologischer Theoriebildung, Stuttgart 1977. Vgl. auch Dieter Läpple, Gesellschaftszentriertes Raumkonzept, in: Martin Wentz (Hrsg.), Stadt-Räume, Frankfurt a.M. u. New York 1991, S. 35–46. Zu Simmels Verständnis des Raumes der Kommentar eines Historikers: Paul Nolte, Georg Simmels Historische Anthropologie der Moderne, in: Geschichte und Gesellschaft 24 (1998), S. 225–247, hier 239–241.

[21] Etwa Peter A. Berger, Anwesenheit und Abwesenheit. Raumbezüge sozialen Handelns, in: Berliner Journal für Soziologie 5 (1995), S. 99–111.

[22] Vgl. John Eade (Hrsg.), Living the Global City: Globalization as a Local Process, London u. New York 1997 (darin bes. S. 56–72: Jörg Dürrschmidt, The Delinking of Locale and Milieu: On the Situatedness of Extended Milieux in a Global Environment); Ulf Matthiesen (Hrsg.), Die Räume des Milieus. Neuere Tendenzen in der sozial- und raumwissenschaftlichen Milieuforschung, in der Stadt- und Raumplanung, Berlin 1998. Für den Hinweis auf diese Titel danke ich Werner Georg, Konstanz.

[23] Vgl. Jürgen Osterhammel, Geschichte, Geographie, Geohistorie, in: Wolfgang Küttler, Jörn Rüsen u. Ernst Schulin (Hrsg.), Geschichtsdiskurs, Bd. 3: Die Epoche der Historisierung, Frankfurt/M. 1997, S. 257–271. Vgl. zur Geschichte der historischen Geographie immer noch: Henry C. Darby, Historical Geography, in: Herbert P. R. Finberg (Hrsg.), Approaches to History. A Symposium, London 1962, S. 127–156, sowie neuerdings Robin A. Butlin, Historical Geography: Through the Gates of Space and Time, London 1993, S. 1–43; Alan R. H. Baker, Évolution de la géographie historique en Grande-Bretagne et en Amérique du Nord, In: Héro-

rialismus und Naturalismus, also an eine mögliche natürliche Determinierung oder auch nur Begrenzung menschlichen Wollens und Handelns. Nur ausnahmsweise – bei Jules Michelet, Ernst Curtius, Ferdinand Gregorovius oder Sergej Michailovič Solov'ev (1820–1879) – findet man in den historiographischen Großwerken des 19. Jahrhunderts eine Berücksichtigung geographischer Faktoren. Gleichzeitig kamen viele Geographen, besonders in Deutschland, zu der Einsicht, ihr Fach nur dann als respektierte Universitätsdisziplin etablieren zu können, wenn es methodologisch dem Vorbild der Naturwissenschaften folgen würde. Humangeographie und historische Geographie spielten in der Professionalisierungsphase des Faches zunächst nur eine nebengeordnete Rolle.

Programm und Praxis einer übernationalen Zivilisationsgeschichte im geographisch-ökologischen Rahmen, zuletzt von Carl Ritter skizziert, überdauerten nur am Rande des Wissenschaftsbetriebs: in Deutschland bei dem originellen Außenseiter Friedrich Ratzel, der 1882/91 seine zweibändige „Anthropogeographie" veröffentlichte, bei Elisée Reclus, einem Theoretiker des Anarchismus und Privatgelehrten, der im schweizerischen Exil eine neunzehnbändige „Nouvelle Géographie universelle" (1876–94) schrieb,[24] schließlich unabhängig von dem politisch verfemten und bald vergessenen Reclus in der französischen Schule der Humangeographie. Deren Oberhaupt, Paul Vidal de la Blache, entwarf um die Jahrhundertwende „la géographie humaine" als eine Lehre von den materiellen Lebensformen („genres de vie"), denen natürliche Voraussetzungen nicht deterministisch, sondern „probabilistisch" zugeordnet waren. Die „Lebensformen" waren regionale und sub-nationale Varianten einer nationalen Kultur, selbstverständlich in erster Linie der französischen. Kleinräumigkeit und Desinteresse an allem Politischen waren Markenzeichen der französischen Schule.[25] Erst der späte Vidal de la Blache entwarf, ausdrücklich auf Ritter und Ratzel zurückgreifend, eine globale Theorie der Zivilisationen.[26] Eine der großen Leistungen Fernand Braudels, der von Vertretern der zweiten Generation der französischen Schule als Geograph ausgebildet worden war, bestand darin, in seinem Konzept einer *géohistoire* (der Begriff stammt von Braudel selbst)[27], das er 1949 in seinem Werk über

dote Nr. 74/75 (Juli-Dezember 1994), S. 70–85; Leonard Guelke, The Relations between Geography and History Reconsidered, in: History and Theory 36 (1997), S. 20–34.

24 Zu diesem bedeutenden Autor vgl. Yves Lacoste, Paysages politiques: Braudel, Gracq, Reclus, Paris 1990, S. 191–233. Als Beispiel für Reclus' geographische Zeitgeschichte vgl. Élisée Reclus, L'Homme et la terre. Introduction et choix des textes par Béatrice Giblin, Paris 1982.

25 Vgl. Vincent Berdoulay, La Formation de l'école française de géographie, Paris 1981, bes. S. 183–227.

26 Paul Vidal de la Blache, Principes de Géographie humaine, publiés d'après les manuscrits de l'auteur par Emmanuel de Martonne, Paris 1922, 5. Aufl. Paris 1955 (S. 4f. zu Ritter und Ratzel).

27 Vgl. Guiliana Gemelli, Fernand Braudel, Paris 1995, S. 93. Zu Braudels Geohistorie vor allem auch: Lacoste, Paysages politiques, S. 83–149; Rainer Sprengel, Kritik der Geopolitik. Ein deutscher Diskurs 1914–1944, Berlin 1996, S. 58–63; Eric Helleiner, Braudelian Reflections on Economic Globalisation: The Historian as Pioneer, in: Stephen Gill u. James H. Mittelman (Hrsg.), Innovation and Transformation in International Studies, Cambridge 1997, S. 90–104. Bereits Braudels Mentor Lucien Febvre hatte in einem theoretischen Werk Vidal de la Blaches Humangeographie gegen Durkheims Soziologie verteidigt und ihre Bedeutung für die Geschichtswissenschaft dargelegt (La Terre et l'évolution humaine: Introduction géographique à

die Mittelmeerwelt des 16. Jahrhunderts in epischer Breite ausführte,[28] Geographie und Geschichte so eng zueinander zu bringen, wie dies seit Ritter nicht wieder geschehen war. Auch gelang es Braudel, die Ebenen vom Lokalen bis hinauf zur „Zivilisation", etwa der islamischen oder der jüdischen, vertikal miteinander zu vermitteln.[29] In seinem Mittelmeerwerk, vor allem in der überarbeiteten zweiten Auflage von 1966, trennte Braudel die politische Ereignisebene radikal von der umwelt- und zivilisationsgeschichtlichen Strukturebene. Immer wieder polemisierte er auch gegen das, was er für die Geistlosigkeit der französischen Diplomatiegeschichtsschreibung hielt. Es widerspricht daher in gewisser Weise Braudels eigenen Anschauungen, ihn für eine erweiterte Vorstellung von der Geschichte des Internationalen in Anspruch zu nehmen. Braudel hatte kein Interesse an der Geschichte des Staates, weder als Herrschaftsverband noch als internationalem Akteur. Die Rückwendung zum Politischen, die sein Meisterschüler Emmanuel Le Roy Ladurie später vollzog, wäre ihm fremd gewesen. Braudel war Historiker der Zivilisationen im räumlichen Zusammenhang, auch der Beziehungen zwischen ihnen. Hier liegt seine Bedeutung für die Internationale Geschichte. Das Mittelmeerwerk ist als Untersuchung eines militärisch ausgetragenen Zivilisationskonflikts – hier zwischen der islamischen und der christlichen Welt – kaum je übertroffen worden. Mehr als Braudels spätere Werke, in denen er teils mit sehr abstrakten räumlichen Systemkategorien arbeitet,[30] teils zu Vidals Regionalgeographie zurückkehrt,[31] bleibt „La Mediterranée" eine Quelle der Anregung für eine geographisch sensible Internationale Geschichte. Braudel schreibt über Grenzen und Distanzen, Handel und Verkehr, über Expansion und Kontraktion von Imperien, über Krieg zu Lande und zur See. Leider hat er nur wenige seiner Schüler dazu ermutigt, solche Spuren weiterzuverfolgen; für das 19. und 20. Jahrhundert hat sich die Annales-Schule ohnehin nicht zuständig gefühlt. Geohistorie ist daher neben und nach Braudel ein weitgehend unerfülltes Versprechen geblieben. Die historische Geographie wiederum hat trotz eines in den letzten zwei oder drei Jahrzehnten hoch entwickelten Theoriebewußtseins selten den nationalen Rahmen überstiegen.[32]

In den frühen vierziger Jahre verwendete Braudel den Begriff „géohistoire" nahezu synonym mit „géopolitique". Geopolitik/geopolitics/la géopolitique ist bis heute die nächstliegende Bezeichnung für das, was umständlicher „historische Geographie der internationalen Beziehungen" heißen müßte.[33] Hinter der semantischen Fassade ver-

l'histoire, Paris 1922; Neuausgabe Paris 1970). In „Philippe II et la Franche-Comté" (Paris 1911) hatte er selbst bereits ansatzweise „geohistorisch" gearbeitet.

28 Fernand Braudel, Das Mittelmeer und die mediterrane Welt in der Epoche Philipps II., dt. v. Grete Osterwald u. Günter Seib, 3 Bde. Frankfurt a.M. 1990.

29 Gerade Braudels Behandlung des Judentums veranschaulicht seine Auffassung von „Zivilisation" besonders gut: ebd., Bd. 2, S. 610–640 (die deutsche Ausgabe übersetzt „la civilisation" als „Kultur").

30 Fernand Braudel, Sozialgeschichte des 15.–18. Jahrhunderts, dt. v. Siglinde Summerer, Gerda Kurz u. Günter Seib, 3 Bde., München 1985 (zuerst Paris 1979).

31 Ders., Frankreich, 3 Bde., dt. v. Peter Schöttler, Siglinde Summerer u. Gerda Kurz, 3 Bde., Stuttgart 1989–90 (zuerst Paris 1986).

32 Baker, Évolution de la géographie historique, erwähnt internationale Themen überhaupt nicht.

33 Einen von Polemik freien Überblick über die Spielarten von Geopolitik nach 1945, besonders im anglo-amerikanischen Bereich vor dem Auftreten der Postmodernisten, geben S. D. Brunn u. K. A. Mingst, Geopolitics, in: Michael Pacione (Hrsg.), Progress in Political Geography,

bergen sich ganz unterschiedliche Tendenzen und Wertungen. Die „klassische“ Geopolitik der Jahre zwischen etwa 1890 und 1945 war eine Denkweise, die sich durch einige allgemeinste Aussagen charakterisieren läßt:

(1) Die Weltgeschichte, zumindest die der neueren Zeit, bringt fundamentale Konstanten und langfristig wirkende Gesetzmäßigkeiten zum Ausdruck, die sich nur dem tief dringenden Blick erschließen. Dieser Blick muß in der Gegenwart planetarisch sein. Das wichtigste Ergebnis solcher Tiefensicht sind Prognosen.

(2) Die Konstanten und Gesetzmäßigkeiten bringen sich nicht von selbst zur Geltung. Sie setzen der Politik Grenzen und eröffnen ihr zugleich Chancen. Eine kluge Politik nutzt objektive Gegebenheiten im jeweiligen nationalen Interesse, eine törichte Politik ignoriert sie.

(3) Die historischen Bedingungsfaktoren letzter Instanz sind nicht ideell (geistige Strömungen, visionäre Individuen), sondern materiell, allerdings geographischer, nicht (wie im Marxismus) ökonomischer Natur.

(4) Die Welt besteht aus Staaten, die in Konflikten miteinander leben. Nach dem Ende extensiver Landnahmen ist die Welt endlich geworden. Internationale Konflikte können daher nicht länger an die Peripherie abgelenkt werden, sondern sind Nullsummen-Spiele, bei denen meist die Großen auf Kosten der Kleinen gewinnen. Krieg ist ein normales und legitimes Mittel der Politik.

(5) Die großen Staaten Eurasiens sowie der atlantischen Welt tendieren dazu, weiter zu expandieren und Imperien bzw. autarke Großräume zu bilden. Ihr letztes Ziel ist die weltweite Hegemonie, wie sie das Britische Empire im 19. Jahrhundert zeitweise beinahe erreicht hätte.

(6) Die Wissenschaft, vornehmlich die Geographie, hat die Pflicht, der Politik beratend zur Seite zu stehen, und die Aufgabe, die jeweilige nationale Öffentlichkeit zu Raumbewußtsein zu erziehen.

Diese Prinzipien, niemals in solcher Form von einem der geopolitischen Theoretiker allgemein artikuliert, wurden den jeweils eigenen wissenschaftlichen Traditionen und politischen Gegebenheiten angepaßt. Ein amerikanischer Autor wie Admiral Alfred Thayer Mahan machte sich 1890 Gedanken über den kommenden Aufstieg der US-Seemacht;[34] ein britischer Theoretiker wie Sir Halford J. Mackinder sorgte sich 1904 um die künftige Bedrohung des britischen Empire durch hochindustrialisierte eurasische Mächte;[35] die deutschen Geopolitiker nach 1918 waren von dem Wunsch nach Revision der Versailler Ordnung beseelt. Eine Besonderheit der deutschen Geopolitik war ihr Versuch, die beiden ideologischen Hauptstränge des wilhelminischen

Beckenham (Kent) 1985, S. 41–76; vgl. auch Geoffrey Parker, Political Geography and Geopolitics, in: A. J. R. Groom u. Margot Light (Hrsg.), Contemporary International Relations: A Guide to Theory, London u. New York 1994, S. 170–181.

34 Alfred T. Mahan, The Influence of Sea Power upon History 1660–1783, 5. A. 1894, Reprint New York 1987, S. 1–89. Vgl. bes. Philip A. Crowl, Alfred Thayer Mahan: The Naval Historian, in: Peter Paret (Hrsg.), Makers of Modern Strategy from Machiavelli to the Nuclear Age, Princeton/NJ 1986, S. 444–477.

35 Vgl. Geoffrey Parker, Western Geopolitical Thought in the Twentieth Century, London u. Sydney 1985, S. 15–31; W. H. Parker, Halford Mackinder: Geography as an Aid to Statecraft, Oxford 1982; Brian W. Blouet, Halford Mackinder: A Biography, College Station/Tex. 1987.

Imperialismus, die Ideen von ökonomisch motivierter „Weltpolitik" und ethnisch-völkischem „Lebensraum", miteinander zu verschmelzen.[36]

Im deutschen Sprachgebrauch ist der Begriff wegen der nationalsozialistischen Verstrickungen vieler Geopolitiker und vor allem des prominentesten unter ihnen, des Rudolf Hess nahestehenden Karl Haushofer, seit Kriegsende geradezu tabuisiert worden.[37] Haushofer war einer der Autoren, von denen Hitler seine Vorstellung von „Lebensraum" bezog,[38] und die nationalsozialistische Außenpolitik entsprach mindestens bis zum Hitler-Stalin-Pakt den Rezepten der Geopolitiker. Rehabilitationsversuche der Geopolitik in der Bundesrepublik trugen stets eine betont nationalkonservative Note und beschränkten sich in ihrer Aussage auf die Beschwörung angeblicher Sachzwänge der deutschen „Mittellage".[39] Kein seriöser Politologe oder politischer Geograph würde sich heute in Deutschland als Geopolitiker bezeichnen. Die deutsche Geopolitik, wie sie sich in der zwischen 1924 und 1944 erschienenen (und zwischen 1951 und 1969 ohne größere Resonanz fortgesetzten) „Zeitschrift für Geopolitik" sowie in den Büchern von Autoren wie Karl und Albrecht Haushofer, Otto Maull, Erich Obst, Hermann Lautensach oder Richard Hennig dokumentiert,[40] ist nicht nur politisch belastet, sondern hat auch ihre eigenen Ansprüche an Wissenschaftlichkeit nur insofern erfüllen können, als nicht *alle* geopolitischen Prognosen mißrieten. So hat Karl Haushofer, ein Japankenner und enthusiastischer Befürworter des japanischen Imperialismus, Japan aufgrund historisch-geographischer Überlegungen mit Recht vor einem Angriffskrieg gegen China gewarnt.[41] Die deutsche Geopolitik mit ihren Propagandakarten und Großraumphantasien, ihrer organizistischen, das Inviduum zum Rädchen im Volksgetriebe reduzierenden Staatsauffassung und ihren Beschwörungen eines nationalen „Raumschicksals" ist wissenschaftlich nicht beerbbar. Sie bleibt ideen- und ideologiehistorisch interessant – ob man sie nun als frühe deutsche Sonderform der Lehre von den internationalen Beziehungen, als

[36] Vgl. Woodruff D. Smith, The Ideological Origins of Nazi Imperialism, New York 1986, S. 218–223 und passim.

[37] Vgl. etwa ein eindeutiges Verdikt aus dem Jahre 1982: Hans-Ulrich Wehler, Renaissance der „Geopolitik", in: ders., Politik in der Geschichte, München 1998, S. 92–98.

[38] Vgl. Ian Kershaw, Hitler 1889–1936, dt. v. Jürgen Peter Krause u. Jörg W. Rademacher, Stuttgart 1998, S. 324f.

[39] Zur Denkfigur der „Mittellage" vgl. Hans-Dietrich Schultz, Deutschlands „natürliche" Grenzen. „Mittellage" und „Mitteleuropa" in der Diskussion der Geographen seit dem Beginn des 19. Jahrhunderts, in: Geschichte und Gesellschaft 15 (1989), S. 248–281; ders., Deutschlands „natürliche" Grenzen, in: Alexander Demandt (Hrsg.), Deutschlands Grenzen in der Geschichte, 2. Aufl. München 1997, S. 32–93, bes. 75ff.

[40] Vgl. als Einführung Parker, Western Geopolitical Thought, S. 51–86; ausführlich Michel Korinman, Quand l'Allemagne pensait le monde: Grandeur et décadence d'une géopolitique, Paris 1990; David Thomas Murphy, The Heroic Earth: Geopolitical Thought in Weimar Germany, 1918–1933, Kent (Ohio) und London 1987; zu Haushofer: Hans-Adolf Jacobsen, Karl Haushofer. Leben und Werk, 2 Bde., Boppard/Rh. 1979, zusammengefaßt in „Kampf um Lebensraum". Karl Haushofers „Geopolitik" und der Nationalsozialismus, in: Aus Politik und Zeitgeschichte B 34–35 (25. 8. 1979), S. 17–29. Zur Kritik auch Dan Diner, „Grundbuch des Planeten". Zur Geopolitik Karl Haushofers, in: Vierteljahrshefte für Zeitgeschichte 32 (1984), S. 1–28.

[41] Karl Haushofer, Japan und die Japaner. Eine Landes- und Volkskunde, 2. Aufl., Leipzig u. Berlin 1933, S. 218–222.

letzte Geschichtsphilosophie des deutschen Bürgertums[42] oder als Höhepunkt deutschen imperialistischen Denkens[43] interpretiert.

In Frankreich hingegen ist in Wissenschaft und Publizistik quer über das politische Spektrum hinweg tagtäglich von „la géopolitique" die Rede. Auf die deutsche Geopolitik nach dem Ersten Weltkrieg hatten namhafte französische Geographen mit heftiger Kritik reagiert. Den deutschen Autoren wurden Mißbrauch der geographischen Wissenschaft zu nationalistischen und militaristischen Zwecken, Rassismus und Machtverherrlichung vorgeworfen.[44] Nach 1945 sprach fast niemand unter den französischen Geographen von Geopolitik; „la géostrategie" war eine Sache der Militärs. Erst seit der Gründung der Zeitschrift „Hérodote. Revue de géographie et de géopolitique" durch den Geographen Yves Lacoste im Jahre 1976 kann man von einer Art französischer Schule der Geopolitik sprechen. Sie betrachtet die deutsche Geopolitik der Zwischenkriegszeit („le concept hitlérien") als einen chauvinistischen Irrweg und wirbt für einen nicht länger staatszentrierten Zugang zur politischen Geographie des Internationalen. Themenhefte von „Hérodote" haben sich u.a. mit Ökologie („écogéographie"), Antikolonialismus, lateinamerikanischen Revolutionen, Islamismus, dem Fall des Eisernen Vorhangs, dem Ende der Sowjetunion als „imperialistischer" Macht und der Wiederkehr des „Mitteleuropa"-Gedankens beschäftigt. Die deskriptive Qualität vieler Beiträge kann sich sehen lassen, der theoretische Anspruch dieser Richtung ist jedoch mit der Zeit immer bescheidener geworden, auch wenn sie nicht zögert, gegen einen neuen entpolitisierten Szientismus in der Geographie zu Felde zu ziehen.[45] Ihre politische Tendenz läßt sich nicht leicht bestimmen. Manche Hauptautoren, auch Yves Lacoste selbst, haben sich von ihrem anfänglichen Radikalismus und „tiers-mondisme" auf eher französisch-nationalistische Positionen zubewegt;[46] die Verlockungen der Politikberatung haben die ursprüngliche Staatsferne und Kritik am geographischen Etatismus in ein anderes Licht gerückt.[47] Oft handelt es sich bei den Schriften der Lacoste-Schule um eine unspektakuläre Verbindung von Datensammlung und beschreibender (im Gegensatz zu modellbildender und quantifizierender) Geographie und Politikwissenschaft.[48] Historische Abhandlungen sind in „Héro-

[42] Sprengel, Kritik der Geopolitik, der auch Carl Schmitt, den Haupttheoretiker des „Großraums", klug diskutiert (vor allem S. 112–132). Zu Schmitt auch Mathias Schmoeckel, Die Großraumtheorie. Ein Beitrag zur Geschichte der Völkerrechtswissenschaft im Dritten Reich, insbesondere der Kriegszeit, Berlin 1994.

[43] Claude Raffestin, Dario Lopreno u. Yvan Pasteur, Géopolitique et histoire, Lausanne 1995, S. 119ff. (besser zu Ratzel und anderen Vorläufern als zu Haushofer und den anderen Geopolitikern nach 1918).

[44] Der schärfste Kritiker war Jacques Ancel in seinem Buch „Géopolitique" (Paris 1936), das auch in Umrissen eine alternative Geopolitik skizziert. Ancel starb 1943 kurz nach der Freilassung aus einem deutschen Konzentrationslager. Vgl. Geoffrey Parkers Eintrag zu Ancel in: John O'Loughlin (Hrsg.), Dictionary of Geopolitics, Westport/CT 1994, S. 10f. Vgl. auch Parker, Géopolitique, in: ebd., S. 95–97, sowie ders., Western Geopolitical Thought, S. 87–101; ders., French Geopolitical Thought in the Interwar Years and the Emergence of the European Idea, in: Political Geography Quarterly 6 (1987), S. 145–150.

[45] Vgl. verschiedene Beiträge in Hérodote Nr. 76 (Januar-März 1995).

[46] Vgl. etwa Yves Lacoste, Périls géopolitiques en France, in: Hérodote Nr. 80 (Januar–März 1996), S. 3–23.

[47] So etwa die Kritik bei Raffestin et al., Géopolitique et histoire, S. 290–296.

[48] Einer ihrer besten Vertreter ist nach wie vor Yves Lacoste selbst. Vgl. etwa seine Aufsatzsamm-

dote" ebenso selten geworden[49] wie Artikel zu den internationalen Beziehungen sowie zum Problem der Globalisierung.

Wiederum andere Bedeutungsgehalte verbinden sich heute mit dem Wort „geopolitics" im angelsächsischen Raum. Vor allem lassen sich zwei vollkommen gegensätzliche Richtungen unterscheiden. Auf der einen Seite greift ein Autor wie Zbigniew Brezinski, der als Sicherheitsberater Präsident Carters in den Jahren 1977 bis 1981 vorübergehend selbst das „great game" spielen durfte,[50] auf Vorstellungen und Begriffe der klassischen anglo-amerikanischen Geopolitik zurück, insbesondere auf Sir Halford J. Mackinder und Nicholas J. Spykman.[51] Nach dem „Sieg der USA im Kalten Krieg" diagnostiziert Brezinski zwar nicht eine Rückkehr zu den Großmachtkonflikten des 19. Jahrhunderts,[52] sieht aber vor allem Mackinders schon 1904 geäußerte Warnung vor Turbulenzen im Inneren Eurasiens als eine wieder neu aktualisierte profunde Einsicht an. Er entwirft mit dem Gestus universalhistorischer Wesenserkenntnis, die bis zum Imperium Romanum und zu Dschingis Khans Weltreich zurückgreft, eine imperiale Globalstrategie der Vereinigten Staaten und mobilisiert zu diesem Zweck das ganze Vokabular der vor-nuklearen Geopolitik: von Mackinders Begriff des „pivot"[53] bis hin zu „Interessensphäre", „Hegemonie", „Machtvakuum", „Protektorat", „Domino", „Brückenkopf", dem Gegensatz von Land- und Seemächten usw. Auf Landkarten werden großzügig Zonen der Stabilität und Anarchie umrandet. Die „players" in diesem Weltbild sind nach wie vor Staaten oder Staatengruppen bzw. deren politische Eliten; die schwächeren unter diesen Staaten sind die Objekte, die stärkeren die Subjekte der Weltpolitik, die USA das einzige schrankenlos handlungsfähige Super-Subjekt. Ideologische Faktoren spielen, wie überhaupt in der Geopolitik, vordergründig keine größere Rolle. Sie kommen bestenfalls als Gegensatz zwischen Freiheit und Tyrannei und als Bedrohung durch den islamischen Fundamentalismus vor.

lung Questions de géopolitique: L'Islam, la mer, l'Afrique, Paris 1988. Wenig mehr als ein nach Ländern geordnetes Datenhandbuch ist Yves Lacoste (Hrsg.), Dictionnaire de la géopolitique des états 98, Paris 1997.

49 Vgl. als typisches Beispiel Yves Lacoste, La question de l'Espagne, in: Hérodote Nr. 91 (Oktober-Dezember 1998), S. 3–49.

50 Vgl. Stefan Fröhlich, Zwischen selektiver Verteidigung und globaler Eindämmung. Geostrategisches Denken in der amerikanischen Außen- und Sicherheitspolitik während des Kalte Krieges, Baden-Baden 1998, S. 469–519.

51 Vgl. ders., Amerikanische Geopolitik. Von den Anfängen bis zum Ende des Zweiten Weltkrieges, Landsberg a. L. 1998, S. 129–52. Zur grundsätzlichen Kritik der geostrategischen Denkweise vgl. John O'Loughlin u. Henning Heske, From „Geopolitik" to „Géopolitique": Converting a Discipline for War to a Discipline for Peace, in: Nurit Klio u. Stanley Waterman (Hrsg.), The Political Geography of Conflict and Peace, London 1991, S. 37–59, bes. 47–52.

52 So etwa John J. Mearsheimer, Back to the Future. Instability in Europe after the Cold War, in: International Security 15 (1990), S. 5–56.

53 „Geographical pivots are the states whose importance is derived not from their power and motivation but rather from their sensitive location and from the consequences of their potentially vulnerable condition for the behavior of geostrategic players." Zbigniew Brezinski, The Great Chessboard: American Primacy and Its Geostrategic Imperatives, New York 1997, S. 41 (Die einzige Weltmacht. Amerikas Strategie der Vorherrschaft, dt. v. Angelika Beck, Weinheim u. Berlin 1997). Ein nützliches Glossar der Geopolitik findet sich in Geoffrey Parker, Geopolitics: Past, Present and Future, London u. Washington/DC 1998, S. 171–181.

Brezinski verkörpert in den Augen der Vertreter der entgegengesetzten Richtung genau das, was sie am heftigsten bekämpft: „new world order geopolitics" als Fortsetzung der Geopolitik des Kalten Krieges, die wiederum an „imperialist geopolitics" (also „klassische" Geopolitik) anschließen konnte. Solchen planetarischen Herrschaftsstrategien stellen die Anhänger einer neuen „kritischen" Geopolitik die Subversion durch die Opfer entgegen. „Geopolitics" ist neuerdings zum Sammeletikett eines postmodernen machtkritischen Diskurses geworden, der im Namen von Kolonisierten, Proletariern, Frauen und Freunden des Friedens und der Natur gegen neoliberale Globalisierung mobil macht.[54] Der radikale Impuls des frühen Lacoste-Kreises (zu dem allerdings keine Zitierbeziehungen zu bestehen scheinen) wird von den Schöpfern der „kritischen Geopolitik" aufgegriffen, aber so weit ausgedehnt und über das Geographische hinaus erweitert, daß die neue Richtung jenen Zentralplatz linker Zeitkritik für sich beanspruchen kann, den in den sechziger und siebziger Jahren die Politische Ökonomie innehatte. Es gibt Querverbindungen zu den postmodernen Rändern sowohl der Geographie wie der International Relations. Gemeinsam ist ihnen die Idee, reale Macht dadurch zu treffen, daß man ihre „Textualität" dekonstruiert, mit anderen Worten: ihren Ideologen auf die Schliche kommt. Die kritische Geopolitik ist nicht nur anti-imperialistisch, anti-hegemonial (usw.), sondern auch anti-systematisch, sie erstrebt keine Grundlegung einer neuen Lehre von der Räumlichkeit internationaler Beziehungen.[55] Die postmoderne Skepsis gegenüber „metanarratives" verhindert (universal-) historische Superentwürfe, wie sie die klassischen Geopolitiker liebten.

Welche Zwischenbilanz läßt sich ziehen? Wer die Notwendigkeit erkennt, die Dimension des Räumlichen in der Internationalen Geschichte aufzuwerten, wird bei Fernand Braudels einzigartiger und niemals auf demselben Niveau und für die neuere Epoche fortgesetzten Geohistorie manche Anregungen finden, allerdings nur solche recht allgemeiner Art. Die verschiedenen Richtungen, die das Etikett der Geopolitik für sich in Anspruch nehmen und unweigerlich das Ziel proklamieren, auch zum Verständnis der Geschichte internationaler Zusammenhänge beizutragen, sind – von wenigen Autoren abgesehen – theoretisch dürftig und lassen sich daher nicht in jener Weise in die Geschichtswissenschaft eingemeinden, wie dies zum Beispiel „jenseits des Historismus" mit bestimmten Elementen soziologischer, ökonomischer oder kulturanthropologischer Theorie geschehen ist.[56] Im Grunde sind sämtliche Varianten von Geopolitik weniger theorieförmiges Wissen als Verdichtungen begrenzter Erfahrungen zum Zwecke politischer Urteilsbildung. Wer dabei behauptet, Lehren aus der Geschichte ziehen zu können, tut dies entweder – wie etwa Ratzel oder Haushofer –, indem er die Vergangenheit als Steinbruch zur Illustration von Typologien benutzt,

[54] Vgl. Gearóid Ó Tuathail, Critical Geopolitics: The Politics of Writing Global Space, Minneapolis 1996; ders. u. Simon Dalby (Hrsg.), Rethinking Geopolitics, London/New York 1998; dies. u. Paul Routledge (Hrsg.), The Geopolitics Reader, London u. New York 1998; Andrew Herod, Gearóid Ó Tuathail u. Susan M. Roberts (Hrsg.), An Unruly World? Globalization, Governance and Geography, London u. New York 1998.

[55] Dies unterscheidet sie z.B. von einem Lehrbuch der historischen Geographie wie Martin Ira Glassner, Political Geography, 2. Aufl., New York 1996.

[56] Damit ist nicht ausgeschlossen, daß andere theoretische Entwicklungen in der Geographie für Historiker interessant sein könnten.

oder indem er sich – wie Mackinder oder Carl Schmitt – für eine materiale Geschichtsphilosophie entscheidet.[57] Die klassische Geopolitik überlebt in Brezinskis eigenartiger Mischung aus diskutablen Einsichten und planetarischem Ordnungswahn. Die neue oder kritische Geopolitik ist in ihrer französischen Ausprägung nach ehrgeizigen Anfängen auf Faktenkompilation bzw. höheren Journalismus ohne bedeutendere historische Vertiefung geschrumpft. In ihrer anglo-amerikanischen Variante kämpft sie mit der entgegengesetzten Versuchung, aus empiriearmen Textdekonstruktionen eine Diagnose des 20. Jahrhunderts herausspinnen zu wollen. Es bleibt indessen der Trost der Bescheidenheit: Wo große Theorien fehlen, bei denen Anleihen möglich wären, können sich Geographie und Internationale Geschichte immerhin auf spezielleren Themenfeldern begegnen. Drei davon sollen knapp umrissen werden.

Themen: Drei Beispiele

(1) Grenzen

Die Geschichte der internationalen Beziehungen hat fortwährend mit Grenzen zu tun, doch wenn diese nicht gerade neu gezogen werden, setzt sie sie als selbstverständlich voraus und schenkt ihnen wenig Aufmerksamkeit. Im übrigen haben auch die neueren International-Relations-Theorien wenig zu diesem Thema zu sagen. Es scheint als eine Obsession toter Geopolitiker zu gelten, die sich mit Grenzstreitigkeiten beschäftigten oder dem Grenzrevisionismus ihres eigenen Landes pseudowissenschaftliche Schützenhilfe leisten wollen.[58] Daran ist so viel richtig, daß Karl Haushofer eines seiner seriöseren Bücher[59] dem Thema der Grenzen widmete, darin aber dennoch so viel pangermanische Anmaßung verpackte, daß Jacques Ancel sich zu einer kaum weniger umfangreichen Replik aufgerufen sah.[60] Schon Ratzel, dem Haushofer hier in vielem folgte, hatte sich auf sechzig Seiten seiner „Politischen Geographie" mit Grenzen befaßt und dabei vor allem die Entwicklung des „Grenzsaums" zur „Grenzlinie" historisch dargestellt.[61] Hier, wie in manchen anderen Fällen, zeigt sich nun, wie die französische Humangeographie ihre Konzepte in der Auseinander-

[57] Halford Mackinder, The Geographical Pivot of History, in: Geographical Journal 23 (1904), S. 421–437; Carl Schmitt, Land und Meer. Eine weltgeschichtliche Betrachtung, Leipzig 1942. Schmitt hat den Einfluß Mackinders dankbar eingestanden: Carl Schmitt, Der Nomos der Erde im Völkerrecht des Jus Publicum Europaeum, Köln 1950, Vorwort (ungez.); ders., Staat, Großraum, Nomos. Arbeiten aus den Jahren 1916–1969, hg. v. Günter Maschke, Berlin 1995, S. 528, 546f.

[58] Diesen Eindruck vermitteln etwa James E. Dougherty u. Robert L. Pfaltzgraff, Jr., Contending Theories of International Relations: A Comprehensive Survey, 3. A. New York 1990, S. 64–67.

[59] Es ist nicht ganz gerecht, Haushofer pauschal als einen Scharlatan abzutun. Unter seinen zahlreichen Büchern bleibt immerhin – trotz der scharfen anti-angelsächsischen Tendenz – „Geopolitik des pazifischen Ozeans. Studien über die Wechselbeziehungen zwischen Geographie und Geschichte" (Berlin-Grunewald 1924) von Interesse. Als einer der ersten hat Haushofer hier versucht, die Einheit des pazifischen Raumes zu erfassen.

[60] Karl Haushofer, Grenzen in ihrer geographischen und politischen Bedeutung, Berlin-Grunewald 1927; Jacques Ancel, Géographie des frontières, Paris 1938.

[61] Friedrich Ratzel, Politische Geographie, München u. Leipzig 1897, S. 447–528.

setzung mit Ratzel – den vulgären Haushofer hält Ancel offensichtlich nur für einen politischen, nicht für einen ernsthaften wissenschaftlichen Gegner – schärfte. Hatte Ratzel die neuzeitlichen Staatengrenzen als „peripherische" Organe der jeweiligen Zentren gesehen und das Zustandekommen einer spezifischen Grenze mechanistisch aus Druck und Gegendruck nationaler Raumokkupation erklärt, so stellt Ancel einer solchen „notion purement cartographique"[62] ein ganz anderes Konzept entgegen: die Grenze als sozialer Raum, der durch hoheitliche Demarkationen nur unvollkommen zerschnitten wird und in dem oft eine binationale Grenzgesellschaft eigenen Gepräges entsteht.[63] Zugleich betont der französische Geograph die Rolle der Imagination bei dem, was man heute die soziale Konstruktion von Grenzen nennen würde: Grenzen zwischen modernen Nationalstaaten sind, so Ancel, zweifellos real, aber sie werden auch mit Werten, Bedeutungen und Symbolen besetzt, die sich, schnell veränderlich, aus „les forces vitales des deux peuples" ergeben.[64] Damit wurden bereits 1938 zentrale Aspekte der heutigen sozial- wie auch kulturhistorischen Grenzforschung angesprochen. Der deutsch-französische Disput konkretisierte sich zur gleichen Zeit am virulenten Fall der Rheingrenze. Beim Hausverleger der Geopolitik, Kurt Vowinckel in Berlin-Grunewald, erschien 1928 bis 1931 ein fünfbändiges Sammelwerk mit dem Titel „Der Rhein. Sein Lebensraum, sein Schicksal".[65] In der Einleitung beschwor Haushofer den Zusammenstoß einer mittelmeerisch-romanischen mit einer nordischen Grenzauffassung, rief zum Widerstand gegen „Angreifer in diesem Lebensraum" auf und sah überhaupt den Rhein als eine Kulturfront: „[...] hier will die Natur keinen Pazifismus".[66] Darauf antworteten der Historiker Lucien Febvre und der Geograph Albert Demangeon, der geographische Lehrer Fernand Braudels, mit einer großartigen Gesamtdarstellung der historischen Geographie der Rheinlande.[67] Ihre Botschaft war, daß der Rhein kulturgeschichtlich niemals eine trennende Grenze gewesen sei, eine rheinländische Identität habe sich unabhängig von den wechselnden politischen Verhältnissen entfaltet.

62 Ancel, Géographie des frontières, S. 51.

63 Ebd., S. 182ff.

64 Ebd., S. 52. Ancel geht hier auch über die ältere französische Humangeographie hinaus, z.B. über das wichtige Werk Jean Brunhes u. Camille Vallaux, La Géographie de l'histoire: Géographie de la paix et de la guerre sur terre et sur mer, Paris 1921, S. 337ff. Zu Ancel („le premier géopoliticien français") auch Pascal Lorot, Histoire de la géopolitique, Paris 1995, S. 55–58.

65 Karl Haushofer et al., Der Rhein. Sein Lebensraum, sein Schicksal, 2 Bde. in 5 Teilbdn., Berlin-Grunewald 1928–31.

66 Karl Haushofer, Rheinische Geopolitik, in: ebd., Bd. 1, Teil 1 (1928), S. 6. Übrigens hatte auch Halford Mackinder ein – politisch ziemlich unverfängliches – Buch über den Rhein geschrieben: The Rhine: Its Valley and History, London 1908. Vgl. allgemein Peter Schöttler, Le Rhin comme enjeu historiographique dans l'entre-deux-guerres, in: Genèses 14 (1994), S. 63–82; sowie zur „Konstruktion" der Rheingrenze auch Aram Mattioli, „Volksgrenzen" oder Staatsgrenzen? Wissenschaft und Ideologie in der Debatte um die Hochrheingrenze (1925–1947), in: Guy P. Marchal (Hrsg.), Grenzen und Raumvorstellungen (11.–20. Jahrhundert), Zürich 1996, S. 285–311; Wolfgang Kaiser, Régions et frontières: L'espace frontalier de Bâle du XVIIe au XXe siècle, in: Heinz-Gerhard Haupt, Michael G. Müller u. Stuart Woolf (Hrsg.), Regional and National Identities in Europe in the XIXth and XXth Centuries, Den Haag 1998, S. 379–410.

67 Albert Demangeon u. Lucien Febvre, Le Rhin: Problèmes d'histoire et d'économie, Paris 1935. Die von Peter Schöttler herausgegebene deutsche Ausgabe hat leider auf Demangeons Kapitel verzichtet: Lucien Febvre, Der Rhein und seine Geschichte, Frankfurt/M. 1994.

Die neuere Grenzforschung, etwa Peter Sahlins' vorbildliche Fallstudie zur Pyrenäengrenze vom 17. bis zum 19. Jahrhundert, hat den Gesichtspunkt der Identitätsbildung weiterentwickelt und die Kombinierbarkeit verschiedener Perspektiven erwiesen.[68] Sahlins oder auch Anssi Paasi in einer Untersuchung zur finnisch-russischen Grenze[69] sehen zwischenstaatliche Grenzen als Migrationszonen und Siedlungsräume, als Katalysatoren von Klassenbildung und Mentalitätswandel, als Gegenstände internationaler Politik und als Indikatoren, die Veränderungen von Staatlichkeit und Territorialität besonders deutlich sichtbar werden lassen. So wird die Grenze zum Vereinigungspunkt der verschiedenen, oft unnötig zerstrittenen Richtungen der Geschichtswissenschaft, zum kleinräumigen Objekt einer „histoire totale", der immer auch schon die Dimension des Internationalen zugehört. Auf Sahlins' Spuren haben vor allem mediävistische und frühneuzeitliche Grenzstudien große Fortschritte gemacht.[70] Dies hat leicht verständliche Gründe, etwa die Tatsache, daß sich die langsame Herausbildung des Territorialstaates hier am besten beobachten läßt, oder das Aufkommen der vor allem prämodern ausgerichteten historischen Anthropologie, besonders der Wahrnehmung des Fremden eine besondere Aufmerksamkeit verschafft hat.[71] Manche an der Frühen Neuzeit gewonnene Fragestellung läßt sich auch auf das 19. und 20. Jahrhundert übertragen. So hat Thomas Rahn an verschiedenen Beispielen aus dem 15. bis 18. Jahrhundert Formen des Grenzzeremoniells untersucht und klassifiziert und abschließend angedeutet, daß sich Situationen wie das berühmte Zusammentreffen amerikanischer und sowjetischer Frontsoldaten am 25. April 1945 auf den Trümmern der Torgauer Elbbrücke oder die Begegnung von George Bush und Michail Gorbačev am 3. Dezember 1989 auf dem sowjetischen Kreuzfahrtschiff „Maxim Gorki" zu einer Interpretation in ähnlicher symbolanalytischer Sicht eignen würden.[72]

Im übrigen könnten für die spätere Neuzeit neben eher konventionellen Studien zum Verlauf einzelner innereuropäischer Grenzen[73] folgende Themenbereiche vielversprechend sein:

[68] Vgl. Peter Sahlins, Boundaries: The Making of France and Spain in the Pyrenees, Berkeley, Los Angeles u. Oxford 1989, ders., Natural Frontiers Revisited: France's Boundaries since the Seventeenth Century, in: American Historical Review 95 (1990), S. 1423–1451.

[69] Anssi Paasi, Territories, Boundaries and Consciousness: The Changing Geographies of the Finnish-Russian Border, Chichester 1996 (mit einer vorzüglichen theoretischen Einleitung).

[70] Einen Überblick (mit hervorragender Bibliographie zum Thema „Grenzen" im allgemeinen) gibt Wolfgang Schmale u. Reinhard Stauber (Hrsg.), Menschen und Grenzen in der Frühen Neuzeit, Berlin 1998.

[71] Vgl. Gert Dressel, Historische Anthropologie. Eine Einführung, Wien, Köln u. Weimar 1996, S. 180–193.

[72] Vgl. Thomas Rahn, Grenz-Situationen des Zeremoniells in der Frühen Neuzeit, in: S. Markus Bauer u. Thomas Rahn (Hrsg.), Die Grenze. Begriff und Inszenierung, Berlin 1997, S. 177–206, hier 198f.; vgl. auch Wilfried Loth, Transit durch den Eisernen Vorhang, in: Transit Brügge – Novgorod. Eine Straße durch die europäische Geschichte (Ausstellungskatalog), Essen 1997, S. 640–645.

[73] In der Art der Beiträge in Alexander Demandt (Hrsg.), Deutschlands Grenzen in der Geschichte, 2. Aufl., München 1997; oder François Roth, La Frontière franco-allemande 1871–1918, in: Wolfgang Haubrichs (Hrsg.), Grenzen und Grenzregionen, Saarbrücken 1994, S. 131–147.

(a) *Das Ende der Erschließungsgrenzen („frontiers") und ihre teilweise Transformation in Souveränitätsgrenzen („boundaries").*[74] Der bekannte Vorgang des Abschlusses der nordamerikanischen, westwärts vorrückenden Binnenkolonisation („the closing of the frontier"), der den Zeitgenossen in den 1890er Jahren bewußt wurde, hatte Entsprechungen in anderen Teilen der Welt: in Lateinamerika, Afrika oder Ostasien.[75]

(b) *Imperiale, koloniale und postkoloniale Grenzen.* Es ist ein Gemeinplatz, daß zwischenstaatliche Grenzen in Asien und Afrika von den Großmächten „willkürlich" gezogen worden seien. Nun steckt hinter Willkür ein Wille und hinter einem Willen eine Vorstellung von der Realität, der der Wille aufgedrückt werden soll. Welche Absichten und Kräfte wirkten auf konkrete Grenzziehungen zwischen Imperien – etwa dem britischen und dem russischen oder dem russischen und dem chinesischen[76] – sowie innerhalb von Imperien ein? Welche geographisch-ethnischen Gegebenheiten wurden berücksichtigt, welche historischen Ansprüche? Wie kamen Entscheidungen zustande, wenn eine Imperialmacht nicht imstande war, Grenzen einseitig zu oktroyieren?[77] Wie wirkten sich die Grenzen kurz- und langfristig auf Lebensverhältnisse und Bewußtsein der Bevölkerung aus? Wie erklärt sich die relativ große Stabilität der kolonialen Grenzen auch nach dem Rückzug der Kolonialmächte?[78]

(c) *Politisches und militärisches Grenzmanagement, besonders am Eisernen Vorhang.* Die Grenze, die nach 1945 die weltpolitischen Blöcke voneinander trennte und deren letzter Rest heute noch in Korea zu besichtigen ist, war in einem historisch beispiellosen Maße eine tatsächlich nahezu undurchdringliche, militärisch und polizeilich gesicherte Grenze, zu deren täglicher Aufrechterhaltung immense Verwaltungsapparate erforderlich waren. Wie diese Grenze, von der nach wenigen Jahren kaum mehr übriggeblieben ist als vom römischen Limes, „funktioniert" hat, wird erst kaum verstanden. Eine gründliche Aufarbeitung sollte sowohl von der Seite der Erfahrung wie von derjenigen der Verwaltung her beginnen.[79]

[74] Vgl. den Problemaufriß bei Peter J. Taylor, Political Geography: World-Economy, Nation-State and Locality, London u. New York 1985, S. 104–106.

[75] Vgl. beispielsweise den Forschungsstand zu China: James A. Millward, New Perspectives on the Qing Frontier, in: Gail Hershatter et al. (Hrsg.), Remapping China: Fissures in Historical Terrain, Stanford 1996, S. 113–29; Sabine Dabringhaus, Die Landgrenze als Thema der modernen chinesischen Geschichtsschreibung, in: Periplus. Jahrbuch für außereuropäische Geschichte 3 (1993), S. 94–108.

[76] Vgl. Hermann Kreutzmann, Vom „Great Game" zum „Clash of Civilizations"? Wahrnehmung und Wirkung von Imperialpolitik und Grenzziehungen in Zentralasien, in: Petermanns Geographische Mitteilungen 141 (1997), S. 163–186; S.C.M. Paine, Imperial Rivals: China, Russia, and Their Disputed Frontier, 1858–1924, Armonk/NY 1996.

[77] Zum Beispiel im Nahen Osten nach dem Ersten Weltkrieg. Vgl. Gideon Biger, An Empire in the Holy Land: Historical Geography of the British Administration in Palestine 1917–1929, New York u. Jerusalem 1994, S. 39–69.

[78] Vgl. die (vorwiegend völkerrechtliche) Untersuchung Abdelmoughit Benmessaoud Tredano, Intangibilité des frontières coloniales et espace étatique en Afrique, Paris 1989; zu Lateinamerika Michel Foucher, L'Invention des frontières, Paris 1986, S. 151–303.

[79] Vgl. als erste Erträge sorgfältiger Archivstudien: Rainer Potratz, Zwangsaussiedlungen aus dem Grenzgebiet der DDR zur Bundesrepublik Deutschland im Mai/Juni 1952, in: Bernd Weisbrod (Hrsg.), Grenzland. Beiträge zur Geschichte der deutsch-deutschen Grenze, Hannover 1993, S. 57–69; Richard Bessel, The Making of a Border: Policing East Germany's Western Border, 1945–1952, in: Christian Baechler u. Carole Fink (Hrsg.), L'Établissement des

(2) Imperialismus und Kolonialismus

Geographie als Wissenschaft ist mit der europäischen Expansion großgeworden.[80] Die Entdeckung der Neuen Welt wurde zur wichtigsten Herausforderung frühneuzeitlicher Kosmographen. Sobald außereuropäische Gebiete unter eine einigermaßen stabile Kontrolle gebracht worden waren, begannen ihre kartographische Erfassung und die Beschreibung ihrer natürlichen Ressourcen. In Indien leiteten die britischen Eroberer bereits 1765 eine geographische Landesbeschreibung („survey") in die Wege, die in den folgenden Jahrzehnten gigantische Materialberge anhäufte.[81] Die Zaren schickten Gelehrtenexpeditionen in die nichtrussischen Teile ihres Reiches. Im 19. Jahrhundert machten sich Geographen und Geologen als Kundschafter, Regierungsberater und Propagandisten für koloniale Erwerbungen nützlich. Kolonialgeographie wurde zu einem wichtigen Teilfach, das in Ethnologie und Ökonomie hinüberreichte; sie war die Vorläuferin späterer „development studies". Expansionistische Lobbies organisierten sich mit Vorliebe, besonders in Frankreich, als geographische Gesellschaften.[82] Eines der größten Husarenstücke der imperialen Zeitalters, die private Aneignung des Kongobeckens durch den belgischen König Leopold II., wurde sogar als geographisch-wissenschaftliche Unternehmung getarnt. Schließlich kann die „klassische" Geopolitik eines Ratzel oder Mackinder mit ihren Lehren von Expansion und makrohistorischer „Bewegung" (einer von Ratzels Lieblingsbegriffen) als pro-imperialistisches Gegenstück der gleichzeitigen radikalliberalen und marxistischen Imperialismuskitik gelesen werden; beiden ging es darum, die *tieferen* Ursachen von Kolonialismus und Weltpolitik aufzudecken und daraus Lehren für die Zukunft der Imperien zu ziehen.

Aus größerem Abstand als dem der unmittelbaren Instrumentalisierung von Wissen haben sich schon früh historische Geographen mit den Imperialismen beschäftigt, am erfolgreichsten dort, wo es nicht um den Imperialismus des eigenen Landes ging. Albert Demangeons Buch „L'Empire britannique" (1925), schon ein Jahr später auf Haushofers Veranlassung ins Deutsche übersetzt, gehört zum Einsichtsvollsten, das je von Zeitgenossen über das britische Weltreich geschrieben wurde.[83] Während die

frontières en Europe après les deux guerres mondiales, Bern 1996, S. 199–214; John Bornemann, „Grenzregime" (Border Regime): The Wall and Its Aftermath, in: Thomas M. Wilson u. Hastings Donnan (Hrsg.), Border Identities: Nation and State at International Frontiers, Cambridge 1998, S. 162–190.

[80] Vgl. Anne Godleska u. Neil Smith (Hrsg.), Geography and Empire, Oxford 1994; Michel Bruneau u. Daniel Dory (Hrsg.), Géographies des colonisations, XVe–XXe siècles, Paris 1994; Morag Bell, Robin Butlin u. Michael Heffernan (Hrsg.), Geography and Imperialism 1820–1940, Manchester 1995.

[81] Vgl. Matthew H. Edney, Mapping an Empire: The Geographical Construction of British India, 1765–1843, Chicago u. London 1997.

[82] Vgl. Dominique Lejeune, Les Sociétés de géographie en France et l'expansion coloniale au XIXe siècle, Paris 1993.

[83] Albert Demangeon, Das britische Weltreich. Eine kolonialgeographische Studie, dt. v. Paul Fohr, Berlin-Grunewald 1926. Vgl. dazu Paul Claval, Playing with Mirrors: The British Empire According to Albert Demangeon, in: Godlewska u. Smith (Hrsg.), Geography and Empire, S. 228–243. Zu anderen Autoren vgl. Robin A. Butlin, Historical Geographies of the British Empire, c. 1887–1925, in: Bell, Butlin u. Heffernan (Hrsg.), Geography and Imperialism, S. 151–188.

ältere Literatur sich auf heroische Geschichten imperialer Eroberung, auf die Inventarisierung kolonialer Ressourcen oder auf die Untersuchung metropolitaner Triebkräfte der Expansion konzentriert hatte, unternahm Demangeon erstmals den Versuch, zu beschreiben und zu erklären, wie und warum westliche Gesellschaften überseeische Länder politisch manipulierten, ihre Ökonomien entwickelten und ausbeuteten und die einheimischen Bewohner beherrschten. Als erster sah Demangeon das britische Empire gleichzeitig als politisches, wirtschaftliches und kulturelles Globalsystem. Kein einziges Buch aus der gleichzeitigen britischen Literatur besteht den Vergleich mit seinem auf knappem Raum synthetisierenden Werk.[84]

Die mehrfache Nähe zwischen Geographie und Imperium bedeutet, daß das historische Studium der Imperialismen in verschiedener Weise die Dimension des Räumlichen integrieren könnte.[85]

(a) *Das Weltsystem.* Geographen, denen ein Denken in den Kategorien von Zentrum und Peripherie nicht unvertraut war,[86] haben sich besonders von den Weltsystemtheorien Immanuel Wallersteins und einiger anderer Autoren in Bann schlagen lassen.[87] Die erklärende Kraft dieser Theorien ist umstritten, und es ist fraglich, ob sie mehr leisten können, als ein einfaches Begriffsschema zur Beschreibung der neuzeitlichen europäischen Expansion und ihrer Folgen bereitzustellen. Dies aber wäre schon ein wichtiger Beitrag. Das Weltsystemkonzept erlaubt es, hierarchische Beziehungen zwischen den Elementen des internationalen Macht- und Wirtschaftssystems herauszuarbeiten und sie in ihrem systemischen Wandel zu beobachten. Es könnte sich auch dazu eignen, Rangabstufungen und Abhängigkeitsverhältnisse zwischen gleichzeitig nebeneinander existierenden Imperien bzw. Imperialismen – etwa dem britischen und dem portugiesischen im 18. Jahrhundert oder dem französischen und dem russischen vor 1914 – zumindest im Groben anschaulich zu machen.

(b) *Struktur von Imperien.* Albert Demangeons große Leistung war die Analyse der Binnenbeziehungen innerhalb des British Empire. Solche innerimperialen Strukturen und Relationen bleiben ohne Berücksichtigung der geographischen Dimension unverstanden. Die Geographie erläutert die Anziehungs- und Abstoßungskräfte an den verschiedenen imperialen Peripherien: ihre Ressourcenausstattung, ihre ethnische Dynamik und ihre Besiedlungschancen. Überhaupt schenkt die historische Geographie Migration und Siedlung viel mehr Aufmerksamkeit, als dies in der Literatur zum Imperialismus üblich ist.[88] Sie ist behilflich, den Faktor Distanz zu ermessen, vor

[84] Neben Demangeon wurde André Siegfried (1875–1959), Inhaber eines Lehrstuhls für Wirtschaftsgeographie am Collège de France, zu einer Weltautorität zum British Empire, insbesondere den Dominions.

[85] Die folgenden Bemerkungen verstehen sich als Ergänzungen zu Boris Barths Kapitel im vorliegenden Band.

[86] Wichtig war hier der Sammelband Jean Gottmann (Hrsg.), Centre and Periphery: Spatial Variations in Politics, Beverly Hills u. London 1980.

[87] Zum Beispiel Taylor, Political Geography, S. 72–93; Richard Muir, Political Geography: A New Introduction, Basingstoke 1997, S. 229 ff.; Hans-Jürgen Nitz (Hrsg.), The Early Modern World-System in Geographical Perspective, Stuttgart 1993; Peter J. Hugill, World Trade since 1431: Geography, Technology, and Capitalism, Baltimore u. London 1993. Zur ersten Einführung vgl. Hans-Heinrich Nolte, Das Weltsystemkonzept, in: Beiträge zur historischen Sozialkunde 28 (1998), S. 11–20.

[88] Dazu gehört auch die planmäßige Siedlungspolitik metropolitaner Regierungen. Vgl. muster-

allem seine Bedeutung für Verkehr und Nachrichtenübermittlung und damit für die Geschwindigkeit des Zugriffs imperialer Kontrolle. Schließlich kann sie besser als reine politische Geschichte oder reine Wirtschaftsgeschichte die feinen Abstufungen der imperialen Intervention beschreiben, indem sie übliche Dichotomien wie die von direkter versus indirekter Herrschaft oder von modernem versus traditionalem Sektor der Wirtschaft durch feinere Modelle imperialer Wirksamkeit ersetzt.[89] Eine andere Analyserichtung, einem Kontinentalreich wie dem russischen am ehesten angemessen, charakterisiert ein Imperium von der Verschiedenartigkeit seiner Frontier-Zonen aus.[90]

(c) *Koloniale Raumordnung.*[91] Obwohl der koloniale Staat und das koloniale Kapital selten fähig und willens waren, überseeische Gesellschaften radikal umzukrempeln, hat ihre Wirksamkeit doch anhaltende Spuren zumindest in zwei Sphären hinterlassen: der Agrarlandschaft und vor allem dem kolonialen Städtebau.[92] Um diesen wichtigen und noch wenig beachteten Aspekt der kolonialen Invasion zu beleuchten, sind nicht nur politische Geographie, sondern auch Stadt- und Siedlungsgeographie von großem Nutzen. Historiker des Kolonialismus übersehen noch zu oft, daß einige der überzeugendsten Untersuchungen kolonialer Verhältnisse von Geographen stammen.[93]

(3) Raumvisionen

Die vielleicht wichtigste Errungenschaft von „critical geopolitics" ist eine Sensibilität für Raumwahrnehmungen und ihre politische Funktion. Dies bedeutet einen großen Schritt über die alte Geopolitik hinaus, in welcher Staaten und Großräume als Subjekte eigenen Rechts agieren und dabei weithin „natürlichen" Imperativen von der Art des notorischen russischen „Drangs zu den Meerengen" folgen. Individuen und ihre Weltdeutungen fehlen in solchen Vorstellungen, man fällt vom Personalismus der Diplomatiegeschichtsschreibung in das entgegengesetzte Extrem kontingenzloser Naturbestimmung, die einen mythischen, also der empirischen Korrektur entzogenen Charakter annehmen kann. Die Aufwertung von Wahrnehmungen vor allem in

haft Joseph M. Powell, An Historical Geography of Modern Australia, Cambridge 1988, S. 90–120.

89 Wichtig sind hier die Arbeiten von D.W. Meinig. Vgl. sein großes Werk The Shaping of America: A Geographical Perspective on 500 Years of History. Bd. 1: Atlantic America 1492–1800, New Haven u. London 1986; ders., A Geographical Transect of the Atlantic World, ca. 1750, in: Eugene D. Genovese u. Leonard Hochberg (Hrsg.), Geographic Perspectives in History, Oxford 1989, S. 185–204.

90 So etwa John P. LeDonne, The Russian Empire and the World, 1700–1917, New York u. Oxford 1997.

91 Vgl. gut: Marcello Carmagnani, Koloniale Raumordnung. Mutterland, Peripherie und Grenzgebiete, in: Horst Pietschmann (Hrsg.), Handbuch der Geschichte Lateinamerikas, Bd. 1, Stuttgart 1994, S. 534–555.

92 Vgl. Anthony D. King, Writing Colonial Space: A Review Article, in: Comparative Studies in Society and History 37 (1995), S. 541–554.

93 Z.B. die kolonialgeschichtlichen Teile in David Watts, The West Indies. Patterns of Development, Culture and Environmental Change since 1492, Cambridge 1987; Gerhard Sandner, Zentralamerika und der Ferne Karibische Westen. Konjunkturen, Krisen und Konflikte 1503–1984, Stuttgart 1985; oder die dichte Skizze einer historischen Geographie Kanadas in Roland Vogelsang, Kanada. Fakten – Zahlen – Übersichten, Gotha 1993, S. 109–173.

der neuesten englischsprachigen „geopolitischen" Literatur vermag jedoch an eine alte Spezialität der Geopolitik anzuknüpfen: die Visualisierung. Friedrich Ratzel war zwar noch kein Freund der suggestiven Karte, doch ein Meister der sprachlichen Evokation von Räumen und Landschaften. Seit Mackinder und vollends seit seinem Anhänger Haushofer ist Geopolitik ohne graphische Visualisierung kaum vorstellbar.[94] Die Darstellungsmittel der alten wie der neuen Geopolitik[95] tragen zu einer Verbildlichung der Weltwahrnehmung bei, wie sie umgekehrt Vorstellungen zur Anschauung bringen, die in den Köpfen nicht nur von Politikern und Wissenschaftlern bereits vorhanden sind. „Mental maps" trägt fast jeder politisch interessierte Zeitgenosse mit sich herum.[96] Hinter den Perzeptionen des außenpolitischen Verhaltens fremder Regierungen oder hinter stereotypisierten Vorstellungen von anderen Nationen liegen fundamentalere geographische Welt-Bilder verborgen, etwa solche vom „Westen" und vom „Osten", vom „Norden" und vom „Süden", von räumlich identifizierbaren ersten, zweiten und dritten Welten.

Bei der Entschlüsselung solcher geographischer Codes und der Mythenkritik hat man jüngst große Fortschritte gemacht. Auch wer einem postmodernen Reduktionismus, der Geschichte auf ihre textliche Repräsentation einschränken möchte, kritisch gegenübersteht, wird von Untersuchungen profitieren, die sich mit der „kulturellen Konstruktion" von Vorstellungen über den „Orient", über den „Balkan", über Abgrenzungen und Unterschiede zwischen den Kontinenten oder über lateinamerikanische „Unterentwicklung" befassen.[97] Der niederländische Geograph Gertjan Dijkink hat dargelegt, wie in einer Reihe von Fällen kollektive „geopolitical visions", in die auch Bilder von der eigenen nationalen oder ethnischen Geschichte einfließen, die Selbstverortung politischer Eliten in der Welt der Gegenwart bestimmen.[98] Und John Agnew, einem der historisch aufgeschlossensten politischen Geographen der USA, ist es in einem konzentrierten Abriß gelungen, die europäischen und nordamerikani-

[94] Vgl. kritisch Raffestin et al., Géopolitique et histoire, S. 243–276; G. Henrik Herb, Persuasive Cartography in „Geopolitik" and National Socialism, in: Political Geography Quarterly 8 (1989), S. 289–303.

[95] Vgl. die Verwendung von Karten in politisch keineswegs „rechten" Werken wie Gérard Chaliand u. a., Atlas stratégique, Paris 1987; ders. u. Jean-Pierre Rageau, Atlas politique du XXe siècle, Paris 1988; Michael Kidron u. Ronald Segal, Der politische Weltatlas, dt. v. Niels Hamdorf u. Martin Rethmeier, Bonn 1992; dies., Der Fischer Atlas zur Lage der Welt, dt. v. Eva-Maria Ziege, Frankfurt a. M. 1996.

[96] Vgl. Alan K. Henrikson, Mental Maps, in: Michael J. Hogan u. Thomas G. Paterson (Hrsg.), Explaining the History of American Foreign Relations, Cambridge 1991, S. 177–192. Vgl. auch das Kapitel von Gottfried Niedhart im vorliegenden Band.

[97] Edward W. Said, Orientalism, London 1978; Maria Todorova, Imagining the Balkans, New York u. Oxford 1997; Vesna Goldsworthy, Inventing Ruritania: The Imperialism of the Imagination, New Haven/London 1998; Martin W. Lewis u. Kären E. Wigen, The Myth of Continents: A Critique of Metageography, Berkeley, Los Angeles u. London 1997; James William Park, Latin American Underdevelopment: A History of Perspectives in the United States, 1870–1965, Baton Rouge u. London 1995.

[98] Vgl. Gertjan Dijkink, Natural Identity and Geopolitical Visions: Maps of Pride and Pain, London u. New York 1996; im Ansatz ähnlich die Fallstudie von Iver B. Neumann, Russia and the Idea of Europe: A Study in Identity and International Relations, London u. New York 1996. Weiterführend zur Rolle kollektiver Erinnerung in der internationalen Geschichte: Cyril Buffet u. Beatrice Heuser (Hrsg.), Haunted by History: Myths in International Relations, Providence u. Oxford 1998.

schen (= „westlichen“) Weltsichten seit dem 18. Jahrhundert als eine Folge binärer Freund-Feind-Unterscheidungen darzustellen.[99] Die Tragweite solcher Überlegungen ist erheblich. Kognitive Topographien dieser Art, die mehr sind als flüchtige Perzeptionen und Dateneingaben in Prozesse der Entscheidungsbildung, können langlebiger sein als die materiellen Bedingungen, die ihnen zugrundeliegen. Mit dem Kalten Krieg verschwand zum Beispiel nicht sogleich das Bewußtsein, das ihn ermöglichte und das wiederum von ihm genährt wurde. Die Bereitschaft zur Feindidentifikation blieb bestehen, nur die konkreten Feinde wechselten.

Weniger als andere interdisziplinäre Berührungen der Internationalen Geschichte kann sich diejenige mit der Geographie auf akzeptierte Problemformulierungen, fundierte Forschungstraditionen und erprobte Theorien stützen. Es bleibt zunächst nur die Aufforderung an Historikerinnen und Historiker, sich von der Anrüchigkeit der alten und der Oberflächlichkeit der neuen Geopolitik nicht daran hindern zu lassen, Raum und Territorium als Dimension der Analyse ernst zu nehmen. Die Militärgeschichte hat dies immer schon getan, die Geschichte ziviler Beziehungen zwischen den Staaten sollte ihr auf eigenen Wegen folgen.

[99] John Agnew, Geopolitics: Re-Visioning World Politics, London u. New York 1998, S. 86–124; vgl. auch ders. u. Stuart Corbridge, Mastering Space: Hegemony, Territory and International Political Economy, London u. New York 1995, S. 46–77. Andere Autoren sind bei der Suche nach „eschatological bipolarity“ gar bis in die Zeit der Kreuzzüge zurückgegangen, so Ken Booth, Cold Wars of the Mind, in: ders. (Hrsg.), Statecraft and Security: The Cold War and Beyond, Cambridge 1998, S. 29–55, hier 33–38.

Boris Barth

Internationale Geschichte und europäische Expansion: Die Imperialismen des 19. Jahrhunderts

Nach der Hochkonjunktur der Imperialismusforschung in den 1960er und 70er Jahren ist es inzwischen um die großen theoretischen Debatten deutlich ruhiger geworden. Gleichzeitig wird die damals weitgehend akzeptierte Unterscheidung in einen formellen und einen informellen Imperialismus, der wiederum mit dem Freihandelsimperialismus identifiziert wurde, tendenziell weniger als zuvor verwendet. Die Thesen von Ronald Robinson und John Gallagher, die die Debatten um den Imperialismus des Freihandels auslösten, wurden allerdings – von zahlreichen Korrekturen im Detail abgesehen – im Kern nicht definitiv entkräftet. Robinson/Gallagher definierten – ausgehend vom britischen Fall des 19. Jahrhunderts – koloniale Herrschaft als formellen Imperialismus. Der informelle Imperialismus, dessen Grenzen weit schwieriger als die des formellen anzugeben sind und dessen Theorie von den beiden Autoren mehrfach modifiziert wurde, stellte demnach die andere Seite der gleichen Münze dar: Informelle Kontrolle war meistens ökonomisch lohnender und politisch effektiver als die Etablierung von kolonialer Herrschaft. Häufig wird die Annahme zitiert, daß die britische Politik im kontinuierlichen Prozeß der imperialen Expansion des 19. Jahrhunderts informelle Kontrolle wo immer möglich, formelle Kontrolle wo immer nötig angestrebt habe.[1] Diese Thesen ermöglichten eine völlige Neubewertung der britischen Politik und vor allem der ökonomischen Expansion im frühen und mittleren 19. Jahrhundert, das bis zu den späten 1950er Jahren als antikolonialistisch und damit auch als antiimperialistisch bewertet worden war. Trotz erheblicher Kritik, die ausgehend von den Arbeiten von D.C.M. Platt vor allem an der Bewertung des britischen informellen Imperialismus im Verhältnis zu den sich bildenden Staaten Lateinamerikas geübt wurde, hatte sich die These des informellen Imperialismus, beziehungsweise die des Imperialismus des Freihandels seit den späten 1960er Jahren, durchgesetzt.[2]

1 Ronald Robinson/John Gallagher, The Imperialism of Free Trade, in: The Economic History Review, 2nd Ser., 6 (1953), S. 1–15, hier: S. 13; zitiert z.B. bei Wolfgang J. Mommsen, Imperialismustheorien. Ein Überblick über die neueren Imperialismusinterpretationen, Göttingen, 3. Aufl. 1987, S. 71 f.

2 Aus der kaum noch übersehbaren Literatur zur Robinson/Gallagher-Kontroverse seien hier erwähnt: Ronald Robinson/John Gallagher/Alice Denny, Africa and the Victorians. The official mind of Imperialism, London 1961; kritisch für den Fall Lateinamerikas: Desmond C. M. Platt, The Imperialism of Free Trade. Some Reservations, in: The Economic History Review, 2nd Ser., 21 (1968), S. 296–306; ders., Latin America and British Trade, 1806–1914, London 1972;

In den letzten Jahren haben im deutschen Sprachraum zwei Konzepte einen erheblichen Aufschwung erlebt, die sowohl mit der Theorie des Imperialismus des Freihandels konkurrieren als auch diese ergänzen. Deutlich an Einfluß gewonnen hat erstens derjenige Ansatz, der auf umfassende theoretische Modelle weitgehend verzichtet und der die gesamte Epoche vom Beginn der Frühen Neuzeit bis zum Abschluß der Dekolonisation unter dem beschreibenden Terminus der „Europäischen Expansion" als Einheit betrachtet, die sich lediglich graduell in vier Phasen aufteilen läßt. In diesem Konzept finden die Imperialismustheorien nur begrenzt Platz, weil diese an die liberal-kapitalistischen bzw. freihändlerischen Strukturen gebunden sind, die sich im 19. Jahrhundert bildeten. Eine Erklärung für den gesamten Prozeß der europäischen Expansion vermögen die Theorien über den Imperialismus – Wolfgang Reinhard zufolge – nicht zu bieten, weil sie auf ökonomische Faktoren fixiert seien und sowohl kulturelle als auch politische Expansionsmotive nicht berücksichtigen.[3] Damit wird jedoch gleichzeitig darauf verzichtet, einen Erklärungsansatz für die erhebliche und wachsende Dynamik der europäischen Expansion anzustreben, die gerade im 19. Jahrhundert entstand und mit der sich die Imperialismustheorien schwerpunktmäßig beschäftigt haben.

An zweiter Stelle ist das Kolonialismus-Konzept zu nennen, das in unterschiedlichen Bereichen eine Renaissance erlebt. Anders als die Imperialismustheorien, die sich auf das 19. und frühe 20. Jahrhundert konzentrieren, beanspruchen die Theorien über den Kolonialismus – ebenso wie diejenigen, die die europäische Expansion als Einheit betrachten – die gesamte Periode von der Frühen Neuzeit bis zum Zweiten Weltkrieg und dem Abschluß der Dekolonisation zu erfassen. In den erst im Ansatz erkennbaren Diskussionen um den Terminus des Kolonialismus, der ein überaus vielschichtiges Phänomen darstellt, werden ersichtlich die scharfen Kontroversen der 1960er und 70er Jahre vermieden. Dem derzeitigen Stand der Debatte zufolge ist im 19. Jahrhundert der Terminus des formellen Imperialismus mit dem der kolonialen Herrschaft, jedoch nicht mit dem des Kolonialismus deckungsgleich.[4] Auch das Kolonialismus-Konzept verzichtet weitgehend darauf, die Dynamik des Prozesses der europäischen Landnahme zu erklären. Es legt statt dessen den Schwerpunkt auf die vergleichende Beschreibung der unterschiedlichen kolonialen Realitäten. Dabei sind

ders., Business Imperialism 1840–1930, Oxford 1977; David K. Fieldhouse, „Imperialism". A historiographical Revision, in: The Economic History Review, 2nd Ser., 14 (1961), S. 187–209; ders., Economics and Empire, 1830–1914, London 1973; ferner mit übergreifendem theoretischen Ansatz: Gustav Schmidt, Der europäische Imperialismus, München 1989; zuletzt: Rory Miller, Wesen und Wirkungen britischer Investitionen in Lateinamerika 1870 – 1950. Eine Neubewertung, in: Boris Barth/Jochen Meissner (Hrsg.), Grenzenlose Märkte. Die deutsch-lateinamerikanischen Wirtschaftsbeziehungen vom Zeitalter des Imperialismus bis zur Weltwirtschaftskrise, Münster 1995, S. 6–41; die Argumente werden vor allem zusammengefaßt bei: William Roger Louis (Hrsg.), Imperialism. The Robinson and Gallagher Controversy, New York 1976.

[3] Vgl. Wolfgang Reinhard, Geschichte der europäische Expansion, Bd. 3, Stuttgart 1988, S. 217 f.; Bd. 4, Stuttgart 1990, S. 203 f.

[4] Vgl. die präzisen Definitionen bei: Jürgen Osterhammel, Kolonialismus. Geschichte, Formen, Folgen, München 1995; eine begriffliche Auseinandersetzung für das 20. Jahrhundert bei Gerhard Th. Mollin, Die USA und der Kolonialismus. Amerika als Partner und Nachfolger der belgischen Macht in Afrika 1939–1965, Berlin 1996, S. 21–26; vgl. ferner Rudolf v. Albertini, Europäische Kolonialherrschaft 1880–1940, Zürich 1976, bes. S. 11–35.

übergreifende, aber deskriptive statische Typologien erkenntnisleitend. Die Begriffe „Kolonialismus", „Kolonie" und „koloniale Herrschaft" sind jeweils schillernd, weil die Bildung von Siedlungskolonien und von kolonialen ökonomischen Strukturen die gesamten 500 bis 600 Jahre der europäischen Expansion begleiteten.[5]

Bereits in der Robinson/Gallagher- Kontroverse wurde debattiert, ob in den späten 1870er und frühen 1880er Jahren eine Zäsur anzusetzen ist, die meist mit dem Terminus des Übergangs zum Hochimperialismus beschrieben wird. Ein Einschnitt ist trotz der Kontinuität der Methoden im britischen Imperialismus international kaum zu übersehen: Spätestens seit der Berliner West-Afrika-Konferenz bestand das zentrale politische Kennzeichen erstens in der durchgängigen Tendenz, die zuvor informell oder nur auf dem Papier kontrollierten Imperien zu formalisieren, d.h. zur effektiv ausgeübten Kolonialherrschaft überzugehen.[6] Hierbei bestanden indirekte *Techniken* der Herrschaft gegenüber den beherrschten Völkern in der Regel weiter. Zweitens tauchten neue aggressive Nationalstaaten wie das Deutsche Reich und etwas später Italien und Japan auf, die dem Wettlauf um formelle Herrschaft in Übersee eine neue Dynamik verliehen. Eine dem *scramble for Africa* vergleichbare Entwicklung, bei der ein bis dahin nur an den Küsten locker kontrollierter Kontinent innerhalb von weniger als zwei Jahrzehnten von den europäischen Mächten nahezu vollständig aufgeteilt wurde, hatte es in der Neuzeit zuvor nicht gegeben.

Konsens besteht darüber, daß der Erste Weltkrieg das Ende des Zeitalters des Imperialismus, nicht jedoch das der kolonialen Herrschaft markiert. Die überseeischen Imperien bestanden fort, und europäische Großmächte wie Großbritannien, Frankreich oder Italien gewannen sogar noch Territorien hinzu. Doch war der Prozeß der Aufteilung der Erde unter den Kolonialmächten, also die imperiale Expansion, mit gewichtigen Ausnahmen wie die der zunehmend aggressiver werdenden japanischen Kontinentalpolitik, im Prinzip abgeschlossen. Gleichzeitig geriet die westliche koloniale Herrschaft in Übersee unter einen wachsenden Legitimationsdruck, der nach dem Ende des Zweiten Weltkrieges in die Dekolonisation einmündete. Deshalb bietet es sich an, für die Zeit nach dem Abschluß der Dekolonisation den Begriff des informellen Imperialismus aufzugeben und durch den Terminus der asymmetrischen politischen und ökonomischen Beziehungen zwischen Staaten oder zwischen Wirtschaftssubjekten zu ersetzen. Bei extremer Ungleichheit – etwa im Verhältnis der USA zu einigen der mittelamerikanischen und karibischen Staaten – konnten diese asymmetrischen Beziehungen durchaus den Charakter einer vollständigen ökonomischen und politischen Abhängigkeit erreichen, die kolonialen Herrschaftsformen ähnelte, ohne daß daraus jedoch ein dem 19. Jahrhundert vergleichbares Kolonialreich, bzw. die Formalisierung von politischer Herrschaft entstanden wäre.

Im folgenden sollen drei aktuelle theoretische Problemkreise der Imperialismus- und Kolonialismusforschung in Bezug auf die internationale Geschichte näher betrachtet werden. Der erste betrifft die Wirkungen der europäischen Expansion: Durch die extreme Ausdifferenzierung der Forschungsfelder, verbunden einerseits

[5] Zu den Typen des Begriffes des Kolonialismus mit seinen definitorischen Problemen s. Osterhammel, Kolonialismus, S. 8–22.

[6] Vgl. hierzu: Stig Förster/Wolfgang J. Mommsen/Ronald Robinson (Hrsg.), Bismarck, Europe, and Africa. The Berlin Africa Conference 1884–85 and the Onset of Partition, Oxford 1988.

mit einer wachsenden Zahl von regionalen und lokalen Studien im Bereich der überseeischen Geschichte und andererseits mit dem fachlichen Aufschwung der Anthropologie und der Ethnologie, besteht eine erhebliche Unsicherheit darüber, wie die Effekte der europäischen Expansion und die des Imperialismus auf die betroffenen Völker und Kulturen methodisch eingeordnet werden können. Im zweiten Teil werden die generellen inhaltlichen Trends dargestellt, die derzeit die Forschung bestimmen: Obwohl die Debatten um die Rolle der Ökonomie, die seit den 1950er Jahren alle Kontroversen eindeutig dominierten, keinesfalls abschließend geklärt worden sind, konzentriert sich die Forschung seit etwa der Mitte der 1980er Jahre zunehmend auf die kulturelle Dimension der europäischen Expansion, während gleichzeitig der politische und diplomatische europäische Hintergrund nur noch wenig betrachtet wird. In einem dritten Teil wird dafür plädiert, für das 19. und frühe 20. Jahrhundert den Terminus des Imperialismus durch den Plural, d.h. die Imperialismen zu ersetzen. Damit soll ein theoretischer Ausweg aus dem Dilemma gezeigt werden, daß übergreifende monokausale und ökonomische Imperialismustheorien nicht mehr in der Lage sind, die Triebkräfte und Ursachen der europäischen Expansion angemessen zu erfassen, während die Konzepte der „Europäischen Expansion" und des „Kolonialismus" zumindest bisher noch darauf verzichten, die erhebliche und rapide wachsende Dynamik seit der Mitte des 19. Jahrhunderts zu erklären.

Imperialismus und überseeische Geschichte

Der enorme Aufschwung der außereuropäischen regionalen Geschichtsschreibung, namentlich der afrikanischen, lateinamerikanischen und ostasiatischen, etwas weniger der des arabischen Raums, hat dazu geführt, daß umfassende vergleichende Analysen über die Wirkungen der europäischen Expansion und vor allem über die Interdependenzen zwischen den Europäern und den sogenannten indigenen Gesellschaften zwar gelegentlich gefordert werden, aber angesichts der Fülle des Materials kaum noch zu leisten sind. Dieser Aufschwung der überseeischen regionalen Historiographie fand vor allem in den USA, in Großbritannien und in Frankreich statt. Die Überseegeschichte in Deutschland führt hingegen – wahrscheinlich wegen des Fehlens einer langen imperialen Tradition in Übersee – immer noch ein inhaltliches und institutionelles Schattendasein.[7] Ferner sind im internationalen Kontext Studien, in denen staatsübergreifende Räume als transnationale kulturelle und wirtschaftliche Regionen verstanden werden, wie dies Chaudhuri für den frühneuzeitlichen indischen Ozean geleistet hat, selten.[8] Auch der Atlantik der Frühen Neuzeit und vor allem der des 19. Jahrhunderts stellte möglicherweise einen eigenständigen übernationalen ökono-

[7] Gewichtige Ausnahmen bestätigen die Regel, vgl. bes. Wolfgang Reinhard, Geschichte der europäischen Expansion, 4 Bde., Stuttgart 1983–1990; ferner die Quellenedition von Eberhard Schmitt (Hrsg.), Dokumente zur Geschichte der europäischen Expansion, München 1984ff.; zur Überseegeschichte in Deutschland vgl. Jürgen Osterhammel, Außereuropäische Geschichte. Eine historische Problemskizze, in: GWU 46 (1995), S. 253–276.

[8] Vgl. Kirti N. Chaudhuri, Asia before Europe. Economy and Civilisation of the Indian Ocean from the Rise of Islam to 1750, Cambridge 1990.

mischen und kulturellen Raum dar, der allerdings bisher kaum systematisch als Einheit betrachtet worden ist.[9]

Eine zentrale Folge dieser vorgegebenen Richtungen in der Forschung besteht darin, daß diejenigen Traditionen, die die Geschichte der europäischen Expansion und die des Imperialismus schwerpunktmäßig als imperiale Nationalgeschichte beziehungsweise als die Geschichte nationaler Überseeimperien betreiben, nach wie vor ungebrochen ist.[10] Hieraus entsteht wiederum eine gewisse Schieflage in vielen Interpretationen, weil die nationalen Überseeimperien das vorgegebene Raster bilden, während gleichzeitig weitgehende Einigkeit darüber besteht, daß die ökonomischen und kulturellen Aspekte des Imperialismus, der europäischen Expansion und des Kolonialismus nicht wirklich damit erfaßt werden können. Obwohl die diplomatischen und außenpolitischen Vorgänge in Europa, die in mancher Weise erst die Voraussetzungen für den Prozeß der imperialen Landnahme in Übersee darstellten, für den Hintergrund des Verständnisses der europäischen Expansion unverzichtbar sind, so werden hierdurch doch bestenfalls nur die allgemeinen Rahmenbedingungen abgesteckt. Auch lassen sich die politischen und militärischen Triebkräfte für die imperiale Expansion im nationalen Rahmen benennen, niemals aber der gesamte Prozeß bzw. das Zeitalter des Imperialismus hinreichend darstellen oder erklären.

Betrachtet man die Wirkungen der europäischen Expansion des 19. Jahrhunderts in Übersee, entsteht ein weiteres und grundlegendes methodisches Problem der interdisziplinären und vergleichenden Forschung daraus, daß der relative Aufschwung der Anthropologie und der Ethnologie vor allem US-amerikanischer Provenienz eine völlig neue Perspektive eröffnet hat: Bei der Betrachtung kleinster lokaler Gesellschaften relativieren sich die im großen Maßstabe unübersehbaren Wirkungen der europäischen Landnahme häufig erheblich, und dieser Befund überrascht wenig, denkt man etwa an die verschwindend geringe Zahl von Verwaltungsbeamten, mit denen die Briten in der Lage waren, den indischen Subkontinent zu regieren. Die interdisziplinäre Kooperation zwischen Historikern und Anthropologen steckt immer noch in den Anfängen, und eine durchaus mögliche kritische Betrachtung der jeweils anderen methodischen Vorgehensweisen wird – wenn überhaupt – überaus verhalten formuliert. Der Dialog wird durch das unterschiedliche Vorgehen gehemmt: Der Anthropologe wie auch – etwa besonders im schwarzafrikanischen, südasiatischen und teilweise im lateinamerikanischen Bereich – der Regionalhistoriker sind in ihrem methodischen Vorgehen in erster Linie daran interessiert, den – meist kulturellen – Normalzustand von Gesellschaften zu analysieren, die sich einer nationalstaatlichen Darstellung weitgehend entziehen. Der Imperialismushistoriker ist hingegen primär darauf fixiert, nach zwischenstaatlichen und gesellschaftlichen Konflikten zu suchen, aus denen sich ökonomische oder politische Folgen für die europäische Expansion ableiten lassen, und deren Ursachen und Folgen zu interpretieren.[11] Eine Folge hiervon ist,

[9] Vgl. Nicholas P. Canny/Anthony Pagden (Hrsg.), Colonial Identity in the Atlantic World 1500–1800, Princeton 1987.

[10] Für diese Forschungstradition vgl. Gregor Schöllgen, Das Zeitalter des Imperialismus, München, 3. Aufl. 1994.

[11] Ansätze zu einem interdisziplinären Dialog am Beispiel Lateinamerikas bei: Stefan Karlen/Andreas Wimmer (Hrsg.), „Integration und Transformation". Ethnische Gemeinschaften, Staat und Weltwirtschaft in Lateinamerika seit ca. 1850, Stuttgart 1996.

daß Forschungsergebnisse wechselseitig kaum zur Kenntnis genommen werden. Der mangelnde Austausch ist besonders bedauerlich, weil Ethnologen – trotz gelegentlicher Schwächen in der historischen Darstellung – die Wirkungen der europäischen Expansion auf die Gesellschaften vor Ort oft weit besser einschätzen können als diejenigen Analysen, die auf den ohnehin perspektivischen und mehrfach gefilterten europäischen Dokumenten basieren, die wiederum für die meisten Historiker mangels Alternative die zentrale Quellengattung darstellen.[12]

Eine intensive Beschäftigung mit der ethnologischen und der anthropologischen Methodik bietet auch für den imperialismustheoretischen Ansatz einen Vorteil: Beide Fachrichtungen sind sich in der Regel ihres hermeneutischen Dilemmas bewußt, daß nämlich die Beobachtung das zu beobachtende Phänomen häufig erst erschafft. Diese Einsicht ist bisher von der Geschichtsschreibung, die sich mit den außereuropäischen Reaktionen auf das europäische Vordringen an Hand der europäischen Quellen des 19. Jahrhunderts befaßt, erst im Ansatz aufgegriffen worden. Relevant wird dies etwa, betrachtet man schwarzafrikanische Rechtsvorstellungen, die vor dem Kontakt mit den Europäern flexibel und nicht kodiert waren. Gerade dadurch, daß europäische Forscher, Abenteurer und auch Wissenschaftler während des Prozesses der imperialen Landnahme die indigenen Kulturen untersuchten, schufen sie durch ihre gezielten Fragestellungen erst neue Realitäten, die sich als solche in den Quellen widerspiegeln und damit einen scheinbar zeitlosen Charakter erhalten.

Ein historischer Ansatz, der sich auf die Wirkungen der europäischen Expansion im 19. Jahrhundert konzentriert und der Anleihen bei anderen methodischen Disziplinen macht, die prinzipiell nicht mit dem Paradigma des Nationalstaates argumentieren können, sollte dieses selbst zwar nicht aufgeben, aber in den Hintergrund stellen. Einigkeit besteht darüber, daß die neu geschaffenen kolonialen Grenzen vor allem in Afrika gewachsene ethnische, ökonomische und kulturelle Räume willkürlich zerschnitten, doch stehen im Mittelpunkt der Betrachtung – wohl vor allem bedingt durch die Quellensituation – immer noch die neu geschaffenen Kolonien und Kolonialimperien und nicht so sehr die nachweislich weiterbestehenden älteren ethnischen und ökonomischen Strukturen, die sicherlich nicht nur einfach deformiert wurden, sondern auch eine erhebliche Anpassungsfähigkeit an die neuen Realitäten zeigen konnten.

[12] Innovativ hingegen: Doris Kaufmann, Die „Wilden" in Geschichtsschreibung und Anthropologie der „Zivilisierten". Historische und aktuelle Kontroversen um Cooks Südseereisen und sein Tod auf Hawai 1779, in: HZ 260 (1995), S. 49–73; aus europäischen Quellen ferner: Urs Bitterli, Die „Wilden" und die „Zivilisierten". Grundzüge einer Geistes- und Kulturgeschichte der europäisch-überseeischen Begegnung, München 1976; ders., Alte Welt – neue Welt. Formen des europäisch-überseeischen Kulturkontaktes vom 15. bis zum 18. Jahrhundert, München 1986.

Trends und Schwerpunkte der Forschung

Auch die ökonomischen Wirkungen der europäischen Expansion auf die indigenen Gesellschaften, die in den 1960er und 70er Jahren meist mit Annahmen eines einseitigen Ausbeutungsverhältnisses beschrieben wurden, stellen sich momentan schillernd und vielfältig dar. Das zentrale Kennzeichen für die Debatten um das Zeitalter des Imperialismus in den 1960er Jahren bestand in den Kontroversen um die Bewertung der Rolle der privaten Exportwirtschaft und der Banken, womit indirekt auch die Bedeutung des Imperialismus für die Volkswirtschaften der sogenannten Metropolen in das Blickfeld rückte. Bis etwa zum Ende der 1970er Jahre herrschte die Vorstellung vor, daß primäre oder einheitliche Gründe als Triebkräfte für den europäischen Imperialismus benannt werden könnten, die wiederum meistens im wirtschaftlichen Bereich gesucht wurden. Ferner wurden die ökonomischen Wirkungen der europäischen Expansion auf die indigenen Gesellschaften weitgehend als einseitiges Ausbeutungsverhältnis beschrieben. Hierauf bauten die Debatten um die neokolonialistische Ausbeutung der sogenannten Dritten Welt auf, die in den *dependencia*-Theorien zusammengefaßt wurden und die vor dem Hintergrund von Befreiungsbewegungen in Asien, Lateinamerika und Afrika eine starke aktualpolitische Bedeutung errangen. Dies stand im Zusammenhang mit neomarxistischen Vorstellungen, die im Westen teilweise in bewußter Abgrenzung zum leninistisch-sowjetischen Modell entwickelt worden waren.[13] Die Arbeiten von Immanuel Wallerstein stellen den letzten großen theoretischen Entwurf dar, mit dem versucht wurde, die gesamte europäische Expansion und damit auch den Imperialismus des frühen 19. Jahrhunderts aus den Zwangsläufigkeiten eines kapitalistischen Weltsystems zu erklären. Dieser Ansatz ist allerdings wegen seiner gelegentlich mangelnden empirischen Fundiertheit und seiner zu schematischen Argumentationsweise umstritten.[14]

Offen ist bei den ökonomischen Debatten die Bedeutung der industriellen Revolution für die europäische Übersee-Expansion. Zeitlich fällt der Kontext auf, in dem gegen Ende des 18. Jahrhunderts Großbritannien sowohl zur wichtigsten imperialen europäischen Macht als auch zu dem Land wurde, in dem zuerst die industrielle Revolution zum Durchbruch kam. Ein direkter Zusammenhang zwischen beiden Prozessen war bisher allerdings nicht nachweisbar, auch wenn die Profite aus dem überseeischen Handel sicherlich zum schnellen Durchbruch der Industrialisierung in Großbritannien beigetragen haben. Gegen die These, daß ein frühneuzeitliches koloniales Imperium und extreme Handelsprofite für den Beginn der Industrialisierung entscheidend waren, wie immerhin im Zusammenhang mit der Williams-Debatte um den transatlantischen Sklavenhandel diskutiert wurde, spricht vor allem, daß die kontinentalen Vorreiter der industriellen Revolution, etwa der belgisch-flandrische

[13] Zur marxistischen Geschichtsschreibung der ehemaligen DDR vgl. die Analyse von Stig Förster, Imperialismus, Militarismus und das Deutsche Kaiserreich, in: Alexander Fischer/Günther Heydemann (Hrsg.), Geschichtsschreibung in der DDR, Bd. 2, Berlin 1990, S. 711–734; für die Literatur zu den Dependencia-Theorien vgl. die entsprechenden Kapitel bei Mommsen, Imperialismustheorien.

[14] Vgl. Immanuel Wallerstein, The modern World-System, Bd. 2, New York 1981, und Bd. 3, New York 1989.

Raum, in dieser Zeit keine überseeischen Imperien bildeten und auch der überseeische Handel hier nur eine – im Vergleich zu dem mit Europa – marginale Bedeutung erringen konnte.[15] Auch die Protoindustrialisierung und der Beginn der industriellen Revolution in Deutschland läßt keinerlei Bezug zu überseeischen Vorgängen erkennen.

Unübersehbar hatte die mit dem Beginn der industriellen Revolution in ganz Europa weitgehend technisierte Übersee-Expansion aber erhebliche Konsequenzen bei der Konfrontation der Europäer mit überseeischen Gesellschaften: Zahlenmäßig extrem kleine europäische Söldnertruppen waren nun in der Lage, durch ihre weit überlegenen Waffen kulturell gleichwertigen oder überlegenen Großreichen ihren Willen aufzuzwingen. Die verbesserten Schiffahrts- und Kommunikationswege stellten ferner eine entscheidende Voraussetzung dafür dar, daß Herrschaft in überseeischen Gebieten nun auch effektiv ausgeübt und von den sogenannten Metropolen aus direkt kontrolliert werden konnte. Allerdings war – von Territorien wie Britisch-Indien, Holländisch-Indonesien oder vielleicht Ägypten abgesehen – die koloniale Herrschaft für die sogenannten Metropolen volkswirtschaftlich unproduktiv. Aufwendige Infrastrukturmaßnahmen, die Kosten für die militärische Okkupation und für einen ständigen Verwaltungsapparat wurden – wie gelegentlich auch ökonomische Verluste der privaten Firmen – vom jeweiligen Staat, d.h. letztlich vom europäischen Steuerzahler getragen. Dies schließt nicht aus, daß erstens einzelne koloniale Warengruppen, wie z.B. Baumwolle, eine erhebliche sektorale Bedeutung in Europa erlangten und daß zweitens zahlreiche europäische Handelsfirmen, die Aktionäre vieler *chartered companies* und einzelne private Investoren ein erhebliches Vermögen verdienten. Wie sich diese Anhäufung von privatem Reichtum, neuartigen rationalen Organisationsformen des Handels und die durch den Imperialismus mitbedingten technischen Innovationen, z.B. in der Schiffahrt, aber wiederum volkswirtschaftlich auf die Metropolen auswirkten, ist in den mittel- und langfristigen Konsequenzen praktisch unerforscht, auch wenn es nicht an Arbeiten fehlt, die den Nutzen und Nachteil des britischen, des französischen oder des deutschen Kolonialimperiums für die Volkswirtschaften statistisch oder qualitativ zu bestimmen versuchen.[16] Doch sind die jeweili-

[15] Zu den beiden Thesen von Eric Williams, die einen kausalen Zusammenhang zwischen der industriellen Revolution in Großbritannien und dem frühneuzeitlichen Sklavenhandel herstellen, sowie zu der sich anschließenden sogenannten Williams-Debatte vgl. Eric Williams, Capitalism and Slavery, Chapel Hill 1944; Roger Anstey, The Atlantic Slave Trade and British Abolition, 1760–1810, London 1975; Wolfgang Reinhard, Frühneuzeitliche Negersklaverei und ihre Bedeutung für Wirtschaft und Gesellschaft, in: GWU 37 (1986), S. 660–672; Herbert S. Klein, Neuere Interpretationen des atlantischen Sklavenhandels, in: GG 16 (1990), S. 141–160; Martin Conzilius, Eric Williams: Capitalism and Slavery. Geschichtsschreibung als Mittel zur kulturellen Dekolonisation, in: Periplus 5 (1995), S. 85–97; grundlegend vgl. immer noch Philip D. Curtin, The Atlantic Slave Trade. A Census, Madison 1969; Albert Wirz, Sklaverei und kapitalistisches Weltsystem, Frankfurt/M. 1984.

[16] Patrick O'Brien, Economic Development. The contribution of the Periphery, in: The Economic History Review, 2nd Ser., 35 (1982), S. 1ff.; ders., The Costs and Benefits of British Imperialism 1846–1914, in: Past and Present 120 (1988), S. 163–200; Jacques Marseille, Empire colonial et capitalisme français. Histoire d'un divorce, Paris 1986; Andrew Porter, The Balance Sheet of Empire, 1850–1914, in: The Historical Journal 31 (1988), S. 685–699; generell: Reinhard, Geschichte der europäischen Expansion, Bd. 4, S. 203f. und 208; ferner immer noch: Albert Imlah, Economic Elements in the „Pax Britannica", Cambridge, Mass. 1958.

gen volkswirtschaftlichen Zusammenhänge derart komplex und die zur Verfügung stehenden seriellen Quellen noch im 19. Jahrhundert so lückenhaft, daß ein abschließender Befund nicht möglich ist. In den jeweiligen Nationalgeschichtsschreibungen wurde seit dem Ende des 19. Jahrhunderts bis weit in die 1980er Jahre hinein die Privatwirtschaft dem jeweiligen Nationalstaat unter dem hier irreführenden Terminus der Volkswirtschaft untergeordnet. Dadurch geriet ferner aus dem Blick, daß bereits im Zeitalter des Merkantilismus der Handel mit überseeischen Produkten ansatzweise zur Bildung umfassender Handelsstrukturen in Europa selbst beitrug und daß mit dem Übergang zum Freihandel komplexe multinationale Waren- und vor allem Finanzströme in Europa entstanden, die häufig mit überseeischen Transaktionen zusammenhingen.

Die primär ökonomischen Analysen bieten generell den Vorteil, daß die klassische Periodisierung der politischen Geschichtsschreibung in die alten Kolonialreiche bis zum Ende des 18. Jahrhunderts und in die sogenannten neuen Kolonialreiche des 19. Jahrhunderts verschwimmt. Die politische Dekolonisation der USA und Lateinamerikas hatte nur geringe Einflüsse auf die weiter bestehenden sozialen Strukturen und auf die wirtschaftlichen Herrschaftsverhältnisse in den ehemals abhängigen Territorien. Die gleiche Bewertung gilt auch für die formale Unabhängigkeit der weißen Dominions innerhalb des britischen Empire. Vor allem Peter J. Cain und Anthony G. Hopkins haben in einem umfassenden neuen Ansatz ältere, in der Tradition John A. Hobsons stehende Interpretationen modernisiert und die Funktion der Volks- und Privatwirtschaft, der Finanzverhältnisse und vor allem der *city of London* betont. Die vorwiegend ökonomischen Argumente werden innovativ durch das Konzept des „Gentleman-Kapitalismus“ mit einer langfristigen Darstellung der mentalen Entwicklung der britischen Oberklassen verknüpft. Hierbei treten die Kontinuitäten, die auch im 20. Jahrhundert über die politische Epochenscheide des Ersten Weltkrieges hinaus bestanden, weit schärfer hervor, als dies in einer ausschließlich politisch orientierten Geschichtsschreibung möglich ist.[17]

Seit den 1970er Jahren ist der von Ronald Robinson noch verwendete Terminus der überseeischen Kollaborationseliten, die die Basis für den britischen informellen Imperialismus dargestellt hätten, Gegenstand ausgiebiger Debatten gewesen. Der Begriff ist allerdings etwas unglücklich gewählt, weil moralische und ethische Assoziationen geweckt werden, die sich in der Phase der europäischen Expansion bei den Zeitgenossen nicht stellten. Im politischen Bereich der imperialen Expansion des 18. und 19. Jahrhunderts ist der Begriff der Kollaborationseliten jedoch nach wie vor unverzichtbar, weil nicht nur die Entstehung des spanischen Kolonialreichs der Frühen Neuzeit und der gesamte transatlantische Sklavenhandel, sondern auch die Etablierung des britischen und des französischen Imperiums des 19. Jahrhunderts ohne die Kooperation zwischen den Kolonialherren und verschiedenen regionalen Eliten beziehungsweise ethnischen Gruppen unmöglich gewesen wären. Fast immer stellte der Kollaps einer derartigen politischen Kooperation, die zunächst zum gegenseitigen Vorteil bestand, den Anlaß dar, von einer ökonomisch gewinnbringenden informellen Herrschaft zu einer formalisierten Kolonialherrschaft überzugehen, die unter volks-

[17] Vgl. Peter J. Cain/Anthony G. Hopkins, British Imperialism, 2 Bde., London/New York 1993.

wirtschaftlichen Aspekten für die imperiale Metropole meist unprofitabel wurde. Aber auch nach der Formalisierung von Kolonialherrschaft bestanden stets umfangreiche indirekte Herrschaftsbeziehungen fort, wofür wiederum Britisch-Indien das klassische Beispiel darstellt. Ohne die Kooperation mit regionalen Eliten oder Ethnien, die streckenweise überaus geschickt gegeneinander ausgespielt wurden, wäre die Durchsetzung kolonialer Herrschaft nicht nur im britischen Empire unmöglich gewesen.[18]

Wenn damit auch die politische Ebene der sogenannten Kollaboration wenig kontrovers ist, bleibt doch die Frage des Verhaltens der überseeischen politischen und ökonomischen Eliten in Bezug auf ausländische Investitionen mit ihren wirtschaftlichen Wirkungen aktuell. Aus einer ökonomischen Perspektive läßt sich der momentane Forschungsstand auf die Formel bringen: Es gab im Bereich des informellen ökonomischen Imperialismus und in dem des Finanzimperialismus weder Resistenz noch Kollaboration in ihren idealtypischen Formen, sondern ein äußerst dynamisches Kräfteparallelogramm. Dieses bestand zwischen den – oft miteinander konkurrierenden – Europäern, den einheimischen Eliten, die ebenfalls keineswegs einheitlich agierten und reagierten, und denjenigen Teilen der indigenen Bevölkerung, die aus ethnischen, kulturellen oder auch wirtschaftlichen Gründen von diesem Prozeß ausgeschlossen waren. Dieses potentiell konfliktträchtige Kräfteverhältnis konnte sich regional und zeitlich sehr unterschiedlich gestalten, wie sich etwa am Beispiel der chinesischen Kompradoren zeigen läßt, die den Kollaborationseliten ihren – meist pejorativ gebrauchten – Namen gegeben haben. Die Kompradoren vermittelten Handels- und Finanzgeschäfte zwischen den europäischen Handelshäusern in Ostasien und chinesischen Kaufleuten. Diese Zusammenarbeit, die zeitweise auch für die chinesische Seite erhebliche ökonomische Vorteile brachte, wird mit den Termini von Kollaboration und Konfrontation nur unzureichend beschrieben, weil die Kompradoren wahrscheinlich durchaus eigene Interessen gegenüber den Europäern verfolgen konnten. Allerdings befand sich das Kompradoren-System zum Zeitpunkt der wachsenden finanzimperialistischen Penetration Chinas durch die multinational operierenden europäischen Banken gegen Ende des 19. Jahrhunderts bereits in einem unaufhaltsamen Niedergang, so daß keine zeitliche Korrelation zwischen dem Verhalten einer angeblichen Kollaborationselite und dem Aufstieg der informellen Kontrolle hergestellt werden kann.[19] Die ökonomische Eingliederung der abhängigen Territorien in überseeische, national dominierte Zoll- und Handelssysteme brachte vom 18. bis zum 20. Jahrhundert im politischen Bereich neue gesellschaftliche Eliten hervor, die wegen ihrer vehement vorgetragenen emanzipatorischen und politischen Forderungen in einigen Fällen nicht mehr in dieses System eingebaut werden konnten. Diese neuen sozialen Gruppen stellten dann, vom Fall des amerikanischen Unabhängigkeitskrieges angefangen, meistens die soziale Basis für die Dekolonisation dar.

[18] Zu einem Vergleich zwischen der informellen Herrschaft im britischen und französischen Kolonialismus s. Michael Crowder, Indirect Rule – French and British Style, in: Africa XXXIV, 3, 1964, S. 197 – 205; ferner zusammenfassend: Reinhard, Geschichte der europäschen Expansion, Bd. 4, S. 211.

[19] Vgl. zu den Kompradoren vor allem Jürgen Osterhammel, China und die Weltgesellschaft, München 1989, S. 174 und 185ff.

Die These, daß ökonomische Kollaborationseliten eine entscheidende Rolle für die Entstehung eines *informal empire* gespielt hätten, wurde für den lateinamerikanischen Fall des 19. Jahrhunderts in Großbritannien besonders kontrovers diskutiert und letztlich widerlegt.[20] Die Dependenztheorien der 1960er Jahre, die ein einseitiges ökonomisches Ausbeutungsverhältnis zunächst zugunsten Großbritanniens, seit den 1930er Jahren zugunsten der USA konstatierten, obwohl die lateinamerikanischen Staaten formell bereits zu Beginn des 19. Jahrhunderts ihre Unabhängigkeit errungen hatten, werden heute nicht mehr vertreten. Betrachtet man das Konsumverhalten der lateinamerikanischen Eliten, so wird vordergründig die These einer Kollaboration zwischen britischen Geschäftsleuten und lateinamerikanischen Politikern bestätigt. Gegen die These, daß regionale lateinamerikanische Kollaborationseliten liberale britische Ideen übernommen und damit ein Einfallstor für den informellen britischen Imperialismus dargestellt hätten, spricht jedoch vor allem, daß britische Investoren im 19. und frühen 20. Jahrhundert erhebliche Anstrengungen zur Sicherung ihrer Vermögen und ihrer Geschäfte sowohl gegen politische Machthaber als auch gegen eine entstehende regionale geschäftliche Konkurrenz unternehmen mußten. Lateinamerikanische Politiker mußten stets auch noch andere komplexe Faktoren im Auge behalten, und ferner wurde seit dem Ersten Weltkrieg die politische Vorherrschaft der örtlichen Geschäftseliten und damit auch der häufig mit ihnen kooperierenden britischen Firmen ausgehöhlt, was sich seit den 1930er Jahren in schweren Krisen niederschlug. Die britische Oberschicht, deren Denkweise immer noch vom edwardianischen Imperialismus geprägt war, reagierte nur schwerfällig auf die enormen technischen und gesellschaftlichen Wandlungsprozesse in Lateinamerika selbst, wodurch ihre Position mittelfristig untergraben wurde.[21]

Zu den ökonomischen und den davon weitgehend unabhängigen militärisch-politischen Triebkräften der europäischen Expansion kam auch noch eine kulturelle Dimension hinzu, unter die sich z.B. auch die Akkulturation ganzer indigener Kulturen und Ethnien fassen läßt. Allerdings hat der in der letzten Zeit inflationär gebrauchte Kulturbegriff zunehmend an Trennschärfe verloren, weil die unterschiedlichsten Phänomene darunter subsumiert wurden: religiöses Sendungsbewußtsein bei Siedlern, die Tätigkeit von Sekten und christlichen Missionen, der ebenfalls inflationär gebrauchte Begriff der Mentalitäten und nicht zuletzt die gegenseitigen Perzeptionen. Hierzu gehören neuerdings auch die *gender-studies* und die Debatten um den sogenannten „kolonialen Diskurs", die aus einer – nicht immer ganz unproblematischen – sprachwissenschaftlichen Rezeption von Foucault entstanden sind. Auch das relativ neue Thema des Konsumverhaltens weist nicht nur eine ökonomische, sondern auch eine kulturelle Dimension auf.[22] Allerdings beanspruchen einige der neu entdeckten Themenfelder etwas voreilig einen Exklusivanspruch auf die Interpretation des gesamten Imperialismus. Hingegen spielt der noch in den 1950er Jahren eng gefaßte westliche Kulturbegriff, also der gegenseitige Einfluß von bildender Kunst, Literatur und Musik, in der historischen Forschung fast keine Rolle mehr. Dies dürfte in

20 Vgl. die Literaturangaben in Anm. 2.
21 Vgl. die Beispiele bei Miller, Wesen und Wirkungen, S. 36ff.
22 Hierzu zusammenfassend vgl. z.B. Reinhard, Geschichte der Europäischen Expansion, Bd. 2, S. 261–269; Bd. 3, S. 206ff.

Deutschland mit dem Niedergang der traditionellen Geistesgeschichte seit den 1960er Jahren zusammenhängen, die zwar an der außereuropäischen Welt nahezu kein Interesse gezeigt, sehr wohl aber über klar abgrenzbare Definitionen von Kultur verfügt hatte.

Wie auch im ökonomischen Bereich lassen sich in der kulturellen Betrachtung der europäischen Expansion nur mit Mühe eindeutige Zäsuren festlegen. Die Kontinuitäten zwischen der Expansion der Frühen Neuzeit und dem Freihandelsimperialismus des 19. Jahrhunderts waren im Bereich des kulturellen Verhältnisses der Europäer zu den außereuropäischen Völkern wahrscheinlich viel stärker, als dies in Europa von den Zeitgenossen wahrgenommen wurde. Hierbei sind etwa die im Prinzip übernationale Tätigkeit von katholischen Missionsorden in überseeischen Gesellschaften zu erwähnen. Neben der weiteren Erforschung des kolonialen „Diskurses" dürften vor allem die gravierenden und kontinuierlichen Verschiebungen des Raum-Zeit Paradigmas, die sich sowohl für die Europäer als auch für die außereuropäischen Kulturen aus der gegenseitigen Konfrontation ergaben, das wohl vielversprechendste neue Forschungsfeld darstellen, auch wenn umfassende und globale Ergebnisse wegen der enormen methodischen Probleme hier wohl in nächster Zeit noch nicht zu erwarten sind.

Dennoch lassen sich im Bereich der gegenseitigen Perzeptionen im 19. Jahrhundert deutlich veränderte Wahrnehmungen im Vergleich zum 18. Jahrhundert erkennen, deren Tragweite allerdings bisher kaum zu übersehen ist. Tendenziell scheinen sich, bei allem vordergründig wachsenden Interesse an den überseeischen Kulturen, die sich etwa in Ausstellungen, in Museen für Völkerkunde, im Entstehen der vergleichenden Sprachwissenschaft, in universitären Aktivitäten und in der populärwissenschaftlichen Literatur über Entdeckungsreisen und koloniale Völker niederschlugen, die europäischen Gesellschaften seit der Mitte des 19. Jahrhunderts gleichzeitig mental und kulturell gegenüber dem „Fremden" abgeschottet zu haben. In Großbritannien ist dieser Prozeß innerhalb der Oberschicht gut bekannt, vor allem trat er aber bei europäischen Siedlern wie den Buren in Südafrika auf, die einerseits halbnomadische afrikanische Lebensformen übernahmen, sich andererseits aber aus einer Minoritätenposition heraus gegen eine vermeintlich oder wirklich feindliche Umwelt behaupteten. Bereits Hannah Arendt hat in den 1950er Jahren die mentalen Folgen des Imperialismus für die Entstehung eines neuartigen Rassismus von bis dahin unbekannter Radikalität in ganz Europa verantwortlich gemacht, ohne dies allerdings – mangels Vorarbeiten – empirisch belegen zu können.[23] Für ihre Thesen spricht, daß noch im 18. Jahrhundert etwa die Hautfarbe der Ostasiaten kein signifikantes Abgrenzungskriterium in Europa darstellte, während Chinesen und Japaner im 19. einer neuen Rasse der „Gelben" zugeordnet wurden, die derjenigen der „Weißen" gegenübergestellt wurde.[24] Ferner griffen europäische Rassisten seit Gobineau gerne auf eine problematische Rezeption der altindischen Lehre von der Rassenreinheit zu-

[23] Vgl. Hannah Arendt, Elemente und Ursprünge totaler Herrschaft. Antisemitismus, Imperialismus, totale Herrschaft, München 1996; zur Entstehung der britischen Oberschicht vgl. Linda Colley, Britons. Forging the Nation 1707–1837, New Haven 1992.

[24] Walter Demel, Wie die Chinesen Gelb wurden. Ein Beitrag zur Frühgeschichte der Rassentheorien, in: HZ 255 (1992), S. 625–666.

rück.[25] Dieser Prozeß der Abgrenzung verlief in Europa parallel zu der Bildung einer bürgerlichen Öffentlichkeit neuen Typus. Am Rande des europäischen Liberalismus formierte sich eine ganz neue Form von rassistischem Denken. Auch für die Entstehung einer neuartigen, rassisch determinierten Völkerkunde war unter anderem verantwortlich, daß durch die Beschäftigung mit den Völkern der außereuropäischen Welt das Denken in vulgärwissenschaftlichen rassischen Kategorien vor allem im Bürgertum salonfähig wurde. Dieser neue Rassismus könnte zumindest teilweise den geistigen Nährboden für den parallel dazu entstehenden rassischen Antisemitismus im Bürgertum dargestellt haben, der sich von der traditionellen „vorimperialistischen" Judenfeindschaft vor allem durch das weitgehende Fehlen religiöser Motive unterschied.[26] Im Zusammenhang mit der Entstehung einer bürgerlichen Öffentlichkeit seit der Mitte des 19. Jahrhunderts stand offenbar die zunehmende Notwendigkeit, den Imperialismus und die koloniale Herrschaft als zivilisatorische Mission zu rechtfertigen, wodurch sich ein direkter Zusammenhang zu den entstehenden Rassentheorien ergab.

Kategorien und Voraussetzungen für eine pluralistische Imperialismustheorie

Wie bereits angedeutet wurde, ist im letzten Jahrzehnt zu beobachten, daß sich ein zwar kaum artikuliertes, aber nicht zu übersehendes Unbehagen an dem Begriff des Imperialismus und an den großen Theorien seiner Deutung verbreitet hat. Die älteren Versuche, den Imperialismus oder die europäische Expansion mit einem einzigen theoretischen Ansatz umfassend zu erklären, sind weitgehend aufgegeben worden. Gleichzeitig ist der Stand der theoretischen Diskussion deutlich hinter der großen Zahl von Fallstudien zu spezifischen Fragestellungen oder einzelnen Territorien zurückgeblieben. Zumindest für den Zeitraum von der Mitte des 19. Jahrhunderts bis zum Ausbruch des Ersten Weltkrieges bietet sich an, den Terminus des Imperialismus oder des eigentlich präziseren Hochimperialismus aufzugeben und durch den Plural „die Imperialismen" zu ersetzen, wie dies bereits in der französischen Forschung versuchsweise geschehen ist.[27]

Dieser Plural kann jedoch in zwei ganz unterschiedlichen Zusammenhängen verwendet werden. Erstens – so Osterhammel – gibt es keine Geschichte des Kolonialismus, sondern nur eine Vielzahl von einzelnen Geschichten der Kolonialismen, die keineswegs als Geschichten der jeweiligen nationalen Kolonialreiche zu begreifen sind.[28] Der ältere Glaube, den gesamten Prozeß des Imperialismus aus einer grundlegenden theoretischen Annahme zu erklären, dürfte definitiv gescheitert sein. Es ist in

25 Vgl. Reinhard, Geschichte der europäischen Expansion, Bd. 3, S. 210.

26 Für den deutschen Fall, in dem der Zusammenhang zwischen der Entstehung der bürgerlich-industriellen Gesellschaft und dem rassischen Antisemitismus – allerdings ohne direkten Bezug auf den Imperialismus – betont wird, vgl. Reinhard Rürup, Emanzipation und Antisemitismus, Göttingen 1975.

27 Vgl. René Girault, Diplomatie européenne et impérialismes, Bd. 1, 1871–1914, Paris 1979.

28 Osterhammel, Kolonialismus, S. 29f.

der Tat unmöglich, um nur ganz wenige Beispiele zu nennen, auch nur den britischen Widerstand gegen die Bagdadbahn nach 1903, die friedliche Resistenz der Duala gegen die deutsche Penetration in Kamerun, den französischen Eisenbahnbau in Syrien, die Krise der portugiesischen Kolonialverwaltung im späten 19. Jahrhundert, die Tätigkeit französischer Missionare in Annam oder die eindeutig sozialimperialistischen Flottenbaupläne Admiral Mahans in den USA mit einem einzigen Konzept hinreichend zu erklären, obwohl alle diese Phänomene mit dem Imperialismusbegriff zusammengefaßt wurden und werden. Allerdings ist bisher nicht ganz erkennbar, wie mit dieser Art von Pluralbildung eine mögliche Antwort auf die Frage nach den übergreifenden Triebkräften und Ursachen für den Prozeß der europäischen Expansion gefunden und gleichzeitig erkenntnisleitende Idealtypen für die zunehmende Dynamik der Expansion im 19. Jahrhundert formuliert werden können. Es fehlt daher sicherlich nicht so sehr an Kategorien, mit denen sich der heterogene Stoff gliedern läßt, sondern eher an Vorschlägen, wie sich diese im einzelnen durchaus sinnvoll gewählten grundlegenden Konzepte, von denen neben Ökonomie und Politik auch Imperium, Raum, Herrschaft und Kultur vorgeschlagen worden sind, zu einem größeren Erklärungsmodell verknüpfen lassen.[29]

Obwohl die koloniale Situation mit einem einfachen Aktions-Reaktions-Schema, bei dem die Aktionsinitiative bei den Europäern lag, in keiner Weise zutreffend beschrieben wird, lagen die primären Ursachen für die europäische Expansion in Europa, auch wenn der Prozeß selbst angesichts der zahlreichen Interdependenzen nicht eurozentrisch erklärt werden kann. Zweitens bietet es sich daher an, die Ursachen und Triebkräfte der imperialen Expansion *Europas* im Plural zu fassen: Um einem Mißverständnis vorzubeugen, sei betont, daß sich auch hier die Pluralbildung „die Imperialismen" nicht auf die Expansion einzelner europäischer Nationen oder Länder bezieht. Zwar gab es erhebliche Unterschiede in den nationalen Überseeterritorien, etwa den klassischen Gegensatz zwischen der französischen und der britischen informellen Herrschaft, wie auch zwischen dem frühneuzeitlichen spanischen Kolonialismus und dem portugiesischen oder holländischen Handelsimperium, wobei diese Differenzen aber häufig eher in der zeitgenössischen akademischen Theorie bestanden und in der Praxis nur eine geringe Bedeutung hatten. Gegenüber der außereuropäischen Welt stellten die europäischen Staaten des 19. Jahrhunderts vor allem eine kulturell und ökonomisch sehr ähnliche Gemeinschaft dar, was auch mit der ähnlichen Verfügbarkeit und Verwendung der aus der Industrialisierung hervorgegangenen Technik korrespondierte.

Im folgenden sollen einige Voraussetzungen skizziert werden, die eine moderne umfassende Imperialismustheorie erfüllen müßte, um die inhaltlich und methodisch enorm differenzierte Forschungslandschaft zu integrieren. Der Terminus der Imperialismen könnte die Basis für eine pluralistische Imperialismustheorie darstellen, die explizit ausdrückt, daß der Imperialismus des Freihandels und der Finanzimperialismus nach gänzlich anderen Regeln funktionierte als die politisch-militärische und die kulturelle Expansion Europas. Der Grundcharakter des Freihandels- und des Finan-

[29] Zum Stand der theoretischen Diskussion mit Vorschlägen für eine neue Kategorisierung vgl. Jürgen Osterhammel, Jenseits der Orthodoxie. Imperium, Raum, Herrschaft und Kultur als Dimensionen von Imperialismustheorie, in: Periplus 5 (1995), S. 119–131.

zimperialismus war im 19. Jahrhundert seine multinationale europäische Struktur, die sich – trotz der scheinbaren britischen Dominanz – mit nationalstaatlichen Kategorien allein überhaupt nicht fassen läßt.[30] Eine nationalstaatliche Interpretation der europäischen ökonomischen Expansion wirkt geradezu absurd, betrachtet man nicht die britischen Eliten mit ihrem ritualisierten Drang, sich gegenüber dem Rest der Welt abzugrenzen, sondern das britische Empire mit seinen unterschiedlichen Territorien. Seit der Mitte des 19. Jahrhunderts stellten das Empire und die britische Flotte – trotz aller diplomatischen Konkurrenz in Europa – einen Schirm dar, in dessen freihändlerischem Windschatten der Aufstieg einiger anderer Staaten zu imperialen Großmächten im ökonomischen Bereich erst möglich wurde. Bis heute ist nur ganz unzureichend untersucht worden, in welchem Ausmaß deutsche Exportfirmen und Banken direkt und indirekt von der Existenz des britischen Empires profitiert haben.[31]

Die zweite eigenständige Form imperialistischer Expansion, der politisch-militärische Bereich, war hingegen eindeutig an den europäischen Nationalstaat gebunden. Bereits Wolfgang J. Mommsen hat mit Bezug auf William L. Langer hervorgehoben, daß koloniale Herrschaft zwar häufig die Folge ökonomischer Expansion war und kommerzielle Interessengruppen durchaus an territorialem Erwerb interessiert sein konnten, militärische Cliquen und ähnliche herrschende Gruppen es aber immer waren.[32] Damit war formeller Imperialismus auch stets die Folge von militärisch-ökonomischer Expansion – sieht man von einzelnen spektakulären Niederlagen wie die der Italiener 1896 in Abessinien ab. Die Thesen über die *men on the spot*, über die im russischen, indischen oder US-amerikanischen Fall wichtigen *turbulent frontiers* und über die besonders im britischen, russischen und französischen Fall eigenständigen politisch-militärischen Subimperialismen einzelner Militärbefehlshaber, mächtiger regionaler Gouverneure, „Prokonsuln" oder von „strategischen Cliquen" und ihren oft komplexen Interaktionen mit den jeweiligen indigenen politischen Eliten lassen sich der Kategorie des politisch-militärischen Imperialismus unterordnen.[33]

Ein dritter eigenständiger Bereich ist der bis heute wenig erforschte kulturelle Imperialismus, der allerdings wegen der angesprochenen Unschärfe des Kulturbegriffes

30 Ein Versuch, dies auf den deutschen Finanzimperialismus anzuwenden, bei: Boris Barth, Die deutsche Hochfinanz und die Imperialismen. Banken und Außenpolitik vor 1914, Stuttgart 1995. Dort wird keine umfassende Imperialismustheorie entwickelt, sondern lediglich das Phänomen der deutschen finanzimperialistischen Expansion vor dem Hintergrund der Imperialismen betrachtet. Zum Finanzimperialismus vgl. ferner: Wolfgang J. Mommsen, Europäischer Finanzimperialismus vor 1914. Ein Beitrag zu einer pluralistischen Theorie des Imperialismus, in: HZ 224 (1977), S. 17–81; ferner immer noch die Fallstudie: David S. Landes, Bankers and Pashas. International finance and Economic Imperialism in Egypt, New York, 2. Aufl. 1969.

31 Als Firmenstudie vgl. Boris Barth, Politische Bank wider Willen. Die Deutsche Orientbank vor dem Ersten Weltkrieg, in: Zeitschrift für Unternehmensgeschichte 43 (1997), S. 65–88.

32 Vgl. Wolfgang J. Mommsen, Imperialismustheorien, S. 57; William L. Langer, A Critique of Imperialism, in: Foreign Affairs 14 (1935), S. 113.

33 Zu den *men on the spot* im Falle Indiens vgl. Stig Förster, Die mächtigen Diener der East India Company. Ursachen und Hintergründe der britischen Expansionspolitik in Südasien 1793–1819, Stuttgart 1992; zur These von den „strategischen Cliquen" im französischen Falle s. immer noch Gilbert Ziebura, Interne Faktoren des französischen Hochimperialismus 1871–1914, in: Wolfgang J. Mommsen (Hrsg.), Der moderne Imperialismus, Stuttgart 1971, S. 8–140.

am schwierigsten zu definieren ist und zu dem bisher, sieht man von den neueren Debatten um die Vergleichbarkeit von Zivilisationen und um die Fragen der Transkulturalität ab, keine geschlossene Theorie existiert.[34] Ein grundsätzliches Problem besteht vor allem darin, daß die kulturellen Grenzen Europas im 18. und 19. Jahrhundert erstens nicht eindeutig definiert werden können, und diese gleichzeitig einem stetigen, höchst dynamischen Wandel unterworfen waren. Zweitens stellt das notwendige Gegensatzpaar zu „Europa", die „außereuropäische Welt" in diesem Falle ein extrem heterogenes Konstrukt dar. Drittens ist es nicht immer möglich, die Kategorien, nach denen verglichen werden kann und soll, wissenschaftsimmanent oder empirisch zu definieren.[35] Im hier verfolgten Kontext soll deshalb auf eine grundsätzliche Definition von Transkulturalität verzichtet und statt dessen ein pragmatischer Kulturbegriff verwendet werden, der lediglich danach fragt, welche kulturellen Faktoren im Prozeß der imperialen Expansion des 19. Jahrhundert als Triebkräfte wirksam wurden und wie diese in eine Theorie über die Imperialismen integriert werden können. Die kulturellen Ursachen der europäischen Expansion des 19. Jahrhunderts können – wie die ökonomischen – nicht national eingegrenzt werden. Trotz aller Unterschiede, Besonderheiten und Zwistigkeiten zwischen den Nationalstaaten stellte der okzidentale Kulturkreis, zu dem in diesem Falle auch die USA zu rechnen sind, gegenüber der außereuropäischen Welt eine Einheit dar, die von der Mitte des 19. Jahrhunderts bis zum Ersten Weltkrieg die unumstrittene Welthegemonie errang. Im direkten Vergleich beeinflußte der europäische Kulturkreis die außereuropäischen Gesellschaften mehr, als dies umgekehrt der Fall war, wobei es sowohl zu zahlreichen kulturellen Überlagerungen, asymmetrischen Kontakten und Symbiosen als auch zu weitreichenden Akkulturationsprozessen kam – sieht man von denjenigen Fällen ab, in denen die indigene Bevölkerung ausgerottet, verschleppt oder, wie in Südafrika und Rhodesien seit dem frühen 20. Jahrhundert, mit rassistischen Zielen diskriminiert wurde. Häufig ausgehend vom Missionswesen spielten Schulen und Ausbildungsverhältnisse eine zentrale Rolle für die Etablierung westlicher Wertvorstellungen, besonders in denjenigen Kulturen, die – anders als im islamischen, hinduistischen, buddhistischen oder konfuzianischen Kulturkreis – über keine ausgeprägte Schriftlichkeit mit langen eigenständigen philosophisch-religiösen Traditionen verfügten. Gleichzeitig kam in den Fällen, in denen sowohl die einheimischen Eliten als auch die vom ökonomischen Profit ausgeschlossenen Bevölkerungsteile eine weitgehende Akkulturation vermeiden konnten, eine häufig fruchtbare Symbiose aus eigenständigen kulturellen Traditionen und westlicher rationeller Technologie zustande, deren Konsequenzen bis heute andauern und deshalb nicht abschließend bewertet werden können.[36]

[34] Der neueste Stand der kulturimperialistischen Debatte wird mit einer kontroversen Bewertung des Forschungsstandes in Bezug auf postmoderne und diskursive Ansätze zusammengefaßt bei: Patrick Wolfe, History and Imperialism. A Century of Theory, from Marx to Postcolonialism, in: AHR 102 (1997), S. 388–420.

[35] Hierzu mit der weiterführenden Literatur: Jürgen Osterhammel, Sozialgeschichte im Zivilisationsvergleich. Zu künftigen Möglichkeiten komparativer Geschichtswissenschaft, in: GG 22 (1996), S. 143–164.

[36] Hierzu bes.: Wolfgang J. Mommsen, Europa und die außereuropäische Welt, in: HZ 258 (1994), S. 661–695.

Bei einem dreigliedrigen idealtypischen Schema der Imperialismen entsteht das Problem, wie sich die unterschiedlichen Formen der Expansion gegenseitig beeinflußt haben. Diese Frage wird in anderen ähnlichen Schemata, die in letzter Zeit zum Zweck der Darstellung einer gesamten Gesellschaft entworfen worden sind und die eher statisch strukturiert sind, kaum aufgeworfen.[37] Ausgiebig hat sich hingegen bereits im 19. Jahrhundert in universalhistorischer Absicht Jacob Burckhardt mit den grundlegenden geschichtlichen Kategorien und ihren Interdependenzen befaßt, die bei ihm als Kultur, Staat und Religion identifiziert wurden.[38] Diese sind zur Erklärung der europäischen Imperialismen in dieser Form nicht geeignet, weil die ökonomische Komponente ohne Zweifel ebenfalls eine hervorragende Rolle spielte. Auch ist die Religion als grundlegendes Motiv für die Expansion der Frühen Neuzeit unverzichtbar, bereits im 18. Jahrhundert begann ihre Bedeutung jedoch geringer zu werden, und im 19. Jahrhundert kann sie einem umfassenden Kulturkonzept untergeordnet werden. Doch läßt sich Burckhardts generelle Fragestellung, die darauf abzielt, wie sich die grundlegenden Kategorien gegenseitig bedingt haben, durchaus für die Erklärung und Interpretation der drei europäischen Imperialismen des 19. Jahrhunderts verwenden. Die Frage nach dem Zusammenwirken der einzelnen Faktoren könnte in der Lage sein, die Dynamik des Prozesses der europäischen imperialistischen Expansion zu erklären.

Ein großer Teil der imperialistischen Dynamik entstand gerade aus dem Zusammenwirken ökonomischer, politisch-militärischer und kultureller Faktoren, die allerdings jeweils eigenständige Wurzeln hatten. Im Falle des Verhältnisses der ökonomischen zur politisch-militärischen Expansion und umgekehrt ist der Forschungsstand – wie beschrieben – gut, weil sich politische und militärische Fakten mit ihren jeweiligen Folgen in den Kategorien der Ereignisgeschichte fassen lassen. Der berühmte Satz „the flag follows the trade" beschreibt einen Teil dieses Verhältnisses, wenn man in Betracht zieht, daß keineswegs zwangsläufig durch wirtschaftliche Investitionen auch eine militärische Besitzergreifung determiniert wurde. Bei denjenigen Ausnahmen, bei denen die Flagge nicht dem Handel folgte, sondern die Privatwirtschaft der staatlichen Besitzergreifung, wie im Falle der deutschen Kolonien oder auch bei zahlreichen französischen Annexionen in Nord- und Zentralafrika, waren fast immer politische, diplomatische oder militärische Motive ausschlaggebend. Im deutschen informellen Imperialismus der wilhelminischen Zeit folgte die politische Expansion durchaus der ökonomischen, weil im Kaiserreich Teile der imperialistisch beeinflußten veröffentlichten Meinung Investitionsgebiete der deutschen und internationalen Exportwirtschaft – wie etwa die Bagdadbahn, Teile des Balkans oder weitere überseeische Eisenbahnlinien – als Objekte imperialer Begehrlichkeiten entdeckte, was den Wirtschaftsunternehmen erhebliche Schwierigkeiten bereitete.[39]

Sowohl in den politisch-militärischen als auch in den ökonomisch motivierten Expansionsrichtungen spielten auch kulturelle Motive eine Rolle, aber es ist im 19. Jahr-

[37] Vgl. etwa die theoretischen Kategorien bei Hans Ulrich Wehler, Deutsche Gesellschaftsgeschichte, Bd. 1: Vom Feudalismus des Alten Reiches bis zur defensiven Modernisierung der Reformära 1700–1815, München 1987, S. 6–31, die auf Parsons Interpretation von Max Weber beruhen.

[38] Zitiert nach Jacob Burckhardt, Weltgeschichtliche Betrachtungen, Köln 1954, S. 64–118.

[39] Hierzu z. B. Barth, Hochfinanz, S. 135 ff. und 219 ff.

hundert kein Fall bekannt, bei dem kulturelle Triebkräfte primär für die Errichtung einer Kolonie oder eines *informal empires* verantwortlich gemacht werden können. Die langfristigen kulturellen Folgen waren allerdings meistens prägender als die politischen. Deshalb gestaltet sich das Verhältnis zwischen dem kulturellen und dem politisch-militärischen Imperialismus unübersichtlich. Häufig bereiteten – gelegentlich unfreiwillig – erst die christlichen Missionen der territorialen Landnahme den Boden, indem sie einheimische Eliten mit grundlegenden europäischen Wertvorstellungen vertraut machten bzw. durch ihre Reise- und Erfahrungsberichte in Europa auch politische oder ökonomische Interessen an der überseeischen Welt weckten.[40] Während sich in der Frühen Neuzeit die meisten Missionare – etwa die Jesuiten – in erheblichem Maße den jeweiligen Gastkulturen anzupassen bereit waren, änderte sich dies im 19. Jahrhundert grundlegend, und die Missionen traten nun zunehmend freiwillig in den Dienst der jeweiligen Nationalstaaten, bzw. sie betrachteten die Vermittlung von westlichen zivilisatorischen Werten als Vorbedingung für die Missionierung.[41] Fast immer war die militärische und auch die ökonomische Eroberung eines Landes auch damit verbunden, daß grundlegende Eingriffe in die jeweiligen kulturellen Rechts-, Legitimitäts- und Wertvorstellungen sowie in die religiösen und rituellen Bräuche der indigenen Bevölkerungen stattfanden, was neuerdings zusammenfassend etwas unscharf mit dem Terminus des kolonialen Diskurses beschrieben wird. Kulturell bedingte Mißverständnisse und Eingriffe in die religiöse Sphäre konnten deutlich weitreichendere politische Folgen nach sich ziehen, als dies bei ökonomischen Konflikten der Fall war. Das bekannteste Beispiel dürfte der berühmte Aufstand der Sepoys von 1857/58 in Indien sein, der insgesamt eine heftige Reaktion auf eine wirkliche oder vermeintliche kulturelle Überfremdung durch die Kolonialmacht darstellte. Äußerst differenziert stellt sich das Verhältnis im Bereich des Rechtes dar, weil sich in juristischen Vorstellungen und Formalien – kodiert oder nichtkodiert – stets sowohl kulturelle und religiöse Traditionen als auch gesellschaftlich akzeptierte Normen und politische Herrschaftsverhältnisse niederschlagen.

Am unklarsten ist das Verhältnis der ökonomischen zur kulturellen Expansion und umgekehrt. Nach den neoklassischen bzw. neoliberalen ökonomischen Theorien, die momentan in der angloamerikanischen Welt eine fast ungebrochene Renaissance erleben, wird das wirtschaftliche Verhalten sowohl von Firmen als auch von einzelnen Personen nahezu ausschließlich durch den Markt bestimmt. Damit wären zwar nicht die Richtungen, sehr wohl aber die übergeordneten Gesetzmäßigkeiten und Kriterien der europäischen ökonomischen Expansion unabhängig von dem kulturellen Hintergrund, der Religion oder der Ideenwelt der handelnden Akteure weitgehend festgelegt gewesen. Dem steht jedoch entgegen, daß – wie sich empirisch gerade in der überseeischen Geschichte eindeutig zeigen läßt – auf Märkten auch eine soziale bzw. im

[40] Zu den Missionen im deutschen Fall vgl. Klaus J. Bade, Friedrich Fabri und der Imperialismus in der Bismarckzeit. Revolution-Depression-Expansion, Freiburg 1975; ders. (Hrsg.), Imperialismus und Kolonialmission. Kaiserliches Deutschland und koloniales Imperium, Wiesbaden 1982; Horst Gründer, Christliche Mission und deutscher Imperialismus. Eine politische Geschichte ihrer Beziehungen während der deutschen Kolonialzeit (1884–1914) unter besonderer Berücksichtigung Afrikas und Chinas, Paderborn 1982; vgl. ferner: Aparna Basu, The Growth of Education and Political Development in India, 1898–1920, Neu Delhi 1974.

[41] Vgl. Reinhard, Geschichte der europäischen Expansion, Bd. 4, S. 212 f.

weitesten Sinne mentale und kulturelle Dimension existierte, die mit Regeln, Sitten und Gebräuchen das Verhalten der Wirtschaftssubjekte zueinander gestaltete. Bei dieser Komponente spielten wiederum eindeutig die jeweiligen kulturellen Hintergründe eine zentrale Rolle. Dies wird besonders deutlich, wenn man die Rolle von ethnischen oder religiösen Minderheiten im Prozeß der europäischen Expansion generell betrachtet. Die frühneuzeitliche Landnahme in Nordamerika wäre – mit allen ihren wirtschaftlichen Folgen – ohne das starke Sendungs- und Elitebewußtsein protestantischer Sekten wohl grundlegend anders abgelaufen. Die kulturelle Einheit des indischen Ozeans wurde durch das ökonomische Verhalten von Arabern und Indern mitbedingt, die etwa auf Sansibar oder in Südafrika eine wichtige Minoritäten- und Vermittlerrolle im Wirtschaftsleben spielten.

Vor allem aber konnte eine primär ökonomisch bedingte imperiale Herrschaftsausübung – z.B. in Afrika – weitgehende kulturelle Folgen haben, die sich eigentümlicherweise nicht mehr ökonomisch ableiten oder fassen lassen. Dies soll durch einige Beispiele illustriert werden: Die Einführung von freier Lohnarbeit und von Geldsteuern untergrub bzw. veränderte nicht nur die streckenweise vorherrschende Naturalwirtschaft und tangierte direkt die politisch definierten Rechtsvorstellungen, sondern sie hatte auch einen erheblichen Einfluß auf die kulturell geprägten gesellschaftlichen Hirarchien. Die erdrückende ökonomische und technische Überlegenheit der Europäer schuf in anderen Fällen, besonders in Afrika und in Asien vor Beginn der Dekolonisation und unübersehbar im arabisch-islamischen Raum, erst die Voraussetzungen für ein erneuertes Selbstbewußtsein, wobei der Rückgriff auf wirkliche oder vermeintliche eigenständige kulturelle Traditionen die Basis für das Entstehen von neuartigen Emanzipationsbewegungen darstellte, die wiederum vehement politische Forderungen vertraten. Obwohl die kulturellen Triebkräfte der europäischen Expansion des 19. Jahrhunderts den ökonomischen und politisch-militärischen meistens untergeordnet waren, stellten sich die kulturellen Wirkungen jedoch am weitreichendsten dar, und sie sind in ihren langfristigen Konsequenzen noch bei weitem nicht zu übersehen.

Jeder der drei unterschiedlichen europäischen Imperialismen hatte für sich eigene Wurzeln; zusammengenommen begründeten sie aber in den Wirkungen einheitlich im 19. Jahrhundert eine kurzlebige europäische Welthegemonie. Der skizzierte Entwurf einer pluralistischen Imperialismustheorie könnte vor allem die enorme Dynamik erklären, mit der der Prozeß der europäischen Expansion kurz vor dem Ersten Weltkrieg seinen Höhepunkt und im Zweiten Weltkrieg seinen Endpunkt erreichte. Sowohl ökonomische als auch kulturelle als auch politische Faktoren dürften für die notorischen Legitimitätskrisen verantwortlich gewesen sein, die dem Zusammenbruch von informellen Herrschaftsstrukturen im 19. Jahrhundert vorausgingen und die den Anlaß für die – sowohl von den Kolonialmächten als auch von den indigenen Völkern häufig unerwünschte – Etablierung formeller Herrschaft darstellten. Gerade weil die überseeische Expansion der sich im 19. Jahrhundert bildenden europäischen Nationalstaaten aber keine einheitlichen Ursachen und Triebkräfte hatte, gestaltete sich das Ausgreifen nach Übersee so vielfältig und auch anpassungsfähig an die unterschiedlichsten regionalen und lokalen Gegebenheiten.

III. Perspektiven

Wolfgang Schumann/Ragnar Müller

Integration als Problem internationaler Geschichte

Integration als Problem internationaler Geschichte – diesen Titel dürften zahlreiche Leser mit einem oder gar zwei Fragezeichen versehen. Weshalb sollte Integration, verstanden als „… die friedliche und freiwillige Zusammenführung von Gesellschaften, Staaten und Volkswirtschaften über bislang bestehende nationale, verfassungspolitische und wirtschaftspolitische Grenzen hinweg"[1] ein Problem darstellen? Hebt sie nicht, zumindest in regionalen Teilbereichen, das zentrale Strukturmerkmal des Internationalen Systems, seine Anarchie, auf und beseitigt damit eine Vielzahl damit zusammenhängender, gravierender Probleme?

Das ist ganz ohne Zweifel richtig. Dennoch wirft Integration, vor allem in der ausgeprägten Form, wie wir sie heute in der EU finden, Probleme auf, und zwar analytischer und normativer Art. *Analytischer Art* deswegen, weil sich die Frage nach den Triebkräften und Bestimmungsfaktoren internationaler Geschichte neu stellt, und zwar gleich in zweifacher Hinsicht. Erstens in bezug auf die Entwicklung des Verhältnisses der am Integrationsprozeß beteiligten Länder untereinander. Hier gilt es sich einmal mit dem zentralen wissenschaftlichen Rätsel auseinanderzusetzen, das dieser Prozeß aufgibt, der Frage nämlich, welche Faktoren es ermöglicht haben, daß Staaten, die vor einer in historischer Perspektive kurzen Zeit noch Krieg gegeneinander geführt haben, nicht nur zu einem friedlichen Konfliktaustrag gefunden, sondern ihre Beziehungen so ausgestaltet haben, daß es heute praktisch keinen Bereich mehr gibt, in dem sie nicht zusammenarbeiten würden.

Darüber hinaus bereitet aber auch die Untersuchung der institutionellen Ausgestaltung dieser Zusammenarbeit besondere Schwierigkeiten. Wir haben es hier mit Organen, wie beispielsweise Kommission, Ministerrat, Europäischem Parlament, Europäischem Gerichtshof oder Ausschuß der Regionen, und einer Art der Funktions- und Arbeitsteilung zwischen diesen Organen zu tun, die ohne Vorbild ist, weder in der internationalen Politik noch innerstaatlich. Damit aber nicht genug, denn es handelt sich bei der EU ja keineswegs nur um einige neuartige Institutionen, sondern um ein außerordentlich komplexes Zusammenspiel von drei Ebenen:

1) der supranationalen Ebene mit den neu geschaffenen Organen;

[1] Beate Kohler-Koch/Martin Schmidberger, Integrationstheorien, in: Dieter Nohlen (Hrsg.), Lexikon der Politik, Band 5, Die Europäische Union, hrsg. von Beate Kohler-Koch und Wichard Woyke, München 1996, S. 152–162, hier S. 152.

2) der Ebene der Mitgliedstaaten, auf der nicht nur die Regierungen wichtige Mitspieler sind, sondern auch andere Akteure, wie Parlamente, Verbände, Parteien, und
3) der Ebene der Regionen.

Erst all diese zusammengenommen machen die EU aus, bestimmen ihre Politik und den Fortgang ihrer Entwicklung. Kurz zusammengefaßt: Wer sich mit Integration in Gestalt der EU beschäftigt, hat es mit einem völlig neuartigen Gegenstand zu tun, der wesentliche Merkmale eines politischen Systems mit Elementen traditioneller zwischenstaatlicher Beziehungen vereinigt und von daher als Untersuchungsobjekt ganz besondere Anforderungen stellt.

Die Frage nach Triebkräften und Bestimmungsfaktoren internationaler Geschichte stellt sich aber nicht nur hinsichtlich der internen Dynamik des Integrationsprozesses neu, sondern auch mit Blick darauf, daß mit einem derartigen Integrationsprozeß neuartige Akteure und Handlungsformen entstehen, die ihrerseits wiederum auf die internationale Politik in ihrer Gesamtheit einwirken. Man denke etwa an die Rolle der Europäischen Kommission in der internationalen Handelspolitik und insbesondere in den vergangenen Verhandlungsrunden des GATT oder an das völlig neue Phänomen der „zusammengesetzten Außenpolitik",[2] die die Mitgliedstaaten der EG seit Anfang der 70er Jahre im Rahmen der sogenannten Europäischen Politischen Zusammenarbeit begonnen haben und die in der Gemeinsamen Außen- und Sicherheitspolitik (GASP) der EU fortgesetzt, ausgeweitet und vertieft wurde.

Die *normative Problematik* besteht darin, daß bei fortschreitender Integration immer weitreichendere Entscheidungen in immer mehr Bereichen auf der übernationalen Ebene getroffen werden, die gesellschaftliche Kontrolle dieser Entscheidungen aber weit hinter dem zurückbleibt, was in liberaldemokratischen Systemen gemeinhin als Mindeststandard angesehen wird. Wie könnte die Mitwirkung der Gesellschaften in den am Integrationsprozeß beteiligten Nationalstaaten beim „Regieren jenseits des Nationalstaats" ausgeweitet und verbessert werden? Sind dabei die vom Nationalstaat her bekannten Formen der Beteiligung an und Legitimierung von Entscheidungen als Modelle, als Referenzebene geeignet und/oder in einem besonderen, übernationalen Rahmen anwendbar? Was wären gegebenenfalls andere, angemessenere Leitbilder? – das sind nur einige aus einer Vielzahl von Fragen, die sich in diesem Zusammenhang stellen.

Ziel des vorliegenden Beitrags ist es, dem Leser am Beispiel der EU als der weitaus ausgeprägtesten Form regionaler Integration einen einführenden Überblick über die eben genannten Problemkreise zu vermitteln, und zwar in folgenden Schritten. Der *erste Teil* ist gleichsam *der EU-internen Perspektive gewidmet*, also dem analytischen Problem einer adäquaten Erfassung der Determinanten dieses Integrationsprozesses. Natürlich kann es dabei nicht darum gehen, einen auch nur annähernd vollständigen Überblick über die integrationstheoretische Diskussion in der Politikwissenschaft zu vermitteln. Dazu würde angesichts der enormen Breite und Vielfalt der zur Anwendung kommenden Konzepte selbst eine umfangreiche Monographie kaum ausreichen.[3] Im Vordergrund steht vielmehr das Anliegen, exemplarisch zu zeigen, wie die

[2] Reinhardt Rummel, Zusammengesetzte Außenpolitik. Westeuropa als internationaler Akteur, Kehl und Straßburg 1982.

[3] Selbst die wenigen vorliegenden Arbeiten, die sich um eine breit angelegte Übersicht bemühen,

Politikwissenschaft auf die oben angesprochene analytisch-konzeptionelle Herausforderung durch die EU reagiert hat, und der Nachweis, daß es sich in der Tat um ein besonders schwieriges „Problem" im oben angesprochenen Sinne handelt, für das möglicherweise die Qualifizierung als „international" gar nicht mehr angemessen ist.

Im *zweiten Teil* geht es um die *EU als Akteur in der internationalen Politik*, darum, zu zeigen, wie und auf welchen Feldern sie nach außen wirkt und Einfluß nimmt, und daß es sich dabei in der Tat um neuartige Handlungsformen handelt. Der *dritte Teil* wird die *Grundlinien der normativen Diskussion zur EU* skizzieren, die in den letzten Jahren, nicht zuletzt im Zusammenhang mit der Vertiefung des Integrationsprozesses und den zunehmenden Widerständen in der Bevölkerung, eine enorme Ausweitung erfahren hat, der abschließende *vierte Teil* schließlich noch einmal die wesentlichen *Ergebnisse* des vorliegenden Beitrags *zusammenfassen.*

Probleme der analytischen Erfassung der EU – Grundlinien der politikwissenschaftlichen Diskussion

Betrachtet man die nun fast fünf Jahrzehnte andauernden Bemühungen, Antworten auf die mit dem Integrationsprozeß verbundenen analytisch-konzeptionellen Herausforderungen zu finden, im Überblick, so lassen sich in einer ganz grobrastrigen Einteilung fünf größere, sich zum Teil allerdings überschneidende Etappen und vier grundlegend unterschiedliche Perspektiven unterscheiden.

Integration als neuartiges Phänomen: Die EWG als neue, supranationale Gemeinschaft

Die erste Etappe datiert etwa von Anfang der 50er bis Anfang, Mitte der 60er Jahre. Im Mittelpunkt des während dieses Zeitraums dominierenden Ansatzes des Neofunktionalismus stand die Frage, wie es zu einer so völlig einzigartigen Form der Zusammenarbeit wie im Rahmen der EGKS kommen konnte, welche Triebkräfte (internationaler Geschichte) hier am Werk waren und wie diese bereits nach wenigen Jahren, mit der Gründung der EWG, zu einer ersten Ausdehnung und Vertiefung der Kooperation führen konnten.

bleiben hier außerordentlich lückenhaft. Vergleiche beispielsweise Charles Pentland, International Theory and European Integration, London 1973; Michael O'Neill, The Politics of European Integration. A Reader, London und New York 1996; Claus Giering, Europa zwischen Zweckverband und Superstaat. Die Entwicklung der politikwissenschaftlichen Integrationstheorie im Prozeß der europäischen Integration, Bonn 1997.
Die vom Verfasser des vorliegenden Beitrags vorgelegte Studie – Neue Wege in der Integrationstheorie. Ein policy-analytisches Modell zur Interpretation des politischen Systems der EU, Opladen 1996 – bezieht zwar alle wesentlichen Ansätze mit ein und vermittelt insofern zumindest einen ersten Eindruck von der immensen Breite der Diskussion, ist aber weit davon entfernt, eine wirklich systematische und erschöpfende Übersicht zu bieten. Bei ihr steht vielmehr das Anliegen im Vordergrund, ein eigenes, neues Modell zu entwickeln.

Welche Antwort gab Ernst B. Haas, der Begründer und herausragende Vertreter dieses Konzepts? Nun, Haas ging zunächst einmal davon aus,[4] daß das im Verhältnis der Gründungsmitglieder der EGKS vorhandene hohe Ausmaß an Interdependenz so ausgeprägt war, daß es die Grenzen zwischen der Ebene des Internationalen Systems und der der Nationalstaaten verschwimmen ließ – so sehr verschwimmen ließ, daß die Beziehungen dieser Nationalstaaten zueinander Züge eines rudimentären politischen Systems aufwiesen. Schon gleich zu Beginn der politikwissenschaftlichen Auseinandersetzung mit Integration zeigte sich somit, daß es sich um ein neuartiges Phänomen handelte, das sich der einfachen Aufteilung zwischen nationalen politischen Systemen auf der einen und internationaler Politik auf der anderen Seite entzog und auch und gerade deshalb eine neue analytische Herausforderung darstellte.

Die zentrale analytische Frage, das entscheidende wissenschaftliche Rätsel war für Haas, wie die als rudimentäres politisches System verstandene regionale Gruppierung der EGKS-Staaten zunehmend die Fähigkeit erwerben konnte, autoritative Wertzuweisungen, also Entscheidungen mit direkter Gültigkeit für alle beteiligten Einheiten vorzunehmen. Sein Erklärungsversuch dazu sah vor allem drei Faktoren als die entscheidenden Triebkräfte an: Die neu geschaffenen supranationalen Institutionen, die Interaktionen politischer Akteure, die den neu entstandenen institutionellen Rahmen für ihre Ziele nutzten, und sogenannte Spillover-Effekte.

Die zur Organisation der Zusammenarbeit neu geschaffenen *supranationalen Institutionen*, so argumentiert Haas, seien nicht als klassische internationale Organisationen zu betrachten, sondern als embryonaler supranationaler Staat. Die Entwicklung des Integrationsprozesses werde ganz wesentlich davon beeinflußt, ob und inwieweit es ihnen gelingt, die gemeinsamen Interessen zu repräsentieren, die die Mitgliedstaaten überhaupt erst zur Kooperation veranlaßt haben, und die zwangsläufig auftretenden Konflikte zu lösen. Wichtig sei auch ihre Fähigkeit, Informationen zu beschaffen und aufzubereiten und die Mitgliedstaaten dazu zu bewegen, ihre Interessen und Prioritäten zu überdenken, sowie ihr Beitrag zu einer spezifischen supranationalen Sozialisation. Je erfolgreicher sie diese Aufgaben wahrnehmen, desto mehr setzt nach Auffassung von Haas eine Entwicklung ein, die er in seiner klassischen Definition von Integration wie folgt beschreibt:

„Political integration is the process whereby political actors in several distinct national settings are persuaded to shift their loyalties, expectations and political activities toward a new center, whose institutions possess or demand jurisdiction over the pre-existing national states. The end result of a process of political integration is a new political community, superimposed over the pre-existing ones.“[5]

Diese Sichtweise sieht also die Antriebskräfte für die Entwicklung eines zunächst nur rudimentär ausgebildeten politischen Systems hin zu einem supranationalen Staat weniger in aus Interdependenz und technologischem Fortschritt resultierendem Problemdruck als solchem als vielmehr – und hier kommt die zweite zentrale Determinante ins Spiel – in den *Interaktionen wichtiger politischer Akteure*, wie beispielsweise Verbände, Parteien und Regierungen, die versuchen, diesen Problemdruck im Sinne ihrer eigenen Interessen und Ziele auszunutzen: in dem Verband, der sich Ver-

[4] Ernst B. Haas, The Uniting of Europe, London 1958.
[5] Ebda., S. 16.

bündete auf EG-Ebene sucht, in dem von Handelsbeschränkungen der eigenen Regierung betroffenen Importeur, der dagegen klagt und so die Einschaltung des Europäischen Gerichtshofs ermöglicht.

Zu den beiden bisher genannten Faktoren, die nach neofunktionalistischer Auffassung den Integrationsprozeß bestimmen, treten schließlich, als drittes zentrales Element, die sogenannten *Spillover-Effekte*. Die dahinterstehende Hypothese lautet, daß die ursprüngliche Zusammenarbeit innerhalb des rudimentären politischen Systems in Bereichen gemeinsamen Interesses immer wieder von neuem dazu führt, daß die damit angestrebten Ziele nur erreicht und abgesichert werden können, indem entweder die Kooperation auf diesen Feldern vertieft oder neue einbezogen werden.

Ein Beispiel für eine aktuelle Entwicklung in der EG, das so gedeutet wurde und dann auch – dies sei im Vorgriff auf die weiter unten beschriebene vierte Etappe schon gesagt – zu einer erkennbaren Wiederbelebung des neofunktionalistischen Paradigmas führte, wäre die sukzessive Ergänzung des Binnenmarktprojekts durch gemeinsame Politiken, etwa im Bereich der Strukturfonds oder der EU-Sozialpolitik. Die Tatsache, daß nicht zuletzt die Kommission – also eine der zentralen Institutionen – darauf gedrängt hatte, unterstreicht für die Neofunktionalisten, wie eng die aus ihrer Sicht zentralen drei Determinanten zusammenwirken.

Integration als Instrument zur Stärkung der Nationalstaaten

Im engen Zusammenhang mit den ersten Krisen der EWG, die sich mit Stichworten wie „Politik des leeren Stuhls", „Luxemburger Kompromiß" und allgemein einem offensichtlichen Bedeutungszuwachs der Mitgliedstaaten verbinden, regte sich in den 60er Jahren heftige Kritik an dieser Betrachtungsweise und setzte die *zweite*, bis etwa Mitte der 70er Jahre andauernde *Etappe* ein. Vertreter der realistischen Denkschule der Internationalen Beziehungen machten in zahlreichen Beiträgen ihre Auffassung deutlich, daß es sich bei der EWG um eine ganz normale Form internationaler Beziehungen handle, die keinesfalls mit einem Bedeutungsverlust der Mitgliedstaaten verbunden sei und zu einer neuen supranationalen Gemeinschaft führe,[6] sondern vielmehr den Nationalstaat sogar stärke. Sehen wir uns die Kernelemente dieser Deutung von Integration und ihren Triebkräften am Beispiel ihres prominentesten Vertreters in den 60er Jahren, Stanley Hoffmann,[7] etwas näher an.

In enger Anlehnung an die Grundprämissen des Realismus betrachtet Hoffmann den Nationalstaat als den zentralen Akteur in den Internationalen Beziehungen und bei jeder Form von Integration. Nationalstaaten repräsentieren für ihn naturgegebene und zeitlose menschliche Bedürfnisse. Sie sind eben nicht nur Gebilde, die autoritative Wertzuweisungen vornehmen, sondern die auch das Verlangen nach Identität und Zugehörigkeit befriedigen. Hoffmann zeigt sich zutiefst überzeugt, daß dieser Sachverhalt eine undurchdringliche Grenze zwischen begrenzter Zusammenarbeit in technischen Bereichen und der Aufgabe nationaler Souveränität markiert.

6 Vergleiche dazu die Übersicht in O'Neill, The Politics of European Integration.

7 Vergleiche dazu die Auszüge aus zentralen Beiträgen von Hoffmann in O'Neill, The Politics of European Integration, S. 213–225, die einen guten Überblick über die Grundzüge seiner Argumentation vermitteln.

Der Neofunktionalismus, den er scharf kritisiert, versäumt es seines Erachtens völlig, diejenigen Faktoren in den Blick zu nehmen, die die Interaktionen konkurrierender Nationalstaaten über Jahrhunderte hinweg geprägt haben, insbesondere die kulturellen und politischen Unterschiede und die weitreichenden Auswirkungen unterschiedlicher historischer Erfahrungen und Identitäten. Europa könne deswegen eben nicht das werden, was einige seiner Nationalstaaten seien – ein Volk, das sich einen Staat schaffe. Es könne aber auch nicht das werden, was einige ältere Nationalstaaten sind und einige jüngere sein wollen – ein Volk, das durch einen Staat geschaffen wird.

Die internationaler Politik inhärente Anarchie werde – so die Argumentation – jeden Versuch, eine Art natürlicher regionaler Harmonie herbeizuführen, ad absurdum führen. Insoweit regionale Integration möglich sei und de facto stattfinde, werde sie deswegen immer eine begrenzte Vereinbarung zwischen richtigen Nationalstaaten bleiben.

Integration als komplexer Prozeß

Während die beiden ersten Etappen durch eine jeweils relativ einseitige Fixierung auf die neuen, supranationalen Elemente der EWG einerseits beziehungsweise die Rolle der Mitgliedstaaten andererseits gekennzeichnet waren, brachte die dritte, Mitte der 70er Jahre einsetzende Phase diesbezüglich einen bedeutsamen Wandel. Im Zuge der einsetzenden Interdependenz-Diskussion neu entstandene Ansätze[8] wurden zunehmend auch zur Erklärung und theoretischen Interpretation der EG eingesetzt. Ihnen war bei allen Unterschieden im einzelnen gemeinsam, daß sie Integration als ein sehr komplexes Phänomen betrachteten, das von mehreren, widersprüchlichen Faktorenbündeln beeinflußt wird. Sie erwarteten deswegen auch weder eine gradlinige und vorhersehbare Entwicklung der EG in Richtung neue, supranationale Gemeinschaft – wie die Neofunktionalisten –, noch betrachteten sie sie als ausschließlich von zwischenstaatlichen Kräften bestimmte Zusammenarbeit analog der in anderen Teilbereichen der internationalen Beziehungen – wie die intergouvernementalistischen Ansätze während der zweiten Etappe.

Da sich während dieser dritten Etappe der wahre Umfang der analytischen Herausforderung, die die EG-Integration für die Politikwissenschaft darstellte, ebenso abzuzeichnen begann, wie Ansätze für hinreichend differenzierte Antworten darauf erkennbar wurden, soll auf sie etwas ausführlicher eingegangen werden: zunächst auf die Interdependenztheorie, die gleichsam den Zugang dazu eröffnete; anschließend auf Putnams Modell des Zwei-Ebenen-Spiels als ein Beispiel für die zahlreichen Konzepte, die sich bemüht haben, darauf aufbauend Ergänzungen und Verfeinerungen vorzunehmen und zu einer noch präziseren analytischen Erfassung und theoretischen Erklärung der EG zu kommen.

Die *Interdependenztheorie*[9] hat nicht so sehr als Ansatz Bedeutung gewonnen, der nun in ganz besonderer Weise die zahlreichen Spezifika der EG herauszuarbeiten in

[8] Beispielsweise Putnams „Two-Level-Game" oder der Regime-Ansatz.

[9] Mit die erste und wohl umfassendste Grundlegung dieses Ansatzes findet sich in Robert O. Keohane/Joseph S. Nye, Power and Interdependence. World Politics in Transition, Boston und Toronto 1977.

der Lage gewesen wäre. Ihr Verdienst lag vielmehr darin, daß sie über ihre neue Betrachtungsweise internationaler Politik den Zugang zu einigen grundlegenden zentralen Merkmalen des Integrationsprozesses eröffnet hat, die den bisherigen Konzepten aufgrund ihrer einseitigen Fixierung entweder auf den Nationalstaat oder die supranationalen Organe verschlossen geblieben waren.

Dieser Befruchtungsprozeß erschließt sich, wenn man die Kernelemente des Konzepts betrachtet und dann die grundsätzlichen Schlußfolgerungen, die sich daraus für die Herangehensweise und Analyse ergeben. Der Ansatz geht davon aus, daß die zunehmende Interdependenz die Grundlagen internationaler Politik nachhaltig und dauerhaft verändert hat. Die wachsende Bedeutung transnationaler Austauschprozesse verstärkt sichtbar die gegenseitige Sensitivität und Verwundbarkeit der Nationalstaaten und ihrer Gesellschaften. Das führt dazu, daß Regierungen bei der Formulierung ihrer Politiken diejenigen anderer Regierungen berücksichtigen müssen.

Als Folge davon kann es zu Versuchen zwischenstaatlicher Abstimmung kommen, die zu einer Häufung von Kontakten zwischen Teilsegmenten nationaler Bürokratien führen. Dies wiederum eröffnet speziell in multilateralen Kontexten internationalen Organisationen die Möglichkeit, beträchtlichen Einfluß auf die Entwicklung der Zusammenarbeit auszuüben. Diese besonders ausgeprägte Form von Interdependenz wird in der Literatur als komplexe Interdependenz bezeichnet;[10] sie läßt sich gerade in der EG beobachten.

Dies führt nach Auffassung der Interdependenztheorie aber nicht dazu, daß, wie dies die Neofunktionalisten unterstellt hatten, nun die Nationalstaaten allmählich, aber gleichsam zwingend an Bedeutung verlieren würden. Sie nehmen zwar keinesfalls mehr die dominierende Rolle ein, von der der Intergouvernementalismus ausgeht, weil sie nach außen einem Abstimmungszwang unterliegen und intern dem Druck zahlreicher Akteure ausgesetzt sind. Sie bleiben aber gleichwohl nach wie vor zentrale Mitspieler.

Die erste wichtige konzeptionelle Schlußfolgerung, die daraus abgeleitet wird, ist, daß sowohl ihre Aktivitäten auf der internationalen Ebene, ihre Interaktionen mit den Regierungen der anderen National- beziehungsweise Mitgliedstaaten, analysiert und in ihren Auswirkungen geprüft werden müssen, als auch diejenigen auf der nationalen, innerstaatlichen Ebene. Sehr viel differenzierter argumentiert wird auch hinsichtlich der längerfristigen Auswirkungen der Zusammenarbeit. Die einmalig intensive Kooperation innerhalb der EG, so die Vertreter des Konzepts, kann zwar durchaus zu einer Konvergenz nationaler Interessen führen, die dann in einer gemeinsamen Haltung münden. Es ist aber genauso möglich, daß nationale Interessen nach wie vor einander unversöhnlich gegenüberstehen und sogar Konflikte zwischen ihnen dadurch noch verstärkt werden. Entscheidend dafür, welche dieser Entwicklungen eintritt, sind die Sachfrage, um die es jeweils geht, und die supranationalen und nationalen Interessenlagen und Kräftekonstellationen. Diese Erkenntnisse wirken alles in allem wenig spektakulär, eröffneten aber doch wichtige Ansatzpunkte für die weitere Diskussion:

10 Vergleiche dazu vor allem Robert O. Keohane/Joseph S. Nye, International Interdependence and Integration, in: Fred I. Greenstein/Nellson W. Polsby (Hrsg.), International Politics. Handbook of Political Science, Volume I, Reading, Mass., 1975, S. 363–415.

1) die Betrachtung des Zusammenspiels der verschiedenen Ebenen;
2) ein Verständnis von Integration als dynamischem Prozeß, der in seinem Verlauf die Rahmenbedingungen für Kooperation verändert;
3) ein Verständnis von Integration als offenem Prozeß, dessen Entwicklung durch Sachfragen sowie Interessen und Kräftekonstellationen in einzelnen Bereichen bestimmt wird, was wiederum bedeutet, daß
4) Integration einen widersprüchlichen Prozeß bilden kann, der gleichzeitig durch Fortschritte auf einigen Feldern und durch Stagnation, Konflikte und Rückschläge in anderen gekennzeichnet ist.

Eben diese Ansatzpunkte wurden, wie jetzt exemplarisch am *Modell von Putnam* gezeigt werden soll,[11] gezeigt werden soll, von anderen Konzepten aufgegriffen und ausgebaut, um zu einer noch differenzierteren und präziseren Erfassung des Integrationsprozesses und seiner Bestimmungsfaktoren zu kommen. Im Mittelpunkt steht bei diesem Modell, wie der Name schon erkennen läßt, die Betrachtung des Zusammenspiels der verschiedenen Ebenen, also eines charakteristischen und besonders schwierig zu erfassenden Merkmals der EG, auf das schon zu Beginn des vorliegenden Beitrags hingewiesen worden war.

Putnams grundsätzliche Konstruktion besteht darin, daß er von zwei verschiedenen, aber über den politischen Prozeß eng miteinander verknüpften Ebenen ausgeht. Einmal der nationalen Ebene, auf der etwa eine Vielzahl von Verbänden versucht, autoritative Wertzuweisungen der Regierung in ihrem Sinne zu beeinflussen. Diese nationale Ebene ist nun deswegen mit der zweiten, internationalen verbunden, weil die durch Interdependenz geprägten Rahmenbedingungen diejenigen Akteure, die innerhalb ihrer Systeme Politik bestimmen, zwingen, sich auch dort zu engagieren: Die Mitglieder der nationalen Regierungen müssen dies tun, weil sie sonst ihre Funktionen national nicht wahrnehmen, den dort an sie gestellten Erwartungen nicht nachkommen könnten.

Genau dieser grundsätzliche Zusammenhang hat in der EG zur Herausbildung einer völlig neuen Dimension von Regieren geführt, die sich auf einem hohen Niveau transnationaler beziehungsweise supranationaler Institutionalisierung mit Problemen und Bereichen beschäftigt, die normalerweise als kennzeichnend für nationale Politik angesehen werden. Diese neue Ebene von Governance läßt sich nach Putnam als komplexes Netzwerk politisch-administrativer Beziehungen über nationale Grenzen hinweg ohne klare Hierarchie und mit einer außerordentlich breiten und komplexen Agenda verstehen. Kennzeichnend ist des weiteren, daß Konflikte und Koalitionsbildung sowohl entlang von als auch über nationale Grenzen hinweg stattfinden und bei Bargainingprozessen internationale Organisationen beziehungsweise Teile von ihnen[12] eine wichtige Rolle spielen, indem sie Verbindungen zwischen den zahlreichen Akteuren, Problemen, Lösungen und Optionen herstellen.

Entscheidendes Element in diesem Ansatz bleibt aber die Verbindung der beiden Ebenen durch die Regierungen der Mitgliedstaaten. Diese müssen sich einmal bemühen, die Forderungen nationaler Akteure und ihrer Wählerschaft ganz generell in

[11] Robert D. Putnam, Diplomacy and Domestic Politics: The Logic of Two-Level Games, in: International Organization 42 (1988), S. 427–460.
[12] Gemeint sind die EG-Organe, insbesondere die Kommission.

Brüssel zu vertreten. Sie müssen andererseits aber auch darauf achten, daß sie nicht Ansehen und Vertrauen gegenüber den Partnern und Verbündeten in den internationalen Netzwerken verlieren, die immer mehr das Schicksal der Mitgliedstaaten – und damit auch deren Regierungen – bestimmen.

Die Anwendung einer spieltheoretischen Metapher, die eben diesen Zusammenhang in den Mittelpunkt stellt, bricht völlig mit der traditionellen realistischen Prämisse, daß nationale und internationale Politik weitgehend unabhängig voneinander stattfinden. Außerdem ermöglicht die Konzeptualisierung von EG-Politik als durch die strategischen Kalküle der Akteure geprägter Prozeß einen völlig neuartigen, durch einen Rational-Choice-Hintergrund bestimmten Zugang zum Prozeß regionaler Integration, der in der gleich anschließend zu beschreibenden vierten Etappe von einer ganzen Reihe von Ansätzen aufgegriffen und weiterentwickelt wird.

Weiterentwicklung neofunktionalistischer und intergouvernementalistischer Modelle

Die Dynamik, mit der sich die EG nach Jahren der Stagnation und Krise ab Anfang der 80er Jahre weiterzuentwickeln begann und die sich mit Stichworten wie Binnenmarktprojekt und Einheitliche Europäische Akte verbindet, markiert auch den Beginn einer weiteren, vierten Etappe in der Auseinandersetzung mit der analytischen Herausforderung durch diesen Integrationsprozeß in der Politikwissenschaft. Das heißt nicht, daß nun all die Konzepte, die in der vorhergehenden Phase genutzt worden waren, vollständig zu den Akten gelegt worden wären; aber es trat doch wieder viel mehr der alte *Gegensatz zwischen neofunktionalistisch und intergouvernementalistisch geprägten Ansätzen* in den Vordergrund. Dies allerdings auf einem neuen, qualitativ deutlich höheren Niveau, und das heißt insbesondere einer sehr viel differenzierteren Betrachtungsweise als in den ersten beiden Jahrzehnten der EG-Entwicklung.

Diese sehr viel feinere Ausdifferenzierung läßt sich entlang von zwei Konfliktdimensionen beschreiben. Bei der ersten Dimension geht es um die Frage der Gewichtung der supranationalen Ebene. Können die Organe der EG eigenständige Ziele jenseits der mitgliedstaatlichen Interessen verfolgen – so die supranationale Position –, oder – so die intergouvernementale Position – sind sie nur Erfüllungsgehilfen der Vorstellungen insbesondere der großen Mitgliedstaaten?

Die zweite Konfliktdimension verläuft entlang des Erklärungsmodus. Hier gab und gibt es einmal eine intentionalistische Position, die in der Konvergenz der Akteursinteressen die wesentliche Erklärung für die neue dynamische Entwicklung sieht, während die funktionalistische Position die Bedeutung funktionaler Problemlösungsnotwendigkeiten und struktureller Sachzwänge als erklärende Variablen unterstreicht.

Zusammenfassend läßt sich somit sagen, daß die vierte Etappe zwar keine grundsätzlich neue Perspektive für die Diskussion um den analytisch-konzeptionellen Umgang mit der EG bringt, aber doch einen bedeutenden qualitativen Fortschritt hinsichtlich der analytischen Erfassung der Komplexität des Integrationsprozesses. Beispielhaft dafür stehen Arbeiten von Andrew Moravcsik,[13] der in seiner Studie einen

[13] Andrew Moravcsik, Preferences and Power in the European Community: A Liberal Intergo-

neuen Ansatz zur Untersuchung und theoretischen Erklärung der EU entwickelt, der – so wie das weiter oben angedeutet wurde – auf die in der dritten Etappe eröffneten Möglichkeiten für eine Rational-Choice-basierte Perspektive zurückgreift, von Keohane und Hoffmann[14] oder die exzellente Studie von Sandholtz/Zysman.[15]

Die EU als politisches System

Nachdem die vierte Etappe in der Theoriediskussion zwar Verfeinerungen und Differenzierungen gebracht hatte, aber keinen grundlegenden Wandel, änderte sich dies mit Beginn der fünften und bislang letzten Phase zu Anfang der 90er Jahre durchgreifend. Während über 40 Jahre hinweg die Analyse und theoretische Erfassung der EU in der Politikwissenschaft eine ausschließliche Domäne der Teildisziplin der Internationalen Beziehungen gewesen war, wurde nun vorgeschlagen, die EU analytisch als politisches System zu fassen und in breitem Umfang Ansätze aus der Vergleichenden Systemforschung zu nutzen.[16]

Zur Begründung wurde unter anderem darauf verwiesen, daß es sich bei der EU um ein eigenständiges Gebilde mit vielen Merkmalen handele, die auch nationale politische Systeme aufweisen, wie beispielsweise eine ausgeprägte funktionale Differenzierung oder eine umfangreiche Politikproduktion, die bislang überhaupt nicht systematisch in Untersuchungen und Theoriekonzepte einbezogen worden war. Angesichts der mittlerweile enormen Vielzahl von Versuchen, sich der analytischen Herausforderung durch die EU mit Hilfe ihrer Konzeptualisierung als politisches System zu stellen,[17] kann es im Rahmen des vorliegenden Beitrags selbstverständlich nicht

vernmentalist Approach, in: Simon Bulmer/Andrew Scott (Hrsg.), Economic and Political Integration in Europe: Internal Dynamics and Global Context, Oxford 1994, S. 29–80. Eine kurze Zusammenfassung und kritische Würdigung dazu findet sich in Schumann, Neue Wege in der Integrationstheorie, S. 54–70.

[14] Robert O. Keohane/Stanley Hoffmann, Institutional Change in Europe in the 1980s, in: dies. (Hrsg.), The New European Community. Decisionmaking and Institutional Change, Boulder/San Francisco/Oxford 1991, S. 1–39.

[15] Wayne Sandholtz/John Zysman, 1992: Recasting the European Bargain, in: World Politics 42 (1989), S. 95–128.

[16] Erste Anstöße dazu finden sich beispielsweise in Wolfgang Schumann, EG-Forschung und Policy-Analyse, in: Politische Vierteljahresschrift 32 (1991), S. 232–257; Adrienne Héritier, Policy-Netzwerkanalyse als Untersuchungsinstrument im europäischen Kontext: Folgerungen aus einer empirischen Studie regulativer Politik, in: Adrienne Héritier (Hrsg.), Policy-Analyse. Kritik und Neuorientierung, PVS-Sonderheft 24/1993, Opladen 1993, S. 432–447, oder in Simon Hix, The Study of the European Community: The Challenge to Comparative Politics, in: West European Politics 17 (1994), S. 1–30.

[17] Vergleiche neben den in der vorhergehenden Fußnote aufgeführten Titeln unter anderem Adrienne Héritier u. a., Die Veränderung von Staatlichkeit in Europa. Ein regulativer Wettbewerb: Deutschland, Großbritannien, Frankreich, Opladen 1994; Beate Kohler-Koch/Markus Jachtenfuchs, Regieren in der Europäischen Union – Fragestellungen für eine interdisziplinäre Forschung, in: Politische Vierteljahresschrift 37 (1996), S. 537–556; Schumann, Neue Wege in der Integrationstheorie; Geoffrey Dudley/Jeremy Richardson, Competing Policy Frames in EU Policy Making. The Rise of Free Market Ideas in EU Steel Policy 1985–1996, European Integration Online Papers 1 (1997), Number 013; Tanja A. Börzel, What's so Special About Policy Networks? – An Exploration of the Concept and Its Usefulness in Studying European Governance, European Integration Online Papers 1 (1997), Number 016 oder Paul A. Sabatier,

darum gehen, diese im einzelnen vorzustellen, muß vielmehr eine kurze Zusammenfassung der grundlegenden Elemente dieser Perspektive genügen.

Ihren Kern bildet die Prämisse, daß das vorhandene, außerordentlich hohe Ausmaß an Interdependenz in der EU, vor allem aber Art, Dauer, Breite und Intensität der Interaktionen und der Zusammenarbeit, wie sie ihren Niederschlag unter anderem in der herausgehobenen Rolle der supranationalen Institutionen und des gemeinschaftlichen Rechtssystems gefunden haben, sowie Umfang und Durchgriffsintensität der von der EU vorgenommenen autoritativen Wertzuweisungen eine Qualität erreicht haben, die die klassische Trennung zwischen der Ebene des Internationalen Systems und der der Mitgliedstaaten für den Bereich der Union obsolet werden läßt und es erlaubt, ja analytisch erforderlich macht, sie als politisches System zu betrachten. Das impliziert auch, daß die Voraussetzungen und Triebkräfte, die den Prozeß der Zusammenarbeit und seine Weiterentwicklung innerhalb dieses Rahmens beeinflussen, nicht primär und ausschließlich in den beteiligten Einheiten, sondern auch und gerade in deren Interaktionen und Verflechtungen innerhalb des Mehrebenen-Zusammenhangs, wie er zu Beginn dieses Beitrags angesprochen worden war, gesucht werden.

Entscheidend ist also, daß nicht, wie bei vielen Ansätzen aus den vorhergehenden Etappen, davon ausgegangen wird, autonome, gleichsam im Internationalen System freischwebende Nationalstaaten würden, geleitet ausschließlich von ihren frei definierten Interessen, von Fall zu Fall darüber entscheiden, ob und wie kooperiert werden soll. Das mag zwar – so die Argumentation – für die Zeit der Formulierung der Römischen Verträge noch eine sinnvolle Ausgangshypothese gewesen sein; heute, nach fast 50jähriger Zusammenarbeit, scheint sie aus den oben genannten Gründen nicht mehr tragfähig. Das heißt nicht, daß die Existenz mitgliedstaatlicher Interessen und die Rolle, die sie häufig als wichtige Determinanten der Zusammenarbeit im EU-Rahmen spielen, völlig ignoriert oder auch nur in ihrer Bedeutung unterschätzt würden. Allerdings wird dabei unterstellt, daß sie eben nicht unabhängig von diesem systemischen Rahmen existieren, sondern durch ihn mit bedingt sind und auch verändert werden können.

Probleme der analytischen Erfassung der EU – eine Bilanz

Integration als Problem internationaler Geschichte – so lautet der Titel des vorliegenden Beitrags, der es sich in seinem ersten Teil zum Ziel gesetzt hat, zu zeigen, daß die analytische Erfassung und theoretische Deutung des Integrationsprozesses im Rahmen der EU in der Tat ein nicht nur außergewöhnlich schwieriges, sondern auch ein neuartiges Problem darstellt. Wie sieht nun die Bilanz dazu aus dem Überblick über die wesentlichen Etappen der politikwissenschaftlichen Diskussion aus?

Daß es sich um eine analytische Herausforderung ersten Ranges handelt, zeigen unter anderem die Vielzahl und Vielfalt der Versuche, sich mit diesem Problem auseinanderzusetzen, die alles übertreffen, was in anderen Teilgebieten der Politikwissenschaft vorzufinden ist, verbunden mit der in dieser Form wirklich einmaligen Be-

The advocacy coalition framework: revisions and relevance for Europe, in: Journal of European Public Policy 5 (1998), S. 98–130.

sonderheit, daß sich die entsprechenden Bemühungen über zwei Teildisziplinen – die Internationalen Beziehungen und die Vergleichende Systemforschung – hinweg erstrecken. Sie verweist auch darauf, daß die Einordnung des Problems als ein Teil der internationalen Politik zumindest nicht mehr unumstritten ist.

Obwohl also kontrovers diskutiert, haben sich die Akzente in dieser Frage der Einordnung doch im Laufe der Zeit verschoben. Im offensichtlichen Zusammenhang mit der beständigen Vertiefung und Ausweitung des Integrationsprozesses, als dessen jüngste Etappe die Einführung des Euro, einer gemeinsamen Währung für zunächst elf der fünfzehn Mitgliedstaaten zum 1. Januar 1999 beschlossen wurde, hat sich auch in vielen aus intergouvernementalistischer Perspektive argumentierenden Ansätzen die Einsicht durchgesetzt, daß regionale Integration in der Form, wie sie in der EU vorzufinden ist, doch erhebliche Unterschiede und Besonderheiten im Vergleich mit „normalen" zwischenstaatlichen Beziehungen aufweist und insofern in der Tat ein besonderes Problem darstellt.

Die EU als Akteur in der internationalen Politik

Aber nicht nur in bezug auf seine interne Entwicklung wirft der Integrationsprozeß analytische Probleme und Fragen nach den Determinanten internationaler Geschichte auf, sondern auch hinsichtlich seiner Wirkungen nach außen. Das hängt damit zusammen, daß die in der EU zusammengeschlossenen Staaten völlig neuartige Formen für ihr Handeln in der internationalen Politik entwickelt haben. Eine erste wichtige Besonderheit bei der EU als Akteur in der internationalen Politik stellt hier die Tatsache dar, daß sie, je nachdem, um welche Materie es geht, in sehr unterschiedlicher Weise nach außen hin auftritt, über eine Vielzahl von Instrumenten verfügt und auf der Basis ganz unterschiedlicher Rechtsgrundlagen tätig wird, die sich noch dazu in der Vergangenheit in sehr rascher Folge verändert haben und nach wie vor verändern.

In einer ganz groben Einteilung lassen sich zwei große Teilbereiche unterscheiden. Einmal die *im Rahmen der EG-Säule angesiedelten Teile der EU-Außenpolitik*, zu denen insbesondere die gemeinsame Außenhandelspolitik, das Instrument der Assoziationsabkommen sowie die Entwicklungszusammenarbeit gehören. Zum anderen die aus der sogenannten Europäischen Politischen Zusammenarbeit (EPZ) heraus entstandene *Gemeinsame Außen- und Sicherheitspolitik* (GASP). Es versteht sich von selbst, daß im Rahmen des vorliegenden Beitrags kein auch nur annähernd vollständiger Überblick vermittelt, sondern nur exemplarisch auf die wichtigsten Aspekte verwiesen werden kann.

Die EG-Säule: Das Beispiel der Außenhandels- und Assoziierungspolitik

Während die einen ausgeprägt intergouvernementalen Charakter aufweisende außenpolitische Kooperation der Mitgliedstaaten der EG beziehungsweise EU außerhalb des EG-Vertrags, im Rahmen der EPZ und später der GASP, erst im Verlauf des Integrationsprozesses hinzu kam, gehörte die gemeinschaftliche *Außenhandelspolitik* neben dem Gemeinsamen Markt und der Gemeinsamen Agrarpolitik von Beginn an zum Kern des Integrationsbestandes. Hier besitzt die EG seit dem Ablauf der Übergangszeit zum 1. Januar 1970 eine ausschließliche Kompetenz; das heißt, die Mitgliedstaaten sind von der handelspolitischen Rechtsetzung ausgeschlossen, solange sie die EG nicht dazu ermächtigt.[18] Im Rahmen ihrer Außenhandelspolitik hat die EG beziehungsweise EU vor dem Hintergrund eines sich enorm ausweitenden Welthandels Vereinbarungen mit praktisch allen Staaten der Welt sowie multilaterale Abkommen, insbesondere im Rahmen des GATT, getroffen, sich insofern in der Tat als außerordentlich aktiver Teilnehmer an der Gestaltung internationaler Politik auf diesem Feld erwiesen und ihre Ergebnisse maßgeblich mit beeinflußt.

Doch inwiefern handelt es sich hier um eine neuartige Handlungsform, die analytische Probleme aufwirft? Das zeigt sich, wenn man den *Entscheidungsablauf* und das Zusammenspiel der Akteure *bei der Formulierung und Durchführung der gemeinschaftlichen Außenhandelspolitik* betrachtet.[19]

Da bei der Außenhandelspolitik, wie bei allen gemeinschaftlichen Politiken, zunächst ein Vorschlag der Kommission notwendig ist, stellen Anstöße, Forderungen oder Hinweise einzelner Akteure, die gegenüber der zuständigen Generaldirektion I (GD I) geäußert werden, den Ausgangspunkt für Entscheidungsprozesse dar. Während der vor einem offiziellen Vorschlag notwendigen Abstimmung in der Kommission spielen die ebenfalls für Außenbeziehungen zuständige GD Ia sowie häufig auch GD VI (Landwirtschaft) eine wichtige Rolle. Dabei geht es durchaus nicht nur um den Abschluß eines neuen Handelsabkommens, vielmehr stehen oft auch Forderungen nach Schutzmaßnahmen gegenüber Handelspraktiken von Drittstaaten, die entweder durch einzelne Mitgliedstaaten oder Verbände angemeldet werden, oder natürlich auch Klagen von Drittstaaten wegen diskriminierender Praktiken der EU, wie sie beispielsweise während der Uruguay-Runde von den USA erhoben wurden, auf der Tagesordnung.

Der Vorschlag der Kommission wird zunächst im Ausschuß der Ständigen Vertreter diskutiert und dann an den Ministerrat weitergeleitet. Auf der Grundlage des Kommissionsvorschlags und der gegebenenfalls im Rahmen des Ausschusses geäußerten Abänderungswünsche einzelner Mitgliedstaaten befaßt sich dieser mit der Materie und erteilt der Kommission mit qualifizierter Mehrheit ein Verhandlungsmandat. Ausgestattet mit einem derartigen Mandat übernimmt die Kommission die Durchführung der Verhandlungen mit den jeweiligen Drittstaaten beziehungsweise im Rahmen multilateraler Gespräche wie im GATT. Während der gesamten Verhandlungen steht die Kommission in engem Kontakt mit dem sogenannten 113er-Ausschuß, einem Gremium, das sich aus hohen Beamten der Mitgliedstaaten zusammensetzt, die in den einzelnen Hauptstädten an führender Stelle für Fragen der Handelspolitik verantwortlich sind, und sich in der Regel einmal wöchentlich trifft. Zum Ab-

[18] Vergleiche dazu Eberhard Grabitz (Hrsg.), Kommentar zum EWG-Vertrag, München 1986, Artikel 113, S. 3.

[19] Vergleiche dazu ausführlich: Wolfgang Schumann/Peter Mehl, Bundesdeutsche Interessen und gemeinsame Außenhandelspolitik der EG, in: Aus Politik und Zeitgeschichte 39 (1989), Nr. 24–25, S. 36–46.

schluß des Prozesses muß dann wiederum der Ministerrat das von der Kommission ausgehandelte Abkommen formell bestätigen.

Als ausgedehnte bürokratische Mehrebenen-Aushandlungsprozesse, bei denen, je nach Art der Materie, auch immer wieder die politischen Spitzen in Gestalt der Außenminister und einzelner Kommissare ins Spiel kommen können, könnte man das Ganze vielleicht am besten charakterisieren. Aushandlungsprozesse – und dies weist ebenso wie die originäre Gemeinschaftskompetenz auf diesem Feld darauf hin, daß es sich um mehr handelt als rein zwischenstaatliche Abstimmung –, die bei Assoziationsabkommen nach Artikel 238 EG-Vertrag noch dadurch kompliziert werden, daß hier die Zustimmung des Europäischen Parlaments (EP) zwingend erforderlich ist. Die EU kann Abkommen in diesen Fällen nur abschließen, wenn das Parlament im Rahmen einer einzigen Lesung und ohne die Möglichkeit, Änderungsvorschläge zu unterbreiten, mit Mehrheit die Vereinbarung billigt. Durch diese Vetomöglichkeit können – obwohl im parlamentarischen Verfahren selbst, wie eben erwähnt, keine Modifikationen zulässig sind – dennoch Verhandlungsverlauf und -ergebnisse nachhaltig beeinflußt werden, wissen doch sowohl Kommission als auch Rat, daß am Ende die Zustimmung des EP gebraucht wird.

Europäische Politische Zusammenarbeit und Gemeinsame Außen- und Sicherheitspolitik

Wirft man einen Blick auf die Anfänge der EPZ zu Beginn der 70er Jahre,[20] so zeigt sich, daß es sich um eine rein zwischenstaatliche Abstimmung handelte, die vier Ebenen umfaßte: die Ebene der Staats- und Regierungschefs, die der Außenminister, die der Politischen Direktoren der Außenministerien sowie Treffen auf Arbeitsgruppenebene, das heißt von Beamten der Außenministerien der Mitgliedstaaten, die jeweils für einzelne geographische Regionen beziehungsweise für besondere Bereiche zuständig waren. Den Vorsitz in den verschiedenen Gremien hatte jeweils die halbjährlich wechselnde Ratspräsidentschaft inne, die die Treffen organisatorisch vorbereitete und in deren Land sie auch stattfanden. Für alle Entscheidungen war grundsätzlich und durchgängig Einstimmigkeit erforderlich. Die Arbeit im Rahmen der EPZ wurde strikt von der Zusammenarbeit in der EG getrennt.

Alles in allem also zwar eine recht intensive, aber eben doch strikt intergouvernementale Kooperation, die insofern keine besondere analytische Herausforderung, kein Problem im eingangs angesprochenen Sinne darstellte. Warum also Beschäftigung mit EPZ und GASP im Rahmen dieses Beitrags? Nun, deswegen, weil diese außenpolitische Zusammenarbeit in den letzten mehr als 25 Jahren in mehreren Etappen, die sich vor allem mit den Stichworten Einheitliche Europäische Akte, Maastrichter und Amsterdamer Vertrag verbinden, weitreichende Veränderungen er-

[20] Eine Übersicht über die Entwicklung der außenpolitischen Zusammenarbeit der EG-Mitgliedstaaten, von den ersten, gescheiterten Versuchen, die sich mit Stichworten wie EVG, EPG und Fouchet-Pläne verbinden, bis hin zu einer ausführlichen Analyse der im Amsterdamer Vertrag vorgesehenen neuen Regelungen zur GASP, findet sich in: Wolfgang Schumann, Die Gemeinsame Außen- und Sicherheitspolitik, in: Jan Bergmann/Christofer Lenz (Hrsg.), Der Amsterdamer Vertrag – eine Kommentierung der Neuerungen des EU- und EG-Vertrags, Köln 1998.

fahren hat, die in der Summe doch zu einer neuen Qualität der Kooperation geführt und neuartige Handlungsformen hervorgebracht haben. Dies soll nachfolgend anhand eines kurzen Überblicks über die wichtigsten dieser Veränderungen gezeigt werden.[21]

Hier verdient zunächst einmal Interesse, daß auch nach dem Übergang von der EPZ zur GASP mit dem Maastrichter Vertrag die außenpolitische Zusammenarbeit der Mitgliedstaaten von der EG getrennt organisiert und betrieben wird, mittlerweile aber eine außerordentlich *enge Abstimmung zwischen den beiden Säulen* stattfindet, unter anderem durch eine vollständige Einbeziehung der Kommission in die Arbeiten der GASP. Das im Rahmen der GASP zur Verfügung stehende *Instrumentarium* wurde mit der Einführung gemeinsamer Standpunkte und gemeinsamer Aktionen im Maastrichter Vertrag und vom Europäischen Rat zu beschließender sogenannter gemeinsamer Strategien im Amsterdamer Vertrag erheblich erweitert und ausdifferenziert.

Was den *institutionellen Rahmen und die Entscheidungsmodi* in der GASP angeht, bringt der Amsterdamer Vertrag mehrere bemerkenswerte Neuerungen. Die augenfälligste dürfte die Einführung der Position eines Hohen Vertreters für die GASP sein, wahrgenommen vom Generalsekretär des Rates. Er soll den Rat unterstützen, indem er insbesondere zur Formulierung, Vorbereitung und Durchführung von Entscheidungen beiträgt.[22] Zur Wahrnehmung dieser Aufgaben steht ihm – auch dies eine grundlegende Neuerung – eine Strategieplanungs- und Frühwarneinheit zur Verfügung, die sich aus Vertretern des Generalsekretariats, der Mitgliedstaaten, der Kommission sowie – ebenfalls ein absolutes Novum – der Westeuropäischen Union (WEU) zusammensetzt. Neu ist auch, daß die Stimmenthaltung einzelner Mitgliedstaaten einem Zustandekommen von Beschlüssen nicht mehr entgegensteht, was zusammen mit der Einführung von Mehrheitsentscheidungen in bestimmten Fällen die Handlungsfähigkeit im Rahmen der GASP wesentlich erhöhen könnte.[23]

Gemessen an der Ausgangssituation zu Beginn der EPZ, Anfang der 70er Jahre, hat es außerordentlich weitreichende Veränderungen in bezug auf das Engagement in der *Sicherheits- und Verteidigungspolitik* gegeben. Während letztgenannte lange Zeit völlig ausgeklammert worden war, was zu einer sehr künstlichen und in der Praxis nicht aufrechtzuerhaltenden Trennung zwischen Außen-, Sicherheits- und Verteidigungspolitik geführt hatte, stellt sich die Situation nach dem Amsterdamer Vertrag nun deutlich anders dar.

Das Handlungsfeld der EU wird durch die explizite Einbeziehung der sogenannten Petersberger Aufgaben – so genannt nach der Petersberger Erklärung der WEU von 1992, humanitäre Aufgaben und Rettungseinsätze, friedenserhaltende Aufgaben sowie Kampfeinsätze bei der Krisenbewältigung einschließlich friedensschaffender Maßnahmen umfassend – deutlich ausgedehnt. Die WEU bleibt zwar eine eigenständige Einheit, wird aber doch in vielfältiger Weise und auf allen Ebenen außerordent-

21 Die nachfolgenden Ausführungen stützen sich auf Schumann, Die Gemeinsame Außen- und Sicherheitspolitik.

22 Artikel 26 EU-Vertrag in der Fassung des Amsterdamer Vertrags.

23 Zu den Einzelheiten dieser Regelungen vergleiche Artikel 23 EU-Vertrag in der Fassung des Amsterdamer Vertrags.

lich eng mit der EU verzahnt, so daß die Bezeichnung von einem integralen Bestandteil[24] durchaus ihre Berechtigung hat. Einige der hier einschlägigen Regelungen, wie etwa die auch für die WEU geltende Leitlinienkompetenz des Europäischen Rates (!) oder die Zusammenarbeit in der Strategieplanungs- und Frühwarneinheit, belegen dies sehr eindringlich. Außerdem, darauf wird in der Literatur immer wieder hingewiesen,[25] sieht Art. 17, Abs. 1 des EU-Vertrags in der Fassung des Amsterdamer Vertrags nun sowohl für die volle Integration der WEU als auch die damit notwendigerweise verbundene Festlegung einer gemeinsamen Verteidigungspolitik ein Verfahren vor, daß keine förmliche Vertragsveränderung mehr erfordert.

Auf eine weitere, ebenfalls einen erheblichen qualitativen Wandel signalisierende Veränderung sei schließlich ebenfalls noch hingewiesen. Artikel 24 des EU-Vertrags in der Fassung des Amsterdamer Vertrags eröffnet – wohlgemerkt für den Rahmen der GASP – die Möglichkeit zum Abschluß von Übereinkünften mit anderen Staaten oder internationalen Organisationen. Der Rat kann hierbei den Vorsitz ermächtigen, zu diesem Zweck Verhandlungen aufzunehmen. Die Übereinkünfte werden dann vom Rat auf Empfehlung des Vorsitzes geschlossen.

Die Außenwirkungen des Integrationsprozesses: Neuartige Akteure und Handlungsformen in der internationalen Politik

Den Ausgangspunkt für die Diskussion in diesem Teil des Beitrags bildete die Feststellung, daß mit dem Integrationsprozeß in der EU neuartige Akteure und Handlungsformen entstanden sind, die ihrerseits wiederum auf die internationale Politik in ihrer Gesamtheit einwirken. Die vorangegangenen Ausführungen sollten bei aller Kürze doch deutlich gemacht haben, daß die Qualifizierung als „neuartig" sowohl für die EG-Außenbeziehungen als auch die GASP zutrifft, die mittlerweile, trotz ihres nach wie vor stark zwischenstaatlichen Charakters, weit über eine lose Abstimmung in außenpolitischen Fragen zwischen den Mitgliedstaaten hinausgeht; das trifft aber auch und nicht zuletzt für die Gesamtheit der EU-Außenbeziehungen zu, in deren Rahmen ja beide Teile, beide Säulen in enger Verzahnung zusammenwirken.

Zu prüfen, inwieweit und wie im einzelnen dadurch internationale Politik und internationale Geschichte beeinflußt werden,[26] liegt außerhalb der Reichweite des vorliegenden Beitrags. Es sollte aber hinreichend erkennbar geworden sein, daß erstens von derartigen Einflüssen ausgegangen werden kann – man denke nur an die Rolle der EG in der internationalen Handelspolitik oder die immer engere Integration von

[24] In Artikel 17, Abs. 1 des EU-Vertrags in der Fassung des Amsterdamer Vertrags.

[25] Vergleiche dazu beispielsweise Elfriede Regelsberger/Mathias Jopp, Und sie bewegt sich doch! Die Gemeinsame Außen- und Sicherheitspolitik nach den Bestimmungen des Amsterdamer Vertrags, in: Integration 20 (1997), S. 255–263, hier S. 261, oder Christian Pippan, Die Europäische Union nach Amsterdam: Stärkung ihrer Identität auf internationaler Ebene? Zur Reform der Gemeinsamen Außen- und Sicherheitspolitik der EU, in: Aus Politik und Zeitgeschichte 47 (1997), Nr. 47, S. 30–39, hier S. 37.

[26] Interesse verdient in diesem Zusammenhang die von Martin Holland herausgegebene Monographie, Common Foreign and Security Policy. The Record and Reforms, London 1997, die dieser Frage für die GASP anhand einiger sehr aufschlußreicher Fallstudien, unter anderem zur Politik der EU im Jugoslawienkonflikt sowie ihrer Südafrika- und Mittelmeerpolitik, nachgeht.

EU und WEU im Rahmen der GASP – und zweitens die Auseinandersetzung damit in der Tat erforderlich macht, im Sinne der einleitenden Ausführungen analytisches Neuland zu betreten.

Normative Aspekte der europäischen Integration

Die Dynamik des Integrationsprozesses seit Mitte der 80er Jahre, die sich am auffälligsten darin manifestiert, daß in einer Dekade drei große Vertragsänderungen erfolgten (Einheitliche Europäische Akte, Maastricht, Amsterdam), hat die normativen Probleme der Integration aus ihrem Dasein im Schatten des *permissive consensus* ins grelle Licht der Öffentlichkeit und der akademischen Debatte gezerrt. Insbesondere die intensiven Diskussionen nach Maastricht, das französische Referendum, das dänische Nein sowie das Urteil des Bundesverfassungsgerichts bilden Meilensteine dieser Entwicklung. In der Bundesrepublik konzentrierte sich die öffentliche Auseinandersetzung auf den schwierigen Abschied von der D-Mark, der den Bürgern deutlich vor Augen führte, in welchem Maß die EU in ihr Leben einzugreifen mittlerweile in der Lage ist. Gerade bei unliebsamen Entscheidungen liegt die Frage nach ihrer Legitimität nahe. Was legitimiert das ferne Brüssel, autoritative Wertzuweisungen vorzunehmen, die massive Konsequenzen für belgische, dänische, deutsche, englische etc. Bürger mit sich bringen?

Der folgende Abschnitt diskutiert diese normative Problematik des Integrationsprozesses, die keineswegs auf die EU-Integration beschränkt ist, in diesem Kontext aber besonders deutlich zutage tritt, in vier Teilschritten. Zunächst wird gefragt, woraus die Virulenz des Legitimitäts- beziehungsweise Demokratiedefizits der EU resultiert. Auf den ersten Blick scheint diese Entwicklung paradox zu sein, denn zum einen ist seit der Einheitlichen Europäischen Akte mit der Stärkung der Rolle des EP eine zunehmende Demokratisierung zu verzeichnen, zum anderen können sich die Legitimitätsressourcen der EU im Vergleich mit internationalen Organisationen traditioneller Prägung durchaus sehen lassen. In einem zweiten Schritt wird zusammenfassend dargestellt, worin das Demokratiedefizit der EU besteht. Der anschließende dritte Teil ist der Frage gewidmet, was einer Behebung des Defizits im Weg steht. Hier zeigt sich der enge Zusammenhang der Legitimitätsproblematik mit dem Problem der adäquaten Erfassung des EU-Systems, das im ersten Teil des vorliegenden Beitrags diskutiert wurde. Im abschließenden vierten Schritt werden gängige Lösungsvorschläge vorgestellt, die sich in der aktuellen und intensiven Debatte im Rahmen aller Teildisziplinen der Politikwissenschaft sowie benachbarter Disziplinen abzuzeichnen beginnen. Einigkeit herrscht bis dato lediglich in der Feststellung der „Unmöglichkeit des Status quo",[27] wobei allerdings bereits unbestimmt bleibt, wie der Status quo treffend gekennzeichnet werden kann.

[27] So lautet der Titel eines wichtigen Diskussionsbeitrags: Club von Florenz (Hrsg.), Europa. Der unmögliche Status quo, Baden-Baden 1996.

Ursachen für die Virulenz des Demokratie- beziehungsweise Legitimitätsdefizits

Allgemein gehalten lautet die Antwort auf die Frage nach der Legitimitätskrise der EU, daß die bisherige legitimatorische Basis – der *permissive consensus* – durch die Entwicklungen des letzten Jahrzehnts überstrapaziert wurde und einem verbreiteten Mißtrauen gegenüber dem „Maastricht-Europa" gewichen ist. Allerdings war das EG/EU-System von Beginn an kein Paradefall demokratischer Legitimität. Es war auf die für internationale Organisationen typische indirekte Legitimität angewiesen, die sich auf die Regierungen der Mitgliedstaaten stützt, und damit auf eine lange Legitimitätskette zwischen Regierenden und Regierten. Als die EG/EU nun immer mehr Staatsqualität gewann und damit den Charakter einer internationalen Organisation zunehmend verlor, reichte diese Form der Legitimität nicht mehr aus. Legt man die für nationale liberaldemokratische Systeme gängigen Maßstäbe an, so zeigt sich, daß die Union selbst den Mindeststandards nicht genügt.

Inwiefern verfehlt sie die Bedingungen? Geht man davon aus, daß sich die Legitimität einer politischen Ordnung „zugleich auf Grundnormen, auf konstitutive Verfahren und auf die (empirische) Anerkennung der Bürger"[28] stützt, so läßt sich das Defizit näher bestimmen. Das Problem bilden vor allem die Verfahren[29] und die Anerkennung durch die Bürger, wobei sich beide Faktoren wechselseitig beeinflussen. Der *permissive consensus* ist eine schwache Ausprägung des *supports* für ein politisches System, ein eher desinteressiertes und uninformiertes Zuschauen, das den Eliten relativ freie Hand ließ beim Aufbau Europas. Unterfüttert wird die Legitimität zum einen durch die eher diffuse und ebenfalls nachlassende Zustimmung zur „Idee Europa" – das heißt Motive, die zur Gründung der westeuropäischen Gemeinschaften nach Kriegsende geführt haben und nach wie vor fortwirken, wie Versöhnung oder „Europa als dritte Kraft" –, zum anderen durch die Wohlfahrtsgewinne (*output legitimacy*). Diese Faktoren waren allerdings nicht stark genug, um die Ausbildung einer „kollektiven Identität" im EG/EU-Europa zu befördern (mangelnde *social legitimacy*).

Zusammenfassend ergibt sich folgendes Bild: Die Legitimitätsressourcen der EG/EU waren von Anfang an schwach, insbesondere mangelte es an *input* und *social legitimacy.* Gemeinsame Grundnormen und ein *permissive consensus* reichten zusammen mit Erfolgen auf der *output*-Seite aber aus für eine Gemeinschaft als Zweckverband zur Regelung von wirtschaftlichen Interdependenzproblemen. Diese Ressourcen waren darüber hinaus weitgehend konstant, tendenziell ist durch die schrittweise Aufwertung des EP seit der ersten Direktwahl 1979 sogar ein Mehr an *input legitimacy* zu verzeichnen. Erklärungsbedürftig ist demnach nicht in erster Linie das Demokratie- beziehungsweise Legitimitätsdefizit der Gemeinschaft, sondern dessen Virulenz seit Maastricht. Der folgende Abschnitt nennt einige zentrale Gründe für die Zuspitzung des Problems zur gegenwärtigen Legitimitätskrise.

Die erhebliche *Ausweitung der Zuständigkeit* der EG/EU seit der Gründung und insbesondere seit Beginn des Binnenmarktprojekts weit über eine Wirtschaftsgemein-

[28] Hella Mandt, „Legitimität", in: Dieter Nohlen (Hrsg.), Pipers Wörterbuch zur Politik, Bd. 1: Politikwissenschaft, hrsg. von Dieter Nohlen und Rainer-Olaf Schultze, München, 3. Aufl. 1989, S. 503.

[29] Mangelnde *input legitimacy*, vergleiche dazu den Abschnitt „Demokratiedefizit".

schaft hinaus haben den Legitimitätsbedarf erhöht. Seit Maastricht gibt es kaum mehr ein Politikfeld, das nicht in irgendeiner Form auch in Brüssel bearbeitet wird. Die in Maastricht auf den Weg gebrachte *Währungsunion* bedeutet darüber hinaus einen qualitativen Sprung in der Gemeinschaftsentwicklung, die sich zuvor durch vorsichtigen Inkrementalismus ausgezeichnet hatte. Die Währungshoheit als *Kernbestand nationaler Souveränität* ist im Begriff, vergemeinschaftet zu werden. Insofern kann kaum überraschen, daß mit der Ratifizierungskrise nach Maastricht der normative Aspekt der Integration in den Mittelpunkt rückte. Dabei ist auch die Art und Weise, wie sich ein großer Teil dieser Kompetenzausweitung vollzog, legitimatorisch umstritten und wurde vom Bundesverfassungsgericht in dessen „Maastricht-Urteil" als (unkontrollierte) „eigendynamische" Erweiterung der Kompetenzen scharf kritisiert.[30]

Der Trend zu *Entscheidungen mit qualifizierter Mehrheit* seit der Einheitlichen Europäischen Akte ist ebenfalls zu den wichtigen Ursachen für die Virulenz der Legitimitätsproblematik zu rechnen. Damit besteht die Möglichkeit der Majorisierung von (formal) souveränen Nationalstaaten, was den Legitimitätsbedarf verglichen mit den in internationalen Organisationen üblichen einstimmigen Entscheidungen deutlich erhöht. Die jahrzehntelangen Auseinandersetzungen zu diesem Punkt unterstreichen seine Bedeutung.[31]

Weiterhin ist in Rechnung zu stellen, daß die fast 50jährige Zusammenarbeit sowie die epochalen Umbrüche der Jahre 1989/90 dazu führten, daß sich einzelne *Gründungsmotive abgeschwächt* haben. So ist die „Bedrohung aus dem Osten" – also das Motiv der Westblockbildung – mit dem Ende des Kalten Krieges obsolet geworden. Frieden zwischen den ehemaligen Kriegsgegnern – ein weiteres Gründungsmotiv – gilt heute als selbstverständlich. Auch das Motiv der Einbindung Deutschlands nimmt trotz Irritationen im Zusammenhang mit der Vereinigung an Bedeutung ab. Damit erhöht sich umgekehrt die Bedeutung des *outputs* für die Legitimität – eine Entwicklung, die schon seit der Norderweiterung 1973 zu beobachten ist. Besonders Großbritannien neigte dazu, die Integration in weit höherem Maße als die sechs Gründungsmitglieder an ihren (zählbaren) Ergebnissen zu messen. Mit der schrittweisen *Erweiterung* auf nunmehr fünfzehn Mitgliedstaaten nahm die Heterogenität weiter zu.

Als weiterer Faktor wäre zu nennen, daß die Perspektive der *Osterweiterung* in den letzten Jahren den Blick auf die Institutionen und Verfahren gelenkt hat, die ursprünglich für eine Gemeinschaft mit sechs Mitgliedern entworfen wurden. Einigkeit darüber, daß tiefgreifende Reformen erforderlich sind, konnte schnell erzielt werden,

30 Im einzelnen vergleiche dazu Bundesverfassungsgericht, Urteil zum Maastricht-Vertrag, in: Entscheidungssammlung des Bundesverfassungsgerichts, Bd. 85, Tübingen 1994, S. 155–213, und Ulrich Everling, Das Maastricht-Urteil des Bundesverfassungsgerichts und seine Bedeutung für die Entwicklung der Europäischen Union, in: Integration 17 (1994), S. 165–175.

31 Der erste in den Gründungsverträgen vorgesehene Versuch des Übergangs zu Mehrheitsentscheidungen im Rat Mitte der sechziger Jahre mündete in eine der schwerwiegendsten Krisen des Integrationsprozesses, die 1966 nach der „Politik des leeren Stuhls" seitens Frankreichs durch den sogenannten „Luxemburger Kompromiß" derart beigelegt wurde, daß de facto am Prinzip der Einstimmigkeit festgehalten wurde.

aber das Wie ist nach wie vor heftig umstritten. Daß die Änderung von Verfahren nur im Zusammenhang mit deren Legitimität diskutiert werden kann, liegt auf der Hand.

Einen ganz zentralen Stellenwert besitzt in diesem Zusammenhang auch die Feststellung, daß die Legitimitätskrise der EU eingebettet in eine allgemeine Krise des westeuropäischen Wohlfahrtsstaates betrachtet werden muß. Diese Krise hat mehrere Facetten, die in diesem Rahmen nicht diskutiert werden können. Nur auf zwei interdependente Faktoren sei hingewiesen: Zum einen wirken sich die allgemeine *„output-Krise"* in vielen Mitgliedstaaten (Arbeitslosigkeit etc.) und die damit zusammenhängende Unzufriedenheit der Bürger auch auf die EU aus, zum anderen ist es auch im nationalstaatlichen Bereich mit der Legitimität nicht zum besten bestellt.

Vor allem zwei Entwicklungen sind hierfür verantwortlich: erstens die *funktionale Differenzierung und Fragmentierung* innerhalb der liberaldemokratischen Systeme, die zu neuen Formen des Regierens in Netzwerken geführt hat. Hier greifen die traditionellen Kategorien der Legitimitätsbeschaffung, wie demokratischer Rechtsstaat oder Parlamentarismus, nur noch bedingt. Die zweite Entwicklung – häufig als „dritte Transformation der Demokratie" bezeichnet – ist die *Internationalisierung*. Immer mehr Politikbereiche lassen sich sinnvoll nur noch international bearbeiten. Die Diskussion um die daraus resultierende Erosion des Nationalstaats wird häufig im primär wirtschaftlichen Kontext unter dem Stichwort Globalisierung geführt. Eine globalisierte Wirtschaft läßt sich durch national und territorial verfaßte Staaten nicht mehr kontrollieren.[32] Mit zunehmender Internationalisierung von Handlungszusammenhängen stellt sich die Frage nach Formen und Legitimitätsmöglichkeiten von *„Regieren ohne Staat"*.

Die herkömmlichen Verfahren, die sich im Rahmen territorial verfaßter Nationalstaaten entwickelt haben, greifen in dieser neuartigen, nicht-hierarchischen Umwelt nicht mehr. Beide Entwicklungen – funktionale Differenzierung und Internationalisierung – finden sich im EU-System in besonders ausgeprägter Form. Die Virulenz des Problems „Regieren ohne Staat" – und damit des Legitimitätsproblems – in der EU läßt sich also auch in der Perspektive dieser allgemeinen und bedeutenden Entwicklungen erklären, die eine große und bislang nur in Ansätzen verstandene Herausforderung für die Demokratietheorie darstellen.[33]

Schließlich sei noch auf einen EU-typischen Faktor verwiesen, der ebenfalls für die Legitimitätsprobleme, insbesondere für das Schwinden des *permissive consensus*, verantwortlich ist. Nationale Regierungen benutzen die Union als *Sündenbock* zur Durchsetzung umstrittener Vorhaben. Dieses Problem hat die Gemeinschaft von Anfang an begleitet, es hat sich aber nach Maastricht im Zusammenhang mit den – ohnehin notwendigen – Strukturanpassungen intensiviert, die den Wählerinnen als „Opfer für Europa" verkauft wurden. Klaus Hänsch, ehemaliger Präsident des EP, fand im September 1996 drastische Worte für diesen Sachverhalt, als er ausführte, „daß es

[32] Zur Diskussion des Mißverhältnisses zwischen Politik und Wirtschaft und seinen Konsequenzen vgl. Roger Tooze, International Political Economy in an Age of Globalization, in: John Baylis/Steve Smith (Hrsg.), The Globalization of World Politics, Oxford 1997, S. 212–230.

[33] Die Bedeutung dieses Faktors wird auch daran ersichtlich, daß die DFG ein Schwerpunktprogramm „Regieren in der Europäischen Union" aufgelegt hat, das sich genau dieser Herausforderung zu stellen versucht. Mehrere Arbeiten im Rahmen des Programms beschäftigen sich explizit mit Fragen der Legitimität des Regierens im europäischen Mehrebenensystem.

schon ein Riesenerfolg wäre, wenn die Regierungen der Mitgliedstaaten endlich aufhören würden, die Risiken der Politik auf die Union abzuschieben und Erfolge zu nationalisieren. Wer in der Union nichts weiter sehe als eine Deponie für nationalen Politikmüll, brauche sich nicht zu wundern, daß sie den Menschen stinke".[34]

Die Vorgänge um die Errichtung der Währungsunion, die wesentlich für das sinkende Ansehen der EU verantwortlich sind, illustrieren dieses Argument in eindringlicher Weise.

Nachdem damit einige wesentliche Ursachen für die Virulenz der normativen Probleme benannt wurden, soll es im folgenden Abschnitt um die Frage gehen, worin das allseits beklagte Demokratiedefizit der EU besteht.

Kernelemente des Demokratiedefizits der EU

Die Politikprozesse in Brüssel verfehlen in mehrfacher Hinsicht die Mindeststandards, die in den liberaldemokratisch verfaßten Mitgliedstaaten gelten. Als wichtigste Defizite werden genannt, daß das *Europäische Parlament* trotz dessen schrittweiser Aufwertung kein gleichberechtigter Mitspieler in den Entscheidungsprozessen auf supranationaler Ebene ist. Die Legitimitätsbeschaffung über das Parlament als grundlegendes Prinzip ist somit nur mangelhaft gegeben. Dem steht das *Übergewicht der Exekutive* in den Entscheidungsprozessen gegenüber, das zu der Kennzeichnung der supranationalen Politikprozesse als unübersichtliche und unkontrollierbare *Komitologie* geführt hat.[35] Die *mangelnde Transparenz* des Systems sowie die damit verbundene *Diffusion der Verantwortlichkeit* bilden zentrale Kritikpunkte. Ein weiteres grundlegendes Merkmal demokratischer Politik, die *Partizipation* der Regierten, wird ebenfalls als unzureichend angesehen. Zwar werden seit 1979 Direktwahlen zum EP durchgeführt, deren Charakter ist aber nach wie vor national.

Ein weiterer Aspekt des Demokratiedefizits der EU, der in letzter Zeit vermehrt Beachtung findet, besteht in den *Rückwirkungen der europäischen Politik auf die nationale und regionale Ebene*, deren Kompetenzen und Verfahren durch die Verlagerung von Entscheidungen nach Brüssel, und damit in den Bereich der Exekutive, ausgehöhlt werden. Das gilt insbesondere für die Parlamente auf beiden Ebenen. Abromeit führt hinsichtlich dieses Problems aus: „Die entscheidenden Akteure auf allen Ebenen und in allen Netzwerken sind Regierende und ‚Geschäftsführer', die, indem sie in den europäischen Verhandlungssystemen ihr Wort verpfänden, innerstaatliche parlamentarische Debatten witzlos machen".[36]

34 Zitiert nach H. Hausmann, „Keine Deponie für nationalen Politikmüll", in: Das Parlament 39/1996. Ein aktuelles Beispiel für eine Interpretation dieses Sündenbock-Problems (Regierungen setzen dieses Mittel systematisch ein zum Ausgleich von Verlusten innerer Autonomie) ist der Aufsatz von Klaus Dieter Wolf, Entdemokratisierung durch Selbstbindung in der Europäischen Union, in: ders. (Hrsg.), Projekt Europa im Übergang?, Baden-Baden 1997, S. 271–294.

35 So werden beispielsweise nach Schätzungen von Wolfgang Wessels etwa achtzig Prozent der Entscheidungen des Rates von dessen bürokratischem Unterbau, bestehend aus knapp 200 Ausschüssen und Arbeitsgruppen, gefällt; siehe Wolfgang Wessels, The EC Council: The Community's Decisionmaking Center, in: Keohane/Hoffmann, The New European Community, S. 140.

36 Heidrun Abromeit, Überlegungen zur Demokratisierung der Europäischen Union, in: Wolf, Projekt Europa im Übergang?, S. 116.

In dem Maße, wie sich die EG/EU von einer internationalen Organisation zu einem politischen System entwickelte, wurden ihre Legitimitätressourcen an denjenigen nationaler politischer Systeme gemessen und traten die Defizite deutlicher zutage, die in diesem Abschnitt in ihren Grundzügen dargestellt wurden. Anschließend wird zu fragen sein, was einer Behebung der Mängel im Weg steht.

Hindernisse für die Demokratisierung des EU-Systems

Die EU steht wie jedes politische System vor dem grundlegenden Dilemma demokratischer Politik zwischen *governance* und *government*, zwischen effektivem/effizientem und legitimem Regieren, also demokratischer Kontrolle und Partizipation. Dieses Dilemmaverhältnis wird zusätzlich dadurch verkompliziert, daß Effektivität und Effizienz in aller Regel zur befriedigenden Problemlösung erforderlich sind und damit eine wesentliche Determinante für die *output legitimacy* darstellen. Insofern führt die Diskussion der normativen Aspekte der europäischen Integration – und das macht ihren Reiz aus – zu den Grundfragen der Politikwissenschaft nach legitimer Herrschaft zurück. Diese Grundfragen stellen sich angesichts der oben erwähnten „dritten Transformation der Demokratie" in neuer Schärfe. Da die Internationalisierung im Rahmen der EU besonders weit fortgeschritten ist, spielt die Europaforschung eine Vorreiterrolle, was den immensen Anstieg an disziplinenübergreifender Beachtung, die ihr in jüngster Zeit widerfährt, erklären kann.[37]

Bei der Suche nach Hindernissen, die der EU bei den Versuchen zur Behebung ihrer Defizite im Weg stehen, stößt man auf strukturelle Merkmale des „dynamischen Mehrebenensystems"[38] der EU, einem System „sui generis", das mit traditionellen Kategorien nach dem Muster des Nationalstaats nicht angemessen erfaßt werden kann. Es handelt sich also um das gleiche Problem, vor das sich, wie in Teil 1 gezeigt, die analytische Erfassung der EU gestellt sieht. Es gibt kein angemessenes Modell für Demokratie in der EU. Das Demokratiedefizit der EU ist demnach *auch* ein „EU-Defizit der Demokratietheorie".[39] Das grundlegend Neue des Systems besteht darin, daß die wesentlichen Konstituenten Nationalstaaten sind – eine banale Feststellung, die aber in ihren Konsequenzen nicht überschätzt werden kann.

[37] Diesen Aspekt macht Wolf in der Einleitung zu dem von ihm herausgegebenen Sammelband deutlich; siehe Klaus Dieter Wolf, Einleitung: Die Integrationsforschung integrieren, in: ders., Projekt Europa im Übergang?, S. 7–13.

[38] Das ist der Kernbegriff eines neueren Versuchs zur Konzeptualisierung des eigentümlichen EU-Systems. Damit soll verhindert werden, daß bereits die begriffliche Ebene durch die Orientierung an der Dichotomie Bundesstaat – Staatenbund den Blick auf die Besonderheiten des Systems „sui generis" (so die ältere Verlegenheitsbezeichnung) verstellt. Vergleiche dazu Markus Jachtenfuchs/Beate Kohler-Koch, Regieren im dynamischen Mehrebenensystem, in: dies. (Hrsg.), Europäische Integration, Opladen 1996, S. 15–44, sowie Markus Jachtenfuchs, Die Europäische Union – ein Gebilde sui generis?, in: Wolf, Projekt Europa im Übergang?, S. 15–35.

[39] Rainer Schmalz-Bruns macht diesen Gedanken zum Ausgangspunkt seiner Überlegungen, wenn er ausführt, daß es nicht auszuschließen sei, „daß es sich bei diesem auf den ersten Blick gewiß entmutigenden Befund eines europäischen Demokratiedefizits lediglich um den spiegelbildlichen Reflex eines EU-Defizits der Demokratietheorie handeln könnte". Vgl. Rainer Schmalz-Bruns, Bürgerschaftliche Politik – ein Modell zur Demokratisierung der Europäischen Union?, in: Wolf, Projekt Europa im Übergang?, S. 67.

Warum greifen die traditionellen Muster liberaldemokratischer Systeme nicht? Eine Antwort lautet, daß der EU *wichtige Voraussetzungen fehlen*: Es gibt kein europäisches Staatsvolk, keine den nationalen Parteien vergleichbaren europäischen Parteien, keine europäischen Medien beziehungsweise eine europäische Öffentlichkeit, keine europäische Identität. Mit anderen Worten: die Voraussetzungen für Parlamentarismus fehlen. Das führt zu einem weiteren Dilemma der europäischen Politik. Eine parlamentarisierte EU wäre möglicherweise in der Lage, eine kollektive Identität zu schaffen. Diese Parlamentarisierung wäre aber auf eben die Voraussetzungen angewiesen, die sie selbst erst schaffen müßte.

Weiterhin stellt die *nicht-hierarchische Ordnung*, das Regieren ohne Staat, ein ebenso schwerwiegendes Problem dar wie die Tatsache, daß das EU-System im Gegensatz zu den relativ stabilen nationalen Systemen *stetigem Wandel* unterworfen ist. Dazu kommt eine Schwierigkeit, die Jachtenfuchs *ungleichmäßige Europäisierung* nennt.[40] Damit ist gemeint, daß sich Handlungszusammenhänge schneller europäisieren als die darin handelnden Akteure. Zürn hat den generelleren Begriff der *ungleichzeitigen Denationalisierung* geprägt,[41] der unter anderem auf das im hier besprochenen Kontext wichtige Problem aufmerksam macht, daß die demokratischen Verfahren der raschen Internationalisierung der Problembearbeitung hinterherhinken. Im EU-System ist zusätzlich zu berücksichtigen, daß sich supranationale – also ganz oder weitgehend vergemeinschaftete Politikfelder – und intergouvernementale Bereiche gegenüberstehen, die EG-Säule auf der einen, die Gemeinsame Außen- und Sicherheitspolitik und die Zusammenarbeit auf den Feldern Justiz und Inneres auf der anderen Seite. Die Vielfalt und Unübersichtlichkeit der Entscheidungsverfahren zeugt eindrucksvoll davon. Daß unter diesen Bedingungen die Versuche zur Beseitigung der Legitimitätsdefizite von besonderer Schwierigkeit sind, versteht sich von selbst. Der *unterschiedliche Grad der Europäisierung von Politikfeldern* stellt also ein weiteres Hindernis dar.

Hinzu kommen Faktoren, die darüber hinaus noch zusätzlich für Heterogenität im EU-System sorgen und die sich mit Begriffen wie *abgestufte Integration* oder variable Geometrie verbinden.[42] Dieser Aspekt birgt mannigfaltige legitimatorische Probleme. Wie wirken zum Beispiel Regierungen von Mitgliedstaaten an Entscheidungen im Rat mit, die an dem zur Debatte stehenden Integrationsschritt (noch) nicht teilnehmen? Daran schließt sich eine ganze Reihe ähnlich brisanter Fragen an. Da dieser Integrationsweg bei der Verwirklichung der Währungsunion beschritten wurde und in Zukunft – angesichts einer noch größeren und heterogeneren Gemeinschaft – vermutlich als Modell herangezogen werden wird, muß sich die Europaforschung den Folgeproblemen stellen.

40 Jachtenfuchs, Die Europäische Union, S. 19.

41 Michael Zürn, Jenseits der Staatlichkeit. Über die Folgen der ungleichzeitigen Denationalisierung, in: Leviathan 20 (1992), S. 490–513. Vergleiche dazu auch: ders., Über den Staat und die Demokratie im europäischen Mehrebenensystem, in: Politische Vierteljahresschrift 37 (1996), S. 27–55.

42 Nach wie vor grundlegend dazu: Eberhard Grabitz (Hrsg.), Abgestufte Integration: Eine Alternative zum herkömmlichen Integrationskonzept?, Kehl und Straßburg 1984.

Nachdem damit einige bedeutende Schwierigkeiten auf dem Weg zur Demokratisierung der Union aufgezeigt wurden, sollte die Tragweite und Komplexität der normativen Problematik des Integrationsprozesses deutlich geworden sein. Abschließend geht es um die Perspektiven: Welche Lösungsvorschläge zeichnen sich in der Debatte ab?

Perspektiven[43]

Um eines gleich vorwegzunehmen: eine allumfassende Lösung der Legitimitätsprobleme ist nicht in Sicht und angesichts der Schwierigkeiten vielleicht auch nicht möglich. Trotzdem trägt die aktuelle intensive Debatte Früchte, beispielsweise indem sie den Blick für die Besonderheiten der EU schärft, was zumindest dazu geführt hat, daß es zum Gemeingut geworden ist, daß die schlichte Übertragung von herkömmlichen Modellen und Leitbildern nicht weiterführt. Die Dichotomie Bundesstaat – Staatenbund als Zielperspektive ist der Einsicht gewichen, daß von dem eigentümlichen Schwebezustand zwischen „weder-noch" und „sowohl-als auch" als Dauerzustand ausgegangen werden muß, um Erkenntnisse über das dynamische Mehrebenensystem zu gewinnen. Damit ist auch klar, daß die traditionellen Forderungen – die verbreitetste ist die Forderung nach einer Stärkung des EP – zu kurz greifen.

Die Entwicklung hin zu einem Zweikammersystem nach deutschem Vorbild entbehrt – wie oben dargestellt – wichtiger Voraussetzungen. Eine Aufwertung des Parlaments – und damit eine Zentralisierung – wird häufig sogar hinsichtlich des Zieles der Demokratisierung als kontraproduktiv angesehen.[44] Einzelne Verbesserungen wie die Öffentlichkeit von Ratssitzungen wären sicherlich hilfreich, können aber die Grundprobleme des „Regierens ohne Staat" nicht lösen. Die zahlreicher werdenden Forderungen nach direkt-demokratischen Beteiligungsformen[45] werfen unter anderem Effizienzprobleme auf. Auch die verstärkte Beteiligung der Regionen an den Entscheidungen – eine weitere Variante – scheitert an der Heterogenität der Mitgliedstaaten, die häufig schlicht über keine etwa den deutschen Ländern vergleichbaren dezentralen Einheiten verfügen. Eine Re-Nationalisierung zur Entschärfung der Legitimitätsprobleme – ebenfalls eine häufig vorgebrachte Forderung – scheint angesichts der Tendenz zur Internationalisierung ebenfalls kein gangbarer Weg zu sein.

Eine unabdingbare Voraussetzung für die Entwicklung von Lösungsvorschlägen ist eine angemessene, und das heißt im fragmentierten und komplexen EU-System eine differenzierte Analyse des Problems. Die Hoffnungen auf eine für alle Bereiche der EU-Politik gleichermaßen geeignete Lösung scheint angesichts der dargestellten Hindernisse und hinsichtlich der Besonderheiten der Union illusionär. Man wird nicht umhin können, genau zu fragen, welche Entscheidungen in welchem Maße legitimiert beziehungsweise legitimierungsbedürftig sind, wo Verbesserungen dringend

[43] Einen hervorragenden Überblick über die akademische Debatte sowie einen Systematisierungsversuch bietet folgender Aufsatz: Frank Schimmelfennig, Legitimate Rule in the European Union. The Academic Debate, Tübinger Arbeitspapiere zur Internationalen Politik und Friedensforschung Nr. 27, Tübingen 1996.

[44] So beispielsweise in Abromeit, Überlegungen zur Demokratisierung der Europäischen Union.

[45] Vergleiche dazu etwa ebda. oder Zürn, Über den Staat und die Demokratie.

erforderlich sind, wie solche Verbesserungen im jeweiligen Bereich aussehen könnten etc. Für die EU als System sui generis müssen Legitimitätsressourcen „sui generis" entwickelt werden.[46]

Zusammenfassung

Ziel des vorliegenden Beitrags war es, den Leser in einem zusammenfassenden Überblick über diejenigen Probleme zu informieren, die sich mit dem Phänomen der Integration für die internationale Politik verbinden. Diese Probleme bestehen, wie gezeigt werden konnte, einmal darin, daß sich die *Frage nach den Triebkräften internationaler Geschichte* und ihrer adäquaten analytischen Erfassung und theoretischen Deutung neu stellt. Das gilt erstens *für den regional begrenzten Bereich der am Integrationsprozeß beteiligten Staaten*. Dessen institutioneller Rahmen, aber auch die Art, wie gemeinsam Entscheidungen getroffen und Politik gemacht werden, weisen immer mehr Züge eines politischen Systems auf. Die Politikprozesse unterscheiden sich so grundlegend von normalen zwischenstaatlichen Beziehungen oder von der Zusammenarbeit in internationalen Organisationen wie den Vereinten Nationen, daß, wie in Teil 1 ausgeführt, die Qualifizierung als internationale Politik mittlerweile zumindest sehr kontrovers diskutiert wird.

Probleme einer angemessenen analytischen Erfassung stellen sich zweitens aber auch *im Hinblick auf die* im Rahmen des EU-Integrationsprozesses entstandenen *neuartigen Handlungsformen der 15 Mitgliedstaaten gegenüber ihrer Außenwelt*, im Rahmen der gemeinschaftlichen, vertragsgestützten Außenhandels- und Entwicklungspolitik ebenso wie im Rahmen der GASP und im Zusammenspiel der beiden Säulen. Handlungsformen, bei denen es sich weder um nationalstaatliche Außenpolitik noch um die internationalen Aktivitäten nichtstaatlicher Akteure, also um transnationale Politik, aber auch nicht um transgouvernementale oder um multinationale Politik handelt, wie sie bislang von der Teildisziplin der Internationalen Beziehungen als Bestimmungsfaktoren internationaler Politik berücksichtigt wurden und werden – Handlungsformen mithin, deren Auswirkungen als potentielle Determinanten internationaler Geschichte noch bestimmt werden müssen.

Die Ausführungen zu den *normativen Aspekten der europäischen Integration* haben insofern die Befunde aus Teil 1 bestätigt, als sie gezeigt haben, daß das ausgeprägte Legitimitätsdefizit und seine Zuspitzung gerade seit Beginn der 90er Jahre direkt mit den Besonderheiten der Union, wie sie in der theoretischen Diskussion immer mehr anerkannt werden, zu tun haben. Dieses „Regieren jenseits des Nationalstaats", dessen weitreichende und einschneidende Auswirkungen auf das Leben eines jeden einzelnen Bürgers spätestens mit der Diskussion um die Einführung des Euro allgemein sichtbar geworden sind, wirft, wie gezeigt werden konnte, eine Fülle von völlig neuartigen und deswegen schwierig zu beantwortenden normativen Fragen auf.

[46] In diese Richtung weist etwa der folgende Beitrag: Thomas Gehring, Die Europäische Union: Legitimitätsstrukturen eines Regimes mit föderativen Bestandteilen, in: Wolf, Projekt Europa im Übergang?, S. 125–153.

Alles zusammengenommen zeigt sich, daß Integration nicht nur ein Problem internationaler Geschichte, sondern eine immense Herausforderung für die praktische Politik ebenso wie für die wissenschaftliche Analyse darstellt. Eine Herausforderung allerdings, der zu stellen sich um so mehr lohnt, als die EU wie in einem Brennspiegel diejenigen Probleme, Schwierigkeiten, aber auch Chancen erkennen läßt, die sich aus der mit zunehmender Interdependenz und Globalisierung verbundenen Auflösung der Grenzen zwischen „national“ und „international“ ergeben.

Wilfried Loth

Regionale, nationale und europäische Identität. Überlegungen zum Wandel europäischer Staatlichkeit

Eine der grundlegenden Schwierigkeiten in der Erfassung internationaler Realität besteht im unsteten Charakter ihrer Akteure. Staaten ändern ihre Form, ihre Legitimationsgrundlagen und ihre Instrumente; sie zerfallen oder sie schließen sich zusammen; neue Akteure jenseits der herkömmlichen staatlichen Ebene treten auf den Plan, die das internationale Geschehen beeinflussen. Besonders ausgeprägt ist dieser Transformationsprozeß moderner Staatlichkeit im Fall des Funktionsverlustes europäischer Nationalstaaten im 20. Jahrhundert und der europäischen Integration, die daraus resultierte. Um ihn angemessen zu erfassen, empfiehlt es sich, nach den Manifestationen kollektiver Identitäten Ausschau zu halten, die auf ihn eingewirkt haben und von ihm geprägt wurden. Handeln auf der internationalen Ebene setzt ein entsprechendes Bewußtsein kollektiver Identität voraus; folglich ermöglicht die Identifizierung solchen Bewußtseins auch die Bemessung der Handlungsfähigkeit ihrer Akteure.

Zum Begriff der Identität

Dabei soll von einem Begriff von Identität ausgegangen werden, der sich in der Psychologie als nützlich erwiesen hat. Identität ist danach nichts Abgeschlossenes: Niemand ist mit zwanzig Jahren der gleiche wie mit zehn, niemand mit fünfzig der gleiche wie mit zwanzig. Jeder nimmt je nach Kontext unterschiedliche Rollen wahr: Als Kunde fühlt er sich anders als als Mitglied einer Produktionsgruppe, als Familienvater anders als als Spieler in einem Handballteam. Allgemein gesprochen ist Identität das Resultat vergangener Identifizierungsprozesse; dabei haben diese je nach Lebensalter und Situation unterschiedlich starke Prägekraft entwickelt. Identität ist die Verstetigung dieser zu Ich-Leistungen avancierten Identifizierungen unter dem Interesse ihrer Vereinheitlichung. Ihr Versprechen ist das Gefühl der Kontinuität und Realitätssicherung. Sie stellt keinen abgeschlossenen Zustand dar, sondern akzentuiert sich in einem fortlaufenden Konflikt- und Differenzierungsprozeß zwischen sozialer Erwartung und personaler Einzigartigkeit immer wieder neu.

Mutatis mutandis lassen sich diese Einsichten der Individualpsychologie[1] auch auf

1 Einflußreich waren hier vor allem die Arbeiten von Erik H. Erikson. Vgl. als knappe Einführung Gaetano Benedetti, Identität in der Lehre von Erikson, in: ders./Louis Wiesmann (Hrsg.),

Kollektive übertragen. Die Identitäten von Gemeinwesen sind nicht statisch, sondern in einem permanenten Wandlungsprozeß begriffen. Sie basieren auf kollektiven Erfahrungen und ihrer Deutung in einem dialektischen Prozeß: Individuell erlebte Wirklichkeiten werden im Licht kollektiver Wirklichkeitsmodelle und Wissensbestände gedeutet und tragen damit zur Verstärkung und Verstetigung dieser kollektiven Deutungen bei. Das Wir-Gefühl einer Gruppe, das auf diese Weise entsteht,[2] enthält stets ein Moment der Abgrenzung von anderen Gruppen. Es fördert die innere Homogenisierung der Gruppe, mithin die Einebnung vorheriger Unterschiede in der Wahrnehmung wie in der Realität. Gleichzeitig drückt sich im Wir-Gefühl eine spezifische Selbstwertschätzung der Gruppe aus. Diese enthält notwendigerweise positive Elemente; häufig ist sie mit negativen Urteilen über andere Gruppen verbunden. Je nach Art der Erfahrungen und Deutungen, die prägend werden, hält das kollektive Selbstbild tatsächliche Erinnerungen und tradierte Geschichtsbilder fest, verallgemeinert es evidente Alltagswahrnehmungen und birgt es mehr oder weniger deutliche Vorstellungen von einer gemeinsamen Zukunft. Seine Entstehung ist an reale und gedeutete Erfahrungsräume gebunden und wird durch dramatische Abweichungen von bisheriger Normalität begünstigt.

Kollektive Identitäten sind damit notwendigerweise in einem ständigen Wandel begriffen. Die Wirklichkeitsmodelle, die zu ihrer Konstituierung beitragen, erleichtern die Einordnung und Deutung der Erfahrungen; sie ordnen sie, reduzieren ihre Komplexität und ermöglichen damit die Orientierung. Zugleich werden sie aber auch permanent durch neue Erfahrungen verändert. Meist verlaufen die Wandlungsprozesse inkremental, so daß man von Modifizierungen, Erosionen und Verdichtungen sprechen kann; gelegentlich sind aber auch dramatische Umbrüche zu verzeichnen, die zur Erschütterung von Identitäten und zur Ablösung von Weltbildern führen.[3]

Weiterhin gilt, daß Menschen immer mehreren Gruppen zugleich angehören und damit zur gleichen Zeit über unterschiedliche kollektive Identitäten verfügen. Sie verstehen sich etwa als Mitglied einer Familie, eines Clans, einer Alterskohorte und gleichzeitig als Bürger einer Stadt, Vertreter eines Berufsstandes und Angehöriger einer Nation. In der Regel bereitet es keine Schwierigkeiten, unterschiedliche Identitäten miteinander zu verbinden. Wenn die Gruppen tendenziell unvereinbare Ansprüche stellen, kann es allerdings auch zu Loyalitätskonflikten kommen. Gehören sie zudem der gleichen funktionalen Kategorie an, sind unterschiedliche Formen gespaltener Identität unausweichlich.

Ein Inuk sein. Interdisziplinäre Vorlesungen zum Problem der Identität, Göttingen 1986, S. 65–78; als aktuelle Fallstudie etwa Christian Schneider, Identität und Identitätswandel der Deutschen nach 1945, in: Wilfried Loth/Bernd-A. Rusinek (Hrsg.), Verwandlungspolitik. NS-Eliten in der westdeutschen Nachkriegsgesellschaft, Frankfurt/M. 1998, S. 247–258.

[2] Vgl. Georg Elwert, Nationalismus und Identität. Über die Bildung von Wir-Gruppen, in: Kölner Zeitschrift für Soziologie und Sozialpsychologie 41 (1989), S. 440–464; ders., Boundaries, Cohesion and Switching on We-groups in Ethnic, National and Religious Form, in: APAD Bulletin 10 (1995), S. 19–33.

[3] Vgl. zu diesem wissenssoziologischen Interpretationsansatz generell Peter L. Berger/Thomas Luckmann, Die gesellschaftliche Konstruktion der Wirklichkeit. Eine Theorie der Wissenssoziologie, Frankfurt/M. 1980; Thomas Luckmann, Grundformen der gesellschaftlichen Vermittlung des Wissens. Kommunikative Gattungen, in: Friedhelm Neidhardt/M. Rainer Lepsius (Hrsg.), Kultur und Gesellschaft, Opladen 1986, S. 191–213.

Regionen, Nationen und die europäische Ebene stellen Erfahrungsräume unterschiedlicher Reichweite dar. Insofern lassen sich regionale, nationale und europäische Identität grundsätzlich ohne Schwierigkeiten miteinander verbinden. Allerdings sind ihre respektiven Funktionen nicht immer klar voneinander abgegrenzt und zudem, wie eingangs angedeutet, einem starken Wandel unterworfen. Dies führt zu Orientierungsschwierigkeiten, in der Praxis ebenso wie im wissenschaftlichen Diskurs. Sie lassen sich abbauen, wenn man ihre wechselseitige Bedingtheit thematisiert.[4]

Nationale Identität

Dabei muß gegen die ahistorische Verabsolutierung der Nation als kollektives Identifikationsmuster, die mit der Konstituierung der Nationalstaaten verbunden war und bis in die wissenschaftlichen Diskurse hinein immer noch vielfach anzutreffen ist, der prozessuale Charakter auch der nationalen Identitätsbildung betont werden.[5] Nationen entstehen, verändern ihren Charakter, gewinnen oder verlieren an Prägekraft. Von einer österreichischen Nation hat nach 1918 so gut wie niemand gesprochen, nach 1945 dagegen sehr viele, und spätestens mit der Behauptung der staatlichen Einheit im Ost-West-Konflikt war aus den Österreichern auch tatsächlich eine Nation geworden. Ob die Deutschen in Ost und West noch eine Nation bildeten, wurde seit den 70er Jahren zunehmend zweifelhaft, und seit sie wieder in einem Staat vereint sind, zeigt sich, daß sie das Zusammenleben erst wieder lernen müssen.

Bei der Bildung von Nationen spielen dreierlei Komponenten eine Rolle: ethnische Gemeinsamkeiten, gemeinsame kulturelle Traditionen und gemeinsame Erfahrungen. Ihr jeweiliger Anteil kann sehr unterschiedlich sein, objektiv und in der Wahrnehmung. Eine sprachliche Gemeinsamkeit gehört häufig zu den kulturellen Komponenten, sie ist aber weder unerläßlich noch in jedem Fall ausschlaggebend. Dagegen gehört zu jeder gemeinsamen Geschichte auch ein Wissen um diese Geschichte, ein historischer Mythos, der die gemeinsame Identität thematisiert. Im Anschluß an Maurice Halbwachs könnte man auch von einem „kollektiven Gedächtnis" sprechen, das die politische Identität einer Gemeinschaft ermöglicht.[6]

[4] Vgl. an jüngeren Bemühungen Heinz-Ulrich Kohr u. a. (Hrsg.), Nationale Identität und europäisches Bewußtsein. Theoretische Entwürfe und empirische Befunde, München 1993; Robert Picht (Hrsg.), L'Identité Européenne. Analyses et propositions pour le renforcement d'une Europe pluraliste, Bruxelles 1994; Roland Axtmann, Kulturelle Globalisierung, kollektive Identität und demokratischer Nationalstaat, in: Leviathan 23 (1995), S. 90ff.

[5] Vgl. im historischen Rückblick Hagen Schulze, Staat und Nation in der europäischen Geschichte, München 1994; zum Forschungsstand Dieter Langewiesche, Nation, Nationalismus, Nationalstaat. Forschungsstand und Forschungsperspektiven, in: Neue Politische Literatur 40 (1995), S. 190–236; sowie Heinz-Gerhard Haupt/Charlotte Tacke, Die Kultur des Nationalen. Sozial- und kulturgeschichliche Ansätze bei der Erforschung des europäischen Nationalismus im 19. und 20. Jahrhundert, in: Wolfgang Hardtwig/Hans-Ulrich Wehler (Hrsg.), Kulturgeschichte heute, Göttingen 1996, S. 255–283.

[6] Maurice Halbwachs, Das Gedächtnis und seine sozialen Bedingungen, Frankfurt/M. 1985; ders., Das kollektive Gedächtnis, Frankfurt/M. 1985; zur Rezeption der Schriften Halbwachs', die in den 20er und frühen 30er Jahren entstanden, besonders Jan Assmann/Tonio Hölscher

In der Moderne wurde dieser Mythos regelmäßig mit einem gesellschaftlichen Projekt verbunden, d. h. mit Aussagen darüber, wie die Ordnung der Menschen gestaltet werden soll, die dieser Nation angehören.[7] Sie blieben notwendigerweise vage, hatten aber stets die rechtliche Gleichheit und die politische Partizipation ihrer Angehörigen im Blick. Gleichzeitig zielten sie auf Vereinheitlichung des Lebensraums und Souveränität des nationalen Willens, mit anderen Worten auf territoriale Staatsbildung mit nationaler Prägung. Nationen wurden zu handelnden Subjekten, die sich der Instrumente des modernen Staates bedienten.

Im Zuge der Nationalstaatsbildung wurde der Begriff der Nation vielfach ideologisch-zivilisatorisch aufgeladen. Die Nation galt jetzt als Willensgemeinschaft derjenigen, die sich einem gemeinsamen gesellschaftlichen Projekt verpflichteten, und zugleich als Solidargemeinschaft, in der Rechte und Pflichten einander entsprachen. „Eine Nation", formulierte das Ernest Renan in seinem berühmten Vortrag an der Sorbonne im März 1882, „ist eine große Solidargemeinschaft, die durch das Gefühl für die Opfer gebildet wird, die erbracht wurden und die man noch zu erbringen bereit ist. Sie setzt eine Vergangenheit voraus und läßt sich dennoch in der Gegenwart durch ein greifbares Faktum zusammenfassen: die Zufriedenheit und den klar ausgedrückten Willen, das gemeinsame Leben fortzusetzen. Die Existenz einer Nation ist (man verzeihe mir diese Metapher) ein tägliches Plebiszit, wie die Existenz des Individuums eine ständige Bekräftigung des Lebens ist."[8] Diese Vorstellung deckte die Realität der Nation insofern nicht vollständig ab, als sie ihren Zwangs- und Traditionscharakter ausblendete. Sie wirkte gleichwohl mobilisierend und damit nationenbildend.

Erfolgreich war der moderne Nationenbegriff vor allem aus zwei Gründen: Zum einen war er in der Lage, durchaus unterschiedliche Hoffnungen auf Emanzipation unter einem gemeinsamen Dach zu bündeln, das Geborgenheit verhieß. Die Nation versprach damit einen Halt in der Bewegung des Fortschritts oder, von der anderen Seite her gesehen, Dynamik ohne gleichzeitige Entwurzelung. Nationale Identität konnte die Auflösung partikularer Identitätsbindungen im Prozeß funktionaler Differenzierung moderner Gesellschaften kompensieren.[9] Zum anderen entsprach die Größe der entstehenden Nationalstaaten in bestimmten Phasen der industriellen Revolution in etwa dem Entwicklungsstand der Produktivkräfte. Sie ließen sich besser

(Hrsg.), Kultur und Gedächtnis, Frankfurt/M. 1988; Jan Assmann, Das kulturelle Gedächtnis. Schrift, Erinnerung und politische Identität in frühen Hochkulturen, München 1992.

[7] Vgl. u. a. Benedict Anderson, Die Erfindung der Nation. Zur Karriere eines folgenreichen Konzepts, Frankfurt/M., 2. Aufl. 1993; Eric J. Hobsbawm, Nationen und Nationalismus. Mythos und Realität seit 1780, Frankfurt/M., 2. Aufl. 1992; Otto Dann, Nation und Nationalismus in Deutschland 1770–1990, München 1993; Helmut Berding (Hrsg.), Nationales Bewußtsein und kollektive Identität. Studien zur Entwicklung des kollektiven Bewußtseins in der Neuzeit 2, Frankfurt/M. 1994; Wolfgang Hardtwig, Nationalismus und Bürgerkultur in Deutschland 1500–1914, Göttingen 1994; Ulrich Bielefeld/Gisela Engel (Hrsg.), Bilder der Nation. Kulturelle und politische Konstruktionen des Nationalen am Beginn der europäischen Moderne, Hamburg 1998.

[8] Ernest Renan, Oeuvres complètes, Bd. 1, Paris 1947, S. 887–906, hier S. 904.

[9] Vgl. etwa Michael Maurer, ‚Nationalcharakter' in der frühen Neuzeit. Ein mentalitätsgeschichtlicher Versuch, in: Reinhard Blomert u. a. (Hrsg.), Transformationen des Wir-Gefühls. Studien zum nationalen Habitus, Frankfurt/M. 1993, S. 45–84.

erschließen, wenn man für nationale Märkte produzierte statt nur für regionale und wenn kulturelle, infrastrukturelle und institutionelle Rahmenbedingungen auf einem entsprechend breiten Level organisiert wurden.

Der moderne Nationalismus nahm damit in doppelter und vielfach miteinander verschränkter Weise Modernisierungsfunktionen wahr. Mit ihm verband sich nicht nur die Durchsetzung des modernen Rechts- und Verfassungsstaats, sondern auch der Demokratie, des Sozial- und des Wohlfahrtsstaats. Diese Verbindung war zwar nicht zwingend: Modernisierung konnte auch ohne Nationalstaatsbildung erfolgen, und ein allzu integrierender Nationalismus konnte auch modernisierungshemmend wirken.[10] Doch bezog der Nationalstaat aus den Modernisierungsleistungen vielfach Legitimität, nationale Identität wurde durch sie geprägt.

Mit der zunehmenden Internationalisierung im Zuge der weiteren Entwicklung der Produktivkräfte verloren die Nationalstaaten, zumal in Europa, dann aber an Leistungsfähigkeit und damit auch an Prägekraft. Nationalstaaten konnten die Sicherheit ihrer Bürger nicht mehr garantieren, sie wurden für rationale Produktionsweisen zu eng, sie verloren Macht und Prestige und bekamen Konkurrenz durch größere Erfahrungs- und Kommunikationsräume. Die nationale Identität wurde dadurch in doppelter Weise ausgehöhlt: Nation und Nationalstaat konnten weniger Loyalität einfordern, während die Menschen zugleich eine Umwelt erlebten, die immer weniger von nationalen Besonderheiten geprägt war.

Gleichzeitig erschien die Nation aber einmal mehr als Zufluchtsstätte in der allgemeinen Bewegung des Fortschritts, sowohl als mentales Orientierungsangebot als auch in ihren sozialstaatlichen Rückversicherungsfunktionen.[11] Es ist leicht zu sehen, daß sie in diesen Funktionen weiterhin nachgefragt werden wird. Folglich ist sie mit der Internationalisierung keineswegs zum Absterben verurteilt und wird auch durch die Dynamisierung der Internationalisierungsprozesse, für die sich der etwas irreführende Begriff der „Globalisierung" eingebürgert hat,[12] nicht obsolet. Die Funktionen des Nationalstaats müssen lediglich in Abgleichung mit staatlichen Funktionen der regionalen und der europäischen Ebene neu justiert werden. Dabei wird nationale Identität so aufgefüllt werden (müssen), daß sie mit dem Bewußtsein der Zugehörigkeit zu regionalen Einheiten wie zur Europäischen Gemeinschaft kompatibel ist.

10 Vgl. Günter Schödl, Die Dauer des Nationalen. Zur Entwicklungsgeschichte des „neuen" Nationalismus im östlichen Europa, in: Heinrich August Winkler/Hartmut Kaelble (Hrsg.), Nationalismus – Nationalitäten – Supranationalität, Stuttgart 1993, S. 123–155.

11 Besonders eindrucksvoll wurde diese Ambivalenz in den Zukunftsdiskussionen unter dem Eindruck des Zweiten Weltkriegs deutlich; vgl. Walter Lipgens (Hrsg.), Documents on the History of European Integration, Vol. I: Continental Plans for European Union, 1939–1945, Berlin/New York 1985; Vol.II: Plans for European Union in Great Britain and in Exile, 1939–1945, Berlin/New York 1986; Michel Dumoulin (Hrsg.), Plans des temps de guerre pour l'Europe d'après-guerre 1940–1947, Bruxelles 1995.

12 Irreführend insofern, als der überwiegende Anteil des wirtschaftlichen Austauschs innerhalb von regionalen Gruppierungen erfolgt und die drei Hauptwirtschaftsmächte Europa, Japan und Nordamerika durchaus über die Fähigkeit verfügen, Druck auf die Märkte auszuüben; vgl. etwa Paul Hirst/Graham Thomspon, Globalization in Question. The International Economy and the Possibilities of Governance, Cambridge und Oxford 1996; sowie André Gauron, Le malentendu européen, Paris 1998.

Regionale Identitätsbildung

Die Funktion des Horts vor den Zumutungen des Internationalisierungsprozesses muß die Nation nun allerdings mit kleineren Einheiten teilen, für die sich der Begriff der Regionen eingebürgert hat. Insofern geht mit der Neubestimmung nationaler Identität ein Prozeß der Wiederbelebung oder erstmaligen Aktivierung regionaler Identitäten einher.[13]

Seine Anknüpfungspunkte sind freilich bei weitem nicht so gleichförmig, wie das bei der Herausbildung der modernen Nationalstaaten der Fall war.[14] Regionen werden von traditionellen, herrschaftlichen und kulturellen Zentren (Städten und Landgemeinden) geprägt, sie können aus genossenschaftlichen Zusammenschlüssen hervorgegangen sein oder aus der Regionalisierung von Herrschaft, die politischer oder bloß administrativer Natur sein kann. Regionalisierung kann aufgrund ethnischer, sprachlicher und kultureller Unterschiede folgen oder unabhängig davon. Regionen können aufgrund wirtschaftlicher, funktionaler oder sozial-mentaler Zusammenhänge entstehen. Sie können nationale Grenzen überschreiten; dabei bildet oft, aber nicht notwendigerweise, das Faktum der Grenze den Auslöser für die Ausbildung einer grenzüberschreitenden regionalen Identität.

Entsprechend unterschiedlich sind Zuschnitt, Prägekraft und Leistungsfähigkeit der Regionen. Vielfach überschneiden sich Regionen auch, es gibt Regionen innerhalb der Regionen und entsprechend mehrschichtige regionale Identitäten. Von außen gesehen erscheint Wales als eine Region Großbritanniens. Für einen Waliser macht es aber einen großen Unterschied, ob er in English Wales, British Wales oder Walis Wales zu Hause ist. Der Versuch, Berlin und Brandenburg zu einem Bundesland zusammenzufassen, scheiterte an dem dreifachen Gegensatz zwischen Metropole und Umland, zwischen Ost und West und zwischen Eliten-Identität und Disparatheit der breiten Bevölkerung.

Der Übergang von regionaler Identität zu lokaler und Gruppen-Identität einerseits und nationaler Identität andererseits ist fließend. Begrifflich lassen sich Regionalisten von Nationalisten dadurch unterscheiden, daß sie die Legitimität und Effektivität des weiteren Staates anerkennen, in dem sich die von ihnen vertretene Region befindet. Nationalisten hingegen bestreiten sie und verlangen die staatliche Organisation der Region. Bei Konflikten mit regional verankerten Minderheiten innerhalb der Nationalstaaten geht es präzise um diese Differenz.

Aufgrund ihrer Vielfalt sind Regionen nur in begrenztem Maße politikfähig. Neben ihrer Funktion bei der Identitätssicherung wächst auch ihre Bedeutung für die Selbsterneuerung der Gesellschaft. Folglich setzt Zukunftsfähigkeit tendenziell eine Stärkung des institutionellen Gewichts der Regionen voraus. Es ist jedoch nicht ab-

[13] Vgl. Rolf Lindner (Hrsg.), Die Wiederkehr des Regionalen. Über neue Formen kultureller Identität, Frankfurt/M. und New York 1994; Mathew Horsman/Andrew Marshall, After the Nation State. Citizens, Tribalism and the New World Disorder, London 1994; David Morley/Kevin Robbins, Spaces of Identity. Global Media, Electronic Landscapes and Cultural Boundaries, London und New York 1995.

[14] Vgl. Gerhard Brunn (Hrsg.), Region und Regionsbildung in Europa. Konzeptionen der Forschung und empirische Befunde, Baden-Baden 1996.

zusehen, daß dies überall in gleicher Weise erfolgt – nicht nur aufgrund der unterschiedlichen historischen Tradition, die sich in ganz verschiedenartigen politischen und administrativen Strukturen niederschlagen, sondern auch aufgrund der im einzelnen weiterhin unterschiedlichen Funktionen von Regionen.

Das Schlagwort vom Europa der Regionen führt daher in die Irre.[15] Eine Europäische Gemeinschaft läßt sich nicht nach einem abstrakten föderalistischen Muster von gleichförmigen Regionen her aufbauen, schon gar nicht bei gleichzeitigem Abbau der nationalstaatlichen Ebene. Das Gewicht der Regionen bei der Entscheidungsfindung wie bei der Identitätsbildung nimmt zwar zu; auf der Gemeinschaftsebene können Regionen aber nur in dem Maße politisch aktiv werden, wie die innere Föderalisierung der Mitgliedsstaaten weiter vorankommt, wie mit anderen Worten regionale Bewegungen angemessene körperschaftliche Formen und Funktionen finden. Dabei ist zu beachten, daß die Gebote der Leistungs- und Handlungsfähigkeit der Föderalisierung Grenzen setzen, die in der Praxis schwer zu bestimmen sind. Auf europäischer Ebene wird als Region nur vertreten sein, was die Nationalstaaten als nächsten regionalen Unterbau definieren und anbieten. Diese europäische Verankerung mag zur Stärkung der derart definierten politischen Regionen beitragen; gleichzeitig steht dieser Gestaltungsprozeß aber in einer anhaltenden Spannung zu anders ausgerichteten regionalen Bewegungen und anders akzentuierten regionalen Bewußtseinsständen.

Daraus kann gefolgert werden, daß regionale Identität die nationale in absehbarer Zukunft ebenso wenig ersetzen wird wie die europäische. Beide spielen aber jetzt schon eine stärkere Rolle als in der klassischen Epoche der Nationalstaaten, und es spricht viel dafür, daß ihre Bedeutung weiter zunehmen wird.

Der Prozeß der europäischen Einigung

Eine weitere Folge der zunehmenden Funktionsdefizite der Nationalstaaten und des nationalstaatlichen Ordnungssystems in Europa war und ist der Prozeß der europäischen Einigung, die seit dem Zweiten Weltkrieg vom Westen Europas ausgehend betrieben wird. Die Entwicklung der modernen Kriegstechnik ließ das Problem der zwischenstaatlichen Anarchie immer unerträglicher und Friedenssicherung (nicht nur, aber auch) zwischen den europäischen Staaten immer dringlicher werden. Damit wurde es ebenfalls dringlicher, die deutsche Frage zu lösen, das heißt zwischen der Selbstentfaltung der stärksten Nation in der Mitte des europäischen Kontinents und der Freiheit und Sicherheit der übrigen Nationen Europas einen dauerhaften Ausgleich zu finden. Gleichzeitig wurden die nationalen Märkte in Europa für rationale Produktionsweisen zu eng; ihre wechselseitige Abschottung war nur temporär und sektoral sinnvoll; langfristig führte sie zu einem Verlust an Produktivität. Eng damit

15 Vgl. die empirischen Befunde bei Christian Engel/Wolfgang Wessels, Die Regionen in der EG – Rechtliche Vielfalt und integrationspolitische Rollensuche. Gutachten im Auftrag der Staats- und Senatskanzleien der Länder. Endbericht, Bonn 1991; Christian Engel, Regionen in der Europäischen Gemeinschaft: Eine integrationspolitische Rollensuche, in: Integration 14 (1991), S. 9–20; Peter Nitschke (Hrsg.), Die Europäische Union der Regionen. Subpolity und Politiken der Dritten Ebene, Opladen 1998.

verbunden war schließlich der Bedeutungsverlust der europäischen Nationalstaaten gegenüber den aufsteigenden neuen Weltmächten; damit wurde Selbstbehauptung gegenüber den USA wie gegenüber der Sowjetunion zu einem gemeinsamen Ziel der Europäer, das sich auch nur in gemeinsamer Anstrengung erreichen ließ.

Zusammengenommen ließen diese vier Impulse eine europäische Einigungsbewegung entstehen, die gemeinsame europäische Institutionen hervorrief.[16] Sie sind durch den Wegfall der Blockgrenzen in Europa nicht obsolet geworden, sondern haben im Gegenteil eine höchst eindrucksvolle Bestätigung erfahren. Wirtschaftliche Produktivität und sozialer Konsens sind ohne die Grundlage des Gemeinsamen Marktes nicht mehr denkbar, die gemeinsamen Interessen an Friedenssicherung überwiegen potentielle nationale Rivalitäten bei weitem, Handlungsfähigkeit auf globaler Ebene hängt nach wie vor vom gemeinsamen Auftreten der Europäer ab, und zur Einbindung der deutschen Zentralmacht wird der europäische Rahmen seit der Aufhebung der Ost-West-Spaltung mehr denn je gebraucht.[17]

Die Europäische Union stellt damit einen Versuch dar, die zivilisatorischen Errungenschaften des modernen Nationalstaats unter den Bedingungen der Internationalisierung zu erhalten und weiterzuentwickeln. Sie beruht auf der Wahrnehmung gemeinsamer und komplementärer Interessen der europäischen Nationen und einem Wissen um gemeinsame Werte und Traditionen, das es aussichtsreich erscheinen läßt, die gemeinsame Wahrnehmung dieser Interessen in Angriff zu nehmen. Als gesellschaftliches Projekt weist „Europa“ damit Züge auf, die den Nationalstaatsprojekten früherer Entwicklungsphasen entsprechen.

Gefördert wird dieses Projekt zweifellos durch die zunehmende Angleichung wirtschaftlicher, sozialer und gesellschaftlicher Strukturen, die zumindest im westlichen Europa im Zuge und infolge des anhaltenden Wirtschaftsbooms der 1950er und 1960er Jahre eingetreten ist.[18] Ebenso tragen die vielfältigen Verflechtungen in Eu-

[16] So meine Erklärung in: Wilfried Loth, Der Prozess der europäischen Integration. Antriebskräfte, Entscheidungen und Perspektiven, in: Jahrbuch für Europäische Geschichte 1 (2000), S. 17–30. Vgl. auch Wilfried Loth, Der Weg nach Europa. Geschichte der europäischen Integration 1939–1957, Göttingen, 3. Aufl. 1996; sowie für etwas andere Akzentuierungen Walter Lipgens, Die Anfänge der europäischen Einigungspolitik 1945–1950. Erster Teil: 1945–1947, Stuttgart 1977; und Alan Milward, The European Rescue of the Nation-State, London 1992; als Forschungsüberblick Clemens Wurm, Early European Integration as a Research Field: Perspectives, Debates, Problems, in: ders. (Hrsg.), Western Europe and Germany. The Beginnings of European Integration 1945–1960, Oxford und Washington 1995, S. 9–26.

[17] Im Gegensatz zu einer verbreiteten Auffassung spielt der Kalte Krieg in dieser historischen Analyse des Integrationsprozesses nur eine nachgeordnete Rolle. Aus der Furcht vor der Sowjetunion erwuchsen gewiß zusätzliche Impulse zu europäischer Selbstbehauptung; gleichzeitig hielt die Furcht vor einer Vertiefung der Spaltung Europas und ihren Folgen aber auch viele Akteure davon ab, den westeuropäischen Integrationsprozeß zu beschleunigen.

[18] Vgl. Hartmut Kaelble, Auf dem Weg zu einer europäischen Gesellschaft. Eine Sozialgeschichte Westeuropas 1880–1980, München 1987; ders., European Integration and Social History since 1950, in: Paul Michael Lützeler (Hrsg.), Europe after Maastricht. American and European Perspectives, Oxford 1994, S. 89–111; Robert Picht, Les sociétés européennes entre diversité et convergence. Propositions pour l'approfondissement de l'approche comparative dans les études européennes, in: Léonce Bekemans/Robert Picht (Hrsg.), European Societies Between Diversity and Convergence, Bruges 1993, S. 35–90; Axel Schildt, Sozialkulturelle Aspekte der westeuropäischen Integration in den ersten beiden Nachkriegsjahrzehnten. Überlegungen zu

ropa tendenziell zu seiner Durchsetzung bei: die Marktintegration, berufliche und private Mobilität, transnationale Begegnungen und Kontakte, transnational operierende Unternehmen und zunehmend transnational agierende akademische *communities*, schließlich die medial vermittelte Internationalisierung von Einstellungen, Moden und kulturellen Hervorbringungen. Allerdings erfassen diese Verflechtungsprozesse nicht alle Teile der europäischen Gesellschaften gleichermaßen und geht die *western civilization*, die sich damit ausbreitet, auch weit über Europa hinaus.[19] Folglich führt von ihnen auch kein direkter Weg zur Entstehung einer genuin europäischen Öffentlichkeit als Medium der Selbstreferenz einer europäischen Gesellschaft.[20]

Dem entspricht, daß die bisherige institutionelle Entwicklung der Europäischen Union vorwiegend auf technokratischem Wege erfolgte, ohne breite gesellschaftliche Diskussion und nachhaltige Identifizierung der Bürger der Europäischen Gemeinschaft mit ihren Institutionen.[21] Dies ist auf die vielfach unterschiedlichen Auffassungen zurückzuführen, wie eine Europäische Gemeinschaft gestaltet werden soll, verbunden mit vielfacher Enttäuschung darüber, daß die Gemeinschaft nicht so zu realisieren war, wie man sie sich idealiter wünschte. Die Unfähigkeit, gesellschaftlich zu handeln, die daraus resultierte, führt zu technokratischen Lösungen. Das gilt für die Durchsetzung der Montanunion 1950/51 ebenso wie für die Römischen Verträge von 1957 und das Vertragswerk von Maastricht 1991/92.

Gerade die Diskussion um den Maastricht-Vertrag und die Einführung der europäischen Währung hat aber gezeigt, daß dieser technokratische Umweg nach Europa an sein Ende gelangt ist.[22] Die europäische Ebene hat eine Regelungsdichte erreicht, die der Bürger nicht mehr übersehen kann, weil sie ihn vielfach und täglich betrifft. Entsprechend verlangt er entweder die Rückbesinnung auf die nationalen Institutionen oder, soweit ihm der illusionäre Charakter eines solchen Rückzugs bewußt ist, die Ausdehnung der demokratischen Rechte auf die europäische Ebene. Damit steht neben der Erweiterung die Demokratisierung der Europäischen Union auf der Tagesordnung.

Angesichts unterschiedlicher Bedürfnisse und Bewußtseinsstände wird sie nicht einfach zu haben sein. Sie bedarf konzeptioneller Klärung und politischer Anstrengung.[23] Dennoch stehen die Chancen gut, daß im Zuge der anstehenden Auseinandersetzung die europäische Dimension von Identität stärker ins Bewußtsein rückt und die Europäer lernen, sich auf der gemeinschaftlichen Ebene gesellschaftlich zu organisieren und zu artikulieren. Erstens lassen die Realitäten der Internationalisie-

einem geschichtswissenschaftlichen Forschungsfeld, in: Kulturwissenschaftliches Institut, Jahrbuch 1994, Essen 1994, S. 131–144.

19 Vgl. dazu die skeptische Einschätzung bei Richard Münch, Projekt Europa. Zwischen Nationalstaat, regionaler Autonomie und Weltgesellschaft, Frankfurt/M. 1993.

20 Vgl. Jürgen Gerhards, Westeuropäische Integration und die Schwierigkeiten der Entstehung einer europäischen Öffentlichkeit, in: Zeitschrift für Soziologie 22 (1993), S. 96–110.

21 Vgl. Marie-Thérèse Bitsch/Wilfried Loth/Raymond Poidevin (Hrsg.), Institutions européennes et identités européennes, Bruxelles 1998.

22 Vgl. Wilfried Loth, Vertiefung in der Erweiterung? Die Europäische Regierungskonferenz in historischer Perspektive, in: Kulturwissenschaftliches Institut, Jahrbuch 1995, Essen 1995, S. 77–81.

23 Vgl. den Beitrag von Wolfgang Schumann und Ragnar Müller in diesem Band.

rung dazu keine plausible Alternative mehr übrig, und zweitens hält die gemeinsame europäische Tradition durchaus genügend Anregungen für die Gestaltung eines europäischen Kollektivs bereit.

Historische Grundlagen europäischer Identität

Sie zu beschreiben, fällt freilich nicht leicht. Identitätsbeschreibungen treffen nie das Ganze, neigen zu Stilisierungen und, in der Abgrenzung von anderen Identitäten, zur Überbetonung der Gegensätze auf Kosten der Gemeinsamkeiten. Häufig stellen sie gleichzeitig politische Programme dar: nicht nur formuliert, um festzuhalten, was ist, sondern um zum Ausdruck zu bringen, was sein soll; formuliert von Intellektuellen in ihrer Lieblingsrolle als Mythenerfinder.

Will man den Fallstricken ideologisierender Identitätsbeschreibungen entgehen, empfiehlt es sich, Identitäten in historischer Perspektive zu betrachten, mit den Instrumenten einer kritischen Geschichtswissenschaft. Wir sind, was wir geworden sind; folglich lassen sich Einsichten in die Besonderheiten einer bestimmten Identität noch am ehesten gewinnen, wenn man verfolgt, welche historischen Entwicklungen auf sie Einfluß genommen haben, prägend geworden sind, Denk- und Verhaltensweisen, Institutionen, soziale Regeln und kulturelle Vorstellungen bestimmen.

Für die europäische Identität gilt, daß sie sich auf eine Abfolge mehrerer historischer Schichten gründen kann. Diese kommen keineswegs geographisch zur Dekkung, und insofern kann auch keine kontinuierliche Evolutionsgeschichte europäischer Identität geschrieben werden. Gleichwohl stellen sie einen kulturellen Zusammenhang dar, an die die Gemeinschaftsbildung in Europa anknüpfen konnte.[24]

Dieser kulturelle Zusammenhang beginnt mit dem Alten Orient, als wesentliche Grundlagen unserer modernen Kultur entstanden – Staat, Religion, Wissenschaft, Schriftlichkeit, Militär und Krieg. Vieles davon prägt noch heute unseren Alltag: das Alphabet, die Art der Zeiteinteilung, das Münzwesen und die Einteilung des Geldes, die Rede vom Stadtviertel, in dem man lebt, technische Errungenschaften wie Glas und Brückenbau, kulturelle Erfindungen wie die Kirchenmusik oder der Militarismus. Die europäische Zivilisation ist, wie die meisten anderen Zivilisationen, nicht ohne die ersten Hochkulturen denkbar; sie war für lange Zeit Teil eines kulturellen Zusammenhangs, der sein Zentrum im Alten Osten hatte.

[24] Anregungen hierzu bei Henri Brugmans, Les origines de la civilisation européenne, Liège 1958; Immanuel Geiss, Europa – Vielfalt und Einheit. Eine historische Erklärung, Mannheim 1993; Otto Gerhard Oexle, Mittelalterliche Grundlagen des modernen Europa, in: Jörg Calließ (Hrsg.), Was ist der Europäer Geschichte? Beiträge zu einer historischen Orientierung im Prozeß der europäischen Einigung, Loccum 1991, S. 17–60; Shmuel N. Eisenstadt, European Civilization in a Comparative Perspective. A Study in the Relations Betwen Culture and Social Structure, Oslo und London 1987; John A. Hall, Powers and Liberties. The Causes and Consequences of the Rise of the West, Oxford 1985; Michael Mann, European Development: Approaching a Historical Explanation in Europe and the Rise of Capitalism, Oxford und New York 1988; Jacques Le Goff, La vieille Europe et la nôtre, Paris 1994; Hubert Kiesewetter, Das einzigartige Europa. Zufällige und notwendige Faktoren der Industrialisierung, Göttingen 1996.

Aus der Antike übernahm die europäische Kultur zunächst die Idee der Polis freier und gleicher Bürger, die gemeinsam entscheiden und Ämter auf Zeit vergeben; sodann die Idee der Wahrheitsfindung durch Dialog, die Anerkennung der Kraft des Arguments und die Einsicht in die Notwendigkeit der Autonomie von Wissenschaft; weiter, vermittelt durch die Ausbreitung des Imperium Romanum und der lateinischen Sprache, die Rationalität des Römischen Rechts; und schließlich die Orientierung an einem Konzept geisteswissenschaftlicher, vorwiegend literarischer Bildung, den „studia humanitatis", das im wesentlichen auf Cicero zurückgeht und in der lebenspraktischen Ausrichtung der römischen Kultur wurzelt.

Im weströmisch-lateinischen Mittelalter, das etwa zu Beginn des 12. Jahrhunderts eine gewisse Einheitlichkeit in der Zivilisation erreicht hat, hat sich unter Heranziehung dieser Grundlagen ein Strukturprinzip entwickelt, das für die europäische Kultur bis heute mehr als alles andere prägend geworden ist: das vielzitierte Prinzip der Einheit in der Vielfalt. Durch das häufige Zitieren oft zur Leerformel degeneriert, trägt es tatsächlich wesentlich zur Erklärung europäischer Erfolge wie zur Charakterisierung europäischer Identität bei.

Einheit in der Vielfalt kennzeichnete zunächst die Form europäischer Staatenbildung: Trotz vielfacher imperialer Anstrengungen gab es immer ein Plural von Königreichen. Der beständige Wettbewerb zwischen den einzelnen Staatsgebilden um erhöhte Machtgeltung führte nie bis zu ihrer Vereinigung in einem Universalreich, doch blieben die Konkurrenten dabei stets in dem Bewußtsein verbunden, der einen universalen Christenheit anzugehören.

Darüber hinaus ergab sich Einheit in der Vielfalt aus der Trennung von geistlicher und weltlicher Gewalt, von regnum und sacerdotium, die wechselseitig aufeinander angewiesen blieben und sich damit in ihrer Macht beschränkten. Kaiser und Könige benötigten transzendentale Legitimation, die ihnen aber auch wieder entzogen werden konnte; Päpste und Bischöfe mußten sich auf weltliche Macht stützen, die ihnen nie unangefochten zur Verfügung stand. Dies hat die Konkurrenz der Staaten ebenso gefördert wie die Organisation der Kirche nach den Prinzipien von ständischer Partizipation und Repräsentation. Dem Papst standen die Konzilien gegenüber, den Bischöfen die Synoden.

Aus der Konkurrenz der einzelnen staatlichen Gebilde untereinander folgte zum einen, was man als Elemente des „modernen" Staates bezeichnet hat: die Entstehung der Idee der Souveränität; die fortschreitende Intensivierung und Rationalisierung der Staatlichkeit, das heißt die Entstehung des „Anstalts"-Staats mit einer rational organisierten Verwaltung; und schließlich die Idee der Gesetzgebung mit dem Begriff des Gesetzes, das durch Schriftlichkeit und formelle Konstituierung definiert ist.

Zum anderen stehen mit der Staatswerdung Vasallentum und Verbrüderungen (Conjurationes) eng zusammen, also Verträge zwischen Ungleichen und Verträge zwischen Gleichen. Die Vasallität führte zur Etablierung des Dualismus von König und Parlament, damit zum Prinzip der Repräsentation und zum Grundsatz rechtsstaatlichen Verfahrens, der Rechtssicherheit des Individuums, seines Schutzes vor Willkürakten. Die Idee der Conjuratio wiederum ermöglichte freiwillige Zusammenschlüsse, die gerade aufgrund der ausgeprägten Staatsferne produktiv waren: Das gilt für die Kaufmanns- und Handwerkergilden ebenso wie für Kommunen und ihre Bünde und auch für die okzidentale Universität mit Kooptationsrecht und Satzungsautonomie. Genossenschaften, Vereine, Verbände, Parteien und Gewerkschaften sind moderne Folgewirkungen dieses Organisationsprinzips.

Es ist leicht zu sehen, daß die Erfolge Europas in der Neuzeit auf diesen Strukturprinzipien beruhten:

– Nachdem die Glaubensspaltung den grundsätzlichen Pluralismus der abendländischen Kultur noch einmal um eine wesentliche Dimension erweitert hatte, war der Boden für die Ausbreitung von Aufklärung, Rationalismus und moderner Wissenschaft bereitet.

– Die Konkurrenz der Staaten und Herrschaften förderte die Entwicklung moderner Technik. Gleichzeitig fanden Wissenschaftler, Philosophen und Reformer, die wie überall in der Welt auch in europäischen Ländern aus Angst vor Neuerungen von ihren Herrschern vertrieben wurden, immer wieder in anderen Ländern Unterschlupf – gewöhnlich, weil sich deren Herrscher davon Vorteile gegenüber ihren Rivalen versprachen. Die Rolle der Hugenotten bei der Entwicklung Preußens ist dafür ein prominentes Beispiel.

– Schließlich bot die Konkurrenz der Staaten, die sich alle dem gleichen Zivilisationsbegriff verpflichtet fühlten, in Verbindung mit der Relativierung der Herrschaftsverbände durch Repräsentation, Kommunen und Universitäten gute Voraussetzungen für die Entwicklung der modernen Emanzipationsbewegungen, die auf Partizipation und sozialen Aufstieg zielten. Demokratie und moderner Wohlfahrtsstaat haben hier ihre Wurzeln.

All dies gehört zweifellos zum Bewußtsein der heutigen Europäer von sich selbst und zu ihrer habituellen Prägung.[25] Dabei werden die Schattenseiten von planender Rationalität, arbeitsteiligem Fortschritt und technischer Effektivität in der Regel nicht übersehen – haben doch die ungeheuren Möglichkeiten der Machtakkumulation und des Machtmißbrauchs, die daraus resultieren, die europäische Geschichte der letzten 200 Jahre zu einer Kette von Katastrophen werden lassen. Allerdings scheint es heute zum Grundkonsens der europäischen Gesellschaften zu gehören (man muß das mit einiger Vorsicht formulieren), die Instrumente, die die europäische Kultur bereitstellt, dazu zu nutzen, um eine Wiederholung solcher Katastrophen zu verhindern.

„Freiheit als Überwindung von Willkür; individuelle Selbstbestimmung im Rahmen und mit den Möglichkeiten kollektiver sozialer Bewegungen; unbeschränktes, schrankenloses Denken als Grundmodell des intersubjektiven Diskurses; gewaltlose Konfliktlösung durch Institutionenbildung; Öffentlichkeit als ubiquitäres Kommu-

[25] Vgl. an neueren Systematisierungen Edgar Morin, Europa denken, Frankfurt/M. 1988; Jean-Marie Domenach, Europe: Le défi culturel, Paris 1990; Hagen Schulze, Die Wiederkehr Europas, Berlin 1990; Fernand Braudel, Zivilisation und Kultur. Die Herrlichkeit Europas, in: ders., Europa. Bausteine seiner Geschichte, Frankfurt/M. 1991, S. 149–173; Brian Nelson/David Roberts/Walter Veit (Hrsg.), The Idea of Europe. Problems of National and Transnational Identity, Deddington und New York 1991; Joseph Rovan/Gilbert Krebs (Hrsg.), Identités européennes et conscience européenne, Paris 1992; Bernard Beutler (Hrsg.), Réflexions sur l'Europe, Brüssel 1993; Remi Brague, Europa. Eine exzentrische Identität, Frankfurt/M. und New York 1993; René Girault (Hrsg.), Identité et conscience européennes au XXe siècle, Paris 1994.

nikationsprinzip" – so oder ähnlich formuliert[26] können sich Strukturprinzipien einer europäischen Gesellschaft jedenfalls weitgehender Zustimmung erfreuen. Es dürfte auch breiter Konsens darüber herrschen, daß sie vor irgendwelchen besonderen nationalen Werten oder Errungenschaften rangieren.

Das „Projekt Europa" führt, jedenfalls in absehbarer Zeit, nicht zu einem Absterben der Nationalstaaten. Vielmehr bildet es die Voraussetzung für ihr Überleben, das allerdings nur ein Überleben in veränderter Form und eingeschränkter Funktion sein kann. Europäische Identität wird darum auch die nationalen Identitäten in absehbarer Zeit nicht einfach ersetzen. Statt dessen zeichnet sich ab, daß die Menschen in Europa mit einer mehrschichtigen Identität leben, einer Identität, die regionale, nationale und europäische Momente in sich vereint.[27]

Ob und wie lange noch die nationale Identität stärkere Bindungswirkungen behaupten kann als die europäische, muß dabei grundsätzlich offen bleiben. Es gibt keinen plausiblen Beleg für die Behauptung, *allein* der Nationalstaat sei imstande, Tiefenbindungen der gesellschaftlichen Kräfte zu schaffen.[28] Wie die Priorität der europäischen Werte und die zunehmende Transnationalität der Lebensstile zeigen, weisen die empirischen Befunde schon jetzt in eine andere Richtung. Mit der Ausweitung der Gemeinschaftsaufgaben und der Demokratisierung europäischer Politik werden die Gemeinsamkeiten der Europäer zweifellos noch stärker hervortreten.

26 Hier nach Helga Grebing, Nationale und zivilisatorische Identität in Europa, in: Gewerkschaftliche Monatshefte 46 (1995), S. 110–120, das Zitat S. 113.

27 So auch die Befunde in: Robert Picht (Hrsg.), L'identité européenne. Analyses et propositions pour le renforcement d'une Europe pluraliste, Bruges 1994. Tendenziell ähnlich: M. Rainer Lepsius, Bildet sich eine kulturelle Identität in der europäischen Union?, in: Blätter für deutsche und internationale Politik 42 (1997), S. 948–955. Zu den staatsrechtlichen Konsequenzen einer solchen mehrschichtigen Identität vgl. Joseph H.H. Weiler, The State „über alles", in: Festschrift für Ulrich Everding, Bd. 2, Baden-Baden 1995, S. 1651 ff.

28 So mit vielen anderen Ralf Dahrendorf, Die Zukunft des Nationalstaates, in: Merkur 48 (1994), S. 751–761.

Franz-Josef Brüggemeier

Internationale Umweltgeschichte

Der Begriff „Internationale Umweltgeschichte" ist ungewohnt. Eine Definition ist nicht zu ermitteln, und vermutlich haben ihn erst die Herausgeber dieses Bandes in die wissenschaftliche Diskussion eingeführt. Wie in anderen Fällen, läßt sich allerdings auch hier feststellen, daß der Begriff neu sein mag, daß sich ihm jedoch Themenfelder und Forschungsrichtungen zuordnen lassen, die eine sehr lange und reichhaltige Tradition aufweisen. Zwischen diesen gibt es Überschneidungen und Gemeinsamkeiten, doch entstanden sind die Forschungsrichtungen weitgehend unabhängig voneinander. Schon aus diesem Grund ist es nicht möglich, bei der internationalen Umweltgeschichte eindeutige Konturen, eine klare Richtung oder einen gemeinsamen roten Faden zu benennen. Die vordringliche Aufgabe – auch des vorliegenden Beitrages – besteht im Moment vielmehr darin, die wichtigen Richtungen und Forschungsfelder vorzustellen.

Dieser deskriptive Zugang ist auch deshalb erforderlich, weil die zugrundeliegenden Begriffe schwer einzugrenzen sind. Gerade der Begriff der Umwelt ist diffus und weit gespannt. Er umfaßt die natürliche, von Menschen weitgehend unbeeinflußte Umwelt, die es heutzutage allerdings kaum noch, in Europa wohl gar nicht mehr gibt. Zusätzlich ist mit diesem Begriff die mittlerweile seit mehreren Jahrtausenden von Menschen gestaltete Natur gemeint und schließlich auch die von ihm künstlich geschaffene Umwelt etwa der Städte oder der modernen Zivilisation, eine Art zweiter Natur, wobei die Übergänge zwischen den einzelnen Bereichen fließend sind.

Hinzu kommt, daß unter den Beiträgen zur neueren Umweltdebatte – deren Zahl überhaupt nicht mehr zu überschauen ist – der wohl größte Teil eine mehr oder minder ausgeprägte historische Komponente aufweist. Denn eigentlich geht es in dieser Debatte um Veränderungen, um einen Vergleich früherer Zustände mit heutigen, um historische Sachverhalte und Entwicklungen und damit zumindest implizit um Umwelt*geschichte*. Und schließlich ist der Begriff „international" nicht weniger schwierig. Der geographische Bezugsrahmen von Umweltproblemen oder ökologischen bzw. natürlichen Einheiten deckt sich nur ausnahmsweise, wenn überhaupt mit der Fläche von Nationen. Damit können kleinere, aber auch bedeutend größere Gebiete gemeint sein. So sind Biotope wie etwa Tümpel oftmals kaum größer als ein Vorgarten; das Einzugsgebiet von Flüssen hingegen kann mehrere Nationen umfassen, das Verbreitungsgebiet von Schadstoffen sich über mehrere Kontinente erstrecken, und der CO_2-Anstieg und die damit möglicherweise verbundene Erwärmung gelten als globale Probleme. Zu berücksichtigen ist auch, daß ökologische Entwicklungen sich über Jahrzehnte, Jahrhunderte und selbst Jahrtausende erstrecken können, also über Zeiträume, in denen es keine Nationalstaaten und keine politische Einheiten im heutigen Sinne gab, so daß eine Abgrenzung von „national" und „international" Schwierigkeiten bereiten kann.

Als Konsequenz dieser weit gespannten Begriffe sind die geläufigen Definitionen des Begriffs „Umweltgeschichte" sehr umfassend. In der Regel wird darunter die Untersuchung des Wechselverhältnisses von Mensch und Natur verstanden, die je eine eigene Existenz besitzen und eigenen Regeln folgen, sich aber auch gegenseitig beeinflussen und einander verändern. Dies ist thematisch ein großes Programm, denn es gibt wenige Bereiche menschlichen Handelns, die nicht in einem mehr oder minder engen Verhältnis zur Umwelt stehen. Und methodisch ist die Herausforderung nicht geringer, denn die Behandlung dieser Themen erfordert es, über die vertrauten geschichtswissenschaftlichen Methoden hinaus eine Vielzahl anderer Disziplinen mit oftmals naturwissenschaftlicher Prägung zu berücksichtigen oder auch vordringlich einzusetzen, darunter Geographie und Geologie, Paläobotanik, Archäologie, Genetik, Klimaforschung oder Ökologie.

Umweltgeschichte, auch die internationale Umweltgeschichte, bewegt sich also in einem thematisch und methodisch weit gespannten Rahmen. Schon aus pragmatischen Gründen wäre eine stärkere Eingrenzung wünschenswert, doch diese wird vorerst nicht möglich sein, wenn das überaus komplexe Verhältnis von Mensch und Natur angemessen untersucht werden soll. Allerdings erlaubt der Begriff „international" eine gewisse Einschränkung. Es wäre sinnvoll, sich im Rahmen der internationalen Umweltgeschichte auf größere ökologische, ökonomische oder politische, von Menschen geprägte Einheiten zu konzentrieren und zu untersuchen, wie deren Kontakt miteinander die jeweilige Umwelt veränderte, ob und wie diese Veränderungen wahrgenommen wurden und welche Versuche es gab, diese ggf. zu verhindern – beginnend mit Jäger- und Sammlergesellschaften bis hin zu den internationalen Konferenzen und Verträgen der Gegenwart. Hierbei lassen sich fünf große Bereiche mit fließenden Übergängen unterscheiden, die eine Orientierung bieten:

– Arbeiten, die vor allem langfristige Veränderungen untersuchen, naturwissenschaftlich geprägt sind und menschliches Handeln in oftmals sehr umfassende Zusammenhänge einbetten;

– die reiche Tradition der Untersuchungen, die nach dem Einfluß natürlicher, überwiegend geographischer und klimatischer Faktoren auf menschliches Verhalten fragen;

– eine vor etwa einhundertunddreißig Jahren einsetzende, in den letzten vier Jahrzehnten rapide anschwellende Literatur, die systematisch die Folgen menschlicher Eingriffe in die Natur behandelt;

– eine weitere Richtung, die sich erst in den letzten zwanzig Jahren durchgesetzt hat und vordringlich die Folgen untersucht, die das Aufeinandertreffen, teilweise Aufeinanderprallen unterschiedlicher politischer, ökonomischer und nicht zuletzt ökologischer Systeme (vor allem Pflanzen, Tieren und Mikroorganismen) auf die jeweilige Umwelt hatte;

– und schließlich, ebenfalls erst seit einigen Jahren, Arbeiten, die Zielsetzungen, Mechanismen, Institutionen und Ergebnisse der internationalen Umweltpolitik behandeln. Diese Arbeiten sind überwiegend politikwissenschaftlich orientiert, werden aber vorgestellt, da zumindest ihre Thematik für eine internationale Umweltgeschichte von großer Bedeutung ist.

Naturgeschichte

Die wohl längste wissenschaftliche Tradition weist eine Forschungsrichtung auf, die oftmals sehr große Zeiträume abdeckt und in dem Sinne international ist, daß die Untersuchungsgebiete mehrere Länder, ganze Kontinente oder den gesamten Globus umfassen können: Gemeint ist die Naturgeschichte, die derzeit äußerst aktuell ist, nicht nur in der Debatte über globale Erwärmung. Um heutige Entwicklungen einordnen und beurteilen zu können, benötigen wir nicht nur für die Veränderungen von Temperaturen Zeitreihen, die Tausende, ja Zehntausende von Jahren zurückreichen. Das gilt auch für andere Bereiche, etwa die Entwicklung der Wälder. So ist 1989 eine *Introduction to World Forestry* erschienen, deren Untersuchungszeitraum von der Entstehung unseres Planeten bis heute reicht.[1]

Derart langfristige Prozesse haben vor allem Geologen und Geographen bearbeitet und seit der Jahrhundertwende eine beachtliche Zahl von Untersuchungen erstellt.[2] Eine wichtige Zäsur erfolgte 1955, als sich etwa einhundert Wissenschaftler aus den Geistes-, Sozial- und Naturwissenschaften in Princeton trafen und „Man's Role in Changing the Face of the Earth" debattierten. Im Jahr darauf erschien das gleichnamige Buch mit den Beiträgen dieser Tagung, die bis in die prähistorische Zeit zurückreichen.[3] Hieran anknüpfend sind seitdem mehrere derartige Studien erschienen, darunter in den letzten Jahre die umfassende, von Billie L. Turner und anderen herausgegebene Studie *The Earth as Transformed by Human Action*.[4] Diese Arbeiten sind stark naturgeschichtlich geprägt und versuchen, einen globalen Überblick zu geben. Dies ist verständlicherweise keine einfache Aufgabe, da es sich um äußerst komplexe Zusammenhänge handelt und unser Wissen noch ungenügend ist. Hinzu kommt als weiteres Problem die Frage, inwieweit die behandelten Probleme tatsächlich globaler Natur sind.

Das gilt am ehesten für die Veränderungen des Klimas bzw. allgemeiner der Biosphäre, die spätestens seit der Konferenz von Rio de Janeiro im Mittelpunkt der internationalen Diskussionen und Umweltpolitik stehen. Doch selbst hier sind die Auswirkungen je nach Region ganz unterschiedlich. Das gilt noch ausgeprägter für die Entwicklung von Wäldern, die Nutzung von Land oder Wasser oder die Auswirkungen von Emissionen. Entsprechend sind Darstellungen vielfach eher additiv und beschreiben Entwicklungen in verschiedenen Ländern, Regionen oder Klimazonen, die oftmals durchaus vergleichbar sind. So kann in mehreren Gegenden der Erde eine Ausbreitung von Wüsten beobachtet werden oder eine Abholzung von Wäldern,

1 Jack Westoby, Introduction to World Forestry: People and their Trees, New York 1989.

2 Eine gute Übersicht und Zusammenfassung der Ergebnisse bei Helmut Jäger, Einführung in die Umweltgeschichte, Darmstadt 1994.

3 William L. Thomas (Hrsg.), Man's Role in Changing the Face of the Earth, Chicago 1956.

4 Billie L. Turner, The Earth as Transformed by Human Action, New York 1990; ferner Antoinette M. Mannion, Global Environmental Change: A Natural and Cultural History, London 1991; William B. Meyer, Human Impact on the Earth, New York 1996.

doch diese Vorgänge hängen nicht unbedingt und oftmals nur sehr abstrakt zusammen, wenn etwa als gemeinsamer Nenner auf die Bedeutung menschlicher Eingriffe verwiesen wird.

Ohnehin verbleiben die naturgeschichtlich geprägten Darstellungen vielfach auf sehr abstrakten Ebenen, auf der menschliches Handeln nur in sehr hoch aggregiertem Zustand eine Rolle spielt. Zudem umfassen die behandelten Zeiträume oftmals mehrere Jahrtausende oder noch größere Abschnitte, liegen also weit außerhalb menschlicher Erfahrungs- und Handlungshorizonte, so daß Historiker in diesen Studien bisher nur eine geringe Rolle spielen. Für ein Verständnis von Umweltproblemen sind derartige Ansätze wichtig. Doch zugleich liegen sie methodisch und thematisch so sehr außerhalb der eigentlichen Kompetenz von Historikern bzw. Geistes- und Sozialwissenschaftlern generell, daß sie im Rahmen einer internationalen Umweltgeschichte zwar einen wichtigen Bezugsrahmen darstellen, als eigenes Untersuchungsgebiet aber nur einen begrenzten Stellenwert erlangen dürften.

Eine ganz eigenartige Darstellung des Verhältnisses von Mensch und Umwelt findet sich in Arbeiten, die der Gaia-Hypothese verpflichtet sind und vor allem im englischsprachigen Raum große Resonanz gefunden haben. Gaia ist in der griechischen Mythologie die Göttin der Erde, und diese mythische Bezeichnung erklärt zu einem großen Teil den Erfolg der so bezeichneten Hypothese. Sie sieht die Erde einschließlich der Biosphäre als eine Einheit, die sich als ein hochkomplexes System selbst steuert, auf Herausforderungen – etwa durch menschliches Fehlverhalten – reagiert und teilweise Schäden selbst korrigieren kann. Entwickelt wurde diese Vorstellung von Lynn Margulis, einer amerikanischen Mikrobiologin, die mittlerweile als Nobelpreiskandidatin gehandelt wird, und insbesondere von James Lovelock, einem britischen Atmosphärenwissenschaftler.[5] Margulis geht es vor allem darum, die Biosphäre als ein hochentwickeltes naturwissenschaftliches Regelungssystem zu beschreiben, während bei Lovelock und mehr noch bei zahlreichen Anhängern der Gaia-These auch ganzheitliche, mythische Vorstellungen eine große Rolle spielen. So wird Gaia stellenweise als ein handelndes Subjekt, als ein lebendiges Wesen gesehen, das sich angesichts der zahlreichen Verletzungen, die Menschen der Erde zugefügt haben, jetzt räche. Die Gemeinsamkeiten dieser Auffassungen mit traditionellen Vorstellungen einer „Mutter Erde" sind unverkennbar.[6]

Eine ebenfalls lange Tradition besitzen Ansätze, die den Zusammenhang von natürlichen Gegebenheiten und der Entwicklung von Kultur und Zivilisationen behandeln. Beeindruckend dargestellt werden die in diesem Zusammenhang entwickelten Konzepte bei Clarence J. Gacken, der – so der Untertitel seiner Monographie – „Nature and Culture in Western Thought from Ancient Times to the End of the Eighteenth Century" behandelt.[7] Die geplante Fortsetzung ist leider nicht erschie-

[5] James Lovelock, The Ages of Gaia: A Biography of Our Living Earth, New York 1988; Lynn Margulis/Dorion Sagan, Microcosmos. Four Billion Years of Microbiological Evolution, New York 1986.

[6] Vgl. Joseph E. Lawrence, Gaia: The Growth of an Idea, London 1990; William Irwin Thompson (Hrsg.), Gaia: A Way of Knowing. Political Implications of the New Biology, Great Barrington 1987.

[7] Clarence J. Gacken, Traces on the Rhodian Shore. Nature and Culture in Western Thought from Ancient Times to the End of the Eighteenth Century, Berkeley u. a. 1967.

nen, doch einen guten Überblick über die spätere Entwicklung bieten Donald Worster und Jürgen Osterhammel.[8] Besonders zu erwähnen ist die jüngst veröffentlichte Studie von Jared Diamond, der eine beeindruckende Interpretation der Entwicklungsgeschichte der Menschheit in den letzten 13000 Jahren bietet.[9] Hierin versucht er zu zeigen, daß die Entwicklung der Völker, Stämme und Kulturen in den verschiedenen Kontinenten und damit auch der Aufstieg des Westens entscheidend durch die jeweiligen Umweltbedingungen geprägt wurden. Darunter versteht er vor dem Hintergrund der geographischen und klimatischen Voraussetzungen insbesondere die unterschiedliche Ausstattung mit Pflanzen und Tieren und die Möglichkeit, diese zu domestizieren; er betont die damit zusammenhängende Ausbreitung von Krankheiten bzw. die Entwicklung von Resistenzen und unterstreicht die Bedeutung ökologischer Barrieren.

Menschliche Eingriffe in Natur und Umwelt

Im Zentrum der neueren Umweltgeschichte stehen die Veränderungen von Natur und Umwelt, die durch den Menschen verursacht wurden und noch werden. Diese betreffen – verglichen mit der Erd- und Naturgeschichte – eine recht kurze Phase, erfolgten allerdings bereits durch die Jäger- und Sammlergesellschaften, indem diese etwa systematisch Brandrodung betrieben. Massivere Eingriffe erfolgten spätestens durch die antiken Großreiche, die Hochkulturen Mesoamerikas, die zunehmende Besiedlung, Rodung und Urbarmachung Europas seit dem frühen Mittelalter oder – besonders ausgeprägt – die chinesische Zivilisation. Diese Prozesse fanden oftmals in kleinen Räumen statt, konnten sich aber auch auf größere Regionen erstrecken und in ihrer akkumulierten Wirkung Konsequenzen für Gebiete haben, die weit über heutige Nationalstaaten hinausreichen.[10]

Diese Auswirkungen wurden spätestens seit dem 18. Jahrhundert thematisiert, zuerst durch Buffon, Humboldt und Herder, die anhand ausführlicher Beispiele beschrieben, wie menschliche Eingriffe die natürliche Umwelt wesentlich verändert

8 Donald Worster, Nature's Economy. A History of Ecological Ideas, Cambridge/Mass., 2. Aufl. 1994 (1. Aufl. 1977); Jürgen Osterhammel, Raumerfassung und Universalgeschichte im 20. Jahrhundert, in: Gangolf Hübinger/Jürgen Osterhammel/Erich Pelzer (Hrsg.), Universalgeschichte und Nationalgeschichten. Ernst Schulin zum 65. Geburtstag, Freiburg 1994, S. 51–72; ders., Die Wiederkehr des Raumes: Geopolitik, Geohistorie und historische Geographie, in: Neue Politische Literatur 43 (1988), S. 374–397; Ludwig Trepl, Geschichte der Ökologie. Vom 17. Jahrhundert bis zur Gegenwart, Frankfurt/M. 1987.

9 Jared Diamond, Arm und Reich. Die Schicksale menschlicher Gesellschaften, Frankfurt/M. 1998.

10 Vgl. Karl-Wilhelm Weeber, Smog über Attika. Umweltverhalten im Altertum, Zürich und München 1990; J. Donald Hughes, Ecology in Ancient civilisations, Albuquerque 1975; Mark Elvin, Three Thousand Years of Unsustainable Growth: China's Environment from Archaic Times to the Present, in: East Asian History 6 (1993), S. 7–46; ders./Liu Ts'ui-jung (Hrsg.), Sediments of Time: Environment and Society in Chinese History, Cambridge 1998; John R. McNeill, The Mountains of the Mediterranean World: An Environmental History, New York 1992; Peter D. Harrison/B.L. Turner II (Hrsg.), Pre-hispanic Maya agriculture, Albuquerque 1978; Vito Fumagalli: Mensch und Umwelt im Mittelalter, Berlin 1992.

hatten. Das Bewußtsein für derartige Veränderungen blieb nicht auf einzelne prominente Wissenschaftler beschränkt, sondern verbreitete sich im 19. Jahrhundert, vor allem im Zusammenhang mit der Flurbereinigung und dem Übergang zu einer marktorientierten Land- und Forstwirtschaft. Diese waren mit tiefen Eingriffen in die Landschaft verbunden, ebenso wie die etwa zeitgleich einsetzenden großen Flußkorrekturen. Zeitgenossen haben diese Veränderungen von Beginn an – oftmals kritisch – kommentiert, wobei ihre Kritik sehr grundsätzlich ausfallen konnte, zumindest in Ansätzen auf Kreisläufe verwies und teilweise sehr modern anmutet.[11]

Eine umfassende Darstellung menschlicher Eingriffe in die Natur hat offensichtlich zum ersten Mal der Amerikaner George Perkins Marsh verfaßt. Dessen Buch *Man and Nature* erschien erstmals 1864, 1874 in zweiter Auflage unter dem veränderten und aussagekräftigeren Titel *The Earth as Modified by Human Action.* Marsh behandelte systematisch die menschlichen Eingriffe in die Natur und ist bis heute eine der Ikonen der amerikanischen Umweltbewegung. In Deutschland erschienen vergleichbare Arbeiten um die Jahrhundertwende, so 1904 ein Aufsatz des Geographen Friedrich, der die neue Wirtschaftsweise als „Raubwirtschaft" bezeichnete, die nicht nur Deutschland und Europa, sondern den ganzen Globus ergriffen habe.[12] Vermutlich bekannter ist die Rede von Ludwig Klages unter dem Titel „Mensch und Erde", die er 1913 zur Jahrhundertfeier der Völkerschlacht von Leipzig auf dem Hohen Meissner hielt und die seitdem immer wieder neu aufgelegt wurde. Klages beschrieb eine „Verwüstungsorgie ohnegleichen", die die Menschheit ergriffen habe. Die Zivilisation trage die Züge entfesselter Mordsucht, für die er Beispiele aus der ganzen Welt, aus Amerika, Ägypten, Australien, Italien und auch den Weltmeeren zusammentrug, so daß seine Arbeit als frühes Beispiel einer internationalen Umweltgeschichte gelten kann.[13]

Diese Arbeiten erregten Aufsehen in der Öffentlichkeit, gaben dem um die Jahrhundertwende entstehenden Heimat- und Naturschutz zusätzlichen Auftrieb, gerieten in den Krisenjahren der Weimarer Republik und während des Nationalsozialismus jedoch etwas in den Hintergrund. Überraschend kurz nach Kriegsende änderte sich die Situation, als unter dem Eindruck einer weltweiten Bevölkerungsvermehrung eine neomalthusianische Diskussion einsetzte, die vor Grenzen der Belastbarkeit der Erde warnte. Genannt seien die beiden Bücher von Fairfield Osborne mit den Titeln *Our Plundered Planet* (1948) und *The Limits of the Earth* (1953)[14] sowie von William Vogt *The Road to Survival* (1948),[15] die jeweils große Auflagen erlebten. Vergleich-

[11] Für Deutschland vgl. die Zusammenstellung bei Franz-Josef Brüggemeier und Michael Toyka-Seid, Industrienatur. Lesebuch zur Geschichte der Umwelt im 19. Jahrhundert, Frankfurt/M. 1995; für die USA Carolyn Merchant (Hrsg.), Major problems in American environmental history: documents and essay, Lexington/Mass. 1993.

[12] Ernst Friedrich, Wesen und geographische Verbreitung der „Raubwirtschaft", in: Dr. A. Petermanns Mitteilungen 50 (1904), S. 68–79, S. 92–95; ähnlich Ernst Fischer, Der Mensch als geologischer Faktor, in: Zeitschrift der deutschen geologischen Gesellschaft 67 (1915), S. 106–148.

[13] Ludwig Klages, Mensch und Erde, in: Freideutsche Jugend. Zur Jahrhundertfeier auf dem Hohen Meißner 1913, Jena 1913, S. 89–107.

[14] Fairfield Osborne, Our Plundered Planet, Boston 1948, deutsch: Unsere ausgeplünderte Erde, Zürich 1950; ders., The Limits of the Earth, Boston 1953.

[15] William Vogt, The Road to Survival, New York 1948; deutsch: Die Erde rächt sich, Nürnberg 1950.

bare Debatten fanden in Deutschland statt, wo ebenfalls Bücher mit erstaunlich großer Verbreitung erschienen, darunter 1947 Anton Metternichs *Die Wüste droht*[16] und vor allem 1958 von Günther Schwab *Der Tanz mit dem Teufel*, das bis 1972 zehn Auflagen erlebte und in mehrere Sprachen übersetzt wurde. Schwab begründete zudem einen „Weltbund zum Schutze des Lebens", der 1969 in 31 Ländern vertreten war und allein in Deutschland rund eine Million Mitglieder zählte.[17]

Die hier aufgeworfene Thematik wurde von Historikern offensichtlich nicht aufgegriffen, wie überhaupt das Verhältnis von Raum und Geschichte angesichts der Prägungen durch den Nationalsozialismus kaum behandelt wurde. Wichtig war dies hingegen für die Schule der Annales, vor allem für die Arbeiten von Fernand Braudel über das Mittelmeer, die vordringlich den Einfluß von Umwelt und Klima auf den Menschen untersuchen, weniger hingegen die Folgen menschlicher Eingriffe.[18] Parallel dazu fand 1955 die bereits erwähnte Konferenz in Princeton statt, die in Methode und öffentlicher Resonanz einen wichtigen Durchbruch markierte. Ihre Ergebnisse und Anregungen fanden große Aufmerksamkeit, wurden anfangs allerdings eher von Außenseitern aufgegriffen, darunter von Lewis Mumford[19] und Arnold Toynbee in dessen Spätwerk *Mankind and Mother Earth*.[20] Mit großer Geste erzählt Toynbee die Geschichte der Menschheit seit ihren Anfängen und beschränkt sich dabei nicht auf den Westen, sondern behandelt auch die anderen großen Zivilisationen. Das im Titel angesprochene Thema greift er jedoch nur knapp auf, indem er die Gefahr beschwört, die Industrialisierung und Bevölkerungswachstum für die Biosphäre bedeuteten. Beachtung fand Toynbee vor allem in der Öffentlichkeit, zumal kurz zuvor der Bericht des Club of Rome erschienen war, der die Umweltthematik schlagartig in den Mittelpunkt einer weltweiten Debatte gerückt hatte.[21] In dessen Tradition stehen seitdem die zahlreichen Berichte über die globale Umweltentwicklung, darunter die kurz darauf veröffentlichte Studie *Global 2000*[22] und vor allem die jährlichen Veröffentlichungen des Worldwatch-Instituts in Washington *Zur Lage der Welt*, die Überblicke geben und jeweils besondere Schwerpunkte setzen.[23]

Die zentrale Zielsetzung des Berichts des Club of Rome bestand darin, Prognosen der künftigen Entwicklung zu erstellen, für die dessen Autoren überaus komplexe kybernetische Modelle entwickelt haben. Historische Befunde oder Argumentationen spielten demgegenüber eine auffallend geringe Rolle. Sie tauchten allenfalls als

16 Anton Metternich, Die Wüste droht. Die gefährdete Nahrungsgrundlage der menschlichen Gesellschaft, Bremen 1947.
17 Günther Schwab, Der Tanz mit dem Teufel. Ein abenteuerliches Interview, Hannover 1958; vgl. Franz-Josef Brüggemeier, Tschernobyl, 26. April 1986. Die ökologische Herausforderung, München 1998, S. 202–205.
18 Fernand Braudel, Das Mittelmeer und die mediterrane Welt in der Epoche Philipps II., 3 Bde, Frankfurt/M. 1994 (Original 1949).
19 Lewis Mumford, Technics and civilization, London, 8. Auflage 1962; ders., Mythos der Maschine. Kultur, Technik und Macht, Wien 1974.
20 Arnold Toynbee, Mankind and Mother Earth. A Narrative History of the World, London 1974.
21 Dennis Meadows u. a., Die Grenzen des Wachstums. Bericht des Club of Rome zur Lage der Menschheit, Stuttgart 1972.
22 Global 2000. Der Bericht an den Präsidenten, Frankfurt/M. 1980.
23 Worldwatch Institute (Hrsg.), Zur Lage der Welt, Frankfurt/M. 1987 ff.

Jahreszahlen in Tabellen auf und boten kaum mehr als die Möglichkeit, den Beginn von Kurvenverläufen etwas nach hinten zu verlegen. Selbst dies geschah nur begrenzt. Die meisten Kurven und Tabellen setzten im 20. Jahrhundert ein, oftmals sogar erst in den 1940er Jahren. Dieses Vorgehen prägte auch die kurz darauf veröffentlichte Studie *Global 2000*, wobei die Vorhersagen beider Arbeitsgruppen sich als überaus fehlerhaft erwiesen haben. Hierfür gibt es zahlreiche Gründe, darunter nicht zuletzt die in beiden Fällen merkwürdig unterentwickelte historische Perspektive.

Dabei war es offensichtlich gar nicht verkehrt, in den 1940er und 1950er Jahren eine wichtige Zäsur im Umgang mit Natur und Umwelt zu sehen. Mittlerweile sprechen zahlreiche Befunde dafür, daß nicht nur die Industrialisierung einen entscheidenden Einschnitt für das Mensch-Natur-Verhältnis bedeutete, sondern daß innerhalb der Industrialisierung die letzten fünf Jahrzehnte einen besonderen Abschnitt markieren. In diesem Zeitraum haben weltweit die Bevölkerungszahl und der Verbrauch an Ressourcen rapide zugenommen, ebenso die Belastung der Umwelt durch Besiedlung, Emissionen und Abfall.[24] Auch ist in diesem Zeitraum die moderne Umweltbewegung entstanden, hat eigene Institutionen hervorgebracht und auf Gesellschaft, Wirtschaft und Politik einen so großen Einfluß gewonnen, daß es an der Zeit ist, erste Bestandsaufnahmen zu versuchen, die allerdings eines größeren Rahmens bedürfen.

Ökologie und europäische Expansion

Weitgehend außerhalb des deutschen Sprachraums hat sich in den letzten Jahren eine Richtung entwickelt, die knapp mit dem Begriff „Ecological Imperialism" bezeichnet werden kann – so der Titel des Buches von Alfred W. Crosby über *The Biological Expansion of Europe, 900–1900* aus dem Jahre 1986.[25] Darin argumentiert Crosby, daß der Erfolg des westlichen Imperialismus nicht so sehr auf überlegene Waffen oder Wirtschaft zurückgeht, sondern auf die rapide und beinahe automatische Durchsetzung der Pflanzen, Tiere, Bakterien und Viren, die die Europäer mit sich brachten. Vereinfacht formuliert hatten sich Crosby zufolge in Europa seit der Trennung der Kontinente und angesichts der geringen Kontakte zwischen den alten Zivilisationen Pflanzen, Tiere und Bakterien herausgebildet, die anpassungs- und durchsetzungsfähiger waren, während die Bewohner Europas zugleich eine größere Resistenz gegen Erreger entwickelt hätten. Als mit dem Imperialismus die verschiedenen Zivilisationen in engen Kontakt miteinander kamen, hätten sich die europäischen Organismen weitgehend durchgesetzt und die Bewohner Nord- und Südamerikas, der Karibik oder Australiens so geschwächt bzw. durch Krankheiten in so großer Zahl hingerafft, daß sie keinen effektiven Widerstand leisten konnten. Die Bewohner Afrikas hingegen gehörten derselben bakteriologischen Umwelt an wie die Europäer, waren somit

[24] Christian Pfister (Hrsg.), Das 1950er Syndrom. Der Weg in die Konsumgesellschaft, Bern 1995.

[25] Alfred W. Crosby, The Biological Expansion of Europe, 900–1900, New York 1986; deutsch: Die Früchte des weißen Mannes. Ökologischer Imperialismus, 900–1900, Frankfurt/M. und New York 1991.

an die bei diesen verbreiteten Erreger gewöhnt und konnten aus diesem Grunde als Sklaven nach Amerika verschifft werden.

Diese Argumentation kann sich auf Vorläufer stützen, die seit langem im Rahmen der Medizingeschichte Seuchen und Krankheiten untersucht haben. Eine zentrale Erweiterung erfuhren diese Ansätze durch Emmanuel Le Roy Ladurie, der 1973 einen bahnbrechenden Aufsatz unter dem programmatischen Titel *Un concept: L'unification microbienne du monde (XIVe-XVIIe siècles)* veröffentlichte.[26] Als neuere, umfassende Arbeiten seien genannt William H. McNeills *Plagues and Peoples* oder Mark N. Cohens *Health and the Rise of Civilization*,[27] die ebenfalls Überblicke über teilweise sehr lange Zeiträume geben, zurückreichend bis in prähistorische Phasen, allerdings nur in einem weiten Sinne zur Umweltgeschichte zu rechnen sind.

Der Begriff „Ökologischer Imperialismus" bezeichnet eine Forschungsrichtung, die durch Crosbys Untersuchung wesentlich angestoßen wurde und mittlerweile eine reichhaltige Literatur hervorgebracht hat.[28] Hierbei geht es um eine Art von ökologischem „clash of civilisations", bei dem sich zwei Forschungsschwerpunkte unterscheiden lassen: zum einen die Zeit direkter oder indirekter kolonialer Herrschaft bis in die 1950er und 1960 Jahre, zum anderen die jüngste Vergangenheit mit ihrer weltweiten ökonomischen Verflechtung und einem – vielen Arbeiten zufolge – bestimmenden Einfluß multinationaler Konzerne.

Ein regionaler Schwerpunkt dieser Arbeiten liegt auf Indien und Südostasien, während Lateinamerika und vor allem Afrika – zumindest für die koloniale Phase – bisher weniger intensiv behandelt worden sind.[29] In zeitgenössischer Wahrnehmung und historiographischer Darstellung lassen sich hierbei – grob vereinfacht – folgende Phasen unterscheiden: In der ersten Phase war die Debatte weitgehend durch die Kolonialherren und westliche Kommentatoren bestimmt, die bis in die jüngste Vergangenheit auf Zerstörungen der Umwelt in den Ländern der Dritten Welt verwiesen und dafür u.a. die Unzulänglichkeit traditioneller Methoden, mangelndes Wissen und fehlende Institutionen verantwortlich gemacht haben. In Deutschland wären hier u.a.

26 Emmanuel Le Roy Ladurie, Un concept: L'unification microbienne du monde (XIVe–XVIIe siècles), in: Schweizerische Zeitschrift für Geschichte 23 (1973), S. 627–696.

27 William H. McNeill, Plagues and Peoples, Garden City/New York 1992 (zuerst 1976); Mark N. Cohen, Health and the Rise of Civilization, New Haven 1989.

28 Vgl. Kenneth F. Kiple/Stephen V. Beck (Hrsg.), Biological Consequences of the European Expansion, 1450–1800, Aldershot 1997; John M. MacKenzie (Hrsg.), Imperialism and the Natural World, Manchester 1990.

29 Überblicke bei Richard H. Grove/Vinita Damodaran/Satpal Sangwan (Hrsg.), Nature and the Orient. Essays in the Environmental History of South and South-East Asia, Oxford 1997; Madhav Gadgil/Ramachandra Guha (Hrsg.), This Fissured Land. Towards an Ecological History of India, Delhi 1993; David Arnold/Ramachandra Guha (Hrsg.), Nature, Culture and Imperialism. Essays on the Environmental History of South East Asia, Delhi 1995; Robin Broad/John Cavanagh, Plundering Paradise. The Struggle for the Environment in the Philippines, Berkeley und Los Angeles 1993; Warren Dean, Brazil and the Struggle for Rubber. A Study in Environmental History, Cambridge und New York 1987; Elinor G. K. Melville, A Plague of Sheep. Environmental Consequences of the Conquest of Mexico, New York 1994; David Watts, The West Indies: Patterns of Development, Culture and Environmental Change since 1492, Cambridge 1987; William Beinhart/Peter Coates, Environment and History. The Taming of Nature in the USA and South Africa, London 1995.

die Arbeiten von Bernhard und Michael Grzimek zu nennen.[30] Hieraus wurden die Notwendigkeit und das Recht abgeleitet, bewahrend einzugreifen, in Afrika Reservate oder in Indien Forstverwaltungen aufzubauen, aber auch die Ressourcen für den westlichen Zugriff zu sichern.[31] Weitgehend als Reaktion darauf haben neuere Arbeiten in einer zweiten Phase die destruktiven Folgen derartiger Eingriffe und imperialer Politik generell betont und ein Bild vorkolonialer Gesellschaften gezeichnet, die ökologisch weitgehend stabil gewesen seien und sich in einem Ausgleich mit der Natur befunden hätten.[32]

Diese These entspricht – nebenbei bemerkt – einem in der internationalen Umweltgeschichte verbreiteten Argumentationsmuster, wonach der eigentliche „Sündenfall" mit der Durchsetzung westlicher Naturwissenschaft (seit Bacon) und westlichen Erwerbsstrebens bzw. des Kapitalismus erfolgte.[33] In jüngster Zeit gibt es Ansätze, diese Dichotomie zwischen traditionellen ökologischen Gleichgewichten auf der einen und westlichem Zerstörungspotential auf der anderen Seite zu überwinden und eine differenziertere Betrachtung zu entwickeln. So argumentiert etwa Richard H. Grove, die größere ökologische Instabilität kolonialer Gebiete habe bei Beamten der Kolonialmächte das Bewußtsein für Umweltprobleme geschärft und entscheidend dazu beigetragen, ein modernes Umweltbewußtsein und Kenntnisse ökologischer Zusammenhänge zu entwickeln.[34] Andere Autoren bezweifeln das vermeintliche traditionelle Gleichgewicht oder verweisen auf die Bevölkerungsentwicklung als entscheidenden destabilisierenden Faktor. Interessant ist in diesem Zusammenhang der Hinweis, die einfache Gegenüberstellung zwischen traditioneller Welt und kolonialistischen Eingriffen laufe Gefahr, analog zum Konzept des „Orientalismus" innerhalb der Umweltgeschichte die nicht weniger problematische Vorstellungen eines „Okzidentalismus" zu entwerfen, der ähnlich monolithisch, negativ besetzt und einseitig konstruiert werde und als die Quelle aller Probleme erscheine.[35]

Diese Debatte kann vor allem in der Zeitschrift *Capitalism, Nature and Socialism*[36] verfolgt werden, die versucht, linke Kapitalismuskritik marxistischer Provenienz, Feminismus, konsequente Ökologie und basisdemokratische Zielsetzungen zu vereinen. Über Auflage und Verbreitung dieser Zeitschrift kann ich keine Angaben machen. Sie erscheint in den USA, und hierher sowie aus Europa kommt der überwiegende Teil der Autoren, deren Beiträge einen guten Überblick über die Debatten und zahlreiche Hinweise auf neuere Veröffentlichungen geben. Einen ausgesprochen in-

30 Bernhard Grzimek/Michael Grzimek, Serengeti darf nicht sterben. 367 000 Tiere suchen einen Staat, Berlin 1959.

31 Als Beispiel James Fairhead/Melissa Leach, Reading Forest History Backwards. The Interaction of Policy and Local Land Use in Guinea,s Forest-Savanna Mosaic, 1893–1993, in: Environment and History 1 (1995), S. 55–91.

32 Als Beispiel Gadgil/Guha, Fissured Land.

33 Prägnant bei Carolyn Merchant, Der Tod der Natur. Ökologie, Frauen und neuzeitliche Naturwissenschaft, München 1987 (zuerst amerikanisch 1980).

34 Richard H. Grove, Green Imperialism. Colonial Expansion, Tropical Island Edens and the Origins of Environmentalism, 1600–1800, Cambridge 1995.

35 Mahesh Rangarajan, Environmental Histories of South Asia: A Review Essay, in: Environment and History 2 (1996), S. 129–143.

36 Mit dem Untertitel: A Journal of Socialist Ecology, eine Zeitschrift, die mittlerweile im zehnten Jahr erscheint und im Umfeld der University of California entstanden ist.

ternationalen Schwerpunkt besitzt die Zeitschrift *Environment and History*, die erst seit 1996 erscheint und vor allem Entwicklungen in den Ländern Asiens, Lateinamerikas und Afrikas behandelt.[37]

Teilweise sind die Arbeiten zum „ökologischen Imperialismus" von einem hohen politischen Engagement geprägt. Das kann zu einseitigen Darstellungen führen, doch tatsächlich sind die Befunde oftmals geradezu erschreckend. So wird die Bevölkerung der Westindischen Inseln zur Zeit der Ankunft von Christopher Columbus auf zwischen 2 und 4 Millionen geschätzt.[38] Etwa dreißig Jahre später waren fast alle Opfer eingeschleppter Krankheiten geworden, nur ein kleinerer Teil hingegen in Kämpfen mit den spanischen Kolonialisten gefallen. Nicht immer waren die Auswirkungen derart dramatisch, doch sie können nicht unterschätzt werden. Dazu gehört auch die bereits erwähnte Verbreitung europäischer sowie aus anderen Regionen importierter Pflanzen. Deren Verbreitung geschah teils zufällig, war aber auch das Ergebnis bewußter Politik, indem etwa die neuen Nutzpflanzen der Plantagenwirtschaft (Zucker, Baumwolle, Bananen) einheimische Pflanzen verdrängten. Die Auswirkungen waren teilweise derart tiefgreifend, daß einige Autoren von einem „Ökosystem-Schock" sprechen, dessen Folgen bis heute spürbar sind und wesentlich zu den aktuellen Umweltproblemen in vielen Ländern der sog. Dritten Welt beitragen.

Eine internationale Umweltgeschichte, die derartige Zusammenhänge thematisiert, führt zu wichtigen Erweiterungen, wenn nicht Neubewertungen der Geschichte des Kolonialismus und Imperialismus. Auch ganz abgesehen von der Ausbreitung neuartiger Pflanzen- und Tierwelten oder der Durchsetzung der Plantagenwirtschaft bestand ein wesentliches Element kolonialer Herrschaft in direkten oder indirekten Eingriffen in die Nutzung des Bodens, der Wälder, der Allmende usw. Dabei ging es nicht nur um ökonomische Interessen, sondern auch um den Anspruch der weißen Kolonialherren, ein überlegenes Wissen zu besitzen oder die Natur besser schützen zu können. Das konnte zur Einführung von Reservaten und anderen Elementen einer an Naturschutz erinnernden Politik führen, hat vor allem aber zur Folge gehabt, daß traditionelle Formen der Landnutzung und damit verbundenes Wissen – oftmals gewaltsam – verdrängt wurden. Diese Maßnahmen der Kolonialherren haben vermutlich stärker als andere in das alltägliche Leben der einheimischen Bevölkerung eingegriffen und deren Herrschaft unmittelbarer erfahrbar gemacht, als viele der Themen, die ansonsten das Interesse von Historikern gefunden haben. Und sie dürften oftmals der Anlaß für Konflikte und Auseinandersetzungen gewesen sein.[39]

37 Erwähnt sei noch *Environmental History*, die Zeitschrift der amerikanischen „Association for Environmental History", die sich überwiegend auf die USA bezieht, aber zunehmend international öffnet.

38 Watts, West-Indies, S. 518–539; ders., Ecological Responses to Ecosystem Shock in the Island Carribbean: the Aftermath of Columbus, 1492–1992, in: Robin A. Butlin/Neil Roberts (Hrsg.), Ecological Relations in Historical Times: Human Impact and Adaption, Oxford 1995, S. 267–279.

39 Betont wird dieser Aspekt vor allem von der sog. „Subaltern School" indischer Historiker, z.B. Ranajit Guha, Elementary Aspects of Peasant Insurgency in Colonial India, Delhi 1983, sowie mehrere Beiträge in: Subaltern Studies, Bde. 1–5, Delhi 1983–88. Zu betonen ist, daß auch jenseits derartiger politischer Implikationen allein schon die Geschichte der weltweiten Ausbreitung von Pflanzen und Tieren – bei gleichzeitiger Verdrängung oder auch Ausrottung anderer – ein wichtiges Thema darstellt. Wie groß die damit verbundenen Auswirkungen auf

Internationale Umweltpolitik

Schließlich ist diejenige Richtung der internationalen Umweltgeschichte zu erwähnen, die stärker politikwissenschaftlich ausgerichtet ist und vor allem die Entwicklungen seit den 1940er Jahren untersucht, als Umweltfragen eine zunehmende Bedeutung in der internationalen Politik gewannen. Ansätze zu einer Zusammenarbeit mehrerer Länder bei Umweltproblemen – oder auch nur zu Konflikten zwischen ihnen – hatte es zuvor schon gegeben, so etwa bei der Regulierung des Rheins im 19. Jahrhundert, an der mehrere Staaten beteiligt waren und entsprechende Vereinbarungen getroffen haben. Oder in den 1860er, als zwischen den Niederlanden und der preußischen Regierung ein größerer Konflikt über die Verschmutzung des Rheins und das Abkippen von Fässern mit arsenhaltigen Säuren in der Nordsee ausbrach. Vergleichbare Fälle wird es häufiger gegeben haben, und eine intensive Suche in Archiven und zeitgenössischen Veröffentlichungen steht noch aus.

Größer sind die Kenntnisse über zunehmende Kontakte zwischen den verschiedenen Tier- und Naturschutzorganisationen, die um die Jahrhundertwende in mehreren Staaten entstanden und schon früh erste internationale Kongresse abhielten. Der Erste Weltkrieg hat diese Ansätze unterbrochen, jedoch nicht ganz verdrängt. Insbesondere im Bereich des Tierschutz gingen die Bemühungen mit Schwerpunkt auf der Pflanzen- und Tierwelt Afrikas weiter. In dieser Tradition ist auch die Internationale Walfang-Konvention zu sehen, die 1946 50 Staaten unterzeichnet haben. Vor diesem Hintergrund entstanden Bemühungen, im Rahmen der UNO den Naturschutz voranzutreiben, was 1948 zur Gründung der „International Union for the Protection of Nature" führte, einer Unterorganisation der UNESCO. Es gab also Formen einer internationalen Zusammenarbeit, über die wir bisher wenig wissen. Der eigentliche Durchbruch erfolgte allerdings erst mit den Vorbereitungen der UN-Konferenz in Stockholm im Jahre 1972, zeitgleich zur Veröffentlichung des Berichtes an den Club of Rome.

Seitdem hat es eine Vielzahl internationaler Konferenzen, Willensbekundungen, Vereinbarungen und förmlicher Verträge gegeben, die etwa bei John McCormick *Reclaiming of Paradise: The Global Environmental Movement*[40] nachgezeichnet werden. Er beschreibt auch das Wachstum der Internationalen Umweltbewegung, die Entstehung und wachsende Bedeutung der NGOs und die verschiedenen Phasen dieser Entwicklung: von den Grenzen des Wachstums im Bericht des Club of Rome über die Kritik daran durch die Entwicklungsländer bis hin zum heute vorherrschenden Konzept einer nachhaltigen Entwicklung. McCormick zeichnet ein gedämpft positives Bild dieser Bemühungen und der Erfolge der globalen Umweltbewegung. Ausgesprochen positiv ist die Bewertung bei Tony Brenton *The Greening of Machiavelli. The Evolution of International Environmental Politics*,[41] während sonst überwiegend

die Agrar-, Wirtschafts- und Sozialgeschichte sind, zeigt in beeindruckender Weise die Arbeit von Diamond.

[40] John McCormick, Reclaiming of Paradise: The Global Environmental Movement, Bloomington 1989.

[41] Tony Brenton, The Greening of Machiavelli. The Evolution of International Environmental Politics, Washington 1994.

eine eher kritische Bewertung vorherrscht, etwa in den Arbeiten von Caldwell, Rifkin, Porter und Brown, Sachs oder Susskind.[42] Entsprechend werden hier Vorschläge entwickelt, wie durch Ausbau und Veränderung internationaler Organsationen eine effektivere Umweltpolitik erreicht werden könne.

Derartige Vorschläge reichen weit zurück. Bereits 1970 hatte George F. Kennan die Errichtung eines internationalen Expertengremiums für Umweltfragen gefordert, „to prevent a World Wasteland“ – so der Titel seines Aufsatzes in *Foreign Affairs*.[43] Ähnlich argumentierte kurz darauf der Club of Rome, und Meadows, der Verfasser des Berichtes, beklagte sich bereits 1973, daß bisher keine Regierung der Welt auf seine Analyse reagiert habe und daß kein Umsteuern erkennbar sei. Diese Kritik ist verbreitet, und als Folge werden bzw. wurden eine Vielzahl oftmals überaus weitreichender Vorstellungen entwickelt, um die Rolle der NGOs zu stärken, neue internationale Organisationen zu schaffen, bestehenden mehr Macht zu geben oder eine Art Weltregierung zu errichten.[44] Nur vereinzelt – so bei Brenton – wird hingegen die Notwendigkeit derartiger Maßnahmen geleugnet und statt dessen die Bedeutung und Effektivität nationaler Umweltpolitik und marktwirtschaftlicher Ansätze betont.[45]

Ein wichtiges Thema für die internationale Umweltgeschichte ist die steigende Zahl internationaler Vereinbarungen, die im Gefolge der Konferenz von Stockholm geschlossen wurden.[46] Viele davon sind nicht sehr effektiv, da sie keine bindende Wirkung haben und die beteiligten Länder sie unterschiedlich umsetzen. Generell gilt, daß mit der Zahl der Vertragspartner die Wirksamkeit von Vereinbarungen abnimmt. Jeder Beteiligte möchte besondere Regelungen durchsetzen, ist anders von Problemen betroffen und favorisiert eigene Lösungen, so daß die Vereinbarungen immer komplexer und dadurch unverbindlicher werden. Ausnahmen bestätigen die Regel. Dazu gehört vor allem das Verbot von FCKW, um die Gefahr des Ozonloches zu mindern. Dieses Verbot beruht auf einer internationalen Übereinkunft, die nach nur wenigen Jahren getroffen wurde und sich als überaus effektiv erwiesen hat. Dies war möglich, weil im Falle des FCKW das Problem eng eingegrenzt werden konnte, die Zusammenhänge wissenschaftlich wenig kontrovers waren und nicht zu viele Quellen in Frage kamen. Vergleichbar wirksam sind die Abkommen zur Begrenzung des Walfangs sowie des SO_2-Ausstoßes in Nordamerika und Europa. Letztere haben

42 Lynton Keith Caldwell, International Environmental Policy, Durham und London, 3. Aufl. 1996, mit umfangreichen bibliographischen Angaben; Jeremy Rifkin, Biosphere Politics. A New Consciousness for a New Century, New York 1991; Gareth Porter und Janet Welsh Brown, Global Environmental Politics, Boulder, 2. Aufl. 1995; Wolfgang Sachs (Hrsg.), Der Planet als Patient. Über die Widersprüche globaler Umweltpolitik, Berlin u. a. 1994; Lawrence Susskind, Environmental Diplomacy. Negotiating more Effective International Agreements, New York 1995.

43 George F. Kennan, To Prevent a World Wasteland, in: Foreign Affairs 483 (1970), S. 401–413.

44 Vgl. Michael Strübel, Internationale Umweltpolitik. Entwicklungen, Defizite, Aufgaben, Opladen 1992; Hilary L. French, Partnership for the Planet. An Environmental Agenda for the United Nations, Washington 1995.

45 Robert Repetto, Trade and Sustainable Development, Genf 1994.

46 Vgl. McCormick, Reclaiming Paradise, Kap. 6–8; aus Sicht des Südens: Mukund Govind Rajan, Global Environmental Politics. India and the North-South Politics of Global Environmental Issues, Oxford 1998.

allerdings keine globale, sondern eine regionale Bedeutung, was es erleichterte, ein Abkommen zu schließen.

Abkommen mit regionaler Reichweite haben in den letzten Jahren eine große Bedeutung erlangt, darunter Richtlinien und Vorschriften im Rahmen der Europäischen Gemeinschaft. Deren Auswirkungen sind schwer zu beurteilen. Je nach Problem und öffentlichem Druck innerhalb der einzelnen Länder können sie strenger, aber auch laxer ausfallen als die Regelungen, die jede Nation für sich treffen würde. So hat im Falle des Katalysators die Europäische Gemeinschaft in Deutschland den Erlaß entsprechender Grenzwerte verzögert, ihn in Frankreich und England vermutlich beschleunigt. Andererseits weigert sich die Bundesrepublik bis heute, die in diesen Ländern geltenden Geschwindigkeitsbegrenzungen für Autobahnen zu übernehmen. Generell wird die Bedeutung internationaler Regelungen zunehmen, und für Bereiche wie die Ozeane oder grenzüberschreitende Emissionen sind sie unverzichtbar, da hier einzelne Staaten wenig bewirken können. Zugleich geht es bei den Vereinbarungen nicht nur um einen Schutz der Umwelt. Einheitliche Regelungen werden auch angestrebt, um Arbeitsplätze zu sichern, Konkurrenten auszuschalten oder Wettbewerbsnachteile für die einheimischen Industrien zu vermeiden, und dafür bietet sich leider oftmals der kleinste gemeinsame Nenner an.

Insgesamt sind die Erfahrungen in der internationalen Umweltpolitik zwiespältig, und es ist eine wichtige Aufgabe der internationalen Umweltgeschichte, die Erfahrungen mit den vorliegenden Vereinbarungen und vorgeschlagenen Institutionen zu analysieren und die Vielzahl der Vorschläge zu beleuchten. Die Literatur hierzu ist sehr reichhaltig, allein die Zahl der Vorschläge überwältigt, zumal viele Autoren betonen, man dürfe Umweltprobleme nicht isoliert sehen. Deren Untersuchung müsse vielmehr eingebettet sein in die allgemeinere Nord-Südproblematik, eine Reform des internationalen Finanz- und Wirtschaftssystems, der Weltbank usw.[47] Entsprechend sind Standpunkte sehr heterogen, verbreitet ist ein großes Vertrauen in die Planbarkeit von Politik und die Effektivität großer Organisationen. Andere Autoren vertreten allerdings die genau gegenteilige Position und orientieren sich an kleinen, dezentralen Einheiten, einer Art weltweitem Rätesystem, wobei generell politisches Engagement, Wertvorstellungen und historische Analyse oftmals eine überaus enge Kombination eingehen und die eigenen Annahmen eher unzureichend reflektieren.

Diese Feststellung läßt sich verallgemeinern. Die Umweltdebatte war von Beginn an durch einen hohen moralischen Impetus, ein großes Engagement und eine grundsätzliche Kritik an vorherrschenden ökonomischen, politischen oder technokratischen Konzepten gekennzeichnet. Das ist angesichts der als dringend und bedrohlich empfundenen Probleme verständlich, hat jedoch auch dazu geführt, daß die nach außen so kritische Position nach innen wenig selbstkritisch, oftmals sogar ausgesprochen wissenschaftsgläubig war und noch ist. Verwiesen sei auf den Bericht des Club of Rome, der Aussagen über die Zukunft mit einem heute schwer nachvollziehbaren Anspruch auf wissenschaftliche Exaktheit erstellte, oder auf die Debatte um das Waldsterben, in der vergleichbar eindeutige Vorhersagen gemacht wurden, die sich als weit überzogenes Katastrophenszenario erwiesen haben. Es fällt auf, wie wenig diese

[47] Vgl. Bruce Rich, Mortgaging the Earth. The World Bank, Environmental Impoverishment, and the Crisis of Development, Boston 1994.

Phasen bisher historisch aufgearbeitet sind und – wichtiger noch – wie sehr Historiker und Geistes- und Sozialwissenschaftler generell sich damit begnügen, die Aussagen von Naturwissenschaftlern als Tatsachenfeststellungen zu akzeptieren. Die eigene Aufgabe wird vielfach darin gesehen, zu erläutern, wie es zu diesen „Tatsachen" kommen konnte, welche politischen, technologischen, juristischen, ökonomischen oder moralischen Faktoren dazu beitrugen und welche Veränderungen hier vorgenommen werden müßten.

Die in den letzten Jahren mit so großer Verve geführte Diskussion über den konstruktiven Charakter von Wissenschaft hat die Umweltdebatte und auch die Umweltgeschichte merkwürdig wenig berührt. Änderungen zeichnen sich erst allmählich ab, auch hier – soweit ich es überschauen kann – beginnend in den USA. Als Beispiel genannt sei die von Ronald Bailey herausgegebene Studie *The True State of the Planet* aus dem Jahre 1995, in der zehn prominente Wissenschaftler explizit zentrale Annahmen und Thesen der Umweltbewegung kritisieren.[48] Das gilt auch für Aaron Wildavskys Buch *But is it true? A Citizen's Guide to Environmental Health and Safety Issues*, das ebenfalls 1995 erschien.[49] Wildavsky, der vor kurzem verstorben ist, lehrte Politikwissenschaften in Berkeley und hatte bereits 1988 zusammen mit Mary Douglas eine knappe, gegenüber der amerikanischen Umweltbewegung äußerst kritische Studie veröffentlicht, die in Deutschland kaum rezipiert wurde.[50] Es gibt also Ansätze zu einer Debatte, wobei es bisher jedoch kaum zu einer ernsthaften Auseinandersetzung gekommen ist. Das hängt auch damit zusammen, daß die Zielsetzung von Bailey und Wildavsky nicht so sehr darin besteht, zu einer methodisch reflektierten Debatte anzustoßen, sondern Gegenpositionen zu vertreten, wobei sie in ihrer Kritik stellenweise über das Ziel hinausschießen und dadurch nicht gerade zu einem Austausch der Argumente einladen.[51]

Resümee

Zusammenfassend läßt sich festhalten, daß die internationale Umweltgeschichte keine klar abgrenzbaren Themenfelder, Fragestellungen oder Methoden besitzt. Ihr wesentlicher Beitrag wird darin liegen, das Verhältnis von Mensch und Natur systematisch in die Internationale Geschichte einzubringen, dabei an alte Traditionen anzuknüpfen und – vor dem Hintergrund der neueren Umweltprobleme – Vergessenes ins Bewußtsein zu rufen, Vertrautes zu akzentuieren, neue Fragen zu stellen und auf wenig beachtete Zusammenhänge hinzuweisen. Ihr Schwerpunkt wird – schon aus pragmatischen Gründen – auf schriftlicher Überlieferung und jüngeren Entwicklungen liegen. Doch sie darf ökologische, naturwissenschaftliche und naturgeschichtliche Themenbereiche nicht ausklammern, sondern muß diese aufgreifen, um zu be-

48 Ronald Bailey (Hrsg.), The True State of the Planet, New York 1995.

49 Aaron Wildavsky, But is it true? A Citizen's Guide to Environmental Health and Safety Issues, Cambridge/Massachusetts und London 1995.

50 Mary Douglas/Aaron Wildavsky, Risk and Culture, Berkeley 1988.

51 Ähnlich zugespitzt, aber anregend: Dirk Maxeiner, Lexikon der Öko-Irrtümer: überraschende Fakten zu Energie, Gentechnik, Gesundheit, Klima, Ozon, Wald und vielen anderen Umweltthemen, Frankfurt/M. 1998.

gründbaren Aussagen zu kommen. Fraglos wird hier nicht der Arbeitsschwerpunkt von Historikern liegen. Doch diese müssen sich kundig machen, Ergebnisse der anderen Disziplinen nicht einfach übernehmen, sondern sie kritisch bewerten und generell ihre lange Tradition der Methoden- und Ideologie-Kritik sowie ihr Wissen um den konstruktiven Charakter von Wissenschaft einbringen.

Historikern leichter zugänglich sind die Themenbereiche und Fragestellungen, die seit einigen Jahren unter dem Begriff des „ökologischen Imperialismus" diskutiert werden. Der Zusammenhang von politischer Machtausübung und ökologischer Expansion oder die Frage nach der regionalen bzw. globalen Ausbreitung von Tieren und Pflanzen werden in den nächsten Jahren wichtige Bereiche der internationalen Umweltgeschichte bilden. Diese Themen sind schon für sich genommen wichtig und bieten zudem zahlreiche Anknüpfungsmöglichkeiten zu anderen Debatten, etwa über die Eine Welt, die sich auf der Ebene der Pflanzen und Tiere schon weitgehend herausgebildet hat, oder über die Frage von (multikultureller) Vielfalt versus regionaler Eigenständigkeit, indem etwa Naturschützer eine Überfremdung durch nicht-einheimische Gewächse beklagen; oder wenn als Gegenkonzept zur Globalisierung die Vorstellung von ökologisch abgeschlossenen, weitgehend autarken Großregionen entwickelt wird.[52]

Bei diesen Debatten sind die Übergänge zwischen aktuellen, sozial- und politikwissenschaftlichen, ökonomischen und historischen Zugehensweisen und Bezügen fließend. Das gilt auch für den Bereich der internationalen Umweltgeschichte, die sich mit den internationalen Konferenzen, Vereinbarungen und Institutionen befaßt, die sich in den letzten fünfzig Jahren in schnell wachsender Zahl entwickelt haben. Auf diesen Themen dürfte in den nächsten Jahren ein Schwerpunkt der Forschung liegen, allein schon, weil Historiker sich hier auf vertrautem Terrain bewegen und weil eine reichhaltige (schriftliche) Überlieferung besteht und fortwährend produziert wird. Doch Historiker dürfen der Verlockung des Vertrauten nicht erliegen. Denn mehr als in anderen Bereichen der Geschichtsschreibung muß die Umweltgeschichte sich mit einer Realität befassen, die zwar durch menschliche Handlungen beeinflußt, aber nicht durch diese erst geschaffen wird – die natürliche Umwelt.

Damit ist nicht behauptet, es handele sich bei dieser um eine vorgegebene „objektive Realität", allein schon deshalb nicht, weil die Umwelt seit langem von Menschen verändert wurde und fortwährend verändert wird. Zudem können wir auch die Umwelt und ihre Veränderungen nur als Konstrukt erkennen und untersuchen. Die Beschäftigung damit erfordert deshalb einen offenen Zugang, die Bearbeitung ganz unterschiedlicher Themen und Fragestellungen und die Berücksichtigung oftmals sehr heterogener Befunde und Ansätze. Damit wird die internationale Umweltgeschichte leben müssen, und vielleicht ist das ihr roter Faden.

[52] Herman E. Daly/John B. Cobb, For the Common Good. Redirecting the Economy toward the Community, Environment and a Sustainable Future, Boston 1989.

Jürgen Osterhammel

Internationale Geschichte, Globalisierung und die Pluralität der Kulturen

I.

Die deutschen Historiker reden wenig von Globalisierung.[1] Das hat honorige Gründe. Historiker mißtrauen den großen Worten. Zu viele von ihnen haben sie schon in den Staub vergangener Moden sinken sehen. Man verweilt gern beim Soliden: Staat, Politik, Wirtschaft, Nation, auch bei der luftigen, aber sinngeadelten Kultur. Als die innovativsten Köpfe der deutschen Geschichtswissenschaft in den späten sechziger Jahren den Begriff der „Gesellschaft" zum Leitsymbol erkoren, da konnten sie die Schätze eines Jahrhunderts sozialwissenschaftlicher Theoriebildung heben. Das ist bei „Globalisierung", dem Signalbegriff der neunziger Jahre, nicht in ähnlicher Weise der Fall. Den Sachverhalt der planetarischen Umwälzung der Verhältnisse haben zwar bereits, wie oft bemerkt wurde, Marx und Engels 1848 im *Kommunistischen Manifest* beschrieben. Lexikalisch wird „globalization" jedoch im Englischen/Amerikanischen erst um 1961 nachweisbar; seit den frühen achtziger Jahren wurde das Wort da und dort akademisch respektabel; in aller Munde kam es erst zehn Jahre später.[2] Mittlerweile ist es, wenn man scharf urteilen will, die penetranteste Zeitgeistvokabel der Jahrhundertwende geworden. Einen einigermaßen präzisen Sinn besitzt es vor allem auf ökonomischem Gebiet bei der Darstellung dezentraler Produktionsstrategien und weltweit vernetzter Finanzmärkte.[3] Als neue Schlüsselkategorie soziologischer Weltanalyse flößt „Globalisierung" nicht immer Vertrauen ein. Freunde des Begriffs können sich auf lebensweltliche Evidenzen berufen, die niemand bestreitet, der das Internet benutzt, der seine Fernsehprogramme über Satelliten einfängt und der sich über großräumig wirksame Umweltgefährdungen Gedanken macht, auf die freilich bereits vor einem Vierteljahrhundert der Club of Rome hingewiesen hatte. Ob mit der vielfach verheißenen Erweiterung des Horizonts der Soziologie von der

[1] Auch nicht Wolfram Kaiser in seinem hilfreichen, aber fehlbetitelten Aufsatz: Globalisierung und Geschichte. Einige methodische Überlegungen zur Zeitgeschichtsschreibung der internationalen Beziehungen, in: Guido Müller (Hrsg.), Deutschland und der Westen. Festschrift für Klaus Schwabe zum 65. Geburtstag, Stuttgart 1998, S. 31–48.

[2] Vgl. Malcolm Waters, Globalization, London u. New York 1995, S. 2.

[3] Die theoretischen Diskussionen um „Globalisierung" ruhen oft auf schwachen empirischen Befunden. Notwendig sind Studien von größtmöglicher Konkretion wie musterhaft z.B. Lothar Hack unter Mitarbeit von Irmgard Hack, Technologietransfer und Wissenstransformation. Zur Globalisierung der Forschungsorganisation von Siemens, Münster 1998.

National- auf die Weltgesellschaft aber sogleich auch die Denkmittel gefunden werden, um die neuen Erfahrungen in der sogenannten Zweiten Moderne nicht nur impressionistisch zu beschreiben, sondern nach den Stringenzansprüchen der soziologischen Klassiker auch zu verstehen und zu erklären, muß abgewartet werden.[4] Einstweilen hat man es häufiger mit Aufzählungen gegenwärtiger Weltprobleme zu tun als mit Versuchen, ihnen einen Sinn zu entlocken.[5] Im übrigen ist „Globalisierung" vielfach ein „Kampfbegriff der öffentlichen Diskussion geworden, der die Realität gewaltig überzeichnet, um die gewünschten Wirkungen zu erzeugen".[6] Gründe genug, um die Historiker auf Distanz rücken zu lassen.

Man zögert, an diesem Punkt zur Tagesordnung überzugehen. Vorbehalte gegen einen öffentlichen Globalisierungsrummel müssen nicht dazu führen, der ihm zugrunde liegenden Problemwahrnehmung ihre Berechtigung zu bestreiten. Wenn die Geschichtswissenschaft die Fragen, mit denen sie sich beschäftigt, nicht antiquarisch aus sich selbst schöpft und nur periodisch ihre Forschungsstände runderneuert, wenn sie vielmehr ihre Themen mit einem Blick auf Problemlagen der Gegenwart formuliert, dann kommt sie nicht umhin, mit Ulrich Beck festzustellen, daß eine zentrale Prämisse der Neuzeit ihre Gültigkeit zu verlieren beginnt, die Vorstellung nämlich, „in geschlossenen und gegeneinander abgrenzbaren Räumen von Nationalstaaten und ihnen entsprechenden Nationalgesellschaften zu leben und zu handeln".[7] Veränderungen, die sich vor unseren Augen vollziehen, lassen es nicht länger als selbstverständlich erscheinen, Geschichte primär und unbefragt als die Geschichte von Nationalstaaten, Nationalgesellschaften und Nationalkulturen aufzufassen.[8] Schon 1989 war Friedrich H. Tenbruck zu einem ähnlichen Ergebnis gekommen.[9] Er hatte anschaulich gemacht, „wie die innere Gliederung von Gesellschaften überall durch Außenlagen bedingt, bestimmt oder sogar entstanden ist, so daß jede Gesellschaft auf andere bezogen, mit ihnen verspannt oder sogar von Vergesellschaftungen durchzogen ist, die zu allen querstehen".[10] Tenbrucks Lieblingsbeispiel waren dabei die großen Wanderungs- und Asylbewegungen, die das Entstehen und Vergehen ganzer Gesellschaften zur Folge haben können. Soziologie und „Gesellschaftsgeschichte", so Ten-

[4] Vgl. die Diskussion „klassischer" Theorie (Marx, Tönnies, Weber, Elias) bei Dietrich Jung, Weltgesellschaft als theoretisches Konzept der Internationalen Beziehungen, in: Zeitschrift für Internationale Beziehungen 5 (1998), S. 241–271.

[5] Ein relativ gelungenes Beispiel dafür ist Pierre de Senarclens, Mondialisation, souveraineté et théories des relations internationales, Paris 1998; vergleichbar ist Martin List u.a., Internationale Politik, Probleme und Grundbegriffe, Opladen 1995.

[6] Richard Münch, Globale Dynamik, lokale Lebenswelten. Der schwierige Weg in die Weltgesellschaft, Frankfurt a.M. 1998, S. 15.

[7] Ulrich Beck, Was ist Globalisierung? Irrtümer des Globalismus – Antworten auf Globalisierung, Frankfurt a.M. 1998, S. 44.

[8] Noch der Aufklärungshistorie war die nationale Form nahezu unbekannt. Selbst die erste bedeutende Nationalgeschichte, David Humes „History of England" (1754–1762), war im Grunde eine Geschichte der europäischen Zivilisation am englischen Beispiel. Erst im frühen 19. Jahrhundert wird Nationalgeschichte zur Norm. Vgl. Stefan Berger, Mark Donovan u. Kevin Passmore (Hrsg.), Writing National Histories: Western Europe since 1800, London und New York 1999.

[9] Friedrich H. Tenbruck, Gesellschaftsgeschichte oder Weltgeschichte?, in: Kölner Zeitschrift für Soziologie und Sozialpsychologie 41 (1989), S. 417–439.

[10] Ebda., S. 428.

bruck, vermöchten zwar „sozialen Wandel" zu konzeptualisieren und zu untersuchen, scheuten aber vor den dramatischeren Vorgängen von „Soziogenese und Auflösung" zurück – im Jahre 1989 eine unabweisbar zeitgemäße Vorstellung, die seither vielfach bestätigt wurde.[11] Von einem Plädoyer dafür, die Durchlässigkeit der Außengrenzen von Gesellschaften als den Normalfall anzusetzen, ging Tenbruck dann zu der beherzten Aufforderung über, hinter „zwischengesellschaftlichen" Verhältnissen das Wirken weltgeschichtlicher Kräfte aufzuspüren. Dabei dachte er nicht an neohegelianische teleologische Spekulationen, wie sie wenig später Francis Fukuyama anstellte und zur Nachahmung empfahl,[12] sondern an die empirisch nachweisbare allmähliche Herausbildung räumlich immer weiter ausgreifender Vernetzungen. Weltgeschichte definierte er als „jene zeitliche Kette raumgreifender Vorgänge, durch die sich nach und nach eine Vielheit selbständiger Gesellschaften mit je eigener Geschichte in einen durchgängigen Zusammenhang mit einer potentiell gemeinsamen Geschichte verwandeln".[13] „Weltgeschichte" ist dabei eine Dimension von eigenem Gewicht, nicht bloß – dies wird gegen Niklas Luhmanns Begriff der „Weltgesellschaft" eingewandt – eine maßstabvergrößerte Reproduktion von nationaler Gesellschaftsgeschichte. Hätte Friedrich Tenbruck bereits den Begriff der Globalisierung benutzt, wäre seinem Aufsatz sicher ein größerer Widerhall beschieden gewesen, als er ihn offenbar gefunden hat. Von „Weltgeschichte" zu sprechen, mußte die Soziologen unbetroffen lassen und die Historiker verschrecken – zumal sich damals wundersame Dinge ausgerechnet mit der deutschen *National*geschichte zutrugen.

Nun wäre es illusorisch und geradezu töricht, professionellen Fachhistorikern ihre Verwandlung in Interpreten der Weltgeschichte anzuraten. Der Wille zum Ganzen ist Temperaments- und Geschmackssache, und die Ergebnisse fallen höchst unterschiedlich aus: vom biederen Lehrbuch und der willkürlichen Kapitelkompilation bis zum originellen Wurf bei einem Autor vom Range Eric Hobsbawms.[14] Versuche, eine neue Richtung der „Globalgeschichte" als einer Geschichte großräumiger Vernetzungen zu begründen, verdienen großes Interesse, haben jedoch das Stadium des Programmatischen erst kaum verlassen und die Schwelle zu einem sich selbst tragenden Diskussions- und Forschungszusammenhang noch nicht erreicht.[15] Eine vorerst realitätsnähere Empfehlung könnte darin bestehen, Historiker dafür zuständig zu erklären, die Gegenwartsdiagnosen und Zukunftsentwürfe der Globalisierungstheoretiker mit Vergangenheitssubstanz aufzufüllen. Daraus können viele lohnende Aufgaben entstehen. Das allgemeine Ergebnis dürfte der Nachweis sein, daß vieles von dem, was als Neuentwicklung des späten 20. Jahrhunderts ins Auge springt, ältere Tenden-

11 Ebda., S. 430.

12 Vgl. bes. Francis Fukuyama, On the Possibility of Writing a Universal History, in: Arthur M. Melzer, Jerry Weinberger u. M. Richard Zinman (Hrsg.), History and the Idea of Progress, Ithaca u. London 1995, S. 13–29.

13 Tenbruck, Gesellschaftsgeschichte, S. 435.

14 Vgl. etwa Eric J. Hobsbawm, Das Zeitalter der Extreme. Weltgeschichte des 20. Jahrhunderts, dt. von Y. Badal, München 1995, oder auch Dan Diner, Das Jahrhundert verstehen. Eine universalhistorische Deutung, München 1999.

15 Vgl. bes. Michael Geyer u. Matthias Middell, Weltgeschichte vor den Herausforderungen der Globalisierung, in: Beiträge zur historischen Sozialwissenschaft, Sondernummer 1998, S. 21–34; Raymond Grew, On the Prospect of Global History, in: Bruce Mazlish u. Ralph Buultjens (Hrsg.), Conceptualizing Global History, Boulder/Colo. 1993, S. 227–241.

zen fortsetzt. Die Ausbreitung europäischer Staatsmodelle über die Welt, die Internationalisierung der Geld- und Finanzmärkte oder der Aufbau interkontinentaler Systeme der Nachrichtenübermittlung sind Vorgänge, die sich ohne weiteres bis zur Mitte des 19. Jahrhunderts oder noch dahinter zurückverfolgen lassen.[16] Vor dem Hintergrund solcher Kontinuitäten kann es besser gelingen, die spezifischen Neuerungen der Gegenwart und jüngsten Vergangenheit einzuschätzen. Das wäre ein nicht unerheblicher Klärungsgewinn, aber vielleicht doch nicht eine ausfüllende Aufgabe für ein Fach, das seit einigen Jahrzehnten seinen systematisch-sozialwissenschaftlichen Nachbardisziplinen ein offenes Ohr leiht, ohne sich indessen von ihnen seine Themen vorschreiben zu lassen. Mit anderen Worten: Es erhebt sich die Frage, wo innerhalb der Geschichtswissenschaft die Globalisierungs- oder, wenn man will, Internationalisierungsthematik ihren begründbaren Ort haben könnte. Man mag diese Frage für überflüssig halten und sich auf den Standpunkt stellen, es komme nur auf die Qualität der Forschungsergebnisse an und deren Entstehungsbedingungen seien demgegenüber unerheblich. Dafür spricht manches. Dennoch: Gerade die deutsche Geschichtswissenschaft zeigt einen solchen Grad von Richtungs- und Schulformierung, von flächiger Besetzung von Forschungsfeldern, daß Neuerungsversuche ohne zumindest Ansätze einer legitimierenden Selbstverortung im Wettbewerb der Tendenzen chancenlos bleiben.[17]

Die verschiedenen Teildisziplinen und Strömungen der Geschichtswissenschaft sind auf die Herausforderung eines globalen Problemhorizonts in unterschiedlichem Maße vorbereitet. Am leichtesten müßte der Übergang eigentlich der Wirtschaftsgeschichte fallen, die seit der Historischen Schule des 19. Jahrhunderts mit dem Begriff der Weltwirtschaft umgeht und klassische Werke wie Sartorius von Waltershausens „Die Entstehung der Weltwirtschaft" vorzuweisen hat.[18] Erstaunlicherweise scheint sich die deutsche Wirtschaftsgeschichte jedoch – ich hoffe, der Eindruck trügt – von internationalen Themen immer mehr zurückzuziehen.[19] Die Sozialgeschichte und, sie

[16] Vgl. z.B. Wolfgang Reinhard (Hrsg.), Verstaatlichung der Welt? Europäische Staatsmodelle und außereuropäische Machtprozesse, München 1999; Barry Eichengreen, Globalizing Capital: A History of the International Monetary System, Princeton/NJ 1996; Daniel R. Headrick, The Invisible Weapon: Telecommunications and International Politice, 1851–1945, Oxford 1991.

[17] Die im internationalen Vergleich ganz ungewöhnliche Marginalisierung der „Außereuropäischen Geschichte" in Deutschland erklärt sich nicht nur aus nationalen Fachtraditionen, dem Fehlen einer historischen Überseeorientierung und dem Desinteresse der vorwiegend mit Deutschland befaßten „Allgemeinhistoriker", sondern auch daraus, daß die Außereuropäische Geschichte sich wenig Mühe gegeben hat, attraktive Legitimationsgründe zu entwickeln.

[18] August Sartorius von Waltershausen, Die Entstehung der Weltwirtschaft. Geschichte des zwischenstaatlichen Wirtschaftslebens vom letzten Viertel des 18. Jahrhunderts bis 1914, Jena 1931.

[19] Ein neuer „state of the art"-Überblick erwähnt internationale Aspekte überhaupt nicht: Toni Pierenkemper, Wirtschaftsgeschichte, in: Hans-Jürgen Goertz (Hrsg.), Geschichte. Ein Grundkurs, Reinbek 1998, S. 362–378. Weltwirtschaftliche Interessen findet man noch eher bei den Altmeistern des Faches, z. B. Wolfram Fischer, Expansion, Integration, Globalisierung. Studien zur Geschichte der Weltwirtschaft, Göttingen 1998; Hans Pohl, Aufbruch der Weltwirtschaft. Geschichte der Weltwirtschaft von der Mitte des 19. Jahrhunderts bis zum Ersten Weltkrieg, Stuttgart 1989, oder in Hermann Kellenbenz' zahlreichen Studien zur Frühen Neuzeit. Auf internationaler Ebene wäre an bedeutende Wirtschaftshistoriker wie Paul Bairoch,

steigernd, die Gesellschaftsgeschichte sind stärker als die Wirtschaftsgeschichte, die es mit undisziplinierten Waren-, Kapital- und Migrantenströmen zu tun hat, an ein nationalgeschichtliches Paradigma gebunden. Insofern trifft Tenbrucks Kritik auf sie zu. Ihre maßgebenden Vertreter haben jedoch die Unzulänglichkeit eines nationalgeschichtlichen Denkschemas erkannt und setzen große Hoffnungen auf seine „Erweiterung" oder gar Überwindung durch den historischen Vergleich.[20] Allerdings erlaubt diese anspruchsvolle Methode, die zu Recht oft als einer der Königswege der Geschichts- und Sozialwissenschaften bezeichnet wird, keine endlose Aneinanderreihung von Vergleichsfällen. Der globale Zusammenhang kann weder durch die naive Addition von Nationalgeschichten noch durch ihre methodisch kontrollierte Vermittlung auf dem Wege über den Vergleich induktiv aufgebaut werden. Wesentlich fruchtbarer ist der radikale Vorschlag des Soziologen Immanuel Wallerstein, nur zwei Ebenen sozialer Systeme primäre Bedeutung zuzumessen: kleinen autonomen Subsistenzökonomien und „Weltsystemen". In der vormodernen Zeit existierten in Wallersteins Sicht mehrere Weltsysteme (oder „world-economies") nach- und nebeneinander, bis im 16. Jahrhundert von Europa aus ein Prozeß des Aufbaus eines transkontinentalen *modernen* Weltsystems begann. Weltsysteme aller Art finden ihre äußeren Grenzen nicht in den Kontrollmöglichkeiten einer Zentralmacht, sondern in der maximalen Organisierbarkeit regelmäßiger Tauschbeziehungen.[21] Man muß Wallerstein nicht in die Verzweigungen seiner von Anhängern kanonisierten Theorie folgen, um den Gedanken faszinierend zu finden: „Welt" nicht als Residualkategorie, sondern als Ausgangspunkt, die Nation als analytisch nachrangige Größe. Es überrascht nicht, daß derlei in den Überlegungen der deutschen „Gesellschaftsgeschichte" bisher keine Rolle gespielt hat. Vor allem die Fixierung auf die Entstehung einer jeweils nationalspezifisch ausgeprägten „industriellen Welt" im nordatlantischen Raum, fruchtbar wie sie ein Vierteljahrhundert lang für die Forschung war, hat die sozialgeschichtliche Phantasie gefesselt und sie über eine Art von OECD-Version der jüngeren Weltgeschichte nicht hinausgelangen lassen.[22]

Schließlich die Kulturgeschichte in ihrer neuen Gestalt als anthropologisch informierte Rettung verborgenen Sinns. Sie hätte weniger Mühe als die Gesellschaftsgeschichte, Antworten auf die Herausforderung der Globalisierung zu finden, hat aber in Deutschland diese Möglichkeiten noch kaum genutzt. Paradoxerweise bemächtigt man sich mit großem Enthusiasmus der Denkmittel bestimmter Richtungen der Ethnologie und Kulturanthropologie, ohne sich im geringsten um deren Entstehung aus

Carlo Cipolla, Eric L. Jones, Charles P. Kindleberger, David S. Landes oder Frédéric Mauro zu denken.

20 Vgl. Heinz-Gerhard Haupt u. Jürgen Kocka (Hrsg.), Geschichte und Vergleich. Ansätze und Ergebnisse international vergleichender Geschichtsschreibung, Frankfurt a. M. u. New York 1996; Hartmut Kaelble, Der historische Vergleich. Eine Einführung zum 19. und 20. Jahrhundert, Frankfurt a. M. u. New York 1999; vgl. auch Chris Lorenz, Comparative Historiography: Problems and Perspectives, in: History & Theory 38 (1999), S. 25–39.

21 Vgl. Immanuel Wallerstein, The Modern World-System: Capitalist Agriculture and the Origins of the European World-Economy in the Sixteenth Century, New York 1974, S. 348 (dt.: Das moderne Weltsystem. Kapitalistische Landwirtschaft und die Entstehung der europäischen Weltwirtschaft im 16. Jahrhundert, Frankfurt/M. 1986).

22 Vgl. auch Paul Nolte, Die Historiker der Bundesrepublik. Rückblick auf eine „lange Generation", in: Merkur, H. 601 (Mai 1999), S. 413–432, hier S. 422 f.

dem Bemühen um das Verständnis nicht-europäischer Lebensformen zu kümmern. Kaum einem der Anhänger „dichter Beschreibung" scheint es in den Sinn zu kommen, daß Clifford Geertz, der unter deutschen Historikern meistbewunderte Anthropologe, sich genuin für balinesische Hahnenkämpfe interessieren könnte, statt sie nur als austauschbares Demonstrationsobjekt bei der Entwicklung einer allgemeinen kulturwissenschaftlichen Theorie und Methodenlehre zu benutzen. Im übrigen stehen die mikrohistorischen Vorlieben der Kulturhistorikerinnen und -historiker einer Ausweitung ins Globale diametral entgegen: Die Nationalgeschichte wird nicht im Sinne Tenbrucks aufgelöst oder überwunden, sondern durch exemplarische Zuspitzung auf das „dicht" beschreibbare Besondere unterlaufen. Nicht die Welt ist ihr Fluchtpunkt, sondern das Dorf. Damit ist das Thema der Kultur in der Internationalen Geschichte freilich noch nicht erschöpft. Wir kommen darauf zurück.

Nun wäre es eine ebenso unelegante wie tautologische Schlußfolgerung, nach einem Knock-out-Verfahren, das die Konkurrenz aus dem Rennen geworfen hat, die Geschichte der internationalen Beziehungen als die alleinige Sachwalterin des Internationalen oder gar Globalen zu inthronisieren. Sowohl ihre Vertreter wie ihre Verächter sind einstweilen auf eine solche Aufgabe schlecht vorbereitet. Viele ihrer deutschen Kritiker kleben an der antiquierten Scheinalternative vom „Primat" der Außen- *oder* der Innenpolitik und stürmen weiterhin gegen einen Popanz machtstaatlicher „Politikgeschichte" an. Selbst maßvoll wohlwollenden Kommentatoren fällt nichts Besseres ein, als die Geschichte der internationalen Beziehungen zu einem Teilgebiet der Politischen Geschichte zu erklären, in dem es angeblich um nichts als um „außenpolitische Entscheidungen und Konstellationen" geht.[23] Die Erwartungen sind also nicht besonders hoch. Die Herausforderung an die Internationale Geschichte, sich mit der Globalisierungsthematik auseinanderzusetzen, wird *von außen* nicht gestellt.

Auch von innen heraus werden die Chancen noch zu wenig genutzt. Dabei hat die Internationale Geschichte Anknüpfungsmöglichkeiten in ihrer eigenen Vergangenheit. Nur wenige Jahrzehnte lang ist sie vorwiegend die Geschichte der Außenpolitik einzelner europäischer Machtstaaten gewesen. Von William Robertson, dem Verfasser der *History of the Reign of the Emperor Charles V.* (1769), über Arnold Herrmann Ludwig Heeren (*Geschichte des europäischen Staatensystems und seiner Kolonien vom 16. Jahrhundert an*, 1809) und Leopold von Ranke (*Die großen Mächte*, 1833) bis hin zu Jean-Baptiste Duroselle (*L'Europe: histoire de ses peuples*, 1990) hat sie die Idee einer gesamteuropäischen Einheit der Staatenwelt bewahrt; nur die Neo-Rankeaner der wilhelminischen Zeit stutzten die Geschichte der internationalen Beziehungen auf Außenpolitikgeschichte zurück.[24] Aber selbst auf dem Höhepunkt des Neo-Rankeanismus gab es einen Hans Delbrück, der die Probleme von Frieden und Krieg universalhistorisch reflektierte, und in der Weimarer Republik folgte immerhin

[23] Peter Borowsky, Politische Geschichte, in: Goertz (Hrsg.), Geschichte, S. 475–488, hier S. 485 f. Der repräsentative und voraussichtlich für eine ganze Studentengeneration meinungsprägende Einführungsband von Goertz dokumentiert einen sehr einseitigen Triumph des gesellschafts- und kulturgeschichtlichen Fachverständnisses. Nirgends auf fast 800 Seiten ist von Krieg und Frieden die Rede.

[24] Eine etwas andere Sicht bei Andreas Osiander, Interdependenz der Staaten und Theorie der zwischenstaatlichen Beziehungen. Eine theoriegeschichtliche Untersuchung, in: Politische Vierteljahresschrift 36 (1995), S. 243–266.

der große Historiker Veit Valentin, der über den Völkerbundsgedanken und über Kolonialgeschichte schrieb, nicht allein über die deutsche. Der Schweizer Eduard Fueter, auch er freilich kein Exponent der Zunft, veröffentlichte 1921 eine bedeutende *Weltgeschichte der letzten hundert Jahre 1815–1920* als Geschichte globaler Wirtschafts- und Herrschaftsbeziehungen.

Die gegenwärtigen Erweiterungschancen der Internationalen Geschichte bestehen nicht in der oberflächlichen terminologischen Aktualisierung des Gewohnten („Weltpolitik" läßt sich nicht einfach in „Globalpolitik" übersetzen), sondern in der Zusammenführung verschiedener Ansätze und Interessenrichtungen:

(1) der Geschichte von Politik und von „Konfliktformationen" im Weltstaatensystem oder internationalen System, das gemeinhin als Konfiguration der „Großmächte" aufgefaßt wird; dabei ist eine Beschränkung auf die Geschichte von Staatsmännern und politischen Eliten und ihren Problemwahrnehmungen und Entscheidungen keineswegs zwingend geboten: Strukturanalysen zu Ökonomie, Gesellschaft und Militär lassen sich ohne Weiteres einbeziehen;[25]

(2) der Geschichte der Beziehungen zwischen „Nord" und „Süd", also zwischen den Großmächten in ihrer Existenzform als imperialen Zentren und den ökonomisch sowie oft auch politisch abhängigen Ländern und Völkern in Übersee und an „inneren Peripherien";[26]

(3) der Geschichte transnationaler Vernetzungs- und Integrationsprozesse in Politik (mit dem Sonderthema der Geschichte internationaler Organisationen), Wirtschaft, Gesellschaft und Kultur;

(4) der Geschichte des „weltpolitischen Denkens" (Heinz Gollwitzer), der Ideologien, Perzeptionen und solcher Ordnungskonzepte (wie des Völkerrechts), die das „anarchische" internationale Machtstaatensystem in Richtung auf eine normativ integrierte „international society" zu domestizieren versuchen.[27]

Eine besonders wichtige Aufgabe besteht darin, die beiden ersten dieser vier Gesichtspunkte aneinander anzunähern. Noch immer verharrt die Geschichte, sehr vereinfacht gesagt, der Nord-Nord-Beziehungen und die der Nord-Süd-Beziehungen weitgehend verbindungslos nebeneinander. Unter „Weltpolitik" wird nach wie vor vielfach nur die Interaktion der Großmächte miteinander verstanden.[28] Das Verhält-

25 Dies zeigt, um nur das bekannteste Beispiel zu nennen, Paul Kennedy, Aufstieg und Fall der großen Mächte: Ökonomischer Wandel und militärischer Konflikt von 1500 bis 1800, Frankfurt a.M. 1989.

26 Siehe Boris Barths Kapitel in diesem Band.

27 Die Unterscheidung zwischen „international system" und „international society" ist ein Markenzeichen der „englischen Schule" der Internationalen Beziehungen. Vgl. bes. Hedley Bull, The Anarchical Society: A Study of Order in World Politics, London 1977; sowie als neueren Kommentar Robert H. Jackson, The Political Theory of International Society, in: Kenneth Booth u. Steve Smith (Hrsg.), International Relations Theory Today, Cambridge 1995, S. 111–128. Zur Ideengeschichte der internationalen Beziehungen jetzt vor allem Alan Cassels, Ideology and International Relations in the Modern World, London und New York 1996. Siehe auch die Kapitel von Gottfried Niedhart und Ingo J. Hueck in diesem Band.

28 Etwa bei Gregor Schöllgen, Geschichte der Weltpolitik von Hitler bis Gorbatschow 1941 bis 1991, München 1996, wo selbst die Dekolonisation nur an wenigen Punkten behandelt wird, an denen sie (z. B. während der Suezkrise von 1956) die Gewichte zwischen den großen Mächten verschob. Ganz anders hingegen René Girault, Robert Frank u. Jacques Thobie, La loi des

nis zwischen den imperialen Zentren und der übrigen Welt findet oft allein in jenen kurzen Schubphasen der europäischen Welteroberung Beachtung, in denen die außereuropäische oder außeratlantische Welt zur Projektionsfläche für akute Großmächtekonflikte wurde. Von Weltpolitik führt kein direkter Weg zu Weltgeschichte. Umgekehrt konzentriert sich die heute praktizierte Imperial- und Kolonialgeschichte überwiegend auf die Binnenverhältnisse einzelner Großreiche oder gar individueller Kolonien: eine forschungspragmatisch berechtigte Beschränkung, die indes auf Kosten der Übersicht über großräumige Systemzusammenhänge geht.[29] Die Internationale Geschichte kann nur dann eine zureichende Einsicht in die Entwicklung von *Welt*ordnung gewinnen, wenn sie sich ein zweidimensionales Bild vom internationalen System zu eigen macht.[30]

Eine Langzeitbetrachtung mag verdeutlichen, wie ein solches Bild aussehen könnte. Während der Jahrhunderte, die man für Europa als die Frühe Neuzeit bezeichnet, existierten auf der Welt mehrere Staatensysteme nebeneinander. In besonders hohem Maße formalisiert und regelhaft geordnet war die um den Kaiserhof zu Peking zentrierte ostasiatische Weltordnung. Als Europa 1648 in Münster und Osnabrück seine politische Geographie stabilisierte, war in China kurz zuvor die mandschurische Qing-Dynastie an die Macht gekommen, die in der Folgezeit die ostasiatische Weltordnung mit ihrer komplexen Tributsymbolik auf einen letzten Höhepunkt von Ausdehnung und Verbindlichkeit führen sollte. Die Europäer standen mit den übrigen Staatensystemen, von denen für sie das osmanische am wichtigsten war, in Koexistenzbeziehungen, die sich am besten mit dem Begriff der Grenze (im Sinne von „frontier“) erfassen lassen.[31] Entlang solcher Grenzen herrschte keineswegs immer ein Dauerkrieg der Zivilisationen. Vielmehr entwickelten sich an der osmanisch-habsburgischen Balkangrenze oder der langen Grenze zwischen Rußland und China relativ stabile Gleichgewichtskonstellationen. Nur in der Neuen Welt, auf der Insel Java und gegen Ende des 18. Jahrhunderts auch in Indien zerstörte und absorbierte die europäische Expansion einheimische Mächtesysteme.

Dieser Prozeß der Aufhebung staatlicher Vielfalt durch imperiale Expansion prägte dann das 19. Jahrhundert. Als Folge kontinuierlicher Reichsbildung durch die euro-

géants 1941–1964, Paris 1993, oder sogar ein solch konventionelles Lehrbuch wie Peter Calvocoressi, World Politics since 1945, London und New York, 7. Aufl., 1996.

[29] Eine Rückkehr zu einer makrohistorischen Perspektive deutet sich z.B. an bei Dominic Lieven, Dilemmas of Empire 1850–1918: Power, Territory, Identity, in: Journal of Contemporary History 34 (1999), S. 163–200.

[30] Harald Kleinschmidt hat dazu wichtige Anregungen gegeben. Vgl. seine Geschichte der internationalen Beziehungen. Ein systemgeschichtlicher Abriß, Stuttgart 1998.

[31] Vgl. etwa Robert Bartlett, The Making of Europe: Conquest, Colonization and Cultural Change 950–1350, London 1993; ders. u. Angus MacKay (Hrsg.), Medieval Frontier Societies, Oxford 1989; Jürgen Osterhammel, Kulturelle Grenzen in der Expansion Europas, in: Saeculum 46 (1995), S. 101–138. Auf dem Osnabrücker Kongreß „Der Frieden – Rekonstruktion einer europäischen Vision“ (Oktober 1998) ging es in der Sektion „Europa und seine Grenzen“ vor allem um Europas äußere „frontiers“ während der Frühen Neuzeit (Publikation i.V.). Schon 1980 sah Charles Maier in solchen Expansions- und Grenzstudien ein zukunftsträchtiges Gebiet von International History auch für das 19. und 20. Jahrhundert; vgl. ders., Marking Time: The Historiography of International Relations, in: Michael Kammen (Hrsg.), The Past Before Us: Contemporary Historical Writing in the United States, Ithaca u. London 1980, S. 355–387, hier S. 375f.

päischen Großmächte, allen voran England, Frankreich und Rußland, verminderte sich die Zahl selbständiger Akteure der internationalen Politik auf ein weltgeschichtliches Minimum. In keinem Fall mit der Ausnahme Japans gelang die Bildung *neuer* außerokzidentaler Großmächte.[32] Nirgendwo ging es so dramatisch zu wie in Afrika, wo um 1900 nur noch der Kaiser von Äthiopien und der Sultan von Marokko mit einigem Recht als einheimische Souveräne bezeichnet werden konnten, während zwei oder drei Jahrzehnte zuvor die Europäer noch Dutzende von betrügerischen Verträgen mit ebensovielen Herrschern und Häuptlingen abgeschlossen hatten. Die „Teilung Afrikas" zwischen 1881 und 1902 war ein Vorgang der Zwangsintegration von oben, der etwa zehntausend politische Einheiten zu vierzig Herrschaftsgebieten zusammenfaßte.[33] In Amerika traten im Zerfall des spanischen Reiches zwar die Kreolen-Republiken des Südens – okzidentale Ablegerstaaten mit kultureller Solidarität zum romanischen Abendland – im frühen 19. Jahrhundert neu in Erscheinung, aber aus den teilweise noch im 18. Jahrhundert respekteinflößenden Indianerstämmen und -konföderationen des Nordkontinents waren um die Mitte des 19. Jahrhundert hilflose Minoritäten innerhalb der Flächenstaaten USA und Kanada geworden.[34] Den indischen Fürsten erging es unter britischer „Paramountcy" besser, wiewohl auch sie zum Zeitpunkt des Indischen Aufstandes 1857 nurmehr Scheinstaaten unter britischer Oberaufsicht regierten.[35] Das unaufhaltsame Vordringen der russischen Macht in Innerasien, Sibirien und im Kaukasus verschlang zur gleichen Zeit zahlreiche Machtzentren Eurasiens.[36] Diese drastische Verminderung von Staatsdiversität beschnitt zugleich die Möglichkeiten von Europäern und emigrierten Neo-Europäern (also Siedlern europäischer Herkunft), mit ethnisch und kulturell Fremden in „internationale", also nicht durch vertikale Herrschaftsverhältnisse strukturierte Beziehungen zu treten. Aus politischen Partnern und Gegnern jenseits der „frontier" wurden koloniale Untertanen und semi-koloniale Schutzbefohlene. Zwischen den kolonisierten Völkern selbst gab es wenige Möglichkeiten des horizontalen Kontakts. Pan-Bewegungen wurden von den Kolonialmächten als Bedrohung aufgefaßt und bekämpft.

Nach dem Ende des imperialen Zeitalters wurde die vormoderne Staatsdiversität[37] selbstverständlich nirgendwo wiederhergestellt. Die Kolonialmächte hatten den europäischen Territorialstaat unwiderruflich eingeführt, die anti-kolonialen Befreiungs-

32 Vgl. die Überlegungen bei Ian S. Lustick, The Absence of Middle Eastern Great Powers: Political „Backwardness" in Historical Perspective, in: International Organization 51 (1997), S. 653–683.

33 Roland Olivier, The African Experience, London 1991, S. 184.

34 Vgl. als Synthese der Forschungen zur Geschichte der Indianer Amerikas: Francis Jennings, Founders of America, New York 1993.

35 Vgl. Ian Copland, The British Raj and the Indian Princes: Paramountcy in Western India, 1857–1930, Bombay 1982.

36 Vgl. Dittmar Dahlmann, Zwischen Europa und Asien. Russischer Imperialismus im 19. Jahrhundert, in: Wolfgang Reinhard (Hrsg.), Imperialistische Kontinuität und nationale Ungeduld im 19. Jahrhundert, Frankfurt a.M. 1991, S. 50–67; Daniel R. Brower u. Edward J. Lazzerini (Hrsg.), Russia's Orient: Imperial Borderlands and Peoples, 1700–1917, Indianapolis 1997.

37 Vgl. auch Charles Tilly, The Geography of European Statemaking and Capitalism since 1500, in: Eugene D. Genovese u. Leonard Hochberg (Hrsg.), Geographic Perspectives in History, Oxford 1989, S. 158–181, hier S. 171–174.

bewegungen die europäische Ideologie des Nationalismus importiert.[38] Daraus entstanden nach Vertreibung oder Rückzug der Kolonialherren die hybriden Gebilde der „New Nations". Die vormaligen kolonialen Untertanen organisierten sich meist, wenn auch nicht immer in solchen National-Staaten europäischen Typs. Diese wurden mit den unterschiedlichsten politischen Systemen angefüllt, bewahrten aber nahezu ausnahmslos die Grenzen und äußeren Formen, die man ihnen im imperialen Zeitalter zugeschneidert hatte. In jedem Fall wurden sie zu Akteuren auf der internationalen Bühne und zumindest nominell zu Herren ihrer eigenen nationalen Außenpolitik. In der Blockfreien-Bewegung suchten sie eine gemeinsame weltpolitische Identität über oft tiefe kulturelle Gräben hinweg. Die Vereinten Nationen und ihre Teilorganisationen verliehen ihren Anliegen Legitimität und ihren Stimmen Gehör.[39] Die UNO war 1945 von 51 Ländern gegründet worden, darunter solchen scheinselbständigen Einheiten wie Weißrußland und der Ukraine. 1994 war eine Mitgliederzahl von 185 erreicht. Allein im Jahre 1991 schuf der Zerfall der Sowjetunion und Jugoslawiens dreizehn neue UNO-Mitglieder.[40] So erwuchs aus dem Zerfall der europäischen Kolonialimperien eine neue Welt hierarchisch geordneter, aber durch Wettbewerb aufgelockerter staatlicher Vielfalt. Anders als die anarchische Vielfalt der vormodernen Epoche wurde diejenige der zweiten Hälfte des 20. Jahrhunderts durch verschiedene Klammerkräfte zusammengehalten: die Beteiligung an internationalen Organisationen, eine über ideologische und kulturelle Gegensätze hinweg praktizierte „technologie politique universelle",[41] zeitweise auch durch die Einbeziehung in die weltweiten Konfliktstrategien der beiden Supermächte.[42] Die hierarchische Ordnung des internationalen Systems ergab sich aus kraß unterschiedlichen ökonomischen Lagen und aus dem unterschiedlichen Zugang zu militärischen Machtmitteln.

Die „zweite" Dimension, also die „Nord-Süd-Achse", des internationalen Systems wurde in dem Moment sichtbar, als das Ende der Kolonialreiche und der Rückzug der europäischen Imperialmächte aus Positionen informeller Kontrolle in Ostasien und im Nahen und Mittleren Osten ehemals binnenimperiale Beziehungen gleichsam externalisierten. Schienen zunächst die postkolonialen Staaten als sozio-ökonomisch ähnlich beschaffene Dritte Welt oder Sphäre der „developing nations" eine identifizierbare Einheit zu bilden, so wurden wirtschaftliche Abgrenzungskriterien seit etwa 1970, d.h. nach der ersten Ölkrise und dem beginnenden ökonomischen Erfolg einiger großer Länder Asiens, immer weiter aufgeweicht. Bereits vor dem Ende des Kalten Krieges, dessen totalisierende Wirkung man nicht überschätzen sollte, schoben sich kulturelle Wahrnehmungen der internationalen Landschaft in den Vordergrund. Der Sieg der islamischen Revolution im Iran 1979 war hier das einschneidende Ereig-

[38] Vgl. Bertrand Badie, L'état importé: Essai sur l'occidentalisation de l'ordre politique, Paris 1992.

[39] Vgl. Evan Luard, A History of the United Nations, Bd. 2: The Age of decolonization, 1955–1965, Basingstoke u. London 1989.

[40] Pierre Gerbet, Le rêve d'un ordre mondial de la SDN à l'ONU, Paris 1996, Anhang (ungez.).

[41] Bertrand Badie, Les deux états: pouvoir et société en Occident et en terre d'Islam, Paris 1986, S. 11.

[42] Dabei haben die USA fast stets „globaler" agiert als die Sowjetunion. Vgl. Jan Nijman, The Geopolitics of Power and Conflict: Superpowers in the International System, 1945–1992, London u. New York 1993.

nis, das im Westen – lange vor Samuel Huntingtons berühmtem Aufsatz von 1993[43] – dem Thema des „Zusammenstoßes der Kulturen" zu Prominenz verhalf. Das soll nicht heißen, daß man kulturelle Unterschiede bis dahin ignoriert hätte. Im Gegenteil: Eine riesige Literatur von Reisenden, Geographen und Philosophen drehte sich in der Frühen Neuzeit um nichts anderes; damals definierte sich Europa geradezu aus seiner kulturellen Differenz zu den großen Zivilisationen Asiens.[44] Im imperialen Zeitalter war auf europäischer Seite die Wahrnehmung kultureller Unterschiede – trotz großer Forschungsbemühungen von Ethnologie und Orientalistik – vorübergehend zurückgetreten. Aus der Sicherheit eines europäischen Überlegenheitsgefühls erübrigte es sich, das Fremde ernst zu nehmen. Es wurde musealisierend verharmlost und zu einem kolonialpolitischen Verwaltungsproblem reduziert. Das war während und nach der Dekolonisation nicht länger möglich. Einstweilen sah aber der vorherrschende Modernisierungs- und Entwicklungsdiskurs in nicht-okzidentalen Formen von Kultur nur ein fortschrittshemmendes „traditionales" Hindernis. Kulturbetonte Deutungen der internationalen Beziehungen gingen, wie heute oft übersehen wird, von der Dritten Welt selbst aus. Ansprüche an die früheren Kolonisatoren und überhaupt die dominierenden Kräfte im internationalen System ließen sich am besten im Namen verletzter Authentizität erheben. Nicht zufällig waren es internationale Kulturorganisationen wie UNESCO, in denen sich Afrikaner, Asiaten und Lateinamerikaner mit besonderem Erfolg zur Geltung bringen konnten. Politische Schwäche und wirtschaftliche Verletzlichkeit wurden durch kulturelle Selbstbehauptung kompensiert. Auch ging es oft darum, der penetranten Arroganz und Schulmeisterei des Westens entgegenzutreten. Daher sind manche Auseinandersetzungen um Sprache, Religion, Sitten, Weltdeutungen, Medienmacht und Besitzrechte an materiellem Kulturerbe symbolische Verschiebungen politischer Konflikte auf ein anderes Feld.[45] Das hat mit einem apokalyptischen „clash of civilizations" meist viel weniger zu tun als mit Interessenpolitik. Überhaupt gewinnen in der heutigen Welt Auseinandersetzungen um die Anerkennung symbolischer Ansprüche einzelner Gruppen eine wachsende Bedeutung.[46] Der Aufstieg von „cultural studies" und „post-colonial studies" in der multikulturellen Wettbewerbsgesellschaft der USA muß vor diesem Hintergrund gesehen werden.

[43] Samual P. Huntington, The Clash of Civilizations, in: Foreign Affairs 72 (1993), S. 22–49.

[44] Vgl. Jürgen Osterhammel, Die Entzauberung Asiens. Europa und die asiatischen Reiche im 18. Jahrhundert, München 1998; Stuart Woolf, The Construction of a European World View in the Revolutionary-Napoleonic Years, in: Past & Present 137 (1992), S. 72–101.

[45] Einen Überblick über weltpolitisch relevante Kulturfragen gibt Ali A. Mazrui, Cultural Forces in World Politics, London 1990.

[46] Vgl. dazu etwa die Überlegungen des kanadischen Philosophen Charles Taylor zum Thema interkultureller Anerkennung: Charles Taylor, Multiculturalism: Examining the Politics of Recognition, Princeton/NJ 1994.

II.

Was folgt für die Internationale Geschichte?[47] Sie wird in keinem Fall auf längere Sicht mit der Vorstellung einer analytisch zweigeteilten Welt auskommen: hier das systemisch – ob nun multi-, bi- oder unipolar – organisierte Machtzentrum, dort die „Peripherie"; hier die Geschichte Europas bzw. des Westens, dort die der „europäischen Expansion", die oft so behandelt wird, als hätte sie mit Europa nichts zu tun. Wenn sie sich auf die Vielfalt der Kulturen einläßt, kann die Internationale Geschichte allerdings einige Vorüberlegungen nicht vermeiden. Vor allem zwei sind wichtig. Erstens wird sie der Versuchung widerstehen müssen, eine angeblich altmodische Diplomatie- und Machtstaatsgeschichte durch eine trendbegünstigte „Kulturgeschichte der internationalen Beziehungen" ersetzen zu wollen. Offener gesagt: Der Stellenwert der Kultur im historischen Studium „interkultureller" Beziehungen muß diskutiert werden. Eine kulturelle Dimension vermag allzu formale und ausschließlich auf Rationalitätsannahmen bezogene Modelle der Entscheidungsbildung zu verfeinern,[48] doch sie kann eine Analyse in den Kategorien von Macht und Interesse nicht völlig überflüssig machen.[49] Auch wäre es ein vereinfachendes Mißverständnis, die Beziehungen zwischen Staaten und Ländern, die unterschiedlichen „Kulturen" angehören, sogleich der „Kulturgeschichte" zuschlagen zu wollen. Dies wäre eine unzulässige Vermischung des pluralen mit dem singularen Kulturbegriff. Zwischen Zivilisationen, etwa der islamischen Welt und dem Westen,[50] können alle möglichen Arten von Beziehungen bestehen, von denen manche „kultureller" Natur sind und andere nicht.

Mit dem pluralen Begriff der Kulturen („civilisations" im Englischen wie Französischen) hängt ein zweites Problem zusammen: das der Abgrenzung dieser Kulturen voneinander. Dazu gibt es bis hin zu Samuel Huntington, der die Welt nach dem Kriterium der Religion in sechs oder sieben „Kulturkreise" („civilizations") einteilen will – den sinischen, den japanischen, den hinduistischen, den islamischen, den westlichen, den lateinamerikanischen und „vielleicht" den afrikanischen –,[51] zahlreiche

[47] Die Disziplin der Internationalen Beziehungen hat schon früh reagiert, vgl. etwa Yosef Lapid/ Friedrich Kratochwil (Hrsg.), The Return of Culture and Identity in IR Theory, Boulder/ Colo. 1996.

[48] Siehe Ursula Lehmkuhls Kapitel in diesem Band sowie Fritz Gaenslen, Advancing Cultural Explanations, in: Valerie M. Hudson (Hrsg.), Culture and Foreign Policy, London 1997, S. 256–277; Anja Jetschke u. Andrea Liese, Kultur im Aufwind. Zur Rolle von Bedeutungen, Werten und Handlungsrepertoires in den internationalen Beziehungen, in: Zeitschrift für Internationale Beziehungen 5 (1998), S. 149–179.

[49] Die besten Beispiele für eine Verbindung dieser Aspekte gibt es bisher in der Kolonialgeschichte. Vgl. etwa Louise Young, Japan's Total Empire: Manchuria and the Culture of Wartime Imperialism, Berkeley 1998.

[50] Zur notorischen Frage, was der „Westen" sei, vgl. die Überlegungen bei Serge Latouche, The Westernization of the World: The Significance, Scope and Limits of the Drive towards Global Uniformity, trans. by Rosemary Morris, Cambridge 1996, S. 25–51. Immer noch interessant ist Arthur P. Whitaker, The Western Hemisphere Idea: Its Rise and Decline, Ithaca und London 1954. Vgl. auch den Literaturbericht Patrick Thaddeus Jackson, „Civilisation" on Trial, in: Millennium. Journal of International Studies 28 (1999), S. 141–153.

[51] Samuel P. Huntington, Kampf der Kulturen. Die Neugestaltung der Weltpolitik im 21. Jahrhundert, dt. von Holger Fliessbach, München u. Wien 1996, S. 57–62.

Vorschläge, von denen keiner im Prinzip seriöser oder gar richtiger ist als der andere. Zwar wäre es übertrieben, zivilisatorische Einheiten als bloße Konstrukte zu bezeichnen, aber es bleibt doch notwendig, auf die Wandelbarkeit kultureller Selbst- und Fremdzuschreibungen hinzuweisen. Kollektive Identitäten sind keine bloßen Repräsentationen fundamentaler kultureller Wesenseigentümlichkeiten und Substanzen; es gibt zum Beispiel Phänomene wie De-Christianisierung und Re-Islamisierung, die zu erheblichen Veränderungen der zivilisatorischen Landkarte führen. Überhaupt ist die Bindekraft des Religiösen ein unsicheres Kriterium, das überhaupt erst wieder durch die europäisch-nordamerikanische Wahrnehmung des Islam als fanatisierter Feindkultur in den Vordergrund gerückt ist. Die inneren Spannungen in Zivilisationen, etwa „konfessionelle" Gegensätze, z.B. zwischen sunnitischem und shi'itischem Islam, werden eingeebnet und Angebote der Kultursoziologie ausgeschlossen, eine Zivilisation gerade durch ihre inneren Gegensätze zu charakterisieren.[52] Auch übersieht eine der Chimäre der Eindeutigkeit nachlaufende Kartographie der Zivilisationen die zahlreichen unscharfen Ränder (verläuft die Grenze des „Westens" wirklich mitten durch Jerusalem?) und die Möglichkeiten multipler persönlicher Identitäten und kollektiver „Hybridität" im Überlappungsbereich von Zivilisationen.[53] Es ist oft unmöglich anzugeben, wo die eine Zivilisation „endet" und die nächste beginnt.[54]

Internationale Geschichte im Horizont der Globalisierung kann und muß solche Fragen nicht letztgültig klären, sie aber präsent halten, wenn sie sich Themenbereichen zuwendet, die sie in ungewohnte Fächernachbarschaft führen, vor allem in diejenige der Anthropologie. Ich nenne nur drei Beispiele unter den Stichworten Diplomatie, Rasse/Rassismus und Kulturtransfer.[55]

Diplomatiegeschichte hat eine Erneuerung nötig und verdient sie.[56] Eine solche Erneuerung kann auf mindestens drei Wegen erfolgen. Zunächst läßt sich die übliche

52 Ein schönes Beispiel ist der Versuch, das heutige Ost- und Südostasien in der Typenpolarität von Bürokrat und Kaufmann zu erfassen: Marie-Claire Bergère, Le mandarin et le compradore: Les enjeux de la crise en Asie orientale, Paris 1998; zuvor schon Lucian W. Pye, The Mandarin and the Cadre: China's Political Cultures, Ann Arbor 1988.

53 Zur heute vieldiskutierten „Hybridität" vgl. etwa Jan Nederveen Pieterse, Globalization as Hybridization, in: Mike Featherstone, Scott Lash u. Roland Robertson (Hrsg.), Global Modernities, London 1995, S. 45–68. Abermals: wirklich weiterführend sind nicht solche Raisonnements, sondern empirische Arbeiten wie etwa James L. Watson (Hrsg.), Golden Arches East: McDonald's in East Asia, Stanford 1997.

54 Ohne Einfluß auf die Debatte ist bisher ein bedeutender Versuch geblieben, der Frage zivilisatorischer Grenzen und Identitäten mit Hilfe formaler Modelle, besonders aus der mathematischen Mengenlehre, näherzukommen: K. N. Chaudhuri, Asia before Europe: Economy and Civilization of the Indian Ocean from the Rise of Islam to 1750, Cambridge 1990, bes. S. 66–70.

55 Ein weiteres Stichwort wäre „Migration". Diese ist jedoch mittlerweile in der historischen Demographie fest verankert. Hervorragend als Überblick: Wang Gungwu (Hrsg.), Global History and Migrations, Boulder/Colo. 1997.

56 Am weitesten ist man dabei bisher für die Frühe Neuzeit gelangt. Vgl. vor allem Lucien Bély (Hrsg.), L'invention de la diplomatie: Moyen Age – Temps modernes, Paris 1998 (mit Nachweisen der älteren Literatur); auch ders. (Hrsg.), Les relations internationales en Europe XVII-XVIII siècles, Paris 1992. Im folgenden wird Diplomatiegeschichte als ein Untergebiet der Geschichte der internationalen Beziehungen verstanden und nicht mit ihr synonym gesetzt wie noch bei Jongsuk Chay, Diplomatic History and International Relations, in: ders. (Hrsg.), Culture and International Relations, New York 1990, S. 34–46, hier S. 34.

Unterscheidung in „alte" und „neue" Diplomatie, die kurz vor dem Ersten Weltkrieg aufkam,[57] verfeinern. So hat James Der Derian kenntnisreich verschiedene „diplomatic cultures" beschrieben, darunter eine letzten Endes in die Utopie des Terrors mündende „Anti-Diplomatie" und eine revolutionäre „Neo-Diplomatie", deren früher Meister Leo Trotzki war.[58] Sodann ist eine Sozialgeschichte der Milieus professioneller Außenrepräsentanten denkbar, die besonders ergiebig ausfallen dürfte, wenn man die konsularische Ebene, also die wahrhaften „men on the spot" einbezieht, die in der Regel einen engeren Kontakt zur einheimischen Umwelt hielten als das diplomatische Personal in den Hauptstädten.[59] So hat der Basler Historiker Christian Windler am Beispiel französischer Konsuln in Nordafrika während des 18. Jahrhunderts auf der Grundlage ergiebiger Archivquellen eine Art von politischer Anthropologie der Kulturbegegnung entwickelt, die für andere historische Situationen beispielhaft zu werden verspricht.[60] Windler untersucht das Zusammentreffen zweier politischer Kulturen, die sich durch Politikverständnis, Normbegriffe, Kommunikationserwartungen und vieles andere mehr voneinander unterschieden. Fragen der Etikette, der Sammlung von Informationen in einer schwer durchdringlichen Umwelt und der sprachlichen Verständigung auf dem Wege über Vermittler, wie sie im außereuropäischen Bereich viel wichtiger waren als normale Dolmetscher,[61] spielten in den Hafenstädten des Maghreb eine weitaus größere Rolle als in europäischen Metropolen. Am Beispiel diplomatischer Geschenke und ihrer sich verändernden symbolischen Befrachtung kann Windler die Verschiebung kultureller Interpretationen auf beiden Seiten nachweisen.[62] Auch gelingt es ihm, die konsularischen Interaktionen als Indizien für die Evolution von Staat und Staatsverständnis, zumindest auf französischer Seite, zu lesen. Politische Systeme, das ist der überzeugende Hintergedanke, erweisen dort ihre Eigenart und Leistungsfähigkeit besonders deutlich, wo sie eine fremde Umwelt bewältigen müssen. Diplomatiegeschichte wird so zur Geschichte eines peripheren Organs europäischer Staatlichkeit.

[57] Vgl. Keith Hamilton u. Richard Langhorne, The Practice of Diplomacy: Its Evolution, Theory and Administration, London u. New York 1995, S. 136 ff.

[58] James Der Derian, On Diplomacy: A Genealogy of Western Estrangement, Oxford 1987; ders, Antidiplomacy: Spies, Terror, Speed and War, Oxford 1992. Einen dezidiert kulturwissenschaftlichen Ansatz präsentiert der Versuch, die amerikanische Dollardiplomatie der zwanziger Jahre als Ausleben männlicher Überwachungsphantasien zu interpretieren: Emily Rosenberg, Revisiting Dollar Diplomacy: Narratives of Money and Manliness, in: Diplomatic History 22 (1998), S. 155–176. Vorschläge zu einer Kulturgeschichte des Diplomatischen auch bei Anders Stephanson, Diplomatic History in the Expanded Field, in: Diplomatic History 22 (1998), S. 595–603.

[59] Vorbildlich: P.D. Coates, The China Consuls: British Consular Officers, 1843–1943, Hongkong 1988.

[60] Christian Windler, Diplomatie comme expérience de l'autre: Consuls français au Maghreb (1700–1840), unveröff. Habilitationsschrift, Basel 1999.

[61] Vgl. auch Frances Karttunen, Between Worlds: Interpreters, Guides, and Survivors, Piscataway/NJ 1994, sowie die Analyse der Figur des Dolmetschers im kolonialen Afrika bei Trutz von Trotha, Koloniale Herrschaft. Zur soziologischen Theorie der Staatsentstehung am Beispiel des „Schutzgebietes Togo", Tübingen 1994, S. 186–205.

[62] Vgl. ähnlich zur Symbolik der Geschenke im frühen Kontakt zwischen Briten und Chinesen: James Hevia, Cherishing Men from Afar: Qing Guest Ritual and the Macartney Embassy of 1793, Durham/NC u. London 1995, S.

Schließlich kann eine neue Diplomatiegeschichte davon profitieren, daß sie auch „den Anderen" Staatskunst zubilligt. Gegen eine mißverstandene Anthropologisierung, derzufolge die Nicht-Europäer hoffnungslos in irrationale Symbolwelten verstrickt sind,[63] muß betont werden: „Rationale" Interessenwahrung und die Kunst der Unterhandlung sind keine zivilisatorischen Monopolgüter des neuzeitlichen Europa.[64] Die traumatische Wirkung dessen, was wir uns harmlos-neutral „europäische Expansion" zu nennen angewöhnt haben, beruhte oft gerade auf dem Einbruch roher Gewalt in einheimische Konventionen rituell geregelter und nicht selten sogar konsensueller Konfliktbewältigung. Fern davon, Ordnung in der „Anarchie der Wilden" zu schaffen, waren es oft die Invasoren selbst, die den Feinheiten einheimischer Diplomatie keine Chance ließen. Interkulturelle Diplomatie findet man überall dort, wo die Machtverhältnisse die Europäer auf zivile Methoden zurückwarfen. Dies war in der Frühen Neuzeit weltweit der Normalfall. In Nordamerika waren die Indianerstämme noch im 18. Jahrhundert im wesentlichen stark genug, um als Gegenmächte der Europäer auftreten zu können. Während der englisch-französischen Kolonialrivalität, die zwischen 1748 und 1763 ihren Höhepunkt erreichte, waren sie begehrte Bündnispartner beider Seiten.[65] Die unabhängigen Kolonien und dann die Vereinigten Staaten erkannten die indianischen Stämme als Rechtssubjekte an. Zwischen 1778 und 1868 wurden 367 „Indian treaties" ausgehandelt und ratifiziert. Die meisten dieser Verträge wurden den Indianern nicht einfach aufgezwungen, sondern von ihnen als Mittel der Statusanerkennung und Statussicherung angestrebt, auch wenn auf längere Sicht die Souveränität der „Indian nations" zunehmend einen fiktionalen Charakter annahm.[66] Entlang der Küsten des tropischen Afrika setzte die Versorgung der europäischen Sklavenhändler mit ihrer Ware komplizierte Verhandlungen zwischen diesen und einheimischen Potentaten, den eigentlichen Zulieferern der Sklaven, voraus.[67] „Hohe" Diplomatie blieb aber für zwei Situationen reserviert: zum einen für die Gesandtschaften, die aus besonderen Anlässen zwischen europäischen und asiati-

[63] Vgl. dazu meine Kritik an Tzvetan Todorovs Deutung der spanischen Eroberung Mexikos: Wissen als Macht. Deutungen interkulturellen Nichtverstehens bei Tzvetan Todorov und Edward Said, in: Eva-Maria Auch u. Stig Förster (Hrsg.), „Barbaren" und „Weiße Teufel". Kulturkonflikte und Imperialismus in Asien vom 18. bis zum 20. Jahrhundert, Paderborn 1997, S. 145–169, hier S. 150–153; in ähnlichem Sinne Wolfgang Gabbert, Kultureller Determinismus und die Eroberung Mexikos. Zur Kritik eines dichotomischen Geschichtsverständnisses, in: Saeculum. Jahrbuch für Universalgeschichte 46 (1995), S. 274–292. Einen weiteren Diplomatiebegriff als den üblichen verwendet Adam Watson, Diplomacy: The Dialogue between States, London 1982, S. 82–94.

[64] Das Problem wäre auch unter Gesichtspunkten aus der Theorie der International Relations zu diskutieren. Vgl. zum Diskussionsstand Miles Kahler, Rationality in International Relations, in: International Organization 52 (1998), S. 919–941, bes. S. 933ff.

[65] Vgl. die Übersicht bei Ian K. Steele, Warpaths: Invasions of North America, New York u. Oxford 1994, S. 179ff.

[66] Vgl. Francis Paul Prucha, American Indian Treaties: The History of a Political Anomaly, Berkeley, Los Angeles u. London 1994, S. 1–3 (als Einleitung zu einer monumentalen Analyse). Zu einer früheren Phase vgl. Francis Jennings (Hrsg.), The History and Culture of Iroquois Diplomacy: An Interdisciplinary Guide to the Treaties of the Six Nations, Syracuse/NY 1985.

[67] Vgl. etwa Paul E. Lovejoy, Transformations in Slavery: A History of Slavery in Africa, Cambridge 1983, S. 88ff.

schen Herrschern ausgetauscht wurden,[68] zum anderen für die Beziehungen zwischen den christlichen Fürsten und ihren muslimischen Nachbarn am Mittelmeer und auf dem Balkan. Insofern für die Venezianer, die Miterfinder der neuzeitlichen Diplomatie, kein anderer Staat wichtiger war als das Osmanische Reich, stehen interkulturelle Kontakte geradezu am Beginn der Diplomatiegeschichte. Zuerst Venedig, Frankreich und Habsburg, später auch andere Staaten des Nordens unterhielten diplomatische Vertretungen im frühneuzeitlichen Istanbul, der Hauptstadt eines drei Kontinente umspannenden Militärimperiums. Das Osmanische Reich seinerseits verweigerte aber die Teilnahme am diplomatischen Verkehr. Es entsandte keine dauerhaft stationierten Offiziellen an europäische Regierungssitze und übernahm die sich in Europa herausbildenden Gepflogenheiten des diplomatischen Umgangs nur sehr selektiv. Zum Beispiel ließ sich die Pforte bis zum Ende des 18. Jahrhunderts nicht zur Anerkennung der Unverletzlichkeit von Gesandten bewegen.[69] Solche Besonderheiten einer „diplomatischen Kultur" verbanden sich aber durchaus mit einer rationalen politischen Praxis. Eine gutgemeinte Anerkennung der Eigenart „der Anderen" darf nicht zum Umkehrschluß auf ein okzidentales Rationalitätsmonopol führen. Interzivilisatorische Diplomatiegeschichte lebt gerade von der Spannung zwischen symbolischen Differenzen und handlungspragmatischen Gemeinsamkeiten. Allein geschickte Taktik und die Fähigkeit zur Anpassung an sich schnell wandelnde Umstände ermöglichten schwachen Länder mit einem exotischen äußeren Erscheinungsbild wie Siam, Afghanistan oder Nepal das Überleben inmitten der Rivalitäten des imperialen Zeitalters.[70] Ein anderes Beispiel ist die Außenpolitik der Kommunistischen Partei Chinas vor 1949, die chinesische Tradition, revolutionäre Rhetorik und realitätsnahe Situationslogik gleichermaßen umschloß.[71] Der Begriff von Diplomatie als rationaler Staatskunst sollte aus seinem europäischen Entstehungszusammenhang gelöst und probeweise generalisiert werden. Es wird sich dann das Bild eines Zusammenspiels kulturell unterschiedlich eingefärbter Diplomatien ergeben, das sich im 20. Jahrhundert zu einer Landschaft verschiedenartiger diplomatischer Stile oder Kulturen innerhalb eines weltweit anerkannten Regelkosmos fortentwickelt hat.[72] Die schnell wachsende Literatur über interkulturelle Kommunikation und interkulturelles Verhandeln in der Gegenwart kann auch Historikern wichtige Hinweise geben.[73]

Rasse und Rassismus. Die Geschichtsschreibung der internationalen Beziehungen ist farbenblind, auch wenn die Akteure, mit denen sie es zu tun hat, dies oft keineswegs waren. Niemand könnte heute eine akzeptable Geschichte der internationalen

[68] Vgl. beispielhaft Dirk van der Cruysse, Louis XIV et le Siam, Paris 1991; auch Osterhammel, Entzauberung Asiens, passim.

[69] Vgl. Matthew S. Anderson, The Rise of Modern Diplomacy 1450–1919, Harlow 1993, S. 72.

[70] Vgl. David Gillard, British and Russian Relations with Asian Governments in the Nineteenth Century, in: Bull u. Watson (Hrsg.), Expansion of International Society, S. 87–97.

[71] Vgl. Michael H. Hunt, The Genesis of Chinese Communist Foreign Policy, New York 1996.

[72] In Analogie dazu vgl. die Konzepte der „Sicherheitskultur" oder der „strategischen Kultur": Peter J. Katzenstein (Hrsg.), The Culture of National Security: Norms and Identity in World Politics, New York 1996; Bradley S. Klein, Hegemony and Strategic Culture: American Power Projection and Alliance Defence Politics, in: Review of International Studies 14 (1988), S. 133–148.

[73] Vgl. etwa Molefi Kete Asante (Hrsg.), Handbook of international and intercultural communications, Newbury Park 1989.

Beziehungen in der Frühen Neuzeit schreiben, ohne den Sklavenhandel ausführlich darzustellen.[74] Aber spätestens mit dem formellen Ende der Sklaverei im britischen Empire 1834 scheint das Thema sein universalhistorisches Gewicht zu verlieren. Rassismus – dieser Eindruck kommt dem Leser geschichtswissenschaftlicher Literatur – bleibt bis zum Ende des Bürgerkrieges eine Skurrilität in den Südstaaten der USA, schnurrt dann zur Schreckensgeschichte des Antisemitismus und allenfalls noch der Eugenik zusammen und überlebt für die Zeit nach 1945 nur noch in der südafrikanischen Apartheidsordnung. Dem ist entgegenzuhalten, daß Rassismus bis zum heutigen Tage eine mehr oder auch weniger verborgene Kraft der Weltpolitik geblieben ist.[75] Dank der Arbeit vieler Länder in der UNO und anderen internationalen Organisationen, etwa dem International Labour Office (ILO), ist ein umfassendes juristisches Regelwerk zur Ächtung von Rassendiskriminierung und Unterdrückung ethnischer Minderheiten entstanden, doch fehlt es an Instrumenten zur Durchsetzung dieser Regeln.[76] „Ethnizität", also die *Selbst*zuschreibung „objektiver" Kollektivmerkmale, ist als Quelle gegenwärtiger internationaler Turbulenzen allgemein anerkannt,[77] aber historisch wenig untersucht worden. Gewiß, das konfliktreiche Zusammenleben von „Nationalitäten" in Vielvölkerreichen ist ein Standardthema der Historiographie vor allem zum Habsburgerreich. Aber es fehlt weiterhin zum Beispiel an Studien zur Bedeutung von Diasporagruppen und irredentistischen Bewegungen in der Geschichte der internationalen Beziehungen.[78]

Nicht viele Historiker haben auch Bedeutung und Potential des Themas „Rassismus" in einem engeren Sinne entdeckt. Es gibt einige vorzügliche amerikanische und japanische Studien über rassische Feindbilder beider Seiten im Pazifischen Krieg.[79] In Avner Offers origineller Interpretation des Ersten Weltkriegs, wo die These vertreten

[74] Vgl. Hugh Thomas, The Slave Trade: The Story of the Atlantic Slave Trade, 1440–1870, New York 1997, sowie als umfassende Übersicht Seymour Drescher u. Stanley L. Engerman (Hrsg.), A Historical Guide to World Slavery, Oxford 1998.

[75] Aus einer immensen Literatur vgl. vor allem Immanuel Geiss, Geschichte des Rassismus, Frankfurt a. M. 1988; Ali Rattansi u. Sallie Westwood (Hrsg.), Racism, Modernity and Identity: On the Western Front, Cambridge 1994. Rassismus war auf dem Höhepunkt seiner öffentlichen Sichtbarkeit ein internationaler Diskurs; vgl. dazu Stefan Kühl, Die Internationale der Rassisten. Aufstieg und Niedergang der internationalen Bewegung für Eugenik und Rassenhygiene im 20. Jahrhundert, Frankfurt a. M. u. New York 1997, sowie, über Europa und die USA hinausgehend, Frank Dikötter, Race Culture: Recent Perspectives on the History of Eugenics, in: American Historical Review 103 (1998), S. 467–478.

[76] Die Probleme skizziert J. Paul Martin, Ethnicity and Racism, in: Richard W. Bulliet (Hrsg.), The Columbia History of the 20th Century, New York 1998, S. 126–146.

[77] Vgl. etwa Daniel Patrick Moynihan, Pandaemonium: Ethnicity in World Politics, Oxford 1994. Zur Theorie: John Hutchinson u. Anthony D. Smith (Hrsg.), Ethnicity, Oxford 1996.

[78] Von hier aus lassen sich interessante Bezüge zur Nationalismusforschung herstellen. Vgl. beispielhaft Susanne-Sophia Spiliotis, Transterritorialität und nationale Abgrenzung. Konstitutionsprozesse der griechischen Gesellschaft und Ansätze ihrer faschistoiden Transformation, 1922/24–1941, München 1999.

[79] Saburô Ienaga, Japan's Last War, World War II and The Japanese, Oxford 1979; Akira Iriye, Power and Culture: The Japanese-American War 1941–1945, Cambridge/Mass. u. London 1981; John Wilson Dower, War without Mercy: Race and Power in the Pacific War, New York 1986; Christopher Thorne, The Far Eastern War: States and Societies 1941–1945, London 1985; Walter LaFeber, The Clash: U.S.-Japanese Relations throughout History, New York 1998.

wird, den Deutschen sei das ökonomische Potential der *gesamten* englischsprechenden Welt zum Verhängnis geworden, spielt die vermutlich richtige Beobachtung eine Rolle, die kulturelle Solidarität der „weißen" Dominions mit Großbritannien sei durch den diskriminierenden Ausschluß asiatischer Migranten erkauft worden.[80] Vor allem aber hat Paul Gordon Lauren in seinem bahnbrechenden Werk *Power and Prejudice* zahlreiche Beispiele für den Mangel an rassischer Indifferenz in der Politik der Großmächte seit dem Wiener Kongreß herausgestellt.[81] So kam es auf der Versailler Konferenz zu einem entlarvenden Eklat, als Japan, eine Siegermacht des Krieges und immerhin spätestens seit der Anglo-Japanischen Allianz von 1902 ein wohlgelittener Juniorpartner im imperialen Geschäft, in die Völkerbundssatzung eine Klausel gegen Rassendiskriminierung einfügen wollte und ausgerechnet am Widerstand Präsident Wilsons persönlich scheiterte.[82] Über dergleichen ist viel mehr Forschung nötig: über Ideologie und Praxis von Rassismus in den Kolonien, aber auch im Verhältnis des Westens zu China, Japan, der islamischen Welt, ebenso über Rassevorstellungen in diesen nicht-okzidentalen Zivilisationen. Denn Rassismus oder zumindest ein Denken in Rassekategorien ist keine europäische Einzigartigkeit,[83] auch wenn nur Europäer auf die Idee gekommen sind, globale Herrschaftsansprüche auf Biologie zu gründen.

Kulturtransfer. Seit einiger Zeit gibt es bemerkenswerte Versuche, die zum Teil von der Literaturwissenschaft ausgegangen sind, die lernende Übernahme von Kulturelementen zwischen den einzelnen europäischen Nationen der Neuzeit als sozialgeschichtlich beschreibbare Übertragungs- oder Transferprozesse aufzufassen.[84] Einfa-

[80] Avner Offer, The First World War: An Agrarian Interpretation, Oxford 1989, S. 164ff., 198ff. Die Abwehr asiatischer Immigranten war um die Jahrhundertwende ein Hauptthema der Außenpolitik Kanadas und Australiens und ein wichtiges Motiv in den auswärtigen Beziehungen der USA. Vgl. zuletzt Roger Daniels, Asian America: Chinese and Japanese in the United States since 1850, Seattle 1988; Sucheng Chan, Entry Denied: Exclusion and the Chinese Community in America, 1882–1943, Philadelphia 1994; Andrew Gyory, Closing the Gate: Race, Politics, and the Chinese Exclusion Act, Chapel Hill u. London 1998.

[81] Paul Gordon Lauren, Power and Prejudice: The Politics and Diplomacy of Racial Discrimination, Boulder/Colo. u. London 1988. Immer noch wichtig: George W. Shepherd u. Tilden J. LeMelle (Hrsg.), Race Among Nations: A Conceptual Approach, Lexington/Mass. 1970; Hugh Tinker, Race, Conflict, and the International Order: From Empire to United Nations, New York 1977. Vgl. auch die theoretischen Überlegungen bei Roxanne Lynn Doty, The Bounds of „Race" in International Relations, in: Millennium. Journal of International Studies 22 (1993), S. 443–461.

[82] Lauren, Power and Prejudice, S. 76–101; Naoko Shimazu, The Racial Equality Proposal at the 1919 Paris Peace Conference, London 1995 (= STICERD Discussion Paper No. IS/95/291).

[83] Vgl. etwa Bernard Lewis, Race and Color in Islam, New York 1971; ders., Race and Slavery in the Middle East: An Historical Enquiry, Oxford 1992; Frank Dikötter, The Discourse of Race in Modern China, London 1992.

[84] Einen Literaturüberblick auf neuestem Stand gibt Johannes Paulmann, Internationaler Vergleich und interkultureller Transfer. Zwei Forschungsansätze zur europäischen Geschichte des 18. bis 20. Jahrhunderts, in: Historische Zeitschrift 267 (1998), S. 649–685; vgl. auch ders., Interkultureller Transfer zwischen Deutschland und Großbritannien im 19. Jahrhundert, in: Rudolf Muhs, Johannes Paulmann u. Willibald Steinmetz (Hrsg.), Aneignung und Abwehr. Interkultureller Transfer zwischen Deutschland und Großbritannien im 19. Jahrhundert, Bodenheim 1998, S. 21–43. Für eine globale „sociologie historique du transfert et de la diffusion" wirbt auch der in Deutschland noch kaum bekannte Bertrand Badie (hier: Les deux états, S. 12). Zur Einführung in Badies stets anregendes Werk vgl. Anna Leander, Bertrand Badie:

che Sender-Empfänger-Modelle werden dabei durch Überlegungen über Voraussetzungen, Selektivität, Prozeßmuster, soziale Träger und langfristige Folgen von Transfers verfeinert. Die Transferforschung könnte sich weitere theoretische Möglichkeiten erschließen, wenn sie auch die Theoriebildung zum Technologietransfer[85] und zur ethnologisch-archäologischen Diffusionsproblematik[86] umfassender zur Kenntnis nähme. Die undeutliche Grenze zwischen Transfers *innerhalb* eines zivilisatorischen Makrozusammenhangs und denen *zwischen* unterschiedlichen Zivilisationen ist neuerdings durch Untersuchungen zur Amerikanisierung Deutschlands und anderer Teile Europas nach dem Ersten und dann besonders nach dem Zweiten Weltkrieg überschritten worden.[87] Hier zeigt sich unter anderem, daß das vereinfachende Reden von „dem Westen" rasch an seine Grenzen stößt. Das westliche Zivilisationsmodell trat zumindest bis zur Mitte des 20. Jahrhunderts in deutlich unterschiedenen Ausprägungen auf. Studien über die Spielarten des europäischen Anti-Amerikanismus bestätigen dies immer wieder.[88] Auch die politischen und kulturellen Rezeptionsbedingungen amerikanischer Kultur auf anderen Kontinenten differierten stark voneinander. Hier eröffnen sich schöne Möglichkeiten etwa für den innerasiatischen Vergleich oder für eine Versuchsanordnung, die die Einwirkung der USA auf Deutschland mit derjenigen auf Japan nach 1945 in Verbindung bringt.[89]

Beim Export bzw. Import ganzer kultureller Subsysteme handelt es sich um Vorgänge von weltgeschichtlicher Dimension, die keineswegs ein ausschließliches Merkmal der Moderne sind. Die Ausbreitung der missionierenden Weltreligionen Christentum, Buddhismus und Islam wäre dafür ebenso ein Beleg wie die gründliche Sinisierung Japans zwischen dem 5. und 9. Jahrhundert und die fortentwickelnde Weitergabe griechischen Wissens an die lateinische Christenheit durch die arabischen Ge-

Cultural Diversity Changing International Relations?, in: Iver B. Neumann u. Ole Waever (Hrsg.), The Future of International Relations: Masters in the Making?, London u. New York 1997, S. 145–169. Der „mainstream" der historischen Soziologie hat das Transferthema allerdings noch nicht entdeckt: vgl. Stephen Holmes, International Relations and Historical Sociology: Breaking down Boundaries, London u. New York 1998.

85 Vgl. etwa Hans-Joachim Braun, Technologietransfer. Theoretische Ansätze und historische Beispiele, in: Erich Pauer (Hrsg.), Technologietransfer Deutschland-Japan von 1850 bis zur Gegenwart, München 1992, S. 16–47.

86 Vgl. Peter J. Hugill u. D. Bruce Dickson (Hrsg.), The Transfer and Transformation of Ideas and Material Culture, College Station/Tex. 1988.

87 Vgl. Anselm Doering-Manteuffel, Dimensionen von Amerikanisierung in der deutschen Gesellschaft, in: Archiv für Sozialgeschichte 35 (1995), S. 1–35; Alf Lüdtke, Inge Marßolek u. Adelheid von Saldern (Hrsg.), Amerikanisierung. Traum und Alptraum im Deutschland des 20. Jahrhunderts, Stuttgart 1996; Konrad Jarausch u. Hannes Siegrist (Hrsg.), Amerikanisierung und Sowjetisierung in Deutschland 1945–1970, Frankfurt a.M. u. New York 1997. Umfassender: Akira Iriye, The Globalizing of America, 1913–1945, Cambridge 1993.

88 Etwa Paul Hollander, Anti-Americanism: Critiques at Home and Abroad, 1965–1990, New York 1992; Dan Diner, Verkehrte Welten: Antiamerikanismus in Deutschland. Ein historischer Essay, Frankfurt/M. 1993; Rob Kroes, If You've Seen One You've Seen them All: Europeans and American Mass Culture, Urbana u. Chicago 1996.

89 Explizit an die allgemeine Amerikanisierungsdiskussion anschließend: Olivier Zunz, Modernization and Individualism: The American Experiment in Japan, in: Journal of Asian and Pacific Studies 14 (1997), S. 49–73. Zu Japan jetzt maßgebend: John W. Dower, Embracing Defeat: Japan in the Wake of World War II, New York 1999.

lehrten des Mittelalters.[90] Gleichwohl hat solcher Transfer erst durch die neuzeitliche europäische Expansion einen wirklich weltweiten Radius erlangt. Europäische Sprachen (besonders Englisch, Spanisch, Portugiesisch und Französisch)[91] wurden ebenso global verbreitet und dauerhaft eingewurzelt wie das römisch-katholische und das protestantische – nicht aber das griechisch-orthodoxe – Christentum.[92] Institutionen europäischer Prägung wie Universität, Generalstab, Parlament oder Aktiengesellschaft wurden weltweit – und mit je spezifischen Modifikationen – übernommen.[93] Die Vielfalt der nationalen europäischen Rechtstraditionen bot reiche Möglichkeiten für Auswahl und Kombination, auch wenn in der kolonialen Welt die Wahlchancen politisch eingeschränkt waren.[94] Der koloniale Staat war ein wichtiger, aber keineswegs der vorrangige Initiator von Transfers großen Stils. Am energischsten und erfolgreichsten wurden sie bereits während des imperialen Zeitalters von modernisierungswilligen Regimes in nicht-kolonisierten Ländern betrieben: von Japan nach dem Beginn der Meiji-Restauration 1868, von Siam/Thailand nach 1888 und vom Osmanischen Reich bzw. später der Türkischen Republik, die in den zwanziger Jahren unter ihrem Präsidenten Kemal Atatürk nichts weniger als „the forcible transference of a whole nation from one civilization to another" betrieb.[95] Die Übernahme und zuweilen durch äußeren politischen Druck erzwungene Einführung ökonomischer Entwicklungsmodelle in Ländern der postkolonialen Dritten Welt nach 1945 erstrebte kaum weniger. In diesem Zusammenhang zeigen sich auch viele Beispiele für Fehlschlag und Abwehr von Transfers.

Im interzivilisatorischen Rahmen kann sich Transferforschung niemals so stark auf eine politikfreie Kulturgeschichte eingrenzen, wie dies etwa bei der Betrachtung kultureller Lernprozesse zwischen Frankreich und Deutschland begründet ist. Spätestens seit Japans zielstrebig von einer weitblickenden Machtelite gelenkten Versu-

[90] Vgl. als Überblick Jerry H. Bentley, Old World Encounters: Cross-Cultural Contacts and Exchanges in Pre-Modern Times, Oxford 1993, Kap. 3.

[91] Am Beispiel des Englischen: Richard W. Bailey, Images of English: A Cultural History of the Language, Ann Arbor 1991; David Crystal, English as a Global Language, Cambridge 1997.

[92] Mittlerweile vollzieht sich ein Übergang von traditioneller Missionsgeschichte zu einer universalen Christentumsgeschichte, die die eigenständige Umformung der aus dem Westen ausstrahlenden Impulse betont. Vgl. Klaus Koschorke (Hrsg.), „Christen und Gewürze". Konfrontation und Interaktion kolonialer und indigener Christentumsvarianten, Göttingen 1998.

[93] Es gibt dazu bereits viele Spezialstudien sowie einige Überblicksdarstellungen, z.B. David B. Ralston, Importing the European Army: The Introduction of European Military Techniques and Institutions into the Extra-European World, 1600–1914, Chicago u. London 1990. Auch eine neue Universalgeschichte des Militärs legt Wert auf Transfervorgänge: Jeremy Black, War and the World: Military Power and the Fate of Continents 1450–2000, New Haven u. London 1998.

[94] Der Vergleich von Rechtskulturen bietet Chancen der Zusammenarbeit zwischen Juristen und Historikern. Vgl. als Vermessung des Terrains aus historischer Sicht: Wolfgang J. Mommsen/ J. A. de Moor (Hrsg.), European Expansion and Law: The Encounter of European and Indigenous Law in 19th- and 20th-Century Africa and Asia, Oxford u. New York 1992.

[95] Bernard Lewis, The Emergence of Modern Turkey, 2nd ed., London 1968, S. 267. Eine neuere Darstellung ist Feroz Ahmad, The Making of Modern Turkey, London u. New York 1993, S. 72–101. Es ist interessant zu sehen, wie ablehnend Samuel Huntington die kemalistischen Reformen beurteilt. Sie erscheinen ihm geradezu als Verrat an der eigenen Kultur, für den die Türkei, „Mekka verschmähend und von Brüssel verschmäht" (Kampf der Kulturen, S. 230), heute zu büßen habe.

chen, dem Westen mit methodischer Gründlichkeit die Geheimnisse seines Erfolges abzuschauen,[96] sind Transfers immer wieder mit Modernisierungs*politik* verbunden gewesen. In umgekehrter Richtung stellt sich das Problem des kulturellen Imperialismus und seiner Abwehr, das in der postimperialen Epoche immer mehr eines von westlicher Medienmacht geworden ist.[97] Der politische Kern interzivilisatorischer Transfers rechtfertigt es, den neuen Forschungszweig, der sich mit ihnen beschäftigt, in die Nähe einer Internationalen Geschichte zu rücken, die sich niemals völlig als eine Kulturgeschichte des Internationalen verstehen wird.

III.

Außenstehenden muß es als ein Ansinnen von milder Absurdität erscheinen, von der Internationalen Geschichte zu verlangen, sie möge sich bitte internationalisieren. Wissenschaftsgeschichtlich ist dieser Vorschlag nicht ganz so tautologisch. Die Geschichte der internationalen Beziehungen war diejenige des europäischen Staatensystems, im 20. Jahrhundert um die USA und Japan erweitert; die Imperialismushistorie führte daneben ein sektiererisches Eigenleben. Nicht diese geographische Verengung hat seit jeher die Kritiker auf den Plan gerufen, sondern die unausgesprochene Annahme, internationale Beziehungen seien auf die Handlungslogik macht- und interessengeleiteter historischer Individualitäten – der militarisierten Großmächte und ihres leitenden Staatspersonals – reduzierbar. An solche Simplizitäten glaubt heute fast niemand mehr. Ein Blick in Zeitschriften wie *Relations internationales, Diplomatic History* oder *International History Review* genügt, um dies sichtbar werden zu lassen.[98] Die politologische Teildisziplin der Internationalen Beziehungen ihrerseits hat sich von der Alleinherrschaft szientistischer Modellkonstruktion entfernt und die Dimension des Historischen wiederzugewinnen versucht, die in den Werken einiger ihrer maßstäblichen Autoren – man denke an Edward H. Carr, Raymond Aron, Martin Wight oder Quincy Wright – eine solch große Rolle spielte. Historikern des Inter-

[96] Zur japanischen Methode des Vorgehens vgl. W. G. Beasley, Japan Encounters the Barbarian: Japanese Travellers in America and Europe, New Haven und London 1995. Zum Kontext der Meiji-Modernisierung vgl. Wolfgang Schwentker, Die „lange Restauration". Japans Übergang vom Shôgunat zur Meiji-Ära, in: Sepp Lienhart u. Erich Pilz (Hrsg.), Ostasien. Geschichte und Gesellschaft im 19. und 20. Jahrhundert, Wien 1999, S. 47–65.

[97] Vgl. John Tomlinson, Cultural Imperialism, London 1991; James Lull, Media, Communication, Culture: A Global Approach, Oxford 1994. Solide Analysen stammten bereits aus der Zeit vor dem Aufkommen der Globalisierungsdiskussion, vor allem Jeremy Tunstall, The Media are American: Anglo-American Media in the World, London 1977. Neuerdings etwa Philip M. Taylor, Global Communications, International Affairs and the Media since 1945, London und New York 1997. Über Medien als Propagandainstrumente z. B. Gary D. Rawnsley, Radio Diplomacy and Propaganda: The BBC and VOA in International Politics, 1956–64, Basingstoke 1996 (VOA = Voice of America). Allgemein zur Geschichte medialer Globalisierung die zahlreichen Werke von Armand Mattelart, vor allem L'invention de la communication, Paris 1994; ders., La mondialisation de la communication, Paris, 2. Aufl., 1998.

[98] Nach wie vor unübertroffen als Programm einer Internationalen Geschichte jenseits „realistischer" Handlungsannahmen: Christopher Thorne, Societies, Sociology and the International: Some Contributions and Questions, with Particular Reference to Total War, in: ders., Border Crossings: Studies in International History, Oxford 1988, S. 29–58.

nationalen fällt es heute leichter, mit Vertretern der Internationalen Beziehungen ins Gespräch zu kommen, als dies vor fünfzehn Jahren der Fall war. Sie können außerdem neue Chancen des Lernens von Fächern wie Anthropologie, Soziologie, Sozialpsychologie und sogar Religionswissenschaft und den verschiedenen asien- und afrikawissenschaftlichen Disziplinen nutzen. Diese Anreicherungsoptionen im Maximalraum der Globalisierungsthematik anzusiedeln, verspricht, beide Beschränkungen der konventionellen Geschichte der internationalen Beziehungen aufzuheben: sowohl die Fixierung auf das nord-nördliche Konfliktspiel der Großmächte als auch eine zu enge Festlegung auf politische Geschichte.

Autorenverzeichnis

Barth, Boris, Dr.
geb. 1961, ehem. Mitarbeiter am Institut für Internationale Studien, Prag

Brüggemeier, Franz, Prof. Dr. Dr.
geb. 1951, Professor für Wirtschafts- und Sozialgeschichte an der Universität Freiburg

Burk, Kathleen, Prof. Dr.
geb. 1946, Professorin für Neueste Geschichte und Zeitgeschichte am University College London

Conze, Eckart, Dr. habil.
geb. 1963, Privatdozent am Seminar für Zeitgeschichte der Universität Tübingen

Doering-Manteuffel, Anselm, Prof. Dr.
geb. 1949, Professor für Neuere Geschichte an der Universität Tübingen

Dülffer, Jost, Prof. Dr.
geb. 1943, Professor für Neuere Geschichte an der Universität Köln

Frank, Robert, Prof. Dr.
geb. 1944, Professor für Geschichte am Institut Pierre Renouvin der Université de Paris I

Hueck, Ingo J., Dr.
geb. 1962, Wissenschaftlicher Referent am Max-Planck-Institut für Europäische Rechtsgeschichte in Frankfurt am Main

Hunt, Michael H., Prof. Dr.
geb. 1942, Professor für Geschichte an der University of North Carolina at Chapel Hill

Lehmkuhl, Ursula, Prof. Dr.
geb. 1962, Professorin für Nordamerikanische Geschichte an der Universität Erfurt

Loth, Wilfried, Prof. Dr.
geb. 1948, Professor für Neuere Geschichte an der Universität Essen

Mollin, Gerhard T., Dr. habil.
geb. 1954, Hochschuldozent am Lehrstuhl für Neuere Geschichte an der Universität Essen

Müller, Ragnar
geb. 1969, Geschäftsführer der Gesellschaft für Wissensvermittlung über neue Medien und politische Bildung, Stuttgart

Niedhart, Gottfried, Prof. Dr.
geb. 1940, Professor für Neuere Geschichte an der Universität Mannheim

Osterhammel, Jürgen, Prof. Dr.
geb. 1962, Professor für Neuere Geschichte an der Universität Konstanz

Schumann, Wolfgang, Dr. habil.
geb. 1949, Privatdozent am Institut für Politikwissenschaft der Universität Tübingen

Soutou, Georges-Henri, Prof. Dr.
geb. 1943, Professor für Neuere Geschichte an der Université de Paris IV

Register

Studien zur Internationalen Geschichte

Herausgegeben von Wilfried Loth
und Anselm Doering-Manteuffel, Jost Dülffer und Jürgen Osterhammel

„Internationale Geschichte" stellt eine zentrale Dimension der Geschichte des 19. und 20. Jahrhundert dar. Sie umfaßt Beziehungen zwischen den Staaten und Gesellschaften ebenso wie Prozesse ihrer Vernetzung und wechselseitigen Durchdringung im Zeichen beschleunigter Kommunikation und wachsender Interdependenz. Die „Studien zur Internationalen Geschichte" wollen das Verständnis der internationalen Dimension von Geschichte fördern. Sie greifen auf, was die systematischen Sozialwissenschaften zur Erklärung der internationalen Beziehungen bereitstellen, und tragen mit empirisch dichten Untersuchungen zur Präzisierung theoretischer Einsichten bei.

Bisher erschienen:

Band 1
Gerhard Th. Mollin
Die USA und der Kolonialismus
Amerika als Partner und Nachfolger der belgischen Macht in Afrika 1939–1965
1996. 544 S., 24 Abb., 2 Karten, DM 148,–
ISBN 3-05-002735-5

Band 2
Wolfram Kaiser
Großbritannien und die Europäische Wirtschaftsgemeinschaft 1955–1961
Von Messina nach Canossa
1996. 233 S., DM 128,–
ISBN 3-05-002736-3

Band 3
Konrad Canis
Von Bismarck zur Weltpolitik
Deutsche Außenpolitik 1890–1902
1997. 430 S., DM 124,–
ISBN 3-05-002758-4

Band 4
Gabriele Metzler
Großbritannien – Weltmacht in Europa
Handelspolitik im Wandel des europäischen Staatensystems 1856 bis 1871
1997. 353 S., DM 128,–
ISBN 3-05-003083-6

Band 5
Marc Frey
Der Erste Weltkrieg und die Niederlande
Ein neutrales Land im politischen und wirtschaftlichen Kalkül der Kriegsgegner
1998. 412 S., DM 124,–
ISBN 3-05-003265-0

Band 6
Guido Thiemeyer
Vom „Pool Vert“ zur Europäischen Wirtschaftsgemeinschaft
Europäische Integration, Kalter Krieg und die Anfänge der Gemeinsamen Europäischen Agrapolitik
1999. X, 301 S., DM 148,–
ISBN 3-486-56427-7

Band 7
Ursula Lehmkuhl
Pax Anglo-Americana
Machtstrukturelle Grundlagen anglo-amerikanischer Asien- und Fernostpolitik in den 1950er Jahren
1999. 304 S., DM 148,–
ISBN 3-486-56430-7

Band 8
Klaus Mühlhahn
Herrschaft und Widerstand in der „Musterkolonie“ Kiautschou
Interaktionen zwischen China und Deutschland, 1897–1914
2000. 474 S., DM 148,–
ISBN 3-486-56465-X

Band 9
Madeleine Herren
Hintertüren zur Macht
Internationalismus und modernisierungsorientierte Außenpolitik in Belgien, der Schweiz und den USA 1865–1914
2000. VIII, 551 S., DM 168,–
ISBN 3-486-56431-5

Band 10
Internationale Geschichte
Themen – Ergebnisse – Aussichten
Herausgegeben von Wilfried Loth und Jürgen Osterhammel
2000. XIV, 415 S., ca. DM 128,–
ISBN 3-486-56487-0

CPSIA information can be obtained
at www.ICGtesting.com
Printed in the USA
LVOW03*0529031017
550988LV00002B/4/P